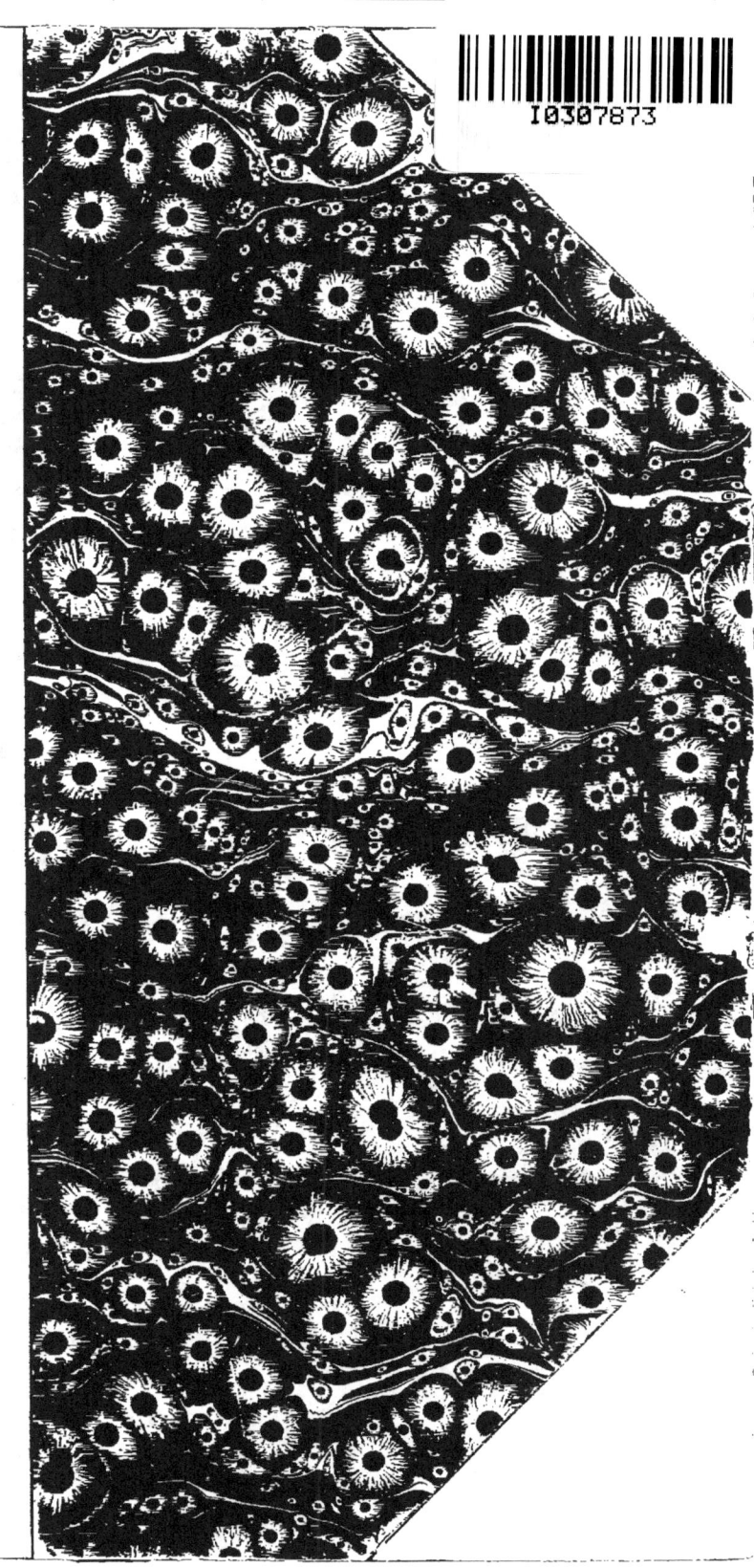

SEMPER AD ALTUM

EX LIBRIS
DU COMTE GASTON DE THANNBERG

Comte Gaston de Thannberg

JOURNAL

DU

MARQUIS DE DANGEAU

AVEC LES ADDITIONS

DU DUC DE SAINT-SIMON

TYPOGRAPHIE DE H. FIRMIN DIDOT. — MESNIL (EURE).

JOURNAL

DU

MARQUIS DE DANGEAU

PUBLIÉ EN ENTIER POUR LA PREMIÈRE FOIS

PAR

MM. EUD. SOULIÉ ET L. DUSSIEUX

AVEC LES

ADDITIONS INÉDITES

DU

DUC DE SAINT-SIMON

PUBLIÉES

PAR M. FEUILLET DE CONCHES

TOME DIX-SEPTIÈME
1717 — 1719

PARIS

FIRMIN DIDOT FRÈRES, FILS ET CIE, LIBRAIRES
IMPRIMEURS DE L'INSTITUT DE FRANCE
RUE JACOB, N° 56

1859

JOURNAL

DU

MARQUIS DE DANGEAU

AVEC LES ADDITIONS

DU DUC DE SAINT-SIMON.

ANNÉE 1717.

Vendredi 1ᵉʳ janvier, à Paris. — M. le duc d'Orléans vint à la messe du roi, et au sortir de la messe il y eut assemblée des chevaliers de l'ordre du Saint-Esprit, dans la salle où se tient le conseil de régence. Le roi y étoit dans un fauteuil, au bout de la table, M. le duc d'Orléans debout comme tous les autres chevaliers. L'abbé de Pomponne, chancelier de l'Ordre, proposa plusieurs choses, et rapporta fort bien ce qui avoit été résolu sur les pensions des chevaliers, qui ne pourroient être saisies pour quelque raison que ce fût. On choisit trois commissaires pour veiller aux intérêts de l'Ordre : un d'église, qui est l'archevêque de Cambray, et deux d'épée, qui sont le maréchal de Villeroy et le marquis d'Effiat. On agita et décida ce qu'il falloit faire pour recevoir le prince des Asturies dans les formes *. — Madame de Langeais mourut le matin, au Luxembourg, où elle avoit un fort beau logement; elle étoit sœur du feu maréchal de Noailles, et avoit quatre-vingt-neuf ans.

* Le régent ne voulut pas tenir un premier chapitre sans le roi, quoiqu'il ne fût pas chevalier, bien que régulièrement il eût pu le faire,

puisqu'il ne s'agissoit que de bagatelles de manutention et de rien de nouveau à décider ni à statuer, et de l'admission du prince des Asturies, qui ne se pouvoit remettre par sa qualité. Il fut tenu debout, découvert, sans ordre, et le régent comme les autres chevaliers, à la manière du feu roi ; et si le roi seul y fut assis, ce fut par rapport à son âge, et il demeura découvert; non que le roi ne soit le maître et sans proportion avec ses sujets, mais jamais, depuis l'institution de l'Ordre, nul roi tenant chapitre n'y a laissé les chevaliers debout et découverts quand lui-même y a été assis et couvert. Ce premier chapitre passé, le roi n'assista point au suivant, n'étant pas chevalier ni par conséquent grand maître de l'Ordre, parce qu'il ne s'y agissoit que de l'exécution de celui-ci pour le prince des Asturies, et de faire donner le collier du Saint-Esprit au duc de Popoli, admis par le feu roi dans l'Ordre, et qui dès lors le portoit, et par le roi d'Espagne, chevalier de l'Ordre, en même temps qu'un prince des Asturies. Ce fut ainsi que par commission d'Henri IV, non encore catholique ni sacré, le maréchal de Biron reçut son fils, que le même Henri IV venoit d'y nommer.

Samedi 2. — Conseil de régence l'après-dînée. Il y a eu deux cent deux hommes taxés. Montargis, qui étoit taxé par les commissaires à deux millions, a obtenu une diminution de 100,000 écus. La taxe monte à plus de trente-un millions, et il y avoit déjà pour cent vingt-six millions de taxe; on n'a pas encore la liste de la taxe d'aujourd'hui. — Madame de Langeais, qui mourut hier, avoit obtenu du feu roi, quand elle revint de Hollande et qu'elle se fit catholique, une pension de 2,000 écus, dont madame d'Elbeuf demanda que l'on mit 2,000 francs sur la tête de mademoiselle de Langeais, sa fille, qui a cinquante ans passés; ainsi ce n'est que 4,000 francs de pension éteinte, et que les fils de madame de Langeais, qui sont tous dans le service, demandent et méritent bien. — Mademoiselle de Beuvron, sœur du maréchal d'Harcourt, vieille fille retirée dans un couvent en Normandie, est morte; ce maréchal en hérite de 7,000 livres de rente.

Dimanche 3. — Conseil de régence le matin. L'après-dînée M. le duc d'Orléans tint une longue conférence chez lui, avec le cardinal de Noailles, les évêques d'Arras, de Châlons, de Bayonne, de Boulogne et de Mirepoix, le maréchal d'Huxelles, le duc de Noailles, le marquis d'Effiat, M. Amelot et le procureur général; il n'y eut rien de résolu, et on se rassemblera jeudi pour la même affaire; on croit même que ce ne sera pas la dernière assemblée. — La princesse d'Auvergne étoit venue ici de Montpellier, du consentement et de concert même avec ses beaux-frères, l'abbé d'Auvergne et le prince Frédéric; elle ne couchoit point à Paris et couchoit à Saint-Mandé. Elle repartit avant-hier pour retourner à Montpellier, sans en rien dire à personne de sa famille ni à pas un de ses amis; on prétend qu'elle est mariée avec un M. de Mési et qu'on auroit bien voulu qu'elle songeât à faire casser ce mariage *.

* On a vu en son ordre, en ces Mémoires, la désertion de notre armée aux ennemis du second fils du comte d'Auvergne, qu'il avoit fait son aîné, et sa punition juridique en effigie en place de Grève, son mariage avec une fille de la duchesse d'Aremberg, à Bruxelles, et sa mort. Sa veuve fut tutrice de leur fille unique, qui avoit tous les biens de la comtesse d'Auvergne, sa grand'mère, parce que les enfants du comte et de la comtesse d'Auvergne étoient tous morts prêtres ou religieuses. Elle devoit encore avoir ceux de sa mère, qui étoient considérables, quoiqu'elle eût un frère, qui étoit le duc d'Aremberg. Le cardinal de Bouillon étant passé d'Arras en l'armée des ennemis, et, dans l'embarras de sa personne et l'incertitude de sa marche, ayant séjourné longtemps aux Pays-Bas avant de gagner Rome, trouva sa nièce en sourde galanterie avec Mési, gentilhomme, écuyer dans la maison; son orgueil en fut moins blessé que son intérêt flatté. Il espéra trouver moyen de dépouiller sa nièce de la tutelle et de toute autorité sur sa fille, d'écarter la duchesse d'Aremberg et de devenir le maître des biens, de l'usufruit desquels il avoit grand besoin dans un temps où tous ses biens et ses bénéfices étoient confisqués pour le reste de sa vie, de plus de disposer de la personne de sa petite-nièce pour la marier à son point et à son gré : ces raisons l'emportèrent donc sur toute autre considération dans son esprit. Il s'insinua dans la confiance de la princesse d'Auvergne, plaignit son amour, en devint le confident puis le protecteur, encouragea Mési à ce qu'il n'osoit imaginer, profita de la foiblesse de sa nièce, et finalement maria lui-même les deux amants en secret. Il ne l'avoit pas fait pour que ce secret subsistât toujours; il éclata donc quand il lui convint qu'il fût su. Les parties

n'en convinrent pas, mais il y en eut assez pour que la duchesse d'Aremberg chassât sa fille de chez elle et se brouillât si bien avec le cardinal, que l'odieux de sa conduite fit passer à cette grand'mère la tutelle et la garde de sa petite-fille. Le cardinal, trompé cette fois comme en tant d'autres en ses projets, ne recueillit de celui-ci que toute l'ignominie qu'il avoit causée pour son intérêt, et la duchesse d'Aremberg demeura la maîtresse. Elle maria sa petite-fille, dès qu'elle fut nubile, au prince palatin de Saltzbach, héritier présomptif de l'électeur palatin. Tous deux moururent bientôt après, et ne laissèrent qu'un fils enfant, dont la duchesse d'Aremberg fut encore tutrice, et qu'elle a élevé auprès d'elle jusqu'à ce qu'en 1734 l'électeur palatin l'a fait venir auprès de lui, où il est demeuré comme son héritier et de sa dignité électorale. La princesse d'Auvergne, errante, pauvre, rejetée de partout et méprisée, la fut bientôt de son mari, qui, las de cette vie vagabonde, au bout de quelques années la planta là pour s'en aller vivre dans sa province, et y arrondit son bien de ce qu'il avoit pu attraper d'un si étrange mariage, duquel il a plusieurs enfants. A la fin sa femme, battue de toutes parts et sans ressource d'aucune, se jeta dans la dévotion, pendant laquelle une grande maladie lui persuada d'avouer ce que personne n'ignoroit, son mari et ses enfants. Elle prit donc à Paris, où elle étoit pour lors, le nom de madame de Mési, qui acheva de l'atterrer et de l'enterrer, sans que son mari s'en souciât davantage. Dévote de plus en plus, elle s'embarqua dans les affaires de la Constitution jusqu'au fanatisme, qui la forcèrent pour la dernière fois à quitter Paris et à retourner aux Pays-Bas, cachée comme elle l'avoit été longtemps en France. Elle se retira enfin à Utrecht, où peu après elle mourut, dans les premiers mois de 1736, et ne fit jamais si bien en sa vie.

Lundi 4. — Conseil de régence le matin. — Toutes les lettres de Hollande portent que le traité de ligue se doit signer aujourd'hui. — La petite vérole, qui avoit discontinué durant quelques jours à Paris, a recommencé avec beaucoup de force; madame de Thuisy*, sœur de Caumartin, et le président de Romanet en sont fort mal. — L'intendance d'Auvergne, qui vaque parce que l'on envoie M. de Nointel à celle de Soissons, est donnée à M. Boucher, président de la cour des aides; MM. les maîtres des requêtes ont prié M. le chancelier de représenter à M. le duc d'Orléans combien cela faisoit tort à leurs charges qu'on envoyât, surtout dans le dedans du royaume, des intendants qui ne fussent pas de leur corps. On en a envoyé quelquefois dans les intendances sur la frontière, et depuis peu on a envoyé encore d'Andrezel en Roussillon. **

* Madame de Tuisy étoit une bourgeoise fort riche, vieille et sans enfants, qui avoit bien de l'esprit et de la politesse, qui avoit été aimable, et qui avoit toute sa vie méprisé son état et trouvé moyen de percer dans les meilleures compagnies de la cour et de la ville, de les recevoir ensuite chez elle et de se faire des amis considérables des deux sexes. Elle étoit intime du cardinal d'Estrées; elle la devint de la maréchale de Noailles, et on a vu en son lieu que ces deux maisons eurent tout son bien, et que ce fut elle qui fournit la dot de la dernière maréchale d'Estrées-Noailles.

[C'est madame de Thoysy, et non madame de Thuisy, qui a fait ce don aux Noailles, laquelle n'étoit point sœur des Caumartin, qui est celle dont il s'agit icy.] (1).

** Boucher étoit fils d'un secrétaire du chancelier Boucherat, qui y avoit bien fait ses affaires; celui dont il s'agit avoit épousé une sœur de la femme de M. le Blanc, depuis secrétaire d'État, et si connu par sa disgrâce et son triomphant retour; et ce fut cette protection dès lors qui fit Boucher intendant, qui le fut ensuite de Guyenne, où il l'est encore. Rien de plus plaisant que le scandale que les maîtres des requêtes en osèrent prendre jusqu'aux plaintes qu'on voit ici. On ne sait écrit nulle part ce droit exclusif aux intendances, et quoique depuis longtemps l'usage les leur donne presque toutes, ce n'a jamais été que par convenance et par faveur des sujets nommés, ni sans interruption d'en donner à d'autres qu'eux, même des plus considérables: mais tout fait droit à qui n'en a point et à qui a l'audace de s'en faire.

Mardi 5. — La même conférence qu'il y eut dimanche chez M. le duc d'Orléans s'y tiendra encore jeudi; mais il

---

(1) Saint-Simon, qui, comme on l'a vu à la fin de l'addition précédente, écrit ces additions postérieurement à l'année 1736, avait confondu ici madame de Toisy, morte au mois de mars 1703 avec madame de Thuisy, morte en janvier 1717. Il ensuite reconnu son erreur, biffé l'addition que nous reproduisons à titre de renseignement et ajouté de sa main ce qui est entre [ ]. Nous insistons sur ce fait pour montrer que la mémoire de Saint-Simon a pu le tromper lorsqu'il écrivait à une aussi grande distance des événements, et qu'il n'a peut-être pas pu toujours corriger ses erreurs. Ce fait est d'autant plus à remarquer que le ton des Mémoires de Saint-Simon, rédigés de 1740 à 1750, est beaucoup plus acerbe que celui de ses additions.

Voir tome IX, page 151, l'addition et la note sur madame de Toisy.

ne paroît pas que les affaires avancent beaucoup ; on dit que le maréchal d'Huxelles y a parlé avec beaucoup de force pour les porter à l'union. M. le duc d'Orléans est fort peiné de voir que les esprits ne se rapprochent point. — Madame de Thuisy est morte de la petite vérole, en fort peu de temps. — Il y a une lettre d'un chanoine d'Alcala à MM. de la Sorbonne qui ne leur sera pas agréable. MM. de la Sorbonne avoient écrit à plusieurs gens en Espagne pour savoir si ces lettres de Salamanque étoient vraies, et ils ont trouvé que toutes étoient exactement vraies et tous les docteurs de Salamanque étoient tous du même avis; la lettre du chanoine d'Alcala est très-forte contre la Sorbonne.

Mercredi 6. — M. le cardinal de Rohan fut longtemps enfermé avec M. le duc d'Orléans; les cardinaux travaillent beaucoup de part et d'autre, mais il ne paroît pas que les affaires avancent autant qu'il seroit à souhaiter. — On a des nouvelles de la Haye que le traité de ligue se devoit signer lundi dernier. — On portera samedi au conseil de régence une taxe de cinq ou six cents hommes d'affaires, et qui n'ira pas à plus de six ou sept millions. MM. les commissaires, pour diligenter les affaires, travaillent deux à deux; ainsi les affaires vont trois fois plus vite, et, comme ils travaillent dans la même chambre, s'il y avoit quelques petites difficultés qui les embarrassent, ils en conféreroient tous six.

Jeudi 7. — M. le cardinal de Noailles et les cinq évêques de son parti et les cinq séculiers que M. le duc d'Orléans assembla dimanche chez lui, s'y sont rassemblés encore aujourd'hui, et s'y rassembleront encore lundi. M. le duc d'Orléans a donné ordre au maréchal d'Huxelles de voir demain M. le cardinal de Rohan, pour l'instruire de ce qui s'est passé à cette conférence. — Milord Stairs reçut le soir la nouvelle que le traité de ligue défensive entre la France, l'Angleterre et la Hollande avoit été signé lundi à la Haye. — On mande d'Espagne que le marquis de Richebourg, à qui S. M. C. a donné le régiment des gardes wallonnes, conservera la vice-royauté de Galice ; les peuples de ce pays-là le redemandent avec tant d'instances, qu'ils s'offrent à faire toute la dépense du vice-roi à leurs dépens.

Vendredi 8. — Il arriva un courrier de l'abbé Dubois, un de nos ambassadeurs plénipotentiaires à la Haye, qui apporta la signature du traité de ligue défensive ; ce traité ne sera ratifié que quand le roi d'Angleterre, qui est à Avignon, aura passé en Italie, et on croit qu'il choisira Bologne pour y faire sa demeure. Il n'y a rien dans le traité qui regarde la reine sa mère pour l'éloigner de ces pays-ci. — M. le duc d'Orléans va fort peu au bal cette année ; il se contente, quand ils sont au Palais-Royal, de les voir de sa loge sans se masquer. — M. d'Agénois, qui a été longtemps mestre de camp du régiment de M. le comte de Toulouse, avoit quitté le service ; il a fort souhaité présentement d'y rentrer, et quoiqu'il y ait plus d'un an qu'il ait quitté, M. le duc d'Orléans a bien voulu lui rendre son rang de colonel. — Le président de Romanet est mort depuis deux jours, de la petite vérole.

Samedi 9. — Conseil de régence l'après-dînée ; on y porta à l'ordinaire les taxes, qui se font les vendredis. Il y eut cinq cent cinquante personnes taxées, et toute la taxe ne monte pas à sept millions. — Il paroît plusieurs écrits fort libres de différents ecclésiastiques sur l'affaire de la Constitution, qui sont tous contre la cour romaine, et pour exhorter le cardinal de Noailles à demeurer ferme dans son parti. — Il y a eu quelques paroles assez aigres entre deux princes du sang ; on espère que la grand'mère raccommodera tout cela, qui ne sont proprement que des bagatelles et des enfances, mais qu'il faut empêcher d'aller plus loin. — On a des nouvelles de Québec, qu'au mois d'octobre Louvigny, major de la place, marcha avec quelques François et quelques sauvages alliés ; il alla jusqu'à quatre cents lieues à l'ouest contre des sauvages qui s'étoient déclarés nos ennemis et qui avoient fort troublé notre commerce.

Dimanche 10. — Il y eut conseil de régence, et on y lut le traité de ligue défensive qui vient d'être signé avec l'Angleterre et la Hollande; il ne sera rendu public que quand les ratifications seront venues. — On donne le *committimus* du grand sceau à tous les conseillers des différents conseils établis depuis la mort du feu roi. — L'abbé de Saillant, qu'on avoit envoyé aux eaux il y a quelques mois, après une attaque d'apoplexie, s'est toujours trouvé de plus mal en plus mal depuis son retour, et il est à la dernière extrémité présentement. Il a une assez jolie abbaye à Senlis, que feu M. de Luxembourg, son ami intime, avoit obtenue du feu roi pour lui et qu'on croyoit qui valoit 10,000 livres de rente, mais qui n'en vaut que 6,000 au plus; elle est fort noble. Il a trois ou quatre autres petits bénéfices, dont le meilleur ne vaut pas 500 écus. — Il y eut bal à l'Opéra; M. le duc d'Orléans y entra, mais il n'y fut qu'un moment.

Lundi 11. — Conseil de régence le matin; avant que d'y venir M. le duc d'Orléans avoit donné une longue audience au cardinal de Noailles, et l'après-dînée il y eut encore chez lui une grande conférence pour les affaires de la Constitution, qui est la suite des deux conférences de la semaine passée; il y en aura encore une mercredi. M. le duc d'Orléans se donne tout entier à cette affaire-là, qui lui tient fort au cœur, comme de raison, et qui l'inquiète beaucoup; il est fort au fait de toute l'affaire et la veut finir. On croit qu'il sera mal aisé de la finir que par un concile national. M. le cardinal de Noailles, à ce que disent tous ceux qui assistent à ces conférences, est le plus modéré des évêques de son parti. — Le roi d'Espagne a fait chevalier de la Toison le marquis de Caylus, lieutenant général de ses armées; on lui a donné la place qu'avoit le comte de Beuvron, dont il avoit reporté la Toison.

Mardi 12. — Cent cinquante docteurs allèrent le matin

chez M. le cardinal de Noailles, qui prétend n'avoir rien su de leur députation et avoir été surpris de les voir arriver dans sa cour. Après avoir harangué S. E. et l'avoir exhortée à demeurer ferme dans son parti, ils lui laissèrent un petit écrit par lequel ils l'assurent qu'ils lui demeureront inviolablement attachés, *quamdiu non deerit veritati religioni et patriæ*. Cette démarche de la Sorbonne fait un grand bruit. M. le duc d'Orléans l'a trouvée très-mauvaise, et a ordonné à M. le premier président d'en faire des réprimandes à la Sorbonne et de leur défendre toutes assemblées, hormis celles du *prima mensis*. M. le cardinal de Rohan travailla l'après-dînée longtemps avec M. le duc d'Orléans, qui lui donna une audience fort favorable; il exhorte M. le duc d'Orléans à presser M. le cardinal de Noailles de donner son projet d'acceptation de la bulle; il le fait toujours espérer, mais il ne vient point encore.

Mercredi 13. — L'assemblée des prélats pour la Constitution s'est tenue encore aujourd'hui chez M. le duc d'Orléans; il ne paroît pas que les choses avancent beaucoup. — On a donné à madame de Lorges, religieuse à Conflans, sœur de mesdames de Saint-Simon et de Lauzun, l'abbaye d'Andezy, diocèse de Châlons en Champagne, vacante par la mort de madame Croiset. — Le cardinal del Giudice quitte enfin l'Espagne; le pape lui a permis de renoncer à la charge de grand inquisiteur d'Espagne et de pouvoir s'en aller à son archevêché de Montréal en Sicile, qui vaut près de 200,000 livres de rente*. Le roi d'Espagne a donné la charge de grand inquisiteur à Molinez, qui étoit son auditeur de rote à Rome. Le pape avoit eu quelque peine à y consentir, mais Molinez a enfin obtenu son consentement. Molinez a plus de quatre-vingts ans.

* Alberoni ne s'étoit pas défait de madame des Ursins pour n'être pas le maître. Il le devenoit peu à peu, et il écartoit tout ce qui lui faisoit ombrage. Ses forces accrues, il ne put compter plus longtemps avec le cardinal del Giudice, dont la dignité et la grande figure qu'à deux reprises il avoit faite en Espagne lui étoit un obstacle au grand vol qu'il vouloit prendre, et il s'en défit; dont le cardinal outré ne tarda pas, après sa retraite à Rome, de faire éclater son ressentiment avec trop peu de mesure et de montrer toute sa rage et son ingratitude en se dévouant publiquement à l'empereur.

Jeudi 14. — Le comte d'Estrades fut arrêté en sortant du Palais-Royal; son fils étoit avec lui: il l'envoya d'abord trouver M. le duc d'Orléans pour lui dire ce qui lui arrivoit, dont il ne comprenoit pas la raison. M. le duc d'Orléans n'avoit donné nul ordre sur cela; on jugea bien que c'étoit pour quelques affaires particulières. M. le duc d'Orléans fit expédier par M. de la Vrillière une lettre de cachet pour que l'on le fît sortir de prison; il y a eu quelques magistrats qui n'ont pas trouvé cela trop bon; cependant, on espère que l'affaire se va accommoder. Il s'agit d'une dette assez médiocre, et on lui accorde un sauf-conduit de trois mois. — Le pauvre abbé de Saillant * mourut après une longue agonie; il a demandé d'être enterré dans la même chapelle où est enterré Cavoie, qui étoit son intime ami. L'abbaye qu'il avoit à Senlis est l'abbaye de Saint-Vincent.

* Cet abbé de Saillant, frère de Saillant, lieutenant général, lieutenant-colonel du régiment des gardes et commandant à Metz et dans les évêchés, où il est mort, eût été un honnête homme s'il avoit eu des mœurs. La débauche, la sûreté du commerce et de l'agrément dans l'esprit, lui avoient donné des amis considérables; dans ses dernières années il s'étoit converti et s'étoit lié avec beaucoup de gens de bien.

Vendredi 15. — M. le cardinal de Noailles devoit aller chez M. le duc d'Orléans, parce qu'il y travaille tous les vendredis, mais la petite vérole est à l'archevêché, ce qui lui a fait prendre le parti d'aller à Conflans pour quelques jours. C'est l'abbé de Gontaut qui a la petite vérole. Comme M. le cardinal de Noailles ne peut pas demeurer longtemps à la campagne, dans le mouvement où sont les affaires de la Constitution, il reviendra dans quelques jours; il logera chez madame de Richelieu, sa belle-sœur.

Il y eut l'après-dînée une assemblée de trente-cinq évêques chez M. le cardinal de Rohan, qui sont tous de ceux qui ont reçu la Constitution; les cardinaux de Rohan et de Bissy et tous ces prélats assemblés avec eux sont plus unis de sentiments et plus fermes qu'ils n'ont jamais été, et cherchent toutes les voies de douceur pour faire revenir les prélats opposés à la Constitution.

Samedi 16. — Conseil de régence, où on lut la taxe faite hier des gens d'affaires, qui sont en grand nombre, mais le total ne monte qu'environ à sept millions. — Il y aura lundi une assemblée chez M. le duc d'Orléans, du cardinal de Noailles et de quatre évêques de son parti, qui sont les évêques d'Arras, de Mirepoix, d'Angoulême et de Tréguier; d'un autre côté, MM. les cardinaux de Rohan et de Bissy, les archevêques de Bordeaux et de Bourges et l'évêque d'Uzès, le plus ancien des évêques de ce parti-là; et M. le duc d'Orléans y fait venir cinq laïques, qui sont le duc de Noailles, le maréchal d'Huxelles, le marquis d'Effiat, M. Amelot et M. le procureur général. Dans l'assemblée tenue chez M. le cardinal de Rohan des trente-cinq évêques, il fut résolu que leurs cinq députés presseroient fort M. le cardinal de Noailles de donner son projet d'acceptation.

Dimanche 17. — Conseil de régence le matin. — Sanguin, capitaine des gardes de M. le Duc, et qui étoit extraordinairement vieux, est mort depuis quelques jours; M. le Duc a donné sa charge au comte de Tavannes. MM. de Tavannes ont toujours été fort attachés d'amitié à la maison de Condé; M. le Duc a augmenté les appointements de celui qui étoit lieutenant de ses gardes, et ils sont aussi forts que ceux de capitaine. — On mande de Vienne que l'empereur a été incommodé, qu'il a été saigné deux fois; depuis ces saignées, la fièvre l'a quitté, et il se porte bien. M. le comte du Luc, notre ambassadeur en cette cour, se porte mieux; mais quoiqu'il ait obtenu son congé et qu'il ait grande envie de revenir en France, sa santé n'est pas encore assez bonne pour qu'il se mette en chemin ; il attendra le printemps. — La duchesse de Gesvres, qui avoit beaucoup perdu à la réduction des rentes de la ville, du temps de M. Desmaretz, a obtenu quelques petits soulagements, qui lui redonneront 4 ou 5,000 livres de rente de plus qu'elle n'avoit présentement.

Du 18 *au* 31. — Je tombai malade le 18, et le samedi d'après je fus à l'extrémité et reçus tous mes sacrements. Voici ce qui s'est passé et ce que j'ai appris durant ma maladie :

L'assemblée des évêques que nous avons nommés il y deux jours se tint chez M. le duc d'Orléans le lundi 18, et elle se tint encore le mercredi 20. — La czarine, qui venoit voir son mari qui est à Amsterdam, accoucha le 13, à Wesell, d'un prince, qui mourut le même jour. — Les affaires de Pologne, que l'on avoit dit terminées ne le sont point encore. — M. le duc d'Orléans, qui est fort content de M. d'Argenson, lui a voulu donner une gratification de 8,000 livres, qui apparemment se tournera en pension ; ce magistrat a été bien aise de recevoir une marque publique des bontés de M. le duc d'Orléans, mais il n'a voulu la gratification que de 4,000 francs. — Marcognet, commandant à la Rochelle, et qui avoit le titre de gouverneur, est mort. Le maréchal de Matignon prétend que ce gouvernement-là étoit joint au gouvernement du pays d'Aunis ; que M. de Louvois l'en avoit fait séparer en faveur de Marcognet, et qu'il y doit être rejoint. M. le duc d'Orléans a jugé qu'il étoit juste que le gouvernement de la Rochelle demeurât uni à celui de la province d'Aunis, qu'a le maréchal de Matignon ; mais Marcognet avoit 12,000 francs d'appointements du roi et 4,000 francs de la ville de la Rochelle : de ces 12,000 francs d'appointements du roi, on en donne 6,000 au maréchal de Matignon et on garde les 6,000 autres, avec les 4,000 que donne la ville, pour celui qu'on y enverra commander, le maréchal de Matignon ni son fils, qui en a la survivance, n'y allant point. — Le président Pelletier a épousé mademoiselle d'Ecquevilly. La noce s'est faite chez M. de Marillac, oncle de la mariée et doyen du conseil; il a quatre-vingts ans passés, et est revenu de la campagne en beaucoup meilleure santé que l'on ne disoit. — M. le duc de la Feuillade a ordre de se tenir prêt à partir pour son ambassade de Rome, et le chevalier de Rouannez, qui doit commander les quatre galères qui doivent le porter en Italie, a pris congé de M. le duc d'Orléans pour aller à Marseille faire tenir ces galères prêtes. — M. l'abbé de Castries, premier aumônier de madame la duchesse de Berry, a été nommé à l'archevêché de Tours, qui est un poste très-considérable dans l'Église; mais le revenu n'est que de 14,000 livres de rente. — Les pensions furent réglées au conseil de régence le samedi 30 du mois; on va faire imprimer le règlement. — On avoit offert à Seignier, ancien maréchal de camp, le commandement de la ville de la Rochelle, qui vaudra 10,000 livres de rente; mais il en a 6,000 assurés sans être employé, et il aime mieux cela que de s'en aller dans une ville où il seroit obligé de faire beaucoup de dépense, outre qu'il est fort incommodé de ses blessures. Le maréchal de Matignon, qui en est présentement gouverneur particulier, outre le gouvernement qu'il a de la province, auroit souhaité que l'on ne mît point de commandant dans la ville et qu'on en eût laissé l'autorité à d'Aubarède, qui en est lieutenant de roi. — Le 18, M. de Bonneval parut au parlement sur la sellette comme criminel, pour avoir déserté du service du roi, et le parlement ordonna que les lettres d'abolition et de rémission qui lui avoient été accordées au mois de septembre 1716, signées : LOUIS *et de notre règne le second*, et sur le repli : *par le roi, le duc d'Orléans régent, présent* ; signé : PHÉLYPEAUX, avec grille et paraphe, et à côté sur ledit repli est écrit *visa*, signé : VOISIN, la cour ordonne que lesdites lettres de pardon, rémission et abolition seront registrées au greffe de la cour pour jouir par ledit Claude-Alexandre de Bonneval de l'effet et contenu en icelles et être exécutées selon leur forme et teneur. Fait en parlement le 18 janvier.

Lundi 1ᵉʳ *février.* — Il y eut chapitre des chevaliers de l'ordre du Saint-Esprit chez le roi pour l'admission du prince des Asturies dans l'Ordre. Le roi son père, comme chevalier de l'Ordre, le recevra quand il aura fait sa première communion, et recevra en même temps le duc de Popoli, qui a fait ses preuves il y a longtemps, qui a permission de porter l'Ordre, mais qui n'a pas encore été reçu. Après le chapitre, où le roi n'est point parce qu'il n'est pas encore chevalier, il y eut conseil de régence, et il n'y aura plus de conseils jusqu'au premier samedi de carême. — On eut nouvelle que M. des Alleurs, qui étoit notre ambassadeur à la Porte, étoit arrivé à Toulon. — M. le chancelier, en soupant le soir chez lui, dans sa famille, tomba en apoplexie.

Mardi 2. — L'apoplexie de M. le chancelier Voisin fut si violente qu'il mourut une heure après minuit sans que la connoissance lui fût revenue un seul moment. A huit heures du matin, M. de la Rochepot, son gendre, MM. de Vaubourg et Trudaine ses beaux-frères, rapportèrent les sceaux à M. le duc d'Orléans, qui envoya querir dans le moment M. Daguesseau, procureur général, à qui il donna la charge de chancelier et les sceaux. Quand M. le procureur général arriva, il ne savoit pas la mort de M. le chancelier*. La charge de procureur général est donnée à M. Joly de Fleury, le plus ancien des trois avocats généraux, et on laisse la charge qu'il quitte sans la remplir présentement ; on la garde pour son neveu, qui n'a que seize ans, et en attendant qu'il soit en âge de l'exercer il n'y aura que deux avocats généraux, qui sont MM. de Blancmesnil et Chauvelin. — Le roi entendit le sermon du P. Terrasson, qui prêchera tous les dimanches du carême devant lui.

* Dangeau, toujours flatteur, aime à rendre les choses plus touchantes. Nous étions à table en bonne compagnie, lorsque tout à la fin du repas, chez Louville, on vint appeler Saint-Contest, conseiller d'État ; il sortit, revint l'air obscurci et occupé, ce qui nous hâta de sortir de table. On lui avoit mandé l'apoplexie du chancelier Voisin, et qu'il n'en avoit pas pour deux heures : la femme de Saint-Contest étoit sœur de la défunte mère de d'Ormesson et de la femme de Daguesseau, procureur général, sur lequel Saint-Contest fut aussitôt en éveil, et l'alla tirer le lendemain matin de son lit, où il étoit déjà alors, pour lui apprendre cette subite et grande vacance, sur laquelle il est vrai que le procureur général ne fit aucun mouvement, et s'en alla à sa grand'messe de paroisse. C'étoit le jour de la Chandeleur. Le duc de Noailles, fort son ami, et qui, comme il n'arriva que trop pour tous les deux, comptoit bien de le gouverner en plein, averti dès le soir, puis dans la nuit, s'en alla de bonne heure au Palais-Royal, trouva M. le duc d'Orléans sur sa chaise percée, qui sortoit de son lit, et dont la digestion n'étoit pas encore parfaite. Il en profita et tira si bien sur le temps, que sur cette chaise percée, le procureur général fut bombardé chancelier, mandé, trouvé à sa paroisse, et reçut les sceaux à l'instant que la famille de Voisin venoit de les rapporter. Et voilà les jeux de la fortune, qui d'un magistrat qui avoit primé au parquet et qui auroit été un premier président sublime, en fit un chancelier au-dessous des Aligre et des Boucherat.

A ce propos je pense que Dangeau se seroit trouvé bien empêché de dire dans quel répertoire il a trouvé (1) que le dernier prince du sang mène le deuil du chancelier. La robe, toujours grave, toujours orgueilleuse, toujours organisée, et la seule dans l'État qui le soit, s'est surpassée à illustrer les obsèques des chanceliers et des premiers présidents, quelquefois même des présidents à mortier, dans des temps plus reculés et où les cérémonies étoient plus à la mode. Les obsèques des officiers de la couronne étoient pompeuses, jusque-là qu'on y portoit leur effigie, ce qui n'étoit permis en nulles autres et qui ne s'est pas vu depuis le règne des Bourbons. Alors les princes du sang étoient dits seigneurs du sang, et qui ne précédoient aucun officier de la couronne s'ils ne l'étoient eux-mêmes ou pairs de France encore mieux, et alors seulement dans l'ancienneté de leur dignité ou office se pourroient mettre à tous les jours par amitié ; mais par droit qu'un deuil fût mené par le dernier seigneur du sang ni depuis qu'ils furent dits princes du sang, depuis la juste et sage déclaration d'Henri III, pour leur préséance comme pairs nés, c'est ce que toute la robe ni tous les Dangeau du monde ne montreront jamais, ni de fait par hasard d'amitié depuis des siècles.

---

(1) Voir au 4 février.

Mercredi 3. — M. le duc d'Orléans avoit mené dès hier le nouveau chancelier au roi; il lui a mené encore ce matin, et le roi lui a fait prêter son serment. — L'assemblée des prélats qui devoit se tenir aujourd'hui chez M. le duc d'Orléans a été remise à vendredi. — On mande de Rome que le cardinal del Verme est mort; il y a présentement deux chapeaux vacants. — On fit voir le roi nu, il y a deux jours, devant plusieurs médecins et chirurgiens; on en dressa un procès-verbal. C'est une cérémonie que l'on a accoutumé de faire quand on est prêt de remettre les rois et les dauphins entre les mains des hommes pour faire voir que la gouvernante les a remis en bon état. — Le roi Georges doit être arrivé présentement en Angleterre, parce qu'on a nouvelle, il y a déjà quelques jours, qu'il s'étoit embarqué à Hellevoetsluys.

Jeudi 4. — M. le duc d'Orléans travailla longtemps avec le nouveau chancelier. — Le chancelier Voisin fut enterré à Saint-Gervais, sa paroisse, sans aucune cérémonie; il l'avoit ordonné ainsi par son testament, fait il y a environ trois mois. Par ce même testament, il donne à madame de la Rochepot, sa fille aînée, 40,000 écus plus qu'à ses autres filles, pour la dédommager de la perte qu'a faite son mari en achetant, par son conseil, la charge de chancelier de feu M. le duc de Berry, et en cas qu'ils n'aient point d'enfants, comme ils n'en ont point jusqu'à cette heure, et que la femme meure avant le mari, il laisse la jouissance de ces 40,000 écus à M. de la Rochepot durant sa vie. Il y avoit autrefois de grandes cérémonies à la mort des chanceliers; on prétendoit même que le dernier prince du sang devoit mener le deuil, mais cela ne s'est point fait aux cinq ou six derniers chanceliers. — La comtesse d'Arco mourut à Paris, après une fort longue maladie; son héritier est le chevalier de Bavière, son fils, qu'elle avoit eu de l'électeur de Bavière étant fille; elle s'appeloit mademoiselle Popuel*.

* Le goût, l'exemple, la faveur du roi et la misère des François,

avoit fait de Paris l'égout des voluptés de toute l'Europe, et le continua longtemps après lui. Ainsi entre les maîtresses des rois et leurs nombreux bâtards, ceux de M. le duc d'Orléans, à qui la régence fit une fortune immense, les Longueville, les deux sortes de bâtards de Bourbon de Busset et de Malause, et jusqu'aux Rothelin, bâtards de bâtards, c'est-à-dire de Longueville, qui en ces derniers temps ont osé se croire quelque chose et l'ont presque persuadé avec une couronne de prince du sang, depuis qu'elles ont toutes été au plus surprenant pillage; Paris a ramassé les maîtresses en nombre, et les bâtards d'Angleterre, de Bavière, de Saxe, de Sardaigne, qui s'y sont établis, et qui tous y ont fait de grandes, de riches, de rapides fortunes, et y ont entassé des ordres, des grades plus que prématurés, et quelques-uns des rangs les plus distingués avec beaucoup de grâces, enfin jusqu'à ceux des monstrueux incestes d'un petit duc de Montbéliard qui y ont tranché de princes. Ils ont raison; quel autre pays de l'Europe les ont seulement soufferts?

Vendredi 5. — M. le duc d'Orléans travailla longtemps le matin avec les cardinaux de Rohan et de Noailles et le chancelier, et il dit à M. le cardinal de Rohan, en sortant, qu'il donnoit au prince de Soubise, son neveu, la survivance de capitaine-lieutenant des gendarmes de la garde du roi et à M. le prince de Rohan un brevet de retenue de 400,000 francs sur son gouvernement de Champagne*. L'après-dînée M. le duc d'Orléans travailla avec le cardinal de Noailles, les quatre évêques de son parti, MM. les cardinaux de Rohan et de Bissy et les trois évêques de leur parti et les cinq laïques qui ont toujours été de ces conférences. — L'abbé de Castries**, nommé à l'archevêché de Tours, entrera dans le conseil des affaires ecclésiastiques, avec la pension de 10,000 francs, comme tous ces conseillers l'ont. Il a la place d'un prélat qui n'avoit jamais été remplie, et M. Joly de Fleury, nouveau procureur général, aura dans ce conseil la place qu'avoit le nouveau chancelier. — M. des Marets***, grand fauconnier, a obtenu la survivance de sa charge pour son fils qui n'a pas encore sept ans.

* Cette grâce fut en tout le second tome de celles de la Feuillade, mais en cela bien plus étrange que MM. de Rohan hors de portée

comme lui de les espérer, comme lui au moins ne se rabaissèrent point à les demander par l'entremise de personne, et que surpris au dernier point d'une prodigalité si fort inattendue, ils en célébrèrent moins la magnificence que le déplacement et l'entière gratuité dont ils la tenoient, peu digne de leur gratitude jusque par sa profusion [sic].

** L'abbé de Castries étoit l'homme qu'il falloit au régent pour remplir une place de prélat au conseil ecclésiastique, qui ne l'avoit pas encore été à force d'avoir été destinée ; c'étoit un homme d'honneur, très-bien avec le cardinal de Noailles, dont la douceur et la politique rassuroient sur la couleur qu'il n'avoit pas encore prise, et tout en brassière par son union étroite et intime avec son frère et sa belle-sœur, chevalier d'honneur et dame d'atours de madame la duchesse d'Orléans. On le verra bientôt passer à Alby, et dix-huit ans après il fut commandeur de l'Ordre.

*** Il en fut en son genre de même de celle de grand fauconnier, qui ouvrit la porte à tous les enfants de prétendre. La mère de ce des Marets-ci, qui est différent du ci-devant contrôleur général et dont le nom est Dauvet, qui vient de la robe, sa mère, dis-je, étoit fille d'un défunt frère de l'abbé Robert, conseiller-clerc de la grande chambre et un des plus estimés. Le régent, dont les mœurs douces avoient enfilé [sic] par la servitude au parlement, comptant par là en avoir meilleur marché, crut par cette grâce avoir fait un tour raffiné de politique qui lui dévoueroit l'abbé Robert et tout le parlement avec lui, à qui il le fit bien valoir et dont Canillac et son valet le duc de Noailles s'applaudirent bien pour leur particulier. On ne tardera pas à voir dans ces Mémoires comme on se trouve de jeter les marguerites devant les pourceaux.

Samedi 6. — Il n'y eut point de conseil de régence ; ils ne commenceront que dans huit jours. — Dans la conférence des prélats qui se tint hier chez M. le duc d'Orléans, on est convenu de tout sur la doctrine ; mais on n'a point donné de projet d'acceptation de la bulle ; on se rassemblera encore vendredi prochain. — C'est présentement M. le duc de Noailles qui se mêlera des affaires de Saint-Cyr, dont se mêloit feu M. le chancelier *. — La déclaration pour les pensions est imprimée et publiée ; on ne retranche rien sur les pensions qui ne passent pas 600 francs, ni sur les pensions sur les Invalides, ni sur celles qui sont attachées aux régiments. Ce qui passe 600 francs jusqu'à 1,000 écus est retranché d'un cinquième ; depuis 1,000

FÉVRIER 1717.

écus jusqu'à 6,000 francs on retranche un quart; depuis 2,000 écus jusqu'à 10,000 francs on retranche un tiers, et de celles de 10,000 francs et au-dessus on en retranche deux cinquièmes. — Le roi vit hier, chez madame du Maine, la comédie jouée par les pages de la petite écurie.

* Le duc de Noailles, qui vouloit tout, qui étoit mari de la nièce et de l'héritière de madame de Maintenon, laquelle ne pouvant plus régner en France régnoit au moins en plein dans son Saint-Cyr, où elle s'étoit sagement enterrée, n'avoit garde de manquer cette administration.

Dimanche 7. — M. de Mazarin gagna hier un grand procès contre la succession de Molac; il compte qu'il lui en reviendra 800,000 francs. — Madame la duchesse d'Orléans est assez incommodée depuis quelques jours; elle a des fluxions et une fièvre lente; elle garde presque toujours le lit. — M. le prince de Conty s'étoit plaint à M. le duc d'Orléans de quelques discours que le chevalier de Rohan lui avoit tenus à l'Opéra; l'ordre a été expédié de le mettre à la Bastille; mais on ne l'a point trouvé ce soir, ainsi on ne l'y mettra que demain. — On a nouvelle que le roi Georges étoit arrivé à Londres. — On a donné le commandement de la ville de la Rochelle à Saint-Maurice, ancien brigadier d'infanterie, qui a été lieutenant-colonel du régiment Royal; il aura d'appointements 6,000 francs du roi et 4,000 francs de la ville. — M. le duc de Noailles a prié M. d'Ormesson, ancien maître des requêtes et qui est du conseil de finances, de vouloir bien se charger du détail de la maison de Saint-Cyr, dont il lui rendra compte.

Lundi 8. — Le mémoire des princes du sang contre les princes légitimés commence à paroître; il est imprimé. Il y a quelques traits dedans dont M. du Maine personnellement croit avoir sujet de se plaindre. — Le chevalier de Rohan fut mis à la Bastille. M. le prince de Conty a prié M. le duc d'Orléans qu'il n'y couchât qu'une nuit et qu'on l'en fît sortir demain. — Il n'y eut point de bal à l'Opéra et n'y en aura pas demain encore, parce qu'il y alloit si peu de monde qu'ils ne retiroient pas leurs frais. — On parle d'acheter l'hôtel de Colbert, où demeure présentement le prince Cellamare, ambassadeur d'Espagne, et les deux maisons de Prondre, qui y touchent, pour y établir le chancelier et la chancellerie; jusque ici il n'y avoit point eu de maisons pour les chanceliers dans Paris; mais ils en avoient à Fontainebleau et à Versailles. — La fille de la maréchale de Boufflers, dont le mariage est arrêté avec le fils du duc de Popoli, sera en arrivant à Madrid dame du palais en la place de la duchesse d'Havré; cette place n'étoit point remplie.

Mardi 9. — M. le prince de Conty avoit hier prié M. le duc d'Orléans de faire sortir le chevalier de Rohan de la Bastille, et il en est sorti ce matin; mais ce chevalier, au bal ce soir dans la salle de la Comédie, est entré dans la loge où étoit madame la princesse de Conty, qu'il n'a peut-être point reconnue, parce qu'elle étoit masquée; elle l'en a fait sortir en se démasquant. Elle prétend avoir un nouveau sujet de s'en plaindre; et ainsi cette affaire-là n'est point terminée, d'autant plus que le chevalier de Rohan ne veut point aller chez M. le prince de Conty lui demander pardon de ce qui s'étoit passé à l'Opéra ces jours passés. — M. le duc d'Orléans alla au Luxembourg souper avec madame la duchesse de Berry, et puis allèrent au bal de la Comédie. — M. l'abbé Dubois est revenu de son ambassade en Hollande; on avoit dit qu'on lui avoit donné l'abbaye de Saint-Riquier pour récompense de sa négociation, mais cela n'est pas vrai encore.

Mercredi 10. — M. le duc d'Orléans travailla l'après-dînée avec M. le maréchal d'Huxelles et l'abbé Dubois; il se coucha de fort bonne heure, parce qu'il veut demain réparer la journée d'hier, qu'il donna à son plaisir. Les mardis sont les jours où il a le plus à travailler. — M. de Mortagne, chevalier d'honneur de Madame, a épousé mademoiselle de Guémené, fille du prince de Guémené, qui ne consentoit point à ce mariage. La fille a fait à M. son père et à madame sa mère toutes les sommations respectueuses; elle a trente-six ans passés, et M. de Mortagne, qui songeoit à l'épouser, il y a déjà quinze mois, leur avoit donné un an de temps pour songer à l'établir et leur avoit déclaré qu'au bout de ce temps-là, s'ils ne la marioient point, il l'épouseroit. — Le roi Jacques, qui étoit à Avignon, en est parti pour passer en Italie; il y va par terre, et l'on croit qu'il s'établira à Urbin; on le regrette fort à Avignon, où il s'étoit fait fort aimer par ses manières polies et obligeantes.

Jeudi 11. — M. le duc d'Orléans travailla depuis six heures du matin jusqu'à six heures du soir, et puis, pour se délasser un peu de ce travail, il alla souper au Luxembourg avec madame la duchesse de Berry. Madame la duchesse d'Orléans a toujours une fièvre lente et des fluxions qui l'incommodent beaucoup. — La conférence des prélats qui devoit se tenir demain chez M. le duc d'Orléans est remise à lundi; les gens qui prétendent bien savoir ce qui se passe dans cette affaire assurent que M. le chancelier travaille fort auprès des évêques du parti de M. le cardinal de Noailles pour les porter à la réunion et à la paix. — M. le Duc et M. le prince de Conty avoient reparlé à M. le duc d'Orléans pour lui faire de nouvelles plaintes du procédé du chevalier de Rohan; mais M. le duc d'Orléans a dit qu'il ne vouloit plus entendre parler de cette affaire.

Vendredi 12. — Le roi descendit à quatre heures chez madame la duchesse du Maine, où il entendit la comédie italienne, où il parut ne se pas ennuyer quoiqu'il n'en entende pas un mot. — M. le chancelier tiendra le conseil demain pour la première fois; il ne change rien aux jours qu'avoit pris le chancelier Voisin, qui est le samedi. — M. Joly de Fleury, nouveau procureur général, a payé les 100,000 écus de brevet de retenue que

M. le chancelier avoit sur cette charge. — On mande de Vienne un combat particulier assez extraordinaire du comte de Windischgratz, président du conseil aulique, et du comte de Schomborn, vice-chancelier de l'Empire et coadjuteur de Bamberg; ils se sont battus en duel, quoiqu'ils ne fussent pas dans des emplois ni de profession à en venir à de pareils procédés.

Samedi 13. — On a ôté la lisière (1) au roi, et M. le maréchal de Villeroy commença à le servir à son dîner. Madame de Ventadour s'absenta exprès pour lui laisser cette fonction-là, afin qu'il y soit moins embarrassé le jour qu'il entrera véritablement en fonction, qui sera lundi. — Il y eut conseil de régence l'après-dînée. Comme il y avoit beaucoup d'affaires, on n'y parla point de la taxe qui avoit été résolue hier au conseil de finances; cela est remis à un conseil extraordinaire que l'on tiendra mercredi matin. — Il se passe quelque chose d'assez bizarre à Ivry, proche Paris : le marquis de Bonneval, frère aîné de celui qui vient d'avoir son abolition au parlement, a une maison dans ce village-là qui est attaquée toutes les nuits; elle est percée de coups de fusil. On a jeté même dans les chambres des feux pour brûler la maison, et il y a eu des lambris et des meubles brûlés entièrement. On dit qu'ils sont quinze ou seize hommes armés; on a tiré de la maison quelques coups sur eux. Ils ont fait dire aux habitants du village qu'ils n'avoient rien à craindre et qu'ils n'en vouloient qu'au seul marquis de Bonneval, qui est en Limousin dans ses terres.

Dimanche 14. — Le roi entendit dans sa chapelle en bas le sermon du P. Terrasson, prêtre de l'Oratoire. — M. de la Trémoille a obtenu pour son fils, qui

---

(1) « Le 14 le roi étant habillé, les officiers de la garde-robe demandèrent s'il souhaitoit qu'on lui remît ses lisières. Le roi répondit : Non, non. Madame la duchesse de Ventadour répliqua : Le roi se tient trop droit et marche si sûrement que je n'ai pas dessein qu'on les lui remette. » (*Le Nouveau Mercure*, vol. de février, page 155.)

n'a que neuf ans, la survivance de la charge de premier gentilhomme de la chambre et 400,000 francs de brevet de retenue. — Le petit désordre qu'il y avoit eu au Havre est fini ; la garnison en est sortie sans mutinerie. On l'a menée à Amiens, où l'on fera justice des plus séditieux. — La conférence des prélats qui se devoit tenir chez M. le duc d'Orléans a été remise à mercredi, et on croit même qu'elle le sera jusqu'à vendredi. On recommence à dire que M. le duc d'Orléans jugera l'affaire des princes, et M. le Duc prétend qu'il lui a promis. — On mande de Londres que le roi d'Angleterre a fait arrêter M. de Guillemberg, envoyé du roi de Suède, et a fait enfoncer tous les coffres et toutes les cassettes et s'est saisi de tous les papiers. On prétend que ce ministre vouloit exciter de nouveaux troubles dans ce pays-là en faveur du petit roi Jacques.

Lundi 15. — Le roi fut assez gai le matin en se levant; mais quand M. le duc d'Orléans fut arrivé chez lui et que madame de Ventadour lui dit qu'elle remettoit le précieux dépôt qui lui avoit été confié et baisa la main au roi en prenant congé de lui, il se jeta à son col et l'embrassa tendrement en fondant en larmes. Madame de Ventadour lui dit : « Mais Sire, il faut écouter la raison. — Ah, maman ! lui dit-il, je ne reconnois plus de raison quand il faut m'éloigner et me séparer de vous. » M. le duc d'Orléans donna de grandes louanges à madame de Ventadour, la remercia de tous les soins qu'elle avoit pris du roi, et puis il remit le roi entre les mains de M. le maréchal de Villeroy, son gouverneur. Le roi ne voulut point dîner et fut fort triste toute la journée. On a fait à madame de Ventadour un présent magnifique de pierreries que le roi avoit eues de la succession de monseigneur le Dauphin, son grand-père, et on estime ce présent 60,000 écus * (1) —On a publié une déclaration

---

(1) « Le 15 est une époque trop mémorable par le nouveau changement de

du roi qui diminue un cinquième sur les entrées de Paris et sur les gabelles; ce sera un grand soulagement pour

---

scène arrivé à la cour, pour n'en pas donner un détail aussi fidèle qu'il dépendra de moi.

« Ce jour-là même auquel le roi entroit dans sa huitième année, monseigneur le duc-régent se rendit au palais des Tuileries sur les neuf heures et demie du matin.

« Madame la duchesse de Ventadour ayant, selon l'usage, fait examiner le roi quelques jours auparavant par les médecins et les chirurgiens qui le trouvèrent très-bien constitué, le remit entre les mains de monseigneur le duc-régent, et lui dit : Monseigneur, voilà le dépôt que le feu roi m'a confié et que vous m'avez continué ; j'en ai pris tous les soins possibles, et je le rends en parfaite santé. Monseigneur le duc-régent lui témoigna que le roi et tout l'État lui avoient une obligation infinie de l'attention qu'elle avoit apportée à préserver des jours si précieux de tout accident; il ajouta qu'il inviteroit lui-même le roi à conserver la mémoire de ses services si importants; qu'à son égard il n'oublieroit rien pour lui donner des marques sensibles de sa reconnoissance. Dans ce moment S. A. R. présenta au roi M. le maréchal de Villeroy pour son gouverneur, et M. Fleury, ancien évêque de Fréjus, pour son précepteur ; adressant ensuite la parole à M. le duc du Maine et à M. le maréchal de Villeroy, il leur dit : Messieurs, ce sacré dépôt vous regarde particulièrement. Nous espérons que vous répondrez parfaitement à l'attente que toute la France a conçue de vous pour l'éducation du roi; c'est à vous à présent d'en avoir tout le soin que nous nous promettons de votre zèle et de votre inclination pour S. M. et pour l'État. Alors madame la duchesse de Ventadour dit à S. A. R. : Monseigneur, voilà mon ministère fini; vous me permettrez de baiser la main du roi et de me retirer. Dans l'instant elle prit la main du roi et la baisa, mais ce fut avec tant de tendresse qu'il ne lui fut pas possible de retenir ses larmes. Le roi, attendri, l'embrassa étroitement et mit son chapeau devant ses yeux pour cacher ses pleurs. Madame la duchesse de Ventadour s'étant retirée, le roi en parut si touché qu'il ne cessa de pleurer. On lui fit entendre la messe dans son oratoire; mais, tournant la tête et ne voyant plus madame de Ventadour, les larmes recommencèrent. Après la messe on tâcha de le consoler dans la petite chambre du billard, pendant qu'on démeubloit son appartement, dont les meubles appartenoient pour lors de droit à madame de Ventadour. Le roi demeura inconsolable jusqu'à trois heures et demie; on lui donna de temps en temps à boire pour le rafraichir. Il renvoya chercher madame de Ventadour, qui de son côté n'avoit cessé de pleurer; elle revint néanmoins avec un visage serein pour faire reproche au roi de ce qu'à l'âge de huit ans il manquoit de résolution; qu'il devoit au contraire être très-content de se trouver sous la conduite des hommes. Il repartit sur-le-champ à madame de Ventadour : C'est parce que j'ai de la raison, ma chère mère, que j'ai regret de me voir séparé de vous. Elle lui dit : Mais, Sire, vous n'avez pas mangé. Il lui répliqua : Non; à présent que vous êtes auprès de moi, que l'on m'en apporte. Il dîna assez bien. Pendant qu'on étoit

le peuple, et les fermiers n'y perdront presque rien, parce que la consommation en sera beaucoup plus grande. — Il y eut conseil de régence.

* Le régent étoit prodigue et malheureux en présents. La dame d'honneur de sa mère, qui après s'être prostituée à cette place, avoit enfin fait fortune, étoit trop livrée aux Rohan et trop anciennement abandonnée au maréchal de Villeroy pour se démentir d'eux jamais, pas même en la moindre pensée.

Mardi 16. — Le roi est encore fort affligé de la séparation de madame de Ventadour; elle est allée aujourd'hui à Saint-Cyr avec M. le cardinal de Rohan voir madame de Maintenon. M. le maréchal de Villeroy couchera presque toujours dans la chambre du roi, où il y a deux forts beaux lits neufs et presque égaux (1). — L'affaire des

---

auprès de Sa Majesté M. le marquis de la Vrillière apporta un présent de diamants de cent cinquante-quatre mille livres qu'il mit sur la table du roi, pièce à pièce; c'étoient des bracelets avec les portraits de monseigneur le Dauphin et de madame la Dauphine, père et mère du roi; un collier de perles avec une croix de diamant magnifique; la bague du feu dernier monseigneur le Dauphin et quantité d'autres pierreries, entre lesquelles il y a une pierre en table de grand prix. Le roi demanda : Est-ce tout? On lui répondit : Oui, Sire. — C'est bien peu, ma bonne en mérite davantage par les bons soins qu'elle a pris de moi. Madame la duchesse de Ventadour y resta jusqu'à neuf heures. Le roi se coucha assez tranquillement, lui ayant fait promettre qu'elle reviendroit le lendemain. » (*Le Nouveau Mercure*, volume de février, pages 156 à 161.)

(1) « Le 16, le roi à son réveil fut averti par M. le maréchal de Villeroy d'appeler M. le duc de Mortemart, premier gentilhomme de la chambre d'année. Le roi l'appela trois fois. On le fit entrer, et s'étant présenté au lit du roi, S. M. lui dit : Je veux me lever. Ce seigneur lui présenta la robe de chambre et ses mules, et lui dit : Votre Majesté ne souhaite-t-elle pas passer dans son cabinet pour s'habiller? Aussitôt on fit entrer les seigneurs qui ont des brevets d'entrée, comme sous le feu roi. S. M. parut fort étonnée de voir tant d'hommes autour de lui. M. le duc de Mortemart fit appeler la chambre et la garde-robe; alors un grand nombre d'officiers se présenta pour faire leur devoir; le roi fut encore plus surpris d'en voir le nombre augmenter. Il demanda cependant sa chère mère madame la duchesse de Ventadour, qui vint quelque temps après en habit de voyageuse; elle y resta une heure. Mon prince, lui dit-elle, je suis obligée de vous quitter et d'aller à Saint-Cyr voir madame de Maintenon. Le roi en fut alarmé, et s'étant jeté à son col tendre-

princes du sang contre les princes légitimés fait plus de bruit que jamais; les princes du sang disent que M. le duc d'Orléans leur a promis de juger bientôt cette affaire. — Le petit désordre qui étoit arrivé au Havre est fini; la garnison est sortie sans faire aucune opposition ; elle est à Amiens présentement, où l'on punira de mort quelques soldats des plus coupables. Il y avoit quelques compagnies d'invalides au Havre et qui avoient eu part à ce désordre; on en a cassé cinquante, dont on en amènera cinq ici pour en faire justice devant l'Hôtel des Invalides.

Mercredi 17. — On tint le matin conseil de régence pour régler la taxe qui avoit été faite vendredi au conseil des finances et qu'on n'eut pas le temps d'examiner au conseil de régence de samedi. Les Paris sont taxés à 1,216,000 francs; ils sont quatre frères. C'est chacun 304,000 francs. La Croix est taxé à quatre cent quelques mille francs. La Neuville, qui revient de l'intendance de Roussillon, avoit été taxé par les commissaires à 400,000 francs ; le conseil de finances avoit diminué sa taxe de 100,000 francs et le conseil de régence l'a diminuée encore de 100,000 francs, si bien qu'il en sera quitte pour 200,000 francs. — Le roi n'est pas encore consolé de l'absence de madame de Ventadour; elle vient le voir souvent, et il paroît toujours lui être fort attaché (1). — L'assemblée des prélats qui devoit être l'après-midi chez M. le duc d'Orléans a été remise à vendredi. — Milord Stairs va faire un tour en Angleterre; il compte d'en revenir bientôt avec le caractère d'ambassadeur.

Jeudi 18. — Le roi commence à s'accoutumer à être

---

ment, il donna de nouveau, en cette occasion, des preuves sensibles de son bon cœur. » (*Le Nouveau Mercure*, vol. de février, pages 161 et 162.)

(1) « Le 17 on porta chez madame la duchesse de Ventadour la vaisselle de vermeil de feu monseigneur le Dauphin et de madame la Dauphine. Elle pèse 400 marcs. » (*Mercure* de février, page 163.)

servi par les hommes; mais il témoigne toujours beaucoup d'amitié à madame de Ventadour, et son bon cœur qui paroît à cela fait plaisir à tout le monde. — M. le cardinal de Rohan travailla le matin avec M. le duc d'Orléans, qui marque en toutes occasions être fort content de ce cardinal. — Le maréchal de Montesquiou, qui n'est pas encore parti pour la Bretagne, achète pour son fils le régiment du prince d'Isenghien, dont il lui donne 55,000 francs; c'est un régiment d'infanterie. — Saint-Micau, colonel du régiment de M. le comte de Charolois, avoit été condamné par MM. les maréchaux de France à payer de l'argent qu'il devoit; il n'a point satisfait à cet ordre : on a fait marcher les maréchaussées de son voisinage pour le prendre dans son château et le mener prisonnier à Châlons; on l'a trouvé dans son lit fort malade, et on vient de nous dire qu'il étoit mort.

Vendredi 19. — M. le duc d'Orléans travailla le matin avec M. le cardinal de Noailles, qu'il avoit fait venir de meilleure heure qu'à l'ordinaire, et l'après-dînée chez S. A. R. il y eut conférence des cardinaux et des prélats des deux partis. La conférence se passa fort poliment; il y eut pourtant un discours de l'archevêque de Bourges au cardinal de Noailles qu'on prétend qui fut assez fort. — Madame la duchesse d'Orléans est entièrement guérie, et l'on croit madame de Chiverny hors de danger. — Il y a eu une petite conversation entre M. le Duc, comme grand maître de la maison du roi, et les premiers gentilshommes de la chambre; M. le Duc prétend que la nef doit être mise dans l'antichambre du roi, et que par conséquent c'est aux maîtres d'hôtel et aux gentilshommes servants à servir le roi à table, et les gentilshommes de la chambre soutiennent que cela est contre la règle et l'usage, et que la nef ne doit être mise dans l'antichambre qu'aux grandes cérémonies (1).

---

(1) « Le 20, le roi après ses exercices a dîné à son grand couvert. M. le comte

Samedi 20. — Il y eut conseil de régence l'après-dînée, où il y eut une taxe nouvelle, mais fort petite. Saint-Eugène, maître d'hôtel ordinaire du roi, fut taxé à 40,000 écus, comme ayant été il y a quelques années receveur général. — Milord Stairs partit le soir pour retourner en Angleterre, et dit qu'il en reviendra bientôt ici avec la qualité d'ambassadeur. — MM. les pairs s'assemblent souvent depuis quelques jours, et on croit que c'est pour demander au roi que les princes légitimés n'aient séance au parlement que selon l'ancienneté de leurs pairies ; d'un autre côté, les princes du sang paroissent plus animés que jamais contre les princes légitimés, et parlent tous les jours à M. le duc d'Orléans pour le presser de juger l'affaire. Quand M. le Duc ne peut pas aller au Palais-Royal, madame la Duchesse, sa mère, y va pour l'en presser de même*.

* Les pairs, tout déplorables qu'ils étoient par leur conduite, palpitoient encore assez dans le plus grand nombre pour se souvenir qu'ils s'étoient bien promis de ne pas manquer les bâtards, si les princes du sang les rejetoient, et de signaler au moins leurs derniers soupirs contre le rang intermédiaire. Ils l'avoient promis et à eux et aux bâtards mêmes, dès le temps du feu roi ; le duc de Saint-Simon l'avoit dit et pis encore à M. du Maine lorsqu'il fit casser sur eux la corde du bonnet ; il l'avoit dit au comte de Toulouse et à madame la duchesse d'Orléans elle-même. Ils trouvèrent leur temps et le saisirent, au mépris du petit nombre de leurs faux frères. Les ducs d'Estrées et Mazarin étoient des excréments

---

de Livry, survivancier dans la charge de premier maître d'hôtel, a porté le bâton. M. le maréchal (de Villeroy) étoit auprès du roi pour le faire manger. M. le duc de Noailles comme capitaine des gardes occupoit le derrière du fauteuil avec M. le duc de Mortemart comme premier gentilhomme de la chambre. La nef étoit posée sur la table auprès de M. l'abbé de Maulevrier, aumônier, qui la découvrit pour présenter des serviettes quand le roi souhaitoit d'en changer. Aux deux côtés de la table étoient les deux gardes de la manche avec leurs pertuisanes ; le long de la salle six gardes du roi étoient rangés de chaque côté, la carabine sur l'épaule et le chapeau sous le bras. Les brigadiers des gardes tenoient la porte ; un huissier de service alloit et venoit pour le service, et les gentilshommes servants faisoient leur fonction ordinaire. Le roi parut fort attentif à ce nouveau cérémonial, et témoigna qu'il lui faisoit plaisir. » (*Mercure* de février, page 164.)

à qui le reste des hommes ne daignoit pas parler. Le premier ne parut en aucun temps aux assemblées des pairs, et Mazarin en fut mis dehors par les épaules chez l'évêque-duc de Laon, où elle se tenoit ce jour-là, et depuis cette ignominie sans exemple, n'osa jamais plus se présenter parmi eux. Rohan, toujours discole [*sic*], n'étoit jamais d'accord avec personne, pas même avec soi. D'Antin se trouvoit dans une situation unique, et qui mérita la considération qu'on ne voulût pas seulement lui en parler. Le prince de Rohan devoit trop aux amours de Louis XIV et avoit trop d'intérêt aux désordres, à l'usurpation, à l'interversion de tout ordre et de toute règle, pour se pouvoir mêler de faire rendre justice au droit et à la vertu. Dangeau n'en nomme point d'autres (1), et se jette dans de faciles généralités. Quant à M. d'Aumont, presque aucun d'eux ne lui parloit, pour s'être déshonoré parmi eux par ses perfidies, découvertes enfin et mises au net dans l'affaire du bonnet dès le temps du feu roi, après qu'elle y fut manquée et même un peu auparavant.

Dimanche 21. — Conseil de régence le matin. On a donné à l'abbé Daguesseau, frère de M. le chancelier, l'emploi qu'avoit M. de la Rochepot, gendre du feu chancelier, pour l'examen des livres qu'on veut faire imprimer. — Il y a quelques jours que des archers, en assez grand nombre, entrèrent dans l'hôtel de Sully, visitèrent la cuisine sur ce qu'on leur avoit dit que durant ce carême les gens de M. de Sully vendoient de la viande, ce qui n'est permis qu'à l'Hôtel-Dieu. M. de Sully, qui étoit dans la maison, empêcha ses gens de faire des insultes à ces archers, et envoya chercher le commissaire Labbé, qui est le commissaire du quartier, qui lui parla comme d'une chose qui s'étoit faite sans sa participation, et lui fit faire même des excuses par celui qui commandoit ces archers. M. de Sully crut l'affaire finie, et n'en alla point faire ses plaintes à M. le duc d'Orléans; mais ces archers firent un procès-verbal qu'ils portèrent à M. le procureur général. M. de Sully a été obligé d'en parler à M. le régent, qui a renvoyé l'affaire à M. d'Argenson pour lui en rendre compte. Le procureur général soutient les archers, et cette affaire n'est point finie.

---

(1) A la date du 23 février.

Lundi 22. — Conseil de régence le matin. — MM. les pairs présentèrent au roi et à M. le duc d'Orléans une requête contre les princes légitimés. L'évêque de Laon, l'évêque de Châlons et six pairs laïques portèrent au roi cette requête. L'évêque de Langres, les ducs de la Force, de Noailles et de Chaulnes la portèrent à M. le duc d'Orléans : voici les conclusions qu'ils ont prises dans leur requête :

« A ces causes, Sire, plaise à V. M. en révoquant et annulant l'édit du mois de juillet 1714, et la déclaration du 23 mai 1715, révoquer et annuler la déclaration du 5 mai 1694 en tout son contenu, ensemble l'édit du mois de mai 1711, en ce qu'il attribue à MM. les ducs du Maine et comte de Toulouse et à leurs descendants mâles le droit de représenter les anciens pairs aux sacres des rois à l'exclusion des autres pairs de France, et qui leur permet de prêter le serment au parlement à l'âge de vingt ans. »

Mardi 23. — Il y a quelques pairs qui n'ont pas voulu signer la requête des autres pairs contre les princes légitimés, et voici ceux qu'on m'a nommés : les ducs de Mazarin, d'Estrées, de Rohan, d'Aumont, d'Antin, et le prince de Rohan. Je crois qu'il y en a encore quelques autres ; et parmi ceux qui ont signé la requête il y en a quelques-uns qui prétendent qu'ils n'avoient pas eu intention de demander tout ce qui est dans les conclusions. MM. les princes du sang ont résolu que si M. le duc d'Orléans ne veut pas juger leur affaire, ils attaqueront en justice réglée la légitimation des princes légitimés, pour les faire déclarer fils de M. de Montespan. — J'appris que Sauroy, qui avoit été taxé il y a quelques semaines, avoit obtenu 100,000 écus de diminution sur sa taxe. — Ce n'est plus l'hôtel de Colbert qu'on achète pour M. le chancelier ; c'est la maison de Bourvalais et les deux d'à côté qui sont dans la place de Louis-le-Grand.

Mercredi 24. — MM. les ducs de Saint-Simon et

et d'Antin ont obtenu les grandes entrées chez le roi *. — Le bruit court que M. de Basville, intendant en Languedoc, a permission de revenir; mais on ne dit pas encore qui sera son successeur. Les États de Languedoc ont fait un traité avec le roi par lequel ils sont déchargés de payer le dixième, et on leur diminue 900,000 francs sur le don gratuit, qui est de trois millions. — On a donné aussi les grandes entrées chez le roi à MM. les marquis de Chiverny et de Gamaches. On dit aussi que M. le prince de Conty les a demandées; c'étoit le seul des princes du sang qui ne les avoit point, et qui les a obtenues. — On a donné beaucoup de justaucorps à brevet. Le feu roi n'en accordoit plus, quoiqu'il y en ait plusieurs de vacants; il en voulut encore laisser diminuer le nombre. Ces brevets-là étoient fort souhaités autrefois; mais dans les dernières années de la vie du feu roi ils avoient été un peu négligés, parce qu'il n'y avoit plus aucuns priviléges attachés à ceux qui avoient permission d'en porter.

* Bientôt après, ces grandes entrées, si rares, si utiles, si chères du temps du feu roi, furent aussi prodiguées que les justaucorps à brevet, faveur *capone* (1) dont on a parlé en son lieu. L'abbé Dubois devenu cardinal et premier ministre ôta toutes ces grandes entrées, dont il fit rapporter les brevets, et ne conserva qu'au duc de Berwick les grandes, qui ne les avoit eues que depuis, et à Belle-Isle les premières, qui ne les avoit eues aussi que depuis et qui les a encore, malgré toutes les étranges aventures dont il a si glorieusement échappé.

Jeudi 25. — M. le duc de Chaulnes a obtenu la survivance de sa charge de capitaine-lieutenant des chevau-légers de la garde pour son fils, qui n'a pas encore douze ans. M. de Chaulnes avoit sur cette charge un brevet de retenue de 220,000 livres; on l'augmente de 180,000 : ainsi, il est présentement de 400,000 francs. — La Salaine, receveur des tailles de Clamecy, avoit été

---

(1) Saint-Simon donne l'explication de ce terme dans l'addition du 18 janvier 1716, tome XVI, page 302.

condamné au bannissement et à rendre 50,000 écus qu'il avoit exigés des peuples injustement; on l'a trouvé dans la prison qui venoit de se couper la gorge: il n'étoit pas encore mort ce matin, à ce qu'on dit. — Presque tous les évêques qui sont à Paris comptent d'en partir incessamment pour retourner dans leurs diocèses avant Pâques; ils n'espèrent plus rien des conférences qui se tiennent chez M. le duc d'Orléans. Il y en aura pourtant encore une demain, et peut-être ne sera-ce pas la dernière.

Vendredi 26. — M. le cardinal de Noailles se trouva fort incommodé; il a même été saigné. Il envoya le matin M. l'évêque de Châlons, son frère, pour faire à M. le duc d'Orléans ses excuses de ce qu'il ne pouvoit pas être à l'assemblée, et on crut que ce cardinal n'y venant point, l'assemblée seroit remise; mais M. le duc d'Orléans dit à M. de Châlons qu'il vouloit que l'assemblée se tînt, et que M. le cardinal de Noailles n'avoit qu'à envoyer ses papiers. L'assemblée se tint donc, et fut même fort longue; on lut d'abord vingt-six articles de la bulle que M. le cardinal de Noailles prétend qui sont insoutenables, et que le pape n'a pu condamner en aucun sens ces vingt-six articles du livre du P. Quesnel. M. le cardinal de Rohan en relut le premier, fit voir combien il étoit condamnable, et M. l'évêque d'Arras qui est du parti de M. le cardinal de Noailles, fut de l'avis de M. le cardinal de Rohan. M. l'évêque d'Angoulême soutint que M. cardinal de Noailles avoit eu raison; on donna ensuite le projet d'acceptation que M. le cardinal de Noailles avoit envoyé, et les quatre laïques qui étoient là convinrent, avec les évêques du parti du cardinal de Rohan, que cette acceptation n'étoit pas recevable; il y eut même des laïques qui se servirent de termes assez forts contre cette acceptation. Voilà toutes les conférences finies sans nul espoir d'accommodement.

Samedi 27. — Il y eut conseil de régence l'après-dînée. Le marquis de Gesvres prêta le serment pour la survivance de la charge de premier gentilhomme de la chambre. M. de Soubise fut reçu à la tête des gendarmes comme survivancier de M. le prince de Rohan, son père ; M. le maréchal de Tallard lui fit prêter son serment. Cela se fit dans la cour des Tuileries, et M. le duc d'Orléans y étoit à cheval. Le roi et madame la duchesse de Berry tinrent sur les fonts la fille de madame de Mouchy, et ensuite S. M. et madame la duchesse du Maine tinrent sur les fonts le fils de madame d'Arcy. Madame d'Arcy est fille de madame de la Lande, sous-gouvernante du roi. S. M. donna des belles boucles d'oreilles à madame de Mouchy et envoya une belle bague à madame d'Arcy (1). — Il y a eu grand nombre de personnes taxées

---

(1) « Le 27, à trois heures, monseigneur le duc-régent s'étant rendu chez le roi, S. M. reçut le serment de M. le marquis de Gesvres pour la survivance de la charge de premier gentilhomme de la chambre, en présence de M. le duc de Tresmes, son père, et de quantité de seigneurs.

« Cette cérémonie avoit été précédée de celle du serment prêté quelques moments auparavant par M. le prince de Soubise pour la charge de capitaine-lieutenant des gendarmes entre les mains de M. le maréchal de Tallard. Ce droit appartenoit autrefois au connétable, mais depuis l'extinction de cette charge les grands officiers ont la liberté de choisir pour recevoir la prestation de leur serment celui des maréchaux de France qui leur agrée davantage.

« Après le serment prêté par M. le marquis de Gesvres, le roi accompagné de M. le duc-régent, de monseigneur le Duc, de messeigneurs les princes et de M. le maréchal de Villeroy, voulut voir du balcon de la salle des Cent-Suisses la compagnie des gendarmes de quartier. M. le prince de Rohan et M. le prince de Soubise à cheval firent faire divers mouvements. Après que la compagnie eut défilé, M. le prince de Rohan demanda l'ordre au roi, qui répondit qu'on pouvoit s'en aller. S. M. parut prendre beaucoup de plaisir à cette revue.

« Ce fut dans ce temps-là que madame la duchesse de Berry arriva, dans un magnifique carrosse, escortée d'un détachement de ses gardes. Elle monta chez le roi, d'où elle se rendit avec S. M. dans la chapelle pour y tenir sur les fonts de baptême une fille de M. le marquis de Mouchy, maître de la garde-robe de feu monseigneur le duc de Berry. Le roi y avoit été précédé par M. le cardinal de Rohan, grand aumônier de France, M. l'abbé de Maulevrier et M. l'abbé d'Argentré, aumônier du roi. S. M. étoit accompagnée de M. le maréchal de Villeroy, de M. le prince Charles, grand écuyer de France, de tous les officiers des gardes. Le roi portoit un habit de velours couleur de pourpre, enrichi de gros boutons de diamants. Madame la duchesse de Berry

au conseil de régence; mais les taxes sont si petites qu'elles ne méritent plus de curiosité, et on n'en demande pas même les listes; cependant, il y a encore des gens considérablement riches qui ne sont pas taxés. Il y a eu à ce conseil-là un nommé Papillon, grand agioteur, qui a été taxé à un million; mais on dit qu'il n'a pas de quoi payer le premier sol.

Dimanche 28. — Le roi, ce carême, a toujours entendu dans la chapelle, en bas, les sermons du P. Terrasson. — Il y eut conseil de régence le matin. — Il paroît un troisième mémoire des princes du sang, qui est plus fort et moins mesuré que les deux premiers. D'un autre côté, les princes légitimés présentèrent au roi et à M. le duc d'Orléans une requête dont voici les conclusions :

« A ces causes, Sire, plaise à V. M. renvoyer la demande des princes du sang, tant pour ce qui regarde l'édit du mois de juillet 1714 que pour ce qui concerne la déclaration du 23 mai 1715, à sa majorité, et en cas qu'elle juge à propos de la décider pendant sa minorité, ne rien prononcer sur la question de la succession à la couronne avant que les états généraux du royaume, juridiquement assemblés, aient délibéré sur l'intérêt que la nation peut avoir aux dispositions de l'édit du feu roi concernant la succession à la couronne et s'il lui est utile et avantageux d'en demander la révocation. »

---

y avoit été précédée par M. l'abbé de Castries, nommé à l'archevêché de Tours, son premier aumônier, M. l'abbé de Rouget et M. l'abbé de Parthenay, ses aumôniers. Elle étoit accompagnée de madame la duchesse de Saint-Simon, sa dame d'honneur, de madame la marquise de Pons, sa dame d'atours, de ses dames du palais, de M. le marquis de Coëtanfao, son chevalier d'honneur, de M. le chevalier d'Hautefort, son premier écuyer et du reste de sa maison. Cette princesse portoit une robe d'une étoffe d'or, toute couverte de pierreries; sa coiffure en étoit toute brillante. Madame la duchesse de Saint-Simon s'y distingua aussi par une grande quantité de diamants sur sa robe et à sa coiffure. Le roi fit pareillement l'honneur à M. le marquis d'Arsy, un des quatre gentilshommes de la manche, de tenir son fils avec madame la duchesse du Maine. » (*Le Nouveau Mercure*, volume de mars, pages 83 à 86.)

Lundi 1ᵉʳ mars. — Conseil de régence le matin. — La ratification du traité de ligue défensive avec l'Angleterre et la Hollande est arrivée, et on va faire imprimer ce traité. — M. le duc d'Orléans envoya ordre à la Sorbonne de déchirer sur leurs registres tout ce qu'ils y mirent le jour qu'ils firent la députation à M. le cardinal de Noailles et la copie de l'écrit qu'ils laissèrent sur sa table en sortant de sa chambre. — Il y doit encore avoir une assemblée d'évêques mercredi chez M. le duc d'Orléans, et on n'espère plus rien de ces assemblées, car tous les évêques qui sont à Paris comptent d'en partir incessamment, voulant être dans leurs diocèses avant Pâques. — Il y a déjà quelque temps que les États de Languedoc ont fait une convention avec le roi, par laquelle ils le quittent de deux rentes qu'il leur payoit, lesquelles alloient à environ 250,000 francs en tout, moyennant quoi ils ne payeront plus le dixième.

Mardi 2. — Madame la duchesse de Berry, qui avoit été saignée du pied il y a deux jours, alla coucher à la Meutte, où elle demeurera quelques jours et où elle se fera purger; on ne la saigne jamais que du pied, parce qu'elle est fort malaisée à saigner du bras. — Quelques gens disent que la Sorbonne a obéi à l'ordre que leur envoya hier M. le duc d'Orléans; beaucoup d'autres gens disent le contraire, et que la Sorbonne soutient qu'elle ne peut ni ne doit jamais rien arracher de ses registres. — L'assemblée des évêques qui devoit se tenir demain chez M. le duc d'Orléans est remise à vendredi. — On parle fort d'envoyer incessamment un ambassadeur en Suède; on assure même que celui qu'on a choisi pour cet emploi est déjà nommé, mais cela n'est pas encore public; la commune opinion est qu'on y envoie le comte de la Marck.

Mercredi 3. — M. le cardinal de Noailles eut une longue audience de M. le duc d'Orléans, qui ensuite alla dîner à la Meutte, avec madame la duchesse de Berry.

— Cette malheureuse femme qu'on appelle madame de la Fontaine, qui pour prolonger son jugement demandoit à être confrontée avec M. Desmaretz, a été convaincue, jugée et condamnée au pilori ; on dit pourtant qu'on n'y condamne point les femmes. M. Desmaretz est justifié pleinement sans avoir été obligé de comparoître *. — M. de Callières, secrétaire du cabinet, est à l'extrémité ; il avoit été plénipotentiaire à Ryswick, et il est un des quarante de l'Académie françoise. Il est fort riche, n'a point été marié, et n'a qu'une sœur et un neveu, dont il n'est pas content ; tout son bien est bien d'acquêt : ainsi il en peut disposer en faveur de qui il lui plaira. Il a un brevet de retenue de 20,000 écus sur sa charge.

* Cette femme, produite et soutenue par le duc de Noailles, vouloit faire pendre Desmaretz, et pensa l'être elle-même.

Jeudi 4. — M. le duc d'Orléans alla à la comédie italienne qu'on appelle *Samson* (1), où il y a une belle machine nouvelle, qu'on ne peut pas transporter sur le théâtre de l'Opéra. — M. le cardinal de Rohan et M. le duc de Noailles travaillèrent ensemble le soir chez M. le chancelier. — Madame la duchesse d'Albret est à la dernière extrémité, après une longue et cruelle maladie ; elle est sœur du duc de la Trémoille et est regrettée généralement de tout le monde par sa politesse et sa douceur. On dit qu'elle laissera beaucoup de dettes ; elle étoit fort noble et fort magnifique ; elle fit son testament il y a quelques jours, mais on dit qu'il n'est pas signé. — On mande de Madrid que la reine d'Espagne est entrée dans le neuvième mois de sa grossesse.

Vendredi 5. — MM. les évêques de Senez, de Montpellier, de Boulogne et de Mirepoix allèrent le matin à l'assemblée de la Sorbonne, où ils furent reçus avec

(1) *Samson*, tragédie italienne tirée de l'espagnol, jouée à Paris en 1717, imprimée avec une traduction en prose par M. Fréret. (*Dictionnaire des Théâtres*, par de Léris.)

beaucoup d'honneur; M. de Mirepoix, comme le plus ancien des quatre, porta la parole, et fit un très-beau discours en latin pour exhorter la Sorbonne d'adhérer à la résolution qu'ils avoient prise et signée d'appeler au futur concile général de tout ce que le pape avoit fait ou feroit par rapport à la constitution *Unigenitus*; ils allèrent ensuite chez M. le procureur général, où ils portèrent leur appel. Ravechet, syndic de la Sorbonne, et plus de quatre-vingts docteurs adhèrent à leurs avis; il y eut environ vingt docteurs qui sortirent de l'assemblée sans vouloir opiner, quinze ou seize qui furent d'avis de ne point appeler au futur concile et deux ou trois qui firent des oppositions en forme. Ces quatre évêques avoient mené deux notaires avec eux. M. le duc d'Orléans fut averti avant midi de ce qui s'étoit passé à la Sorbonne le matin, et dit publiquement qu'il n'avoit jamais été si en colère. M. le duc d'Orléans travailla l'après-dînée avec les cardinaux de Rohan et de Bissy, M. le chancelier, le maréchal d'Huxelles et le marquis d'Effiat, et envoya chercher MM. de la Vrillière et d'Armenonville pour expédier des lettres de cachet. Les quatre évêques eurent ordre de sortir de Paris dès le jour même; le syndic de la Sorbonne est exilé à Collioure; un des notaires qu'ils avoient mené à la Sorbonne avec eux est envoyé à la Bastille. — Madame la duchesse d'Albret mourut à midi; les médecins croyoient qu'elle pouvoit vivre encore quelques jours. Elle a été confessée, mais elle n'a pu recevoir le viatique, et son testament n'est point signé. — M. de Callières * mourut le soir. Tout le monde donne déjà sa place d'académicien à M. l'évêque de Fréjus, précepteur du roi, mais on ne fait l'élection qu'un mois après la mort.

* Callières s'étoit élevé par son esprit, par son excellent sens, par un art judicieux de négocier où il avoit toujours si parfaitement réussi, que des petits emplois au dehors il mérita toute la confiance du feu roi, avec qui il eut beaucoup de rapports directs, qui n'altérèrent jamais

sa modestie, non plus que ses négociations continuelles n'altérèrent son secret, sa probité, sa fidélité. Il fut longtemps caché en Hollande à traiter la paix de Ryswik, qu'il fit seul, dont en récompense il fut le troisième ambassadeur plénipotentiaire, et que M. de Harlay, qui en fut le premier, gâta essentiellement malgré lui par ses imprudences et sa précipitation. Callières parut ensuite à la cour, qu'il ne quitta plus pour la fonction de sa charge, qui, pour le dire en passant, est d'être superlativement faussaire, puisqu'elle consiste à faire et à écrire les lettres de la main et pour cela à contrefaire si parfaitement l'écriture du roi, qu'on ne puisse pas la distinguer de son imitation; c'est dont cette place oblige à faire une véritable étude, d'autant plus nécessaire que le roi signe ces lettres de sa main, à la différence de celles qui passent par les secrétaires d'État, où la signature est mise par les commis et ne valent que par celle du secrétaire d'État qui l'y met lui-même. On ne trouva pas que Callières eût dégénéré du vieux Rose, son prédécesseur, qui étoit l'homme du monde qui faisoit parler le roi le plus dignement et avec le plus de justesse, suivant les choses et les personnes. L'habitude de presque toute la vie de Callières, passée en pays étrangers, lui avoit donné un air et des manières étrangères, qui le rendoient désagréable; mais pour peu qu'il fût approfondi, on l'aimoit, on l'estimoit, on se plaisoit avec lui et on y apprenoit beaucoup, sans qu'il songeât même à instruire. Il eut des amis et de la considération; sa vie fut toujours unie et sobre, réfléchie, chrétienne, et la fin très-pieuse, et son testament fort sage. Ce fut une perte pour les ministres et pour ses amis. Il avoit eu un frère, mort gouverneur général de Canada, qui étoit craint, aimé et estimé, et qui ne s'étoit point marié.

Samedi 6. — Conseil de régence l'après-dînée. — On n'a point trouvé Ravechet, syndic de la Sorbonne: on ne sait où il est. Il a emporté avec lui les registres dont M. le duc d'Orléans vouloit faire arracher quelques délibérations, qui n'en n'ont point été ôtées. — Il y eut une grande assemblée d'évêques chez M. le cardinal de Rohan. — M. de Callières a fait un testament par lequel il donne presque tout son bien, qui est considérable, à l'Hôtel-Dieu; on compte que les pauvres profiteront de plus de 500,000 francs. Il donne sa bibliothèque et quelques tableaux à l'abbé Renaudot, qu'il a fait son exécuteur testamentaire. Il laisse à une sœur qu'il a 500 écus de pension et le brevet de retenue qu'il a sur sa charge, qui est de 20,000 écus. — On attend tous les jours ici le comte de Konigsegg, ambassadeur de l'empereur ; il amène avec lui madame sa femme, qu'il a épousée en Flandre, qui s'appeloit mademoiselle de la Motterie et qui est de la maison de Lannoy. Ses équipages sont déjà arrivés, et il fait chercher une maison plus grande que celle qu'on lui a louée ici, qui est beaucoup trop petite pour lui.

Dimanche 7. — Il y eut conseil de régence le matin. — MM. les cardinaux de Rohan et de Bissy, avec quelques évêques de leur parti, travaillèrent l'après-dînée avec M. le duc d'Orléans. S. A. R. alla ensuite pour se dissiper un peu à l'Opéra, et au sortir de l'Opéra il travailla assez longtemps avec le comte de la Marck, qu'il fait partir dans huit ou dix jours; on lui donne 10,000 écus d'argent comptant. — On fait beaucoup de perquisitions pour découvrir ce qu'est devenu l'abbé Ravechet, syndic de la Sorbonne ; on croit qu'il est caché dans Paris. — Il y aura demain une grande assemblée d'évêques chez M. le cardinal de Rohan, où tous ceux qui sont à Paris et qui ont accepté la Constitution sont avertis de se trouver. Les quatre évêques qui sont appelés au futur concile général sont dans le voisinage de Paris, où ils ont ordre de demeurer jusqu'à ce qu'ils aient reçu leurs lettres de cachet qui les renvoient à leurs diocèces. On croit que la cour de Rome fera des procédures violentes contre eux, surtout parce que dans leur appel au futur concile, ils ont mis des choses très-fortes contre le pape.

Lundi 8. — Conseil de régence le matin. — Il y eut l'après-dînée une grande assemblée de prélats chez M. le cardinal de Rohan; M. le duc d'Orléans y envoya le maréchal d'Huxelles pour lui dire de sa part qu'il étoit parfaitement content de la conduite qu'ils avoient eue dans ces dernières affaires. Il leur donna beaucoup de louanges, et ensuite il leur demanda de laisser à Paris huit d'entre eux avec la qualité de leurs commissaires, afin que M. le duc d'Orléans les pût consulter dans la suite de cette affaire. Ces huit prélats qu'on laissera sont : les cardinaux de Rohan et de Bissy, les archevêques de Bordeaux et de Bourges et l'évêque de Bazas, qui sont les anciens commissaires; on y a joint l'archevêque d'Aix et les évêques d'Uzès et de Viviers. Tous les évêques de cette assemblée n'ont pas été entièrement du même avis; il y en a eu vingt-six qui ont signé, deux qu'on croit qui signeront demain, parce qu'ils ne veulent que relire ce qui a été résolu, quatre qui ont voulu défendre la conduite des évêques qui ont appelé au concile. Ces quatre sont les évêques de Laon, de Montauban, d'Agen, et d'Auxerre. L'évêque de Nîmes a trouvé que la lettre qu'on a signée n'étoit pas encore assez forte.

Mardi 9. — M. le duc d'Orléans donna une longue audience à M. le nonce. — Au conseil de régence de samedi on taxa M. Rafi à deux millions trois cent et tant de mille livres; il est fort vieux, et a été longtemps dans les vivres d'Italie. — M. de Rioms, lieutenant des gardes de madame la duchesse de Berry, achète de M. Lourdat une charge de sous-lieutenant de gendarmerie; ces charges sont fixées à 90,000 francs. M. de Rioms a déjà un guidon de gendarmerie, avec quoi il payera la moitié de cette somme. — Le duc d'Olonne épouse mademoiselle de Vertilly, qui est fort jeune et fort jolie; on dit qu'elle aura un million de bien, on lui donne 400,000 livres présentement. Vertilly, son père, étoit major de la gendarmerie, et fut obligé de quitter parce qu'il perdoit les yeux; il est presque entièrement aveugle. Il est marié pour la seconde fois, et sa femme a pris en telle amitié mademoiselle de Vertilly, fille du premier lit, qu'elle lui donne même quelque chose de son bien propre en mariage. Ils ont une maison dans Paris, vis-à-vis l'hôtel de Villars, et les mariés y demeureront avec eux.

Mercredi 10. — M. le cardinal de Noailles alla, à la

tête de quatorze évêques, demander à M. le duc d'Orléans le rappel des quatre évêques qui ont appelé au futur concile ; de ces quatorze évêques, il y en avoit neuf qui n'ont point accepté la Constitution et cinq qui l'ont acceptée, savoir les quatre qui lundi à l'assemblée de chez M. le cardinal de Rohan vouloient défendre la conduite des évêques qui ont appelé au concile, et le cinquième est M. de Condom, qui n'étoit pas lundi à l'assemblée de chez M. le cardinal, mais qui y avoit été convoqué. — M. le comte de Seignelay, qui a quitté l'état ecclésiastique il y a quelques mois, et qui n'a jamais eu de bénéfices, épousa mademoiselle de Valsassine, dont il y a déjà longtemps qu'il est amoureux ; elle a 200,000 francs présentement en mariage et en aura encore du moins autant après la mort de M. son père, qui est en Flandre ; elle est fille de condition et bien faite. Le comte de Seignelay a près de 50,000 livres de rente, et outre cela la belle bibliothèque de feu M. de Colbert, son grand-père.

Jeudi 11. — Il y a un nouveau syndic à la Sorbonne, qui est l'abbé Quinaut ; c'est le dernier qui étoit sorti du syndicat avant M. le Rouge, qui n'est plus du corps de la Sorbonne ; ainsi ce choix a été fait dans les règles. Cet abbé Quinaut est un de ceux qui ont accepté la Constitution. — L'ouverture du parlement d'Angleterre se fit le 4 ; les adresses de la chambre haute et de la chambre basse ont été fort agréables au roi Georges ; ils ont fait imprimer à Londres les lettres de l'envoyé de Suède. — On doit décider aux premiers conseils de régence le jour que finira la chambre de justice, et on ne doute pas que ce ne soit avant Pâques. — M. le prince de Dombes presse fort M. son père et madame sa mère de demander pour lui à M. le duc d'Orléans la permission d'aller faire la campagne en Hongrie ; ils se sont rendus à ses fortes instances, qu'ils approuvent fort, et en doivent demain parler à M. le duc d'Orléans, qui apparemment leur accordera leur demande.

Vendredi 12. — M. le cardinal de Noailles travailla le matin avec M. le duc d'Orléans comme il a accoutumé d'y travailler tous les vendredis. — Le baron Sparre, ambassadeur de Suède, eut il y a quelques jours son audience de congé du roi et du régent. On lui a envoyé un portrait du roi garni de diamants magnifiques, et outre cela, comme on a une considération particulière pour lui et qu'il a longtemps servi en France avec beaucoup de réputation, on lui a fait présent d'une parfaitement belle tapisserie des Gobelins. — M. le duc d'Orléans permet à M. le prince de Dombes d'aller faire la campagne en Hongrie ; on approuve et loue fort M. le prince de Dombes du parti qu'il prend. M. le prince de Pons et M. le chevalier de Lorraine, son frère, qui revient de Malte et qui a fait la campagne sur les vaisseaux de la religion, ont demandé aussi permission à M. le duc d'Orléans d'aller faire la campagne en Hongrie ; il la leur a accordée. On croit que beaucoup d'autres jeunes gens vont demander la même permission.

Samedi 13. — Le cardinal de Bissy porta à M. le duc d'Orléans la lettre que vingt-huit évêques avoient faite et signée lundi chez M. le cardinal de Rohan, qui n'a pas pu aller chez M. le régent parce qu'il a la goutte et la fièvre. Il y eut conseil de régence l'après-dînée. Bourvalais a été taxé à 4,400,000 livres, et Miot à 500,000 écus. — Il y a déjà beaucoup de gens dans Paris qui ont les lettres qu'on a fait imprimer à Londres de l'envoyé de Suède qui est en Angleterre ; il y en a douze, parmi lesquelles il y en a une surtout qu'on ne devoit ni faire imprimer ni envoyer en France. — Madame de Maintenon, qui ne part point de Saint-Cyr, a été dangereusement malade, d'une grosse fièvre continue avec des redoublements ; on lui a donné du lait d'ânesse, qui est un remède qui faisoit trembler pour une personne de son âge. Le lait lui a ôté la fièvre, mais elle est dans une extrême foiblesse et une grande maigreur, qui font tout craindre.

Dimanche 14. — Le roi entendit dans la chapelle en bas le sermon du P. Terrasson, comme il a fait tous les dimanches du carême. — Il y eut conseil de régence le matin. — Les jésuites, durant la vie du feu roi, avoient obtenu que la prévôté de Pignan, dans le diocèse de Fréjus, seroit jointe à une de leurs maisons; on leur a fait un procès sur cela, qu'ils ont perdu, et ce bénéfice, qui vaut 15,000 livres de rente, a été donné à l'abbé de Beringhen, fils de M. le Premier, et le chevalier de Beringhen, frère de l'abbé, aura une pension de 1,000 écus sur cette prévôté. — Le marquis d'Alincourt, petit-fils du maréchal de Villeroy, presse son grand-père de demander pour lui à M. le duc d'Orléans permission d'aller faire la campagne en Hongrie; le marquis d'Alincourt n'a pas dix-sept ans. Le maréchal de Villeroy lui sait bon gré de l'envie qu'il a, mais il lui a dit : « Mon fils, attendez que le duc de Villeroy, votre père, soit arrivé; il sera ici dans deux ou trois jours, et s'il y consent, j'y consentirai aussi. »

Lundi 15. — Il y eut conseil de régence le matin, et il y en aura encore un extraordinaire mercredi, où l'on prétend qu'on réglera le dernier rôle des taxes et que même il y aura plusieurs gens taxés qui n'ont point donné leurs déclarations. Je ne sais à quoi a monté la dernière taxe de samedi, mais les quinze premières taxes avant celles-là montoient à cent quatre-vingt-douze millions. Au sortir du conseil de régence, M. le duc d'Orléans alla chez le maréchal d'Huxelles, qui garde sa chambre; on raisonne fort sur cette visite, mais le fait est que ce maréchal avoit écrit à S. A. R. pour le supplier de le dispenser de toutes les affaires, de disposer de sa charge de président du conseil des affaires étrangères, parce que sa mauvaise santé et ses infirmités augmentent tous les jours. M. le duc d'Orléans lui a parlé avec beaucoup d'amitié et d'estime, et l'a fort prié de demeurer dans les affaires, ce que le maréchal n'a pu lui refuser; ainsi il n'y aura aucun changement là-dessus.

Mardi 16. — M. le duc d'Orléans donna des audiences jusqu'à midi avant que de s'habiller, et puis il alla dans la chambre où les ambassadeurs l'attendoient et leur donna audience à tous; le soir il alla souper à la Meutte, où madame la duchesse de Berry l'attendoit. — Il y avoit eu quelques propositions de mariage du duc de Richelieu avec mademoiselle de Monaco, sœur de la duchesse de Valentinois, mais cela n'a pas pu s'ajuster; tout est rompu. — M. le chancelier doit aller lundi à la chambre de justice pour la casser et remercier tous les officiers qui la composoient. — Le marquis d'Heudicourt, le fils, a eu la survivance de la charge de grand louvetier; on prétend que c'est M. le comte de Toulouse qui l'a demandée pour lui. Ce prince envoie les chiens du roi à Fontainebleau, et compte d'aller toutes les semaines faire un tour à sa petite maison de la Rivière, où il a trouvé moyen de pouvoir donner douze ou quinze logements à ceux qui ont l'honneur de le suivre.

Mercredi 17. — Il y eut le matin conseil de régence extraordinaire pour régler la dernière taxe des gens d'affaires qui ont donné leurs déclarations; il y aura encore samedi un conseil pour les taxes, mais ce seront les gens qui n'ont point fait de déclarations qui y seront taxés, et on prétend que cette dernière taxe passera vingt millions. — Plusieurs jeunes officiers de la couronne ont demandé d'aller faire la campagne en Hongrie; mais aucun n'en a obtenu la permission. — Le comte de la Marck prit congé du roi et de M. le duc d'Orléans pour aller à son ambassade de Suède. — Madame de Mortagne, qui n'avoit point encore paru à la cour, et qui étant mademoiselle de Guémené avoit toujours été dans un couvent au faubourg Saint-Antoine, fut présentée par madame la princesse de Lambesc à Madame, dont M. de Mortagne est chevalier d'honneur.

Jeudi 18. — M. le prince de Conty avoit demandé hier à M. le duc d'Orléans la permission d'aller faire la campagne en Hongrie ; M. le duc d'Orléans voulut l'en détourner et lui offrit même de le faire entrer dans le conseil de régence, lui disant : « Je vous donne vingt-quatre heures pour y songer. » M. le prince de Conty a persisté dans la résolution de faire la campagne, et il en a obtenu la permission et celle de mener avec lui MM. de Meuse et Marton, quoiqu'ils soient tous deux colonels; mais madame la princesse de Conty, sa mère, qui est au désespoir de la résolution qu'il a prise, espère par des vues qu'elle a, lui pouvoir ôter cette pensée et agit très-fortement auprès de M. le duc d'Orléans. Elle a même des vues sur un gouvernement de province qu'elle espère lui pouvoir faire avoir et sur quoi elle a déjà fait des propositions ; cependant la mère et le fils sont toujours mal ensemble et ils ne se voient point.

Vendredi 19. — Cilly, lieutenant général, qui a longtemps servi dans les dragons, ira en Hongrie avec M. le prince de Dombes, à la prière de M. du Maine; mais comme il est lieutenant général, il a voulu un ordre du roi pour partir; cela est dans les règles. On lui fera donner de l'argent comptant pour 10,000 écus de billets d'État qu'il a, pour le mettre en état de faire la campagne honorablement. — Les quatre évêques qui ont appelé au futur concile général, et qui avoient eu ordre le même jour de leur appel de sortir de Paris, mais de ne s'en pas éloigner, ont reçu ce soir des lettres de cachet pour aller dans leurs diocèses. — On a appris par le dernier ordinaire de Rome que le pape avoit fait brûler par la main du bourreau les lettres que quelques curés du diocèse de Paris avoient écrites à M. le cardinal de Noailles il y a quelque temps. — Le roi fait payer à M. le premier président le brevet de retenue qu'il a de 500,000 francs, et il conservera pourtant la pension de 25,000 francs que le feu roi lui avoit donnée pour lui aider à payer les 500,000 francs qu'il avoit donnés à M. Pelletier pour sa charge.

Samedi 20. — Conseil de régence ; on n'y régla point la dernière taxe qui se doit faire ; cela est remis après la Quasimodo, et cette taxe sera un peu forte, car outre quarante hommes jugés à la chambre de justice et qui ne sont point encore taxés, on doit taxer ce jour-là les gens d'affaires qui n'ont point voulu donner leurs déclarations. — M. le grand prieur a été prié fortement, par les officiers de l'ancien régiment de Vendôme, de racheter ce régiment, qui à la mort de M. son frère fut donné à monseigneur le duc de Berry ; il s'est rendu à leurs prières, et achète ce régiment 50,000 francs. — Le marquis d'Alincourt a permission de M. le duc d'Orléans d'aller en Hongrie ; le duc de Villeroy, son père, et le maréchal, son grand-père, l'approuvent ; le marquis d'Alincourt n'a que seize ans. — Il se passa quelques choses à l'assemblée de l'Université, dont on parle différemment ; M. le duc d'Orléans y avoit envoyé porter des ordres qu'ils ont promis d'exécuter, mais ils veulent faire des représentations, et prétendent qu'ils sont en droit d'en faire.

Dimanche 21, *jour des Rameaux.* — Le roi assista à toutes les dévotions de la journée dans la chapelle en bas. — Le comte de Konigsegg, ambassadeur de l'empereur, qu'on attendoit ici depuis longtemps, arriva hier au soir ; il a amené madame sa femme avec lui. Il y a déjà quelques jours que ses équipages étoient arrivés. — M. l'abbé Dubois a la charge de secrétaire du cabinet qu'avoit Callières, et la fera dans son entier en servant et ayant la plume tous les quartiers comme M. de Callières. On lui donne, outre cela, une place dans le conseil des affaires étrangères ; comme il est conseiller d'État, M. le duc d'Orléans a chargé M. le chancelier d'accommoder la difficulté qu'il y pourroit avoir sur le rang. — On songe fort pour M. le prince de Conty à lui faire avoir le gouvernement de Poitou qu'a M. de la Vieuville, à qui on fait des propositions sur cela qui lui seront avantageuses et on croit que l'affaire s'accommodera ; M. le duc d'Orléans y apporte toutes les facilités qu'on peut désirer.

Lundi 22. — Le marché de M. le prince de Conty avec M. de la Vieuville pour le gouvernement de Poitou fut entièrement terminé le soir ; ce prince lui donne 110,000 francs argent comptant et le laisse jouir de tous les appointements du gouvernement, qui sont de 34,000 francs, et on lui donne des assurances par des brevets du roi, qu'en cas que M. le prince de Conty vînt à mourir avant lui, le gouvernement lui seroit rendu. Outre cela, il a un petit gouvernement en Poitou qui vaut encore 500 écus de rente, qui s'appelle Fontenay-le-Comte, que M. de la Vieuville avoit aussi et qu'on donne au chevalier de la Vieuville, son second fils de son second mariage, dont il est fort content. Il ne l'est pas de son aîné, qui est celui qui vient de vendre le régiment à M. le grand prieur contre l'avis de son père, qui avoit obtenu de monseigneur le duc de Berry ce régiment-là quand, après la mort de M. de Vendôme, il lui fut donné. — On parle de quelques changements dans les finances ; mais ce sont des bruits si incertains qu'on ne sait qu'en croire. — M. le chancelier alla le matin à la chambre de justice remercier tous les officiers qui la composoient et casser la chambre ; elle a duré un an et quelques jours, et a coûté environ 1,100,000 francs *.

* Cette chambre fit beaucoup de mal et ne produisit presque aucun bien. Le mal fut les friponneries insignes, les recélés, les fuites et le discrédit total des gens d'affaires à quoi elle donna lieu, et le peu de bien, par la prodigalité des remises qui furent faites sur les taxes et les pécunieux manéges pour les obtenir. Le duc de Saint-Simon vouloit qu'on fît en secret ces taxes par estime et fort au-dessous de ce à quoi elles pouvoient monter, les signifier en secret aux taxés les uns après les autres, les leur faire payer aussi en secret et à l'insu les uns des autres, mais en tenir des registres bien sûrs et bien exacts, et leur faire croire que par considération pour eux on ne vouloit pas les peiner, encore moins les décrier en leur faisant des taxes publiques ; par là on auroit

conservé leur crédit, puni leurs rapines, perçu pour le roi tout ce qu'ils auroient payé, et ôté toute occasion de modérer leurs taxes ; par où il se seroit trouvé qu'en taxant sans proportion moins qu'on ne fit et sans frais, le roi en eût touché effectivement plus sans proportion qu'il n'en entra dans ses coffres. Ce duc vouloit aussi que de ces taxes, le roi payât tous les brevets de retenue existants, quels qu'ils fussent, avec ferme résolution de n'en accorder jamais et demeurer le maître de ces charges lorsqu'elles vaqueroient; payer tous les régiments et toutes les charges militaires et en abolir la vénalité, et payer encore les principales charges de la cour pour les rendre libres et ne les plus laisser vendre. Comme il n'avoit ni charge, ni régiment, ni brevet de retenue, ni lui ni les siens, et que ses gouvernements n'avoient rien coûté à son père ni à lui, il n'y avoit point d'intérêt ; aussi M. le duc d'Orléans goûta-t-il fort la proposition et son emploi. Mais le duc de Noailles, qui voulut être la terreur et l'amour de la gente financière, qui a des branches fort étendues dans tous les trois États du royaume, voulut une chambre de justice, et l'obtint; après quoi il fut d'autant moins question d'un si utile emploi, que le régent avoit déjà donné à pleines mains à qui en vouloit les survivances et les brevets de retenue, et qu'il vouloit continuer comme il fit, croyant ne donner rien, et cependant s'attacher le monde par ces grâces. Il se trouva enfin qu'il en donna tant que personne ne lui en sut gré parmi cette multitude, et que honteux lui-même de n'avoir rien laissé au roi à disposer, il dit qu'il seroit le premier à lui conseiller de n'en laisser subsister aucune. On le craignit un temps, mais la rumeur fut si grande par la multitude des intéressés qu'on n'osa plus y toucher.

Mardi 23. — Albergotti mourut le matin ; on le trouva presque mort en entrant dans sa chambre ; il avoit déjà eu d'autres attaques d'apoplexie qu'il avoit cachées avec grand soin. Il étoit lieutenant général, très-bon officier; il étoit chevalier de l'Ordre, gouverneur de Sarre louis et colonel du régiment Royal-italien ; il avoit outre cela 12,000 francs de pension et beaucoup d'argent comptant *. On a donné le régiment Royal-italien au chevalier d'Albergotti, son neveu. — Madame demande instamment le gouvernement de Sarrelouis pour le prince de Talmond, lieutenant général, et qui a l'honneur d'être son cousin germain ; la princesse de Tarente, sa mère, étoit sœur de madame l'électrice palatine, mère de Madame. — Le voyage de M. le prince de Conty en Hongrie est tout à fait rompu; M. le duc d'Orléans a obtenu de lui qu'il n'y songeât plus. On paye pour lui les 110,000 francs qu'on donne à M. de la Vieuville; on lui donne outre cela 30,000 écus argent comptant, et il entrera dans le conseil de régence **.

* Albergotti étoit gentilhomme florentin, neveu de Magalotti, qui l'étoit aussi, que le cardinal Mazarin avoit à son service, et qui est mort considéré, avec beaucoup d'amis. Débauché, avec de l'esprit et de la grâce; bon officier, qui tiroit gros du roi et le dépensoit fort honorablement; lieutenant général et gouverneur de Valenciennes, et ami très-intime du maréchal de Luxembourg, qui prit Albergotti en la même amitié et l'initia de fort bonne heure avec tous ses amis et dans le grand monde. C'étoit un homme digne de figurer auprès de Catherine de Médicis et d'être du même pays qu'elle; c'est, en deux mots, beaucoup louer son esprit et ses talents et en exprimer en même temps toutes les qualités aussi bien que celles de son cœur. Du reste avare à l'excès, particulier, débauché obscur et secret; excellent officier général, mais dangereux selon ses vues personnelles; de la valeur la plus éprouvée, la plus froide, la plus reconnue et à qui avec cela les affronts publics les plus assénés ne coûtoient rien à rembourser et à laisser pleinement tomber en faveur de sa fortune, comme il en essuya un terrible de la Feuillade dans la chambre de M. le duc d'Orléans, blessé après la bataille de Turin, en septembre 1706, et comme il lui est arrivé avec d'autres, sans que personne s'en soit entremis, ni qu'il en ait fait jamais aucun semblant même avec eux. Sans jamais rien mettre au jeu ni presque sortir de son silence, et jamais de son froid indifférent, il sut se mettre dans des liaisons étroites avec tous ceux qui étoient en puissance ou en honneur, et de qui il pouvoit attendre, dans l'intime intérieur de Meudon; sur un pied agréable avec le roi, et honnêtement avec ceux avec qui il servoit, quoique la plupart le haïssent et que très-peu ne s'en défiassent pas beaucoup. Il amassa beaucoup, devint lieutenant général et chevalier de l'Ordre, eut un gouvernement et mourut d'un accès de haut-mal, auquel il étoit sujet, et faute d'être secouru parce qu'il s'en cachoit infiniment, et qu'on n'en fut plus à temps quand on osa le vouloir faire. Il ne fut regretté de personne, et ne fut point marié.

** La timidité et la facilité du régent fut bientôt reconnue, et les princes du sang en surent énormément profiter. Le feu roi ne leur donnoit que des honneurs, et encore dans les bornes à l'égard des fils et petit-fils de France; mais ni entrées comme princes du sang, ni gouvernements, ni charges, et M. le Prince, à qui les siennes avec leur survivance furent rendues par la paix des Pyrénées, ne les transmit après sa mort à son petit-fils que par son mariage avec une bâtarde du roi, en faveur de laquelle le roi les donna à son fils après son mari; et M. le duc d'Orléans leur en achète à tous aux dépens du roi, les met sur le grand pied et y ajoute des pensions, et à eux et à toutes les princesses du sang, filles et autres, et des pensions immenses. Encore ce qui a été public n'est pas une goutte d'eau en comparaison de ce qu'ils ont tiré de millions en secret, dont une partie a été à la fin connue et l'autre ne l'a pas moins été en gros.

Mercredi 24, *à Paris.* — M. le prince de Conty est raccommodé avec madame sa mère. La comtesse de la Roche, qui a été dame d'honneur de cette princesse et que M. le prince de Conty voyoit assez souvent, quoique madame sa mère ne la voulût point voir, a eu beaucoup de part à ce raccommodement, et madame la princesse de Conty en est si contente, qu'elle lui a rendu ses bonnes grâces et sa confiance. — Le prince de Talmond aura le gouvernement de Sarrelouis et rendra la pension de 12,000 francs qu'il a; mais cela n'est pas encore entièrement déclaré. — L'évêque de Saint-Paul-Trois-Châteaux (1) est mort à Aix, depuis quelques jours. — On dit que l'archevêque de Cambray, Canillac et Chiverry, qui sont du conseil des affaires étrangères, n'ont point d'envie d'accepter la commission de conseiller d'État qu'on leur veut donner, afin que l'abbé Dubois ne puisse plus leur disputer le rang; c'est un expédient qu'on prétend qui a été proposé par M. le chancelier. — Madame la duchesse de Berry alla coucher aux Carmelites, où elle n'a mené que madame de Clermont et madame de Mouchy.

Jeudi-Saint 25, *à Paris.* — Le roi entendit le sermon de la Cène de l'abbé Bion; après quoi, l'évêque de Rennes fit l'absoute et S. M. lava les pieds à douze pauvres; les plats furent portés par M. le duc d'Orléans, le comte

---

(1) Joseph-Ignace Maurel du Chaffault.

de Charolois, le prince de Conty, le duc du Maine, le prince de Dombes, le comte d'Eu, le grand prieur et les maîtres d'hôtel du roi; M. le Duc, comme grand maître de la maison, étoit à la tête du service; ensuite S. M. alla aux Feuillants, où elle assista au service et à la procession (1). Durant le sermon de la Cène, M. le grand prieur étoit assis dans le rang des princes du sang, ayant un carreau devant lui comme eux*. On prétend que jamais MM. de Vendôme n'ont pris une pareille place; on s'en est plaint à M. le duc d'Orléans, qui a promis d'y donner ordre. Après la Cène, M. le Duc alla à Chantilly, où il demeurera jusqu'à la fin de la semaine qui vient; il y mène cinquante ou soixante de ses amis avec lui.

* Quelque audacieux que fût le grand prieur, on peut bien croire qu'il n'eût jamais osé s'emparer de fait et de surprise d'une égalité si publique et si entière avec les princes du sang, que son frère ni lui n'avoient ni eue ni prétendue du temps du feu roi, s'il ne s'étoit assuré tout bas de M. le duc d'Orléans. Au terme où en étoient lors les prin-

(1) « Le sermon fini, M. l'évêque de Rennes monta en chaire, la mitre sur la tête, la crosse en main et donna l'absoute. Le roi vint aussitôt laver les pieds des treize pauvres représentant les apôtres; après avoir versé de l'eau sur leurs pieds et les avoir essuyés, il les leur baisa. Cette cérémonie finie on servit les pauvres dans l'ordre suivant. M. Desgranges, maître des cérémonies, précédé d'un huissier; M. le marquis de Dreux, grand maître des cérémonies, avec son bâton de commandement, suivi de treize maîtres d'hôtel; monseigneur le Duc, grand maître de la maison du roi, portant un bâton parsemé de fleurs de lys d'or, marchoient les premiers en faisant une profonde révérence lorsqu'ils passoient devant S. M. Ensuite venoit monseigneur le duc d'Orléans, portant un plat de bois, sur lequel étoient treize petits pains avec une galette, suivi de M. le marquis d'Étampes, son capitaine des gardes. M. le comte de Charolois y portoit une cruche pleine de vin avec une coupe par-dessus : le tout de bois. Monseigneur le prince de Conty, monseigneur le duc du Maine, monseigneur le prince de Dombes, monseigneur le comte d'Eu, portoient l'un un plat de poissons, l'autre des légumes, des confitures et du fruit, étant suivis du grand échanson, du grand pannetier et des gentilshommes servants, qui étoient au nombre de treize, portant aussi chacun leur plat. A mesure que l'on apportoit ces plats au roi, S. M. les donnoit aux pauvres. Cette cérémonie recommença jusqu'à treize fois, parce que l'on servoit treize plats à chaque pauvre. » (*Le Nouveau Mercure*, volume de mars, pages 180 à 182.)

ces du sang avec les légitimés, et ceux-ci avec les ducs, c'étoit jeter de l'huile sur ce feu, et mortifier encore cruellement les légitimés, dont la considération avoit bien porté le feu roi à donner à MM. de Vendôme des rangs fort étranges et des distinctions fort nouvelles, mais en même temps fort différentes de celles de ses bâtards, qui se seroient tenus très-offensés et maltraités de leur égalité avec les petits-fils du bâtard de Henri IV, et le feu roi n'en auroit pas été moins indigné qu'eux. Cette entreprise fit en effet un furieux bruit, et finit en même temps qu'exécutée, malgré son inscription ordonnée dans les registres du grand maître des cérémonies pour attiser ce feu. C'étoit tellement la grande maxime du régent que le *divide et regna*, qu'il lui échappoit souvent de dire ces deux mots latins, et puis de rire en s'applaudissant de les savoir si bien mettre en pratique, en commettant tant qu'il pouvoit et tout ce qu'il pouvoit de gens les uns contre les autres, et les y laissant demeurer et en général et en particulier.

Vendredi-Saint 26, à Paris. — Le roi alla aux Feuillants entendre le service, et durant le service le grand prieur fut toujours assis au rang des princes du sang, comme il avoit fait hier au sermon de l'absoute; M. le duc d'Orléans, qui avoit promis de lui en parler, l'oublia. On se plaint fort de cette entreprise de M. le grand prieur. — Le prince de Talmond a le gouvernement de Sarrelouis; cela est déclaré, et il renonce à la pension de 12,000 francs qu'il avoit, comme cela a été réglé par la dernière ordonnance sur les pensions. — On a nouvelle que le czar et la czarine arrivèrent à la Haye le 19. — Mademoiselle, qui est à Chelles, y prendra l'habit mardi; il n'y aura point de grandes cérémonies. M. le duc d'Orléans et madame la duchesse d'Orléans veulent que personne n'y aille; elle ne fera sa profession qu'à vingt ans, et elle n'en aura que dix-neuf le 13 août.

Samedi-Saint 27, à Paris. — M. de Dreux, grand maître des cérémonies, a ordre de mettre sur les registres la place que M. le grand prieur a prise jeudi et vendredi, aux Tuileries et aux Feuillants; on prétend que M. le grand prieur n'avoit aucun droit de faire ce qu'il a fait, et que jamais personne de sa maison n'a fait cette entreprise. — L'abbé Dubois prendra sa place vendredi dans le conseil des affaires étrangères ; on donnera à l'archevêque de Cambray et à MM. de Chiverny et de Canillac des lettres de conseiller d'État, du jour qu'ils sont entrés dans le conseil des affaires étrangères, mais il paroît que ces messieurs ne les veulent point recevoir ; cependant on les a toujours fait expédier *. — On avoit cru qu'on feroit aujourd'hui la distribution des bénéfices, mais cela est remis. — Le bruit commence à se répandre que le czar veut venir en France ; on dit même qu'il y amènera la czarine sa femme.

* Ces lettres antidatées de conseiller d'État ne furent guère goûtées par les conseillers d'État qui vouloient nettement précéder, et beaucoup moins par ceux pour qui elles le furent, qui sans cela vouloient précéder aussi. Il est pourtant vrai que les gens de qualité à qui on avoit eu soin, avec art toujours entretenu, de faire prendre les ducs en grippe, se montrèrent en cette occasion, qui les touchoit si directement, très-doux et très-humbles serviteurs de la robe. La jalousie du grand nombre qui ne pouvoit pas trouver place dans les conseils se reput avec plaisir de la mortification qui tomboit sur ceux qui y étoient sans retour sur eux-mêmes, et Canillac, sur lequel elle tomba à plomb et qui en fut le plus outré, méritoit bien cette aventure, pour avoir soutenu cette même prétention des conseillers d'État à la formation des conseils. Il eut quelque temps après une place effective de conseiller d'État d'épée et Cheverny aussi, pour les consoler de leur mésaventure.

Dimanche 28, jour de Pâques. — Madame la duchesse d'Orléans vint de Montmartre à Saint-Eustache faire ses pâques, et puis retourna dîner à Montmartre, où elle demeurera encore deux ou trois jours. — Madame la duchesse de Berry, qui sortit des Carmelites avant-hier, y est revenue passer l'après-dînée, et le soir elle alla souper à la Meutte. — M. de Brissac, lieutenant des gardes du corps, et neveu de feu Brissac qui en étoit major, mourut le matin, à Paris, après une longue maladie ; il étoit maréchal de camp, et le feu roi lui donna le gouvernement de Guise après la mort de son oncle, qui l'avoit. — Le roi assista dans sa chapelle en bas à toutes les dévotions de la journée. — Il y a quelques jours que madame la duchesse de Saint-Aignan est partie d'ici pour aller trouver M. son mari, ambassadeur en Espagne. On mande de ce pays-là que le roi d'Espagne a chassé Bourlet, son premier médecin, et ne lui a donné que vingt-quatre heures pour sortir de Madrid. Il a ordre d'emmener sa femme avec lui; il est françois et a été longtemps très-bien avec le roi son maître *.

<small>* Alberoni continua à se faire place nette. La privance que donnoit la place de premier médecin à un François lui étoit suspecte pour le moins autant que le lui avoit été le grand état du cardinal del Giudice; il ne tarda donc pas à s'en débarrasser après s'être délivré de l'autre.</small>

Lundi 29, à Paris. — M. Pelletier de Souzy, qui étoit un des conseillers du conseil de finances et qui entroit depuis la mort du roi dans le conseil de régence quand il s'agissoit d'affaires de finances, entrera présentement dans ce conseil pour toutes les affaires qui s'y traiteront *. — Madame la duchesse de Berry ne veut plus qu'on joue chez elle, à cause du temps des promenades, et le jeu chez elle ne recommencera qu'au mois d'octobre. — Le comte d'Estrades, lieutenant général, avoit été taxé à la chambre de justice à cause du bien de sa femme, fille de feu le Normant, fermier général; on lui remet sa taxe, et M. le duc d'Orléans, qui l'estime et qui est bien aise de lui faire plaisir, lui a accordé un brevet de retenue de 80,000 francs sur sa charge de maire de Bordeaux, qui est depuis longtemps dans sa famille. Le maréchal d'Estrades, son grand-père, avoit cette charge; M. le duc d'Orléans se souvient toujours que ce maréchal avoit été son gouverneur. La nouvelle du brevet de retenue de M. d'Estrades n'est pas encore publique, et le brevet de retenue est de 100,000 francs.

<small>* Le conseil de régence commençoit fort à décliner, et ne tarda guère après à devenir le vieux sérail, et un pur rendez-vous de nouvellistes, où il ne se lisoit plus que les nouvelles des gazettes, où il ne se délibéroit rien que des matières contentieuses entre des particuliers, en finance ou en dépêches, et où entra presque qui voulut. Pelletier, dont il s'agit</small>

ici, père de des Forts, qui a été plus d'une fois contrôleur général des finances, et qui fut cruellement congédié dans les suites sous M. le cardinal de Fleury qui l'avoit fait; Pelletier, dis-je, étoit frère du ministre d'État, mort dans sa sage et sainte retraite, et se retira lui-même quelques années après à Saint-Victor. C'étoit un homme qui avoit été longtemps intendant de Flandre du temps brillant du feu roi, avec qui il fut toujours fort bien et encore mieux avec M. de Louvois, à la mort duquel il fut chargé du soin des fortifications en chef, qui lui donnoit un travail réglé avec le feu roi toutes les semaines. Il avoit partout une des plus délicates tables de la cour et la fleur de la bonne compagnie de la cour et de la ville; il avoit passé sa vie dans le commerce du plus grand monde et avec une plus grande considération; aussi entreprit-il plus qu'il ne put porter. Il soutint sa retraite, qu'il entreprit à plus de quatre-vingts ans, mais il n'y dura guère, et y mourut d'ennui. Le lait pour toute nourriture longtemps durant, puis le reste de sa vie trois mois de l'année, le guérit entièrement de la goutte; dans cet usage il avoit le courage de tenir sa table à l'ordinaire, et tâtoit à tout avec une miette de pain; son goût étoit si juste, qu'il ne lui en falloit pas davantage pour juger des mets, et pour les maintenir dans toute leur finesse. M. d'Harlay, le plénipotentiaire de Ryswick, homme de beaucoup d'esprit, et qui étoit passionné du monde et de la considération, séchoit d'envie de la table et de la bonne compagnie qui abondoit chez Pelletier, et qu'il ne pouvoit attirer de même. Il étoit mort alors depuis longtemps.

Mardi 30, *à Paris.* — On fut étonné de voir au lever de M. le duc d'Orléans le vieux Pomereul, gouverneur de Douai, que tout le monde disoit mort hier et qui n'a pas seulement été malade. — Madame la duchesse d'Orléans revint de Montmartre, où elle a demeuré huit jours; mademoiselle sa fille a pris l'habit à Chelles. Cela s'est fait sans aucune cérémonie; M. le duc d'Orléans et madame la duchesse d'Orléans ont défendu à tout le monde d'y aller. On dit que M. le duc d'Orléans lui donne 10,000 francs de pension et quelque argent comptant. — Il arriva un courrier au prince de Cellemare, ambassadeur d'Espagne, qui lui apporta la nouvelle que le jour de Pâques fleuries la reine étoit accouchée à Madrid d'un prince, qui a été nommé François. Le roi d'Espagne a présentement cinq garçons : trois de son premier mariage et deux du second. — On croit que le gouvernement de Guise sera donné au marquis d'Hautefort, le plus ancien des lieutenants généraux employés; il est dans ses terres depuis un an.

Mercredi 31, *à Paris.* — Le duc de Béthune est à l'extrémité; il avoit deux ans moins que le feu roi, mais il paroissoit beaucoup plus vieux, et il y a déjà plusieurs années qu'on ne compte plus sur sa vie. Il est gouverneur de Calais et lieutenant général de Picardie; le duc de Charost, son fils, a la survivance de ces deux charges. Il avoit été capitaine des gardes du corps, en survivance du duc de Charost, son père. — M. d'Antin a prié M. le duc d'Orléans de le décharger du soin de l'Opéra; il trouve que ceux qui le composent sont des gens trop difficiles à gouverner, outre que l'Opéra est chargé de beaucoup de pensions, qui le feront tomber. — Le pape a fait cardinal monsignor Borromée, dont la nièce, qui est fort riche, épousa, l'année passée, un neveu du pape. — On devoit faire hier à Thorn l'élection d'une abbesse; on croit que ce choix tombera sur la princesse de Sulzbach, nièce de madame de Dangeau; cette abbaye est considérable, et par le rang de princesse et par le revenu, qui est au moins de 12,000 écus, et parce que l'abbesse donne toutes les prébendes. Pour être reçue, il faut faire des preuves de seize quartiers de princesses ou de comtesses de l'Empire. La sœur de madame de Dangeau en étoit abbesse avant celle qui vient de mourir, et avoit fort embelli cette maison.

Jeudi 1er *avril, à Paris.* — M. le duc de Béthune mourut le matin; on n'en espéroit plus rien dès hier. Il vaque présentement cinquante-neuf places dans les chevaliers de l'Ordre. — Le gouvernement de Guise est donné à M. le marquis d'Hautefort; cela est déclaré présentement. — La marquise d'Estrades mourut ici; elle étoit belle-mère du comte d'Estrades, mère de madame d'Herbigny et sœur de Blouin, capitaine de Versailles. Elle avoit été parfaitement belle, s'étoit retirée depuis longtemps et étoit dans une grande dévotion; elle avoit une petite pension du roi et peu de bien d'ailleurs. — Les médecins trouvent que Madame s'assoupit trop souvent; elle s'endort même aux spectacles, quoiqu'elle les aime beaucoup; ils l'ont enfin résolue à se faire saigner et purger. — On parle fort de retrancher les pensions qui sont sur l'Opéra, sans quoi on ne croit pas que ce spectacle puisse continuer; personne ne veut se charger de ce détail-là, et l'on voudroit bien que l'Opéra ne tombât pas, car dans une ville comme Paris il faut beaucoup de spectacles.

Vendredi 2. — Le roi alla se promener au Cours; M. du Maine et le maréchal de Villeroy sont toujours aux promenades dans le fond du carrosse avec lui*. — Madame fut saignée du bras, et les médecins l'ont enfin déterminée à faire des remèdes, quoiqu'elle les haïsse beaucoup. — M. le duc d'Orléans alla dîner à la Meutte avec madame la duchesse de Berry qui y est depuis quelques jours. — M. l'abbé Dubois prit sa place au conseil des affaires étrangères; ce conseil a recommencé aujourd'hui. — On eut par l'ordinaire des lettres de Rome du 16; le courrier de M. le duc d'Orléans n'y étoit pas encore arrivé et on n'y savoit rien de l'appel des quatre évêques et de la Sorbonne au futur concile. — On croyoit qu'on feroit aujourd'hui la distribution des bénéfices, mais cela paroît présentement s'éloigner. — Madame la duchesse de Duras, mère de la princesse de Lambesc, est si mal, qu'on ne croit pas qu'elle en puisse revenir.

---

* Du temps que le feu roi admettoit des hommes dans son carrosse, jamais aucun, même prince du sang, ne fut au fond à côté de lui; c'étoit un honneur réservé aux fils de France. Rien n'étoit donc plus indécent que d'y voir en public le roi serré entre M. du Maine et le maréchal de Villeroy, lequel encore, comme gouverneur, y avoit bien une place de préférence, mais non pas de préséance sur le grand écuyer, ni le grand chambellan, ni peut-être encore sur le premier gentilhomme de la chambre d'année; mais le robinet étoit tourné pour les indécences, que désormais on va voir couler de partout.

Samedi 3. — M. le Duc, M. le prince de Conty, M. le comte de Toulouse, qui étoient chacun dans leurs maisons de campagne, où ils avoient mené beaucoup de leurs amis, en sont revenus. — Madame prit médecine; elle fait présentement tous les remèdes que les médecins lui proposent. — Madame la duchesse d'Orléans alla à Chelles, où elle mena M. le duc de Chartres et mademoiselle de Valois; elle en revint fort édifiée de la fermeté et de la joie que témoigne Mademoiselle d'avoir pris l'habit. — Il y a quelques jours que le petit comte de Picquigny, qui n'a pas douze ans, fut reçu dans la cour des Tuileries à la tête des chevau-légers de la garde; il est fils aîné du duc de Chaulnes, qui a obtenu pour lui la survivance de la charge de capitaine-lieutenant de cette compagnie; il prêta son serment entre les mains du maréchal de Villeroy. M. le duc d'Orléans étoit à cette réception, à cheval.

Dimanche 4. — Les conseils de régence recommenceront demain; M. le prince de Conty et M. Pelletier y prendront leurs places. — La marquise d'Alluye est fort mal; elle a quatre-vingt-trois ou quatre ans. — Cilly, lieutenant général, ne fera plus la campagne en Hongrie, comme on l'avoit dit; il n'y vouloit aller que par ordre du roi et être payé de ses appointements de lieutenant général pendant la campagne. — Le czar vient en France; on a fait partir du Libois, gentilhomme ordinaire du roi, pour l'aller recevoir à Dunkerque; du Libois mène avec lui des carrosses, des chevaux et des officiers de la maison du roi pour lui faire trouver ses commodités partout et pour les voitures et pour sa subsistance; il sera toujours défrayé pendant qu'il sera en France, et il compte d'y demeurer cent jours. — Par la mort de Brissac, il vaquoit une lieutenance dans les gardes du corps. La Boulaye, le plus ancien enseigne, a monté à la lieutenance, et on a donné l'enseigne au chevalier du

Palais, mestre de camp réformé ; c'étoit le tour de la cavalerie de monter.

Lundi 5. — Il y eut conseil de régence l'après-dînée, où M. le prince de Conty prit séance ; M. Pelletier y demeura dans la même place qu'il avoit dans ces conseils les jours de finances*. — Le marquis d'Armentières est mort chez lui, à la campagne ; il étoit un des deux premiers gentilhommes de la chambre de M. le duc d'Orléans. Il avoit un brevet de retenue de 80,000 francs sur sa charge, et M. le duc d'Orléans la donnera apparemment à M. de Conflans, son frère et son beau-frère, car ils avoient épousé les deux sœurs. — La ville veut faire des halles dans l'endroit où est l'hôtel des mousquetaires gris, pour la commodité du faubourg Saint-Germain, et elle fera bâtir un hôtel pour les mousquetaires sur le bord de la rivière, au-dessous de l'endroit où madame la princesse de Conty et le duc d'Humières font bâtir, vis-à-vis le jardin des Tuileries. La ville achète les places pour ce bâtiment.

* Malgré les modernes prétentions des conseillers d'État si bien soutenues, le conseil de régence sembla si bon à M. Pelletier, conseiller d'État très-ancien, qu'y entrant tout à fait tous les jours, il n'y disputa la préséance ni à l'ancien évêque de Troyes, qui y étoit dès le commencement, ni au marquis d'Effiat, qui venoit d'y entrer, et y conserva la place qu'il y prenoit auparavant les jours de finances, auxquels il y entroit comme conseiller du conseil royal de finances.

Mardi 6. — M. le duc d'Orléans a donné la charge de premier gentilhomme de sa chambre à M. de Conflans, et au fils de M. d'Armentières la survivance de M. de Conflans. M. le duc d'Orléans se charge de dédommager du brevet de retenue la veuve, qui est une des quatre dames de madame la duchesse de Berry. Le marquis de Pluveau, qui avoit demandé cette charge et qui étoit en droit d'y prétendre, ayant été premier gentilhomme de la chambre de feu Monsieur, aura un brevet de gentilhomme de la chambre et en servira en l'absence des deux titulaires, et la permission de vendre sa charge de maître de la garderobe de S. A. R. L'autre charge de maître de la garderobe, qui étoit vacante depuis un an, par la mort du marquis de Bréauté, a été donnée à Nocé. L'appartement dans le Palais-Royal qu'avoit M. d'Armentières, et qui est fort beau, a été donné au marquis de Simiane, le plus ancien des deux gentilshommes de la chambre de S. A. R. — M. de Maillebois, fils aîné de M. Desmaretz, a obtenu un brevet de retenue de 400,000 francs sur sa charge de maître de la garde-robe du roi. — Le roi alla l'après-dînée au Palais-Royal voir Madame et madame la duchesse d'Orléans, et puis s'alla promener au Cours.

Mercredi 7. — M. le comte du Luc est revenu de son ambassade, et se porte mieux que quand il partit de Vienne pour revenir. — On mande d'Avignon qu'il y a quelques jours que M. Salviati, qui en étoit vice-légat, en est parti pour aller joindre le roi Jacques à Pesaro; le pape a laissé à ce roi le choix d'un prélat que le pape veut qui demeure auprès de lui pour lui faire rendre les honneurs qui lui sont dus, et ce roi a choisi M. Salviati, avec qui il a fait grande amitié pendant qu'il a été à Avignon. — Madame Fagon, femme du premier médecin du feu roi, est morte au Jardin du Roi; c'étoit une femme de beaucoup d'esprit, mais fort extraordinaire. Elle étoit toujours malade, et passoit presque toute sa vie à Bourbon, où elle étoit fort honorée; elle y faisoit beaucoup de bien. Elle se croyoit plus grand médecin que son mari, qui étoit reconnu généralement pour le plus grand médecin de France.

Jeudi 8. — M. de Ménars vend sa charge de président à mortier à M. de Maupeou, qui lui en donne 750,000 francs, dont 250,000 francs présentement et 500,000 francs après la mort de M. de Ménars, pour ses héritiers; on dit qu'outre cela il y a un pot-de-vin de 20,000 francs. M. de Ménars jouira de sa charge jusqu'à sa mort, à moins qu'il ne veuille la céder plus tôt, en prenant les 500,000 francs, ou qu'il ne meure quelqu'un des présidents à mortier, car en ce cas, ou en cas qu'aucun d'eux vende, M. de Ménars cédera sa charge, afin que personne ne soit reçu avant M. de Maupeou. M. de Meaupou a épousé, il y a quelques années, la petite-fille de M. de Basville, intendant en Languedoc; il est maître des requêtes. — Madame fut saignée du pied le soir, à cause de son assoupissement.

Vendredi 9. — Le comte d'Estrades, lieutenant général, fera la campagne en Hongrie auprès de M. le prince de Dombes, à la place de M. de Cilly. — Le marquis d'O aura les entrées chez le roi; il les avoit encore plus grandes chez le feu roi, mais d'une manière particulière*. — La Villemeneust, colonel du régiment d'Orléans, achète de M. de Pluveau la charge de maître de la garde-robe de S. A. R.; il lui en donne 60,000 écus, et on lui donnera un brevet de retenue de 100,000 francs; mais on croit que la Villemeneust aura peine à trouver 60,000 écus dans ce temps-ci : Pluveau les veut avoir argent comptant et ne lui a donné terme que jusqu'à lundi pour être payé. — On eut par l'ordinaire des lettres de Rome du 23; le courrier de M. le duc d'Orléans y étoit arrivé le 19. Le pape a appris ce qu'ont fait les quatre évêques et la Sorbonne; mais il n'a pas encore vu leur appel. Il remercie M. le duc d'Orléans d'avoir banni le syndic de la Sorbonne et d'avoir envoyé les quatre évêques dans leurs diocèses.

* D'O, gouverneur de M. le comte de Toulouse, le suivoit toujours chez le feu roi à toutes heures; le prince n'y alloit jamais qu'aux heures de privance, et par la disposition de son appartement entroit toujours par les cabinets et ainsi par derrière. D'O demeura près de lui gentilhomme de sa chambre après son temps de gouverneur fini, et plus encore par confiance du roi et par amitié du prince comme son majordome et le maître dans sa maison. Il continua à le suivre chez le roi fort souvent à son ordinaire, et obtint d'y être admis sans lui aux mêmes heures et par le même chemin; il n'avoit donc pas ce qu'on appelle les grandes entrées comme le premier gentilhomme de

la chambre, parce qu'il n'entroit point par les antichambres; mais en effet il jouissoit des mêmes, puisqu'il se trouvoit avec eux au petit lever et à leurs heures les plus particulières, mais y arrivant par les cabinets; et il en avoit de bien plus familières qu'eux, puisqu'il entroit par les cabinets dans celui où étoit le roi à toutes les heures rompues où le roi étoit chez lui, et où qui que ce soit n'entroit que les légitimés comme les fils de France, et encore ceux-ci avec grande mesure; les premier médecin, premier chirurgien, premiers valets de chambre et les garçons bleus et d'O comme tous ceux-là sans ménagement. Il conserva encore d'être avec le roi, les enfants de France et légitimés, les premiers valets de chambre et nul autre dans le cabinet entre le souper et le coucher du feu roi, tandis que les dames d'honneur des princesses qui étoient avec le roi leur père se tenoient dans un autre cabinet, avec la porte ouverte dans celui du roi, hors à Fontainebleau, qu'elles étoient avec lui et dans le même, rangées en cercle et assises, joignant et à côté des princesses, c'est-à-dire les deux dames d'honneur duchesses, et debout derrière les princesses ou par terre sans carreau ni tapis, celles qui n'étoient pas duchesses, même la maréchale de Rochefort, dame d'honneur de madame la duchesse d'Orléans, quoique comme maréchale de France elle eût pu avoir un carreau ailleurs et s'asseoir dessus. Par l'explication de ces entrées de M. d'O, on voit qu'il auroit perdu sous un roi grand, à changer ses entrées contre les grandes, et que comme tous ceux qui avoient des entrées chez le feu roi les conservoient de droit chez son successeur, ce fut une justice de donner les grandes à d'O, quoiqu'il ne les eût pas chez le feu roi.

Samedi 10. — Il y eut conseil de régence l'après-dînée : on n'y parla point des taxes; c'est M. le duc de la Force et M. des Forts qui sont chargés d'examiner ce qui reste à faire sur ces affaires-là. — On jugea au parlement une affaire de l'archevêque de Reims contre les curés de son diocèse; le jugement n'est pas décisif, mais il n'est pas favorable à l'archevêque. — Madame la Duchesse la mère étoit fort incommodée depuis quelque temps d'une perte de sang; elle conte la manière dont elle a été guérie, qui est incroyable, mais madame la Duchesse est la femme du monde la plus vraie. Elle n'avoit point de foi à ce remède, mais elle s'est rendue aux prières de ses femmes. Ce remède est de prendre une chemise portée par un homme plus de vingt-quatre heures; elle pria

M. le Duc d'en porter une vingt-quatre heures, et deux heures après qu'elle eut mis cette chemise son sang s'arrêta.

Dimanche 11. — Le roi eut une assez grande fonte la nuit, à quoi il est fort sujet; mais le jour il se porta bien, et alla se promener aux Tuileries et au Cours, où il y avoit tant de monde qu'il y eut beaucoup de carrosses renversés. — Il y eut conseil de régence le matin. — Il y eut, sur les cinq heures, chez M. le duc d'Orléans une grande assemblée, composée du chancelier, du premier président, du procureur général, des avocats généraux, de trois conseillers d'État, qui sont : M. Pelletier, M. Amelot et M. d'Argenson, du maréchal d'Huxelles et du marquis d'Effiat. On ne dit point de quoi il s'agissoit dans cette assemblée; mais il nous est revenu seulement que le chancelier et le procureur général avoient été tous deux du même avis, mais d'un avis fort différent de celui des autres. — Le marché de M. de la Villemeneust pour la charge de maître de la garde-robe de M. le duc d'Orléans est entièrement rompu; M. de Pluveau vouloit être payé demain et tout en argent comptant.

Lundi 12. — Il y eut conseil de régence le matin. — Madame fut fort incommodée la nuit d'un grand mal de gorge, et ne vit personne de toute la journée. — On prépare l'appartement de la reine mère au Louvre pour le czar (1); il y avoit plusieurs conseils qu'on avoit mis dans cet appartement et qu'on va tenir présentement chez les présidents de ces conseils. On croit que le czar n'arrivera qu'à la fin du mois et qu'on enverra un maréchal de France au-devant de lui. Il y a ordre dans toutes les places de la frontière de lui rendre les plus grands honneurs qu'on puisse rendre; on ne sait s'il voudra les recevoir, mais on obéira aux ordres qu'il donnera sur le

---

(1) « M. Coypel, dit *le Nouveau Mercure*, a été chargé de faire nettoyer toutes les peintures et les dorures. »

cérémonial. — Madame la duchesse de Duras, mère de madame la princesse de Lambesc, est à l'extrémité; mais avant que de mourir elle a voulu signer les articles du mariage de mademoiselle de Duras, sa fille, avec le comte d'Egmont, fils du duc de Bisache.

Mardi 13. — Madame a toujours mal à la gorge, et ne veut voir personne. — La duchesse de Duras mourut le matin; elle étoit veuve du duc de Duras, frère aîné de celui d'aujourd'hui; elle n'a d'enfants que madame de Lambesc et mademoiselle de Duras; elle étoit fille du comte de la Marck, dont le marquis de la Boulaye, son père, avoit épousé l'héritière des Bouillons-la-Marck qui étoit établie en France (1). — La duchesse de Melun mourut après dîner; elle mourut d'un coup de sang : elle n'avoit point voulu être saignée durant sa grossesse. Elle étoit à terme d'accoucher, et les médecins, la voyant sans espérance pour sa vie et sans aucune connoissance, la firent accoucher par force, et bientôt après l'accouchement la mère et l'enfant moururent; l'enfant a été ondoyé, et c'étoit une fille. La duchesse de Melun étoit fille du duc d'Albret.

Mercredi 14. — La comtesse d'Egmont mourut le matin; voilà trois dames titrées mortes en vingt-quatre heures. — Il y eut une assemblée le matin chez M. le duc d'Orléans, où étoient le cardinal de Noailles, le chancelier, le premier président et le procureur général; il ne s'y agissoit que de trouver les moyens de faire subsister l'Hôtel-Dieu, dont ces quatre messieurs sont les administrateurs généraux. — Il y avoit depuis plus d'un an des propositions de mariage entre le fils aîné du duc d'Albret, qu'on appelle le prince de Bouillon, et qui n'a que quatorze ans, et la fille aînée du duc de Noailles, qui n'a que douze ans; les paroles étoient données de part et d'autre, mais M. le duc d'Albret prétend qu'on a voulu

---

(1) Saint-Simon a écrit ici de sa main : « Quelle ignorance! »

mettre depuis deux jours des conditions à ce mariage qui l'ont blessé. Il a écrit une lettre à M. le chancelier qui étoit dépositaire des paroles; il a retiré la sienne, et le mariage est entièrement rompu. On craint même que cela ne remette l'aigreur entre la maison de Bouillon et la maison de Noailles.

Jeudi 15. — Madame n'a pas bien passé la nuit ; son mal de gorge augmente, elle a même eu un peu de fièvre. — M. l'évêque de Fréjus, précepteur du roi, fut élu tout d'une voix à l'Académie pour remplir la place de feu M. de Callières. — La comtesse d'Egmont a fait un testament par lequel elle donne 100,000 francs au comte d'Egmont, fils du duc de Bisache. Elle a fait beaucoup de legs considérables pour ses domestiques, mais elle n'a rien donné au prince de Chalais, en qui elle avoit une grande confiance, ni au chevalier d'Aubeterre, à qui elle avoit toujours dit qu'elle vouloit faire un bien considérable. — M. et madame de Chabannois se séparent de corps et de biens; M. de Chabannois est le fils aîné de feu M. de Saint-Pouanges, et madame de Chabannois est fille unique du feu marquis de Sourdis, et étoit héritière de la maison de Sourdis.

Vendredi 16. — Le roi signa le contrat de mariage du duc d'Olonne, et la noce se doit faire incessamment. — M. le duc d'Albret obtint pour le prince de Bouillon, son fils, la survivance de la charge de grand chambellan, et cette grâce accordée dans cette conjoncture ici en relève encore le prix et augmente la joie de la maison de Bouillon. Le chevalier de Bouillon, qu'on appelle depuis quelque temps le prince d'Auvergne, a obtenu une pension de 2,000 écus; on en a donné une aussi de 1,000 écus à M. de . . . ., brigadier de cavalerie et parent de M. d'Antin ; ces pensions seront prises sur les 500,000 francs dont M. le duc d'Orléans s'est réservé la disposition. — M. le chancelier a été chez M. le duc du Maine; ils ont été assez longtemps ensemble en grande conférence, et cela faisoit croire qu'il s'agissoit de l'accommodement des princes, parce que tout le monde le souhaite; mais il n'y a rien d'avancé sur cela.

Samedi 17. — Madame se porte un peu mieux; mais elle ne veut voir encore personne. — Il y eut conseil de régence l'après-dînée; il n'y fut point parlé de taxes. — M. le grand prieur avoit convoqué pour ce matin tous les chevaliers de Malte qui sont à Paris; on dit que c'étoit pour que les chevaliers de Malte se joignissent à quelques gens de la noblesse qui vouloient donner un mémoire contre les ducs; M. le duc d'Orléans envoya chercher hier le bailli de Mesmes, ambassadeur de Malte, pour lui dire qu'il défendoit toutes assemblées de chevaliers, à moins que ce ne fût pour les affaire de leur ordre*. — M. de Châtillon, M. de Rieux, M. de Laval, M. de Pons, M. de Bauffremont, et M. de Clermont voulurent présenter le mémoire de la noblesse à M. le duc d'Orléans; il ne le voulut pas recevoir, mais je crois pourtant qu'il l'a lu. — Madame de Parabère est présentement maîtresse, sans qu'il lui en ait rien coûté, de la belle maison où elle est à la place de Vendôme et de tous les beaux meubles qui y sont.

* Une image d'ordre et de distinction s'étoit soutenue jusqu'à la mort du feu roi, au milieu de toutes les entreprises et de toutes les décadences, mais après lui le peu de dignité de M. le duc d'Orléans jusque pour soi-même, sa légèreté, sa facilité et même sa politique, confondirent tout à son avênement à la régence. Ni reine ni dauphine; Madame, seule de fille de France avec madame la duchesse de Berry; la première toujours enfermée, et sa toilette et son dîner fort déserts; l'autre enfermée ou en partie, voulant et ne voulant point de cour, et se trouvant fort abandonnée, imagina de réchauffer sa cour en permettant aux dames d'y venir sans être habillées, établit des jeux les soirs, et en retint tous les jours à souper, ce qui éclipsa les tabourets parce qu'y ayant des heures commodes de la voir, on ne tint plus compte de sa toilette que fort rarement, ni guère plus des audiences qu'elle donnoit aux ambassadeurs, ni de celles de Madame. Les princes et princesses du sang s'étoient établis, dès les fins du feu roi, sur de petites chaises de paille garnies, sans bras, pour éviter de donner des fauteuils que quand il n'y avoit pas moyen de s'en dispenser, comme en des visites de cérémonies de morts, de mariages et semblables ; en sorte que ces petits siéges de paille, introduits sous prétexte de leur commodité pour jouer, travailler, étoient chez eux devenus les siéges de tout le monde sans distinction. Les gens non titrés, accoutumés ainsi à éviter ce qu'ils commencèrent à trouver des dégoûts et à se trouver partout en égalité, commencèrent à ne plus donner leurs places, puis à ne les plus offrir aux titrés, et à tâcher enfin de ne leur plus céder. M. et madame du Maine, qui craignoient le choc des ducs dès avant l'affaire du bonnet, qu'ils ne forcèrent les ducs par le feu roi d'entreprendre que dans cette vue, pour les brouiller avec le parlement, et beaucoup plus après qu'ils l'eurent fait manquer avec l'éclat, ainsi qu'on l'a vu, ne s'oublièrent pas le reste de la vie du roi à exciter par eux et par leurs émissaires les non-titrés contre les ducs, et profiter de tout leur pouvoir, de tout le mouvement qu'excita à la mort du roi cette perfide et inepte invention du duc de Noailles. La haine commune, moins que l'art et la malice, réunit les principaux acteurs du parlement et de ces gens non titrés qui commencèrent à usurper le nom de noblesse, comme s'ils eussent représenté toute celle du royaume, qui pour y parvenir écrivirent et envoyèrent des émissaires dans les provinces pour y attirer à eux tout ce qu'ils pourroient, et cependant éclatoient en plaintes vagues, parce qu'il n'y avoit lieu à en former aucune particulière. Tantôt, les ducs ne vouloient plus être de l'ordre de la noblesse et prétendoient faire un corps à part ; tantôt ces messieurs eux-mêmes ne vouloient plus que les ducs en fussent. On débitoit des pauvretés sans nombre, sans vérité ni de la moindre vraisemblance, de tentatives ridicules et même tout à fait indifférentes quand elles auroient été, dont on amusoit vaguement les ducs, et telles qu'on auroit honte de les rapporter et de les réfuter, et qui tomboient à mesure qu'elles étoient alléguées, mais pour faire place à d'autres misères aussi ridiculement inventées et qui ne vivoient pas plus longtemps. Quand des ducs de leurs amis ou de leurs parents, ou d'une certaine considération et réputation dans le monde, ou des leurs même qui ne s'étoient pas laissés aller au torrent, leur demandoient de quoi ils se plaignoient et ce qu'ils vouloient, et qu'ils se trouvoient forcés à répondre par amitié, ou pour ne pas paroître ignorer eux-mêmes ce qu'ils vouloient, ils ne savoient qu'articuler. Quand on leur montroit combien on se jouoit d'eux par toutes les puérilités sans vérité et sans vraisemblance dont on les abusoit, ils étoient honteux ; quand on leur démontroit que les ducs ne pourroient n'être point du corps de la noblesse ni prétendre non plus de n'en être point, puisqu'il n'y a que trois ordres dans l'État, et qu'il est impossible qu'ils soient du premier n'étant point ecclésiastiques, ni du tiers par leur naissance et par leur dignité même, quelques-uns se rendoient, mais la plupart entroient en fureur de ne pouvoir résoudre ce dilemme. En deux mots, ils ne savoient ce qu'ils vouloient, si non qu'ils vouloient crier, et que sans oser encore, ce qui ne tarda pas à se manifester, vouloir ôter tout rang et toute distinction aux ducs, parce qu'ils ne pouvoient atteindre aux leurs ; en cela aussi injustes mais plus modestes que les présidents à mortier, qui, pour rendre aux pairs quelques-unes de leurs plus grossières usurpations, avoient eu l'audace d'insinuer clairement, pour ne pas dire demander, la housse et le tabouret pour leurs femmes. Le grand prieur, intéressé pour ses propres entreprises et pour n'en pas voir tomber le fondement, et le bailli de Mesmes, ambassadeur de Malte, frère du premier président, le plus envenimé contre les ducs, par l'orgueil de sa place, par les trahisons qu'il avoit faites, et qui étoient si honteusement et si vivement retombées sur lui dans l'affaire du bonnet; d'ailleurs créature ou pour mieux dire esclave abandonné de M. et de madame du Maine, soulevèrent tous les chevaliers de Malte pour grossir la pelote, et à Paris et dans les provinces, et intimider le régent par le grand nombre. Mais ce grand nombre même fit trop d'effet pour ce qu'ils vouloient. Le régent sentit que tant de gens ensemble pourroient aisément changer d'objet, et que mis en ce mouvement par les bâtards qui faisoient bois de toutes flèches, et que madame du Maine n'auroit rien de sacré pour les maintenir dans tout ce dont les princes du sang avoient entrepris de les faire descendre, crut qu'il étoit temps d'arrêter ces assemblées et d'empêcher ce parti de s'augmenter et de s'organiser ; mais il avoit attendu trop tard, trompé par sa politique ordinaire : il empêcha bien l'éclat des assemblées publiques et des jonctions déclarées, mais il ne fit qu'exciter les courages par cet empêchement, dont les effets ne tardèrent guère à paroître.

Dimanche 18. — Madame se porte considérablement mieux. — Il y eut le matin conseil de régence. — Le bruit est fort répandu qu'on jugera l'affaire des princes dans trois semaines; M. du Maine aura pu donner son mémoire avant ce temps-là. — Il y eut au Palais-Royal la même assemblée qu'il y eut dimanche; elle dura jusqu'à plus de sept heures. Je ne sais point ce qu'il y a été résolu. — Madame la maréchale de Boufflers partit ces jours passés pour Blois, où elle mène sa fille; le duc de Popoli l'y attend pour l'épouser ; il y a déjà plus de six semaines qu'il y est*. — On a nouvelle que le czar est arrivé à Bruxelles ; on l'attend à la fin de la semaine à Dunkerque. — Asfeld, lieutenant général, et qui est du conseil de guerre, épouse mademoiselle de Fleury, nièce du procureur général, fille de son frère aîné, qui étoit avocat général avant lui.

* Le prince de Pettorano, fils unique du duc de Popoli, prétendit avoir en France, pour lui et pour sa femme, ce que les fils aînés des grands d'Espagne et leurs femmes ont en ce pays-là et qu'ils n'ont point ici, parce que les fils aînés des ducs et leurs femmes ne les y ont pas. C'est ce qui l'arrêta à Blois pour y faire son mariage et s'en aller après tout de suite avec sa femme, en Espagne.

Lundi 19. — Le roi fit l'après-dînée, dans le jardin des Tuileries, la revue des régiments des gardes françoises et suisses; M. le duc d'Orléans étoit auprès du roi. — Il y eut conseil de régence le matin; M. le prince de Conty entre au conseil de guerre présentement comme au conseil de régence. — Le duc d'Olonne épousa mademoiselle de Vertilly; la noce se fit chez le père de la mariée, avec qui le duc d'Olonne et sa femme demeureront. — Il se répand un bruit que le maréchal d'Huxelles donne son bien au chevalier de Beringhen, second fils de M. le Premier, et qu'on l'appellera le marquis d'Huxelles; on augmente même le bruit jusqu'à dire qu'il le va marier, et que la commanderie de Piéton, qu'il a, et qui est une commanderie magistrale, sera donnée au commandeur de Belle-Fontaine, que le grand maître a choisi pour commander toutes les troupes auxiliaires qui se joindront à l'armée navale des Vénitiens; mais on dit chez M. le maréchal d'Huxelles et chez M. le Premier qu'il n'y a pas un mot de tout cela.

Mardi 20. — M. le prince de Conty alla hier au conseil de guerre qui étoit assemblé chez le maréchal de Villars; M. le Duc n'a pas approuvé que M. le prince de Conty ait été à ce conseil, et prétend que ce conseil ne se tenant point au Louvre doit se tenir à l'hôtel de Condé, chez lui. — On assure que tous les intendants des finances, dont les charges furent supprimées dès le commencement de la régence, sont remboursés présentement de ce qu'elles leur avoient coûté, et qu'ils sont contents des effets qu'on leur a donnés pour ce remboursement. — Le bruit est fort répandu d'un grand changement parmi les fermiers généraux; il est certain qu'on en supprime dix, et qu'ainsi il n'en restera plus que trente; mais on parle d'en réformer quatorze et d'en mettre quatre nouveaux. On diminue leurs droits de présence, qui étoient de 12,000 francs, ils n'en auront plus que 6,000; on leur payoit l'intérêt de leur argent au denier dix, on ne leur payera plus que sept et demi pour cent; on leur fait encore d'autres retranchements, et l'on dit que le roi gagnera par tous ces changements-là plus de deux millions par an.

Mercredi 21. — Madame est tout à fait soulagée de son mal de gorge et est hors de tout danger. — Il se répand un bruit, ce soir, qu'on envoie le maréchal de Tessé au devant du czar pour lui faire les honneurs de la France; ce maréchal en s'en allant aujourd'hui à sa petite maison des Camaldules a passé ici, et nous a dit qu'il n'avoit nul ordre sur cela; mais je crois qu'il le recevra demain ou après demain. — Le maréchal de Matignon a obtenu un brevet de retenue de 100,000 francs sur le gouvernement du pays d'Aunis, dont le comte de Gacé, son fils, est pourvu; il avoit déjà un brevet de retenue de 130,000 francs; ainsi ce sont 230,000 francs, qui est tout ce que le gouvernement a coûté au maréchal; on vient d'y joindre le gouvernement de la Rochelle avec 2,000 écus de plus d'appointements. — M. l'abbé de Maulevrier, aumônier du roi, a obtenu la survivance de sa charge pour un abbé de ses parents; il n'y avoit point encore eu d'exemples de survivance de charge d'aumônier.

Jeudi 22. — M. le président de Nicolaï a obtenu la survivance de sa charge de premier président de la chambre des comptes pour M. de Goussainville, son fils; il sera le huitième premier président de cette chambre de père en fils. — M. le Duc avoit trouvé mauvais que M. le prince de Conty fût allé lundi au conseil de guerre chez le maréchal de Villars, prétendant que quand ce conseil ne se tient pas au Louvre il doit se tenir à l'hôtel de Condé, chez lui, et non pas chez le maréchal. Il a dit ses prétentions à M. le duc d'Orléans, qui lui a répondu que le conseil devoit se tenir chez le maréchal qui en étoit le président, que les princes du sang ne devoient faire aucune difficulté d'y aller, et que pour marque de cela il iroit lui-même au premier conseil, qui sera lundi.

— On me fit lundi une opération fort douloureuse entre les deux mamelles, par le conseil de Maréchal; le Dran et la Peyronie y étoient présents, et ce fut le Dran qui fit l'opération.

Vendredi 23. — M. le duc d'Orléans alla se promener à Saint-Cloud, et revint par la Meutte, où madame la duchesse de Berry est encore. — M. le maréchal de Tessé est averti pour aller au-devant du czar, mais il ne partira encore de huit ou dix jours, et il n'ira au-devant de lui que jusqu'à Beaumont. On a nouvelle que le czar est arrivé à Dunkerque; on lui prépare l'appartement de la reine mère dans le vieux Louvre; on ne sait pas encore s'il y voudra demeurer. Il veut visiter beaucoup de nos places, et il y a ordre partout de lui faire les plus grands honneurs; on ne sait s'il les voudra recevoir, mais on l'en laisse le maître. — Le marquis d'Alègre, qui étoit dans ses terres depuis quatre ou cinq mois, est revenu; on attendoit son retour pour conclure le mariage de mademoiselle de Barbezieux, sa petite-fille, avec le marquis d'Harcourt. On va travailler à dresser les articles, afin que le maréchal d'Harcourt, qu'on emmène aux eaux de Bourbon, puisse les signer avant son départ.

Samedi 24. — Il y eut conseil de régence l'après-dînée. — Madame la duchesse de Berry vint souper au Luxembourg et retourna coucher à la Meutte. — On a une liste de quatorze fermiers généraux que l'on ôte; on en remettra quatre nouveaux, ainsi il n'y en aura que dix de retranchés. Il y a quelques-uns de ces fermiers généraux-là, savoir Maynon et Rancy, qui ont demandé à être ôtés et qui ne veulent que le remboursement de leurs charges. — Madame des Marets, mère du grand fauconnier, est morte ; elle avoit été fille d'honneur de Madame, et s'appeloit mademoiselle de Villemaure. — M. le duc d'Orléans a eu nouvelle que le roi de Prusse vouloit venir ici, où il sera dans un parfait incognito; il n'amène que fort peu de domestiques et veut loger chez son envoyé. Cependant cet envoyé, qui est le baron de Filet, croit que M. le duc d'Orléans a eu une nouvelle fausse ; il prétend, lui, avoir reçu des nouvelles du roi son maître assez fraîches et d'autres de Berlin, où on ne dit rien qui puisse faire croire ce voyage-là.

Dimanche 25. — Le roi passa presque toute l'après-dînée chez madame de Ventadour, où il fit collation ; il parut sur son balcon, et plus de dix mille personnes qui étoient dans le jardin s'en approchèrent et firent de grands cris de *Vive le Roi !* en le voyant ; il prend grand plaisir à entendre ces cris de joie-là. — Il y eut conseil de régence le matin, et M. le duc d'Orléans alla souper le soir à la Meutte. — Les articles de mariage du marquis d'Harcourt avec mademoiselle de Barbezieux furent signés le matin chez le marquis d'Alègre, grand-père de mademoiselle de Barbezieux, et il alla l'apès-dînée mener sa petite-fille chez le maréchal d'Harcourt, qui s'en va après demain aux eaux de Bourbon. Ils ont envoyé un courrier à Rome pour avoir la dispense, parce que mademoiselle de Villeroy, première femme du marquis d'Harcourt, étoit cousine germaine de celle-ci, qui a présentement près de 500,000 écus de bien dont elle jouit.

Lundi 26. — Conseil de régence le matin. L'après-dînée M. le duc d'Orléans devoit aller chez le maréchal de Villars, au conseil de guerre, mais il n'y alla point. — Madame la duchesse de Berry, qui veut demeurer tout l'été à la Meutte ne veut plus monter à cheval, et fait vendre tous ses chevaux de selle. — M. de Bonneval, officier général dans les troupes de l'empereur, qui a eu permission de revenir en France, où on lui a donné des lettres d'abolition, et qui avoit été condamné pour avoir quitté le service et avoir passé aux ennemis, doit épouser ces jours-ici mademoiselle de Biron, qui demeurera en France, et lui aussitôt après le mariage partira pour aller faire la campagne de Hongrie. M. de Bonneval a un frère aîné; mais madame sa mère, qui a toujours fort aimé le cadet et qui a fort souhaité ce mariage-ci, lui fait de grands avantages en le mariant; cette mère est fort riche, elle a eu plus de 500,000 écus de bien.

Mardi 27. — M. le prince de Dombes partit de grand matin; il va en poste dans sa berline. Le comte d'Estrades, lieutenant général, le chevalier d'Estampes, son gouverneur, et Malezieu, le fils, sont dans sa berline avec lui. Une partie de l'équipage de ce prince avoit été brûlée il y a quelques jours en passant à Châlons; mais la perte, qui a été grande, a été réparée avec beaucoup de diligence; il avoit eu seize de ses meilleurs chevaux brûlés. — Outre qu'on retranche dix fermiers généraux, on diminue les revenus des trente qui restent; ils n'auront le revenu de leur argent qu'à sept et demi pour cent, et on leur payoit à dix; ils n'auront que 2,000 écus pour leur droit de présence; ils en avoient 4,000. On y fait encore quelques petits changements, et on compte que tous ces retranchements épargneront par an plus de deux millions au roi. — On envoie le marquis de Nesle au-devant du czar jusqu'à Amiens au moins; peut-être ira-t-il plus loin; il lui fera les honneurs de la province de Picardie *.

---

* Le marquis de Nesle poussa jusqu'à Calais, et fit les honneur au czar jusqu'à ce que le maréchal de Tessé l'eut rencontré. M. de Nesle avoit infiniment d'esprit, mais c'étoit absolument tout; il eut de grands malheurs et trop publics, et de toutes les façons en sa vie. Il fut chevalier de l'Ordre avant l'âge, en 1724, pour avoir porté la queue du grand manteau de l'Ordre du roi lorsqu'il le reçut à Reims. Sa femme,

fille du duc Mazarin, belle et charmante, fut dame du palais au mariage du roi ; il la perdit quelques années après, et qui l'auroit cru ? Il perdit tout avec elle, et tomba dans la pauvreté, le mépris, l'obscurité et l'abjection la plus profonde.

Mercredi 28. — M. le duc d'Orléans alla dîner à la Meutte avec madame la duchesse de Berry ; il y passa presque toute la journée. — On avoit fait préparer l'appartement de la reine mère au Louvre pour le czar, mais on croit qu'il ne voudra pas loger dans une maison royale, et en tous cas on lui fait préparer l'hôtel de Lesdiguières; il choisira. On dit qu'il change souvent d'avis sur de petites choses, mais qu'il a beaucoup d'esprit dans les grandes. — Il arriva un courrier de Rome que le maréchal d'Huxelles y avoit envoyé il y a quelques jours ; il en est reparti la nuit du 21 au 22; on ne dit point encore précisément les nouvelles qu'il apporte, mais on sait qu'il n'en apporte point de fâcheuses. — On parle fort du mariage du prince Charles, fils de M. le Grand, avec mademoiselle de Noailles, qui n'a que douze ans et demi ; on croit l'affaire très-avancée.

Jeudi 29. — Le courrier de Rome a apporté au cardinal de Noailles une lettre de la propre main du pape, en italien ; la lettre est fort douce, fort amiable, mais il l'exhorte fort à ne se point séparer. — Par les dernières lettres qu'on a reçues de Londres on apprend qu'il y a de grands changements dans les ministères d'Angleterre. — On a renouvelé ici les défenses de la bassette et du pharaon à toutes personnes de quelques conditions et qualités qu'elles soient sans exception, et on croit qu'on fera mieux observer ces défenses que par le passé. Les maréchaux de France avoient déjà établi dans leur tribunal qu'on ne seroit point obligé de payer les dettes qu'on auroit faites en jouant à ces jeux-là. Il y a plusieurs endroits dans Paris qui étoient des jeux publics et qui payoient de grosses sommes à ceux qui avoient obtenu le privilége de faire jouer, et ceux qui tiennent ces maisons-là demandent présentement de grandes diminutions.

Vendredi 30. — Le marché de M. le prince de Conty avec M. de la Vieuville pour le gouvernement de Poitou n'avoit pas eu son entier effet, parce que madame de Parabère, fille de M. de la Vieuville, avoit fait arrêt sur les 110,000 francs qu'on donne à son père pour être payée de sa dot. M. le prince de Conty, qui a voulu faire finir cette affaire, a négocié un accommodement entre le père et la fille, à qui l'on donnera 15,000 francs d'argent comptant et de bonnes assurances pour 10 ou 12 autres 1,000 francs; il en coûte à M. le prince de Conty 10,000 francs qu'il a sacrifiés pour faire finir l'affaire. — On eut des lettres de Chantilly qui font soupçonner que M. le comte de Charolois en étoit parti le jeudi matin, disant à M. le Duc, son frère, qu'il vouloit aller courir le sanglier dans la forêt d'Alastre; et comme il n'en étoit pas revenu encore aujourd'hui à midi, on croit qu'il est sorti du royaume pour aller faire la campagne en Hongrie. Il a mené avec lui un gentilhomme de M. le Duc, nommé Billy, et dont on dit beaucoup de bien *.

* Cette partie de main, concertée dans la maison de Condé pour intimider le régent par un prince du sang si proche de l'impératrice Amélie et de ses deux filles, et pour n'avoir pas à répondre de ce qui se passeroit en ce voyage, n'eut pas l'effet qu'on s'en étoit promis. Personne ne donna dans la duperie de croire qu'un prince du sang de dix-sept ans fût parti de Chantilly pour la Hongrie, sans l'aveu d'une mère et d'un frère aîné tels que madame la Duchesse et M. le Duc; et le seul accompagnement d'un gentilhomme de leur confiance, et qui la méritoit, tel que Billy, auroit levé le voile. M. le duc d'Orléans, qui n'étoit timide que dans les petites occasions, et qui cédoit moins aux choses qu'aux importunités, ne prit aucune inquiétude de cette disparate [*sic*], et se contenta de n'y prendre aucune part, bien aise encore de se trouver par là hors d'atteinte des attaques de bourse pour fournir aux frais.

Samedi 1ᵉʳ mai. — Il y eut conseil de régence l'après-dînée. M. le Duc, qui étoit à Chantilly, en revint pour être à ce conseil. On eut par lui la confirmation du bruit qui couroit dès hier au soir du départ de M. le comte de

Charolois, qui a, dit-on, pris la route de Flandre et qu'on croit qui va droit à Mons; M. le Duc parle sur cela de manière à persuader qu'il n'a eu aucune connoissance du dessein de M. son frère, et madame la Duchesse, leur mère, a parlé ce soir à beaucoup de gens de manière à persuader aussi qu'elle ne savoit rien du dessein de M. son fils. — Madame est tout à fait guérie; elle ne veut pourtant point encore qu'on aille lui faire sa cour; elle vit jeudi de sa loge la comédie françoise et aujourd'hui elle a vu la comédie italienne, sans dormir un moment, ce qui est une grande marque de guérison pour elle; car tous les remèdes qu'on lui faisoit n'étoient que pour empêcher les assoupissements.

Dimanche 2. — Le roi passa une partie de l'après-dînée chez madame de Ventadour. — Il y eut conseil de régence le matin. —D'Arbon, lieutenant de roi de Verdun, est mort; il avoit un cordon rouge de 4,000 francs; ces 4,000 francs viennent à Brillac, capitaine aux gardes, qui en avoit l'expectative, et on permet de porter le cordon rouge à Verceil qui aura l'expectative de la pension comme l'avoit Brillac. — On assure que M. le cardinal de Noailles appelle de la Constitution au pape mieux informé, au pape futur et au premier concile œcuménique, et qu'il y a deux ou trois évêques qui font le même appel; mais M. le cardinal de Noailles n'avoue point encore cela. — Il y a des lettres de Madrid qui portent que l'infant don Francisco, dont la reine est accouchée il y a un mois, étoit mort; mais le prince Cellamare, ambassadeur d'Espagne ici, n'en n'a pas eu encore la nouvelle en forme : ainsi, il n'en parle point.

Lundi 3. — Conseil de régence le matin. — On eut des lettres de M. le comte de Charolois datées de Mons, où il arriva samedi matin; il écrit à madame sa mère et à M. son frère pour leur demander pardon d'être parti sans leur en avoir demandé la permission. Billy, qui est le gentilhomme qui l'a suivi, écrit aussi à madame la

Duchesse et à M. le Duc, et s'excuse de leur avoir gardé le secret de ce voyage, sur ce que M. le comte de Charolois, avant que de lui déclarer son dessein, l'avoit engagé par des serments affreux de n'en rien dire à qui que ce fût au monde. Il mande que M. le comte de Charolois prendra le nom de comte de Dammartin, et qu'il ira droit à Munich, où il attendra leurs ordres et les secours qu'ils lui voudront envoyer pour son voyage.

Mardi 4. — On a eu des nouvelles du czar par les intendants. Le marquis de Nesle le joignit à Calais; il doit coucher demain mercredi à Beauvais, venir jeudi dîner à Beaumont et le soir à Paris, où il ne veut arriver qu'à la nuit. Il ira descendre au Louvre dans l'appartement de la reine mère, qu'on lui a préparé et qu'on lui a meublé magnifiquement; il n'a que douze ou quinze hommes considérables avec lui et environ autant de domestiques. Le maréchal de Tessé ira le recevoir à Beaumont, où il montera dans les carrosses de ce maréchal pour venir ici; mais comme le czar change souvent d'avis sur les petites choses, il n'est pas sûr qu'il arrive encore demain. — M. le comte de Bioule achète le régiment Colonel-Général 170,000 francs en rentes sur la maison de ville.

Mercredi 5. — Le roi alla se promener à l'hôtel de Lesdiguières, où il y eut grande collation, feu d'artifice et beaucoup d'autres petits divertissements (1). — M. le duc d'Orléans alla souper dans la petite maison de la maréchale d'Estrées, à Chaillot. — Le czar, qui devoit arriver demain, n'arrivera que vendredi; il doit coucher le jeudi à Breteuil et venir le vendredi dîner à Beaumont, où le maréchal de Tessé l'attend. — Le mariage du prince Charles avec mademoiselle de Noailles fut entiè-

---

(1) « On trouva l'hôtel de Lesdiguières très-magnifiquement meublé; mais ce qui charma davantage le roi vint du plaisir qu'il eut de trouver des danseurs de corde et d'autres divertissements, que M. le maréchal de Villeroy lui avoit fait préparer. » (*Le Nouveau Mercure,* mai 1717, page 96.)

rement réglé et déclaré; on donne à la demoiselle 500,000 francs d'argent comptant et des marais en Languedoc, qu'on estime au moins 100,000 écus et que le feu roi avoit donnés au feu maréchal de Noailles pendant qu'il commandoit dans cette province-là. On assure encore d'autres sommes à la mariée après la mort de la maréchale de Noailles *.

* Il y avoit entre les Noailles et les Bouillon des procès, des procédés, une inimitié ouverte depuis des années infinies, dont beaucoup de gens s'étoient en divers temps inutilement entremis, et qui dans la province partageoient tout le pays où est la vicomté de Turenne. Le comte d'Évreux, en qui tout le bon sens de sa maison s'étoit retiré, et dont les vues, l'ambition et le manége sourd mais honnête n'étoient pas médiocres, considéra la position présente et solide des Noailles par leurs alliances et leurs emplois, mais dont le brillant commençoit à se ternir par celle du cardinal de Noailles, comme une conjoncture heureuse à se réunir d'une manière à en tirer tout l'utile et tout le gré d'avoir l'air de soutenir d'anciens ennemis, et d'augmenter ainsi leurs communes forces en les confondant par un mariage qui anéantiroit tous leurs démêlés. M. de Bouillon, dont avec le feu roi toute la considération étoit tombée, se trouvoit sur le bord de sa fosse, et par son âge et ses infirmités hors de tout combat. Le duc d'Albret n'en avoit jamais eu, et quoique avec des parties n'étoit pas fait pour s'en donner. Le prince d'Auvergne (1), tout glorieux, tout audacieux qu'il étoit, ne songeoit qu'à boire et à tirer de l'argent, sans réputation et sans amis. L'abbé d'Auvergne n'étoit rien que ridicule et quelque chose de pis, quoique prêtre; son frère, autre prêtre, le néant. Effectivement ce n'étoit donc plus rien que ces Bouillon si florissants autrefois; mais les restes de leur splendeur jointe à la supériorité que leur donnoit Turenne sur les Noailles, pouvoient suffire à les éblouir, et la solidité de leurs établissements jointe au montant que le duc de Noailles avoit pris au Palais-Royal et dans les finances devenoit un secours plus effectif et plus durable aux Bouillon que non pas eux aux Noailles; et c'est ce que le comte d'Évreux eut le bon sens de se bien dire et de marcher en conséquence. Il se mit donc en tête de marier son neveu aîné à la fille aînée du duc de Noailles; et le duc de Noailles, se sentit comblé de s'en voir recherché. Mais le duc d'Albret, qui avec plus d'esprit et moins de sens

(1) Ce prince d'Auvergne avoit porté longtemps le nom de chevalier de Bouillon. (*Note de Saint-Simon.*)

que son frère, y voulut tant mettre du sien, tant avoir et tant prétendre, que tout rompit et avec plus de division que jamais. Pour le comte d'Évreux, il soutint jusqu'au bout son sage personnage; et pour se conserver une porte ouverte au retour, ne prit aucune part à la rupture, et se dévoua le duc de Noailles, c'est-à-dire autant qu'il en étoit capable, par vouloir et demeurer en effet ouvertement de ses amis. Ce fut cette rupture qui piqua assez le duc de Noailles pour le jeter dans une autre affaire dont il eut un prompt, vif et long repentir. C'est le mariage de sa fille avec le prince Charles, pour se dédommager, par un véritable prince, du faux qui avoit rompu et dont la charge étoit encore plus belle; mais le fonds de bien y étoit nul, et le supplément en fut ce million de brevet de retenue qui fut une très-nouvelle et très-surprenante monstruosité. Le duc d'Elbeuf, qui fit ce mariage, en eut gros pour lui. Tant que le duc de Noailles eut les finances, tout alla à merveille; mais vers leur fin les rats la sentirent et se hâtèrent de dénicher; ils se brouillèrent avec éclat. Madame d'Armagnac entra bientôt aux filles de Sainte-Marie du faubourg Saint-Germain, où elle avoit une tante, et y vécut plusieurs années dans une singulière régularité. Toute la maison de Lorraine, excepté M. d'Elbeuf, prit le parti de la femme, la vit toujours et s'en brouilla avec le prince Charles, et M. le duc de Lorraine et madame la duchesse de Lorraine se déclarèrent aussi pour elle. Elle est depuis allée loger à l'hôtel de Noailles, où elle vit dans une grande retraite et une grande piété, sans que son mari ait jamais voulu entendre parler d'elle; mais avec toute cette dévotion, elle la sait tourner en sorte de ne la pas rendre inutile à son père.

Jeudi 6. — Le roi donne à M. le prince Charles un brevet de retenue sur la charge de grand écuyer d'un million. Toute la famille de M. le Grand et tous les Noailles sont également charmés de ce mariage. — Il y a un arrêt du parlement qui défend toutes sortes de jeux de hasard, sous de grosses peines; cependant, il y a des maisons de jeu où on joue encore et qui prétendent qu'on leur a permis de faire jouer. — M. de Bonneval épousera demain mademoiselle de Biron : la noce se fera chez le père de la mariée, et le marié partira huit jours après pour retourner en Allemagne et faire la campagne de Hongrie. — Sainte-Maure s'est accommodé avec les héritiers et les créanciers du comte de Lyonne pour les 80,000 francs qu'il doit payer du brevet de retenue qu'avoit ce comte sur la charge de premier écuyer de la grande écurie, et il en prêtera ces jours-ci serment entre les mains de M. le Grand.

Vendredi 7. — Le czar arriva le soir à neuf heures au Louvre, et on le mena dans l'appartement de la reine mère, qui étoit meublé et éclairé magnifiquement; mais il le trouva trop bien éclairé et trop bien meublé. On lui avoit préparé deux tables de vingt-cinq couverts chacune; il ne voulut ni souper ni coucher au Louvre, et on le mena à l'hôtel de Lesdiguières, qu'on avoit aussi fait préparer pour lui en cas qu'il ne voulût pas être dans le Louvre. Il trouva que l'appartement de l'hôtel de Lesdiguières étoit trop beau pour lui aussi, et fit tendre son lit de camp dans une garde-robe. Le maréchal de Tessé a un appartement dans l'hôtel de Lesdiguières, pour ne point quitter le czar. Le czar étoit entré dans Paris dans un des carrosses du maréchal; mais il n'y avoit point de François avec lui, pas même le maréchal *.

* Ce fameux czar a tant fait de bruit dans le monde qu'il seroit inutile de s'y étendre. On se bornera seulement à dire qu'il se fit admirer ici par sa curiosité extrême, qui atteignit à tout et ne dédaigna rien, dont les moindres traits avoient une utilité suivie et marquée, qui en tout fut savante, qui n'estima que ce qui méritoit de l'être, et en qui brilla l'intelligence, la justesse et la vive appréhension de son esprit, sa vaste étendue, ses lumières et quelque chose de continuellement conséquent. Il allia d'une manière tout à fait surprenante la majesté la plus soutenue, la plus fière, la plus délicate, et en même temps la moins embarrassante, quand il l'avoit mise dans toute sa sûreté, avec une politesse qui la sentoit et toujours et avec tous, et en maître partout, mais qui avoit ses degrés suivant les personnes, avec une familiarité qui venoit de liberté et une forte empreinte de cette ancienne barbarie de son pays qui rendoit toutes ses manières promptes, même précipitées, ses volontés incertaines, sans vouloir être contraint ni contredit sur pas une. Sa table quelque fois peu décente, et beaucoup moins ce qui la suivoit, souvent avec un découvert d'audace et d'un roi partout chez lui, et ce qu'il se proposoit à voir ou à faire dans l'entière indépendance des moyens, qu'il falloit forcer à son plaisir et à son mot [*sic*]. L'envie de voir et à son aise, l'importunité d'être en spectacle, l'habitude d'une liberté au-dessus de tout, lui fit souvent préférer les carrosses de

louage, les fiacres, le premier carrosse qu'il trouvoit sous sa main de gens qui étoient chez lui et qu'il ne connoissoit pas, pour aller par la ville et souvent dehors ; après quoi c'étoit au maréchal de Tessé et sa suite de courir après, qui souvent ne le pouvoient joindre ; mais quelque simplement vêtu qu'il fût, quelque mal accompagné et voituré qu'il pût être ou qu'il parût, c'étoit en roi et en maître qui ne se pouvoit méconnoître dans ses manières et jusque dans sa personne. On ne put se défendre d'être frappé de toutes les grâces qu'il montra avec le roi, et dès le premier instant qu'il le vit, de l'air de tendresse qu'il prit pour lui avec la politesse qui couloit de source, et toutefois mélangée de la grandeur d'égalité qu'il fit sentir scrupuleusement, mais légèrement en tout, et de supériorité d'âge, et par ses manières apprivoisa tout aussitôt le roi à lui, se mit à sa portée, et persuada le monde qu'il s'étoit pris d'un véritable intérêt en sa personne. Avec les deux filles de France, il parut très-mesuré et plein d'égards ; il en eut, mais avec supériorité, chez madame la duchesse d'Orléans. Pour le régent, il ne sortit de son cabinet au-devant de lui que pour montrer avec quelle disparité il l'embrassoit et tout aussitôt s'en faire suivre et le mener en laisse dans son cabinet, et ne le remener après que précisément où il l'avoit pris. Il surprit tout l'Opéra du peu de façons qu'il fit pour se laisser présenter à boire puis la serviette par ce prince, de l'air de grandeur dont il reçut ce service et qu'il conserva partout avec lui. Pour les princes et princesses du sang, il ne s'en embarrassa pas plus que des premiers seigneurs de la cour, et tous les repas qui lui furent donnés par quelques-uns des principaux de la cour et pour des occasions naturelles, il les reçut civilement, mais comme des hommages. Les beauté purement de richesse et d'imagination et où les siennes ne pouvoient atteindre, comme les pierreries de la couronne, il témoigna en faire peu de cas ; et l'on put remarquer sa politesse, mais inséparable d'égalité de majesté, avec laquelle il prit cette occasion de voir le roi sans que ce fût une visite. Notre luxe le surprit, et nos manières pour lui le touchèrent, mais il montra qu'il nous connoissoit bien. En partant il s'attendrit sur le roi et sur la France, et dit qu'il voyoit avec douleur que son luxe ne pouvoit manquer de la perdre et bientôt. On ne finiroit point sur cet homme véritablement grand, et dont la singularité et la rare variété de grandeurs, toutes diverses, en feront toujours, malgré de grands défauts d'une origine, d'une éducation et d'un pays barbare, un homme véritablement digne de la plus grande admiration.

Samedi 8. — Conseil de régence l'après-dînée. — M. le duc d'Orléans alla le matin à l'hôtel de Lesdiguières voir le czar ; ils furent assez longtemps enfermés ensemble avec le prince Kourakin, qui leur servoit d'interprète. Il y avoit dans la chambre deux fauteuils : un pour le czar et un pour M. le duc d'Orléans. S. A. R. trouve que le czar a beaucoup d'esprit. — M. le duc d'Orléans a dit à M. le Duc qu'il alloit juger son affaire avec les princes légitimés, mais que pour cela il vouloit prendre les avis de beaucoup de gens, qu'il choisira dans les différents conseils ; on compte qu'il y en a trente-deux nommés, outre les gens du roi. Parmi ceux que S. A. R. a nommés à M. le Duc, il a déjà récusé l'archevêque de Tours et M. de Coëtlogon. Les princes légitimés n'en récuseront aucun en particulier, mais ils ne reconnoîtront point ces juges-là ni aucuns autres ; ils demandent toujours d'être jugés par les États du royaume, ou de ne l'être qu'à la majorité du roi.

Dimanche 9. — Il y eut conseil de régence le matin. — Il est réglé que le roi ira demain à l'hôtel de Lesdiguières voir le czar, et on est convenu de tout le cérémonial. — L'ambassadeur d'Espagne reçut hier, par une lettre du roi son maître, la nouvelle de la mort de l'infant don François ; il lui a ordonné d'en donner part ici à la cour. — Quand le roi sort présentement et que M. le duc du Maine est dans son carrosse, le maréchal de Villeroy ne se met plus dans le fond en tiers avec eux ; il se met dans la portière du côté du roi. Il y a une autre difficulté pour ces carrosses, c'est de savoir quelle place y doit avoir le précepteur du roi, et s'il l'aura de préférence au sous-gouverneur *. — Sainte-Maure prêta hier serment pour la charge de premier écuyer de la grande écurie.

* L'ordre fut enfin remis dans le carrosse du roi en partie pour ce qui regardoit sa personne, mais M. du Maine, demeuré à côté de lui, étoit tellement de trop, que le feu roi, tel qu'il étoit pour ce bâtard si chéri et si fort élevé par lui dans les nues, l'eût lui-même trouvé mauvais ; mais que n'eût-il point dit du précepteur et du sous-gouverneur dans le carrosse ? Jamais ni l'un ni l'autre n'avoit imaginé d'y mettre le pied, et si les sous-gouverneurs du père du roi sont entrés dans son car-

rosse, c'est que, quelque grand qu'il fût, il y avoit bien loin de fils de France, même de dauphin, à roi. Pour le précepteur qui ne donne point là de leçons et qui sont sans prétexte pour ce carrosse, jamais celui du père du roi n'a monté dans le sien ; jamais évêque, non pair, non prince ou non cardinal, n'a monté dans les carrosses du roi ni mangé avec lui. La charge et l'épiscopat à part, celui-ci avoit encore moins de titre que l'abbé de Fénelon ; aussi le régent, si facile à toutes ces grâces-là, ne laissa-t-il pas de lui bien déclarer en public que comme précepteur ni comme évêque il n'y devoit pas monter, et que c'étoit à sa personne qu'il accordoit ce privilége, et Dieu sait jusqu'à quels excès il a depuis été étendu. Pour la dispute de préférence entre deux hommes qui en avoient tous deux l'exclusion, c'est assurément ce qui ne se pouvoit décider par les exemples ; puisque c'est ici le premier pour tous les deux. Le précepteur est constamment une charge supérieure à celle de sous-gouverneur, quoiqu'il n'ait quoi que ce soit à lui dire, et que l'autre ne dépende en rien de lui. Tous deux sont sans fonction dans le carrosse, puisque le précepteur n'en peut avoir qu'à l'étude, dont un carrosse n'est ni le lieu ni le temps, et le sous-gouverneur partout en fonction n'en a point là de nécessaire, puisqu'il y est effacé par la présence du gouverneur, et souvent encore par celle du surintendant de l'éducation ; mais si tous deux manquoient à la fois, ce seroit une occasion qui, par raison de nécessité, y donneroit droit au sous-gouverneur, quoiqu'il ne l'eût pas en effet, et un droit non d'aucune préséance, mais de toute préférence, même sur un prince du sang, comme le capitaine des gardes, qui est le seul qui l'ait sur eux dans le carrosse où est le roi, et comme il le suit immédiatement à pied et à cheval sans que le dauphin même puisse marcher entre deux.

Lundi 10. — Le roi alla sur les quatre heures à l'hôtel de Lesdiguières voir le czar. Les gardes entrèrent dans la cour l'épée à la main, comme à l'ordinaire. Le czar le vint recevoir à la descente du carrosse et le conduisit à l'appartement en haut, lui donnant toujours la droite. Ils trouvèrent deux fauteuils dans la chambre, et le roi se mit dans celui qui étoit à droite. On avoit fait un petit discours au roi, qu'il répéta à merveille. Le czar parut charmé de voir le roi et l'embrassa tendrement ; il ne fut point embarrassé de ses embrassades. Il fut très-joli durant cette visite, qui ne dura pas un quart d'heure, et plus joli encore dans la galerie où on le fit promener pour le mieux faire voir au czar. Le czar ne pouvoit se lasser de l'embrasser et tous les Moscovites de lui donner des louanges. En descendant le degré, le czar le tenant par la main, le maréchal de Villeroy ne voulut point que personne tînt le roi, et le maréchal de Villeroy dit au czar : « Nous le laissons sous votre conduite; » il conduisit le roi jusqu'à son carrosse. Le prince Kourakin étoit l'interprète de tout ce qui se disoit.

Mardi 11. — Les conseils ont congé pour trois semaines. — M. le Duc avoit récusé quelques-uns des trente-deux commissaires qu'on vouloit nommer, et madame du Maine, de son côté, se plaignit hier à M. le duc d'Orléans de ce qu'il vouloit faire juger cette affaire par gens qui ne savoient point assez les lois du royaume; on croit qu'il y aura des changements à la disposition qu'on avoit faite là-dessus. — Le czar alla entre quatre et cinq heures aux Tuileries voir le roi; on lui rendit les mêmes honneurs qu'il avoit rendus hier au roi à l'hôtel de Lesdiguières; le czar paroît toujours charmé du roi, et on est fort content du czar aussi. Le czar étoit sorti dès les huit heures du matin, et avoit été voir la place Royale, la place des Victoires et la place de Vendôme. — On mande de Montpellier que les chanoines que l'évêque avoit fait assembler au chapitre, après avoir délibéré sur la proposition qu'il leur avoit faite de mettre son appel au futur concile dans leurs registres, ont trouvé à propos de n'en rien faire. Les magistrats, la cour des aides et les curés n'ont point approuvé le mandement qu'il avoit fait sur son appel au futur concile.

Mercredi 12. — Le prince Charles de Lorraine, fils de M. le Grand, épousa le matin mademoiselle de Noailles, fille du duc; le cardinal de Noailles fit la cérémonie du mariage dans sa chapelle, et donna à dîner à toute la noce, qui soupa chez le duc de Noailles, où il y eut comédie italienne et une grande illumination. La mariée se nommera la comtesse d'Armagnac, et on continuera à appeler le marié le prince Charles, durant la vie de

M. son père. — M. le duc d'Orléans, qui avoit été soigné le matin par précaution, alla l'après-dînée faire un tour à l'Opéra, et le soir, à onze heures et demie, il alla chez le duc de Noailles. Dès qu'il y fut arrivé, on tira force fusées, et il fit l'honneur au marié de lui donner la chemise. Le roi soupa à sept heures et demie chez madame de Ventadour, d'où il vit le commencement de l'illumination de la maison du duc de Noailles. — Le czar alla à l'Observatoire, aux Gobelins et au Jardin du Roi. — Matarel, premier maître d'hôtel de M. le duc d'Orléans, est mort; il avoit un brevet de retenue de 60,000 livres sur sa charge.

Jeudi 13. — Le prince Charles ne demeura qu'un moment dans le lit avec sa femme, afin que dans la suite on ne puisse pas lui disputer son douaire; on ne les laissera seuls ensemble que quand elle aura quinze ans, et elle n'en a pas encore treize accomplis. — Le czar prit médecine, et ne laissa pas de sortir pour aller chez différents ouvriers. — Il y eut un arrêt rendu sur l'affaire entre les princes du sang et les princes légitimés *. — Madame de Chamarande mourut; elle étoit fille unique et héritière du feu marquis de Bourlemont, gouverneur de Stenay; tous les enfants qu'ils avoient eus sont morts. — L'abbé de Vauban est mort; il étoit frère de Vauban, gouverneur de Béthune et lieutenant général; il avoit deux petites abbayes, que le feu maréchal de Vauban, son parent, lui avoit fait avoir. — M. d'Armenonville est chargé de donner part aux princes du sang et aux princes légitimés de l'arrêt par lequel il est ordonné qu'avant la fin du mois ils feront remettre entre les mains des gens du roi les mémoires et les requêtes qu'ils ont présentés et qu'ils voudront présenter sur les affaires qu'ils ont ensemble.

* M. le duc d'Orléans, pressé par les princes du sang et piqué de la résolution déclarée des légitimés, de ne reconnoître de juge que le roi majeur ou les états généraux, et qui sentit quelle atteinte elle portoit

à l'autorité de sa régence et l'exemple dont elle pouvoit être, ne voulut plus différer, et se hâta, par un arrêt préparatoire à jugement prochain et certain, de montrer qu'il sentoit son pouvoir et qu'il étoit résolu à ne le pas laisser mettre en compromis. Cette faute fut une des plus grandes que M. du Maine ait faite en sa vie, et qui par son succès le conduisit à d'autres, qui le menèrent bien loin.

Vendredi 14. — Le roi alla à Chaillot voir la reine d'Angleterre, qui y est venue depuis quelques jours. M. de Fréjus étoit dans le carrosse du roi, quoique les précepteurs des rois de France n'aient pas accoutumé d'entrer dans leurs carrosses. M. le duc d'Orléans en accordant cette grâce à M. de Fréjus lui dit : « Je ne vous l'accorde point comme précepteur du roi, ni comme évêque ; je vous l'accorde personnellement pour vous. » Cela fait une petite difficulté présentement entre les sous-gouverneurs et le précepteur pour savoir qui doit avoir la place de préférence. — Madame de Saint-Hilaire, femme du lieutenant général d'artillerie, mourut. — Le czar alla à six heures du matin dans la grande galerie du roi voir tous les plans des places, qu'il examina fort longtemps ; il visita beaucoup d'endroits dans le Louvre, et puis alla dans le jardin des Tuileries, d'où on avoit fait sortir tout le monde, et il s'amusa fort à voir travailler au pont tournant qu'on fait pour passer dans les allées des Champs-Élysées. Le czar alla l'après-dînée au Palais-Royal voir Madame, et M. le duc d'Orléans le mena à l'Opéra dans la grande loge ; mais il n'y demeura que jusqu'au quatrième acte, parce qu'il soupe de très-bonne heure et qu'il est fort réglé dans les heures de ses repas. Le maréchal de Villars se trouva avec quelques lieutenants généraux et quelques ingénieurs pour répondre aux questions que le czar pouvoit faire sur les places ; il est bien plus curieux d'examiner les places maritimes que les autres places.

Samedi 15. — Hier à l'Opéra, le czar demanda à boire de la bière. M. le duc d'Orléans lui présenta le verre et la serviette ; il fit quelques difficultés pour les prendre

de sa main, mais il les prit à la fin. Le czar a été voir aujourd'hui dans un carrosse de louage quantité de curiosités chez les ouvriers de Paris ; il compte de s'en aller vers le 15 du mois prochain, parce qu'il dit qu'il a donné rendez-vous en ce temps-là à la czarine aux eaux de Spa.
— Le maréchal de Villars devoit partir aujourd'hui pour aller prendre les eaux et les bains de Bourbonne ; mais ce bourg-là vient d'être brûlé entièrement, et tout y est en si grand désordre que ce maréchal auroit eu peine à s'y loger ; et s'il est obligé d'aller prendre les eaux, il ira à Aix-la-Chapelle. — Il paroît un arrêt du conseil d'État d'hier dont voici les conclusions : « Sa Majesté étant en son conseil, de l'avis de M. le duc d'Orléans, régent, a fait très-expresses inhibitions et défenses à tous les nobles de son royaume, de quelque naissance, rang et dignité qu'ils soient, de signer la prétendue requête, à peine de désobéissance, jusqu'à ce qu'autrement, par Sa Majesté, en ait été ordonné suivant les formes observées dans le royaume, sans néanmoins que le présent arrêt puisse nuire ni préjudicier aux droits, priviléges et prérogatives légitimes de la noblesse, auxquels S. M. n'entend donner aucune atteinte, et qu'elle maintiendra toujours à l'exemple des rois ses prédécesseurs, suivant les règles de la justice et de l'ordre public. Fait au conseil d'État du roi, Sa Majesté y étant, M. le duc d'Orléans régent, présent, tenu à Paris le 14 mai 1717. *Signé* Fleuriau*.

* La noblesse, pour parler le langage du temps, se concertoit de plus en plus, poussée et protégée par M. et madame du Maine. Outre leur objet des ducs, ils cherchoient dans cette conduite à rallier ensemble de quoi faire un parti qui les reconnût pour protecteurs et pour chefs, à opposer aux princes du sang et au régent lui-même. Assembler, organiser, unir, est le grand point, et quels que soient ces unis, hors un bien petit nombre, tout y est peuple qui est mené sans voir ; tout ce qui convient au chef qu'il a cru choisir et qui ne s'en sert que pour lui-même, et qui, les captant par l'objet qui les a rassemblés, les conduit après à d'autres qui d'abord n'auroient rien pu sur eux, mais qui les entraînent après par autorité et par nécessité avec peu d'art et d'industrie, dont le chef n'a besoin qu'avec ceux, en très-petit nombre, qui lui servent à manier la multitude. Cette noblesse au reste étoit tout à fait singulière : on ne parlera ni de leur mérite ni de leur esprit, ni d'aucun en particulier ; on ne parlera que de leur raison et du nom qu'ils s'étoient donné, pour l'intelligence de cet événement, en deux mots. Outre quelques gens, en petit nombre, de ces messieurs-là qui étoient de la première qualité, le grand nombre étoit d'une condition fort inférieure, qui dans un autre pays n'auroient osé se mêler à ces premiers et que ces premiers n'auroient pas soufferts parmi eux ; beaucoup encore fort au-dessous ; les uns originaires et même nouvellement sortis de la robe, d'autres qui n'étoient pas gentilshommes, quelques-uns enfin dont les pères avoient acquis du bien et quelques-uns avoient été magistrats de province, mais dont les pères de ceux-là étoient paysans, payant la taille, et qu'on avoit connus ; et tel étoit, pour en donner un seul exemple, qui n'apprendra rien à personne, tel étoit M. de Bacqueville, gendre de M. de Châtillon ; mais cela faisoit nombre, et c'étoit le tout que le nombre. Ainsi, ces seigneurs de la haute noblesse fraternisoient avec tous ceux-ci et en telle égalité, que lorsque leur requête fut faite et qu'il fut question de la signer, pas un de ces derniers étages ne voulut céder aux seigneurs, et le rare est que les seigneurs ne le trouvèrent point étrange, tant étoit puissant le vertige dont ils étoient infatués, à la louange de l'esprit et de l'art de M. et de madame du Maine. La délicatesse fut poussée au delà de signer comme le hasard les feroit trouver, tellement que M. de Châtillon proposa de signer en cercle pour qu'il n'y eût ni premier ni dernier. La proposition, toute nouvelle qu'elle pût être, fut généralement approuvée ; mais quand ce fut à l'exécution, le ridicule s'en découvrit tout entier, et il en fallut revenir à se contenter de l'offre et de signer tous pêle-mêle. Il se trouva pourtant quelqu'un qui n'étoit pas d'avec eux, mais assez familier avec M. de Châtillon pour lui faire honte de cette parité de son gendre ; mais il prit feu, soutint qu'il avoit raison, que l'égalité devoit être entière et que c'étoit à quoi ils tendoient tous. En vain leur demanda-t-on où étoit au monde l'État policé qui sous différents noms n'avoit ni dignités, ni rangs, ni distinctions, ni honneurs ? Où dans un tel état seroit l'ordre ? En quoi pourroit consister l'ambition, l'émulation, les récompenses, en quoi gît tout le service des États, et de ceux qui les gouvernent ; ou à eux-mêmes leur espérance de s'élever et d'une façon durable pour leurs maisons, puisque toute la puissance humaine ne pouvoit changer la naissance de personne ? Que si selon leur idée toute noblesse étoit égale et y devoit être réduite, avec les droits des dignités disparoîtroient aussi ceux de la naissance, et toute la disproportion et toute la différence d'honneur et de déférence entre la plus haute noblesse et celle qui naquit hier ; que s'ils se proposoient de bannir toute autre distinction que celle de la seule naissance, où, par qui, et comment prétendoient-ils poser les bornes entre cette naissance et obtenir de ceux qui se croient ou font semblant de se croire de haute noblesse et qui n'en sont pas, de se faire justice à eux-mêmes, et ainsi des uns aux autres jusqu'à la dernière? Mais à tous ces raisonnements péremptoires, nulle réponse que des fureurs; et en effet eux-mêmes sentoient bien qu'il n'y en avoit point d'autres. On leur demanda ce qui les blessoit, mais cette question même les offensoit; on les pria de cotter [sic] quelque chose de véritable que les ducs eussent usurpé sur eux et qu'ils n'eussent pas de tous les temps, et on leur offrit de leur en prouver quantité qu'ils avoient laissé perdre ; c'étoit leur faire injure que leur parler raison. On leur remontroit que les fils, les frères et les maisons des ducs, excepté l'aîné des fils de race en race, étoient comme ils étoient eux-mêmes et qu'eux aussi pouvoient devenir ducs, ou leurs fils, ou leurs frères; rien ne les pouvoit convaincre. On les fit souvenir qu'en la dernière régence de la minorité du feu roi, la noblesse, justement blessée des tabourets et du rang de prince étranger qui s'étoient donnés à leurs pareils et à des gens de la première naissance, mais gentilshommes françois, s'étoit unie pour s'en plaindre et faire abolir ces grâces, et avoit députéaux ducs pour leur demander assistance et jonction qu'ils avoient accordées en commun, et qui pour un temps avoit eu l'effet qu'ils avoient demandé par leur commune requête, bien loin de s'aigrir contre les ducs, qui en ces temps-là jouissoient journellement de beaucoup de distinctions très-marquées, dont personne ne s'étoit jamais plaint, et que peu à peu ils ont laissé perdre; que ces messieurs fissent réflexion à la différence des distinctions de dignité, bornées à un seul ou à deux au plus à la fois d'une race, et auxquelles, comme dignités, chacun peut espérer d'arriver comme ceux qui les ont y sont parvenus, et de celles qui à titre de jouissance s'étendent à mâles et à femelles de toute une maison, et n'ont d'autres bornes que la fécondité des mariages, qui de plus, tant qu'il y en a, sont susceptibles des premières charges et des premiers gouvernements, de préférence à la noblesse, et qui dans ceux surtout qui ont le rang de prince sans l'être, ont une voix insultante, qui sans frapper les oreilles, crie à votre entendement à la face de tout le monde : « Je suis assis, et vous debout; j'ai un fauteuil, et vous un tabouret, et ainsi du reste ; pourquoi ? parce que je suis, sans proportion, de meilleure maison que vous, et qu'à cela vous ne pourrez jamais m'égaler ni m'y atteindre. » Mais c'étoit parler aux sourds, excepté quelques-uns de meilleure foi que les autres, qui répondoient franchement que cela même qu'on croyoit devoir les piquer étoit leur raison ; qu'ils ne songeoient point aux princes parce qu'ils ne le pouvoient devenir, et glissoient ainsi sur ceux qui en avoient le rang sans l'être, parce que ces rangs sont des miracles des conjoncture sà obtenir; mais que pouvant être ducs, ne l'étant pas, et n'espérant pas de l'être, le seul moyen pour eux étoit de les abolir; et voilà le fond du verre qui les rendoit furieux par les adresses de longue main employées.

M. le duc d'Orléans, qui les avoit laissés faire par sa politique si favorite et qui prenoit pour des avis intéressés ceux qu'on lui donnoit qu'il y jouoit plus gros jeu que les ducs, qui avec tout ce bruit n'y pouvoient rien perdre, puisqu'on n'avoit jamais ouï parler d'ôter aux dignités de l'État ce qui y avoit été attaché de tout temps et à un si grand nombre de gens si établis et si considérables, beaucoup moins d'abolir leur dignité, M. le duc d'Orléans, dis-je, réveillé par la déclaration des bâtards de ne reconnoître pour juge que le roi majeur ou les états généraux, sentit enfin où ces associations, ces assemblées et ces requêtes de cette noblesse échauffée le pouvoit conduire après avoir été unie dans ce premier objet, et sous ce prétexte des ducs; c'est ce qui l'obligea à donner cet arrêt, non pour eux qu'il avoit laissés aboyer tout à l'aise, mais pour lui-même, qui à la fin en comprit les suites, dont on vit quelque temps après des réalités.

Dimanche 16, jour de la Pentecôte. — Le roi assista à toutes les dévotions de la journée. — Le czar alla aux Invalides; il voulut examiner et voir tout, jusqu'à goûter de leur soupe et boire à leur santé, en les appelant camarades et en leur frappant sur l'épaule en signe d'amitié. Il fut très-content de la manière dont les officiers sont nourris et entretenus. Il visita l'église, qu'il trouva superbe; il fut aussi charmé de la lingerie, de l'apothicairerie et de l'infirmerie. Il tâta le pouls à un soldat agonisant, et il assura qu'il n'en mourroit pas; effectivement il n'est pas mort. La maréchale de Villars y étoit venue comme voyeuse; le maréchal son mari en faisoit les honneurs au czar; il fit beaucoup d'honnêtetés à la maréchale quand il sut que c'étoit elle. — M. l'abbé de la Rochefoucauld est raccommodé avec M. son père et madame sa mère. Il partira samedi pour aller faire la campagne en Hongrie, et le pape, moyennant qu'il fît cette campagne-là, lui permet de porter l'épée et de garder ses bénéfices jusqu'à ce qu'il se marie, durant trois ans.

Lundi 17. — Le czar dîna de meilleure heure encore qu'à l'ordinaire, car il dîne toujours au plus tard à onze heures, et alla se promener à Meudon, où l'on envoya des chevaux de selle au roi afin qu'il pût monter à cheval et voir les jardins hauts et les jardins bas à son aise. Le prince Ragotzki y étoit, parce que le czar l'avoit prié à dîner. Le maréchal de Tessé l'accompagne partout, et le czar en paroît content au dernier point. — Le roi et M. le duc d'Orléans signèrent les contrats de mariage du jeune marquis de Trainel avec mademoiselle le Blanc, et celui du marquis de Flamarens avec mademoiselle de Beauvau, fille du second lit du marquis de Beauvau, qui avoit épousé en secondes noces une sœur du duc de Brancas.

Mardi 18. — On a donné au maréchal de Villars 2,000 écus d'appointements de plus sur son gouvernement, qui seront pris sur la vallée de Barcelonette, qui est jointe présentement à la Provence. Le marquis de Simiane, qui est lieutenant général de Provence, prétend que le tiers de ces 2,000 écus lui doit revenir, et que dans des augmentations de cette nature il n'y a que les deux tiers pour le gouverneur et le tiers pour le lieutenant général; il dit qu'il ne demande ces 2,000 francs que pour les rendre à la vallée de Barcelonette qui est fort pauvre et pour laquelle il avoit sollicité, tâchant de leur sauver les 2,000 écus qu'on leur demandoit. — Le czar alla à huit heures du matin à Issy chez le maréchal d'Estrées, qui le vint prendre dans son carrosse; il y dîna et y demeura fort longtemps. L'après-dînée ce maréchal lui fit voir beaucoup de choses qui ont rapport à la marine, qui est la grande passion du czar. — Le prince de Birkenfeld le père est mort chez lui en Alsace; il avoit quatre-vingts ans passés. Il étoit lieutenant général dans nos armées, et il n'y a que M. de Lauzun qui fût d'une plus ancienne promotion que lui. Madame en a fait prendre le deuil à ses dames, et pour elle, elle est toujours en robe de chambre.

Mercredi 19. — Madame la duchesse d'Orléans revint hier de Montmartre, où elle étoit depuis jeudi; elle envoya hier, en arrivant, M. de Saint-Pierre, son premier écuyer, faire des compliments au czar, qui fit réponse qu'il iroit la voir pour la remercier. Madame la duchesse de Berry y a envoyé aussi, et le czar a fait la même réponse. — M. le duc d'Orléans alla souper à la Meutte et coucher à Saint-Cloud, où il attendra le czar, qui y doit être demain à neuf heures. M. le duc d'Orléans n'a mené personne à Saint-Cloud et a commandé seulement à cinq ou six de ses courtisans de s'y rendre demain matin. Le czar ne doit mener que trois personnes avec lui. — Arouet a été mis à la Bastille; c'est un jeune poëte accusé de faire des vers fort imprudents; il avoit déjà été exilé il y a quelques mois. — Madame la Grande-Duchesse partit pour Bourbon.

Jeudi 20. — Le czar eut la fièvre la nuit, et ne put pas aller dîner à Saint-Cloud; on croit qu'il n'ira que dimanche. S. A. R., qui n'y étoit que pour l'attendre, fut de retour ici à onze heures. — Le duc de Brissac a eu une gratification de 10,000 francs, qu'on croit qu'il aura tous les ans, et on ne veut pas que cela ait le nom de pension. — Il n'est point vrai que le czar eût été empoisonné dans son enfance. Le tic (1) qu'il a ne vient point de là; il est naturel. Sa première femme est encore vivante, mais elle est religieuse; le prince Kourakin, qui est ici avec lui, a épousé la sœur de cette première femme-là. La czarine d'aujourd'hui n'avoit point été mariée comme on l'avoit dit; on la prit, étant fort petite fille, dans une ville de Livonie qui fut prise d'assaut. La

---

(1) Saint-Simon dit dans ses *Mémoires* que le czar avait « le regard majestueux et gracieux quand il y prenoit garde, sinon sévère et farouche, avec un tic qui ne revenoit pas souvent, mais qui lui démontoit les yeux et toute la physionomie, et qui donnoit de la frayeur. Cela duroit un moment, avec un regard égaré et terrible, et se remettoit aussitôt ».

princesse Menzikoff prit cette petite fille en amitié, et la garda chez elle, où le czar venoit très-souvent; le czar en devint amoureux et l'épousa, et l'on dit que c'est une femme de beaucoup de mérite. Voilà ce que les principaux de ceux qui sont avec le czar ont dit au maréchal de Tessé, qui les questionnoit fort sur cela.

Vendredi 21. — Le czar alla l'après-dînée au Luxembourg rendre visite à madame la duchesse de Berry, qui étoit venue le matin de la Meutte pour le recevoir, et elle y retourna après avoir reçu sa visite, et le czar demeura quelque temps au Luxembourg après qu'elle en fut partie, pour voir la maison et les jardins. Il compte de partir d'ici le 16 du mois qui vient, et demande qu'en ce temps-là on lui fasse trouver des bateaux à Charleville pour descendre la Meuse. — Montpezat, capitaine aux gardes, est mort en Languedoc; il étoit à la tête du régiment des gardes et étoit gouverneur de Sommières, qui est un joli gouvernement et qui est payé par la province de Languedoc. On croit que Talon, le plus ancien lieutenant aux gardes, aura sa compagnie; et pour son gouvernement, il est demandé par beaucoup d'officiers généraux.

Samedi 22. — Le czar, dont la fièvre n'a point eu de suite, alla à Bercy voir la maison de M. Pajot d'Osembray, qui est pleine de curiosités et où le P. Sébastien, carme, qui y a beaucoup de ses machines, lui fit voir beaucoup de choses qui l'amusèrent et qu'il admira. Le czar doit aller lundi à Versailles, où M. le duc d'Antin lui fera les honneurs. — La compagnie aux gardes vacante par la mort de Montpezat a été donnée à Talon, le plus ancien lieutenant du corps et qui a un bras coupé. A l'égard du gouvernement de Sommières, Madame le demande très-instamment pour Harling, capitaine de ses gardes, et on ne croit pas que M. le duc d'Orléans puisse lui refuser. — Madame la marquise de la Varenne, fille aînée du maréchal de Tessé, qui n'a plus d'enfants de son premier mariage, vient d'épouser en secondes noces le marquis de [la Luzerne], qu'il y a fort longtemps qui étoit attaché à elle.

Dimanche 23. — Le czar alla à Saint-Cloud; M. le duc d'Orléans y donna à dîner, et le czar en revenant passa au château de Madrid. Le czar alla rendre visite à madame la duchesse d'Orléans au Palais-Royal. M. le duc d'Orléans demeura à souper à la Meutte avec madame de Berry. — La noce de mademoiselle le Blanc avec M. de Trainel se fit chez le père de la mariée. — Le gouvernement de Sommières a été donné à Harling, capitaine des gardes de Madame, qui n'est que brigadier; M. le duc d'Orléans a dit à plusieurs officiers généraux qui le demandoient qu'il n'avoit pas pu refuser Madame, qui l'avoit demandé instamment pour une personne qu'elle aime et qu'elle estime fort, et qui est très-galant homme. — On nomme six dames non titrées qui veulent avoir des dais dans leurs chambres et des housses à leurs carrosses. Je ne crois pourtant pas qu'elles le fassent, mais il paroît que l'aigreur augmente entre beaucoup de gens de condition non titrés contre les ducs, qui dans les mémoires qu'ils ont donnés portoient leurs prétentions bien loin au-dessus de la noblesse *.

* La noblesse, pour continuer à l'appeler de ce nom, quoique sans pouvoir de le prendre, puisqu'elle n'étoit convoquée, ni députée des provinces par ordre du roi pour représenter le second ordre du royaume, ni ces messieurs qui se disoient la noblesse validement autorisés de procuration de cet ordre ainsi assemblé; la noblesse, dis-je, demeura fort étourdie et fort dépitée, tellement que pour profiter à la chaude de ces dispositions, on voulut jeter quelques enfants perdus pour arborer des dais et des housses, et usurper ainsi ce qui n'appartenoit et n'appartient encore qu'aux ducs et aux princes et à leurs femmes, et par extension aux grands d'Espagne et aux tabourets de grâce; mais soit que les moins entêtés les eussent arrêtés, soit que doucement ils eussent tâté le pavé, et qu'ils n'eussent pas trouvé le régent favorable, pas une de ces dames n'osa le tenter. A tout ce vacarme d'un bout à l'autre, les ducs ne donnèrent rien par écrit et ne députèrent qui que ce fût au régent, et on ne comprend pas où Dan-

geau a pu prendre qu'ils eussent donné un mémoire. On voit bien sa partialité pour la noblesse. Pompadour, dont la fille unique avoit épousé son fils unique, et qui vivoit avec lui dans une étroite liaison, étoit tout des plus avant dans cette affaire, comme il y parut après pour son malheur et comme il y auroit paru par sa tête s'il avoit eu affaire à tout autre qu'à M. le duc d'Orléans. Pompadour crut peut-être que les ducs alloient donner un mémoire, ou bien le lui dit peut-être comme donné, comme il court de fausses nouvelles, quoique ce bruit n'ait jamais même couru. Dangeau l'aura cru sur ce que Pompadour lui aura dit, et aura oublié après de rétracter cette fausseté, qu'il avoit cru vraie.

Lundi 24. — Le czar alla aux Tuileries de bonne heure, et avant le lever du roi il entra chez le maréchal de Villeroy, et il vit les pierreries de la couronne, qu'il trouva plus belles et en plus grand nombre qu'il ne pensoit; il dit qu'il ne s'y connoît guère. Il alla ensuite voir le roi, qui de son côté le voulut venir voir chez M. le maréchal de Villeroy; ils se rencontrèrent en chemin dans un petit cabinet, où ils demeurèrent. Le czar témoigne toujours beaucoup de tendresse et d'attachement pour le roi. Le roi avoit un rouleau de papier à la main qu'il donna au czar en disant : « Voilà la carte de vos États que je vous donne. » Le czar alla l'après-dînée à Versailles, où il demeurera quelques jours. Il descendit au grand degré de marbre; il parut surpris de la galerie et de la chapelle. On lui a préparé l'appartement de madame la Dauphine, et il couchera dans la communication que M. le duc de Bourgogne avoit faite de l'antichambre du roi à cet appartement(1). Le maréchal de Tessé, qui avait suivi le czar jusqu'à Versailles, le laissa entre les mains de M. le duc d'Antin et revint ici le soir.

Mardi 25. — Le czar vit Versailles, Trianon et la Ménagerie, et avant l'heure qu'il avoit donnée à M. d'Antin il avoit déjà traversé les jardins à pied et s'étoit embarqué

---

(1) C'est ce qui fait aujourd'hui les petits appartements de la reine. (*Note du duc de Luynes.*)

sur le canal. On prétend que des gens de sa suite ont mené des demoiselles; qu'ils les ont même fait coucher dans l'appartement qu'occupoit madame de Maintenon. Blouin, capitaine de Versailles, et tous les gens du roi qui ont vu cela en ont été fort scandalisés. — Il arriva un courrier de Vienne à l'ambassadeur de l'empereur, par lequel on a appris que l'impératrice étoit accouchée, le 13, d'une archiduchesse. — Il y a toujours des conférences des évêques de Bayonne et de Toul avec M. le chancelier pour voir si on pourroit trouver quelque accommodement pour les affaires de la Constitution ; mais il ne paroît pas que cela avance. M. le cardinal de Rohan, qui prend du lait à la maison du prince de Rohan, son frère, à Saint-Ouen, a demandé permission à M. le duc d'Orléans d'aller à Saverne à la fin du mois qui vient.

Mercredi 26. — Le czar fit mander l'après-dînée au maréchal de Tessé, qui est à Paris, qu'il vouloit voir la procession de demain ; qu'il arriveroit à huit heures à l'hôtel de Lesdiguières ; qu'il espéroit d'y trouver le maréchal, qui le mèneroit où il faudroit le mener pour cela. — On eut des lettres de M. le comte de Charolois, qui arriva à Munich le 14 ; il a été reçu magnifiquement par l'électeur, qui est parti le 15 au matin pour accompagner ses deux fils aînés et le troisième, qui vont faire la campagne de Hongrie. L'électeur assura M. le comte de Charolois qu'il seroit revenu le lundi. Il donne des équipages magnifiques aux deux princes ses enfants pour ce voyage, et il fait présent à M. le comte de Charolois de beaucoup de chevaux pour sa personne et pour ses gens. On avoit eu nouvelle ces jours passés de la bonne réception qu'on avoit faite à M. le prince de Dombes, dont M. et madame du Maine étoient très-contents. — Le czar alla à Marly et à la machine, où il fut fort longtemps.

Jeudi 27. — Le czar vit la procession de Notre-Dame. — Le marquis de Coëtquen a le gouvernement de Saint-Malo, vacant par la mort de M. de Lannion. — La dispense du marquis d'Harcourt est arrivée; la noce se fera dimanche chez le marquis d'Alègre, grand-père de la mariée. — Durant l'octave du Saint-Sacrement, le roi ira tous les jours au salut à quelque église différente. — On parloit dans le public d'assembler les états généraux*; on prétend même qu'il y a des gens considérables et en qui M. le duc d'Orléans a le plus de confiance qui lui ont proposé; mais on trouve d'un autre côté qu'il y peut avoir des inconvénients à assembler les états généraux, et de la manière que M. le duc d'Orléans en parle, il y a apparence qu'il n'en a point d'envie. — On mande de Londres que le roi Georges s'est enfin résolu à diminuer dix mille hommes des troupes qu'il a en Angleterre; le parlement le pressoit fort de prendre cette résolution; on compte qu'il avoit en ce pays-là cinquante-cinq mille hommes.

* Ces bruits d'états généraux n'eurent d'autres fondements que la déclaration de M. du Maine et les désirs de cette noblesse rassemblée. Le régent qui en avoit été réveillé, et qui pour cela même venoit de donner l'arrêt préparatoire du jugement certain et limité des princes du sang et légitimés, et ensuite cet autre arrêt qui défendoit à tout noble de s'assembler sous peine de désobéissance, le régent, dis-je, étoit bien loin de penser à des états généraux. On voit même incontinent après, combien les princes du sang serrèrent la mesure par un nouveau mémoire, et le régent de son côté par les commissaires qu'il nomma pour recevoir les pièces de part et d'autre, le rapporteur qu'il nomma, le nombre de juges, sans déclarer encore qu'il régla pour y joindre et le court terme de quinze jours qu'il fixa pour juger [sic].

Vendredi 28. — Le roi alla dire adieu à Madame, qui s'en va demain à Saint-Cloud passer l'été. — Beaujeu, ancien officier de la gendarmerie, est mort; il avoit le gouvernement de Saint-Dizier, et sur ce gouvernement il avoit un brevet de retenue de 10,000 écus, et comme ce gouvernement ne vaut guère plus de 1,000 écus de rente, on ne croit pas que personne le demande, y ayant 10,000 écus à donner. — L'archevêque de Reims a perdu un procès au parlement contre des chanoines et des curés de son diocèse, qui fait grand bruit. — Par les dernières nouvelles qu'on a de Suède on ne croit pas qu'il se fasse rien de considérable en ce pays-là, ni par mer ni par terre. On croit que le comte de la Marck, notre ambassadeur auprès de ce roi, en repartira bientôt pour revenir en France. Il y a apparence que la paix du Nord est plus éloignée que jamais; le roi de Suède ne veut rien écouter que l'on n'ait mis en liberté ses ministres qu'on a arrêtés en Angleterre et en Hollande. — Les troupes moscovites sont toujours dans le pays de Mecklembourg.

Samedi 29. — Madame partit pour Saint-Cloud, où elle passera l'été. — Il y a encore un nouveau mémoire de princes du sang contre les princes légitimés. — M. le comte de Laval a eu une pension de 2,000 écus*. — Les conseils de régence ont recommencé; il y en eut un après-dîner; on croyoit même que le duc de Noailles y montreroit un mémoire qu'il a fait sur les finances, mais il ne le montrera que dans quinze jours. Ce mémoire-là sera fort grand; on dit même qu'il remonte jusqu'à l'administration des finances par M. de Rosny, et qu'il y aura pour douze heures de lecture. — Par le calcul qu'on a fait de la dépense qu'on fait pour le czar, on trouve que cela monte par jour entre cinq ou six cents écus, et le czar a fort fait diminuer les tables qu'on lui servoit les premiers jours. Il avoit eu quelque tentation de faire venir ici la czarine, mais il n'y songe plus présentement, et il ira d'ici la trouver à Aix-la-Chapelle où à Spa; elle y va prendre les eaux, et l'y attendra.

* Ce comte de Laval étoit fils du frère de la duchesse de Roquelaure, et des plus avant dans cette affaire. Cette pension surprit fort le monde, qui ne le fut pas tant que M. le duc d'Orléans, lorsque bientôt après, il se trouva engagé dans d'autres dont celle-ci ne fut que le chausse-pied, et où avec un autre régent, il eut couru grand risque de la vie.

Dimanche 30. — Le czar partit le matin avec M. de Bellegarde, et alla dîner à Petit-Bourg; il y avoit beaucoup de relais sur les chemins; il arriva le soir à Fontainebleau. — Le marquis d'Harcourt épousa à minuit à Saint-

Sulpice mademoiselle de Barbezieux; la noce se fit chez le marquis d'Alègre, grand-père de la mariée. — Conseil de régence le matin. — On a nouvelle que le prince Eugène est parti de Vienne le 14; il a fait un testament par lequel il fait son neveu son héritier, l'aîné des enfants du feu comte de Soissons son frère et de la comtesse de Soissons, qui est à Paris présentement. On prétend qu'il y a une prédiction fatale contre lui et que l'empereur sait, mais il paroît que le prince Eugène n'en fait pas grand cas et n'y fait aucune attention. — Le fils de M. de Lannion a eu le petit gouvernement de Vannes et celui d'Auray, qui y est joint depuis longtemps.

Lundi 31. — On ne donne point le gouvernement de Saint-Dizier qu'avoit Beaujeu, parce qu'il y a un brevet de retenue de 30,000 francs, et c'est tout ce qu'il peut valoir. — MM. les avocats généraux ont refusé d'accepter la commission de recevoir les mémoires et les factums des princes, et ont répondu que M. Joly de Fleury, procureur général, qui est malade, les avoit priés de répondre pour lui comme pour eux. — Le czar ne se divertit point à courre le cerf à Fontainebleau; il trouve cet exercice trop violent; il pensa même tomber, quoiqu'il soit bon homme de cheval. Il est très-content de la conversation de M. le comte de Toulouse; mais il n'est pas charmé de Fontainebleau comme des autres maisons royales. Après la chasse il retourna coucher à Petit-Bourg.

Mardi 1er *juin*. — Le czar revint de Petit-Bourg à Paris en bateau, et il y eut beaucoup de vin bu dans le chemin par les gens de sa suite; il voulut passer en bateau sous tous les ponts de Paris et ne débarqua qu'au guichet du Louvre *. — Le roi, tous les jours de l'octave du saint-sacrement, a été au salut à des églises différentes, hors un seul jour où il se trouva enrhumé. — Le czar en descendant la rivière s'arrêta à Choisy et y vit madame la princesse de Conty. — Montesson, lieutenant des gardes du corps, quitte; Sérizy monte à la lieutenance comme le plus ancien des enseignes de la compagnie, et l'enseigne est donnée au fils de Montesson, qui aura la brigade de son père ; ce fils est colonel d'infanterie réformé.

> *Le czar passant en bateau au pied de Choisy, eut curiosité de le voir, et comme madame la princesse de Conty y étoit, il ne put éviter de lui rendre visite. Elle fut honnête mais légère, et il ne visita aucune autre princesse du sang. Pour les princes du sang qu'il n'avoit pas voulu aller voir et qui prétendoient que leur visite leur fût rendue, ils se dispensèrent d'aller chez lui, sous prétexte de l'incognito. Il y a d'autant plus lieu de croire qu'il ne le trouva pas bon, qu'il ne fit pas semblant de s'apercevoir qu'il ne les eût pas vus, et qu'où il les rencontra il en usa fort à la légère.

Mercredi 2. — Il est arrivé un autre changement dans la compagnie des mousquetaires; la Roque, qui étoit enseigne et qui sert depuis environ trente ans dans cette compagnie, quitte; de Cruzel, qui étoit premier cornette, devient second enseigne; Chazeron devient premier cornette, et la seconde cornette est donnée à Troisville, fils du marquis de Moneins; il payera 20,000 écus à la Roque; on croit que d'Arifax, qui est le premier enseigne, quittera comme la Roque. — Madame la duchesse de Berry revint de la Meutte au Luxembourg pour assister demain à la procession du saint sacrement. — M. de Flamarens épousa mademoiselle de Beauvau. — Le duc de Montbazon a la permission de vendre le régiment de Picardie, qui lui a coûté 180,000 francs.

Jeudi 3. — Madame la duchesse de Berry accompagna le saint sacrement depuis le Luxembourg jusqu'à la paroisse de Saint-Sulpice. — Le czar vit d'un balcon de l'hôtel de Lesdiguières la procession de la paroisse de Saint-Paul, et il alla le soir à Versailles, qu'il veut revoir encore, et il y demeurera quelques jours. — L'après-dînée M. le duc d'Orléans fut longtemps enfermé avec le cardinal de Noailles, le chancelier et le maréchal d'Huxelles; quand ils furent sortis M. le duc d'Orléans fit entrer le cardinal de Rohan, et quand le cardinal de

Rohan fut sorti le chancelier y rentra. — La maison de notre ambassadeur en Suisse, M. d'Avaray, a été entièrement brûlée; il a eu bien de la peine à se sauver lui et sa femme, en chemise. Ses papiers et sa valise, tout a été perdu.

Vendredi 4. — Le czar se plaît fort à Versailles, et il a voulu coucher à Trianon, où on lui fit apporter un lit (1); il assure toujours qu'il repartira le 15 ou le 16. — M. de Noailles ne présentera pas encore demain son mémoire au conseil de régence. — Le prince de Dombes a vu l'empereur à Vienne, mais incognito; on n'aura de nouvelles considérables de Hongrie qu'à la fin du mois. — Le chevalier de Tessé, fils du maréchal de Tessé, à la mort de son neveu, le marquis de la Varenne, eut le gouvernement de la Flèche et la lieutenance de roi d'Anjou; il vend ces deux emplois, qui valent un peu moins de 1,000 écus de rente, au fils de la marquise de Maulevrier, sa sœur, qui a son principal bien en Anjou et qui lui en donne 20,000 écus. — Le czar témoigne une grande envie de voir madame de Maintenon. Quoiqu'elle craigne fort cette visite, il lui sera malaisé de l'éviter.

Samedi 5. — Conseil de régence. — Le cardinal de Polignac a demandé qu'on cassât un arrêt du grand conseil; ce cardinal avoit vu ces jours passés le cardinal de Noailles, le lendemain de la noce de mademoiselle de Noailles, et on avoit cru que ce seroit une réconciliation qui pourroit avoir de la suite; mais cela en est demeuré-là; ils ne se sont pas cherchés depuis. — Les Polonois se plaignent fort au roi de Pologne de ce que les Moscovites ne tiennent pas la promesse qu'ils lui ont faite de sortir du royaume; il est vrai qu'ils y vivent avec moins de désordre qu'ils ne faisoient, mais c'est toujours une grande dépense pour le pays. — Le roi

---

(1) « Il a occupé avec toute sa suite les appartements du *corridor* qui donne sur les *goulettes.* » (*Mercure* de juin, page 186.)

de Prusse est venu faire un tour à Clèves, et pendant qu'il y étoit le bruit se répandit encore qu'il vouloit venir ici; mais il n'y a eu nul fondement à ce dernier bruit, comme il n'y en avoit point au premier, et il s'en est retourné à Berlin.

Dimanche 6. — Conseil de régence; quand il fut prêt à finir, M. le duc d'Orléans demanda aux princes du sang s'ils vouloient sortir où s'ils vouloient demeurer, parce qu'il falloit parler de leur affaire. Ils sortirent, et il fut résolu que six commissaires, qui furent nommés, seroient chargés de ce dont on avoit voulu charger les gens du roi. Ces six commissaires sont : M. Pelletier, M. Amelot, M. de Nointel, M. d'Argenson, M. de la Bourdonnaye, et M. de Saint-Contest, qui sera le rapporteur. On donne jusqu'au 20 aux princes du sang et aux princes légitimés pour rapporter tous les papiers et les mémoires, après quoi ces six commissaires en rendront compte au conseil de régence et à ceux qui y seront appelés. — Le nonce a fait demander audience au czar. — On appellera au conseil de régence, quand on jugera l'affaire des princes, le maréchal d'Huxelles et le maréchal d'Estrées; il y aura huit juges dans le conseil de régence, cela fera dix personnes, et les six commissaires, cela feroit seize; mais M. Pelletier, l'un des commissaires, est du conseil de régence; si bien que cela ne fera que quinze juges d'augmentation.

Lundi 7. — Conseil de régence. — Le czar, qui est à Versailles, veut demeurer quelques jours à Marly et y coucher; pour cela on lui a fait préparer les deux pavillons les plus proches du château; il compte d'y coucher trois ou quatre nuits et de ne revenir que vendredi à Paris. — Madame la duchesse douairière d'Elbeuf, qui est dangereusement malade depuis dix-huit mois, et qui a déjà pensé mourir plusieurs fois, est à la dernière extrémité et a perdu toute connoissance. Elle étoit fille aînée de M. et de madame de Navailles, dame d'honneur de la reine. M. d'Elbeuf l'avoit épousée en troisièmes noces. A son premier mariage il épousa mademoiselle de Lannoy, dont il avoit eu madame de Vaudemont. En secondes noces il avoit épousé une sœur du duc de Bouillon d'aujourd'hui, de qui il avoit eu plusieurs enfants, entre autres le duc d'Elbeuf; et de son mariage avec mademoiselle de Navailles il n'avoit eu que madame la duchesse de Mantoue et une princesse, religieuse présentement à Panthemont.

Mardi 8. — M. le duc d'Orléans donna une audience particulière au nonce, qui lui rendit une lettre du pape. S. A. R. donna ensuite audience à tous les ministres étrangers et une assez longue au comte de Konigsegg. — M. de Brissac, qui avoit acheté de M. d'Ancenis le régiment de Bretagne, n'a pas pu trouver d'argent pour payer ce régiment; et comme il est séparé de biens d'avec sa femme, quoiqu'ils soient fort bien ensemble, il est obligé de rendre ce régiment à M. d'Ancenis. — On achète pour le roi le beau diamant dont on a tant entendu parler les années dernières; le marché en est fait à deux millions, dont on payera l'intérêt au denier vingt, et on donne pour deux millions de pierreries de la couronne en gages pour le payement du fonds. Le roi, majeur, pourra rompre le marché s'il veut; mais il n'y a point d'apparence qu'il le fasse, car c'est une chose unique et d'une beauté étonnante. Il n'est pas ici présentement, mais on le fait venir, et il y sera dans quinze jours; on assure qu'il pèse près de cinq cents grains.

Mercredi 9. — M. le duc d'Orléans alla dès le matin à la Roquette chez le duc de Noailles, où il passa presque toute la journée; il y dîna à cinq heures avec beaucoup de dames. — Le mémoire de M. le duc de Noailles sur les finances ne sera pas encore en état d'être présenté au conseil de régence samedi; on assure que ce sera un fort beau travail. — On attend le roi Jacques à Rome; on lui a rendu dans toutes les terres du pape et à Pezaro, d'où il vient, tous les honneurs dus aux grands rois; il logera à Rome chez le cardinal Gualterio, qui a toujours été fort attaché à lui et à la reine d'Angleterre, sa mère ; il doit être arrivé à Rome présentement. On ne sait point si le duc d'Ormond le suivra à Rome ; il craindroit d'être soupçonné d'être catholique et que cela nuiroit aux intérêts du roi son maître et aux siens en Angleterre.

Jeudi 10. — Madame vint à Paris et vit la comédie françoise de sa loge. — Le czar ne veut point revenir sans avoir vu madame de Maintenon. — Madame la duchesse d'Elbeuf mourut après une longue et une cruelle maladie. — Il y a plusieurs évêques qui s'assemblent chez M. le cardinal de Bissy pour examiner le livre qu'il a fait en réponse à ceux qui soutiennent que l'appel au conseil est juridique. — Madame la duchesse d'Elbeuf a fait madame de Pompadour, sa sœur, sa légatrice universelle, et en cas qu'il y eût des raisons qui empêchassent madame de Pompadour d'accepter ce legs, elle le donne à madame de Courcillon, et si madame de Courcillon ne l'acceptoit pas non plus, elle le donne à l'Hôpital-général ; si bien que MM. de Rothelin, qui tous ensemble ont le même intérêt à la succession que madame de Pompadour seule, trouvent qu'ils ont sujet de se plaindre du testament. Ils sont fils de madame de Rothelin, qui étoit la seconde sœur de madame d'Elbeuf ; madame de Pompadour étoit la cadette des trois. Il y a beaucoup de biens substitués dans la maison ; on compte qu'il y aura assez de biens libres pour payer les créanciers.

Vendredi 11. — Le czar alla à Saint-Cyr ; il vit la maison et il entra dans la chambre de madame de Maintenon, qui étoit dans son lit, et il tira les rideaux pour la voir. — M. le Duc paroît fort piqué contre M. de Bonneval, qui a, dit-on, empêché que M. le comte de Charolois ne vît l'empereur en passant à Vienne ; on prétend même que M. le Duc en écrit à l'empereur. On ne sait pas bien le détail de ce qui s'est passé là-dessus*. — M. le Duc presse plus que jamais M. le duc d'Orléans pour le jugement de son affaire avec les princes légitimés. Il paroît que M. le duc d'Orléans veut juger cette affaire, et on croit qu'elle le sera avant la fin du mois ; mais plus on l'examine, plus on la trouve difficile après avoir lu tous les mémoires qui ont été faits de part et d'autre. Il y en a encore un grand des princes légitimés qui n'est pas tout à fait achevé.

* On ne comprend pas trop comment le prince de Dombes ayant vu l'empereur incognito, M. de Charolois ne le vit point, quelques différents qu'ils fussent en effet. Ils ne l'étoient alors en rien pour le rang et l'extérieur ; M. de Dombes avoit bien sûrement sa façon très-distincte, et M. du Maine étoit trop attentif à la qualité de prince du sang qu'il avoit conquise avec tous ses droits pour lui et pour ses enfants, pour en avoir omis la moindre chose sur un si grand théâtre. Apparemment que M. de Charolois, qui n'arriva qu'après, en voulut plus qu'on n'en avoit donné à l'autre : cependant l'incognito couvroit tout, et il étoit vrai que MM. les princes de Conty n'avoient point vu l'empereur Léopold en leur voyage de Hongrie, où aussi ils furent à visage découvert.

Samedi 12. — Conseil de régence l'après-dînée où M. de Noailles n'a point porté son mémoire ; il l'y portera samedi prochain. Le maréchal de Villeroy, quoique fort goutteux, ne laissa pas d'aller au conseil de régence. — On sut que, le matin, Contades et Brillac s'étoient battus à cinq heures dans une petite rue derrière la maison de Contades ; on le croit blessé à mort. On ne sait point le sujet de leur querelle ; on est surpris que deux hommes qui ont cinquante ans, et qui ont une réputation de courage aussi bien établie en soient venus à ces extrémités-là. On prétend qu'il n'y a qu'un cordier et sa femme qui travailloient dans cette petite rue-là qui les aient vus, et qu'on songe déjà à les éloigner pour tâcher de sauver ces messieurs de la rigueur de la justice, ce qui sera bien malaisé, surtout si Contades meurt *.

* Ce combat qui fit grand bruit et dont on fit semblant de faire des recherches n'eut pas la moindre suite.

Dimanche 13. — Conseil de régence le matin, où le cardinal de Polignac obtint la cassation d'un arrêt du grand conseil qui rompoit un accommodement qu'il avoit fait avec ses créanciers. — Madame l'abbesse de Préaux, fille du prince de Guémené, fut sacrée à l'abbaye de Saint-Germain par le cardinal de Bissy; cela a fait quelque petite dispute entre le cardinal de Noailles comme archevêque de Paris, et le cardinal de Bissy comme abbé de l'abbaye de Saint-Germain; mais je n'en sais pas le détail. Le cardinal de Bissy l'a sacrée parce que le cardinal de Rohan l'en a prié, lui n'étant pas en état de le faire à cause de sa goutte. — La fameuse madame Guyon* est morte à Blois; c'est une femme qui a fait beaucoup parler d'elle sur l'affaire des quiétistes; mais les dernières années de sa vie elle demeuroit dans le silence, et l'évêque de Blois en étoit fort content. Elle étoit mère de la comtesse de Vaux, et elle a des garçons aussi que l'on connoît moins.

*Madame Guyon s'est rendue si fameuse qu'il est inutile d'en rien dire ici. Ses livres, et sa vie composée par elle-même, qui est un chef-d'œuvre d'esprit et de fanatisme; les ouvrages de M. de Fénelon, archevêque de Cambray, et sa disgrâce; les ouvrages du fameux Bossuet, évêque de Meaux, et de M. Godet, évêque de Chartres; ceux de M. le cardinal de Noailles, tous trois réunis contre Fénelon et sa prophétesse; les adroites conduites qu'elle tint avec M. de Meaux; celle de Fénelon avec lui, les divers exils et prisons de cette femme; le bruit que sa doctrine fit à la cour et à Rome, où elle fut condamnée; la dernière chute du cardinal de Bouillon qui en fut la suite; le nombre de gens considérables d'esprit et vraiment de bien qu'elle s'attacha et que rien n'en put séparer; ses confesseurs et ses martyrs, car elle en eut des uns et des autres; tout cela suffit bien à dispenser ces notes de s'étendre sur elle. Il suffira ici de remarquer que rejetée et réprouvée de toutes parts, elle se résolut enfin de se contenir dans le silence et dans la retraite à Blois, où elle passa en paix les dernières années de sa vie. Elle y eut la joie de se voir presque adorée de tout son petit troupeau, malgré tant de traverses qu'aucun ne se démentit, que l'union y demeura parfaite, qu'il s'y fit des prosélytes. Depuis vingt ans (1) qu'elle est

---

(1) Saint-Simon écrit donc cette addition en 1737.

morte et que ses principaux disciples mâles et femelles ont aussi disparu, le petit troupeau subsiste, s'organise de plus en plus, et recommence à redevenir en faveur sous celle de la Constitution, par laquelle elle figure avec le zèle de gens qui, du fond de la sainte indifférence qui les caractérise singulièrement, ne respirent que la vengeance de la mémoire du cardinal de Noailles tout à découvert, et non moins ardemment de M. de Meaux, ce qui leur dévoue le jésuite, et même s'ils l'osoient de M. de Chartres. Ils se connoissent tous, ils sont liés, ils s'étendent au loin, et à force de bruit et de gagner de proche en proche, ils ne désespèrent pas de revenir de leur condamnation et de faire triompher leur doctrine.

Lundi 14. — Conseil de régence. M. de Noailles donnera samedi son mémoire sur les finances; on le lira samedi et lundi, et il y aura quelques conseils de régence extraordinaires la semaine qui vient, pour cela. — M. de Lévis a l'agrément de racheter pour son fils le régiment qu'il avoit autrefois; il le rachète de....., qui en étoit lieutenant-colonel de son temps. — Le parlement fait de grandes informations sur le combat de Contades et de Brillac, et ils ont été décrétés aujourd'hui. Le grand prévôt fait des informations de son côté, mais ils ne se trouve point de témoins; le cordier et la cordière ont disparu. On a transporté Contades et on ne sait plus où il est; on dit qu'il se porte mieux. On parle aussi d'un combat qu'il y a eu à Montpellier entre deux hommes de condition dont l'un est M. de Caylus, neveu du feu cardinal de Janson. Je ne sais si ce combat est bien vrai.

Mardi 15. — Il y a déjà eu deux assemblées d'évêques chez le cardinal de Bissy; il y en aura encore une demain. Il leur fait voir l'écrit par lequel il a répondu aux quatre évêques qui prétendent que leur appel au concile est juridique; après l'assemblée, qui sera demain chez lui, on montrera l'écrit à M. le duc d'Orléans et on recevra ses ordres, mais cet écrit ne sera point imprimé. — Le roi a donné au czar deux magnifiques tentures de tapisseries des Gobelins; on lui a voulu donner aussi une épée de diamants, mais il n'a pas voulu la recevoir, et le czar, de son côté, a distribué quelque argent aux domestiques du roi qui l'ont servi; on compte que ce qu'il leur a donné monte à 20,000 écus. Il a donné au duc d'Antin, au maréchal d'Estrées et au maréchal de Tessé son portrait enrichi de diamants, cinq médailles d'or et onze médailles d'argent qui sont les principales actions de sa vie.

Mercredi 16. — Revue des régiments des gardes françoises et suisses, des deux compagnies des mousquetaires et du guet, des gendarmes et des chevau-légers. Le czar et M. le duc d'Orléans y étoient à cheval, et après la revue le czar alla dîner et souper à Saint-Ouen chez le duc de Tresmes. Les troupes se plaignent de lui de ce qu'il avoit passé à leur tête quasi sans les regarder; mais il dit le soir à Saint-Ouen que la violente poudre qu'il avoit fait par la quantité de carrosses qui y étoient et par un nombre infini du peuple à pied et à cheval, outre la prodigieuse chaleur qu'il faisoit, l'avoit fait quitter la revue beaucoup plus tôt qu'il n'avoit résolu. Le duc de Tresmes lui donna un souper magnifique. Il pria qu'on fît mettre à table madame la marquise de Béthune, fille de ce duc, et il n'y avoit qu'elle de femme à table; il y avoit beaucoup d'autres dames de condition voyeuses et à qui il fit beaucoup d'honnêtetés quand on les lui eut nommées.

Jeudi 17. — Le premier président et les gens du roi allèrent chez M. le duc d'Orléans pour lui rendre compte d'une procédure qu'ont fait faire MM. de la noblesse. Nous n'en savons pas encore le détail; nous savons seulement qu'ils ont présenté une requête au parlement et qu'ils s'opposent au jugement que les six commissaires doivent faire. — Le czar alla l'après-dînée à l'Observatoire et puis chez le maréchal de Villars, où il soupa; il viendra demain aux Tuileries prendre congé du roi sans cérémonie, et après-demain le roi ira à l'hôtel de Lesdiguières aussi. Il part toujours dimanche et va coucher à Livry ce jour-là; il va s'embarquer à Charleville. — M. le duc d'Orléans paroît assez irrité de la démarche

JUIN 1717.   109

qu'ont faite quelques gens de la noblesse ; leur requête
a été signée de trente-neuf personnes*. — M. le duc de
Montbazon a la petite vérole ; on prétend même qu'il
est en assez grand danger. Madame sa femme, qui la craint
prodigieusement, n'a pas laissé de s'enfermer avec lui.

*Démêlons ici les fausses nouvelles de Dangeau dans sa vie si diffé-
rente de celle qu'il menoit à la cour, et que son âge lui fait confondre,
aidé du penchant de son inclination. Jusqu'ici c'étoit aux ducs seuls que
la noblesse, pour parler leur style, en vouloit ; si leurs desseins entre
eux étoient les mêmes, au moins les démarches n'avoient plus lieu depuis l'arrêt qui leur défendoit de s'assembler sous peine de désobéissance. Leur requête, qui n'eut aucun succès, ne fut remise ni commise
à aucuns commissaires, et tomba en naissant. Quelque volonté qu'ils
eussent depuis ce jour-là, il n'y avoit plus ni moyen ni prétexte. M. et
madame du Maine le virent bien et qu'il étoit temps de se contenter
de ce qu'ils avoient pu ameuter, et de le diriger vers l'objet principal
dont celui des ducs n'avoit en effet été que le chemin et l'accessoire.
D'ailleurs ils se sentoient pressés ; leur déclaration de ne reconnoître
pour juge que le roi majeur ou les états généraux étoit un attentat
qui, entre un autre régent et eux, ne seroit pas demeuré sans un
prompt châtiment. Elle étoit un aveu tacite de leur peu de confiance
en leur droit ; elle étoit une préparation à ce qu'ils méditoient, et le
tout ensemble le fruit de la foiblesse du régent et de sa crainte du
grand nombre qu'il avoit si souvent montrée à découvert. Ils résolurent
donc de l'intimider et de se fortifier eux-mêmes contre lui et contre les
princes du sang. C'est ce qui produisit la requête au parlement dont l'audace et l'ineptie furent pareilles. Un nombre de personnes qui se disoient
la noblesse telles qu'on les a représentées et sans pouvoir et sans titre,
présentent une requête au parlement, pour demander, au nom du second
ordre du royaume, qui n'existoit pas pour agir, puisqu'il n'étoit ni convoqué par le roi, ni assemblé, ni délibérant, ni députant, ni autorisant
personne, pour demander, dis-je, sous un nom si illustre, de leur autorité privée, le renvoi de l'affaire des bâtards aux états généraux, dans
lesquels la noblesse est, disoient-ils, seule et compétente pour décider
de la succession à la couronne, et dont nul autre ne pouvoit juger sans
blesser ses droits les plus précieux et les plus incontestables. On a dit
l'audace et l'ineptie de leur requête ; ce simple exposé démontre l'une et
l'autre sans y ajouter de raisonnement. Dans cette requête, nulle mention des ducs, et de la part de ces messieurs dits la noblesse, le parlement n'en ouït jamais parler. Il fut plus sage que ne l'espéroit M. du
Maine. Il se flattoit de l'embarquer à quelque démarche et d'ajouter

cet embarras au régent ; mais le parlement ne balança pas un moment à se taire absolument sur la requête, à s'adresser uniquement à M. le duc d'Orléans pour recevoir et pour exécuter ses ordres, et pour se dessaisir de cette requête entre ses mains. Cette démarche que M. et madame du Maine surent résolue avant qu'exécutée les étourdit fort. Ils connoissoient leur peu de force, l'indifférence des provinces, le peu d'approbation que la très-grande partie des gens de qualité et de ceux de condition donnoient à tout ce qui se passoit ; la crainte avec laquelle plusieurs se laissoient entraîner au torrent, et le petit nombre de ceux à qui on pouvoit hasarder de s'ouvrir pour se maintenir par eux l'attachement à tout faire de qui étoit ameuté ; ajoutera-t-on qu'ils connoissoient bien les instruments dont ils se servoient et qu'ils n'en avoient pas meilleure opinion de leurs succès : mais l'affaire étoit de trop longue main embarquée ; nul moyen de la suspendre, beaucoup moins de reculer. Il falloit suppléer aux forces effectives par le bruit, par l'opinion, par l'audace, et mettre toute espérance dans la crainte qu'en prendroit le régent. Telles furent les causes de la requête de cette noblessse qu'ils continuèrent à flatter dans sa vanité sur le jugement de la succession à la couronne, qui suffit à lui faire faire une démarche si peu concertée, et qui dans leur idée à eux-mêmes étoit déshonorante en ce qu'elle réclamoit l'appui et la protection du parlement, qui étoit avouer leur foiblesse et en même temps l'autorité d'une compagnie en chose si suprêmement majeure, et que ces messieurs de la noblesse ne prétendoient pas partager avec elle. Et voilà les ridicules contradictions, car c'est trop peu dire que les inconséquences, où l'on tombe par l'ignorance et par la passion, et le coup le plus mortel en faveur du parlement que la noblesse eût pu se porter à elle-même, si ces messieurs qui en prenoient le nom collectif avoient pu être députés et autorisés légitimement de ce second ordre de l'État légitimement assemblé, duquel la ressource notoire et assurée sera toujours que ces messieurs ont agi d'eux-mêmes, sans caractère, sans pouvoir, sans aveu, et que des particuliers qui s'aventurent d'eux-mêmes ne sauroient faire aucun tort à l'ordre ni aux droits de la noblesse. Ce coup ayant donc manqué, et le parlement trop sage pour se laisser leurrer et abuser si vainement, M. du Maine eut recours aux justifications auprès du régent avec M. son frère, et aux protestations qu'ils n'avoient point de part à la requête que ces messieurs avoient présentée au parlement. Cette timide démarche ne persuada rien, mais elle montra leur crainte, et à ces enfants perdus un abandon formel que l'ivresse seule de l'entreprise put leur dissimuler, mais qui ne les occupoit pas tellement tous que beaucoup d'entre eux ne commençassent à ouvrir les yeux et à se repentir d'un embarquement frauduleux où ils ne pouvoient rien gagner, mais trouver beaucoup de hasards à courre. Aussi s'en détachat-il quantité qui firent grand'faute aux auteurs et aux entrepreneurs quand il fut question de fondre la cloche dans la suite et de mettre tout de bon la main à l'œuvre effective et véritable. Quant à ces excuses de M. du Maine au régent qui furent froidement reçues, il n'y avoit qu'à nommer les six qui avoient présenté la requête au parlement pour en juger ; de ceux-là étoit le gendre de Béringhen, ami le plus intime du premier président, et de M. du Maine et beau-frère du duc d'Aumont, très-uni avec lui et gouverné par sa femme, qui avec beaucoup d'esprit et d'ambition étoit la fausseté et l'intrigue mêmes ; c'étoit Polignac, frère du cardinal de Polignac, le conseil et l'ami de toutes les heures de plaisir et d'affaires de madame la duchesse du Maine depuis plusieurs années, lequel brûloit d'être de tout et enrageoit de n'être de rien ; Clermont, gendre de M. d'O, l'âme de tout temps de la maison de M. le comte de Toulouse, qu'il avoit élevé, et peut-être encore plus dépositaire confident des desseins de M. et de madame du Maine que son maître, incapable d'approuver et qu'ils n'osèrent jamais lui confier. On ne parle ici que des liaisons anciennes et publiques qui ne pouvoient être ignorées de personne de trois de ces six messieurs.

Si M. et madame du Maine se trompèrent croyant effrayer le régent, on voit par l'emprisonnement même de ces six messieurs qui avoient présenté la requête au parlement, qu'ils lui donnèrent au moins quelque crainte. L'éclat contre son autorité étoit trop grand pour que, sans l'avilir et en augmenter le courage, il pût demeurer impuni, mais il fut puni avec une mesure qui affoiblit fort la punition et qui fit une partie de l'effet de l'impunité des officiers des gardes du corps chargés de les arrêter. La distinction de ce traitement, la politesse qu'ils trouvèrent dans Vincennes et dans la Bastille, la facilité avec laquelle on en laissa voir la plupart à leurs familles, montra tout ce qu'on vouloit cacher de crainte, et donna lieu à un séditieux écrit. Il est vrai que l'emprisonnement fit grand bruit, et la manière encore davantage ; on n'en attendoit pas tant de l'opinion que M. le duc d'Orléans avoit donnée de sa tolérance, et on voyoit en même temps qu'elle surnageoit même au châtiment ; mais ce ne fut que du bruit et même de l'étonnement ; pour de commotion, aucune.

Vendredi 18. — M. le duc d'Orléans alla l'après-dînée de bonne heure à l'hôtel de Lesdiguières dire adieu au czar, et le czar vint sur les quatre heures après-midi aux Tuileries dire adieu au roi, et tout se passa sans aucune cérémonie, le czar témoignant toujours de plus en plus son attachement et sa tendresse pour le roi. — Le prince de Lewenstein, gouverneur du Milanois, a fait arrêter à

Milan M. Molinès, ancien doyen des auditeurs de Rote et qui s'en alloit en Espagne remplir la charge de grand inquisiteur. M. le prince de Lewenstein a prétendu qu'il n'avoit pas les passe-ports nécessaires ; on ne doute pas qu'à Rome et à Madrid on ne se plaigne de ce procédé. Le cardinal del Guidice, qui étoit allé de Gênes à Turin, par l'ordre du pape, pour travailler auprès du roi de Sicile à terminer les différends que ce royaume a avec la cour de Rome, est revenu à Gênes, et il ne paroît pas qu'il ait rien conclu.

Samedi 19. — Le roi alla à l'hôtel de Lesdiguières dire adieu au czar, et il n'y eut point de cérémonie comme il n'y en eut point hier aux Tuileries. — M. le duc du Maine et M. le comte de Toulouse allèrent au parlement et firent leurs protestations contre tout ce qui seroit réglé dans l'affaire qu'ils ont avec les princes du sang ; ils ont fort assuré M. le duc d'Orléans qu'ils n'avoient aucune part à tout ce qu'avoit fait la noblesse*. — Le czar étoit venu au parlement, et après qu'il en fut sorti le parlement résolut de se rassembler lundi matin pour répondre à la protestation des princes légitimés, et qu'en attendant ils enverront recevoir les ordres de M. le duc d'Orléans là-dessus. — On envoya des officiers des gardes du corps arrêter six des principaux gentilshommes qui présentèrent avant-hier leur requête, dont trois seront mis à la Bastille et trois à Vincennes ; ces six sont M. de Châtillon, chevalier de l'Ordre ; M. de Polignac, frère du cardinal ; M. de Vieuxpont, gendre de M. le Premier ; M. de Rieux ; M. de Clermont, gendre du marquis d'O, et M. de Bauffremont, gendre de M. de Courtenay. — M. le duc de Noailles commença à lire son mémoire au conseil de régence.

* On ne comprend point comment Dangeau parle si affirmativement et à plusieurs reprises de la protestation portée au parlement par MM. du Maine et de Toulouse en personne contre tout jugement dans leur affaire, et de la demande faite au parlement par M. le Duc et M. le prince de Conty, y séant exprès, de ne point recevoir la protestation dont il s'agit. Celui qui écrit ces notes n'avoit aucune idée de cette protestation ; il étoit alors en situation de ne la pouvoir ignorer si elle eût été faite, et une démarche de cet éclat ne s'oublie point. Étonné toutefois de trouver dans les Mémoires ce fait si nettement établi, et par un homme d'honneur et, tout passionné qu'il se montre, très-incapable d'aucun mensonge volontaire, qui étoit dans Paris et tout occupé de ce qui se passoit par son goût de nouvelles, son habitude, sa partialité, le vide de sa vieillesse, celui qui écrit ces notes en a parlé à M. Joly de Fleury, qui ne faisoit, lors de ces mouvements, que d'entrer dans sa charge de procureur général, qu'il exerce encore, qui étoit donc partie nécessaire à avoir été instruite du fait, qui, avec les autres gens du roi, avoit été député au régent, suivant ces Mémoires de Dangeau, pour recevoir ses ordres sur la protestation de la part du parlement, et qui n'est pas homme à rien oublier, surtout un fait de cette nature. Il lui a déclaré que ce fait n'a jamais existé, que cette protestation est un être de raison, qu'il n'en a jamais ouï parler, et qu'il a la mémoire très-présente et très-nette de ce qui s'est passé au parlement dans ces temps-là. Que dire donc de Dangeau que ce qu'on en a dit il n'y a pas longtemps une autre fois, sinon que, solitaire chez lui, il aura écrit comme vrai ce que Pompadour lui aura donné comme tel, et comme fait ce qui étoit peut-être résolu pour le lendemain et qu'on n'osa exécuter. Mais que dire de la séance des deux princes du sang en conséquence? Pour le coup il faut que Dangeau ait été trompé à dessein, et qu'on ait voulu constater pour l'avenir une fausseté. La protestation qui n'existoit point, au moins publique, mais qui sans l'éclat de la présenter au parlement pouvoit avoir été faite et reçue par des notaires en secret, ne se pouvoit trouver dans aucun monument public, et l'on vouloit peut-être y suppléer en la manière seule qu'on le pouvoit. Personne n'ignoroit que Dangeau n'écrivît chaque jour ce qui se passoit à la cour et dans le monde. Le feu roi lui en parloit quelquefois en plaisantant; il ne s'en défendoit pas. Il en montroit quelquefois à ses amis pour rechercher des dates ou d'autres choses, et à la manière plus que sage et politique dont ils sont faits, il n'en pouvoit rien craindre. Sa probité d'ailleurs étoit si connue, qu'on pouvoit espérer que ce qu'il écriroit seroit cru, et, faute de mieux, avoir envie d'y faire trouver ce qui ne le pourroit être sur cette protestation, dans les registres du parlement, et dire après qu'on l'en avoit ôté par ordre du régent. Tout ceci n'est que conjecture ; mais la conduite d'alors de Pompadour, fortifiée de ce qui parut dans les suites, ses liaisons intimes avec Dangeau et la confiance de ce dernier pour lui les autorise. Comment d'ailleurs trouver de raison d'une allégation si appuyée, si réitérée, toutefois si exactement fausse, dans des Mémoires qui presque partout ailleurs sont vrais, et qui n'ont que quelques légères méprises. Quoi qu'il en soit, il demeure certain, et que Dangeau assure la protestation et sa suite des deux princes du sang, et que la protestation ne fut jamais (1).

Dimanche 20. — Conseil de régence. — Le czar partit de Paris et alla coucher à Livry ; il ne veut être accompagné par personne jusqu'à la frontière ; il va droit à Spa, où il trouvera la czarine. Il avoit promis ici à M. le duc d'Orléans qu'il feroit sortir ses troupes du pays de Mecklembourg, le roi Georges ayant fort prié M. le duc d'Orléans de presser fort le czar sur cela. On apprend aussi par toutes les nouvelles qu'on a de Pologne, que toutes les troupes russiennes qui sont en ce royaume-là n'en veulent point sortir ; ainsi le czar a des troupes en pays différents qui donnent beaucoup d'inquiétude dans les lieux où elles sont. Son fils est brouillé avec lui qui n'est point dans ses États, et cependant le czar voyage tranquillement, et dit ici qu'il n'a à craindre nulle révolution dans son pays. Il fait fortifier Pétersbourg, et il a même dit ici qu'il y fait faire cent trente-six bastions ; ce sera la plus grande place du monde.

Lundi 21. — M. le Duc et M. le prince de Conty allèrent au parlement ; ils demandèrent que la protestation de MM. les princes légitimés ne soit pas reçue. — M. le prince

---

(1) On voit ici combien Saint-Simon se préoccupait pour l'avenir de l'existence du Journal de Dangeau, rédigé par un homme d'honneur, incapable de mensonge, d'une probité connue de tous et que Saint-Simon seul a la naïveté d'accuser de passion. Saint-Simon écrit d'abord ses additions pour contrebalancer cette source si sûre de renseignements, et il ne s'y met en scène qu'à la troisième personne ; mais ce premier travail terminé, il réfléchit sans doute que ses notes ne seraient pas suffisantes pour détruire l'effet d'un document si véridique et que d'ailleurs elles seraient inséparables du Journal. C'est alors qu'il composa ses Mémoires, où, apparaissant en personne, il voulut écraser sous la magie de son style la chronique simple et fidèle de Dangeau.

Il est impossible que la protestation du duc du Maine et du comte de Toulouse n'ait pas existé et si nous parvenons à la découvrir nous la publierons comme pièce justificative.

de Conty lut un petit mémoire lui-même. — Outre le conseil de régence qu'il y eut le matin à l'ordinaire, il y en eut un extraordinaire l'après-dînée pour continuer la lecture du mémoire de M. de Noailles. — Le parlement envoye au roi MM. les gens du roi pour recevoir ses ordres sur ce qu'ils ont à faire à l'égard de la protestation des princes légitimés. — M. le cardinal de Polignac a demandé la permission à M. de duc d'Orléans de voir son frère ; mais M. le duc d'Orléans ne l'a pas jugé à propos. La prison de ces messieurs ne laisse pas de faire une petite commotion ; mais cela n'aura apparemment aucunes suites fâcheuses.

Mardi 22. — M. le duc d'Orléans alla l'après-dînée chez M. Law ; il assista au bilan, et vit le dividende de la banque, qu'il signa ; durant les six derniers mois chaque actionnaire a eu douze pour cent. La banque a jugé à propos que tous les actionnaires qui n'avoient donné qu'un quart, donnassent les trois autres quarts ; mais ce ne sera qu'en billets d'État ; ils ont tous été de même avis sur cela. M. le Duc y étoit aussi avec M. le duc d'Orléans. — Les six commissaires nommés pour examiner l'affaire des princes ont déjà commencé à y travailler entre eux. — Il court un écrit intitulé : *Des trois États* ; il n'est point imprimé ; mais il est assez public, et on dit qu'il est fort séditieux. — L'abbaye de la Garde-Dieu, ordre de Cîteaux, diocèse de Cahors, a été donnée à l'abbé de la Luzerne par la démission qu'en a faite l'évêque de Cahors.

Mercredi 23. — Il y eut conseil de régence extraordinaire, où l'on continua à lire le mémoire du duc de Noailles ; on commença à le lire samedi, on l'a lu lundi et aujourd'hui, et chaque lecture a duré plus de trois heures ; on compte d'en achever la lecture samedi. Cet ouvrage-là est fort loué par ceux qui l'entendent lire, mais on ne le rendra point public ; il commence à examiner les finances depuis l'année 1662. — M. l'évêque de Fréjus fut reçu à l'Académie françoise à la place de M. de

Callières; Valincour, qui étoit directeur, répondit, et on dit que leur harangue à tous deux fut fort belle. Ma mauvaise santé m'empêcha d'y être. — M. le duc d'Orléans donna ces jours passés au prince de Talmond la maison et le parc de Chaville pour y demeurer, comme M. de Torcy l'avoit eue du temps du feu roi; on ne l'avoit point ôtée à M. de Torcy, mais M. de Torcy l'avoit rendue, et le prince de Talmond cherchoit une maison à louer auprès de Paris.

Jeudi 24. — Madame vint de Saint-Cloud dîner avec M. le duc d'Orléans, et après qu'il eut donné beaucoup d'audiences l'après-dînée, il alla la trouver dans sa loge et entendit une partie de la comédie avec elle, et puis elle retourna à Saint-Cloud, et lui alla souper à la Meutte. — Deux mousquetaires qui faisoient du désordre à trois heures du matin ont été tués par le guet. — Le parlement ne se rassemblera que mercredi. MM. les six commissaires, conseillers d'État, qui sont nommés pour l'affaire des princes, travailleront demain avec M. le duc d'Orléans; ils y ont déjà travaillé une fois et M. de Saint-Contest, qui en est le rapporteur, travaille souvent avec ce prince. — M. et madame d'Alègre ont réglé le mariage de mademoiselle de Culant, leur petite-fille, avec M. le duc d'Albret; mais toute la famille des Louvois et tous les gendres de la maison s'y opposent; M. de Courtenvaux, outre qu'il est oncle de la demoiselle, est son tuteur. Il paroît assez d'aigreur entre la famille sur ce mariage; la fille est de l'avis de son grand-père et de sa grand'mère et paroît souhaiter fort ce mariage.

Vendredi 25. — M. le duc d'Orléans donna une longue audience à M. le cardinal de Noailles comme il a accoutumé de faire tous les vendredis, et l'après-dînée il fut enfermé avec les six conseillers d'État, commissaires pour l'affaire des princes; il avoit déjà travaillé une fois avec eux six et plusieurs fois avec le rapporteur seul, qui est M. de Saint-Contest. — La plupart des femmes de MM. les gentilshommes prisonniers ont permission de les voir;

mais on l'a refusé sèchement à madame de Bauffremont qu'on accuse d'avoir tenu des discours très-forts. — On mande de Venise que le palatin de Livonie y est mort; il étoit gouverneur du prince électoral de Saxe, grand catholique, et s'étoit fait fort estimer en France pendant que ce prince y a été; il étoit mon ami particulier et je le regrette fort. Le roi Auguste avoit une grande confiance en lui et l'auroit assurément élevé à tout ce qu'il y a de plus grand en Pologne.

Samedi 26. — Conseil de régence l'après-dînée, où on acheva de lire le mémoire de M. de Noailles, et à l'égard de ce qui sera proposé par lui pour raccommoder les affaires, on a nommé neuf ou dix commissaires qui examineront ses propositions avant qu'on les rapporte au conseil de régence; ces commissaires sont: le chancelier, le maréchal de Villeroy, les ducs de Saint-Simon, de la Force et de Noailles, le maréchal de Bezons, M. Pelletier, M. de Bordeaux et le marquis d'Effiat. On en avoit voulu mettre le maréchal d'Huxelles qui n'en a point voulu être (1)*. — Le duc de Montbazon mourut le soir, de la petite vérole; on a emmené madame sa femme à Clichy, chez le comte d'Évreux, son frère. — On mande de Rome que le cardinal Spada est mort; il vaque par sa mort une seconde place dans le sacré collége. Il avoit l'évêché de Palestrine, qu'il ne tiendra qu'au cardinal del Giudice d'avoir, s'il veut passer dans l'ordre des évêques, car les deux cardinaux qui sont dans l'ordre des prêtres avant lui ne veulent point changer : ces deux cardinaux sont Marescotti et....

* Le maréchal d'Huxelles, vouloit être de tout et toujours montrer qu'il ne vouloit être de rien; mais Dangeau, qui parle ici de ce refus qui ne fut qu'en particulier, en omet un très-public et qui fit alors une nouvelle. M. le duc d'Orléans avoit parlé de cette affaire au duc de

(1) Saint-Simon a écrit de sa main, en marge : « faux ».

Saint-Simon dès ses premiers commencements et lorsqu'elle s'avança lui proposa d'être des commissaires. Saint-Simon s'en excusa sur les mêmes raisons qu'il avoit alléguées lorsqu'il refusa les finances, dont M. le duc d'Orléans demeura fâché plusieurs jours contre lui un peu avant la mort du roi, lorsqu'il fut question des destinations entre eux. Pressé encore d'être des commissaires lorsqu'il fallut les choisir, il se tint dans les mêmes termes, et ajouta qu'étant avec le duc de Noailles dans ceux que chacun voyoit et que S. A. R. voyoit elle-même, il étoit hors de toute raison, même de toute apparence, de le mettre de cette commission. Le régent lui dit que le duc de Noailles le désiroit et l'en pressoit, et l'autre à en rire, mais à le supplier très-instamment de l'en dispenser. Huit ou dix jours s'étoient passés sans qu'il en ouït plus parler, lorsqu'au conseil de régence, M. le duc d'Orléans ayant expliqué la cause et l'objet de cette commission, M. de Saint-Simon s'entendit nommer commissaire après le chancelier ; il interrompit, témoigna sa surprise après ce qui s'étoit passé, et supplia de n'en être point. Le régent insista, l'autre encore davantage, et allégua son incapacité, qu'il n'entendoit rien aux finances, qu'il ne seroit d'aucun secours et d'aucun usage dans la commission, où on n'avoit pas besoin d'un homme nul. Alors le régent lui dit qu'il le prioit d'en être, et que s'il ne suffisoit pas de l'en prier, il le lui ordonnoit. L'autre, fort mécontent, plia les épaules, répondit qu'il n'avoit plus qu'à obéir, mais qu'il supplioit S. A. R. et tous ces messieurs qui étoient présents de se souvenir que ce n'étoit que par un ordre absolu qu'il étoit de la commission, et de ne rien oublier des raisons qu'il avoit alléguées pour s'en défendre. Outre qu'il ne se croyoit aucune aptitude aux finances et que la matière lui paroissoit trop jalouse pour s'en vouloir mêler, il ne vouloit être ni la dupe, ni l'approbateur, ni le contradicteur du duc de Noailles sur une matière qu'il devoit posséder. Le duc de Noailles, qui sentoit le poids de ce qui s'étoit passé entre eux et celui de la conduite de Saint-Simon à son égard, qui ne gardoit avec lui aucunes mesures en rien, pas même d'aucune bienséance en public et lui rompoit en visière en toutes les occasions qui s'en présentoient, sans qu'il l'eût pu émousser par tout ce qu'il avoit employé pour cela, cherchoit une occasion de nécessité d'affaires qui lui procurât, à force de se voir souvent, de quoi y parvenir, et faire cependant accroire au gros du monde qu'ils étoient raccommodés, s'il arrivoit que Saint-Simon approuvât sa besogne. Ces deux hommes ont trop figuré, et l'un contre l'autre pendant la régence, pour oublier cette anecdote quelque légère qu'elle soit. Saint-Simon fit des reproches amers au régent, au sortir du conseil, qui l'amadoua comme il put, parce qu'il avoit fait ce qu'il avoit voulu faire. Saint-Simon se trouva chez le chancelier à toutes les séances de la commission. Soit que le duc de Noailles eût raison, ou que Saint-Simon fût séduit dans une matière où il n'en savoit que par les lumières du bon sens, il fut presque toujours de son avis et le soutint même fortement quatre ou cinq fois contre le plus grand nombre des commissaires, qu'il ramena à son avis. Cela ne manqua pas d'être su ; le duc de Noailles s'en vanta avec grande complaisance, sans toutefois oser parler à Saint-Simon. Le régent le loua de cette droiture désintéressée qui écartoit la haine personnelle de la chose publique ; le bruit courut du raccommodement, mais il n'en fut autre chose. Les espérances et les souplesses du duc de Noailles furent inutiles ; il n'y gagna rien, et ce ne fut que le mariage de la fille de la maréchale de Gramont, sa sœur, avec le fils aîné de Saint-Simon, auquel ce dernier eut grand peine à se rendre par la suite nécessaire qu'il en vit du raccommodement avec le duc de Noailles, qui se fit en effet dix ans après ceci, à la grande satisfaction des Noailles, où toutes les avances furent de leur côté et de celui du duc de Noailles, une violence sans pareille du côté de Saint-Simon, qui le vit d'abord chez le cardinal de Noailles, puis le reçut chez lui, et après l'alla voir ; après quoi ils demeurèrent en bienséance et ce fut tout, quoi que le duc de Noailles ait pu faire pour faire oublier le passé.

Dimanche 27.— Conseil de régence le matin. — Le régiment de Picardie qu'avoit M. de Montbazon, et qu'il avoit eu permission de vendre depuis quinze jours, a été donné à M. le prince de Rohan pour en disposer comme il le jugera à propos pour le bien de la famille, et on croit qu'il pourra bien le donner à M. de Montauban, frère cadet de M. de Montbazon, qui a un guidon de gendarmerie, qu'on vendroit pour servir à l'acquit d'une partie des dettes de M. de Montbazon. M. de Montauban a encore deux frères aînés, dont l'un est en Anjou et mène la vie d'un moine, mais il n'est pas profès ; l'autre étoit destiné à être chevalier de Malte, mais il n'a point fait ses vœux, et jusqu'ici il a mené une vie obscure dont on n'a pas été content dans sa famille. Madame de Montbazon demeure avec un bien très-médiocre ; une partie de ce qu'elle a eu en mariage est mangée, et je crois qu'elle n'a que 8,000 francs de douaire ; elle a quelques pierreries qu'elle a achetées de l'argent qu'elle a gagné au jeu.

Lundi 28. — Conseil de régence le matin. On a pris dans chacun des conseils un homme qui jugera dans le conseil de régence avec les six commissaires et les huit de la régence. Le maréchal d'Huxelles a enfin consenti d'être juge ; on a pris M. de Bordeaux du conseil de conscience, Biron du conseil de guerre, et M. le Premier du conseil du dedans du royaume. L'affaire doit être jugée mercredi, et le bruit court que le roi ira jeudi au parlement tenir le lit de justice et déclarer le jugement qu'on auroit rendu ; mais ce bruit-là est fort incertain. On prétend que la protestation que les princes légitimés ont faite au parlement a un peu hâté le jugement qu'on veut rendre*. — M. le comte de Toulouse a reçu une lettre de quelques gentilshommes de Bretagne qui lui représentent l'impossibilité où est la province de payer le dixième ; il y a fait réponse avec beaucoup de sagesse, et les exhortant beaucoup à faire des efforts pour satisfaire aux taxes qui leur sont imposées, et, mandant, que s'il y a quelques pauvres gentilshommes qui ne le puissent faire, il s'offre à payer pour eux**.

* Les princes du sang ni les légitimés ne pouvoient être juges en leur propre cause ; les ducs qui attaquoient les bâtards ne le pouvoient pas être non plus. On conserva donc du conseil de régence tous ceux qui ne l'étoient pas, et on suppléa au nombre par le choix du régent, d'un de chacun des autres conseils, lesquels tous furent éclairés par les six conseillers d'État commissaires qui avoient tout examiné auparavant entre eux et plusieurs fois aussi avec le régent même.

** Ces représentations de plusieurs gentilshommes de Bretagne faites ensemble à M. le comte de Toulouse, leur gouverneur, sur le payement du dixième, étoient en cadence de tout ce qui se passoit, et les prémices du spectacle que cette province ne différa pas à donner.

Mardi 29. — Les officiers des troupes qui sont à Paris sont avertis de se tenir prêts pour suivre le roi au parlement l'un des jours de cette semaine. — Il y aura, demain après midi, conseil de régence extraordinaire pour juger l'affaire des princes. — Il est arrivé à Toulon un chiaoux qui sera chargé des affaires du Grand Seigneur ici, mais on ne sait encore en quelle qualité; celui qui est arrivé a déjà été en France. — On a donné à M. de Canillac, du conseil des affaires étrangères, la lieutenance de roi de Languedoc, sur ce qu'on mandoit de Languedoc que M. le comte de Peyre étoit mort. Il n'y a point de brevet de retenue sur cette charge; ainsi la grâce est entière, et la charge vaut près de 20,000 livres de rente. — Sandricourt, brigadier de cavalerie, épouse mademoiselle d'Onay, à qui on donne 400,000 francs; elle est petite-fille de M. de Gourgues, un des plus anciens maîtres des requêtes.

Mercredi 30. — Le premier président, et tous les présidents à mortiers, avec les gens du roi, allèrent à onze heures chez S. M. Le premier président dit au roi que le parlement les avoit députés pour venir rendre compte à S. M. de ce qui s'étoit passé le jour que les princes légitimés apportèrent leur protestation, et après avoir assuré le roi de la fidélité de son parlement, il lui remit entre les mains la requête et la protestation des princes légimés; le roi les donna à M. le chancelier, et après qu'il leur eut dit quelques mots M. le chancelier prit la parole et dit que le roi leur feroit savoir ses volontés. Tous les députés saluèrent le roi; M. le duc d'Orléans, qui étoit à sa droite, les nommoit tous; quand tous les députés eurent passé devant le roi, les gens du roi qui marchent les derniers s'approchèrent, et M. de Blancmesnil, premier avocat général, parla un moment au roi. L'après-dînée il y eut conseil de régence extraordinaire, qu'on continuera demain matin; à ce conseil il n'y avoit que huit hommes de la régence qui ne sont ni ducs ni princes; les six commissaires dont il y en a un du corps de la régence, M. le maréchal d'Huxelles, M. le Premier, M. de Biron et M. de Bordeaux. — M. de Blancmesnil, avocat général, a une pension de 2,000 écus.

Jeudi 1er juillet. — Il y eut encore un conseil de régence extraordinaire pour l'affaire des princes; on ne rend pas encore public le jugement qui a été rendu, mais l'on sait seulement les deux articles les plus considérables, qui est que l'édit de 1714 et la déclaration de 1715 ont été cassés ; on laisse quelques honneurs aux princes légitimés, mais ces honneurs-là ne sont pas encore entièrement réglés*. — M. le duc de Duras servira de maréchal de camp en Guyenne, et M. de Bannas-Gondrin servira de brigadier, et ils en toucheront les appointements. M. de Caylus, neveu du feu cardinal de Bonzy, servira aussi de maréchal de camp en Languedoc; ce sont proprement des gratifications qu'on veut donner à ces trois messieurs, car, Dieu merci, on n'a point besoin d'assembler des troupes en ces pays-là, n'y ayant aucun désordre.

* Cet arrêt, qui fut donné en forme d'édit et dont l'enregistrement au parlement ne fit pas la plus petite difficulté, méritoit bien que son dispositif trouvât place dans ces Mémoires. On y vient de voir celui qui défend à la noblesse de s'assembler; on y a trouvé ailleurs des relations et d'autres pièces bien moins importantes, mais ici rien où l'affection de Dangeau trouvât où se consoler, comme dans les compliments insérés pour la noblesse dans l'arrêt qui en défend les assemblées; il faut donc, sans le rapporter ici, suppléer en deux mots à ce que Dangeau n'a pas voulu écrire. L'arrêt ne fut ni tout d'une voix ni tel qu'il a été exécuté. Saint-Contest, rapporteur, et qui fit un très-beau rapport, fut entièrement pour les princes du sang et le plus gros des juges, de même. M. le duc d'Orléans y modéra quelque chose en faveur des bâtards, et y fit revenir les juges par son poids. Ce nonobstant encore, l'arrêt, mis en édit et tel qu'il fut enregistré, étoit plus fort encore qu'il ne fut exécuté, surtout à l'égard des enfants de M. du Maine, et ce fut sur ce fondement que M. le Duc et M. de Mortemart leur disputèrent les honneurs que M. le duc d'Orléans leur conserva de sa pleine autorité, et il vit bientôt après la reconnoissance qu'il en recueillit. Madame du Maine reçut ce jugement avec d'étranges transports. M. du Maine, accoutumé à se montrer tel qu'il vouloit paroître, ne put cependant prendre sur lui de se laisser voir les premiers jours ni de venir au conseil de régence. M. le comte de Toulouse, qui n'avoit jamais approuvé leur apothéose ni la sienne, prit le tout en douceur, et le monde non enrôlé par M. du Maine trouva l'arrêt trop doux, surtout après tout ce qui venoit d'arriver. Les princes du sang espéroient mieux ; mais contents du triomphe, ils ne se plaignirent point, et si l'édit avoit été exécuté, ils ne se seroient pas plaints ; mais la mollesse de M. le duc d'Orléans les choqua fort et ne lui gagna nullement ceux qu'il se flatta de ramener par cette faveur et que personne ne trouva placée.

Vendredi 2 — On lut chez M. le duc d'Orléans l'écrit que M. le cardinal de Bissy a fait contre l'appel fait au concile ; on le lira encore deux fois, et M. le duc d'Orléans, qui veut que M. le cardinal de Rohan soit à cette lecture, lui a fait différer son départ jusqu'à mercredi. — On ne saura le détail de ce qui s'est passé au jugement de l'affaire des princes que lundi au plus tôt, parce qu'il y a beaucoup de choses à écrire. — M. le chancelier n'a point pris sa place au parlement comme on croyoit ; il ne la prendra pas si tôt. — Madame la duchesse d'Orléans est trés-affligée du jugement rendu contre MM. ses frères, mais pour eux ils n'en parlent point, et il n'en paroît aucune altération dans leurs esprits. — Le fils unique du maréchal de Montesquiou est à l'extrémité de la petite vérole, et c'est dommage, car c'est un garçon bien fait et bien né, qui entroit agréablement dans le monde ; il a dix-sept ans.

Samedi 3. — M. le duc d'Orléans eut une assez grosse fluxion sur les yeux, qui l'empêcha d'aller au conseil de régence ; mais le soir il se trouva mieux et entendit dans sa loge la comédie italienne. — On a la confirmation que le prince Eugène a passé le Danube ; qu'il y avoit quarante mille Turcs pour le défendre, qui se sont retirés sans rien entreprendre ; les lettres sont du 15 et écrites de la droite du Danube après le passage. — M. le duc du Maine n'alla point au conseil de régence, parce qu'il est un peu incommodé. — Par les dernières nouvelles qu'on a de Madrid, on apprend qu'on n'y doute plus qu'Albéroni ne soit fait cardinal ; on compte même qu'il le sera avant la fin du mois. Le nonce qui est présentement en Espagne et qui a été bien reçu de LL. MM. CC. leur fait espérer que le pape leur accordera cette grâce-là, qu'ils ont demandée très-instamment.

Dimanche 4. — Le mal de M. le duc d'Orléans n'a point eu de suite; il a été ce matin au conseil de régence, et l'après-dînée il a lu avec beaucoup d'évêques l'écrit de de M. le cardinal de Bissy. — M. le duc du Maine, qui se trouva incommodé hier et qui n'alla point au conseil de régence, se trouve mieux aussi et y a été ce matin. — M. le chancelier n'a point encore pris place au parlement; on ne sait quand il la prendra. — Madame la duchesse de la Trémoille est à l'extrémité, et l'on dit que la marquise de Gesvres est fort mal aussi. — Les troupes russiennes doivent enfin sortir du pays de Mecklembourg; le tzar leur a envoyé l'ordre comme il avoit promis à M. le duc d'Orléans de le faire. On croit qu'il fera sortir de Pologne aussi toutes les troupes qu'il y avoit; on mande de Spa, où il est, que quand il aura achevé de prendre les eaux il retournera à Amsterdam et de là en son pays.

Lundi 5. — Les députés du parlement allèrent le matin chez le roi recevoir la réponse qu'on leur avoit dit qu'on leur feroit. — Le fils du maréchal de Montesquiou mourut le matin; c'étoit un fils unique et un fort joli garçon; il avoit dix-sept ans. Son père avoit acheté depuis peu pour lui le régiment d'Isenghien, qui lui avoit coûté 50,000 francs. — On eut nouvelle que l'abbé de la Rochefoucauld* étoit mort à Bude de la petite vérole; il avoit des bénéfices considérables, et entre autres l'abbaye du Bec qui vaut plus de 40,000 livres de rente. Il étoit raccommodé depuis peu avec sa famille, et l'on prétend même qu'ils songeoient à le marier et à lui faire épouser mademoiselle de Culant-Barbezieux, et qu'ainsi sa mort pourra avancer le mariage du duc d'Albret avec elle; cependant la famille des Louvois paroît toujours fort piquée contre M. d'Alègre sur ce mariage.

* C'est en deux mots cet abbé de la Rochefoucauld, devenu l'aîné

par la mort de ses frères, que son père, sa mère et son grand-père avoient tant persécuté pour s'engager et renoncer à l'aînesse, ou pour quitter ses bénéfices, qui avoit résolûment refusé le premier, constamment voulu garder de quoi se passer d'être à leur merci pour vivre. Ils le tourmentèrent tant qu'avec la permission du pape, ils l'envoyèrent en Hongrie, où la petite vérole les en défit et leur procura une grande délivrance que la bénédiction de Dieu sur leur famille ne parut pas suivre. Comme il n'étoit point dans les ordres, on ne comprend pas pourquoi une permission du pape pour conserver ses bénéfices, allant à la guerre, surtout contre les Turcs : le prince Eugène et deux de ses frères ont eu des abbayes jusqu'à leur mort ; le chevalier de Lorraine est devenu lieutenant général avec des abbayes ; Forbin, mort lieutenant général et capitaine des mousquetaires gris, et d'autres officiers généraux ont eut des abbayes toute leur vie sans qu'on ait ouï parler de permission, moins encore de bulles ni de bref du pape en leur faveur. C'est pourtant sur cet exemple de l'abbé de la Rochefoucauld qu'on a soumis M. le comte de Clermont à en prendre du pape pour aller à la guerre et porter l'epée avec ses abbayes. On peut juger que Rome ne s'oubliera pas sur l'exemple récent de ce prince du sang.

Mardi 6. — L'édit sur les princes du sang contre les légitimés fut porté et enregistré au parlement.

Mercredi 7. — On rend au maréchal de Montesquiou le régiment qu'il avoit acheté pour son fils, et le maréchal de Villars, quoiqu'il ne fût pas des amis du maréchal de Montesquiou, l'a demandé pour lui à M. le duc d'Orléans, qui le lui a accordé. — M. et madame d'Alègre ont emmené chez eux mademoiselle de Culant-Barbezieux, leur petite-fille, toujours résolus à conclure le mariage pour elle avec M. d'Albret. — Madame la duchesse de la Trémoille mourut le [6] ; elle a nommé pour exécuteur testamentaire l'abbé de Caumartin. — On acheva, ces jours passés, chez M. le duc d'Orléans, la lecture de l'écrit de M. le cardinal de Bissy sur l'appel au concile ; cet écrit ne sera ni imprimé ni rendu public ; on ne croit pas qu'il fût propre à la paix de l'Église, à quoi M. le duc d'Orléans travaille toujours fort.

Jeudi 8. — On eut nouvelle qu'à la Martinique on s'étoit soulevé contre le capitaine général et contre l'intendant, qu'on les avoit pris tous deux et mis dans un vaisseau qui les a ramenés en France : le capitaine général s'appelle Varennes, et l'intendant Ricouart. Les habitants ont écrit à M. le duc d'Orléans pour l'assurer de leur fidélité, demandant pardon de ce qu'ils faisoient, mais qu'ils ne pouvoient pas s'empêcher de le faire par les vexations qu'on leur faisoit*. — Au souper du roi M. de Mortemart, premier gentilhomme de la chambre en année, trouva mauvais qu'on eût donné la serviette à M. le comte d'Eu et non pas à lui, et dit au gouverneur de ce prince que s'il venoit au coucher du roi, on ne lui présenteroit pas la chemise pour la donner au roi. M. le duc de Mortemart prétend que ces princes en perdant leur procès ont perdu les honneurs.

* Jamais complot plus sagement concerté, plus secrètement conduit, plus doucement ni plus plaisamment exécuté par un si grand nombre d'hommes. Les habitants de la Martinique, poussés à bout des tyrannies et des pillages du gouverneur et de l'intendant réunis ensemble, et hors d'espérance d'en avoir justice ni changement, les paquetèrent un matin dans un vaisseau, scellèrent leurs papiers et leurs effets, ne touchèrent à rien et ne firent mal à eux ni à personne, et les firent mettre à la voile pour France. L'étonnement de ces deux hommes fut sans pareil et leur honte telle qu'on la peut croire, et bien plus grande encore quand ils furent arrivés. Les plaintes et les excuses des habitants les avoient précédés de quelques jours sur un autre bâtiment, et leur conduite, en attendant les ordres de la cour, fut si soumise et si tranquille, que, sans leur donner raison, on ne put aussi leur donner tort. Ils en furent quittes pour une légère réprimande, et on leur envoya un autre gouverneur et un autre intendant. Ce qu'on fit mal, c'est que les renvoyés en demeurèrent quittes pour leurs emplois.

Vendredi 9. — M. le duc d'Orléans a parlé au duc de Mortemart, et M. le comte d'Eu, dès ce soir, a donné la chemise au roi. — Les commissaires pour le mémoire de M. de Noailles s'assemblent au moins trois fois la semaine, et il y a apparence que cela durera encore quelque temps avant que de pouvoir finir. — La marquise de Gesvres mourut à Paris, menant une vie fort retirée, ne voyant personne de sa famille ni de la famille de son mari ; elle le voyoit lui quelquefois, mais fort rarement. Il perd par la mort de sa femme 12,000 écus par an dont il jouissoit ; il n'a quasi rien mangé du fonds du bien, et par son contrat de mariage elle lui donnoit 100,000 francs, et il prétend encore quelque chose de plus par un article du contrat qui n'est pas bien clair. — On fait revivre pour le duc de Lorges une charge que nous avons vue à l'abbé de Saint-Croix-Molé, qui est une meute pour le chevreuil ; les appointements en sont très-médiocres.

Samedi 10. — Conseil de régence l'après-dînée. — Madame la duchesse d'Orléans n'a point encore vu personne depuis le jugement des princes, et on ne sait pas quand elle commencera à voir les courtisans. — On dit que M. le Duc demandoit à avoir dans les Tuileries le logement de M. et madame du Maine et qu'on ôtât à M. du Maine la surintendance de l'éducation du roi, mais que M. le duc d'Orléans n'a pas trouvé cela juste. Je crois que cette nouvelle n'est pas vraie. — L'affaire du duc de Brancas sur les juifs de Metz est enfin réglée ; on a prouvé qu'il y avoit bien moins de familles de juifs dans cette ville-là qu'on n'avoit cru et que même la plupart de ces familles-là étoient fort pauvres. Le duc de Brancas croyoit dans les commencements en pouvoir tirer au moins 40,000 francs, cela est réduit à 16,000, et la comtesse de Fontaine, qui avoit donné cet avis au duc de Brancas, a le tiers de ces 16,000 francs.

Dimanche 11. — Conseil de régence le matin. L'après-dînée M. le duc d'Orléans travailla encore avec les cardinaux et puis les évêques à la paix de l'Église. — M. le Duc, comme grand maître de la maison du roi, avoit donné ordre aux officiers de ne plus donner la serviette à M. le comte d'Eu ; M. le maréchal de Villeroy crut qu'il falloit aller recevoir l'ordre de M. le duc d'Orléans sur cette affaire ; il l'alla chercher au Palais-Royal, et, ne l'y trouvant point, il alla à la place de Vendôme, où ce prince soupoit.

M. le duc d'Orléans lui dit qu'il falloit que les officiers du roi rendissent à M. le comte d'Eu les mêmes honneurs qu'ils lui rendoient depuis longtemps. M. le Duc prétendoit aussi que les gardes du corps ne prissent plus les armes pour les princes légitimés, mais il n'y aura point de changements sur cela.

Lundi 12. — Conseil de régence le matin et, au sortir du conseil, M. le duc d'Orléans alla dîner à la Meutte; il en revint de bonne heure. Il ne soupe point dehors les lundis, parce que les mardis il se lève de grand matin, ayant beaucoup à travailler ces jours-là. — On eut des lettres de l'armée de l'empereur; Belgrade a été investi le 18 juin; les assiégés ont déjà fait deux sorties; la seconde a été plus vigoureuse que la première, mais ils ont été repoussés à toutes les deux. — On parle fort d'un embarquement de troupes que font les Espagnols sur les vaisseaux qu'ils avoient promis d'envoyer au secours des Vénitiens; ces vaisseaux sont arrivés à Barcelone, et l'on dit qu'ils embarqueront dix ou douze mille hommes sur cette petite flotte, qui est composée d'onze vaisseaux de guerre, d'un vaisseau pour l'hôpital, de deux brûlots et de beaucoup de bâtiments de transport. Cet armement fait fort raisonner, et la plus commune opinion est que cela est destiné contre quelques-uns des États que l'empereur a en Italie, et que les Espagnols sont unis avec le roi de Sicile pour quelque grande entreprise.

Mardi 13. — Les commissaires nommés pour examiner le mémoire de M. de Noailles continuent à s'assembler. M. le duc d'Orléans travailla tout le jour et fut assez incommodé l'après-dînée, mais cela se passa le soir, et il se coucha de bonne heure. — Les six gentilshommes qu'on a mis depuis un mois en prison à la Bastille et au château de Vincennes ont écrit à M. le duc de Chartres, qui, ne pouvant porter leur lettre à M. le duc d'Orléans, parce qu'il est un peu malade, la lui envoya par M. de Chiverny, et sur cette lettre, dont je ne sais pas le contenu, M. le duc d'Orléans promit qu'incessamment il feroit sortir ces messieurs de prison, et on croit que ce sera samedi. — On travaille à un accommodement entre la Suède et l'Angleterre; on souhaite fort ici que cela réussisse. L'on parle déjà de remettre en liberté l'envoyé de Suède qui a été arrêté en Angleterre.

Mercredi 14. — M. le duc d'Orléans s'est déterminé à écrire une lettre circulaire aux évêques dans les diocèses desquels la Constitution a été reçue et publiée, par laquelle S. A. R. exhorte les évêques à ne rien précipiter par des procédures contre ceux du second ordre qui se sont élevés contre la Constitution, ce qui pourroit rompre les mesures qu'on prend pour terminer l'affaire par la négociation du duc de la Feuillade, qui est sur son départ pour Rome. D'un autre côté, S. A. R. s'engage à punir ceux du second ordre qui troubleront la paix qu'elle souhaite rétablir dans chaque diocèse, soit en écrivant, soit en parlant, ou enfin en appelant de la Constitution au concile. Le chancelier et le procureur général ont promis que les parlements ne feroient rien contre les évêques acceptants. Cette lettre qu'écrivit M. le duc d'Orléans fut résolue dimanche à l'assemblée chez S. A. R., où étoient les cardinaux de Rohan et de Bissy, l'archevêque de Bourges, le chancelier, le procureur général, le maréchal d'Huxelles, le marquis d'Effiat et M. Amelot ; c'étoit M. le cardinal de Rohan qui tenoit la plume. Les évêques feront imprimer la lettre de M. le duc d'Orléans, qu'ils répandront dans leurs diocèses afin que tout le monde en ait connoissance.

Jeudi 15. — Les commissaires ont encore travaillé chez M. le chancelier au mémoire de M. le duc de Noailles, et ce travail durera encore quelques jours, car il se fait différentes propositions pour le soulagement du royaume qui méritent un grand examen. — L'affaire de M. de Ménars fut réglée ; M. de Maupeou aura la charge au même marché qu'il avoit fait, et M. du Gué, gendre du président, aura, pour dédommagement de ce qui lui avoit été promis par son contrat de mariage, 80,000 francs pour lui et pour ses enfants. — Les six prisonniers de la noblesse qui sont à Vincennes et à la Bastille seront mis en liberté samedi. M. le duc d'Orléans ne laisse pas de paroître assez irrité contre des gens savants et qu'on accuse d'avoir travaillé au mémoire qu'avoient présenté ces messieurs avant qu'ils fussent en prison. On croit que M. de Châtillon, chez qui ces messieurs s'étoient assemblés quelquefois, perdra son logement au Palais-Royal et la pension qu'il a de M. le duc d'Orléans.

Vendredi 16. — M. le Duc et madame sa mère demandent pour M. le comte de Clermont l'abbaye du Bec; on croit qu'ils l'obtiendront, et on parle de le faire tonsurer. — On a donné l'évêché de Tarbes à l'abbé du Cambout, aumônier du roi et agent du clergé. — M. le cardinal de Rohan partit pour retourner à Saverne ; avant son départ il a reçu, lui et le cardinal de Bissy, la lettre dont on étoit convenu dimanche, et il n'y a eu un mot de changé. — L'affaire de M. d'Albret pour son mariage a été renvoyée au parlement; on croyoit qu'elle seroit jugée aujourd'hui, mais cela a été remis à huit jours parce que l'avocat de M. de Courtenvaux n'étoit pas prêt; il demandoit même un plus long délai. On ne croit pas que cette affaire-là finisse si tôt, et toute la famille des Louvois paraît ort piquée contre M. et madame d'Alègre ; ils ont trouvé fort mauvais qu'ils aient mené aujourd'hui leur petite-fille à l'audience, mais les gens d'affaires avoient conseillé à M. d'Alègre de l'y mener.

Samedi 17. — Conseil de régence l'après-dînée. — M. le Premier alla à Vincennes quérir les trois gentilshommes prisonniers, et M. de Chiverny alla quérir les trois autres à la Bastille; on les mena à M. le duc de Chartres, qui les présenta à M. le duc d'Orléans, et à qui ils ne dirent rien. M. le duc d'Orléans leur dit : « Vous me connoissez assez, Messieurs, pour savoir que quand je fais du mal, je me crois bien obligé de le faire. » Ils se retirèrent.

M. de Châtillon n'a plus son logement dans le Palais-Royal, ni la pension qu'il avoit de M. le duc d'Orléans; elle étoit de 12,000 livres, dont on en prenoit 6,000 pour madame de Châtillon, sa femme*. — On a mis en prison, depuis quelques jours, un commissaire et deux ou trois autres hommes qui avoient été fort employés par M. d'Argenson; c'est par ordre du parlement qu'ils sont en prison. Ils sont accusés de beaucoup de crimes, mais M. d'Argenson n'y est mêlé en rien.

* La sortie des six prisonniers eut en effet plutôt un air de triomphe que de pardon. Délivrés par un chevalier de l'Ordre en grande charge, et par un homme de la première qualité, tous deux, de plus, dans des places distinguées, et ce dernier chez le régent, conduits à lui par le premier prince du sang, son fils, et accueillis par ce que leur dit ce prince, rien en effet de plus surprenant, après ce qui étoit arrivé, que ce qui se passa pour lors, à quoi ces messieurs mirent le comble par un silence concerté qui ne laissa pas échapper ni un seul mot ni le plus léger son de voix. Il sembla qu'ils faisoient grâce au prince de ne lui point faire de reproches, et que le prince par cette si étonnante façon de les délivrer, avoit senti son tort et tâché de mériter d'eux sa grâce. C'est de la sorte que cela fut donné et reçu dans le monde, et il étoit impossible que cela le fût autrement. Le régent ne laissa pas de le sentir après coup, et de se repentir de sa mollesse, et il éprouva, tôt après, ce qu'elle lui avoit valu et l'effet qu'elle avoit fait pour lui sur la plupart de ces six, sans parler des autres.

Dimanche 18. — Il y eut conseil de régence le matin. — Nouvelles de Belgrade le 25 : Le gros canon n'est pas encore arrivé à l'armée, la tranchée n'a pas pu encore être ouverte. — Nouvelles d'Angleterre : Le comte d'Oxford est justifié et mis en liberté, quoique la chambre basse lui fût fort contraire; elle continue à l'attaquer. — L'Académie des sciences examine un secret qu'on prétend avoir trouvé de rendre l'eau de la mer aussi bonne à boire que l'eau de fontaine, et sans beaucoup de dépense. — Le chiaoux turc qui est arrivé à Marseille ne vient, dit-on, en France que pour faire des propositions au comte de Saaros (1); on prétend que ces propositions seront très-fortes et très-tentantes. Le Grand Seigneur veut exciter des mouvements en Transylvanie, où le comte de Saaros est fort désiré et fort regretté. Si c'est là le but de l'envoi du chiaoux, le succès en est très-incertain; il est sûr seulement que le comte de Saaros ne prendra de parti que celui qu'il croira que sa conscience l'engage à prendre.

Lundi 19. — Conseil de régence le matin. — On a des lettres de Vienne, du 7, qui disent que l'armée des Turcs est en présence de l'armée du prince Eugène, mais l'ambassadeur de l'empereur n'a point cette nouvelle. — M. le cardinal de Noailles a obtenu qu'on fît un petit changement à la lettre que M. le duc d'Orléans écrit aux évêques acceptants; ce changement n'est que deux mots ajoutés, mais les évêques acceptants trouvent ces deux mots-là considérables, et en sont fort mortifiés. — On prétend que sur les vaisseaux que le roi d'Espagne envoie au secours des Vénitiens, il y a huit ou dix mille hommes embarqués, commandés par le marquis de Lède, et que les Espagnols veulent faire quelque entreprise.

Mardi 20. — M. le duc d'Orléans alla au conseil de finances; le fils de M. de Fourqueux y a été reçu, et le père continue à être procureur général de la chambre des comptes. — M. le comte de Konigsegg me montra ici les lettres qu'il a reçues de Vienne du 7 et celles qu'il a reçues du prince Eugène du 28 du mois passé. Il faut neuf jours à un courrier ordinaire de Belgrade à Vienne, car il y a près de deux cents lieues de France, et ces lettres, tant de Vienne que du prince Eugène, détruisent les nouvelles qu'on avoit reçues par ailleurs que l'armée des Turcs fût en présence de celle du prince Eugène; ce prince mande qu'il n'a point de nouvelle de la marche des Turcs.

Mercredi 21. — M. le duc d'Orléans travailla chez lui l'après-dînée avec les commissaires, qui examinèrent les

---

(1) Ragotzi.

propositions de M. le duc de Noailles sur les finances; le duc de Noailles y alla, quoiqu'il ne se porte pas trop bien. Le matin M. le duc d'Orléans avoit travaillé à faire l'accommodement de M. de Saillant et de M. de Cely*. Il les fit embrasser, et on renvoie M. de Cely à Metz. Il paroît que M. de Saillant n'est pas content. — M. de Bezenval est mort; il étoit lieutenant général, avoit été sous-lieutenant des gendarmes de la garde; il avoit une pension de 1,000 écus et avoit quatre-vingts ans.

* Ce fut un étrange emploi pour un régent du royaume que celui que prit là M. le duc d'Orléans, de faire embrasser ces deux hommes, qui demeurèrent toujours ennemis et qui ne cessèrent point de donner entre eux force spectacles, que la simplicité et l'impatience de Saillant, et l'esprit, la malice et la folie de Harlay n'épargnèrent pas. Celui-ci étoit le fils unique du plénipotentiaire de Ryswick; il avoit beaucoup d'esprit, encore plus de débauche, de saillies et de folies, qui par leur singularité, la protection de sa famille, un bonheur singulier, et dans ces derniers temps, la protection ouverte du maréchal de Villeroy, dont la grand'mère étoit Harlay, fille du célèbre Sancy, le sauvèrent toujours, c'est trop peu dire, lui rendirent utiles jusqu'à ses incartades et à ses débauches publiques et indécentes, dont il ne s'est pu défaire étant intendant de Paris et conseiller d'État, et qu'il s'est mis sur le pied de se faire passer dans ces places, ce qui ne seroit pas pardonné à un mousquetaire. Il faut admirer les temps et les gens.

Jeudi 22. — Madame vint ici de Saint-Cloud dîner avec M. le duc d'Orléans, et entendit la comédie françoise de sa loge. Madame la duchesse d'Orléans n'a point voulu qu'on lui fît encore sa cour cette semaine*. — On croit que les troupes embarquées sur les vaisseaux espagnols pourroient bien être destinées à attaquer la Sardaigne ou pour quelque autre plus grande entreprise. Les Espagnols disent qu'on ne les embarque que pour aller relever la garnison de Majorque. Il y a d'autres avis encore qui disent que c'est pour faire lever aux Maures le siége de Ceuta. — M. de Harlay est à la dernière extrémité; il a reçu tous ses sacrements et a depuis perdu toute connoissance.

* Madame la duchesse d'Orléans, avec infiniment d'esprit et plus que parfaitement instruite de ce qu'elle est née, par Madame et quelquefois aussi par Monsieur, ne s'est jamais pu défendre de se croire une fille de France, et qui avoit fait beaucoup d'honneur à M. le duc d'Orléans de descendre à l'épouser. Il n'a tenu continuellement qu'à elle, et dans tous les temps, d'être avec lui la plus heureuse femme de l'Europe, et en tout ce qui a dépendu de lui en tous les temps aussi, il ne s'est jamais lassé d'aller au-devant de tout pour la rendre telle. Mais c'étoit lui manquer de respect que d'avoir des maîtresses, quoiqu'elles ne parussent jamais devant elle, pas même depuis la mort du roi, et qu'elles n'influassent en rien sur ce qui regardoit ni elle, ni sa maison, ni ses enfants ; et depuis la mort du roi elle n'a cessé de désoler M. le duc d'Orléans sur ses frères, ni de pleurer et de gémir sur eux. Il est vrai aussi, que depuis qu'ils ont été rétablis, elle ne s'en est plus souciée, ni guère eux d'elle, et que depuis la mort de M. le duc d'Orléans, ce sont peut-être les deux hommes de France qu'elle a le moins vus, et cela sans cause ni brouillerie entre elle et M. du Maine. Pour M. le comte de Toulouse, on peut juger, à ce qui vient d'être exposé, quelle a été l'indignation qu'elle a conçue de son mariage, quelque injuste qu'elle ait été.

Vendredi 23. — Les commissaires qui examinent les propositions de M. de Noailles, et qu'on appelle en badinant le comité, ont travaillé chez M. le duc d'Orléans depuis quatre heures jusqu'à neuf. — M. de Harlay est mort ; on a ouvert son testament par lequel on sait qu'il laisse aux jésuites sa grande bibliothèque*. — Le jugement que le parlement doit rendre pour le mariage que M. d'Albret veut faire avec mademoiselle de Culant-Barbezieux fut remis à quinzaine ; la demoiselle n'a point été à l'audience. Elle y alla il y a huit jours, et quelques gens trouvèrent qu'elle avoit tort d'y avoir été. — M. de Harlay laisse beaucoup de manuscrits très-curieux et la plupart faits par feu M. le premier président son père ; il en laisse la jouissance à M. Chauvelin, l'avocat général, durant sa vie, et après sa mort ils seront remis dans la grande bibliothèque.

* Harlay, conseiller d'État, et fils unique du feu premier président, étoit digne d'être le fléau de son père, et son père d'être le sien, comme ils se le firent sentir toute leur vie, sans toutefois s'être jamais séparés

d'habitation. On a vu quel étoit le père ; le fils avec moins d'esprit et une ambition démesurée nourrie par la plus folle vanité, avoit un esprit guindé, pédant, précieux, qui vouloit primer partout et qui couroit également après les sentences, qui toutefois ne couloient pas de source, et les bons mots qu'il rappeloit tristement de son père. C'étoit un composé étrange d'un magistrat dans l'écorce de l'ancien temps et du petit maître de celui-ci, avec tous les dégoûts de l'un et tous les ridicules de l'autre. Son ton de voix, jusqu'à sa démarche et à son attitude, tout étoit d'un mauvais comédien forcé : joueur par air, chasseur par faste, magnifique pour faire le grand seigneur, il se ruina autant qu'il le put, avec un extérieur austère; presque autant et aussi ouvertement débauché qu'un académiste. On feroit un livre, et fort divertissant, du domestique entre le père et le fils. Jamais ils ne se parloient de rien, mais les billets marchoient à tous moments d'une chambre à l'autre avec un caustique amer et souvent aussi factieux [sic]. Le père se levoit pour son fils toujours, même quand ils étoient seuls, ôtoit gravement son chapeau, ordonnoit qu'on apportât un siége à M. de Harlay, et ne se rasseyoit que lorsque le siége étoit en place : c'étoient des compliments, et dans le reste un poids et une mesure de paroles; au fond, ils se détestoient réciproquement, et tous deux avoient raison. Le ver rongeur du fils ainsi que du père, c'étoit de n'être de rien, et cette rage le rendoit ennemi de presque tout ce qui avoit part au gouvernement, et frondeur de tout ce qui se faisoit : sa foiblesse et sa vanité étoient là-dessus si pitoyables, que sachant très-bien qu'il n'y avoit ni affaire ni occasion qui lui pût attirer ni message de M. le duc d'Orléans, ni visite de personne des conseils, il défendoit souvent à ses gens, devant ceux qui les venoient voir, de lui laisser entrer personne quelque considérables qu'ils fussent, même de la part de M. le duc d'Orléans, parce qu'il vouloit être en repos, et qu'encore quelquefois étoit-il permis d'être avec ses amis et de reprendre haleine, et ces prétendus amis en rioient en eux-mêmes, et au partir de là, en alloient rire avec les leurs. Sa femme, qui étoit une demoiselle de Bretagne, héritière très-riche et d'une grande vertu, fut avec lui une des plus malheureuses créatures du monde. Ils n'eurent qu'une fille unique, qui épousa un dernier fils du maréchal de Luxembourg, qui est maintenant le maréchal de Montmorency. Le premier président avoit été l'âme damnée de M. de Luxembourg. M. d'Harlay mourut comme il avoit vécu, et se plut à faire un testament ridicule et à se moquer des jésuites en leur faisant un très-riche présent de livres dont il ôta tous ceux de dévotion, et de celui à qui il les donna, qui n'étoit pas friand de telle lecture et bien connu pour tel.

Samedi 24. — Conseil de régence. — Mort de M. Dongois, greffier en chef du parlement, à quatre-vingt-trois ans; il avoit toujours été fort estimé. Un de ses petits-fils avoit la survivance de sa charge; ils s'appelle M. Gilbert et est frère de M. Gilbert de Voisins qui est maître des requêtes et du conseil de finances. — L'ambassadeur de l'empereur a reçu la nouvelle que la tranchée devant Belgrade devoit être ouverte le 4, et par le même courrier, arrivé de Vienne, le maréchal de Villeroy a appris que le marquis d'Alincourt, son petit-fils, qui y étoit demeuré malade, en étoit reparti en chaise de poste, et il le comptoit arrivé à l'armée présentement. — On discourt beaucoup sur la flotte du roi d'Espagne, mais personne ne sait encore à quoi elle est destinée. On avoit cru d'abord que le roi de Sicile entroit avec le roi d'Espagne dans quelque entreprise sur les États de l'empereur en Italie, mais il ne paroît pas que le roi de Sicile fasse faire aucun mouvement à ses troupes, et son ambassadeur soutient qu'il n'a aucune connoissance du dessein du roi d'Espagne.

Dimanche 25. — Le roi alla à Bercy voir un cabinet de curiosités (1). — Il y eut conseil de régence le matin. Les

---

(1) « Le 25 de juillet, le roi, accompagné de monseigneur le duc du Maine, de M. le maréchal de Villeroy, de M. l'évêque de Fréjus, de M. le prince Charles et de sa cour ordinaire, partit du palais des Tuileries sur les quatre heures et demie du soir pour aller se promener à Bercy, qui est à une petite lieue de Paris. Il alla descendre dans la maison de M. Pajot d'Ons-en-Bray, laquelle, quoique médiocrement grande, est cependant très-bien entendue. Elle est surtout décorée d'un cabinet où le maître de la maison a rassemblé, avec beaucoup de dépense et de curiosité, tous les modèles de machines qui sont comme autant de chefs-d'œuvre de la mécanique. Ces raretés sont placées en différentes armoires dont la disposition intérieure se change d'un moment à l'autre par des ressorts secrets qu'a inventés le fameux père Sébastien, carme de la place Maubert, qui a travaillé depuis plus de vingt ans à perfectionner ce cabinet destiné, après la mort du possesseur, à l'Académie des sciences. S. M. se promena d'abord dans le jardin, où on fit jouer les eaux, qui sont très-belles. Elle vit ensuite la ménagerie, composée d'animaux rares; après quoi elle monta aux appartements. Pendant ce temps-là on fit rafraîchir ses gardes, ses pages et les Suisses de sa garde. M. Pajot montra à S. M. un excellent miroir ardent estimé 25,000 livres, qui dissout toutes sortes de métaux. Le roi

commissaires du conseil de guerre espèrent que par leur économie, les dépenses de la guerre, qui alloient à plus de quarante millions n'iront qu'à trente-six, dont il y aura trois millions pour les fortifications et trois millions pour les étapes. Le grand nombre d'officiers réformés augmentent fort les dépenses; il n'y a pas deux cent cinquante régiments en pied, et il y a encore sept cent dix colonels. — Outre la grande bibliothèque que M. de Harlay a donnée aux jésuites, il en avoit une de livres de dévotion et de livres agréables qu'il a donnée par son testament au comte de Sillery.

Lundi 26. — Conseil de régence le matin. — M. le duc d'Orléans travailla toute l'après-dînée, et à sept heures il alla à Saint-Cloud voir Madame, et puis alla souper à la Meutte, d'où il revint à onze heures. — Le pape remplit le 12 de ce mois les deux chapeaux vacants; il y en a un pour Albéroni et l'autre est retenu *in petto*. — M. de Landivisiau, maître des requêtes et du conseil de commerce, aura une place dans le conseil du dedans du royaume. — M. de Broglio, gendre du feu chancelier Voisin, a obtenu de faire revivre en sa faveur la charge de feu Villarceaux, qui avoit été supprimée, et qui est la meute pour le lièvre.

Mardi 27. — M. le duc d'Orléans donna audience aux ambassadeurs et travailla toute la journée, et sur le soir il alla à l'Opéra, dans la loge de madame de Berry, qui y étoit venue de la Meutte. — L'ambassadeur de l'empereur eut des nouvelles de Vienne et de l'armée; la tranchée n'a point été ouverte le 4 comme on l'avoit cru, parce que les troupes étoient trop fatiguées des travaux qu'ils avoient faits à la circonvallation et à la contrevallation; ils n'ont

---

eut le plaisir de voir fondre un louis d'or et plusieurs morceaux d'acier. Il voulut voir le laboratoire, suivi de toute sa cour; S. M. fit attention à ce qu'il y avoit de plus curieux. Le roi descendit de là dans le jardin, et se promena sur la terrasse; pendant qu'il faisoit collation on tira un feu d'artifice qui avoit été préparé sur l'eau. A huit heures le roi retourna au Louvre, fort content de sa promenade. » (*Le Nouveau mercure*, vol. d'août, p. 110 à 112.)

point nouvelle que l'armée des Turcs s'approche d'eux. Les assiégés avoient fait sortir de la ville cinquante caïques pour attaquer le pont sur le Danube, mais deux vaisseaux de l'empereur, sur lesquels il y a beaucoup de canon, en ont coulé à fond quelques-unes et ont fait rentrer les autres dans la ville. On n'en sait pas encore le détail, car le courrier est parti de l'armée ce jour-là.

Mercredi 28. — C'est M. d'Armenonville qui monte à la place de conseiller d'État ordinaire, et M. le Guerchois*, intendant de Franche-Comté, qui aura la place de semestre. — M. le comte de la Marche, fils unique de M. le prince de Conty, a une assez grosse fièvre depuis quelques jours, et on craint que son mal n'augmente. — Le roi Jacques est parti de Rome, où il a reçu toutes sortes d'honneurs et de bons traitements, et s'en va faire son séjour à Urbin. — Le roi de Sicile, qui étoit venu faire un tour en Savoie, a repassé les monts; le bruit court que ses troupes sont en mouvement et qu'il veut faire quelque entreprise.

* Le Guerchois avoit parole de la première place de conseiller d'État dès la mort de Daguesseau, son beau-père. Ce fut le duc de Saint-Simon qui l'obtint, après avoir disputé avec M. le duc d'Orléans, la liste des maîtres des requêtes à la main, plus d'une grosse demi-heure, et qui arracha que cette parole seroit de plus donnée au procureur général, beau frère de Guerchois, depuis chancelier. Saint-Simon avoit gagné autrefois un procès considérable au parlement de Rouen contre le duc de Brissac, son beau-frère, et ses créanciers, où le Guerchois, procureur général, père de celui-ci, et sa famille l'avoient fort servi, et l'amitié avoit toujours subsisté depuis. On rapporte ce fait, tout léger qu'il est, parce qu'il sert à montrer que le régent, avec toute sa facilité, donnoit souvent moins qu'il ne se laissoit arracher. Le rare est qu'alors Saint-Simon, mécontent du procureur général sur les affaires des ducs et du parlement, le saluoit à peine et ne lui parla même jamais à cette occasion.

Jeudi 29. — On eut nouvelle d'un combat naval entre les flottes turque et vénitienne; on prétend que ce combat a duré trois jours et que les Vénitiens n'ont pas eu l'avantage. On dit qu'ils y ont perdu deux vaisseaux et que leur vice-amiral a été tué. — MM. les commissaires, qui examinent le mémoire de M. de Noailles, travaillèrent chez M. le chancelier comme ils ont fait depuis quelque temps. — M. le duc d'Orléans a donné à Jouy, mestre de camp de son régiment de cavalerie, l'expectative d'un cordon rouge de l'ordre de Saint-Louis. — On parle fort d'un grand soulèvement en Transylvanie et que Beresini est à la tête des soulevés.

Vendredi 30. — Le comité s'assembla encore pour travailler au mémoire de M. de Noailles; on commence à croire que cela finira la semaine qui vient. — La nuit, au Cours, il y eut une affaire entre madame la princesse de Rohan et M. de Pons, qui est attaché à madame la Duchesse. M. le duc d'Orléans qui revenoit de la Meutte, où il avoit soupé, arriva dans ce moment-là; la princesse de Rohan fit arrêter son carrosse, et se plaignit à lui. M. de Pons a fait quelques excuses à madame la princesse de Rohan, et l'affaire, je crois, en demeurera là (1). — Il y a nouvelle que la flotte du roi d'Espagne a relâché à Majorque; on comprend moins que jamais quel est le dessein de cette flotte, ni ce que peut faire le roi d'Espagne en Italie, si le roi de Sicile ne joint point ses forces aux siennes.

Samedi 31. — M. le duc d'Orléans dit le matin à M. de Tallard qu'il lui redonnoit dans le conseil de régence la place que le feu roi lui avoit donnée, et il y entra dès l'après-dinée*. — Ont eut des nouvelles du siége de Belgrade du 10. La tranchée n'étoit pas encore ouverte, et l'armée des Turcs, qu'on dit de plus deux cent mille hom-

---

(1) « Les promenades du Cours pendant la nuit sont plus fréquentes que jamais, à cause des chaleurs excessives dont on est incommodé pendant la journée : on y reste jusqu'au jour. Ces assemblées nocturnes donnent lieu à beaucoup de petites historiettes qui se débitent le lendemain et que chacun charge à sa fantaisie de quelque circonstance maligne. » (*Mercure* d'août, page 113.)

mes, n'étoit plus qu'à cinq ou six journées du camp. — On avoit cru durant deux jours que M. le comte de la Marche étoit un peu mieux, mais son mal a fort augmenté ce soir, et on ne croit pas qu'il passe la nuit.

* Le maréchal de Tallard, nommé par le testament du roi pour être du conseil de régence, mouroit à petit feu de n'être de rien, et périssoit entre la politique et la rage. Il vouloit, disoit-il dans les commencements, porter écrit sur son dos le testament du feu roi, et il se retira à la Planchette, près Paris, d'où ses inquiétudes et l'ennui le ramenèrent au bout d'un an. Il étoit intimement lié avec les Rohan, mais avec servitude, et ne l'étoit pas moins de tout temps, et encore plus de la même façon, avec le maréchal de Villeroy. Les affaires importantes avoient déjà pris le chemin unique du cabinet du régent, qui se laissa aller au maréchal de Villeroy, et qui, sortant de ces mouvements bâtards et de noblesse, crut se rallier un groupe de gens considérables, en levant l'excommunication civile sous laquelle Tallard gémissoit, qui n'allant presque jamais au Palais-Royal, fut ainsi admis comme tout à coup au conseil de régence. Sa joie fut si grande qu'elle en parut indécente, mais ce ne fut pas tout. Deux jours après il entra au conseil pour la première fois; vers le milieu, Saint-Simon, qui étoit de l'autre côté de la table, le vit rougir, pâlir, frétiller sur son siége et fort embarrassé de soi; il dit à M. le duc d'Orléans qu'il croyoit que Tallard se trouvoit mal, et celui-ci ne se fit pas prier de sortir, et rentra quelque temps après. Il lui dit au sortir du conseil qu'il lui avoit sauvé la vie, qu'il avoit indiscrètement pris de la rhubarbe le matin, qu'il venoit de mettre la chaise percée du maréchal de Villeroy comble, et qu'il ne savoit ce qu'il seroit devenu, parce que jamais il n'auroit osé demander permission de sortir. Saint-Simon en rit de bon cœur et ne prit pas le change de la rhubarbe. Tallard étoit trop aise pour avoir oublié le conseil, et trop avisé pour avoir pris ce jour-là de quoi se purger. Il s'étoit présenté une difficulté entre les maréchaux d'Estrées et de Tallard, lorsque ce dernier entra au conseil de régence, où le premier entroit lorsqu'il s'agissoit d'affaires de marine, et avec les présidents des conseils lorsqu'ils s'y trouvoient pour des affaires extraordinaires où on les appeloit tous. Le duc de Saint-Simon avertit Tallard de ne pas céder au maréchal d'Estrées, et comme Tallard fut nommé la surveille d'un conseil de régence, il ne reçut cet avis qu'un moment devant d'y entrer. Il en fit l'honnêteté au maréchal d'Estrées, et tous deux en parlèrent à M. le duc d'Orléans lorsqu'il arriva, tellement que lorsqu'on se mit en place, ils se tinrent debout derrière, l'un auprès de l'autre, et par l'ordre du régent voulurent exposer le fait pour être jugé. Estrées parla le premier; Tallard étourdi du bâteau, s'embarrassa ; Saint-Simon qui sentit qu'il s'en tireroit mal, prit son temps d'une légère pause que le trouble faisoit faire à Tallard, et proposa au régent que s'il avoit agréable de prier les deux maréchaux de passer dans l'antichambre, il remettroit aisément au conseil le point de la difficulté qui étoit entre eux, et que les opinions seroient plus libres en leur absence. Tallard, ravi d'être déchargé de plaider sa cause, témoigna qu'il sortiroit volontiers ; le maréchal d'Estrées n'en fit point de difficulté, et M. le duc d'Orléans leur dit qu'en effet cela seroit mieux de la sorte, et qu'on les rappelleroit incontinent. Ils sortirent donc, et M. de Saint-Simon exposa au conseil ce dont il s'agissoit. Tous deux étoient maréchaux de France et de ce côté-là, Estrées étoit l'ancien de Tallard, mais Tallard étoit duc vérifié au parlement, et le maréchal d'Estrées, grand d'Espagne plus ancien que l'autre n'étoit duc. Point de difficulté qu'à ce titre il ne précédât Tallard aux cérémonies de l'Ordre qu'ils avoient tous deux, et en toutes les cérémonies de la cour, mais il avoit été réglé, dès la première fois que le conseil de régence s'étoit assemblé, comme on l'a vu en son lieu, que le maréchal de Villars y précéderoit le maréchal d'Harcourt, celui-ci beaucoup plus ancien duc vérifié que l'autre, mais Villars plus ancien pair qu'Harcourt, parce que le conseil se devoit régler pour les séances comme elles le sont au parlement, aux états généraux et aux cérémonies de l'État, où la pairie l'emporte sur tout le reste. Par cette règle des rangs, il résultoit, qu'entre deux hommes qui n'étoient pas pairs, mais dont l'office de la couronne étoit effacé pour le rang par une autre dignité, c'étoit cette dignité supérieure à leur office qui devoit régler leur rang. Ces deux dignités étoient l'une de l'État, l'autre étrangère. Cette étrangère rouloit en égalité par ancienneté avec la première de l'État dans les cérémonies de la cour, mais ne pouvoit comme telle être admise dans une séance qui se régloit pour le rang par la pairie, puisqu'il s'y agissoit [sic] de matières d'État où elle ne pouvoit avoir aucune part, au lieu que la dignité de duc vérifié étant une dignité réelle et effective du royaume, avoit comme telle, caractère pour être admise aux affaires du royaume et n'y pouvoit être admise que dans le rang qui lui appartenoit ; d'où il résultoit que la préséance demeurant au maréchal d'Estrées sur le maréchal de Tallard à la cour, ce dernier l'avoit de droit sur l'autre dans les cérémonies de l'État et singulièrement dans les séances du conseil destiné à suppléer en tout à la minorité du roi pour le gouvernement de l'État. Cet exposé que Saint-Simon étendit davantage frappa tout le conseil, qui tout d'une voix opina pour Tallard. M. le duc d'Orléans prononça ; la Vrillière écrivit la décision sur les registres du conseil de régence, et aussitôt après les deux maréchaux furent mandés, et la Vrillière les alla appeler. Ils s'approchèrent derrière ceux du conseil qui s'étant rassis, et les maréchaux demeurés debout derrière eux, l'un auprès de l'autre, M. le duc d'Orléans leur prononça la décision qui venoit d'être faite, avec un petit compliment au bout au maréchal d'Estrées, qui prit fort galamment la chose et Tallard fort modestement. Le régent leur dit ensuite de prendre leurs places, et ils la prirent en même temps où leur rang les plaçoit, suivant ce qui venoit d'être jugé.

Dimanche 1er *août*. — Il y eut conseil de régence le matin. — M. le comte de la Marche mourut la nuit passée; on ne sait point encore si la cour prendra le deuil; M. le duc d'Orléans saura ce que M. le prince de Conty et madame sa mère souhaitent sur cela. — M. de la Force porta hier au conseil de régence le vingtième et dernier rôle des taxes des gens d'affaires qui n'avoient pas encore été réglées depuis la cassation de la chambre de justice, et il ne va pas si loin qu'on avoit cru, quoique beaucoup de gens soient compris dans ce dernier rôle. — Madame la duchesse d'Orléans va à Saint-Cloud, où elle demeurera jusqu'à vendredi; M. le duc de Chartres et mademoiselle de Valois y vont aussi.

Lundi 2. — Conseil de régence. — On prendra le deuil de M. le comte de la Marche; le roi le portera huit ou dix jours et M. le duc d'Orléans le portera trois semaines. — Il y a des lettres de Belgrade du 12 juillet; la tranchée n'étoit pas encore ouverte. On avoit résolu d'attaquer une redoute, et le comte de Mercy devoit commander cette attaque; mais il tomba en apoplexie le 10, et est demeuré sourd et aveugle. L'armée des Turcs est en marche et est en deçà de Nissa. — Fontanieu, qui a l'intendance des meubles de la couronne, a obtenu pour son fils la survivance de sa charge. — Le bruit continue et augmente d'un grand soulèvement en Transylvanie; le comte de Saaros est toujours aux Camaldules, où il paroit fort tranquille; cependant beaucoup de gens croyent qu'il partira.

Mardi 3. — Il y a chez M. Blouin, à Versailles, un médecin qui prétend avoir cent ans passés et qui n'en paroît pas cinquante ; il prétend avoir un remède universel, et dit que c'est la pierre philosophale ; il se dit rose-croix et qu'il attend un de ses camarades qui a quatre cents ans passés. Ces fables-là trouvent peu de créance, mais il y a des gens qui ne laissent pas de les écouter ; cela finira apparemment par reconnoître que c'est un fripon. — Le ministre du roi de Suède qui avoit été arrêté en Angleterre a été remis en liberté, et on lui donne un vaisseau pour le remener en Suède ; on en use de même en Hollande pour un autre ministre de ce roi qu'on y avoit fait arrêter aussi. Cela fait juger que les rois d'Angleterre et de Suède sont raccommodés, et cela fait bien espérer pour la paix du Nord.

Mercredi 4. — Il y a des lettres du camp de devant Belgrade qui parlent d'un sérieux orage, et que les ponts que les Impériaux ont faits sur le Danube et sur la Save ont été rompus, et que plusieurs bateaux ont été emportés ; la tranchée n'étoit pas encore ouverte, et cet accident-là en retardera peut-être l'ouverture. — M. le duc d'Albret a obtenu le gouvernement d'Auvergne, sur la démission qu'en a faite M. le duc de Bouillon, son père, qui avoit 100,000 écus de brevet de retenue sur le gouvernement. M. le duc d'Albret s'accommode avec M. son père sur le payement de ces 100,000 écus, et l'on croit que M. de Bouillon assurera à mademoiselle sa fille une grande partie de cette somme ; elle la mérite bien par sa vertu et par l'attachement qu'elle a toujours eu pour M. son père. On donne à M. d'Albret 100,000 écus de brevet de retenue sur ce gouvernement.

Jeudi 5. — Tous les gens qui composent le comité dînèrent chez M. le chancelier et y travaillèrent huit heures ; mais comme la besogne est difficile, on croit que cela durera encore tout ce mois-ci. — La nouvelle est venue que la flotte espagnole est partie de Barcelone, et l'on raisonne fort diversement sur le dessein qu'elle

a. — M. de Cely, qu'on n'appelle plus présentement que M. de Harlay, a perdu son fils unique, qui avoit seize ans, il y avoit quatre branches de cette maison-là, qui sera éteinte si M. de Cely n'a point d'autres enfants. — Le marquis de Tessé, second fils du maréchal, et qui étoit abbé autrefois, a eu depuis quelques jours la charge de capitaine de l'étendard, qui vaut environ 4,000 francs d'appointements et qui lui donne rang de capitaine de galères.

Vendredi 6. — M. le maréchal de Tessé a quitté sa place dans le conseil de marine, disant à M. le duc d'Orléans qu'il n'y étoit point propre ; il conservera la pension des conseillers de ce conseil*. — Madame la duchesse d'Orléans, qui est à Saint-Cloud, en devoit revenir aujourd'hui, mais Madame l'a priée d'y demeurer encore quelques jours, et elle ne reviendra que lundi. Pendant le séjour qu'elle y a fait, Madame a souhaité qu'elle allât voir madame de Berry à la Meutte, et elle y a accompagnée Madame **. — M. d'Ancenis vend le régiment de cavalerie de Bretagne au marquis de Janson, qui lui donne 100,000 francs argent comptant.

* Le maréchal de Tessé étoit de longue main plus que hors de portée de M. le duc d'Orléans. Il avoit tiré bon parti de sa charge de général des galères qui avoit été le prétexte de le mettre du conseil de marine, où son métier étoit de n'entendre rien. Il se croyoit retiré aux Camaldules, où il voyoit force compagnies d'hommes et de femmes à qui il donnoit souvent à manger et à coucher, et venoit toutes les semaines coucher une nuit ou deux, et quelquefois plus, à Paris, où il se croyoit aussi retiré qu'aux Camaldules dans un appartement aux Incurables, où il ne se tenoit guère que pour coucher et y donner à manger. Il crut donc donner un vernis de plus à sa retraite et à ses anciennes liaisons, de quitter ce conseil de marine, sans préjudice de sa bourse.

** Les brouilleries étoient fréquentes entre une mère et une fille aussi glorieuses l'une que l'autre ; une fille indignée d'avoir une mère bâtarde, et qui, sur des sujets sensibles, s'étoit quelquefois hasardée de faire la mère ; une fille enfin, qui pouvoit beaucoup trop sur un père, maître de l'État.

Samedi 7. — M. le duc d'Orléans alla le matin au conseil du dedans du royaume ; on devoit agiter l'affaire de

M. de la Forest qu'on prétend qui peut avoir de grandes conséquences pour les religionnaires sortis du royaume. Après ce conseil, il alla à la Meutte et à Saint-Cloud et puis il soupa à la campagne, où il ne mena personne avec lui. — Il n'y eut point de conseil de régence l'après-dînée. — M. de Bernage, intendant de Picardie et d'Artois, a l'expectative de la première place qui vaquera dans le conseil. — On a accordé deux grâces à MM. du grand conseil dont ils avoient joui autrefois : la première est qu'ils feront souche de noblesse; la seconde, qu'ils ne payeront point de lods et ventes des terres et des maisons qui relèvent du roi. Il y a déjà quelques jours que cette grâce leur est accordée.

Dimanche 8. — Conseil de régence le matin. — Le roi a eu un petit dévoiement ces jours passés qui ne lui a fait que du bien. — Le parlement n'a pas voulu enregistrer la création de deux charges qu'on vouloit établir dans les bâtiments du roi, parce que cela augmentoit les dépenses de l'État par les appointements qu'on y attribuoit; on prétend que ces charges auroient été vendues chacune 200,000 francs. — Par les dernières nouvelles qu'on a de Belgrade, la tranchée n'étoit pas encore ouverte le 18; mais on a raccommodé les ponts dont l'ouragan avoit emporté plusieurs bateaux. Les Turcs ont une place à quatre ou cinq lieues aux-dessus de Belgrade sur la Save, qu'on appelle Sabach, et que le prince Eugène auroit bien voulu faire attaquer, mais on a fait reconnoître la place qui est assez bonne, et les Turcs y ont une très-forte garnison; ainsi on ne l'attaquera point présentement.

Lundi 9. — Conseil de régence. — Madame la duchesse d'Orléans et M. le duc de Chartres revinrent de Saint-Cloud. — On mande de Strasbourg que le roi Stanislas, qui est aux Deux-Ponts, avoit pensé y être enlevé par trente ou quarante hommes qui avoient fait cette entreprise; elle a été découverte par grand bonheur pour lui, et on a arrêté trois des complices de cette entreprise. On ne dit point par quel ordre ce dessein s'étoit formé, mais on s'imagine que le roi Auguste en avoit quelque connoissance. A propos du roi Auguste, on assure que toutes les troupes moscovites sont sorties de Pologne, que ce prince doit bientôt repartir de Saxe pour revenir à Varsovie, et qu'aussitôt après qu'il y sera revenu on convoquera une diète générale. Le prince son fils aîné, que nous avons vu ici, est encore en Italie.

Mardi 10. — Le comité s'assembla encore chez M. le chancelier pour la dernière fois, à ce qu'on dit. — Le roi, qui prit le deuil jeudi pour la mort de M. le comte de la Marche, le quittera au bout de huit jours. On avoit dit qu'il prendroit ensuite le deuil pour la mère du roi de Pologne, qui étoit une princesse de Danemark; mais il ne le prendra point, car elle n'étoit point tête couronnée, et la parenté étoit fort éloignée. — L'ambassadeur de Portugal donna une fête pour la naissance d'un fils du roi de Portugal ; elle fut fort magnifique, comme toutes les fêtes qu'il a accoutumé de donner. Madame la duchesse de Berry, M. le duc d'Orléans et presque tous les princes et princesses y étoient en masque au bal.

Mercredi 11. — Le comité s'assembla chez M. le duc d'Orléans ; il paroît que ceux qui composent ce comité ne sont pas du même avis: voilà tout ce qui en transpire jusqu'à l'heure qu'il est; ils se rassembleront encore demain au Palais-Royal le matin et l'après-dînée. — Il y a des nouvelles de Belgrade que la tranchée n'étoit pas encore ouverte le 20 et que l'armée des Turcs s'approchoit. — Il avoit couru un bruit que la flotte d'Espagne avoit paru sur les côtes d'Italie, mais cela ne se confirme pas, et, au contraire, on dit présentement que la tempête l'a fait relâcher sur les côtes de l'île de Majorque. On devine moins que jamais quel peut être le dessein de cette flotte ; tous les raisonnements là-dessus sont bien différents, et je crois que son premier dessein est d'aller reconquérir la Sardaigne qui est une assez mauvaise conquête, car la Sardaigne ne ne vaut pas l'entretien des garnisons qu'il y faut laisser.

Jeudi 12. — Le comité s'assembla chez M. le duc d'Orléans le matin et l'après-dînée; — M. le duc de Chartres, qui est entré dans sa quatorzième année, du 4 de ce mois, alla prendre sa place au parlement et parla avec beaucoup de grâce, dont toute l'assemblée fut édifiée; c'est un prince qui donne de grandes espérances. Madame vint de Saint-Cloud, dîna avec M. le duc d'Orléans et entendit de sa loge, l'après-dînée, la comédie d'*Héraclius* (1). — Il y a des lettres de devant Belgrade du 25, qui disent qu'apparamment il y aura un grand combat, parce que les Turcs sont fort proches des retranchements des assiégeants.

Vendredi 13. — Madame la princesse de Conty accoucha le matin d'un prince; on envoya en diligence un courrier à M. le prince de Conty qui étoit à l'Ile-Adam. — Il y aura, la semaine qui vient, des conseils de régence extraordinaires pour terminer les affaires qui sont agitées dans le comité. — M. le duc d'Orléans ira dimanche à la procession et aura la droite du parlement, comme représentant le roi et ayant une commission pour cela. — Le prince dont madame la princesse de Conty vient d'accoucher ne s'appellera point comte de la Marche; il aura le nom de prince de la Roche-sur-Yon. M. le prince de Conty, père de celui-ci, avoit porté ce nom-là durant la vie de M. son frère.

Samedi 14. — Conseil de régence l'après-dînée. — Madame la duchesse de Berry vint coucher aux Carmélites, où elle passera la fête. — On eut des lettres de Vienne du 4, et de l'armée devant Belgrade du 26 du mois passé. La tranchée n'étoit pas encore ouverte; on travailloit à des batteries au delà du Danube et de la Save; on a fait un second pont sur cette dernière rivière pour la commodité des fourrageurs. L'armée turque avoit passé la Morave, et on croyoit qu'ils vouloient venir attaquer les lignes, auquel cas on auroit dans peu de jours une des

---

(1) C'est la tragédie de Pierre Corneille.

grandes nouvelles qu'on puisse avoir. — Le duc de Luynes achète, avec l'agrément de M. le duc d'Orléans, le régiment de cavalerie de Flèche, qui est un des plus anciens régiments de gentilshommes.

Dimanche 15. — Il n'y eut point de conseil de régence. M. le duc d'Orléans alla l'après-dînée à la procession. — Le roi alla se promener aux Champs-Élysées. — Madame la Grande Duchesse est revenue des eaux en bien meilleure santé qu'elle n'a été depuis longtemps ; elle est allée à Saint-Cloud passer quelques jours avec Madame. — L'ambassadeur d'Espagne a reçu des lettres du roi son maître, qui lui mande le départ de sa flotte et que par le premier ordinaire il lui mandera à quoi cette flotte est destinée ; ainsi l'ambassadeur en aura des nouvelles samedi, qui est le jour que l'ordinaire arrive. — M. le duc d'Orléans a été, sur la procuration du roi, à la procession pour remplir sa place, et il a reçu les mêmes honneurs qu'auroit reçus Sa Majesté*.

* Il fut bien singulier qu'un régent, petit-fils de France, eût besoin de faire le roi, par une commission expresse, pour avoir la droite sur le parlement, et seulement la droite, et le roi au point d'avoir le duc de Villeroy avec le bâton de capitaine des gardes du corps en quartier et le premier gentilhomme de la chambre en année, derrière lui, en même fonction que derrière le roi, les gardes du corps, Cent-Suisses et tout le reste. Quoi de plus avec les états généraux du royaume assemblés, avec qui encore cela auroit dû paroître bien fort.

Lundi 16. — Il y eut conseil de régence le matin, et M. de la Forest y fut jugé et perdit son procès presque tout d'une voix, malgré les sollicitations que le roi d'Angleterre avoit fait faire par milord Stairs, son ambassadeur ; cette affaire-là avoit été jugée différemment au conseil du dedans du royaume. — Il y a de grandes disputes entre la grand'chambre et les chambres des enquêtes ; les enquêtes se sont assemblées dans ce qu'on appelle le cabinet et ils disputent beaucoup de choses à M. le premier président. — Le jugement de l'affaire de M. de la Forest affligera fort les réfugiés qui auroient voulu revenir en France pour rentrer dans leurs biens, car il étoit dans un cas bien plus favorable que les autres.

Mardi 17. — Le comité s'assemblera encore demain au Palais-Royal, et ils auront plusieurs conférences cette semaine avec S. A. R., qui tiendra des conseils de régence extraordinaires où ils feront leurs propositions, et on espère que la semaine qui vient on saura ce qui a été résolu ; mais jusqu'ici rien ne transpire sur quoi on puisse compter sûrement. — Madame la duchesse de Berry, qui avoit couché à Paris depuis samedi, retourna le soir à la Meutte, où elle compte de demeurer encore assez longtemps. — Le baron Sparre, ambassadeur de Suède, et qui avoit pris congé du roi il y a déjà longtemps, étoit revenu ici de Bourbon, où, depuis avoir pris son congé, il étoit allé prendre les eaux et attendoit des passe-ports pour pouvoir retourner en Suède ; ces passe-ports sont enfin arrivés, et il est parti fort regretté ici, où il est fort aimé et fort estimé.

Mercredi 18. — Le conseil qu'on appelle le comité s'assembla chez M. le duc d'Orléans le matin, et la séance fut fort longue ; il paroît que ces messieurs sont d'accord entre eux présentement, et on commence à dire que le public seroit plus content des résolutions qu'on y a prises que l'on n'avoit cru d'abord. Il est sûr qu'on ôte le dixième de dessus les terres et qu'on ne touche point à la maison de ville : voilà tout ce que nous en savons jusqu'ici. — L'affaire des enquêtes avec la grand'chambre et le premier président est réglée ; on prendra un commissaire dans chaque chambre des enquêtes et des requêtes ; il y en a sept : cinq des enquêtes et deux des requêtes, et on prendra sept commissaires dans la grand'chambre ; ces quatorze commissaires seront choisis par le premier président.

Jeudi 19. — Il y eut conseil de régence le matin et l'après dînée, où l'on appela tous les présidents et tous les vice-présidents des conseils ; on y porta les résolutions prises dans le comité qui furent fort approuvées. Il y eut pourtant quelques petites contestations que M. le duc d'Orléans termina sur l'heure, et on va travailler à l'édit qui paroîtra la semaine qui vient. — M. le comte du Luc est considérablement malade et on craint pour sa vie. — On ôte sûrement le dixième sur les terres et sur les maisons, et on cherche les moyens d'égaler les revenus du roi à sa dépense ; mais pour cela il faut faire de grands retranchements. On commence par ce qui regarde le roi personnellement pour donner l'exemple. Le roi avoit 10,000 francs par mois pour ses menus plaisirs, il n'en aura plus que 5,000 ; on donnoit 12,000 écus pour sa garde-robe; cela est réduit à 24,000 francs.

Vendredi 20. — Le comité s'assembla encore chez M. le duc d'Orléans. — Il y avoit un fonds de 400,000 écus par an pour les bâtiments ; on le réduit à 200,000 écus, quoique la dépense eût encore beaucoup excédé les 400,000 écus depuis la mort du roi ; il est à craindre que les maisons du roi ne soient pas si bien entretenues qu'elles ont été jusqu'ici*. — Le prince de Cellamare** porta au prince de Chalais une lettre du cardinal Albéroni qui lui mande que le roi et la reine d'Espagne souhaitent qu'il y retourne, et pour cela qu'il aille droit à Barcelone, où il recevra les ordres de ce qu'il a à faire ; il paroît qu'on veut se servir de lui dans l'expédition projetée.

* Dangeau crève dans sa peau avec toute sa politique. Il gémit des retranchements sur les bâtiments ; il gémiroit si on ne donnoit aucun soulagement. On le remarque une fois entre mille échappées, très-distinctes dans ces Mémoires, pour montrer que ce n'est pas à tort qu'on a souvent fait sentir ses partialités.

** Il paroît que Cellamare prenoit son tour de loin, et par ce qui éclata depuis qu'il y travailloit dès lors à bon escient et vouloit détourner les yeux de dessus lui.

Samedi 21. — Conseil de régence l'après-dînée. — M. le prince de Conty, qui a pris le parti de quelques dames qui ont eu querelle avec madame de Meuse, a résolu de l'ôter d'auprès de madame la princesse de Conty, dont elle étoit dame d'honneur, et il y a eu une conversation entre ce prince et cette dame devant madame la princesse de Conty même; cette conversation a été fort vive et fort offensante de part et d'autre. Madame de Meuse sort de la maison, et M. de Meuse, qui étoit premier gentilhomme de la chambre de M. le prince de Conty, quitte aussi son emploi, quoique ce prince l'aimât fort. — L'archevêque de Besançon est mort; il étoit de la maison de Gramont, de Franche-Comté. Cet archevêché est très-considérable quoique le revenu en soit médiocre; il avoit un bénéfice simple qui est de très-bon revenu.

Dimanche 22. — Conseil de régence le matin. On apprend tous les jours quelques diminutions qu'on a réglées dans le comité et approuvées par la régence. Outre les retranchements sur les pensions réglées, il y a six mois, on y fait encore une nouvelle diminution. — Les dernières nouvelles de Belgrade sont du 4. Les Turcs cannonent le camp des Impériaux et se retranchent. Le prince Eugène a été malade, mais il se porte mieux. Le comte de Charolois a eu la dyssenterie, mais il en est guéri. — Le maréchal de Bezons marie sa seconde fille à M. de Saint-Jal; la noce se doit faire dans deux jours. Son aînée a épousé M. de Maubourg, qui étoit veuf de mademoiselle de la Vieuville.

Lundi 23. — Conseil de régence. — Le parlement ne s'assembla point, ce qui fait qu'on n'y porta point l'édit; il se rassemblera jeudi après les deux fêtes, et l'édit y sera porté; on compte d'ôter le franc-salé. — M. le comte de Saaros est parti des Camaldules disant qu'il s'en alloit au pays du Maine avec le maréchal de Tessé. Bien des gens croyent qu'il va faire un beaucoup plus grand voyage, et qu'avant que de l'entreprendre il avoit consulté beaucoup de casuistes et de gens de bien sur le parti qu'il avoit à prendre dans cette occasion, et que sur leurs avis il s'étoit déterminé à prendre ce parti-là, où il y a bien de la fatigue à essuyer, bien des inconvénients et bien des dangers. Il ne nous a point consultés sur cela, quoique nous fussions fort de ses amis, et il nous a fait grand plaisir, car peut-être aurions-nous été d'un avis différent*.

* Ce pauvre Ragotzi s'alla faire prisonnier la veille de Pâques; on ne vit jamais mieux qu'en lui la petitesse des personnages qui ont fait grand bruit dans le monde, lorsqu'ils sont rapprochés. C'étoit un homme sans talents et sans esprit, que des plus communs; d'ailleurs grand homme de bien et d'honneur, et d'une pénitence également austère et sincère, qui, différente de celle des Camaldules, n'étoit guère moins dure, qui y gardoit une solitude véritable et suivie, qui n'en sortoit que par des bienséances nécessaires, et qui, sans rien de contraint ni de déplacé et sans embarrasser personne, vivoit, lorsqu'il étoit avec le monde, comme un homme qui en est et qui toutefois se souvient bien qu'il n'y est que par emprunt sans en faire souvenir les autres. De grandes aumônes et toutes sortes de bonnes œuvres étoient jointes à sa pénitence. Une grande règle dans son domestique et dans sa maison, et toutefois avec toutes les décences d'un fort grand seigneur. Il est inconcevable comment un homme qui, après tant de tempêtes, goûte un tel port, se rejette de nouveau à la merci des vagues et trouve des gens de bien qui, consultés par lui de bonne foi, lui conseillent de s'y rembarquer, et mille fois plus comment il s'est pu conserver dans son même genre de vie jusqu'à la mort et chez les Turcs, et parmi un faste et des dissipations qu'il ne put éviter. Il sut avant de s'embarquer la défaite des Turcs et ne laissa pas de poursuivre sa pointe. Arrivé à Andrinople et à Constantinople, il fut reçu et traité avec une grande distinction, mais sans avoir pu y être d'aucun usage à cause du changement des conjonctures. Il y demeura peu et s'en alla habiter un beau château sur la mer Noire, magnifiquement meublé par le Grand Seigneur, à quinze ou vingt lieues de Constantinople, où la chasse et la prière partagèrent presque tout son temps au milieu d'une nombreuse suite. Les convenances de la Porte avec l'empereur le tirèrent, après quelques années, d'un voisinage qui inquiétoit la cour de Vienne, et il fut envoyé dans une des plus agréables îles de l'Archipel, où il vécut comme il faisoit sur les bords de la mer Noire, avec la même splendeur et avec la même piété, et y est mort au bout de quelques années, écrivant rarement à M. le comte de Toulouse, au maréchal de Tessé, au maréchal de Villeroy, à madame de Dangeau ou ses autres amis d'ici, en homme qui auroit mieux aimé y être resté, mais toutefois content de son sort, et tout abandonné à la Providence.

Mardi 24. — M. le duc d'Orléans travailla depuis six heures du matin jusqu'à neuf heures du soir; il avoua même en sortant qu'il étoit excédé de travail. — On attend tous les jours des nouvelles de Belgrade et on ne doute pas qu'il ne s'y soit passé quelque action considérable. — Mademoiselle de Beuvron, sœur du maréchal d'Harcourt, épouse le marquis de Chalmazel ; la noce se fera à la Meilleraye, où madame de Beuvron les mènera. Le maréchal d'Harcourt est toujours à Bourbon. Les eaux l'ont un peu soulagé ; mais elles ne lui ont point rendu la parole ; ainsi l'état où il est, quoique meilleur qu'il n'étoit, fait toujours grand'pitié.

Mercredi 25. — La ville alla chez le roi, et S. M. alla l'après-dînée entendre le salut à la Conception et puis se promena au Cours. Le soir il y eut dans le jardin grande musique et un feu d'artifice. Nous soupâmes chez le maréchal de Villeroy, où le roi vint ; il baisa madame de Dangeau, madame de Caylus et madame de Courcillon, et dit qu'il les avoit très-bien reconnues toutes trois, quoiqu'il ne les ait pas vues depuis la mort du roi. — On ne sait rien de la flotte d'Espagne ; les avis varient toujours sur les desseins qu'elle peut avoir ; mais la plus commune opinion présentement, c'est que l'on n'en veut qu'à la Sardaigne, et il ne paroît pas qu'aucun prince d'Italie soit de concert avec les Espagnols sur cet armement-là.

Jeudi 26. — On a porté au parlement l'édit ; on assemblera les chambres samedi pour délibérer là-dessus, et on craint qu'il n'y ait quelques délibérations dont on ne sera pas content. — M. de Courtenvaux a été débouté au parlement de sa demande en opposition au mariage de M. d'Albret avec mademoiselle de Culant-Barbezieux et on croit que cela avancera ce mariage. — On a nouvelle que le comte d'Estrades a eu la jambe emportée d'un coup de canon ; cette nouvelle est venue à milord Stairs par Bâle. — Madame de Cailly (1) est morte ; c'étoit une des beautés de Paris.

---

(1) Marie-Élisabeth le Fèvre de Caumartin, femme de Pierre Delpech, seigneur de Cailly, avocat général de la cour des aides.

Vendredi 27. — Il arriva un courrier de l'électeur de Bavière à M. le Duc et à Madame la Duchesse, qui sont à Chantilly; ce courrier alla les y trouver, et madame la Duchesse en renvoya un aussitôt à madame la Princesse, qui lui porta la nouvelle qu'elle avoit reçue de l'électeur. Il mande par sa lettre que M. le comte de Charolois est en parfaite santé, et que le 16 le prince Eugène avoit attaqué les Turcs à la faveur d'un brouillard fort épais et les avoit défaits entièrement. La lettre de l'électeur est fort courte, ainsi il n'y a point de circonstances. L'ambassadeur de l'empereur n'a point encore eu de courrier sur cette affaire, mais comme on n'en sauroit douter, on compte d'apprendre aux premiers jours la prise de Belgrade, d'autant plus, qu'une de nos bombes a fait sauter le grand magasin de poudre qui étoit dans la place.

Samedi 28. — Il arriva un page de M. le prince de Dombes à sept heures du matin qui a apporté plusieurs lettres du camp devant Belgrade et qui rend très-bon compte de la bataille du 16, où les Turcs se sont mieux défendus que l'on n'avoit dit hier; mais ils ont été bien battus, et toute leur armée est en fuite. Il y a eu assez de gens considérables de l'armée de l'empereur de tués ou blessés : l'action a duré quatre heures. Nous n'avons eu de François blessés que le marquis de Villette, qui a eu un coup de fusil dans l'omoplate. Le prince Eugène a fait sommer le commandant de Belgrade, lui offrant toute bonne capitulation s'il vouloit rendre sa place, et lui faisant dire en même temps qu'il n'en espérât aucune dans la suite s'il ne se rendoit pas présentement. Le page est parti avant que la réponse du commandant fût venue. — Le parlement a pris des résolutions sur l'édit qui ont paru un peu trop fortes; ils veulent qu'on leur fasse voir un détail des revenus et de la dépense du roi avant que de décider s'ils enregisteront l'édit. Il y a eu plus de cent-cinquante voix pour cet avis-là, et il n'y en avoit que cinquante d'un avis plus favorable. L'après-dînée il y eut conseil de régence, et M. le duc d'Orléans n'y parla point de ce qui s'est passé au parlement.

Dimanche 29. — Conseil de régence le matin. — Madame l'abbesse de Montmartre (1) est morte, et sa place a été donnée à madame de Montpipeau, qui est prieure de Fontevrault et de la maison de Rochechouart. — Madame de Mouchy est déclarée dame d'atours de madame la duchesse de Berry, et madame de Pons qui l'est déjà y demeurera ; ainsi madame de Berry en aura deux*. — M. le premier président alla chez le M. le duc d'Orléans ; on espère que les affaires du parlement s'adouciront. — La marquise de Feuquières, de la maison d'Hocquincourt, sera dame d'honneur de madame la princesse de Conty la jeune.

* Les riotes (2), les petites intrigues, les déplorables galanteries, pour en parler modestement, de cette petite cour de madame la duchesse de Berry, n'ont que trop fait de bruit dans le monde tant que Dieu l'y a laissée, mais elles rempliroient trop ces notes, et trop fadement depuis que tout cela a passé avec elle.

Lundi 30. — Conseil de régence le matin. M. le duc d'Orléans n'a point parlé à ce conseil des affaires du parlement ; il n'en parla point hier ni avant-hier non plus. Il y eut sur les quatre heures une députation du parlement à M. le duc d'Orléans, et ce prince dit aux députés qu'il ne souffriroit point que l'autorité royale souffrît d'atteinte pendant qu'il en seroit dépositaire. — M. de Rioms est premier écuyer de madame la duchesse de Berry ; M. le chevalier de Hautefort, qui l'est déjà, conserve sa place ; ainsi il y en aura deux comme il y a deux dames d'atours (3).

Mercredi 1er *septembre.* — L'anniversaire du feu roi se fit à Saint-Denis, où il n'y avoit de princes que M. le duc du Maine et M. le comte d'Eu, et un assez petit nombre

---

(1) Bernardine-Thérèse Gigault de Bellefonds.
(2) *Riotte*, petite querelle ou difficulté qui arrive souvent dans le ménage ou les sociétés. (*Dict. de Trévoux.*)
(3) La journée du 31 août manque dans le manuscrit original de Dangeau.

de courtisans*. Les évêques qui y étoient voulurent avoir des carreaux, le cardinal de Polignac étoit avec eux ; on ne voulut point leur en donner ; ils sortirent de l'église et vinrent porter leurs plaintes à M. le duc d'Orléans. — Madame de Clermont et madame de Beauvau, dames de madame de Berry, la quittent sur le mécontentement qu'elles ont eu de voir madame de Mouchy dame d'atours, et avant que de le déclarer à cette princesse elles en ont parlé à M. le duc d'Orléans et à madame la duchesse d'Orléans.

* La reconnoissance n'est pas la vertu du monde, ni de la cour en particulier. Ce n'étoit que la deuxième année de la mort du roi. Tout étoit plein de gens qui lui devoient tout leur être, et d'eux, et de leurs maisons, et qui, personnellement encore, les lui devoient, et déjà la solitude à son anniversaire. Les prétentions naissoient tous les jours et se poussoient à toutes sortes d'indécences : y en a-t-il une pareille à celles de ces évêques de quitter l'église, les autels, la prière, pour venir porter une orgueilleuse plainte de n'avoir pas ce qu'ils n'ont jamais eu, et qu'ils ne doivent jamais prétendre, puisqu'ils n'ont point de carreau devant le roi, et que la règle certaine est que personne n'a devant les morts que ce qu'on a devant les vivants de même genre ? Mais en celui-là même, ils étoient parvenus à usurper, comme en bien d'autres, et cela les invitoit à essayer de continuer.

Jeudi 2. — Les quatorze commissaires du parlement s'assemblèrent l'après-dînée sur l'édit dont on leur demande l'enregistrement ; il paroît que les esprits s'adoucissent, mais il n'y a encore rien de fini. — Le fils de M. d'Estrades arriva de Belgrade ; le comte d'Estrades, son père, mourut au camp le 17 et il en est parti le 19. M. le prince Eugène étoit déjà entré dans Belgrade. M. le duc d'Orléans vient de donner au petit comte d'Estrades la charge de maire de Bordeaux qu'avoit son père, et dès que M. le duc du Maine avoit su sa blessure, il l'avoit demandée à M. le duc d'Orléans pour lui. Cette charge vaut 10 à 12,000 francs, et le maréchal d'Estrades, son bisaïeul, l'avoit, et elle a toujours été depuis dans la famille. Le fils de madame de Villette, qui fut blessé à la bataille, est mort aussi; il avoit eu la lieutenance générale du bas Poitou. Le marquis d'Effiat l'a présentement et la vendra apparemment pour rendre l'argent à madame de Villette.

Vendredi 3. — On a nouvelle que les Turcs, depuis la prise de Belgrade ont abandonné Sabach sur la Save, et que, d'un autre côté, ils avoient passé la Morave et abandonné Semendria. — M. de Rioms étant présentement un des premiers écuyers de madame de Berry a quitté la charge de lieutenant de ses gardes. M. de Courtomer, qui en étoit enseigne, monte à la lieutenance; le petit Sabran, le plus ancien des deux exempts, monte à l'enseigne, et sa place d'exempt est donnée à un des enfants cadets de madame de Brassac. — M. de Clermont Saint-Aignan, colonel du régiment d'Auvergne, a la charge de premier gentilhomme de la chambre de M. le prince de Conty qu'avoit le marquis de Meuse.

Samedi 4. — Les gens du roi allèrent un peu après midi chez M. le duc d'Orléans et le parlement s'assembla ensuite. On y a enregistré la plupart des articles de l'édit parmi les quels sont le dixième qu'on ôte et le franc-salé; mais il n'y a rien eu de fait sur les billets d'État et sur les autres articles. — On envoie de la cavalerie dans le dedans du royaume, et on a nommé des brigadiers pour l'aller commander. Marsillac, qui n'a point été un des nommés, aura une gratification de 1,000 écus. — Madame de Laval, sœur de MM. de Hautefort, aura une des places vacantes de dame de madame de Berry.

Dimanche 5. — M. le duc d'Orléans ne tint le conseil de régence que l'après-dînée; il travailla le matin avec les quatorze commissaires du parlement, le chancelier, le premier président et les gens du roi. Le duc de Noailles y étoit qui leur expliquoit les raisons de l'édit, et on y fit entrer M. Law pour détailler les avantages qui reviendroient de la compagnie du Mississipi*. — Madame la duchesse de Berry, qui vint coucher hier au Luxembourg, a fait prêter serment à M. de Rioms pour la charge de premier écuyer, et à madame de Mouchy pour la charge de dame d'atours.

* Le parlement, qui se prétend tuteur des rois mineurs et des majeurs aussi, quand il l'a pu, voulut montrer ici que ce n'est pas en vain, et eut affaire à un régent et à un ministre qui en eurent la complaisance; elle ne remédia à rien et enorgueillit le parlement jusqu'à l'ivresse. L'autorité du régent en déchut, et il ne tarda pas à s'apercevoir de l'un et de l'autre. Pour le duc de Noailles, qui mouroit toujours de peur de la robe, à qui il étoit accoutumé de faire une cour servile, il ne s'en fit que mépriser, et il ne fut pas longtemps à l'éprouver. Pour Law, qui pensoit mieux à cet égard, il ne put qu'obéir. Le régent, en tenant bon et se moquant d'une prétention si dangereuse, eût forcé le parlement à enregistrer son édit, avec le public à son cul pour la suppression du dixième et pour d'autres points de cet édit si intéressant, et n'eût pas ouvert la voie à ceux qui, par divers intérêts, se réunissoient entre eux à vouloir brouiller, d'espérer de réduire son autorité, et de le mettre au point de dépendre de leurs volontés qui n'étoient pas, à beaucoup près, de lui laisser le gouvernement des affaires.

Lundi 6. — Conseil de régence. — Le parlement s'assembla le matin et l'après-dînée, et comme on n'est pas encore d'accord de tout, il a été prorogé jusqu'au 14. — Madame de Laval est sûrement une des dames de madame de Berry et en a déjà fait les fonctions; l'autre dame n'est pas encore nommée, et on parle de beaucoup de dames de qualité pour la remplir et qui la demandent. Madame la duchesse de Berry, qui avoit été deux jours à Paris, retourna à la Meutte. — On ne sait encore rien de sûr de la flotte d'Espagne. — Madame la duchesse d'Orléans a fait acheter, sous le nom de madame la duchesse Sforce, une maison à Bagnolet qui avoit été autrefois à madame la princesse de Carignan, et où M. le Juge, fermier général, avoit fait beaucoup de dépenses depuis.

Mardi 7. — M. le duc d'Orléans donna des audiences tout le jour. MM. du parlement lui ont demandé un jour et une heure pour venir faire leurs représentations au roi, et on leur a donné l'ordre pour jeudi entre dix et onze heures, et on ne doute plus que l'affaire ne s'accommode.

— Mesdames les princesses du sang se plaignent de ce que les filles de madame la duchesse d'Orléans ont signé le contrat de mademoiselle de Beuvron avant elles, et elles doivent venir jeudi après dîner au Palais-Royal, où cette affaire-là se règlera*. — M. d'Iberville, notre envoyé en Angleterre, a demandé à revenir et il a obtenu son congé.

* Autre entreprise insoutenable depuis le règlement du feu roi là-dessus, qui a suivi l'esprit et l'ordre ancien. Mais madame la duchesse d'Orléans n'en avoit jamais pu démordre *in petto*, et le tout pour tâcher de faire ses enfants comme petits-fils et petites-filles de France, et elle par contre-coup comme fille de France, car ce fut toujours là son but secret, mais jamais celui de M. le duc d'Orléans, qui, à la vérité, n'avoit pas l'honneur d'être né d'un roi comme elle.

Mercredi 8. — M. le duc d'Orléans alla voir Mademoiselle, sa fille, à Chelles; elle continue dans la résolution de s'y faire religieuse. — Comme l'on compte que l'affaire du parlement sera finie, le conseil de régence se séparera pour trois semaines ou un mois. — La maréchale de Duras est à l'extrémité; elle a 10,000 francs de douaire qui reviendront au duc de Duras, son fils, qui en a grand besoin. — On a pris la maison de Bourvalais dans la place de Vendôme pour en faire la maison des chanceliers. Le chancelier d'aujourd'hui, qui craint le bruit des carrosses et qui a beaucoup à travailler, fait faire un appartement pour lui sur le derrière de la maison, et il le fait faire à ses dépens*.

* Jamais les chanceliers n'avoient été logés à Paris que chez eux; ce fut une gentillesse de l'amitié du duc de Noailles pour Daguesseau, qui, par les suites, coûta fort cher au roi, et ne fit pourtant qu'une maison bourgeoise, pour avoir mal choisi.

Jeudi 9. — Les députés du parlement allèrent à dix heures et demie chez le roi, où étoit M. le duc d'Orléans, et après qu'ils eurent fait leurs représentations au roi, le roi leur dit qu'il leur feroit faire réponse par M. le chancelier. M. le duc d'Orléans les présenta et les nomma tous l'un après l'autre au roi. — M. le prince Eugène, voyant qu'il n'y avoit plus ni siége à faire, ni combat à donner cette campagne, a prié tous les volontaires qui étoient dans son armée de se retirer, d'autant plus que l'air y est fort mauvais. M. le comte de Charolois, qui avoit un peu de dyssenterie, ne vouloit point quitter, mais M. le prince Eugène a voulu qu'il allât au moins à Bude pour être dans un meilleur air, et il s'est fait promettre par le prince Eugène que s'il y avoit la moindre chose à faire, il lui seroit permis de rejoindre l'armée.

Vendredi 10. — L'édit fut enregistré, et on enregistra aussi une déclaration qui en explique quelques endroits. Le parlement est content et on est content du parlement. — M. le duc d'Orléans alla à Saint-Cloud voir Madame et n'y mena dans son carrosse que l'abbé Dubois seul avec lui; il le fait partir incessamment pour l'Angleterre. — Mademoiselle Molé gagna son procès contre son père, et elle épousera la semaine qui vient M. de Lenoncourt. — Le parlement, qui étoit prorogé jusqu'au 14, parce qu'on vouloit qu'il enregistrât l'édit avant que de se séparer, a permission dès aujourd'hui d'entrer en vacance. — Madame de Brassac la jeune est déclarée dame de madame de Berry, qui lui a donné au Luxembourg l'appartement qu'avoit madame de Clermont.

Samedi 11. — Il n'y eut point de conseil de régence; il y en aura un demain pour les affaires étrangères, et après cela les conseillers de ce conseil ont congé pour un mois. — L'abbé d'Auvergne comme abbé de Cluny a donné un prieuré qui en dépend à l'abbé de Tavannes, mais on prétend que c'est au roi à disposer de ce bénéfice ; il vaquoit, par la mort de l'archevêque de Besançon. Le feu roi avoit un indult pour tous les bénéfices qui sont en Franche-Comté, hormis pour l'archevêché de Besançon, et quand cet archevêché fut vacant, il eut un indult pour le donner, mais *pro hac vice tantum*. Les rois d'Espagne, pendant qu'ils ont été maîtres de la Franche-Comté, avoient le même indult que le feu roi.

SEPTEMBRE 1717.

Dimanche 12. — Conseil de régence le matin. — M. le Duc partit l'après-dînée pour Chantilly, où il emmène beaucoup de courtisans. M. le prince de Conty alla à l'Ile-Adam, où madame la princesse de Conty, sa femme, ira le joindre dès qu'elle sera relevée de ses couches. Mesdames les Duchesses sont à Saint-Maur avec beaucoup de dames. M. le comte de Toulouse va aussi, de son côté, à Rambouillet avec beaucoup de courtisans; ces princes et ces princesses seront plus d'un mois à la campagne. — M. d'Armenonville marie sa fille à M. d'Autrey, fils de M. de Moncault, lieutenant-général, qui a plus de 40,000 livres de rente en fonds de terre; la demoiselle a 250,000 francs présentement, et son père lui assure encore 200,000 francs après sa mort, et les loge et les nourrit pendant six ans au moins.

Lundi 13. — On a nouvelle de la flotte d'Espagne, qui a fait sa descente en Sardaigne; ils ont pris la ville de Cagliari. Le vice-roi avec sa garnison, qui n'est que de trois ou quatre cents hommes, s'est retiré dans le château, ce que nous appelons ici le château est l'ancienne ville, qui est très-petite et très-peu habitée; il n'y a presque que le vice-roi qui y demeure, et ce que nous appelons la ville n'est proprement que le faubourg, mais qui est assez grand et assez peuplé. — Le prince Eugène a fait deux détachements de son armée: un sous le général Merci, pour aller faire le siége d'Orsova, en cas que les Turcs ne l'ayent pas abandonné, mais on croit qu'ils s'en sont déjà retirés; l'autre détachement est sous le comte Palfi, pour aller se rendre maître de toute la Bosnie, où il n'y a aucune place fortifiée. Le comte Palfi est palatin de Croatie.

Mardi 14. — L'édit et la déclaration sont imprimés avec un détail des conditions sous lesquelles on entre dans la compagnie d'Occident, et les conditions de la loterie des rentes à vie au denier seize et des petits domaines que le roi aliène au denier trente pour le débouchement des billets d'État. — L'évêque de Nantes est mort; il étoit de la maison de Beauvau et laisse beaucoup de dettes; il avoit une assez bonne abbaye. L'abbé de Mornay, ambassadeur en Portugal, et dont on est fort content, est nommé à l'archevêché de Besançon; mais cela n'est pas encore public.

Mercredi 15. — Madame la duchesse de Berry vint de la Meutte à l'Opéra; elle avoit sa nouvelle dame avec elle. Madame vint de Saint-Cloud dîner avec M. le duc d'Orléans, alla ensuite aux Carmélites et puis à l'Opéra et retourna à Saint-Cloud. — L'abbé Dubois n'est pas encore parti pour l'Angleterre; mais il partira incessamment. On dit qu'il y a de grands mouvements en ce pays-là, que milord Townsend et M. Walpole, deux des plus accrédités wighs, se sont joints aux trois que le roi Georges regarde comme des gens qui ne sont pas attachés à ses intérêts et qui n'approuvent pas le gouvernement présent.

Jeudi 16. — M. l'abbé de Tressan, qui avoit été nommé à l'évêché de Vannes, est nommé présentement à l'évêché de Nantes, qui vaut beaucoup mieux que celui de Vannes, et dont le séjour est beaucoup plus agréable et le poste plus important. — Il y a déjà pour plus de trente millions de souscriptions pour la compagnie d'Occident, et l'on porte beaucoup d'argent à tous les bureaux de la loterie, ce qui fait espérer que les billets d'État deviendront meilleurs. Une seule femme, qui est de Namur et qui avoit fait trouver beaucoup d'argent à Fargés, qui étoit le grand munitionnaire, a souscrit à la compagnie d'Occident pour trois millions, et elle y a déjà porté pour 1,800,000 francs de billets d'État.

Vendredi 17. — Le roi prit médecine; M. le duc d'Orléans se purgea aussi, par précaution l'un et l'autre; la purgation n'empêcha point le duc d'Orléans de travailler avec M. le cardinal de Noailles et de donner audience à M. le duc de la Feuillade et ensuite à plusieurs autres gens. Sur les six heures il alla à l'Opéra. Madame la duchesse de Berry y devoit aller; mais on lui vint dire que madame d'Aydie, l'une de ses dames, se mouroit; elle quitta le dessein de l'Opéra et alla la voir au Luxembourg, et se tint auprès d'elle jusqu'à ce qu'elle eut perdu la connoissance.

Samedi 18. — L'abbé Dubois entra chez M. le duc d'Orléans, qui sortoit; il avoit déjà eu une conférence avec lui. Il le pria de rentrer, et on fit ensuite entrer milord Stairs et M. Douglas, qui arriva hier d'Angleterre, où on continue à dire qu'il y a de grands désordres. — Madame d'Aydie est morte à quatre heures du matin; madame la duchesse de Berry a été auprès d'elle jusqu'à deux heures, et puis a retourné à la Meutte. M. le duc d'Orléans alla l'après-dinée à Saint-Cloud voir Madame, et puis alla à la Meutte. — M. le comte de Charolois doit être arrivé à Pesth vis-à-vis de Bude. M. le prince de Dombes doit être parti de l'armée il y a déjà quelques jours, et il est attendu ici incessamment.

Dimanche 19. — Mesdames les Duchesses sont revenues de Saint-Maur, mais ce n'est que pour un ou deux jours. M. le prince de Conty est arrivé aussi de l'Ile Adam; mais il y retournera mardi; madame sa mère et madame sa femme iront l'y joindre mercredi, et ils y mèneront mademoiselle de la Roche-sur-Yon, qui a été quelques jours à Maubuisson. Madame la princesse va à Écouen, madame de Vendôme est à Anet; ainsi nous n'avons aucune princesse à Paris. — On dit que les Turcs ont abandonné Orsova; c'étoit le comte de Merci qu'on avoit détaché pour l'aller prendre, et il y a déjà de nos volontaires arrivés en Lorraine. Le prince de Pons et son frère ont écrit ici de Lunéville.

Lundi 20. — M. l'abbé de Caumartin est nommé à l'évêché de Vannes. — M. le prince de Dombes arriva à quatre heures du matin en très-bonne santé et rendant très-bon compte de ce qu'il a vu cette campagne en Hongrie. — M. le prince de Chalais, que le roi d'Espagne a rappelé, avoit ordre d'aller droit à Barcelone, où il recevroit l'instruction de ce qu'il auroit à faire ; le cardinal Albéroni lui a mandé qu'il n'avoit qu'à venir droit à Madrid, où il seroit bien reçu de LL. MM. CC., et qu'il auroit lieu d'être content. — L'abbé de Brancas, frère du marquis, a la place d'aumônier du roi qu'avoit l'abbé du Cambout, qui fut nommé il y a quelque temps à l'évêché de Tarbes.

Mardi 21. — M. le duc d'Orléans, après avoir donné le matin beaucoup d'audiences aux ambassadeurs et à beaucoup d'autres gens, alla le soir coucher à Saint-Cloud, où il se veut baigner demain. — Il ne reste plus qu'environ douze millions de billets d'État dont le roi n'aie pas encore disposé, et présentement on a résolu qu'on brûleroit à la maison de ville et publiquement les billets d'État qui seroient employés dans les différents débouchés que le roi a proposés. — Par les dernières nouvelles qu'on a de la flotte du roi d'Espagne qui a débarqué à Cagliari, il ne paroît pas que ce siége-là avance beaucoup ; le marquis Rubi, vice-roi de ce pays-là, se défend très-bien, et on mande que la maladie s'est mise parmi les troupes des Espagnols qui sont débarquées, et qui ne sont pas en si grand nombre qu'on avoit dit.

Mercredi 22. — M. le duc d'Orléans se baigna le matin à Saint-Cloud, et il remit à demain plusieurs audiences qu'il devoit donner aujourd'hui. — L'ambassadeur d'Espagne eut des lettres de Marseille du 14, et de Cagliari du 7 ; on canonnoit la place ; elle n'est point prise, comme le bruit en avoit couru. — L'abbaye de la Vallasse, qui vaut 10 à 12,000 livres de rentes, est promise au prince Frédéric d'Auvergne, à la sollicitation du comte d'Évreux, qui a la terre de Tancarville, à qui cette abbaye touche, et cela lui donnoit des procès avec les moines qu'il n'aura point avec le prince Frédéric, son cousin germain. — Le président Duret vend sa charge de secrétaire du cabinet à M. de Verneuil, fils de celui qui étoit lieutenant des gardes de feu Monsieur. C'est l'abbé Renaudot, son oncle, qui en fait le marché pour son neveu et en faveur de qui l'on donne un gros brevet de retenue.

Jeudi 23. — M. le duc d'Orléans revint dès le matin de Saint-Cloud, où il a couché deux nuits; il donna une longue audience l'après-dînée au maréchal de Villeroy et ensuite à beaucoup d'autres gens. — On apprit par les lettres de Vienne que Langallerie est mort dans sa prison, où il s'est laissé mourir de faim, ayant été onze jours sans vouloir manger. — Le duc de Saint-Simon achète deux régiments de cavalerie pour ses deux fils; l'un est le régiment du duc de Saint-Aignan, et l'autre le régiment de Villepreux.

Vendredi 24. — On rappelle M. de Courson de l'intendance de Bordeaux, et on envoie en sa place M. Chauvelin, et à la place de M. Chauvelin on envoie à Tours M. de Maupeou d'Ableige; on envoie à l'intendance de Besançon M. d'Ormesson du Cheré; M. le Guerchois, qui en étoit indant, revient ici prendre sa place de conseiller d'État. — Par les dernières nouvelles qu'on a de Pologne, il paroît que les troupes moscovites ne sont pas encore sorties du royaume, et que celles qui sont autour de Dantzick ne veulent pas s'en éloigner qu'ils n'aient reçu une grosse somme d'argent qu'ils ont demandée à la ville et dont on ne leur veut accorder qu'environ la moitié. — Je ne sais si dans les années précédentes, en parlant de la dernière assemblée de *las Cortes* d'Espagne, j'ai manqué un des règlements qu'on y fit et qui me paroît fort considérable; ce règlement change quelque chose à la manière de succéder à la couronne, et au lieu que jusqu'ici les filles des rois succédoient de droit à la couronne, préférablement aux frères et oncles et cousins, etc., du roi dernier mort, présentement par cette nouvelle loi tant qu'il y aura des mâles descendant de Philippe V, ils succéderont préférablement aux filles, et cette succession sera par l'aînesse de la ligne, comme on en use dans les maisons de France et dans les maisons électorales d'Allemagne, et non par proximité du degré comme on fait dans les autres maisons des princes d'Allemagne.

Samedi 25. — L'abbé Dubois est encore à Calais, où il a été retenu par les vents contraires ; on avoit fait courir le bruit qu'il s'étoit embarqué et qu'il avoit été jusqu'à Douvres, où ayant trouvé les ports fermés et ayant appris qu'il y avoit de grands désordres à Londres il étoit revenu à Calais ; mais on assure présentement que tous ces bruits sont faux. — M. le duc de Ventadour, qui est depuis longtemps retiré aux Incurables, est à la dernière extrémité ; il a perdu la connoissance et la parole. Madame la duchesse de Ventadour, sa femme, d'avec qui il est séparé depuis plusieurs années, est allée le voir et tâcher à lui faire recevoir ses sacrements si la connoissance lui revient.

Dimanche 26. — Le roi alla se promener aux Champs-Élysées, et fit quelques tours dans Paris. — Madame vint de Saint-Cloud, dîna avec M. le duc d'Orléans ; elle alla ensuite à ses Carmélites, puis à l'Opéra, qu'elle entendit de sa loge, et retourna le soir à Saint-Cloud. — On a reçu des lettres de Bologne qui portent que milord Peterborough y a été arrêté par ordre du légat et par deux officiers irlandois attachés au roi Jacques ; on l'accuse d'avoir eu de méchants desseins contre le roi Jacques, mais cela ne paroit guère apparent, car l'exécution en auroit été très-difficile, quand même une aussi mauvaise pensée que celle-là auroit pu entrer dans sa tête ; ce qui n'est point croyable d'un homme de sa condition.

Lundi 27. — Moncault, lieutenant général et gouverneur de la citadelle de Besançon, mourut à deux heures du matin chez M. d'Armenonville, où sa famille l'avoit fait porter il y a deux jours quand il tomba en apoplexie. Son gouvernement a été donné à d'Acy, capitaine au régiment des gardes ; ce gouvernement vaut 2,000 écus du roi, et je crois qu'il y a encore quelque autre chose qu'on tire d'une cantine. — M. de Ventadour est mort ; voilà une duché-pairie éteinte. M. le prince de Rohan, son gendre, à qui il avoit abandonné tout son bien, lui donnoit 40,000 francs par an, qui étoient payés par quartiers; il s'étoit réservé 100,000 francs pour en pouvoir disposer à sa mort; il en reviendra à madame de Ventadour 10,000 francs par an pour son douaire. Le roi se mit à pleurer quand on lui dit la mort de M. de Ventadour, croyant que madame de Ventadour seroit fort affligée ; il ne savoit pas qu'il y a longtemps qu'il n'y avoit nul commerce entre M. et madame de Ventadour.

Mardi 28. — Madame la duchesse de Berry vint de la Meutte à l'Opéra, et retourna coucher à la Meutte. — La comtesse de Roye accoucha d'un garçon; c'est une grande joie pour toute la maison de Roucy; car outre qu'elle est fort aimée et fort estimée dans la famille et du public même, elle a un très-gros bien que cela leur assure, et sans cela leurs affaires seroient en mauvais état. — M. et madame la princesse de Conty sont revenus de l'Ile-Adam. — M. de Ventadour a fait un testament fort sage et par lequel il laisse une partie des 100,000 francs qu'il s'étoit réservés au marquis de Mirepoix, de la maison de Lévis comme lui. Il laisse 12,000 écus à ses domestiques, et ce qui reste des 100,000 francs aux Incurables chez qui il s'étoit retiré, et qu'il charge du soin de son enterrement.

Mercredi 29. — Madame la duchesse de Berry alla à Chelles voir Mademoiselle, sa sœur, qui persiste à vouloir être religieuse dans ce couvent. — Madame la Princesse revint d'Écouen assez incommodée; madame la Duchesse, la jeune, étoit allée l'y trouver pour passer quelques jours avec elle. — On avoit proposé à Mademoiselle, qui est à Chelles, de lui donner l'abbaye de Montmartre après qu'elle auroit fait ses vœux; mais elle répondit qu'avant que de songer à commander il falloit qu'elle apprît à obéir. Madame de Montpipeau, qui avoit d'abord refusé l'abbaye de Montmartre, l'a acceptée à la prière de toute sa famille et surtout aux instances de madame la duchesse d'Orléans.

Jeudi 30. — Le fils unique de M. de Châtillon, gendre de feu M. le chancelier Voisin, est mort; il ne reste plus d'enfants de cette maison qui est une des premières de France, mais le père et la mère sont encore bien jeunes. — L'abbé Dubois, par les dernières nouvelles qu'on en a, est arrêté à Calais par les vents contraires. — On a reçu des lettres de M. le comte de Charolois qui est encore à Pesth vis-à-vis de Bude; il attendra que le prince Eugène revienne à Vienne et où il retournera avec lui; il verra l'empereur qu'il n'avoit point vu en allant, et ensuite il ira à Munich voir l'électeur de Bavière.

Vendredi 1er *octobre*. — M. le Duc et madame la Duchesse, sa mère, ont donné ordre à M. le comte de Charolois d'aller à Vienne et puis à Munich, et après cela on ne sait pas quel parti il prendra; on croit qu'il reviendra ici, mais on ne lui prescrit rien. — On attend la suite de ce qui s'est passé à Bologne, où M. de Peterborough a été arrêté; on l'a envoyé prisonnier au fort Urbin, et l'Italien qu'on a trouvé avec lui a été mis dans une autre prison. — Le chevalier de Breteuil, lieutenant aux gardes, achète la compagnie de d'Acy, qui vient d'être fait gouverneur de la citadelle de Besançon.

Samedi 2. — Le roi est assez enrhumé depuis deux jours; il n'alla point à la chapelle; il entendit la messe chez lui. — On a nouvelle que l'abbé Dubois s'étoit embarqué, le vent étant devenu meilleur pour passer en Angleterre. — Il n'y a point encore de dame nommée pour remplir la place de madame d'Aydie, et l'on dit que madame la duchesse de Berry augmentera le nombre de ses dames et qu'elle en aura six; ainsi il y auroit trois places à donner. — La Motte, qui avoit commandé dans le Mississipi du temps que Crozat en étoit le maître, fut mis à la Bastille ces jours passés pour avoir mal parlé sur l'établissement qu'on y veut faire sous le nom de la compagnie d'Occident.

Dimanche 3. — Le rhume du roi continue; il garda le lit tout le jour; il fit dire la messe dans sa chambre, mais il parut fort gai toute l'après-dînée. On croit que cette incommodité-là n'aura aucune suite; il n'a point du tout eu de fièvre. — Le duc de Saint-Aignan, notre ambassadeur en Espagne, mande à M. le duc d'Orléans que le bruit est grand à Madrid que le pape ordonne au cardinal Albéroni de se rendre incessamment à Rome, sous peine d'excommunication en cas de désobéissance; mais on ne mande rien de cela de Rome, et M. de Saint-Aignan ajoute à la fin de sa lettre qu'il croit que le bruit qui court dans Madrid est faux. — On fait venir M. le premier président et le procureur général, qui étoient à la campagne, pour travailler à une déclaration qu'on veut faire pour imposer silence aux deux partis, sur les affaires de la Constitution.

Lundi 4. — M. le duc d'Orléans travailla le matin avec M. Law, en qui il paroît qu'il prend beaucoup de confiance. — L'ambassadeur d'Espagne a reçu des lettres de Cagliari du 15 par lesquelles on lui mande que le vice-roi se défendoit toujours; mais en même temps il a reçu des lettres de Barcelone du 21 qui portent qu'on y avoit eu la nouvelle que Cagliari étoit rendu et qu'on en faisoit les feux de joie; mais l'ambassadeur ne croit point la nouvelle de Barcelone. — On a envoyé un courrier à Rome dont on attend incessamment le retour pour avoir les expéditions nécessaires à l'abbé de Saint-Albin, à qui l'abbé de Lyonne veut bien assurer le prieuré de Saint-Martin des Champs dans Paris, qui est un des plus jolis et des meilleurs bénéfices de France : l'abbé de Lyonne le cédera *retentis fructibus*.

Mardi 5. — M. le duc d'Orléans donna beaucoup d'audiences aux ambassadeurs et à plusieurs particuliers. — On tirera lundi la loterie du mois de septembre, qui ne monte pas à 120,000 francs; le gros lot ne sera que de 10,000. — Le prieuré de Mortau, qu'avoit le feu archevêque de Besançon et qui dépend de Cluny, avoit été donné par M. l'abbé d'Auvergne à l'abbé de Tavannes ; M. le chancelier n'a pas jugé à propos que l'abbé de Tavannes, son neveu, l'acceptât, parce qu'il croit le roi en droit de nommer à ce bénéfice, qui est assez considéble. M. l'abbé d'Auvergne le veut présentement donner au prince Frédéric, son frère, et on croit avoir de bonnes raisons pour soutenir son droit de nomination, disant que le roi d'Espagne n'en disposoit, pendant qu'il étoit maître de la Franche-Comté, que par la force majeure, et depuis que le roi a conquis cette province le bénéfice étant venu à vaquer, le cardinal de Bouillon, alors abbé de Cluny, envoya ses provisions à l'archevêque de Besançon, qui ne s'en voulut point servir, et à qui le feu roi donna ce prieuré, qui est très-noble et qui vaut 10,000 livres de rente et où il y a de grands casuels.

Mercredi 6. — Le roi ne se sent plus de son rhume ; il mange en public et paroît aussi gai qu'à l'ordinaire. — M. Law travailla encore longtemps avec M. le duc d'Orléans. — M. le duc de Noailles a eu une violente colique néphrétique dont il n'est pas encore tout à fait quitte. — M. de Fréjus, qui a été huit jours à la Trappe, en est revenu ; il n'avoit fait ce voyage-là que par la réputation de la sainteté de cette maison, qui se soutient toujours. — Le pape n'a point voulu encore accorder l'indult pour l'archevêché de Besançon ; mais il a fait espérer de le donner quand on recevroit ici les bulles qu'il veut bien accorder pour une partie des évêques qui ont été nommés.

Jeudi 7. — Madame d'Arpajon est choisie pour remplir chez madame de Berry la place qu'avoit madame d'Aydie ; et madame de Berry qui vint de la Meutte à la comédie françoise au Palais-Royal, la mena avec elle dans sa loge. Madame vint de Saint-Cloud aussi à la comédie. Madame la Duchesse revint de Saint-Maur et descendit à la comédie ; elle y retournera lundi. — La déclaration pour imposer silence aux évêques acceptants et non-acceptants fut résolue; elle sera registrée demain à la chambre des vacations, où le premier président et les gens du roi se trouveront. — On a des nouvelles de l'arrivée de l'abbé Dubois à Londres.

Vendredi 8. — La déclaration qui avoit été résolue hier fut enregistrée, et sera publiée demain; on dit que par cette déclaration on espère que le silence qu'on ordonne aux deux partis adoucira les esprits et sera agréable à Rome; on a ordonné à M. de la Feuillade de se tenir prêt à partir dans huit jours; cependant on ne croit pas qu'il parte sitôt. — M. l'abbé de Saint-Albin est fait coadjuteur du prieuré de Saint-Martin des Champs; cela avoit été résolu à Rome avant que d'être déclaré ici. — Le chevalier de Broglie, celui qui a le bras coupé, fut emporté hier par ses chevaux; il se jeta de sa chaise en bas, s'est rompu la jambe et a un grand trou à la tête et au visage, et on le croit en très-grand danger.

Samedi 9. — On a donné à l'abbé de Castries, archevêque de Tours, le doyenné de Saint-Martin de Tours qu'avoit M. l'évêque de Rennes, à qui on a donné depuis peu l'abbaye de Quimperlé, et qui a rendu le doyenné de Saint-Martin, qui étoit incompatible avec l'évêché parce qu'il oblige à résidence. — Le vieux Sandricourt, gouverneur de Nîmes, est mort. Son gouvernement a été donné à la Viérue; dès la vie du feu roi on avoit cru Sandricourt mort, et le roi l'avoit donné dès ce temps-là à la Viérue. — Le pape a envoyé ordre de rendre la liberté à milord Peterborough, qui étoit au fort Urbin; on ne sait rien de bien certain sur tout ce qui s'est passé dans cette affaire-là.

Dimanche 10. — Il court de mauvais bruits des troupes d'Espagne qui sont devant Cagliari; on dit que la maladie s'y est mise, que les habitants de l'île paroissent attachés à l'empereur, et que la place se défend fort bien. — Il y a une lettre du pape au roi d'Espagne. Sa Sainteté se plaint fort de n'avoir pas eu les vaisseaux que le roi d'Espagne avoit promis de joindre à la flotte vénitienne, et cette lettre du pape est très-forte. — La gangrène s'est mise aux blessures du chevalier de Broglie.

Lundi 11. — M. le duc d'Orléans travailla longtemps le matin pour accommoder le différend qu'il y a entre M. le Grand et M. le Premier sur leurs charges; il fit d'abord entrer le chancelier, et puis M. le prince Charles, et un quart d'heure après M. le Premier. M. le Grand, qui est malade, n'y put pas être; la conférence fut longue; cependant l'affaire n'est pas encore terminée*. — Madame la duchesse d'Orléans alla l'après-dînée à Saint-Cloud, où elle passera toute la semaine; Madame compte n'en revenir qu'après la Saint-Martin. — La loterie du mois de septembre fut tirée; elle n'étoit que de 105,000 livres.

* Le grand écuyer avoit perdu ses prétentions contre le premier écuyer. Il n'y pouvoit revenir de droit; il sentit la mollesse de M. le duc d'Orléans, il y voulut revenir de fait par diverses tentatives d'entreprises. Ils se colletèrent ainsi longtemps, fatiguèrent fort le régent, et la vie du premier écuyer Béringhen, fut abrégée de ce harcelage, mais à la fin sa charge n'y perdit pas une seule ligne de terrain.

Mardi 12. — M. le duc d'Orléans a souhaité qu'on raccommodât M. Law avec M. le duc de Noailles, qui n'étoit pas content de M. Law, et ce petit démêlé est fini. — M. le duc d'Orléans avoit fait dire au marquis de Broglie, frère aîné du chevalier qui se meurt, que si son frère mouroit il lui donnoit son régiment, qui est le régiment d'Agénois, pour le vendre ou pour en disposer avec quelqu'un de sa famille. M. de Broglie a été fort touché de la bonté de M. le duc d'Orléans; mais il a répondu que comme cela feroit tort aux colonels réformés qui sont à remplacer, il n'accepteroit point la grâce que S. A. R. vouloit lui faire si obligeamment. — L'abbaye de Saint-Jean d'Angely a été donnée à l'évêque de Bayonne. L'abbaye d'Umblières a été donnée à l'évêque d'Autun.

Mercredi 13. — Le roi alla à Chaillot voir la reine d'Angleterre, qui étoit venue ici le voir deux jours auparavant et qui s'en retourne à Saint-Germain passer l'hiver. — Le maréchal de Tessé, qui est revenu ici de sa campagne plus tôt qu'il n'auroit fait sans l'affaire du marquis de Tessé, son fils, espère qu'il le trouvera innocent du duel dont on l'accuse; il n'y a encore rien dans les informations qui soit contre lui. — Le marquis d'Harcourt, qui a l'agrément pour être capitaine des gardes du corps, charge que le maréchal d'Harcourt lui cède, sera bientôt reçu, parce qu'il paye à la maréchale de Lorges le brevet de retenue qu'elle a sur cette charge, et que le maréchal d'Harcourt n'a point payé. — On parle d'un changement dans la forme de la loterie. On parle aussi de quelques changements sur les monnoies, et on dit qu'il y a déjà un coin nouveau fait pour les louis d'or.

Jeudi 14. — Le conseil de régence recommencera samedi. — M. Law ne se mêlera plus, à ce qu'on dit, des entrées de Paris; on a trouvé que cela faisoit perdre trop de temps aux voituriers, aux portes de Paris, qui étoient obligés d'aller à son bureau payer les droits d'entrée. — On dit toujours que M. de la Feuillade partira pour Rome, et le jour de son départ est pris au 2 du mois qui vient; cependant je ne crois pas qu'il puisse partir sitôt. — Le prince Eugène fait attaquer par un détachement de ses troupes la ville et le château de Zwornich près de Serraïo, capitale de Bosnie.

Vendredi 15. — Toute la famille de mademoiselle de Duras alla chez M. le duc d'Orléans demander son agrément pour son mariage avec M. le comte d'Egmont, fils du duc de Bisache. Ce duc arrive incessamment à Paris avec la duchesse d'Aremberg, sa fille; son fils qui se marie est ici, il n'a pas encore quatorze ans et il se mariera le lendemain qu'il les aura. — L'ambassadeur de l'empereur reçut des lettres de Gênes du 5 de ce mois, et de Sardaigne du 29 du passé. On mande que Cagliari se défendoit encore, et que le marquis Rubi, vice-roi, a reçu beaucoup d'argent de Naples.

Samedi 16. — Le conseil de régence recommença; on le tint l'après-dînée comme on a accoutumé de le tenir les samedis. — On a coupé la cuisse au chevalier de Broglie, mais il n'est pas mort encore. — Un patron de barque a rapporté à Marseille la nouvelle que Cagliari s'étoit rendu et que les vaisseaux d'Espagne avoient canonné les vaisseaux du roi de Sicile, les prenant pour des vaisseaux de l'empereur, parce qu'il y avoit une aigle au pavillon qui sont les armes de Sicile; mais les nouvelles qui viennent par les patrons de barques sont fort suspectes : celle-ci a besoin de confirmation.

Lundi 18. — Conseil de régence. — M. de Mornay est mort; il étoit lieutenant général et capitaine de Saint-Germain; cette capitainerie a été donnée au duc de Noailles; M. de Mornay avoit un brevet de retenue de 100,000 francs sur cette charge. — Le chevalier de Broglie mourut hier au soir; il étoit colonel du régiment d'Agénois. — Le cardinal Martelli est mort; il ne vaque que ce chapeau-là dans le sacré collége; celui que le pape avoit réservé *in petto* a été déclaré pour le comte de Czatki, archevêque de Colocza en Hongrie, qui est à la nomination de l'empereur.

Mardi 19. — M. de Polastron, évêque de Lectoure, est mort; cet évêché vaut 22,000 livres de rente. — Le fils aîné de Contades est mort; il avoit dix-sept ans. — Le duc de Richelieu demande le régiment d'Agénois et s'offre de payer les 10,000 écus qu'on veut donner à Trecesson, le plus ancien colonel d'infanterie à remplacer. M. le duc d'Orléans avoit offert ce régiment à M. de la Châtre pour M. de Nancey, son fils; mais il l'a refusé, disant que ses affaires ne lui permettoient pas de donner l'argent qu'on lui demandoit. — M. le duc d'Orléans détache Maisons et Poissy de la capitainerie de Saint-Germain; cela n'en étoit pas autrefois. — On mande de tous côtés que le grand vizir a été déposé et même qu'il a été étranglé.

Mercredi 20. — Le duc de Bisache et la duchesse d'Aremberg, sa fille, sont arrivés ici de Bruxelles pour le mariage du comte d'Egmont, fils aîné du duc de Bisache, avec mademoiselle de Duras, sœur de madame la princesse de Lambesc. — Le bruit se répand fort que M. le cardinal de Noailles a donné son acceptation à la bulle relativement à son corps de doctrine qu'il a envoyé à Rome et que le pape a approuvé. — Le roi a fait un petit ordre de chevalerie qu'il donne aux jeunes courtisans qui sont auprès de lui et à quelques-uns de ses principaux domestiques ; il veut que cet ordre s'appelle l'ordre du Pavillon, et cela donnera le droit à ceux qui le portent d'entrer dans la tente qu'il fait mettre sur la terrasse quand il veut prendre l'air. Il leur a donné des médailles qu'il a fait faire, et cela l'amuse fort ; il y prend grand plaisir (1).

Jeudi 21. — Madame vint ici de Saint-Cloud dîner avec M. le duc d'Orléans, et puis alla aux Carmélites et ensuite à la comédie au Palais-Royal, qu'elle entendit de sa loge. Madame la duchesse de Berry vint de la Meutte à la comédie, et madame la Duchesse y vint aussi de Saint-Maur. Madame la duchesse du Maine est revenue de Sceaux, où elle a demeuré plus d'un mois. — Le maréchal de Villeroy avoit chargé M. le Fèvre de faire faire ces médailles que le roi donne pour son ordre du Pavillon ; M. le Fèvre est argentier de la maison, et en cette qualité il est sous la charge des premiers gentilshommes de la chambre. M. de Mortemart, qui est en année, vouloit que le Fèvre lui apportât ces médailles pour les donner au roi ; mais comme il ne les a point fait faire en qualité d'argentier, mais seulement comme ayant la commission du maréchal de

---

(1) « L'ordre du Pavillon a été institué depuis peu par Sa Majesté pour les jeunes seigneurs qui lui font la cour. Les croix sont d'or émaillé ; sur le milieu on voit d'un côté un pavillon, et de l'autre c'est un anneau tournant, qui est le jeu du roi. Le cordon auquel est attachée la croix est rayé de blanc et de bleu ; S. M. le porte elle-même sous le cordon bleu. » (*Le Nouveau mercure*, vol. de novembre, page 187.)

Villeroy, on a jugé que M. de Mortemart n'avoit rien à lui ordonner là-dessus.

Vendredi 22. — M. le duc d'Orléans travailla le matin comme il a accoutumé de faire tous les vendredis avec M. le cardinal de Noailles. — M. l'abbé d'Entragues a été nommé à l'évêché de Lectoure, vacant par le décès de M. de Polastron, et l'évêché de Clermont, dont M. d'Entragues se démet, n'est pas donné. L'abbaye de Montbenoît, qu'avoit le feu archevêque de Besançon, et qui est affermée 11,000 francs, est donnée à l'abbé de Tavannes, neveu de M. le chancelier. L'abbaye de Saint-Barthélemy de Noyon est donnée à l'abbé de la Fare, frère du capitaine des gardes de M. le duc d'Orléans. L'abbaye de Saint-Ambroise de Bourges est donnée à l'abbé de Gontaut, doyen de l'église de Notre-Dame. On dit qu'il y a encore quelques petites abbayes données.

Samedi 23. — Conseil de régence l'après-dînée. — On donna hier l'abbaye de Saint-Serge d'Angers à l'abbé de Court, frère du sous-gouverneur de M. le duc Chartres. — L'ambassadeur d'Espagne eut nouvelle de la prise de Cagliari; que les troupes du roi son maître y étoient entrées le 1er de ce mois, et que presque toute la Sardaigne étoit soumise. — On a nouvelle que le prince électoral de Saxe étoit arrivé à Vienne et qu'il a déclaré qu'il étoit catholique depuis longtemps; il l'étoit même avant de venir en France, où il étoit incognito sous le nom de comte de Lusace; il est majeur présentement, et madame sa grand'mère, pour qui il avoit beaucoup de considération et de ménagement, qui est morte depuis peu, craignoit fort qu'il ne se fît catholique.

Dimanche 24. — Conseil de régence le matin. — M. le duc d'Orléans alla souper chez madame de Seissac; madame la Duchesse, sa mère, y étoit. Il n'y avoit qu'elle et la maîtresse de la maison de femmes; mais il y avoit quatre ou cinq courtisans, de ceux qui ont l'honneur d'être des soupers de S. A. R. Le comte d'Albert, frère de madame de Seissac, et qui est arrivé depuis peu de Bavière, devoit être de ce souper, mais il a la goutte bien violente. — Le feu roi étoit dans la confidence de l'abjuration qu'avoit faite le prince électoral de Saxe à Bologne avant qu'il vînt en France, et le roi en avoit écrit au roi de Pologne, l'exhortant à faire déclarer le prince son fils catholique ; mais le roi de Pologne a répondu qu'il avoit des raisons de famille qui empêchoient de faire cette déclaration-là sitôt.

Lundi 25. — Conseil de régence le matin ; il n'y en aura que de samedi en huit jours. M. le Duc et madame la Duchesse, sa mère, vont à Chantilly jusqu'à ce temps-là. — M. le duc d'Orléans alla souper chez mademoiselle de Chausseraye à Madrid, et y mena Biron et le petit Renaud. — On a nouvelle que les Impériaux ont levé le siége de Zwornich et que les Turcs, qui étoient venus au secours de la place, ont battu les Impériaux qui en faisoient le siége, ce qui troublera le prince Eugène dans les quartiers d'hiver qu'il veut faire prendre à ses troupes dans la Bosnie. (1)

Mercredi 27. — On a eu la confirmation de la prise de Cagliari ; il y a plusieurs lettres d'Italie qui disent cette nouvelle. — M. le duc d'Orléans alla dîner à la Meutte, et puis il alla de la Meutte à Saint-Cloud voir Madame, et y alla à pied pour faire de l'exercice. — On a donné au duc de Tresmes 80,000 francs, parce qu'à la mort du roi il n'a pas profité du deuil, comme il en devoit profiter, en suivant l'exemple de ce que le premier gentilhomme de la chambre avoit fait à la mort de Louis XIII. M. de Tresmes avoit voulu épargner cet argent-là au roi.

Jeudi 28. — Il y a quelques contestations entre les premiers gentilshommes de la chambre et les capitaines des gardes du corps, qui soutiennent les officiers de leurs compagnies. M. le duc de Mortemart, qui est premier gentilhomme de la chambre en année, dispute aux offi-

---

(1) Les journées du 17 et du 26 octobre manquent dans le manuscrit original

ciers des gardes du corps une place qu'il croit devoir avoir derrière le roi à son dîner, et veut leur ôter certaines entrées chez le roi ; cela doit être décidé demain chez M. le duc d'Orléans, qui les écoutera les uns et les autres. — Le chevalier d'Oppède mourut ; son agonie a duré trois ou quatre jours ; il étoit neveu de feu M. le cardinal de Janson et de même maison que lui.

Vendredi 29. — M. le duc d'Orléans n'a point donné d'audience aux gentilshommes de la chambre et aux capitaines des gardes du corps pour régler leurs affaires ; il les a remis à demain midi. — On n'a point donné les bénéfices aujourd'hui comme on le croyoit ; il n'y a eu que l'évêché de Clermont qui a été donné à l'abbé de Louvois. — On mande de Madrid que le roi d'Espagne étoit encore à l'Escurial ; qu'il avoit de grandes vapeurs qui le tourmentoient beaucoup, et que ces vapeurs avoient été suivies de quelques accès de fièvre assez violents qui ne lui avoient pas permis de retourner à Madrid ; on ajoute que depuis quelque temps il maigrit beaucoup et qu'on ne laisse entrer quasi personne dans sa chambre ; cependant le prince Cellamare, son ambassadeur ici, dit qu'on lui mande que sa maladie n'est point dangereuse.

Samedi 30. — Le maréchal de Villeroy a rendu un don que le feu roi lui avoit fait de 50,000 francs par an, payés par la ville de Lyon. Le feu roi d'abord lui avoit accordé pour six ans, et au bout des six ans, le roi continuoit pour six autres années, et même le roi, en 1712, voulut qu'il les eût pour toujours, mais il ne les voulut recevoir que pour six ans. Ces six ans-là alloient finir à la fin de cette année, et M. le duc d'Orléans vouloit les lui continuer et même les lui donner pour toujours, comme le feu roi avoit voulu faire ; mais le maréchal a non-seulement refusé pour toujours, mais même il les refuse pour les six ans, disant à M. le duc d'Orléans qu'il est assez riche présentement pour pouvoir se passer de cette grâce-là, et que quand il les avoit demandés au feu roi il étoit mal dans ses affaires; mais que depuis, il avoit eu beaucoup de bienfaits et de grandes successions, et qu'il n'étoit pas juste que, dans un temps comme celui-ci où tant de gens souffroient, il abusât des bontés qu'on avoit pour lui*.

* Le maréchal de Villeroy étoit un homme qui n'avoit aucun sens (1), et qui n'avoit d'esprit, que ce que lui en avoit donné l'usage du grand monde au milieu duquel il étoit né et avoit passé une très-longue vie. Il suffit ici de faire souvenir de l'orgueil dont il étoit pétri, que ses fréquentes et cruelles déconvenues n'avoient pu émousser, et de l'éclat où l'intérêt et les passions de madame de Maintenon et de M. du Maine l'avoient mis dans les derniers temps de la vie du roi, et surtout à sa mort, qui avoient porté cet orgueil à son comble. Depuis qu'il se vit dans les places où cette mort l'établit, et dans la considération qui en étoit une suite, la tête lui tourna; il se crut le père et le protecteur du roi, l'ange tutélaire de la France et l'homme unique en devoir et en situation de faire en tout contre au régent, à l'égard duquel il s'étoit fabriqué un autre devoir d'épouser toute la haine de la Maintenon, sa patronne, et toute la mauvaise volonté qu'elle avoit arrachée du roi mourant, contre ce prince. Il s'applaudissoit sans cesse des démarches infatigables que le régent faisoit vers lui, qui ne faisoient que rehausser son courage à lui nuire. Il abusoit continuellement de la confiance et de la facilité à condescendre à tout ce qu'il vouloit d'un régent doux, timide, qui craignoit surtout les éclats, qui à force de flatter son incroyable vanité comptoit de le gagner, tandis que, déterminé à figurer en grand à ses dépens, ce qu'il ne croyoit pas possible autrement, il s'unissoit à tous ses ennemis, à ceux que l'ambition et l'amour des nouveautés rendoit tels, les excitoit, les encourageoit, les grossissoit, et pour cela étoit très-attentif à un apparent désintéressement qui augmentât sa réputation et la confiance; tellement, que par principe, il étoit incapable d'être arrêté par les grâces et les bienfaits de M. le duc d'Orléans. Dangeau son ami intime, est sa dupe quand il écrit ici que le feu roi lui avoit offert pour toujours ce don de six ans sur Lyon, qu'il lui avoit renouvelé une fois ou deux. On n'a

---

(1) Bien que nous mettions peu de notes à ces additions, nous ne pouvons nous empêcher de faire remarquer que cette noble conduite du vieux duc de Villeroy est pour Saint-Simon le prétexte d'une diatribe amère et violente qu'il commence en lui reprochant de n'avoir « aucun sens. » Que la conduite du maréchal ait été dictée par l'orgueil ou par la probité, elle ne manque certainement pas de sens.

point vu ce prince donner 50,000 livres de rente à personne sur lui, hors en appointements, et c'étoit les donner sur lui que les donner sur Lyon. Le maréchal de Villeroy, de plus, en les refusant du régent, ne refusoit rien ; il suivoit son plan ; il se donnoit un éclat propre à éblouir la multitude, à s'attacher des partisans, à augmenter en lui la confiance de ceux qu'il vouloit capter, à blâmer de la manière la plus publique et en apparence la plus innocente, la facile prodigalité du régent, et en même temps il n'en demeuroit pas plus pauvre, puisque maître absolu de Lyon où l'intendant n'avoit pas même la plus légère inspection dès les temps du feu roi, il l'étoit bien devenu plus, sans bornes, depuis la régence de M. le duc d'Orléans qui ne songeoit qu'à lui plaire, et à aller au-devant de tout à son égard. Le maréchal de Villeroy étoit en toute possession de nommer seul le prévôt des marchands de Lyon ; ce prévôt y étoit de même de disposer seul, sous le maréchal de Villeroy, des immenses revenus de la ville, d'en diriger à son gré tout le commerce et d'y être le maître des commerçants. Il ne comptoit qu'avec le maréchal de Villeroy, seul de la recette et de la dépense de ces immenses revenus. Les comptes arrêtés, ne se voyoient ni ne se trouvoient jamais plus, tellement, que ce n'est point trop dire que d'avancer nettement que le maréchal de Villeroy étoit le roi seul de Lyon ; que le prévôt des marchands étoit son vice-roi à lui, et qu'ils mettoient en poche tout ce qu'il leur plaisoit sans aucune crainte présente ou à venir, et sans le moindre embarras. Ceux de Lyon savent bien qu'en dire, mais si pas un d'eux n'a jamais osé ni se plaindre, ni branler le moins du monde, du temps du feu roi, combien moins dans cette régence, à la posture où se trouvoit leur gouverneur et en celle où le régent s'affichoit à son égard.

Dimanche 31. — Le roi entendit vêpres dans la chapelle en bas. — Les quatre gentilshommes de la chambre et les capitaines des gardes du corps s'assemblèrent hier à midi chez M. le duc d'Orléans pour régler leurs contestations ; il n'y eut rien de décidé parce qu'il y a présentement chez le roi une pièce où est le trône, qui n'étoit pas comme cela chez le feu roi. Les gentilshommes de la chambre prétendent que c'est à eux seuls à commander dans cette pièce-là, et ce matin, M. de Mortemart, qui est en année, a renouvelé les défenses qu'il avoit faites, il y a quelques jours, aux huissiers et aux valets de chambre d'y laisser entrer les officiers des gardes. — Madame la duchesse de

Berry vint de la Meutte coucher aux Carmélites; elle ne retournera plus à la Meutte de cet hiver.

Lundi 1ᵉʳ novembre, jour de la Toussaint. — Le roi entendit le sermon du P. Surian, prêtre de l'Oratoire. — M. le duc d'Orléans, pour éviter les contestations qu'il y a entre les gentilshommes de la chambre et les capitaines des gardes du corps, fait ôter le trône de la pièce où on l'avoit mis. Cela finira la principale contestation qu'il y avoit entre eux; il paroît que les officiers des gardes sont fort piqués contre M. de Mortemart, gentilhomme de la chambre en année. — L'abbé de Louvois*, qui étoit à la campagne quand on l'a nommé à l'évêché de Clermont, en revint hier et a parlé à M. le duc d'Orléans, aujourd'hui, le priant de trouver bon qu'il n'acceptât point l'évêché de Clermont, dans lequel sa mauvaise santé l'empêcheroit de pouvoir faire son devoir, y ayant grand nombre de paroisses dans le diocèse où l'on ne peut aller qu'à cheval; l'abbé de Louvois n'y peut pas monter; on croit même qu'il a la pierre.

* L'abbé de Louvois n'étoit pas sans science et sans mérite, mais il étoit né trop tard, et n'avoit commencé de poindre que tout à la fin de la vie de son père, dès lors perdu intérieurement. Barbezieux, son frère, crossé par le roi comme un jeune homme, des débauches et des disparates duquel il étoit souvent très-mal content, n'avoit pas eu le temps de mûrir assez pour vaincre auprès du roi les soupçons que les jésuites et madame de Maintenon lui nourrissoient sans cesse de l'éducation ecclésiastique du neveu de l'archevêque de Reims, que la compagnie regardoit comme son ennemi, et par conséquent donné pour un dangereux janséniste, et ce manége avoit perdu cet abbé dans l'esprit du roi pour l'épiscopat, avec quelques bagatelles de première jeunesse, qu'en ce genre il ne pardonnoit jamais. L'abbé, de son côté, qui avoit vu les premiers postes lui échapper, et qui ne s'étoit point accoutumé à en perdre l'espérance par la situation où il s'étoit vu, et qui depuis qu'elle étoit devenue ordinaire par la chute du ministère, s'étoit flatté d'y arriver par ce qui restoit de crédit et d'établissements dans sa famille, et par la facilité du régent, ne put digérer Clermont, et au hasard de demeurer dans le second ordre, le refusa.

Mardi 2. — Madame la duchesse de Berry passa hier la bonne fête aux Carmélites et revint coucher au Luxembourg. — On a donné à M. de Rioms* le gouvernement de Cognac, qui vaut 12,000 livres de rente et qui n'oblige point à résidence ; il donne 40 ou 50,000 francs et 2,000 francs de pension à Saint-Vians, qui en étoit gouverneur et qui est fort vieux. — L'abbé de Langlée est mort ; madame de Villequier, sa nièce, lui donnoit 2,000 écus de pension. Il avoit 500 écus de rente sur la maison de ville, et par son testament il laisse ces 500 écus aux pauvres, dont M. l'abbé Robert sera le dispensateur, et fait de grandes excuses à sa famille de ce qu'il ne leur laisse pas ce fonds-là, mais comme il avoit eu des bénéfices dont il avoue qu'il ne faisoit pas un bon usage, il a cru devoir donner cette rente-là aux pauvres. Il y a déjà quelque temps qu'il étoit dans la retraite et qu'il s'étoit défait de ces bénéfices-là.

* Voilà trop souvent marquer toutes les chasses (1) de Rioms sans oser faire mention de la véritable, et qui fait si exactement suivre toutes les plus petites par Dangeau, qu'il faut enfin l'expliquer. Rioms étoit un cadet de la maison d'Aydie, dont la mère étoit sœur de la femme de Biron, si longtemps après duc, pair et maréchal de France. Ce cadet n'avoit pas de chausses. Il étoit voisin de M. et de madame de Pons, dame d'atours de madame la duchesse de Berry, qui le firent venir petit enseigne d'infanterie, et le produisirent à Luxembourg, où il donna tout aussitôt dans l'œil à madame du Berry, quoique sa figure goussaude (2), ramassée, basse, son visage qui n'avoit pas un trait, mais des boutons assez pour dégoûter, et un esprit très-court et que l'usage du monde n'avoit pu étendre, ne dut pas lui promettre de bonne fortune. La sienne toutefois alla si vite qu'il devint le maître de sa maîtresse avec un empire dont elle aimoit jusqu'aux rigueurs, qui toutefois la rendirent très-dépendante et très-malheureuse, et dont la

---

(1) Terme du jeu de paume. Chaque degré d'élévation de Rioms est une chasse qu'il gagne.

(2) *Goussaut*, terme de manége. C'est une épithète que l'on donne à un cheval court de reins, qui a l'encolure épaisse et charnue et les épaules grosses. Les chevaux goussauts sont bons pour faire des limonniers. (*Dict. de Trévoux.*)

puissance fut si démesurée, qu'avec tout son orgueil elle l'épousa, et qu'elle étoit sur le point de déclarer ce beau mariage, lorsqu'elle mourut, malgré Madame et malgré M. et madame la duchesse d'Orléans. Il y avoit eu des scènes de toutes les sortes. Le régent étoit entre les extrémités contre Rioms et les misères dont l'ascendant de sa fille sur lui le tenoit enchaîné, et le retour de la campagne du Gusipuscoa, où étoit Rioms, étoit l'époque qui alloit forcer la décision entre les deux, lorsque la mort de madame la duchesse de Berry mit fin à tant de scandale. Madame de Mouchy, confidente banale de tous les désordres de sa maîtresse, l'étoit encore de celui-ci ; c'est ce qui la fit dame d'atours en second, ce qui l'enrichit et qui lui faisoit espérer une plus grande fortune. Elle avoit été élevée auprès de madame la duchesse de Berry, fille d'une de ses femmes de chambre qui étoit sœur de Lardy, premier chirurgien de Monsieur, et le père de madame de Mouchy étoit un Forcadel, parent de celui des parties casuelles. Elle étoit plus piquante que jolie, avec beaucoup d'esprit tout tourné à l'artifice, à la méchanceté, à l'intrigue ; aussi nageoit-elle là en grande eau, et intéressée à merveille. Son mari ne l'étoit pas moins bassement, et à la valeur près, le dernier homme du monde et le plus borné.

Mercredi 3. — Madame la duchesse de Berry donna audience aux ambassadeurs ; on jouera chez elle trois fois la semaine : avant souper un jeu public au lansquenet, et après souper un pharaon pour les dames qui auront soupé avec elle. Madame de Mouchy et M. d'Arpajon ont fait un fonds de 2,000 pistoles pour tenir la banque. M. le duc d'Orléans n'a pas voulu qu'on la tînt pour le public. — M. le duc d'Orléans travailla longtemps l'après-dînée avec M. le cardinal de Noailles. — On mande de Pologne que les troupes moscovites en sortent. — Les lettres qu'on reçoit de l'abbé Dubois sont toutes adressées à M. de Nancré, qui les porte à M. le duc d'Orléans.*

* Cette sorte de correspondance ne marquoit pas grande considération ni confiance pour le maréchal d'Huxelles qui rongeoit son frein amèrement, et le conseil des affaires étrangères se décréditoit tous les jours. Nancré, qui connoissoit son maître, étoit un homme d'infiniment d'esprit, homme de cœur, très-corrompu, d'ambition couverte d'écorce de philosophie, et au demeurant valet à tout faire, qui sentant de loin jusqu'où pouvoit aller l'abbé Dubois, s'étoit livré à lui sans mesure.

Jeudi 4. — Madame vint de Saint-Cloud dîner avec M. le duc d'Orléans, alla aux Carmélites et puis alla dans sa loge, où elle entendit la comédie; le soir elle retourna à Saint-Cloud, où elle restera jusqu'a près la Saint-Martin. — On fera demain la distribution des bénéfices; tout fut réglé hier dans l'audience que M. le duc d'Orléans donna à M. le cardinal de Noailles. — On recommença le soir à jouer chez madame la duchesse de Berry. — M. le comte de Charolois est arrivé à Munich, d'où on dit qu'il reviendra ici tout droit; on parle fort de son mariage avec mademoiselle de Valois, mais il n'y a encore rien de déclaré. Il y a des gens qui croyent qu'avant de revenir il fera un tour en Italie.

Vendredi 5. — On donne l'abbaye de Saint-Riquier à l'évêque de Noyon*;

L'abbaye de la Valasse au prince Frédéric;

L'abbaye de Saint-Maixant à l'abbé de Monaco;

L'abbaye de Saint-Jouin à l'abbé de Bezons;

L'abbaye de Fontfroide à l'abbé de Brissac;

L'abbaye de Saint-Romain de Blaye à l'abbé de Roye;

L'abbaye de Quincay-lès-Poitiers à l'abbé Bertet, aumônier de Madame;

L'abbaye de Belleville à l'abbé Terray;

L'abbaye de Saint-Vincent de Senlis à l'abbé de Fourille;

L'abbaye de Saint-Aubin-les-Bois à l'abbé de Béthune;

L'abbaye de Perrayneuf à l'abbé de Saint-Audiol;

L'abbaye de Notre-Dame des Alleux à l'abbé de Fiennes;

L'abbaye de Saint-Pierre de Melun à l'abbé de Brancas;

L'abbaye de Saint-Sauveur de Blaye à l'abbé du Moustier;

L'abbaye de Callers à l'abbé de Gramont de Lanta;

L'abbaye d'Eaunes à l'abbé Foucault;

L'abbaye de Lanvaux à l'abbé de Luzancy;

L'abbaye de Saint-Gilbert de Neufontaines à l'abbé de Tilly;

L'abbaye de la Nouvelle-Notre-Dame-lès-Gourdon à l'abbé de Hénault ;

L'abbaye de la Châtre, diocèse de Périgueux, à l'abbé de Segonzac ;

L'abbaye de la Châtre, diocèse de Saintes, à l'abbé de Polastron ;

L'abbaye de Tréport à l'abbé de la Châtre ;

L'abbaye de Grosbosc à l'abbé de Jouilhac, chapelain du roi ;

L'abbaye du Mas-d'Azil à l'abbé de Monteil ;

Le prieuré de Bouteville à l'abbé de Nancré ;

Le prieuré de Lanville à l'abbé de Roye.

* Rochebonne, évêque-comte de Noyon, étoit un très-pauvre homme de conduite, d'esprit et de biens ; il n'avoit pas laissé de se comporter bien dans les affaires des ducs, mais quand il fut question de la requête contre les bâtards, il saigna du nez tout plat. Le duc de Saint-Simon n'en pouvant venir à bout, s'avisa enfin de lui promettre une grosse abbaye. L'évêque, qui le connoissoit homme vrai et sûr, se rendit et signa. Saint-Riquier en fut la récompense, et ce ne fut pas sans peine qu'il l'obtint pour ce pauvre prélat.

Samedi 6. — Conseil de régence l'après-dînée. — On a donné à M. l'évêque d'Autun l'abbaye d'Humblières. — Il y a quelques chevaliers de Saint-Lazare qui ont eu des pensions sur les bénéfices qui ont été donnés. — Le maréchal de Tessé reçut une lettre du prince Ragotzki, que nous appellions ici le comte de Saaros. Il lui mande qu'il est arrivé dans l'île de Scyros, qui n'est éloignée que d'environ trente lieues des Dardanelles ; il a essuyé une grande tempête dans sa navigation, et dès que son vaisseau sera raccommodé, il se mettra à la mer et ira descendre à Gallipoli, où il attendra des nouvelles du Grand Seigneur.

Dimanche 7. — Conseil de régence le matin. — Le maréchal de Villars a obtenu l'abbaye de Brantôme pour l'abbé Deshalles, son cousin germain ; cette abbaye est jolie, bien bâtie, mais elle ne vaut que 1,000 écus de rente. — M. le duc de Mortemart, qui a été fâché du règlement qu'a fait M. le duc d'Orléans sur son affaire avec les officiers des gardes du corps, n'a point été chez le roi depuis ce temps-là ; MM. les premiers gentilshommes de la chambre, ses confrères, et lui, travaillent à un mémoire qu'ils veulent présenter à M. duc d'Orléans pour quelque chose qui reste à régler*.

* Jamais tant de disputes, jamais tant d'indécences, et ce manque de respect, poussé jusqu'à laisser le roi au service de ses valets, étoit chose sans exemple et bien étonnante à souffrir.

Lundi 8. — Conseil de régence le matin. — Madame la princesse de Conty, fille du feu roi, revint de Choisy, où elle a passé l'été. — M. le duc de Melun ira tenir les États d'Artois comme lieutenant général de la province, M. le duc d'Elbeuf et M. le prince Charles n'y voulant pas aller cette année. — Pluveau, maître de la garde-robe de M. le duc d'Orléans, a vendu sa charge à M. de Crécy qui lui en donne environ 130,000 francs; M. de Crécy vendra pour payer cette somme la compagnie de gendarmerie qu'il a. On croit même que M. de Pluveau pourra s'en accommoder. M. de Crécy est fils du premier écuyer de M. le duc du Maine. — On dit que M. d'Elbeuf n'a pas voulu aller tenir les États d'Artois cette année et qu'il a prié le prince Charles, son survivancier, de n'y pas aller non plus, parce que M. de Bernage, l'intendant, qui est présentement à Arras, est fort brouillé avec lui ; on est persuadé que cet intendant changera bientôt d'intendance; mais comme la cour est contente de lui, on dit qu'il en aura encore une meilleure.

Mardi 9. — Les quatre premiers gentilshommes de la chambre et les trois survivanciers présentèrent leur mémoire à M. le duc d'Orléans. — Le marquis de la Carte, achète la lieutenance générale du Bas Poitou, dont il donne 30,000 écus; le marquis de Villette avoit cette charge, et quand il fut accusé de s'être battu contre M. de Jonsac, on fit mettre la charge sous le nom du marquis d'Effiat, afin qu'elle ne fût pas en danger d'être perdue. Le marquis de Villette a été depuis tué devant Belgrade, et M. d'Effiat vient de vendre cette charge, et les 30,000 écus qu'elle a été vendue sont redonnés par le marquis d'Effiat à madame de Villette. — Les États de Bretagne se tiendront à Dinant au mois de décembre ; le premier président de cette province étoit d'ordinaire un des commissaires du roi à ces États ; mais comme il paroît qu'on n'est pas content de M. de Brillac, qui en est présentement premier président, on ne le fera point aller à ces États.

Mercredi 10. — Le maréchal de Villeroy travailla longtemps avec M. le duc d'Orléans ; il y demeura jusqu'à deux heures après midi. S. A. R. alla ensuite voir l'épreuve de nouveaux canons pour la marine qu'on prétend qui seront fort légers et d'une grande commodité sur les vaisseaux. — Le courrier qu'on attendoit de Rome est arrivé ; mais on ne dit point encore les nouvelles qu'il apporte. — On dit que M. de Pluveau prend la compagnie de gendarmerie qu'avoit M. de Crécy, et lui en donne encore quelque chose de plus que ce qu'il lui vendoit sa charge de maître de la garde-robe de M. le duc d'Orléans ; ce qu'on dit là que M. de Pluveau prend la compagnie de gendarmerie pourroit bien n'être pas vrai, car on m'a assuré ce soir que le marquis de Cernay, sous-lieutenant de gendarmerie, achète cette compagnie, qui est celle des gendarmes d'Anjou.

Jeudi 11. — Le roi a donné l'évêché de Clermont au P. Massillon, prêtre de l'Oratoire qui l'a accepté. — La duchesse du Lude est considérablement malade ; c'est une femme aimée et honorée de tout le monde et qui seroit universellement regrettée. — M. de Brillac, premier président de Bretagne, ne sera point un des commissaires du roi aux États de Bretagne comme les premiers avoient accoutumé de l'être ; il paroît qu'on n'est pas content de lui et qu'on veut même qu'il donne la démission de cette charge. — M. Couturier[*], dont la santé devient fort mauvaise, a demandé à être déchargé de son emploi, qui demande un grand travail qu'il n'a plus la force de faire; mais on souhaite qu'il ne se défasse point de cet emploi.

* Ce Couturier est un homme, car il vit encore, qui mérite d'être connu en deux mots et qui le fut tout d'une voix et de tout ce qui s'en servit de commis, et de tout ce qui eut affaire à lui de même sorte, et ce qui y eut affaire fut toute la cour et toute la France. Il avoit été petit commis dans les bureaux de finances, et s'y étoit élevé en chef lorsque le roi mourut. M. le duc d'Orléans le prit de chez M. Desmaretz pour travailler immédiatement sous lui pour les pensions et les gratifications, et pour avoir la confiance des dépenses secrètes par ordonnances au-porteur. C'est un homme grossier, juste, droit, sans fard et sans adresse, exact au dernier point, d'une fidélité à toute épreuve, d'un désintéressement pareil, touché du mérite, des services, des besoins, ennemi des profusions et des dons déraisonnables, et qui, sans jamais sortir de sa modestie et de son état, avoit acquis par estime et par confiance la liberté de tout dire en ce genre au régent, a servi utilement bien des gens dont plusieurs ne l'ont su que longtemps après ou même l'ignorent encore et a bien arrêté des grâces déplacées. Il ne dépendoit que du régent, ne travailloit que sous lui, et ne rendoit compte qu'à lui. Il est sorti enfin de place à force d'en presser, et de l'être lui-même par la goutte et par ses infirmités, aussi peu riche qu'il y étoit entré et avec peu de récompense parce qu'il n'en voulut pas davantage, et ne fut jamais marié. Du reste bon parent, bon ami, le patron des pauvres et des gens de bien, très-homme de bien lui-même, et plein de bonnes œuvres même en place, et depuis, tout occupé de son salut, retiré dans sa famille avec un esprit médiocre, un sens droit, et le cœur excellent et pur, et dans un état très-médiocre; il est difficile d'acquérir autant d'estime et de considération qu'il a conservée entière hors de place.

Vendredi 12. — M. l'évêque de Nimes* a ordre de s'en aller dans son diocèse; on prétend qu'il a écrit des lettres en Espagne et en Portugal, où il parloit avec trop de force en soutenant la Constitution. — Crozat le cadet paye les bulles du P. Massillon. — La comtesse de Soissons est à l'extrémité. — Le roi d'Espagne est revenu à Madrid de l'Escurial, où il a eu de grands accès de fièvre et des vapeurs mélancoliques très-violentes**; il y a fait son testament, et la reine ne permettoit pas que personne entrât dans sa chambre. Le marquis de Villéna, qu'on appelle quelquefois le duc d'Escalone, qui est grand maître de la maison du roi, a voulu entrer dans sa chambre malgré les défenses de la reine, qui l'a trouvé très-mauvais, et il a été exilé à trente lieues de Madrid; on dit que le comte de Saint-Istevan de Gormas, son fils, quittera sa charge et suivra son père.

* La Parisière, évêque de Nîmes, avoit été pigeon privé du P. Tellier, tout au commencement de l'affaire de la Constitution. Il éclata contre, pour s'attirer la confiance de ceux qui s'y vouloient opposer, savoir sur qui on pouvoit compter, de qui se défier, et tirer tout ce qu'il put d'eux sur leur conduite et leurs liaisons. Il poussa les choses si loin, pour être mieux instruit à fond, que, de concert avec le P. Tellier, il eut défense par une lettre de cachet d'aller aux États de Languedoc. Son manége ayant suffisamment réussi pour n'avoir plus besoin d'être poussé davantage, il fit semblant d'avoir ouvert les yeux à la vérité par la disgrâce, et se rétracta en pleine chaire dans sa cathédrale. Il ne tarda pas à venir à Paris, où il fut des plus ouvertement abandonnés à tout ce qu'il plut au P. Tellier, qui ne cacha plus toute la confiance qu'il avoit en lui, parce que la pleine découverte de la perfidie de la Parisière avoit aussi pleinement été mise au net. Ce prélat se trouva fort en peine au commencement de la régence, mais il reprit courage en même temps que ceux à qui il s'étoit livré, et peu à peu recommença à figurer avec eux. Ce fut de lui dont ils se servirent pour ce qu'eux-mêmes n'osèrent encore faire, et qui devint l'enfant perdu, pour écrire dans les pays étrangers, et s'en approvisionner de témoignages qui pussent éblouir et faire accroire que tous les évêques et toutes les universités étrangères pensoient comme lui et comme ceux qui l'employoient pour la Constitution. Cet éclaircissement conduit à un autre qu'on a su d'original longtemps après. En 1721, le duc de Saint-Simon alla ambassadeur extraordinaire en Espagne pour le mariage du roi avec l'infante, et pour celui de la reine douairière d'Espagne, fille de M. le duc d'Orléans, qui est maintenant à Paris. Il fit la connoissance très-particulière avec don Diègue d'Astorga y Cespedes, archevêque de Tolède, qui fut depuis cardinal (1) et qui résidoit presque toujours à Madrid, qui est de son diocèse. Ce prélat qui étoit savant et qui donnoit presque tout aux pauvres, fatigué de la contrainte d'un interprète, proposa au duc de Saint-Simon de s'entretenir en latin pour s'en défaire, et celui-ci l'accepta au péril des solécismes. Étant

---

(1) En 1727.

tombé sur la matière de la Constitution, qui faisoit toujours grand bruit, l'archevêque s'en expliqua fort franchement et d'une manière fort peu favorable. Le duc, surpris de ses sentiments dans un pays si dévoué à la cour de Rome, le lui témoigna, et voyant que le prélat s'y étendoit de plus en plus, il lui opposa les témoignages reçus par M. de Nîmes que nos cardinaux du même parti avoient tant fait valoir; alors l'archevêque, regardant tristement le duc, et soupirant avec amertume : « Ah, Monsieur, lui dit-il, que vos évêques conservent précieusement et jalousement les heureuses libertés de votre Église gallicane et se préservent tant qu'ils pourront de l'esclavage sous lequel nous gémissons. Qui d'entre nous oseroit répondre autrement que nous avons fait à M. de Nîmes sans s'exposer à être menés pieds et poings liés à Rome, et à y mourir dans les prisons de l'Inquisition comme il est arrivé de nos jours à l'évêque de............, sur une autre matière où ils n'ont osé résister? Est-il possible, continua-t-il, que cela s'ignore en France, et qu'on y puisse faire le moindre fonds sur nos témoignages que nous arrache malgré nous l'excès de notre servitude passée en loi! Savez-vous que sans ce cas extraordinaire, il n'est plus permis à aucun évêque d'Espagne ni de Portugal de dire un seul mot sur ce qui vient de Rome; nous serions sévèrement punis, même d'oser y donner notre consentement et notre approbation : on nous accuseroit d'attenter, de nous ériger en juges. Il faut adorer en silence et nous taire pour éviter jusqu'aux apparences d'un crime irrémissible, et sur lequel Rome est si délicate à notre égard, que rien de ce qui en émane sur la doctrine ne nous est adressé. Tout en ce genre l'est aux inquisiteurs; ils le publient par des ordonnances qu'ils font à notre insu et que nous n'apprenons que par les voir affichées aux portes de nos églises. C'est là toute la publication qui s'en fait, et qui est censée reçue par un respectueux silence. Ah! Monsieur, ajouta-t-il encore avec émotion en prenant les mains au duc, vous voyez toute ma confiance puisque si de mon vivant vous laissiez échapper un mot de ce que je vous dis ici, je serois perdu sans ressource; mais pour Dieu et pour la religion, que vos évêques ne se laissent pas pousser dans l'anéantissement où l'épiscopat est tombé ici et où Rome le voudroit jeter partout. » M. de Saint-Simon a gardé la plus exacte fidélité à l'archevêque de Tolède tant qu'il a vécu, mais depuis qu'il a su sa mort il s'est dédommagé de son silence, et a souvent raconté à ses amis un fait si décisif et si curieux.

** Dangeau passe ici légèrement sur la maladie du roi d'Espagne et sur la disgrâce de M. de Villéna. Il pouvoit avoir ses raisons pour en user ainsi; soit ignorance dans la situation où il se trouvoit alors, soit partialité pour le cardinal Albéroni, que les ennemis du régent élevoient au pinacle et en qui dès lors Pompadour pouvoit avoir commencé de jeter ses espérances par ce qui éclata quelque temps après; mais l'un et l'autre sont assez curieux, bien qu'étrangers à nous, pour mériter place en ces notes. Albéroni, petit compagnon à la suite de M. de Vendôme en Espagne et encore après sa mort, quoique devenu résident de Parme qui étoit un État bien léger, avoit eu le temps d'y contempler le règne de la princesse des Ursins et les moyens dont elle se servoit pour y perpétuer par elle-même cette absolue domination qu'elle avoit acquise par la feue reine. Devenu le maître à son tour, sourdement d'abord par la reine d'aujourd'hui et pour la subite expulsion de madame des Ursins, et dont la manière fut si étrange, il avoit conduit la reine par le même chemin que cette femme avoit pris, et peu à peu avoit réduit le roi à la plus grande solitude, à mesure qu'il étoit monté en crédit. Il y étoit cependant demeuré des exceptions dont la princesse n'avoit pu entièrement se défaire, mais dont sa puissance si ancrée et ses jalouses précautions ne lui laissoient rien à craindre, et ces exceptions qui tourmentoient le nouveau cardinal Albéroni, il s'en voulut défaire dès qu'il se vit sous l'abri de la pourpre. Jusque-là, il avoit su gouverner le roi par la reine, et par elle le mettre comme en prison; par cette conduite imitée de la princesse des Ursins, il avoit, comme elle, fait coup double, et mis en prison la geôlière, qui s'y soumettoit pour y retenir le prisonnier. Ç'avoit été une nécessité de moyen dans madame des Ursins, mais sans crainte de la feue reine à son égard, au lieu qu'Albéroni, qui appréhendoit tout, mouroit de peur que la reine ne lui échappât et le roi avec elle. Il saisit donc l'occasion de la maladie du roi, dont les progrès furent lents et qui ne parut assez longtemps que comme des vapeurs d'ennui et de tristesse que sa réclusion étoit bien capable de lui causer enfin, et il s'en servit pour flatter le roi dans sa mélancolie et le séquestrer de ce très-petit nombre de seigneurs que les fonctions de leurs charges en approchoient en certains moments. Il anéantit ainsi toutes celles du grand maître pour l'intérieur, et entièrement celles des gentilshommes de la chambre et du somelier du corps qui est le grand chambellan, et de tout ce qui servoit sous leurs ordres. Il ne laissa approcher du roi que quatre valets, son médecin, son chirurgien et son apothicaire dont on ne pouvoit se passer; le grand maître de la reine qui s'appelle comme celui du roi, majordome-major, qui étoit le marquis de Santa-Cruz, qui l'est encore et chevalier de la Toison et du Saint-Esprit longtemps depuis, et pour qui la reine a toujours eu une amitié et une confiance distinguée, et le grand écuyer du roi qui l'est encore aujourd'hui et qui est depuis devenu aussi chevalier de la Toison et du Saint-Esprit; c'est le duc de l'Arco, un des plus honnêtes hommes et des plus aimables d'Espagne, favori du roi de tout temps, mais modeste, désintéressé quoique fort magnifique, et qui ne s'est jamais voulu mêler de rien. Cette dernière qualité, l'amitié intime qui a toujours été et qui dure encore entre

Santa-Cruz et lui, et la difficulté de l'ôter au roi le maintinrent dans cette intrinsèque au grand déplaisir d'Albéroni, sous lequel il n'a jamais voulu ployer en aucun temps, avec qui aussi il fut toujours mal et à qui aussi il n'insulta pas à sa disgrâce, ce qui fut très-rare alors. Ces deux seigneurs étoient aussi gentilshommes de la chambre du roi et en firent seuls tout le service à l'exclusion totale de tous les autres et du somelier même, qui est leur supérieur en tout par sa charge; qui demeura sans entrées et sans aucunes fonctions; et pour exclure le grand-maître du roi de cet intérieur, il fut déclaré qu'il ne mangeroit plus que de chez la reine, et depuis cette époque les choses sont demeurées ainsi, sans qu'il y ait eu aucun autre changement, sinon que Santa-Cruz et l'Arco étant devenus infirmes longues années après, deux autres gentilshommes de la chambre leur ont été ajoutés pour les soulager et suppléer. Dans les suites, après la disgrâce d'Albéroni, la reine ennuyée de sa prison et d'un éternel tête-à-tête jour et nuit, auroit bien voulu s'élargir, et en a hasardé quelquefois des tentatives; mais l'habitude que le roi a contractée de ce genre de vie a toujours prévalu, et c'est ce qui a fait que toutes les affaires ont toujours depuis passé de l'un à l'autre entre les mains d'un seul, et que le roi et la reine sont nécessairement demeurés tous deux entièrement inaccessibles. Voilà pour la maladie et l'enfermerie étroite du roi et de la reine d'Espagne; venons maintenant à la disgrâce du marquis de Villéna dans cette même maladie.

Elle étoit devenue fort considérable et au point alors qu'on ne savoit quel en seroit l'événement; Villéna, majordome-major du roi, c'est-à-dire le vieillard de toutes les Espagnes le plus vénérable et le plus respecté pour sa vertu, son savoir, ses signalés services, sa dure captivité qui lui avoit estropié les jambes par ses fers à Pizzighitone, par les premiers et les plus importants emplois de la monarchie, par sa dignité, sa naissance, ses alliances, enfin par la supériorité de sa charge, Villéna, dis-je, qui avoit souffert patiemment ce qu'il n'avoit pu empêcher, s'étoit conservé, de tant de débris, la liberté d'entrer quelquefois chez le roi, de savoir de ses nouvelles et de l'envisager des instants; ces instants mêmes, tout mesurés qu'ils étoient, fatiguèrent le cardinal, qui, ne voulant pas s'arrêter en si beau chemin pour exclure entièrement un homme de ce poids, défendit de ne le plus laisser entrer. Il arriva, deux jours après, que Villéna se présenta à la porte du grand salon, qu'on appeloit des Miroirs, où le roi donnoit ses audiences particulières avec la reine, et dans lequel on avoit tendu un petit lit tout dans le fond et vis-à-vis de la porte du petit salon qui étoit entre celui-là et le salon des grands, et il n'y avoit que cette porte d'entrée dans l'appartement intérieur pour le dehors. Villéna gratte, la porte s'entr'ouvre, un des quatre valets intérieurs lui dit qu'il ne peut entrer. Villéna insiste et le valet allègue la défense précise faite pour lui. «Cela ne se peut,» répliqua Viléna, le pousse et entre. Le cardinal, qui, d'auprès du chevet du roi, où il étoit avec la reine, vit entrer de la sorte le marquis, fait signe à Santa-Cruz de lui aller dire de sortir, qui n'en voulut rien faire. Là-dessus le cardinal s'avance à lui vers le pied du lit pour le persuader, mais Santa-Cruz fut trop avisé pour s'y commettre. Le cardinal en colère en prit la commission, et en trois ou quatre pas eut joint le marquis, qui pendant ces colloques s'étoit toujours avancé. Le cardinal lui dit que le roi ne vouloit voir personne, et n'étoit pas même en état de cela, et qu'il feroit bien de s'en aller sans s'avancer davantage; l'autre froidement lui répondit, que cela pouvoit être pour tout autre que pour lui, et ne s'arrêtoit point. Le cardinal répliqua ferme, et l'autre gravement qu'il se méprenoit puis qu'il s'oublioit. Le cardinal outré de colère le prit par l'épaule, disant qu'il le feroit bien sortir, et dans ce débat, comme ce vieillard poussé étoit mal sur ses jambes estropiées, il tomba et heureusement pour lui dans un fauteuil qui de hasard se trouva là. Alors furieux, il lève son petit bâton qui l'aidoit à marcher : «Insolent petit coquin, dit-il au cardinal, je t'apprendrai bien que c'est à toi de sortir », et le lui laissa tomber doucement sur les épaules et sur les oreilles tant qu'il eut de force, et sans que le cardinal, de saisissement et de surprise, se défendît aucunement que de parer des coudes et des mains. Dans le moment, les quatre valets s'approchèrent, et Santa-Cruz et l'Arco, riant sous cape, se hâtèrent de les joindre; l'un accrocha le cardinal après s'être mis entre deux; les valets aidèrent au marquis à sortir du fauteuil, qui menaçant encore le cardinal de sa canne, lui dit que sans le respect de la présence et de l'état du roi, il lui donneroit cent coups de pieds dans le ventre et le mettroit dehors par les oreilles; l'autre seigneur l'emmena vers la porte, et lui persuada de s'en aller. La reine avoit vu tout cet étrange combat et le roi l'avoit pu voir de même; mais il étoit trop mal et ne s'étoit aperçu de rien. Un quart d'heure après, Viléna reçut ordre de sortir de Madrid et de se retirer dans ses terres, ce qu'il exécuta le lendemain matin. Son fils aîné, comte de Saint-Estevan de Gormaz, premier capitaine des gardes du corps, le suivit et toute sa famille; et la plupart de ce qu'il y avoit de plus considérable accourut chez lui avant son départ. On peut juger quel bruit fit cette affaire. Albéroni toutefois en demeura si effrayé, que, content de l'exil et de s'être défait du marquis, il eut honte ou crainte de passer jusqu'aux censures pour en avoir été frappé. Il le laissa cinq ou six mois éloigné, puis le fit revenir, sans que le roi ait jamais su un mot de cette aventure, ni de l'exil, ni du retour, tant qu'Albéroni est demeuré en Espagne. Outre que celui qui écrit ces notes a su cette histoire, telle qu'elle est ici racontée, de toute l'Espagne, il l'a encore apprise de Viléna lui-même toute semblable, qui la lui conta avec plaisir, et qui étoit la vérité même. Il n'en coûta que ce voyage au père et au fils, qui étoit gendre de la comtesse d'Altamire, camerera-mayor de la reine et sur un pied de distinction, et qui, chose infiniment rare en Espagne, a succédé, à la mort de son père, à sa charge de grand maître. Albéroni se replâtra avec lui, mais n'en put jamais venir à bout avec le père, dont la considération dans le public augmenta encore par cette action.

Dimanche 13. — Conseil de régence le matin. — On parle de M. des Forts et de M. d'Ormesson, beau-frère de M. le chancelier, pour l'emploi dont on avoit chargé M. Couturier, mais il y a d'autres gens qui croient que cet emploi-là ne sera point donné à des gens si considérables, et qui disent qu'on songe à la Blinière. — Madame la comtesse de Soissons * mourut à midi; elle n'a qu'un fils et une fille : le fils est richement marié en Allemagne, et le prince Eugène, par son testament, l'a nommé son héritier; la fille est dans un couvent à Turin; le roi de Sicile lui donne 6,000 écus de pension et lui envoie souvent des carrosses pour la mener à la cour. Madame la comtesse de Soissons étoit fort mal dans ses affaires; elle étoit venue ici de Lyon depuis quelque temps, et M. le duc d'Orléans lui faisoit donner quelque gratification de temps en temps. M. le comte de Soissons, son mari, l'avoit épousée par amour; elle étoit fille d'honneur de Madame, et s'appeloit mademoiselle de Beauvais.

* On a vu en son temps, dans ces notes et lors du mariage du comte de Soissons, qui et quelle étoit cette comtesse de Soissons. J'ai peine à comprendre comment Dangeau a pu s'être mépris sur un fait de son temps; j'en ai encore plus à me persuader que Monsieur eût souffert que la bâtarde, bien avérée (1) telle, d'un écuyer de M. le Prince, et sans voile aucun sur sa naissance, fut fille d'honneur de Madame, je dirois même quand elle eût été légitime, vu l'état de son père, quoique ces MM. de la Cropte soient gens de bonne et ancienne noblesse, et

(1) Voyez à la fin du tome II des *Mémoires de Saint-Simon*, publiés par M. Chéruel, édition in-12 la note rectificative remise à M. le duc de Saint-Simon par M. le comte de Chantérac. Elle établit qu'Uranie de la Cropte-Beauvais était fille légitime de l'écuyer de M. le Prince et de Charlotte Martel.

qu'une la Cropte étoit mere de la trop fameuse Limeuil, de même maison que MM. de Bouillon d'aujourd'hui, et qui en conviennent parce qu'ils ne le peuvent nier, laquelle étoit fille d'honneur de Catherine de Médicis, employée par elle, pour amuser et pomper le prince de Condé qui fut tué à Jarnac, et qui fut honteusement chassée, non pour avoir eu un enfant de lui, mais pour avoir si mal pris ses mesures, qu'elle le mit au monde à Lyon dans la garde-robe de cette reine avec le scandale et le bruit qu'il est aisé d'imaginer.

Lundi 14. — Conseil de régence le matin et l'après-dînée, où l'on parla sur l'affaire qu'il y a entre M. d'Elbeuf comme gouverneur de l'Artois, et le duc de Boufflers comme gouverneur de Flandre. Il s'agit du pays de l'Alleu; l'affaire n'est pas de grande importance, mais elle est très difficile; et M. d'Antin qui la rapporta parla trois-heures le matin et trois heures l'après-dînée. On vient de me dire qu'on avoit jugé que le militaire demeureroit au gouvernement de Lille et la justice et le pécuniaire à l'Artois; la maréchale de Boufflers ne demandoit pour son fils que ce qui a été jugé, comme en avoit joui le maréchal de Boufflers et le maréchal d'Humières avant lui et ce qui étoit porté dans leurs provisions*. — M. le comte de Clermont fut baptisé sur les sept heures du soir; le roi fut le parrain et madame la duchesse de Berry la marraine; la cérémonie se fit dans la chapelle des Tuileries, et les dames de la cour étoient fort parées (1).

* Un tour d'adresse que celui qui écrit ces notes a su d'original même, au temps qu'il s'est fait, amusera ici un moment et donnera idée de quelques-uns des personnages d'alors. M. d'Elbeuf, qui étoit l'homme du monde le plus pillard, le plus avare, et qui tiroit le mieux sur le temps de cette régence pour dominer et rapiner dans son gouvernement de Picardie et d'Artois, muguettoit ce petit pays de l'Alleu pour le joindre à son gouvernement et le détacher de celui de Flandre, dont il avoit toujours été. Pour y parvenir sans embarrasser le régent d'une décision entre lui et le petit duc de Boufflers, gouverneur de Flandre, dont la famille eût fort crié contre ce dépouillement, il fit entreprendre un procès par les États d'Artois contre ceux de Lille pour

(1) Cette cérémonie n'eut lieu que le lendemain 15 novembre.

démembrer d'eux ce petit pays, et le faire être des États d'Artois. Le procès et sa question seroient ici inutiles et déplacés, quoiqu'il s'y soit passé une chose également curieuse et caractérisante, mais qui pour l'être trop, pourroit faire tomber en méprise également fâcheuse et fausse sur un personnage très-principal et qui est encore à présent en place principale. M. d'Elbeuf, qui, en gagnant le point des États, comptoit que celui du gouvernement en seroit une suite nécessaire et sans bruit, se garda bien de se montrer autre que simple protecteur de la cause des États d'Artois, et par là crut écarter tout soupçon sur ce qu'il méditoit. La maréchale de Boufflers en prit toutefois, et n'en fut pas la dupe, mais son embarras fut de le parer. Elle en parla au duc de Saint-Simon, qui étoit de ses amis et qui l'avoit toujours été intime de son mari jusqu'à sa mort. Celui-ci lui proposa d'en faire prévenir M. le duc d'Orléans, et par son frère, avec le crédit que lui donnoit sa charge de colonel du régiment des gardes, ou par elle-même, si connue du régent. Elle ne voulut pas le dernier et ne se tint pas assez sûre de l'autre, et ne crut pas trop encore devoir se confier en l'expédient en lui-même : c'étoit pourtant à deux jours du jugement. Lorsqu'on fut assis au conseil de régence, et que d'Antin, comme président du conseil des affaires du dedans, voulut ouvrir la bouche pour commencer le rapport, Saint-Simon le pria qu'il pût dire un mot auparavant; puis, se tournant au régent, lui dit qu'avant de rapporter cette affaire, il étoit nécessaire de savoir si elle n'étoit qu'entre les États des deux provinces; si les deux gouvernements n'y étoient point parties, et s'ils ne prétendoient rien l'un sur l'autre, parce qu'en ce cas, plusieurs de ceux qui se trouvoient actuellement assemblés ne pourroient être juges, lui par exemple, cousin issu de germain de M. d'Elbeuf, M. d'Antin rapporteur, cousin germain du même, et ainsi de quelques autres. M. le duc d'Orléans trouva le préalable raisonnable. Il demanda à d'Antin s'il n'y avoit rien des gouverneurs, et lorsque cela fut bien répété par d'Antin et bien constaté qu'il n'y avoit rien des gouverneurs, ni comme prétendant rien, ni comme parties, M. de Saint-Simon se tournant encore vers le régent dit que puisque les choses étoient ainsi, il seroit donc à propos qu'il plût à S. A. R. qu'il demeurât réglé que, quelle que fût la décision de l'affaire, elle ne pourroit rien influer sur les gouverneurs ni leurs gouvernements, lesquels demeureront toujours tels qu'ils sont aujourd'hui, et le pays de l'Alleu sous celui de Flandre et faisant toujours partie d'icelui. Le régent, qui n'étoit point au fait par rapport à cette précaution, la prit aisément pour une suite de la précédente, et n'y trouva pas de difficulté. Il regarda le conseil, qui tout entier approuva indifféremment par une inclination de tête, et à l'instant Saint-Simon reprit que puisque cela avoit passé, il falloit donc le faire écrire par d'Antin sur le procès même, et par la Vrillière sur le registre du conseil de régence, afin que cela demeurât décidé ». D'Antin regarda le régent, qui répondit : « à la bonne heure, » et d'Antin et la Vrillière l'écrivirent sur-le-champ. Au sortir du conseil, Saint-Simon trouva chez lui la maréchale de Boufflers qui l'attendoit bien en peine. Il lui dit que les États d'Artois avoient gagné, mais que M. d'Elbeuf, avoit perdu, et là-dessus lui compta son innocente mais prévoyante ruse. Elle n'avoit pas été inutile. Dès le lendemain, M. d'Elbeuf qui l'ignoroit, demanda au régent de détacher le pays de l'Alleu du gouvernement de Flandre, et de le réunir à celui d'Artois, comme une suite naturelle et de droit de ce qui avoit été jugé sur les États. M. d'Orléans se trouva embarrassé ; Elbeuf le pressa, et apprit ce qui s'étoit passé ; il cria si haut qu'il ébranla le régent, et alla faire grand bruit chez d'Antin et chez la Vrillière, dans l'espérance de les étourdir et de l'emporter après de M. le duc d'Orléans. Tout aussitôt la maréchale, qui étoit alerte, fut avertie, vint crier à son tour, et comme l'écrit étoit pour elle et fait en plein conseil, M. d'Elbeuf tempêta en vain, et le pays de l'Alleu demeura du gouvernement de Flandre, dont il est encore aujourd'hui.

Mardi 15. — Il y a un nouveau bureau pour examiner les comptes des gens qui ont été dans les affaires extraordinaires, pour voir ce qu'ils prétendent qui leur est dû par le roi et ce qu'ils doivent aux particuliers. M. de Caumartin est chef de ce bureau ; c'est chez lui qu'on s'assemble, et il commença hier à se tenir. — Hier à la maison de ville on commença à brûler quelques billets d'État de ceux qui ont passé par les débouchés qu'on a proposés ; on n'en brûla que pour 2,500,000 livres, mais il y en a pour trente-cinq millions à quoi on va travailler ; il y a un ordre dans cela qu'il faut observer et qui ne laisse pas de demander beaucoup de travail. — Le duc de Richelieu est assez considérablement malade ; on l'a saigné, et on ne lui a tiré que du pus. Sa grande jeunesse pourra le tirer de là.

Mercredi 16. — Madame la duchesse de Berry se trouva mal dès hier au soir, et elle a été saignée du bras et du pied ; il lui a paru quelques rougeurs à la gorge et au visage, et elle a mandé à M. duc d'Orléans qu'elle le prioit de ne point venir chez elle; cependant M. le duc d'Orléans et madame la duchesse d'Orléans y ont été cette après-dînée, et on espère que ce ne sera qu'une ébullition, ou tout au plus la petite vérole volante. — Bernard avoit acheté de M. le prince de Tingry la terre de Grosbois; le comte d'Évreux avoit été en marché de cette terre, et Bernard présentement lui cède son marché, qui va à plus de 280,000 livres. — L'appel au concile de M. le cardinal de Noailles est imprimé; il assure que cette impression s'est faite à son insu.

Jeudi 17. — Le roi, il y a quelques jours, rendit un ver assez long et se porte encore mieux depuis ce temps-là; il a même encore meilleur visage qu'il n'avoit. — Madame la duchesse de Berry est beaucoup mieux qu'elle n'étoit hier. — Le marquis de Créquy a été nommé par les États d'Artois député de la noblesse; M. de Mouchy prétendoit fort à cette nomination et y étoit fortement appuyé par la recommandation de madame la duchesse de Berry; cet emploi vaut vingt francs par jour durant leur députation, qui n'est que pour un an. — On envoie M. de Bernage, intendant en Languedoc. On avoit fort parlé de M. d'Angervilliers pour cet emploi; mais il a mieux aimé demeurer en Alsace. On envoie M. Meliand à l'intendance de Picardie et d'Artois, et l'intendance de Lyon, qu'avoit M. Meliand, est donnée à M. Pouletier, qui a été intendant des finances.

Vendredi 18. — Madame revient demain de Saint-Cloud et n'y retournera point de tout l'hiver. — On prend demain le deuil pour la mort de madame la comtesse de Soissons; le roi ne le portera que huit ou dix jours*. — L'affaire du marquis de la Fare, pour le régiment de Normandie, qu'on lui avoit offert il y a déjà longtemps, est enfin terminée, et on lui en expédie les provisions. Il ne payera point les 10,000 écus qu'on vouloit qu'il payât, et on donne au chevalier de Belle-Isle une pension de 1,000 écus, et en attendant qu'il y ait un bénéfice vacant, sur lequel on mettra cette pension, M. le duc d'Orléans la lui fera payer. — Mademoiselle de Charolois a la fièvre depuis quelques jours, et on craint qu'il n'y ait du venin.

_{* Ce deuil fut trouvé fort étrange, et le feu roi n'avoit pas accoutumé de le porter de ses sujets, excepté des princes de son sang, encore moins de sujets révoltés comme l'avoit été le comte de Soissons, mari de cette dame; mais tout s'avilissoit et tout tendoit en bas avec une rapidité surprenante.}

Samedi 19. — Le roi prit le deuil. — Madame revint de Saint-Cloud. — Il y eut conseil de régence l'après-dînée. — M. le duc d'Orléans va se mettre dans les remèdes pour ses yeux ; il y a un prêtre de Ruel qui entreprend de le guérir, et on lui a déjà fait faire beaucoup d'expériences de maux aux yeux, qui ont réussi. — Le duc de Saint-Aignan et la Fare sont déclarés brigadiers : le duc de Saint-Aignan de cavalerie, et du jour qu'il a vendu son régiment au fils de M. de Saint-Simon ; la Fare, brigadier de dragons, du temps qu'il devoit avoir la charge de mestre de camp général des dragons, et brigadier d'infanterie présentement, du jour qu'on lui a donné le régiment de Normandie. Le maréchal de Villars, président du conseil de guerre, n'est pas trop content qu'on fasse des brigadiers sans lui en parler ; mais il est assez sage pour ne se point plaindre.

Dimanche 20. — Il y eut conseil de régence le matin. — Mademoiselle de Charolois a la petite vérole. — Madame la princesse de Conty, la mère, a la fièvre continue avec des redoublements, mais elle n'est pas violente. — Les dernières nouvelles qu'on a reçues de Madrid sont du 7 de ce mois. Elles arrivèrent samedi au soir ; elles portent que S. M. C. n'a plus de fièvre, mais qu'il lui reste des vapeurs mélancoliques, qui l'avoient obligé, pendant qu'il étoit à l'Escurial, de faire son testament ; il est un peu soulagé de ces vapeurs à présent, et compte de sortir dans deux ou trois jours et d'aller à la chasse ; on mande même qu'il commence à rengraisser un peu.

Lundi 21. — Il y eut conseil de régence le matin comme

à l'ordinaire ; mais M. le duc d'Orléans n'y alla point, parce qu'il s'est fait saigner pour commencer ses remèdes. — Il paroît par les nouvelles qu'on a de Pologne que les troupes moscovites ne sont point encore sorties de ce pays-là ; les Polonois ont envoyé au roi Auguste, qui est en Saxe, pour le prier de renouveler ses instances auprès du czar qu'il fasse exécuter les ordres qu'il avoit promis de donner à ses troupes d'évacuer la Pologne et la Lithuanie. — On mande de Suède que le roi est revenu à Lunden, qu'il n'a fait aucune entreprise considérable sur la Norwège, et qu'on parle toujours en ce pays-là de la paix du nord. On est fort content ici du comte de la Marck, notre ambassadeur dans cette cour-là, et le roi de Suède lui témoigne beaucoup d'amitié et le traite avec beaucoup de distinction.

Mardi 22. — M. le duc d'Orléans alla au conseil de finances, et il ira pendant quelque temps à ces conseils-là les mardis, où l'on examine présentement les comptes des gardes du trésor royal. — La petite vérole de mademoiselle de Charolois va fort bien. — On continue à brûler quelques billets d'État, et on dit qu'on en porte considérablement à la compagnie d'Occident, et qu'il y en a à cette heure pour trente millions. — M. Dacier, garde du cabinet des livres du roi, ce qui lui donne un logement dans le Louvre, a obtenu un brevet de 10,000 écus sur sa charge pour sa femme, qui est une femme illustre par l'esprit et la science ; elle est fille du fameux Tanaquil le Fèvre, qui étoit le plus savant homme de son temps.

Mercredi 23. — M. le duc d'Orléans prit médecine, qui ne l'empêcha pas de donner beaucoup d'audiences le matin et l'après-dînée ; il commencera demain à faire le remède pour ses yeux. Chirac a fort examiné ce remède ; il croit qu'il ne peut pas être dangereux, mais il est fort douloureux. — Le duc de Richelieu est hors de danger. — Madame la duchesse de Berry, qui est tout à fait guérie, est venue à la comédie, au Palais-Royal. On a changé le jour de la comédie françoise au Palais-Royal, et ce sera les mercredis au lieu que c'étoit les jeudis. — Le comte d'Egmont épousa mademoiselle de Duras; il eut ce jour-là quatorze ans accomplis. La noce se fit chez le duc de Mazarin. — M. le duc d'Orléans alla à la comédie dans la loge de madame de Berry.

Jeudi 24. — M. le duc d'Orléans fit son remède pour ses yeux; il souffrit beaucoup moins et moins longtemps qu'il ne pensoit; il dit même à Madame qu'il n'avoit guère eu plus de douleur que quand il entre un peu de tabac dans l'œil. On lui ôta le pansement à quatre heures et il travailla ensuite avec M. le duc de Noailles et M. le Blanc. — Madame la duchesse de Berry alla à l'Opéra; Madame y alla aussi. — L'affaire des premiers gentilshommes de la chambre contre le maréchal de Villeroy, comme gouverneur du roi, s'aigrit fort. Pas un des quatre ni des trois survivanciers ne vont plus chez le roi; ils ont présenté un mémoire à M. le duc d'Orléans sur cette affaire, et le mémoire a paru un peu trop fort à M. le duc d'Orléans, qui n'y a fait aucune réponse jusqu'ici.

Vendredi 25. — M. le duc d'Orléans se trouve fort bien du remède qu'il fit hier; il dit qu'il voit beaucoup mieux; il n'a qu'un taffetas vert devant l'œil et travaille à son ordinaire. Il a écrit à M. le cardinal de Rohan par un courrier du cabinet qu'il lui envoie; il lui mande de revenir incessamment; il lui a fait écrire en même temps par le prince de Rohan, son frère, pour lui mander qu'il aura lieu d'être content de son voyage. — Il y a des nouvelles qui portent que l'impératrice est grosse; l'ambassadeur de l'empereur en a eu des lettres de Vienne, mais comme elles ne sont ni des ministres ni de gens bien considérables, il croit que cette nouvelle n'est pas sûre. — On parle du mariage de mademoiselle de Florensac, qui aura 100,000 écus de bien, avec le marquis de la Baume de Montrevel, de Franche-Comté.

Samedi 26. — Il y eut conseil de régence, mais M. le

duc d'Orléans, à qui on a défendu de prendre l'air pour quelques jours et de sortir, n'y alla pas; son œil va de mieux en mieux ; il est un peu enflé et un peu rouge. L'homme qui lui a donné, assure qu'il n'aura point besoin d'en remettre et compte qu'il est guéri. —Le duc de la Force aura la direction des affaires de finances qui regardent les pays d'États et le clergé. — Le changement de l'intendant en Languedoc, Picardie et Lyonnois n'est pas encore entièrement réglé. — Il y a des gens qui représentent à M. le duc d'Orléans que le département qu'il veut donner à M. le duc de la Force leur est préjudiciable, et on croit que cela pourra bien apporter quelque changement à la disposition qu'on avoit faite (1).

Dimanche 28. — Conseil de régence le matin chez M. le duc d'Orléans. Son œil va toujours de mieux en mieux; madame la duchesse de Berry vint dîner au Palais-Royal avec lui. — Madame alla l'après dînée aux Carmélites, où elle permit à la duchesse d'Aremberg, qui ne l'avoit point encore vue, de la venir saluer; elle avoit permis la même chose, la semaine passée, à la comtesse de Konigsegg, femme de l'ambassadeur de l'empereur, lequel n'a point encore fait son entrée ; ainsi elle ne peut pas être reçue en cérémonie. — Il y a quelques changements dans ce qui avoit été réglé pour M. le duc de la Force, dont on ne sait pas encore le détail, mais il est certain qu'on lui a promis qu'on lui donneroit quelque direction dans les finances.

Lundi 29. — Il n'y eut point de conseil de régence. Il y eut conseil de marine chez M. le comte de Toulouse à l'ordinaire; le maréchal de Villeroy, le duc de Noailles et quelques autres du conseil de finances y devoient être, mais le duc de Noailles se trouva mal, et a fait différer cette assemblée-là. — On mande de Madrid que le roi d'Espagne se porte de mieux en mieux ; la reine est grosse

---

(1) La journée du 27 novembre manque dans le manuscrit original de Dangeau.

de quatre ou cinq mois, et le cardinal Albéroni a eu l'évêché de Malaga. — La vieille madame Rouillé, qui avoit quatre-vingt-cinq ou six ans, est morte ; elle avoit un fils et trois filles. Le fils, qui étoit l'aîné, et qu'on appeloit M. de Meslé, est mort ; mais il a laissé un fils. Madame Rouillé laisse trois millions de bien, qui seront partagés en cinq, et, par la disposition de son testament, son petit-fils en aura deux parts. Les trois filles étoient madame de Bouillon, mère de M. de Fervaques, qui est morte, la duchesse de Richelieu et madame Bouchu.

Mardi 30. — Le duc d'Orléans donna audience aux ambassadeurs, et ses yeux vont mieux ; cependant on prétend qu'il sera obligé d'y mettre encore du remède de ce prêtre de Ruel. — Le parlement doit s'assembler demain pour condamner l'impression de l'appel du cardinal de Noailles au concile. — L'affaire que le duc de la Force vouloit faire et qui a manqué les a un peu brouillés, le duc de Noailles et lui ; mais on ne doute pas pourtant que M. de la Force n'ait un département particulier dans les finances, au premier jour *. — Il restoit une petite place en Sardaigne qu'on appelle Castelle Aragonese, qui n'étoit pas encore prise ; on a eu nouvelle qu'elle avoit capitulé et que toute l'île étoit aux Espagnols. — Le cardinal Grimaldi est mort, ce qui fait une seconde place vacante dans le sacré collége.

* M. de la Force avoit été mis aux finances à l'insu, puis malgré le duc de Noailles, qui étoit fort peiné d'y voir un seigneur pareil à lui, quoiqu'en place inférieure à la sienne, et qui, par ce qu'il étoit de soi, se parangonnoit à lui, et s'appuyant de Law, lui pouvoit faire de la peine, qu'il sut bien depuis lui rendre avec usure, ou s'il n'en fut pas l'auteur, applaudir pour le moins à son malheur.

Mercredi 1ᵉʳ *décembre*. — Le parlement donna l'arrêt sur l'impression de l'acte d'appel de M. le cardinal de Noailles, dont voici le vu. Cet acte d'appel est du 3 avril, au pape mieux conseillé et au futur concile général, et la déclaration du roi du 7 octobre, registrée en la chambre des vacations le 8 et en la cour le 26 du même mois, la matière mise en délibération : « La cour ordonne que les exemplaires dudit imprimé seront supprimés, et enjoint à tous ceux qui en ont des exemplaires de les remettre au greffe de ladite cour, fait défense à tous les imprimeurs, libraires, colporteurs, d'en imprimer, vendre ou débiter sous les peines portées par la déclaration. »

Jeudi 2. — M. le duc d'Orléans donna une longue audience aux directeurs de la compagnie d'Occident, et il parut que M. Law, qui est à la tête, sortoit fort content de cette audience. M. le duc de Noailles étoit à cette audience et étoit entré par le derrière; on y convint de tout. On donne à M. Law, pour assurance de l'intérêt de cent millions, qu'il espère qui seront donnés pour le Mississipi, quatre millions sur la ferme du tabac et le contrôle des actes des notaires. — Par les dernières lettres qu'on a eues d'Angleterre, on apprend que l'abbé Dubois devoit partir de Londres le 29 du mois passé ; ces lettres ajoutent que le roi Georges ne paroissoit pas content du prince de Galles son fils.

Vendredi 3. — Le parlement a donné un arrêt pour faire brûler par la main du bourreau un petit écrit qui couroit, qu'on appeloit *le Type*, et qui tendoit à prouver que la dernière déclaration, qui impose silence sur les affaires de la religion, ne devoit avoir aucune force (1). —

---

(1) « Le parlement fit brûler par la main du bourreau un écrit imprimé à deux colonnes : l'une contenant la déclaration du roi du 7 octobre dernier et l'autre une traduction en français du Type de l'empereur Constant, qui défend toutes les disputes, contestations et différends formés dans son empire à l'occasion de la question d'une ou de deux volontés en J.-C. Au bas de cet écrit se trouve une autre traduction intitulée : *Le Jugement du concile de Latran sur le Type.*

« On reconnoît aisément à la vue de ce libelle quelle a été l'intention de ceux qui l'ont répandu dans le public, puisque le parallèle qu'ils font du Type de l'empereur Constant et de la déclaration du roi fait assez entendre que, comme le concile de Latran a condamné l'un, ils portent le même jugement sur l'autre. De sorte que, suivant leur opinion, la dernière déclaration du roi porte

Le bruit court que madame la duchesse de Berry veut avoir dans sa maison un maître de sa garde-robe. La reine en avoit un, qui étoit Joyeux, et qui l'a été jusqu'à la mort de cette princesse, et c'est ce même Joyeux qui a été depuis premier valet de chambre de Mgr le Dauphin, fils du roi; madame la Dauphine, la dernière Dauphine, avoit aussi un maître de la garde-robe, qui s'appeloit Fautrier; ces maîtres de la garde-robe avoient un logement à la cour, les entrées chez leurs princesses, mais très-peu d'appointements et de fonctions; il y en avoit un aussi chez la reine-mère.

Samedi 4. — Conseil de régence l'après-dînée. — On réglera vendredi le département qu'on doit donner à M. le duc de la Force dans les finances. — Par l'ordinaire d'Espagne, on a appris que le cardinal d'Arias étoit mort; il étoit archevêque de Séville, et l'on a donné cet archevêché, qui vaut 100,000 écus de rente, au cardinal Albéroni*. — MM. les premiers gentilshommes de la chambre ont recommencé d'aller chez le roi; ils y ont été tous quatre avec leurs survivanciers. Il y a encore une difficulté entre eux et les maîtres d'hôtel du roi; ils prétendent les uns et les autres que c'est à eux d'avertir S. M. quand la viande est servie, et M. le Duc, comme grand maître de la maison du roi, soutient les intérêts des maîtres d'hôtel parce qu'ils sont sous sa charge. Il n'y a encore rien de réglé là-dessus, car l'affaire ne fait que commencer**.

* On a vu lors, de l'avènement de Philippe V à la monarchie d'Espagne, quel était cet Arias qui eut part au testament de Charles II et ensuite au gouvernement d'Espagne, tant dans la Junte qu'après l'arrivée du roi, et comme madame des Ursins s'en sut défaire ainsi que du

le caractère d'une loi injuste, laquelle ne doit point avoir d'exécution. Comme cet esprit de critique et en même temps de révolte est un attentat contre l'autorité royale, la cour ne pouvoit sévir trop rigoureusement contre un pareil écrit et contre son auteur. » (*Le Nouveau Mercure*, vol. de décembre, pages 195 à 197.)

cardinal Portocarrero, et de tous ceux qui avoient eu le plus de part à faire Philippe V roi d'Espagne. Arias vécut en homme de bien et d'honneur dans son nouvel état ecclésiastique, comme il avoit fait dans les affaires, ravi de n'avoir plus à se mêler de rien, et de n'avoir plus à songer qu'à son salut sous la pourpre romaine, dont la nomination du roi d'Espagne étoit une marque de son estime et de la satisfaction qu'il avoit de ses services. Il méprisa la cour et le monde, et ne sortit presque plus de son archevêché, qui ne lui fut donné que comme un exil honorable et qu'il prit très-volontiers.

** Toujours disputes nouvelles et tout en contestation.

Dimanche 5. — Le roi entendit dans la chapelle des Tuileries le sermon du P. Surian, prêtre de l'Oratoire. — Conseil de régence le matin. — M. l'abbé Dubois est arrivé; il a été enfermé deux heures ce soir avec M. le duc d'Orléans, et on croit qu'il repartira incessamment pour retourner en Angleterre. — Par les lettres qu'on reçut hier de Vienne, on apprend que les bruits de la grossesse de l'impératrice continuent, mais il n'y a pourtant rien de sûr encore. — Le cardinal de Rohan doit partir de Saverne mercredi et arriver ici dimanche; le courrier du cabinet qu'on lui avoit envoyé en est revenu. — Le roi a nommé la dame Tibergeau à la coadjutorerie de l'abbaye de Saint-Étienne de Reims, ordre de Saint-Augustin; elle est fille de madame Tibergeau, sœur du marquis de Puyzieux.

Lundi 6. — Conseil de régence le matin. — Hier au conseil de régence, M. de Saint-Contest rapporta tout ce qui s'étoit passé entre lui et les envoyés de M. de Lorraine sur les prétentions qu'a ce prince; on est convenu de tout, et quand ce prince aura signé le traité, les ministres du roi auront ordre de le traiter d'Altesse Royale*. — M. le maréchal de Villeroy et M. de Noailles allèrent chez M. le comte de Toulouse, où étoient M. le maréchal d'Estrées, M. de Coëtlogon et M. Ferrand; on y régla beaucoup de choses sur les affaires du commerce. — M. de la Châtre donnera 10,000 écus présentement à M. de Valouze, le plus ancien colonel et brigadier d'infanterie; et moyennant cela, on lui assure le premier régiment d'infanterie qui vaquera pour M. de Nancey, son fils, à qui on donne dès à cette heure le brevet de colonel.

* Jamais M. de Lorraine ne gagna tant, ni si gros, ni à si bon marché. M. le duc d'Orléans étoit naturellement facile; il aimoit madame sa sœur, avec qui il avoit passé toute sa première jeunesse; il avoit pour Madame un respect et une déférence extrêmes quand elle n'attaquoit ni ses goûts ni ses plaisirs. Madame aimoit extrêmement madame sa fille et avoit une passion aveuglément allemande pour M. de Lorraine, pour sa maison, pour sa grandeur. Ce prince en sut habilement profiter, et dans le temps du monde le plus mort pour lui, où l'on n'en avoit pas le plus léger besoin pour quoi que ce pût être, il sut étendre ses domaines utiles et sa souveraineté fort loin, aux dépens des frontières de France; partie sur de vieilles prétentions qu'il n'auroit jamais osé renouveler avec tout autre que le régent, partie pour des dédommagements d'injustices essuyées dans des temps où les perfidies du vieux duc Charles IV avoient mérité toutes sortes de châtiments, et de dédommagements encore dont il ne s'étoit jamais parlé, et que M. de Lorraine n'osa lui-même proposer que comme grâces. M. le duc d'Orléans, rendu après assez peu de résistance, se trouva embarrassé de l'exécution. Il comprit bien quelle déprédation il alloit mettre sur son compte sans le plus léger prétexte, et ce qui se pourroit dire un jour là-dessus; c'est ce qui lui fit prendre le détour de faire examiner toute cette affaire par Saint-Contest et de le charger après du rapport au conseil de régence, mais en se gardant bien de nommer d'autres commissaires avec lui. Saint-Contest avoit de la capacité, de l'esprit, infiniment de liant, et sous un extérieur lourd et simple, beaucoup d'adresse, un désir de plaire au-dessus de tout et partout. Cela étoit l'homme qu'il falloit au régent pour faire tout, ne regarder à rien que ce qu'il falloit pour faire réussir cette affaire. Il avoit été fort longtemps intendant de Metz et en grande relation avec toute la Lorraine; ce qui rendoit en ceci son choix plus naturel; aussi fut-il tout ce qu'on voulut. Cependant M. le duc d'Orléans tâcha de s'assurer des principaux de la régence et des présidents des autres conseils qui y devoient entrer pour ce jour-là, et il n'y eut pas grand'peine. Le maréchal de Villeroy auroit eu là de quoi exercer son amertume, mais M. le Grand l'avoit tonnelé, auquel de tout temps il n'osoit déplaire. Un seul résista, et ce fut M. de Saint-Simon. Le régent lui parla plusieurs fois, et voulut que Saint-Contest allât chez lui, lorsqu'il eut tout examiné, pour lui en rendre compte et tâcher de l'entraîner, mais il n'en put venir à bout. Saint-Simon tint ferme sur une déprédation sans cause, même sans le moindre prétexte, et dans une régence où elles ne pouvoient jamais être permises, beau-

coup moins par un beau-frère, tellement que M. le duc d'Orléans lui ayant encore parlé ensuite, avec aussi peu de succès, il fut réduit à le prier de ne point se trouver au conseil de régence le jour que cette affaire y seroit rapportée et décidée, ce que l'autre promit et tint très-volontiers, et ce jour-là manda qu'il étoit incommodé. C'étoit une proposition que lui-même avoit faite plus de six mois ou un an auparavant sur une aventure qui lui étoit arrivée. Sur une affaire étrangère qui se traita au conseil de régence, il fut d'un avis dont M. le duc d'Orléans n'étoit pas, et quand tous eurent opiné les uns pour, les autres contre, sans savoir ce qu'il pensoit parce qu'il ne parloit que le dernier, il s'étendit pour mieux remettre l'affaire et la faire passer à l'avis qu'il avoit pris; elle avoit son importance; les raisons du régent ne touchèrent point M. de Saint-Simon. Ils disputèrent fortement l'un contre l'autre sans sortir ni du respect ni de la bienséance, mais disputa tant qu'il l'emporta. Le même jour il fut au Palais-Royal, où, dès que M. le duc d'Orléans le vit entrer dans son cabinet, il lui demanda s'il étoit enragé d'avoir disputé contre lui comme il avoit fait, et tout de suite lui expliqua la raison secrète de l'avis qu'il avoit pris. Saint-Simon à son tour lui fit des reproches de l'avoir engagé à une chose qui avoit toujours quelque indécence, mais qu'il n'avoit pu éviter, et le fit convenir que les raisons dont il avoit appuyé son avis ne valoient rien et ne pouvoient jamais passer pour bonnes, au lieu que s'il eût dit celles qu'il venoit de lui expliquer, il se seroit rendu tout court. « Mais ne voyez-vous pas, répliqua le régent, que je n'ai pas voulu les dire devant tous ces gens-là, et que plus mes raisons étoient mauvaises, dès que je m'y obstinois autant que je l'ai fait, plus vous deviez comprendre que j'en avois d'autres que je ne voulois pas expliquer et vous rendre. » Saint-Simon convint qu'il n'avoit pas été si loin, et, fâché véritablement de s'être opposé avec succès à ce qui étoit le meilleur, faute d'avoir su deviner, il dit au régent qu'avec tout le respect possible pour son rang et pour sa place, et tout son attachement pour sa personne, il ne pouvoit en affaires avoir des avis de complaisance; que dès qu'il étoit assis à la table du conseil, il se croyoit engagé de conscience et d'honneur à opiner uniquement suivant ce qu'il croyoit pour le meilleur en affaires et le plus juste en procès, sans se détourner pour aucune sorte de considération, ni à droite, ni à gauche, et qu'il s'en croyoit comptable et responsable à Dieu, aux hommes et à soi-même; qu'ainsi il le supplioit de ne le jamais commettre à lui résister jusqu'à un certain point comme il venoit d'arriver, mais de prendre un moyen qui concilieroit tout, qui étoit de lui dire ses véritables raisons en particulier quand il ne les voudroit pas montrer au conseil, et de le convaincre ou de ne le convaincre pas; au premier, il opineroit comme il voudroit, quelques mauvaises raisons qu'il entendît, parce qu'il sauroit les véritables et qu'il l'en auroit persuadé; au second, qu'il avoit droit, et comme régent et par l'arrêt même de sa régence où ce pouvoir étoit expliqué, d'ôter qui il voudroit du conseil de régence, qu'à plus forte raison, pouvoit-il en exclure pour une et pour plusieurs fois; qu'ainsi, quand il auroit bien envie d'y faire passer chose que lui croiroit ou mauvaise ou injuste, et qu'il n'auroit pu le persuader, lui dire franchement de s'abstenir du conseil ce jour-là, et que non-seulement il s'en abstiendroit, mais qu'il s'enverroit excuser comme incommodé, et n'iroit pas encore le lendemain, comme il y en avoit d'ordinaire deux de suite, pour ne pas laisser soupçonner autre chose que son incommodité. Cet expédient plut fort au régent, et il s'en est servi quelquefois avec le duc de Saint-Simon. Il ne fut pas plus favorable au nouveau titre d'Altesse Royale qu'aux conquêtes terriennes de M. de Lorraine sur la France. Son père, mari d'une reine de Pologne, sœur de l'empereur, n'y avoit jamais prétendu, ni avant lui le duc de Lorraine, gendre d'Henri II, si abandonnément favorisé de Catherine de Médicis, qui le vouloit porter sur le trône, au préjudice d'Henri IV, et qui y fit tous ses efforts. Le beau-frère du régent y avoit donc, s'il se peut, encore moins de droit qu'eux. L'exemple de M. de Savoie l'avoit excité. En un sens, le cas étoit pareil: les ducs de Savoie, gendres de Philippe II, roi d'Espagne, et des rois de France, Henri II et Henri IV, n'avoient point prétendu à l'Altesse Royale, et ce duc de Savoie-ci, beau-frère du régent, l'avoit obtenu du feu roi depuis longtemps, mais en un autre sens rien de plus différent. M. de Lorraine avoit beau prendre les armes et les titres de roi de Jérusalem, jamais, ni lui, ni ses ministres, au dehors, n'avoient rien prétendu qu'à titre de duc de Lorraine. M. de Savoie, au contraire, avoit prétendu et obtenu pour ses ambassadeurs le traitement de ceux des têtes couronnées, quoique lui-même pour sa personne ne le prétendît pas, et ses ambassadeurs, à titre du royaume de Chypre qu'il ne possédoit point, avoient obtenu la salle royale à Rome et des honneurs pareils à Vienne et en France. De là étoit venu son traitement d'Altesse Royale, et non pas d'avoir épousé, comme M. de Lorraine, une princesse françoise, à qui sa naissance le donnoit, mais ne le communiquoit pas à son mari. Mais tout est bon et fondé quand on veut le trouver tel, et l'exemple unique et nouveau de Vienne entraîna notre cour, parce que le régent le voulut. Aussi par même cause le grand-duc commença-t-il à le prétendre, et le duc d'Holstein-Gottorp l'obtint quelque temps après de l'empereur par ses alliances avec les monarques du Nord, dont deux si récemment devenus héréditaires, dont l'un est depuis retourné à son premier état d'élu, et le troisième n'a commencé que de nos jours à être connu et à sortir de la barbarie. De ces deux dernières prétendues Altesses Royales, la France n'en a pas encore tâté.

Mardi 7. — Madame la duchesse de Berry veut que madame de Mouchy, sa seconde dame d'atours, roule avec madame de Pons, sa première, et qu'elles servent par semaine. — L'ordonnance pour la défense des jeux dans les maisons publiques fut signée le 4, et M. d'Argenson a donné ordre aujourd'hui pour la faire afficher dans les rues et la faire publier à son de trompe, ce qui sera exécuté samedi. M. le duc d'Orléans a déclaré qu'il ne donneroit permission à qui que ce soit sans exception d'avoir des maisons de jeux publics. — Les États de Bretagne, qui se tiendront cette année à Dinant et qui ouvriront le 15 de ce mois, seront fort orageux si l'on en croit les nouvelles qui viennent de ce pays-là.

Mercredi 8. — Madame entendit la comédie françoise de sa loge. — M. le comte de Charolois, par les dernières nouvelles qu'on en a eues, étoit encore à Munich et s'en va faire un tour en Italie. M. le comte de Clermont, son frère, a été tonsuré et a l'abbaye du Bec. — Madame de Montjeu, mère de la comtesse d'Harcourt, est morte; elle s'étoit réservé environ 15,000 livres de rente qui reviennent à madame sa fille. — M. le cardinal de Rohan doit être parti aujourd'hui de Saverne; on craint que le mauvais temps et le débordement des rivières ne retardent son arrivée ici de quelques jours. — Les États de Languedoc doivent s'ouvrir demain; on leur demande de plus grandes sommes que celles qu'ils avoient accordées les années passées, et on prétend qu'ils n'en doivent point faire de difficulté parce qu'on leur a ôté d'autres impositions.

Jeudi 9. — La lieutenance des gardes du corps, vacante depuis quelque temps par la mort de la Boulaye, a été donnée à Parifontaine, aide-major des gardes, qui a mieux aimé avoir une brigade que l'aide-majorité; et l'aide-majorité a été donnée à la Billarderie, qui étoit exempt. Le chevalier d'Opède, qui étoit exempt, mourut il y a quelques mois; sa place point remplie; ainsi il y avoit deux bâtons d'exempts à donner : on en a donné un à un brigadier du corps et l'autre a été donné à d'Auger qui a été longtemps major de la gendarmerie. — Madame de Sezanne, belle-sœur du maréchal d'Harcourt, qui a gardé mademoiselle de Charolois pendant qu'elle avoit la petite vérole, l'a prise. — On parle fort de M. de Bonnivet, petit-fils de M. Carava, pour remplir la charge de maître de la garde-robe de madame la duchesse de Berry; il est de la maison de Gouffier par son père et par sa mère.

Vendredi 10. — Le département qu'on donne au duc de la Force a été réglé; on ne lui donne que les pays d'États, et la Provence n'en est pas, parce qu'elle n'a pas le nom de pays d'États; cela ne s'appelle que l'assemblée, mais cela a pourtant la même force que les États. Par la première disposition qu'on avoit faite, on donnoit beaucoup plus à ce duc. — On donne à M. de la Houssaye, outre ce qu'il avoit déjà, les Trois-Évêchés et l'Alsace. — On a nouvelle que le prince Ragotzki avoit débarqué à Gallipoli et qu'il y avoit trouvé un officier du Grand Seigneur qui le prioit de l'aller trouver à Andrinople, et il paroît qu'il y a encore des mouvements de révolte contre l'empereur en Hongrie et en Transylvanie.

Samedi 11. — Conseil de régence l'après-dînée. — L'ordonnance pour défendre les jeux publics fut publiée à son de trompe et affichée. Les dés, le hoca, le pharaon, la bassette, le lansquenet et la dupe sont défendus, et il paroît qu'on a résolu de faire exécuter à la rigueur les arrêts qui furent rendus sur cela il y a quelque temps par le parlement. — On imprime une ordonnance du roi qui sera un règlement au sujet des départements du conseil de finances. — M. l'abbé Dubois n'est pas encore reparti pour l'Angleterre. — La taxe qu'on avoit faite sur M. Romanet, qui est mort depuis sa taxe, a été diminuée de 400,000 livres, et son fils va épouser mademoiselle d'Estrades.

Dimanche 12. — Conseil de régence le matin. — M. le duc

d'Orléans est résolu de remettre encore sur ses yeux le remède de ce prêtre de Ruel; il recommencera mardi. — Madame vint aux Carmélites l'après-dînée, et puis alla dans sa loge voir l'Opéra. — Madame la duchesse de Berry veut mettre un major dans ses gardes, et elle a destiné cet emploi à M. le marquis de Jars, qui est de la maison de Rochechouart, mais qui est fort mal dans ses affaires; les officiers subalternes des gardes de cette princesse paroissent fort affligés de ce qu'on veut mettre dans leur compagnie un officier qui sera au-dessus d'eux. — Par les dernières nouvelles qu'on a du nord, il y a lieu de croire que la paix se conclura entre le roi de Suède et le czar.

Lundi 13. — Conseil de régence le matin. — Le règlement au sujet des départements du conseil de finances est imprimé et public : M. de la Force aura les états des finances des généralités de Toulouse et Montpellier et ceux des provinces de Bretagne, Bourgogne, Artois, Béarn, Bigorre et Navarre et les cahiers des États desdites provinces. — Le cardinal de Rohan n'est pas encore arrivé; on a eu de ses lettres de Commercy, où il a été arrêté par le débordement des rivières. — Il court un bruit que le grand vizir qui a été déposé, et qu'on vouloit faire mourir, a quelque envie de venir en France; ce bruit est fort incertain; ce qu'on sait sûrement, c'est qu'il s'est sauvé sur les terres de l'empereur ou des Vénitiens.

Mardi 14. — M. le duc d'Orléans fit son remède pour son œil (1); il n'avoit quasi point souffert la première fois qu'on lui fit le remède; mais il a beaucoup souffert aujourd'hui. Il ne donna point d'audiences le matin aux ambassadeurs, ce qu'il a accoutumé de faire tous les mardis; il fut contraint de se coucher l'après-dînée; mais sur le soir ses douleurs s'apaisèrent. — M. le cardinal de

---

(1) « Le 14 monseigneur le duc-régent se fit appliquer une seconde fois sur son œil le remède topique de M. Moussart. » (*Mercure* de décembre.)

Rohan est arrivé; mais il a laissé sa famille et tout son équipage à Saverne, où il compte de retourner bientôt si les affaires de la religion ne s'accommodent point. — Il n'y aura point cet hiver de bals à la comédie; il n'y en aura qu'à l'Opéra, qui a obtenu cette grâce-là pour eux seuls au préjudice des comédiens, à qui l'année passée on avoit accordé cette grâce-là comme à l'Opéra.

Mercredi 15. — M. le duc d'Orléans ne souffre plus de douleurs; mais son œil est fort enflé et fort rouge; il donna le matin une longue audience au cardinal de Rohan. — Madame la duchesse de Berry a donné au marquis de Bonnivet la charge de son maître de garde-robe; il aura, à ce qu'on dit, 500 écus d'appointements. — L'abbé de Bonneuil fut trouvé le matin, dans sa chambre, tué d'un coup de bâton sur la tête et de quelques coups d'épée dans le corps par-devant et par-derrière; son valet de chambre, qui étoit son seul domestique, fut trouvé mort dans la même chambre, de coups de bâton qui lui avoient fendu la tête. Le valet de chambre avoit son épée nue auprès de lui, et l'abbé avoit un couteau de chasse nu aussi auprès de lui; il a été volé. Il étoit grand joueur, et l'on prétend qu'il avoit beaucoup gagné depuis peu (1).

Jeudi 16. — Madame la duchesse de Berry alla dîner avec M. le duc d'Orléans, dont l'œil est toujours fort rouge. On croyoit que la drogue qu'on lui avoit mise étoit plus forte que la première fois, parce que les douleurs ont été beaucoup plus violentes; mais il dit qu'elle n'étoit ni plus forte ni en plus grande quantité, mais que l'œil étoit plus sensible et que c'est une bonne marque. — Je tins le chapitre de Saint-Lazare comme j'ai accoutumé de le tenir tous les ans à pareil jour, et tout s'y passa fort tranquillement comme je pouvois le désirer. — On ne joue plus dans les maisons publiques;

---

(1) Voir les détails sur cet assassinat dans *le Nouveau Mercure*, vol. de décembre, pages 207 et suiv.

mais il y a quelques ambassadeurs chez qui le jeu subsiste encore. — On parle fort d'envoyer M. de Nancré en Espagne ; mais cela n'est pas encore entièrement résolu.

Vendredi 17. — M. le duc d'Orléans ne souffre plus de son œil ; mais il n'en voit pas davantage. — M. le duc d'Orléans a donné à la Villemeneust, colonel de son régiment, une pension de 1,000 écus qui sera payée sur la cassette, en attendant qu'il y ait un bénéfice vacant sur lequel on puisse mettre cette pension. — Les dernières lettres de Londres portent que le roi Georges a mis le prince de Galles, son fils, en arrêt dans son appartement ; il n'y a que les officiers de ce prince qui aient la liberté de le voir*. — M. de Chamillart a eu une violente attaque ; il a été longtemps évanoui ; il a été saigné deux fois en une nuit, après quoi la connoissance lui est revenue.

* Toute l'Europe a su l'horrible aventure du comte de Konigsmark, que le duc d'Hanovre fit jeter dans un four chaud, et de la duchesse d'Hanovre, qui fut en même temps enfermée dans un château où elle a passé le reste de sa vie, et qui n'y a eu de liberté qu'en ces dernières années, et depuis que son mari fut monté sur le trône d'Angleterre. Ce prince ne pouvoit souffrir son fils, dans la persuasion qu'il n'étoit pas de lui, et ce fils ne pouvoit souffrir son père, dans le dépit de cette persuasion continuellement marquée, et des mauvais traitements qui étoient faits à sa mère. La princesse de Galles, Charlotte de Brandebourg-Anspach, qui étoit fort bien avec l'un et l'autre, se mettoit souvent entre deux, mais la haine vint à un point que le père et le fils ne se voyoient qu'avec indécence et sans jamais se parler. L'éclat dont il est ici question ne vint que de ce que le père ne put plus supporter le fils, qui s'échappoit fort à son égard, mais sans rien qui eût trait à affaires, à parti, ni à révolte.

Samedi 18. — M. le duc d'Orléans donna beaucoup d'audiences le matin comme à son ordinaire, et, depuis une heure jusqu'à deux, il travailla avec M. d'Argenson ; il avoit été longtemps renfermé auparavant avec M. le cardinal de Rohan et le maréchal d'Huxelles. L'après-dînée il alla au conseil de régence, où il dit qu'il feroit observer la défense des jeux, bien régulièrement et sans aucune exception ; il avoit déjà fait mettre en prison quatre tailleurs de pharaon ; et qu'il avoit donné ordre le matin qu'on en arrêtât encore trois. — On a encore reçu des lettres d'Angleterre qui confirment la mésintelligence qu'il y a entre le roi Georges et le prince de Galles ; ce prince a été trois jours en arrêt dans son appartement, pendant lesquels il a écrit deux lettres au roi son père, qui n'ont fait que l'irriter davantage, et il a donné ordre à son fils de sortir du palais. Il est allé loger à Londres chez milord Lumley et prend une maison à demi-lieue de Londres, dans le village de Richmond. Le roi avoit offert à la princesse de Galles de demeurer dans le palais avec ses enfants, mais elle a pris le parti de suivre son mari. — On fit la grande opération au comte de Konissegg, ambassadeur de l'empereur. — Le sieur le Fèvre est mort à Saumur ; il étoit fils du fameux Tanaquil le Fèvre, le plus savant homme de son temps. Celui qui vient de mourir avoit été ministre en Suisse et en Angleterre ; il se fit catholique, il y a quatre ou cinq ans, et le roi lui donna une pension de 2,000 francs; il étoit frère de madame Dacier, femme illustre dans les sciences.

Dimanche 19. — Le roi entendit le sermon. — Conseil de régence le matin. — On a donné depuis peu à quelques officiers généraux qui ont servi le roi d'Espagne le même rang qu'ils avoient en ces pays-là ; parmi ces officiers sont le marquis de la Verre, frère du prince de Chimay, le comte de Mérode, le chevalier de Croy et M. de Gomicourt. — M. de Bouillon avoit 100,000 écus de brevet de retenue sur son gouvernement d'Auvergne que le duc d'Albret sera obligé de payer; M. le duc de Bouillon donne ces 100,000 écus-là à mademoiselle de Bouillon sa fille. — On a eu avis que les États de Provence ont accordé au roi le don gratuit ordinaire. — L'affaire de M. le duc d'Albret pour son mariage avec mademoiselle de Culant a déjà été plaidée plusieurs fois; les avocats, dans leurs plaidoyers, se sont échappés en plus d'un endroit de part et d'autre à dire des choses qui n'ont fait qu'irriter les deux familles; mais enfin le duc d'Albret espère que le procès sera entièrement terminé au mois de février et que le mariage se pourra conclure.

Lundi 20. — Conseil de régence. — On eut des nouvelles des États de Bretagne à qui le roi avoit accordé un million de diminution sur le don gratuit qu'ils avoient accoutumé de faire par acclamation depuis l'année 1672 : mais ils ne sont pas contents de cela ; ils veulent changer beaucoup de choses à ce qui s'est fait depuis plusieurs années. Ils n'ont pas voulu que les gardes de M. le maréchal de Montesquiou fussent dans le même endroit où se tenoient ceux de M. de Chaulnes et du maréchal de Châteaurenaud ; on en attend encore des nouvelles à tous moments *.

— Richard Hamilton est mort à Poussay, chez sa nièce l'abbesse, fille de la feue comtesse de Gramont, sœur de Richard **.

* On avoit fort travaillé à révolter la Bretagne en l'irritant et la flattant sur ses anciens priviléges et sur les causes de son contrat d'union à la couronne. Elle étoit regardée comme une ressource d'embarras dont l'exemple pourroit embraser d'autres provinces, et dans la vérité, on auroit réussi en celle-ci si l'on y avoit trouvé d'autres sujets. La vérité est que la conduite du maréchal de Montesquiou, qui y tenoit les États, avoit contribué au même dessein ; le projet et l'exécution de la fameuse affaire de Denain (1), qui releva nos armes au plus rapide de leur déroute, avoit montré qu'il étoit digne de commander les armées; mais nourri dans le bas toute sa vie, il ne sut ni vivre avec les Bretons ni encore moins les gouverner. Il reçut toute la noblesse, venue à cheval au-devant de lui, dans sa chaise de poste, sans en descendre que dans son logis; et environné d'elle pour aller de chez lui aux États, il la laissoit à pied et se faisoit porter en chaise. Ces procédés l'aliénèrent au point de le laisser seul et de chercher à le traverser en tout. De ces hauteurs grossières où il y avoit moins d'orgueil que du défaut entier de savoir vivre, il se prostitua à des bassesses qui au lieu de regagner, le firent mépriser, et il se montra si embarrassé de tout, et si court, que les malintentionnés en profitèrent tout à leur aise.

---

(1) Voir l'appendice à l'année 1712, tome XIV, pages 296 et suiv.

** Richard Hamilton étoit un homme de beaucoup d'esprit, qui savoit, qui amusoit, qui avoit des grâces et de l'ornement, et qui ayant eu une fort aimable figure, avoit eu beaucoup de bonnes fortunes en Angleterre et en France, où la catastrophe du roi Jacques l'avoit ramené. Il avoit servi avec distinction, et la comtesse de Gramont, sa sœur, l'avoit aidé à s'initier dans les compagnies de la cour les plus choisies; mais elles ne lui procurèrent aucune fortune, pas même le moindre abri de la pauvreté. Il étoit catholique, et sa sœur l'avoit mis dans une grande piété, qui l'avoit fait renoncer aux dames, pour qui il avoit fait de très-jolis vers et des historiettes élégantes. Il alla mourir chez sa nièce, quoique pauvre elle-même, mais moins pauvre que lui, pour ne pas mourir de faim.

Mardi 21. — Il y eut conseil de régence extraordinaire l'après-dînée chez M. le duc d'Orléans. — Par les nouvelles qu'on a eues de Bretagne cette nuit, le maréchal de Montesquiou en partant d'ici avoit eu ordre de séparer les États, en cas qu'il y eut des oppositions aux volontés du roi comme on s'y attendoit depuis quelque temps. Il avoit cru devoir donner deux jours à la noblesse pour lui laisser le temps de revenir à ce qu'on souhaitoit d'eux; mais ils ont tous répondu qu'ils ne changeroient point d'avis et que le temps qu'on leur vouloit donner étoit inutile; et sur cela, le maréchal a séparé les États. On envoie en Bretagne neuf bataillons et dix-huit escadrons; le régiment de Bourbonnois, dont M. de Lesparre est colonel, est déjà en ce pays-là, et M. de Lesparre a pris congé du roi et de M. le duc d'Orléans. — M. de Bernières, intendant de Flandre, est mort après une longue maladie.

Mercredi 22. — M. le duc d'Orléans donna beaucoup d'audiences le matin, et il travailla jusqu'à deux heures et demie avec M. le cardinal de Rohan. — Un nommé Lothier, qui tenoit le pharaon chez les gens de l'ambassadeur de l'empereur, fut tué hier devant le Palais-Royal par un capitaine d'infanterie nommé Valcroissant; ils avoient pris querelle à ce jeu deux jours auparavant. M. le duc d'Orléans dit hier au soir à Madame, qui le louoit sur les tailleurs de pharaon qu'il avoit fait arrêter, qu'il y en avoit déjà trente de pris. — Plusieurs colonels dont les régiments marchent en Bretagne ont pris congé du roi et de M. le duc d'Orléans; les officiers réformés dans ces régiments-là ne marchent point. — M. de Pardaillan a eu 2,000 francs de pension sur le trésor royal.

Jeudi 23. — Madame la duchesse d'Orléans alla à Montmartre, où elle demeurera jusqu'à mercredi. — On a pris la femme du valet de chambre de l'abbé de Bonneuil, qui a avoué tout le crime; elle étoit en commerce avec un soldat aux gardes nommé Ruel, de la compagnie de Mergeret, et c'est ce soldat-là qui entra dans la maison pour tuer le valet et voler le maître, qui devoit rentrer bien plus tard qu'il ne rentra par malheur pour lui. Le soldat avoit déjà tué le valet et achevoit de voler le maître, et ce soldat voyant qu'il étoit pris sur le fait, tua le maître aussi. La femme a rendu 1,000 francs, une tabatière et une montre d'or. On croit qu'on prendra le soldat, qui est fort ivrogne et qu'on croit trouver dans quelque cabaret sur le chemin de Metz, où il va.

Vendredi 24. — On espère qu'avant que les troupes qu'on envoie en Bretagne arrivent en ce pays-là les choses s'accommoderont. — M. de Basville a été si incommodé qu'il ne pouvoit se faire porter aux États de Languedoc. Cela les a retardés de quelques jours; mais les esprits y sont bien disposés à l'obéissance, et on attend à tout moment le courrier qui en apportera la nouvelle. — Madame la duchesse de Berry passa toute l'après-dînée aux Carmélites et puis alla entendre la messe à minuit, à sa paroisse. — Les bals de l'Opéra commenceront avant la fin de l'année; l'Opéra a un privilége pour dix ans exclusif pour la comédie et pour les autres lieux; c'est M. le duc d'Antin, à ce qu'on dit, qui leur a fait obtenir ce privilége.

Samedi 25, *jour de Noël.* — Le roi assista à toutes les dévotions de la journée. — Le courrier de Languedoc arriva le matin; les États ont accordé le don gratuit de trois millions comme les années passées et 1,800,000 francs pour la capitation. M. le duc de Roquelaure et M. de Basville mandent qu'ils en accordent plus qu'ils n'en peuvent payer et prient fort M. le duc d'Orléans de vouloir leur accorder des diminutions; ce prince est fort touché du procédé de ces Languedociens et a déjà dit qu'ils s'en trouveroient bien. — M. le duc d'Orléans avoit choisi M. de Biron pour l'ambassade auprès de l'empereur; mais M. de Biron demande, avant que d'accepter cette ambassade, des grâces considérables et que M. le duc d'Orléans seroit fort porté à lui accorder sans les conséquences qui embarrasseroient ce prince, parce qu'il craindroit que d'autres gens ne lui demandassent les mêmes honneurs qu'il n'a jusqu'ici accordés à personne.

Dimanche 26. — M. le duc de la Trémoille, qui a présidé aux États de Bretagne, est revenu ici, et il croit les affaires de Bretagne en état de se pouvoir raccommoder aisément; il compte que les États se rassembleront et qu'il y retournera présider. — L'abbé Dubois partit hier pour retourner en Angleterre; il trouvera les affaires d'Angleterre fort brouillées par la mésintelligence qu'il y a entre le roi Georges et le prince de Galles son fils. Avant que l'abbé Dubois revînt de ce pays-là, il avoit travaillé à la réunion du père et du fils, qui étoient déjà un peu brouillés, et il croyoit même qu'il en seroit venu à bout s'il n'avoit pas été obligé de revenir en France. Il ne désespère pas encore d'adoucir leurs esprits, quoique l'animosité soit grande de part et d'autre. Le prince a été abandonné par la plus grande partie de ceux qu'il croyoit les plus attachés à ses intérêts.

Lundi 27. — On eut nouvelle de l'arrivée du prince Ragotzki à Andrinople; il a été reçu magnifiquement par le Grand Seigneur et traité comme les plus grands souverains. J'ai la relation de son arrivée à Andrinople; mais elle est trop longue pour la mettre ici. — On parle fort d'une augmentation dans les troupes, de dix hommes par compagnie d'infanterie et de cinq maîtres par compagnie de cavalerie. — M. le chevalier de Rohan est arrivé de Bretagne, où il avoit été envoyé avant la tenue des États; il croit que les affaires s'accommoderont en ce pays-là. La noblesse prétend n'avoir point refusé le don gratuit; qu'ils n'avoient fait de difficulté que sur l'acclamation, souhaitant qu'on vît à fond les affaires de la province, mais n'ayant jamais eu intention de refuser au roi ce qu'il demandoit. Ce n'est qu'en 1672 qu'on a commencé en Bretagne d'accorder le don gratuit par acclamation; M. de Chaulnes en étoit gouverneur et M. le duc de Rohan présidoit cette année-là.

Mardi 28. — On commence à croire que la cour de Lorraine ne viendra point ici cet hiver. Il y a deux articles dans le traité qu'on a fait avec ce prince qui ne sont pas encore entièrement réglés; l'un est sur l'Altesse Royale, qu'on veut bien lui donner après le traité, mais qu'on ne veut pas qui soit énoncé dans le traité. Cet article-là seroit plus aisé à accommoder que l'autre qui regarde les évêques qui ont quelques juridictions en Lorraine : ces évêques sont ceux de Strasbourg, de Besançon, de Langres et ce qu'on appelle les trois évêchés de Metz, Toul et Verdun; Toul y a bien plus d'intérêts que les autres. — On mande de Rome que le cardinal Nuzzi est mort; il y a présentement quatre chapeaux vacants.

Mercredi 29. — Madame la duchesse d'Orléans revint hier de Montmartre. Madame alla à l'Opéra dans sa loge, et vit ensuite remonter la machine qui fera la salle du bal et qui est beaucoup plus ornée que l'année passée, à ce que l'on dit. Le bal commença le soir, M. le duc d'Orléans y descendit et ne se masqua point. Madame la duchesse de Berry y vint aussi et fut toujours masquée. — Le vice-roi de Naples a fait sortir le nonce et de Naples et de tout le royaume; on croit que l'empereur fera sortir aussi le nonce de Vienne. Le comte de Gallatsch, ambassadeur de l'empereur à Rome, en est parti pour aller à Naples, et a pris pour prétexte de son départ que le comte de Thaun, vice-roi de ce royaume, vouloit entrer en conférence avec lui pour des affaires importantes, et que, sa mauvaise santé l'empêchant d'aller à Rome, il le prioit de venir à Naples.

Jeudi 30. — M. le cardinal de Rohan, M. le chancelier et le maréchal d'Huxelles furent en conférence l'après-dînée avec M. le duc d'Orléans. — On avoit arrêté, à Bar-le-Duc, ce Ruel qui avoit assassiné l'abbé de Bonneuil; on le prit dans son lit, où il avoit un poignard sous son chevet, et se voyant pris il s'enfonça ce poignard dans le cœur et se tua tout roide. On fera venir ici le cadavre pour donner un spectacle au peuple d'une punition exemplaire. On a arrêté aussi un laquais de madame du Guesclin, chanoinesse, qui avoit voulu tuer sa maîtresse d'un coup d'épée; elle eut le courage de lui arracher l'épée, et lui dit ensuite : « Malheureux, sauve-toi ». Il étoit de concert avec la femme de chambre; elle est prise aussi. Madame du Guesclin est chanoinesse à Poussay.

Vendredi 31. — M. le duc d'Orléans alla au conseil de finances; il entretint l'après-dînée la Villemeneust, colonel de son régiment, qui arrive de Bretagne; il étoit aux États. On croit que le parlement de Bretagne fera difficulté d'enregistrer et d'exécuter les ordres de la cour. — On mande de Madrid que le roi d'Espagne aura ce printemps plus de quarante mille hommes de pied et plus de vingt mille chevaux et soixante vaisseaux. M. le prince de Chalais est arrivé à Madrid et l'on dit qu'il a été fait chef d'escadre. — On avoit envoyé des lettres de cachet à quatre gentilshommes bretons de ceux qu'on croyoit les plus opposés à la cour : ces quatre gentilshommes sont : Le marquis de Pirey, le comte de Bonnamour, le comte de Noyan, et M. du Guesclairs. Ils sont en chemin pour venir rendre compte de leurs actions.

ANNÉE 1718.

Samedi 1ᵉʳ *janvier*. — Il n'y eut point de conseil de régence; ils ne recommenceront que demain. — Il manquoit 68,000 francs pour payer les chevaliers de l'Ordre, parce que le marc d'or n'a pas bien rendu en 1717. M. le duc d'Orléans fait donner 20,000 écus, qui seront payés sur le profit de la Monnoie, et les autres 8,000 francs seront en avance sur l'année qui vient; nous serons payés en entier sans qu'on rabatte le dixième. — Le roi alla à la grande messe aux Feuillants et au salut aux Jésuites de la rue Saint-Antoine. — Madame entendit de sa loge la comédie italienne. — Le feu roi, quand il étoit à Paris, alloit, tous les premiers jours de l'an, entendre le salut aux Jésuites, et c'est sur cet exemple-là qu'on y a mené le roi.

Dimanche 2. — Conseil de régence le matin. — On publia hier l'édit pour la compagnie d'Occident, dont voici le titre : « Édit du roi qui fixe à cent millions le fond de la compagnie d'Occident, » pour lesquels il est créé quatre millions de rente au denier vingt-cinq, savoir : deux millions sur la ferme du contrôle des actes, un million sur la ferme du tabac, et un million sur celle des postes; et qui porte qu'on ne pourra saisir à la compagnie ni entre les mains de ses directeurs, caissiers, commis et préposés, les effets de ladite compagnie ni les actions et profits des actionnaires, si ce n'est en cas de faillite ouverte, ou de banqueroute ou de décès des actionnaires*. — On parle de quelques changements dans les conseils;

mais il n'y a encore rien de réglé ni de bien sûr là-dessus.

*Cette compagnie d'Occident fut le nom substitué au fameux nom de Mississipi, dont les actions ruinèrent et enrichirent tant de gens, et où plus que pas un des plus habiles, les princes et les princesses du sang trouvèrent les mines d'or du Potosi, dont la durée entre leurs mains a fait celle de cette compagnie si funeste à l'État, dont elle a détruit tout le commerce, par la protection envers et contre tous qu'ils lui ont publiquement donnée jusqu'à présent, pareille aux profits immenses qu'ils en tirent.

Lundi 3. — Conseil de régence le matin qui fut fort court, et puis M. le duc d'Orléans alla à Chelles voir Mademoiselle, sa fille, qui persiste toujours à vouloir être religieuse. — M. l'abbé Dubois a été retenu quelque temps à Calais par les vents contraires, si bien qu'on n'a pas eu de nouvelles encore de son arrivée à Londres. — M. le comte de Rieux avoit été accusé par quelques gens, d'avoir animé la noblesse bretonne, sur ce qu'on croyoit qu'il étoit piqué de ce qu'on n'avoit pas voulu qu'il allât aux États; mais il a eu une audience de M. le duc d'Orléans qui lui a avoué qu'on l'avoit soupçonné d'avoir animé la noblesse bretonne; il s'en est justifié et est fort content de son audience.

Mardi 4. — M. le duc d'Orléans travailla longtemps l'après-dînée avec le maréchal de Villars; il avoit donné audience aux ambassadeurs le matin. Ses yeux sont à peu près dans le même état qu'ils étoient avant qu'il fît le remède de ce prêtre de Ruel; il n'en est ni pis ni mieux. — Madame la duchesse de Berry alla à la comédie françoise. — La noblesse bretonne a écrit une lettre à M. le duc d'Orléans dont on a envoyé plusieurs copies à Paris*. — On avoit fort parlé d'envoyer M. de Biron en ambassade à Vienne, mais ce bruit se ralentit. — La défense des jeux publics est fort bien observée. M. d'Argenson y tient fort la main, et l'on ne joue plus même aux jeux défendus, chez aucun ambassadeur.

* Tout se cuisoit de loin en Bretagne, où l'on flattoit les Bretons d'une conquête d'indépendance qui ne seroit due qu'à leur union et à leur fermeté, et dont ils furent les dupes; tandis que ceux qui les poussèrent sur l'échafaud, et l'État, s'ils l'avoient pu, dans la dernière combustion, se tirèrent d'affaires sans y avoir rien laissé du leur, que l'honneur et la réputation, de laquelle avec raison ils n'avoient jamais fait grand compte.

Mercredi 5. — Il y eut comédie françoise à l'Opéra et bal le soir. Madame la duchesse de Berry et Madame étoient à la comédie, chacune dans leur loge. M. le duc d'Orléans soupa au Luxembourg, et n'alla point au bal; il se coucha de bonne heure. Madame la duchesse de Berry n'alla point au bal non plus. — On avoit cru assez longtemps à Vienne que l'impératrice étoit grosse; mais il est sûr présentement qu'elle ne l'est pas. — On a nouvelle de l'arrivée de l'abbé Dubois à Londres; toutes les lettres qu'on reçoit de ce pays-là portent que la mésintelligence entre le roi Georges et le prince de Galles, son fils, augmente considérablement; cela n'empêche pas que les actions ne haussent quasi toutes les semaines. On croit que le duc d'Argyle, favori du prince de Galles, quittera l'Angleterre et passera en France.

Jeudi 6. — M. le duc d'Orléans alla de bonne heure à la Roquette * chez M. le duc de Noailles, et y soupa. M. le chancelier y alla l'après-midi, et M. Law y alla aussi. — Un troisième fils de M. le chancelier, en badinant avec une corde, dans le bâtiment que fait faire M. son père, fit tomber sur sa tête une pièce de bois qui devoit l'écraser; mais les premiers jours on ne s'aperçut point qu'il y eut aucune blessure, et on crut que cet accident ne seroit rien; on le croit aujourd'hui en danger, et qu'il le faudra trépaner. On a déjà fait quelqu'incision qui a fait voir que le mal étoit plus grand qu'on ne pensoit les premiers jours. — M. le duc d'Orléans travailla jusqu'à six heures du soir avec le chancelier et M. Law, qu'il avoit fait venir à la Roquette chez le duc de Noailles.

* La Roquette est une dépendance du faubourg Saint-Antoine, où le duc de Noailles avoit emprunté une fort jolie maison d'un financier appelé du Noyer, décoré d'une charge de greffier du parlement, qui pour ses péchés se dévoua à la protection des Biron, qui en bref le sucèrent si bien, qu'il est mort sur un fumier et sans que pas un d'eux en ait ni cure ni souci. Le duc de Noailles mettoit à Law toutes les entraves qu'il pouvoit, jaloux du partage de l'autorité des finances, aidé des points sur les i du chancelier, en quoi ce magistrat excelloit. Leur union intime, et dans laquelle celui-ci n'étoit que le secondaire, importunoit M. le duc d'Orléans depuis longtemps. L'autorité de la place du chancelier, et pour le moins autant la réputation de sa personne, qui étoit alors entière, donnoit au duc de Noailles un poids qui accabloit Law; et M. le duc d'Orléans, déterminé aux vues et aux routes de ce dernier, mais embarrassé à l'excès de ces deux adversaires, de l'un pour le fond, de l'autre pour la forme, par laquelle il arrêtoit tout, voulut faire un dernier effort pour les rapprocher de Law, et pour pénétrer lui-même ce qu'il y avoit de vrai et de bon dans les uns et les autres; ce fut pour y travailler avec plus d'application et de loisir, et loin de toute distraction, qu'il voulut que cela se fît à la Roquette, mais ce fut l'extrême-onction de ces deux amis. Le régent prétendit n'y avoir trouvé que mauvaise foi dans le duc de Noailles et un entêtement aveugle dans le chancelier contre des ressources évidentes et des raisons péremptoires de Law. Cet Anglois, avec une énonciation peu facile, avoit une netteté de raisonnement et un lumineux séduisant, et beaucoup d'esprit naturel sous une surface de simplicité qui mettoit souvent hors de garde. Il prétendoit que les obstacles qui l'arrêtoient à chaque pas faisoient perdre tout le fruit de son système, et il en persuada si bien le régent qu'il les força tous pour s'abandonner à lui.

Vendredi 7. — Les gentilshommes bretons qui avoient eu des lettres de cachet sont arrivés. Le parlement de Rennes envoie des députés, qui sont les présidents de Blossac et de Querembourg, et quatre conseillers, qui sont: de Perchembaut, de Laurière, Cornevillers de Montbert et le Chat. — M. le duc d'Orléans voudroit bien que M. de Basville ne quittât point le Languedoc, mais il paroit fort résolu à revenir, par le mauvais état de sa santé. — On a trépané le fils de M. le chancelier et l'opération a été grande; on croit même qu'il faudra le trépaner encore. — Par toutes les nouvelles qu'on reçoit de Hollande, on apprend que la mer a rompu beaucoup de digues, surtout en Northollande, et c'est une grande désolation en ce pays-là. On mande aussi d'Allemagne qu'il y a eu beaucoup de terres inondées auprès de Hambourg.

Samedi 8. — Conseil de régence l'après-dînée. — Il y eut bal à l'Opéra; M. le duc d'Orléans, qui avoit soupé en ville, y descendit sans être masqué. Madame la duchesse de Berry n'y vint pas parce qu'elle avoit pris médecine. Madame la duchesse d'Orléans alla dîner à sa maison de Bagnolet, où elle s'amuse à faire planter dans son jardin. — On eut par l'ordinaire des nouvelles de Rome; on y savoit l'appel de M. le cardinal de Noailles au concile, et cependant il paroît que le pape, content de ce qu'a fait le parlement sur cet appel, attendra encore à prendre ses dernières résolutions sur cette affaire. — M. de Châteauneuf, notre ambassadeur en Hollande, presse depuis longtemps pour avoir son congé; on va nommer un successeur, et l'on parle de M. de Morville, fils de M. d'Armenonville, pour remplir cette place.

Dimanche 9. — Le roi descend tous les dimanches en bas dans la chapelle; sa santé va toujours de mieux en mieux; il se fortifie tous les jours. — Il y eut conseil de régence le matin. L'après-dînée, le premier président et les gens du roi vinrent chez M. le duc d'Orléans. — Les États de Languedoc ne finiront que le mois qui vient; on leur a accordé 800,000 francs de diminution sur la capitation et beaucoup d'autres choses qu'ils demandoient; ainsi ils sont fort contents. L'évêque de Viviers et M. de Polignac sont les députés; la cour les avoit nommés. On leur enverra bientôt un courrier qui leur portera la nouvelle des grâces qu'on leur accorde, après quoi, les États se sépareront.

Lundi 10. — M. le duc d'Orléans entendit la comédie italienne dans la petite loge de madame la duchesse de Berry. — Il y eut conseil de régence le matin. — M. de Morville est nommé pour remplir la place de M. de Châteauneuf, qui revient de son ambassade de Hollande. — M. Chauvelin*, avocat général, épouse mademoiselle de Beauvais; les articles sont signés. Elle aura au moins 500,000 écus, à ce qu'on dit, et c'est un bien qui n'est point sujet à recherche. On dit aussi qu'elle est très-bien faite et très-raisonnable. — Madame la Princesse, qui prend chez elle M. le comte de Clermont et qui se veut charger de son éducation, lui va donner un gouverneur, et on parle fort du marquis de Téligny pour remplir cet emploi; c'est un homme de bonne maison, fort sage, fort pauvre, et qui vit dans une grande retraite.

* La fortune de ce Chauvelin, et par conséquent de sa femme, est maintenant telle, qu'ils sont l'un et l'autre de tous points suffisamment connus. On dira seulement ici qu'elle fut sur le point d'épouser le second fils du maréchal de Matignon, aujourd'hui chevalier de l'Ordre, comme son frère aîné, et dont la réputation n'étoit pas heureuse. Soit cette raison, ou la conformité plus prochaine d'état et de profession, le cadet du conseiller d'État fut préféré à celui du maréchal de France, au grand et cuisant désespoir de la prétendue, qui le fit longuement éprouver au mari que sa famille lui donna. Ce mari, qui sentoit le bonheur pécuniaire de cette fortune, se trouvoit en même temps pris par les yeux, et en effet la figure de cette femme avoit de quoi les prendre, et ce qui n'est que trop rare, sa conduite pour la vertu en soi et encore en son maintien, y ajouta l'estime et la considération personnelle, tellement, qu'elle prit un si grand ascendant sur son mari, qu'elle l'a conservé entier jusque dans la splendeur éblouissante de sa fortune.

Mardi 11. — Il y eut bal à l'Opéra; M. le duc d'Orléans n'y alla point. Madame la duchesse de Berry y alla accompagnée de madame la Duchesse, sa mère, qui avoit soupé avec elle au Luxembourg; elles y arrivèrent fort tard. — On avoit voulu établir la taille proportionnelle, et pour cela on avoit envoyé dans la généralité de Paris plusieurs gens qu'on avoit cru capables de faire cet établissement; il y a un an qu'ils y travailloient, mais cela n'a pas pu réussir, et il en a coûté au roi plus de 800,000 francs, et comme on cherche tous les moyens de soulager

JANVIER 1718.

le peuple en conservant les revenus du roi, on agite présentement si l'on suivra un plan dont le maréchal de Vauban étoit l'inventeur et qu'on appelle la dîme royale. Ce plan a été rectifié. M. l'abbé Bignon et le petit Renaut travaillent fort à cette affaire et croient qu'elle pourra réussir, et le petit Renaut se charge même d'aller dans quelques élections du royaume et d'y aller à ses frais, sans qu'il en coûte rien au roi *.

* Tous ces essais furent funestes, soit que les projets se trouvassent vicieux en eux-mêmes, soit qu'ils le devinssent par l'exécution, ou que l'intérêt et la jalousie y semassent des obstacles qui ne purent être levés ; il est certain que les bonnes intentions du régent, qui en cela ne cherchoit que le soulagement du peuple, furent entièrement trompées, et qu'il en fallut revenir à la manière ordinaire de lever les tailles.

Mercredi 12. — M. le duc d'Orléans prit médecine. — Le parlement doit s'assembler vendredi et on dit qu'il y aura beaucoup de nouveautés sur les finances qui seront réglées. — La noce de M. Chauvelin se fit, et on continue à dire que sa femme sera prodigieusement riche. — Le czar, qui a été reçu depuis peu à l'Académie des sciences, comme il a témoigné le souhaiter, et qu'on met présentement dans la liste, à la tête de tous ceux qui la composent, va, dit-on, avoir des occupations plus importantes en son pays. Toutes les nouvelles disent qu'il est parti de Pétersbourg pour retourner à Moscou ; on parloit fort qu'il avoit fait la paix avec le roi de Suède, mais cela n'est pas bien sûr.

Jeudi 13. — Madame la Duchesse, la mère, veut avoir à l'Opéra la loge de la maréchale d'Estrées et cela afflige fort la maréchale, qui la vouloit bien prêter à madame la Duchesse quand elle auroit voulu, mais qui voudroit bien ne la céder pas pour toujours; et madame la Duchesse en veut être tout à fait la maîtresse. — Le parlement, qui s'assemblera demain, fera plusieurs remontrances au roi et quelques jours après des représentations à M. le duc d'Orléans sur les nouveaux conseils établis depuis la mort du feu roi. Ils prétendent que ces conseils retardent fort les affaires au lieu de les avancer et qu'ils coûtent plus que ne coûtoit le ministère sous le feu roi.

Vendredi 14. — Le parlement s'assembla le matin, et au sortir de l'assemblée, le premier président et les gens du roi vinrent au Palais-Royal et rendirent compte à M. le duc d'Orléans de ce qui s'y étoit passé. Ils s'assemblèrent encore l'après-dînée, et en sortant, les gens du roi vinrent encore chez M. le duc d'Orléans lui rendre compte de la séance. Ils ont enregistré l'établissement de deux charges : une de trésorier des bâtiments, qui sera vendue 400,000 francs et qui aura 20,000 livres de gages, et l'autre d'argentier de l'écurie. Ces deux charges ont été enregistrées; mais le parlement y fait quelques remontrances; il s'assemblera encore demain, et ils persistent à faire beaucoup de demandes.

Samedi 15. — Conseil de régence l'après-dînée. — M. le duc d'Orléans soupa chez madame de Berry, où étoit madame la Duchesse, la mère; ils n'allèrent point au bal au Palais-Royal. — Le parlement s'assembla le matin et l'après-dînée; ils s'assembleront encore lundi, et ont mandé le prévôt des marchands pour les venir instruire ce jour-là de l'état des affaires de la maison de ville. — Mademoiselle de Château-Thierry, fille du duc d'Albret, et que mademoiselle de Bouillon prenoit soin d'élever, avoit eu la fièvre ces jours passés; elle n'en avoit plus hier au matin. Les médecins lui avoient permis de manger, et peu de temps après son repas, elle se trouva fort mal, et avant que les chirurgiens, qu'on avoit envoyé quérir, fussent arrivés, elle étoit morte. Elle n'avoit que huit ans. Elle a une autre sœur, son aînée, qui est dans un couvent, et deux frères.

Dimanche 16. — Conseil de régence le matin. — Les députés du parlement de Bretagne sont arrivés. — Il y avoit une dispute sur une loge à l'Opéra que madame la Duchesse a voulu avoir et que la maréchale d'Estrées ne

JANVIER 1718.

vouloit pas céder pour toujours; elle avoit voulu que M. le régent en décidât, et il n'a pas jugé à propos d'en décider. Le public, naturellement fort curieux des petites choses comme des grandes, en attendoit l'événement et étoit venu en plus grand nombre à l'Opéra pour voir qui occuperoit la loge. On a conseillé à la maréchale d'Estrées de ne se pas commettre avec madame la Duchesse, qui est venue avec mademoiselle de Charolois, sa fille *. — M. de Morville a vendu sa charge de procureur général du grand conseil, environ 170,000 francs à M. Hérault, le plus ancien des quatre avocats du roi du Châtelet.

* Cette bagatelle d'enlèvement de loge à force ouverte ne s'étoit pas encore imaginée, mais ce qu'on n'eût osé sous le feu roi, quelqu'indulgent qu'il fût à ses filles, et quelque jalousie qu'il eût du rang et du respect dû aux princes du sang, se hasarda après d'autres essais, heureux de la patience et de la timidité du monde et de la foiblesse du régent. On cria, on fit du bruit; assez de gens, liés de proximité au maréchal et à la maréchale d'Estrées, cessèrent de voir madame la Duchesse; elle tint bon et garda sa conquête. Les mêmes gens qui avoient cessé de la voir ne tinrent pas longtemps leur courage. Les sœurs du maréchal, amies intimes de madame la Duchesse, ne purent la retenir ni se résoudre de se brouiller avec elle, et jusqu'au maréchal et à la maréchale d'Estrées, qui d'abord s'étoient fort soutenus, lâchèrent le pied comme les autres. Ainsi monta la hauteur des princes du sang, fort au delà de celle même du feu roi, qui se piqua toujours d'être fort considéré jusque dans les choses de cette sorte pour contenir tout dans l'ordre et dans la raison, et qui ne la souffroit dans qui que ce fût, au point que les plus grands de son sang ne s'y hasardèrent jamais.

Lundi 17. — Conseil de régence le matin. — Le parlement s'assembla encore. Dans les demandes qu'ils font, M. Law est fort attaqué quoiqu'il n'y soit point nommé, et il y a huit ou neuf articles principaux; mais il n'y a rien encore d'écrit, et ils s'assembleront par députés demain après dîner chez le premier président, où ils écriront ce dont on est convenu dans les séances du parlement. — Il y a encore eu en Bretagne des disputes entre le maréchal de Montesquiou et le parlement de Rennes; il y a eu aussi quelque chose où la noblesse se plaint du maréchal de Montesquiou. — Le comte de Gallatsch, ambassadeur de l'empereur à Rome, y est revenu du voyage qu'il avoit fait à Naples.

Mardi 18. — Les députés du parlement s'assemblèrent l'après-dînée chez M. le premier président, et ils y travaillèrent fort longtemps; ils rédigèrent par écrit tout ce qui avoit été proposé dans les dernières assemblées du parlement, qui s'assemblera encore demain et à qui ils feront voir ce qu'ils ont écrit. — Il y eut bal le soir à l'Opéra, où M. le duc d'Orléans alla à visage découvert et madame la duchesse de Berry y vint en masque. — Le comte de Roucy, qui est tout à fait mal dans ses affaires, a obtenu de M. le duc d'Orléans 50,000 écus; ce comte croit qu'ils ne lui seront payés qu'en billets d'État (1).

Jeudi 20. — On mande de Hollande que les désordres qu'a fait le débordement de la mer et des rivières continue et augmente de jour en jour. On mande aussi d'Allemagne que les inondations croissent tous les jours; qu'il y a eu encore plus de gens noyés qu'en Hollande, et que, de plus de cent ans, les pays inondés ne pourront être rétablis. — Beaucoup de gens de la famille de la maréchale d'Estrées ne vont plus chez madame la Duchesse; trois ou quatre de ses sœurs ou belles-sœurs y étoient tous les jours avant l'affaire de la loge.

Vendredi 21. — Il y eut bal à l'Opéra, où alla madame la duchesse de Berry en masque et M. le duc d'Orléans sans être masqué. — Ce sera mercredi que le roi et M. le duc d'Orléans donneront audience aux députés du parlement. — Le traité du roi avec M. le duc de Lorraine a été signé aujourd'hui. On donnera de l'Altesse Royale à ce prince, et l'autre difficulté qu'il y avoit pour la conclusion de ce

---

(1) La journée du 19 est restée en blanc dans le manuscrit de Dangeau.

traité, qui regardoit les affaires ecclésiastiques et la juridiction de quelques évêques, sera remise à un autre temps; et pour cela, le roi et M. de Lorraine nommeront des commissaires.

Samedi 22. — Conseil de régence l'après-dînée. M. le duc d'Orléans travailla assez longtemps le matin avec M. Desmaretz. — M. et madame de Lorraine partiront vers le 15 de février de Lunéville pour venir ici, et eux et les dames qu'ils amènent seront logés au Palais-Royal. M. de Torcy a ordre de leur faire trouver plus de soixante chevaux de poste sur leur route, afin qu'ils puissent venir plus diligemment. Les dames qu'ils mènent avec eux sont: madame de Craon, qui est la dame d'honneur, madame de Furstemberg, la chanoinesse, qui est depuis longtemps à la cour de Lorraine, et madame de Lenoncourt, belle-sœur de madame de Craon et qui est la dame d'atours.

Dimanche 23. — M. le duc d'Orléans travailla depuis quatre heures jusqu'à neuf heures avec les cardinaux de Rohan et de Bissy, le chancelier et le maréchal d'Huxelles. Il y eut conseil de régence le matin. — Il y eut bal le soir à l'Opéra. M. le duc d'Orléans y alla à visage découvert; madame la duchesse de Berry y étoit aussi, mais masquée. — M. de Médavy a fait revivre une prétention qu'il avoit par un brevet de retenue qu'avoit eu le maréchal de Grancey, son grand-père, sur le gouvernement de Thionville, et on lui donne pour cela 250,000 francs en billets d'État; on lui a promis, en cas qu'on envoie des troupes en Italie, de lui en donner le commandement.

Lundi 24. — Conseil de régence le matin. — M. le duc d'Orléans verra demain au matin les députés du parlement de Bretagne, qui lui feront la révérence, mais sans lui parler d'affaires. Il y a une lettre de ce parlement au roi, qui est dans le même esprit que celle de la noblesse bretonne. — M. le duc d'Orléans soupa chez lui à huit heures, et se coucha aussitôt après parce qu'il a beaucoup à travailler demain dès le grand matin. — On parle fort du mariage de la seconde fille de M. de Torcy avec M. du Plessis-Châtillon. Je crois que cela se conclura bientôt. — Les lettres qu'on a reçues de Vienne sont bien différentes de celles qu'on avoit eues au commencement de l'année sur la grossesse de l'impératrice, car on mande présentement qu'elle est sûrement grosse et que l'empereur l'a déclaré.

Mardi 25. — M. le duc d'Orléans écrivit beaucoup l'après-dînée, de sa propre main; on croit que c'est à l'abbé Dubois pour les affaires qu'on a en Angleterre. Il avoit beaucoup travaillé le matin et donné beaucoup d'audiences aux ministres étrangers; il alla le soir au bal de l'Opéra et madame la duchesse de Berry y vint en masque. M. le duc d'Orléans a dit à M. d'Antin, qui lui parloit du bruit qui couroit de grands changements dans les conseils, qu'il pouvoit compter qu'il n'y auroit aucun changement sur le conseil du dedans du royaume, dont il est président. Ce conseil a jugé que les arrêts du parlement de Bretagne qui défendoient à l'Opéra, qui est à Rennes, de jouer seroient cassés; et apparemment ce jugement-là sera confirmé lundi à la régence.

Mercredi 26. — Le parlement alla sur les onze heures faire ses remontrances au roi. M. le duc d'Orléans y étoit. Le premier président parla avec beaucoup d'éloquence et de force. Le roi répondit à son ordinaire que son chancelier leur feroit réponse, et aussitôt le chancelier prit la parole et leur dit que le roi, quand il auroit assemblé son conseil, leur feroit réponse et qu'ensuite il leur enverroit ses ordres auxquels il espéroit qu'ils obéiroient sans remise. Après cette audience, M. le duc d'Orléans retourna chez lui, où il s'enferma et travailla jusqu'à deux heures; on ne dit point qui travailloit avec lui*. — Le soir il commença à paroître des lettres patentes du roi Louis XIII en forme d'édit, publiées en parlement, S. M. y étant présente, le 21 février 1641. M. le duc d'Orléans a fait imprimer ces lettres patentes, qu'il a tirées des registres du parlement et qu'on lui apporta il y a deux jours. Il y a dans ces lettres patentes beaucoup de choses dont on croit que le parlement ne sera pas bien content ; on y cite des ordonnances du roi Jean sur le parlement, de François Ier, de Charles IX, et plusieurs de Louis XIII.

* Tout se préparoit à donner des affaires au régent et à le culbuter. Les menaces au dedans et au dehors par l'Espagne, s'avançoient vers le but que l'ambition et la vengeance se proposoient, et que les prestiges répandus avec art parmi les fous, les ignorants et les sots, qui sont toujours le plus grand nombre, avançoient à souhait. La pièce principale de l'exécution étoit le parlement : il le falloit remuer par les vues du bien public. Les profusions et les mœurs du régent, le système de Law surtout, étoient d'un grand usage pour en imposer aux honnêtes gens et au gros de cette compagnie ; la vanité de devenir les modérateurs de l'État excitoit les autres. Il falloit cheminer par degrés pour accoutumer le parlement à une résistance qui aigrît le régent ou qui l'abattît, dont on pût tirer de grands avantages, et se conduire peu à peu où l'on tendoit, sans que presque personne de ce très-grand nombre sût jusqu'où on le vouloit mener, et le forcer après, par la nécessité des conjonctures et des engagements. L'abri des lois et de l'autorité du parlement étoit nécessaire à qui les vouloit le plus enfreindre, et il en falloit rendre cette compagnie nécessairement complice pour les violer impunément. Tel fut le projet bien suivi, mais que la Providence, protectrice des États et des rois foibles et enfants, sut confondre.

Jeudi 27. — Le parlement s'assembla, et M. le premier président leur rendit compte de ce qui se passa hier à l'audience que leur donna le roi. En parlant au roi, il ne parloit point de mémoire, il lisoit ce qui avoit été résolu dans leur assemblée. On ne savoit point encore le matin, au parlement, l'impression qu'avoit fait faire M. le duc d'Orléans des lettres patentes de Louis XIII, mais sur le soir cela fut public, car on en a beaucoup distribué aujourd'hui au Palais-Royal, et on en a envoyé beaucoup dans les provinces. — Madame la duchesse de Berry alla hier à la comédie françoise dans la salle de l'Opéra, et y mena trois dames, parmi lesquelles étoit madame de Mouchy qu'on avoit cru brouillée avec elle. — Il a transpiré, ce soir fort tard, que M. le duc d'Orléans n'étoit pas content de M. le chancelier.

Vendredi 28. — M. de la Vrillière alla à sept heures du matin chez M. le chancelier lui redemander les sceaux et lui conseiller, de la part de ce prince, de s'en aller à sa terre de Fresne jusqu'à nouvel ordre*. M. le chancelier fut un peu surpris; il lui demanda s'il ne pouvoit point voir M. le duc d'Orléans ou au moins lui écrire. M. de la Vrillière répondit que pour le voir cela ne se pouvoit pas demander présentement, mais que pour écrire, il se chargeoit de lui porter la lettre. M. le chancelier alla l'écrire et la lut à M. de la Vrillière avant que de la lui donner, et lui dit : « Votre nom est bien fatal aux chanceliers. » Le chancelier alla porter cette nouvelle à sa femme, qui est encore en couche, et aima mieux qu'elle l'apprit par lui que par quelqu'autre qui auroit pu lui rendre la chose encore plus fâcheuse. Il paroît que l'un et l'autre ont reçu cette nouvelle avec beaucoup de fermeté, et le chancelier partira demain matin pour s'en aller à Fresne. M. de la Vrillière porta les sceaux à M. le duc d'Orléans, qui les a donnés à M. d'Argenson. Le duc de Noailles, qui venoit de recevoir une lettre du chancelier qui lui mandoit que M. de la Vrillière lui avoit redemandé les sceaux, monta en carrosse et s'en alla au Palais-Royal, et voyant les sceaux qui étoient sur la table de M. le duc d'Orléans, parce que M. d'Argenson n'étoit pas encore arrivé, demanda à M. le duc d'Orléans : « Que veulent dire ces sceaux que je vois là? » M. le duc d'Orléans lui répondit : « Je les ai envoyés redemander au chancelier. — Et à qui les donnez-vous, Monseigneur? repartit le duc de Noailles. — Je les donne, lui répondit-il, à M. d'Argenson. » Le duc de Noailles lui dit : « Monseigneur, je vois bien que la cabale l'emporte, et puisqu'on attaque un si honnête homme que le chancelier et mon meilleur ami, je vois bien qu'on m'attaque aussi et que je ne puis mieux faire que de rendre ma commission de président du conseil de finances. Je vous la remets, Monseigneur. » M. le duc d'Orléans lui dit : « Ne demandez-vous rien ? — Non, Monseigneur, répondit le duc de Noailles. » Le régent lui dit : « Je vous avois destiné une place dans le conseil de régence. » M. le duc de Noailles lui dit : « J'en ferai peu d'usage, » et sortit en même temps, voyant entrer M. d'Argenson, que l'on met aussi à la tête des finances. Sur les trois heures, M. d'Argenson, dont la commission fut expédiée dès qu'on lui eut remis les sceaux, alla prêter son serment de garde des sceaux au roi. M. le duc d'Orléans y étoit présent. — La place qu'avoit M. d'Argenson, de lieutenant de la police, est donnée à M. de Machault**, maître des requêtes, qu'on a eu peine à résoudre de l'accepter, parce que c'est une charge très-pénible. Il l'accepta le soir, et en vint remercier M. le duc d'Orléans, qui alla, sur les sept heures, faire un tour à l'Opéra dans la loge de madame la duchesse de Berry, et il n'alla point le soir au bal. Madame la duchesse de Berry n'y alla point non plus ; il avoit soupé avec elle au Luxembourg. — M. d'Argenson avoit un brevet de retenue de 50,000 écus sur sa charge de lieutenant général de police que M. de Machault lui payera.

* Le chancelier fut la victime du duc de Noailles, qui s'en servit comme de bouclier et qui lui faisoit voir et faire tout ce qui lui convenoit, jusqu'au dernier point de dégoût pour tout ce qui s'en apercevoit ; et qui ne s'en seroit aperçu à la quantité de gens qui avoient à passer par leurs mains ? Daguesseau étoit un bel esprit, profondément savant et lumineux, également propre à briller dans les premières académies de l'Europe et à être le premier président du parlement, le plus distingué qui eût peut-être jamais été à la tête de ce corps ; mais passé cela, l'ineptie même. Rien de plus bouché en affaires d'État, rien de plus épaissement ténébreux en choses de finance ; rien de plus profondément ignorant dans l'usage et dans la connoissance du monde ; rien enfin de plus foncièrement incapable d'acquérir jamais la moindre lumière ni la plus légère teinture du monde, des finances, ni des affaires d'État. De plus, le père des difficultés et des vétilles,

et idolâtre de la forme et de toutes formes jusqu'à faire douter de la bonté de son esprit. Avec beaucoup d'honneur, de piété véritable et de justice, il avoit trois défauts principaux qui gâtoient tous ses talents, et qui rendoient souvent ses vertus équivoques à qui ne le connoissoit que superficiellement. Le premier est que le parquet l'avoit gâté : il y avoit passé sa vie et y avoit acquis toute sa grande et juste réputation ; mais la nécessité dans laquelle se trouve un avocat général de peser toutes les raisons contradictoires de chaque cause, l'une par l'autre, et de les discuter avec une telle exactitude qu'aucune ne lui échappe, en sorte qu'en parlant, il rapporte si expressément le pour et le contre de chaque point avec toutes les conséquences qui en résultent ou qu'on en fait résulter, et jusque-là qu'il paroisse également l'avocat particulier de chaque partie opposée dans la même cause, lorsqu'il la plaide, jusqu'à ce qu'il en vienne à conclure ; cette nécessité, dis-je, l'avoit accoutumé à un flottement dont il avoit tant de peine à se débarrasser, et que sa conscience augmentoit encore par sa délicatesse et par l'abondance de ses lumières et de ses vues en affaires, qu'il se pouvoit dire qu'il n'avoit jamais de sentiment arrêté ni qui fût proprement le sien, en sorte qu'un grain de sable l'arrêtoit tout court et lui faisoit changer sa route. Telle est la cause des prodigieuses variations en affaires de toutes sortes, qui du faîte de la réputation la plus accomplie et la mieux méritée l'a précipité dans l'état si différent à cet égard où il est tombé par degrés, et à ce changement de soi-même qui l'a rendu si méconnoissable dans des points capitaux sous lesquels il est demeuré accablé, et dont sa réputation ni sa considération ne se relèveront jamais. Le second défaut est celui d'une correction et d'une perfection trop curieusement recherchée, qui décuple son travail et qui l'empêche de rien finir qu'avec des longueurs insupportables, et qui, outre cette lenteur, tombe dans la puérilité. Ses préfaces d'édits de déclarations et d'arrêts, ses dispositifs de ces pièces qui sur toutes autres veulent de la clarté et de la brièveté et dont la dignité ne peut être séparée de la simplicité, il en fait des pièces d'éloquence, des pièces recherchées, contournées ; il y épuise l'art académique ; jusqu'à la différente espèce de ponctuation est amenée et travaillée ; en un mot, il s'épuise à des riens, et l'expédition en souffre toutes sortes de préjudices. Enfin le dernier défaut qui vient du préjugé, de l'habitude et de cet orgueil secret que souvent les plus gens de bien ignorent en eux, parce que l'amour-propre le leur sait colorer, c'est une prévention si étrange en faveur de tout ce qui porte robe, qu'il n'y a si petit officier de justice subalterne qui puisse avoir tort à ses yeux, ni friponnerie avérée, qui par la forme ne trouve des échappatoires qui méritent toute sa protection. A bout de raisons, on le voit qui souffre, et cette souffrance l'affermit en faveur de cette vile robe dont le délire impalliable le fait souffrir. Je dis vile robe, telle qu'un procureur du roi ou un juge royal de justices très-subalternes, dont les excès et les friponneries demeurés à découvert et incapables d'excuses, en trouvent dans son cœur et dans son esprit quand elles ont perdu toutes ressources d'ailleurs et jusque dans sa raison et sa justice : alors il se jette sur les exhortations à pardonner, sur les conséquences du châtiment qui obscurcit tout un petit siége, sur la nécessité de procéder en justice en attaquant juridiquement cet officier et se rendre partie contre lui. Ces exemples arrivent tous les jours et sur les faits les plus criants, sans qu'aucunes suites ni aucunes considérations aient jamais pu avoir sur lui aucune prise à cet égard; d'où naissent des inconvénients sans nombre. C'est un étrange cas personnel de se pourvoir en cassation d'arrêts des parlements ni de contester quoi que ce puisse être en aucun genre à ces compagnies. Il s'en rend l'avocat en plein conseil et quelque chose de plus quelquefois, entraîné par une passion qui l'offusque et à laquelle il n'est plus en lui de rien voir, de rien entendre, ni de trouver aucun moyen de s'en défendre, en tout contraire à la justice et même à la vérité. Tel est le prodigieux et non moins funeste contraste de ce grand magistrat avec soi-même; d'ailleurs bon, doux, modeste, équitable, pieux, et le savoir et la lumière mêmes. Il paroîtra désormais en tant de diverses formes sur la scène, et il a continué depuis la mort de Dangeau et la fin de ses Mémoires d'être présenté au monde si différent et en tant de sortes de lui-même, au grand malheur de sa réputation, de sa considération et même de sa fortune, qu'on a cru en devoir donner ici la clef, qui n'est autre que ce caractère. La disgrâce de ce chancelier qu'ennoblit la haine semée contre le gouvernement, éleva la réputation de ce magistrat jusqu'aux nues, et referma avec avantage les plaies qu'elle avoit commencé à souffrir des premières variations de sa conduite dont la sage, modeste et glorieuse fermeté s'étoit déjà un peu démentie depuis que, parvenu à la première place de la magistrature, il étoit nécessairement entré en plus d'affaires et avec plus de poids. Le duc d'Orléans, qui n'avoit pas tardé à se repentir d'un choix dont il s'étoit enivré d'abord, fut sensible à l'applaudissement universel qui en cette occasion étoit une aigre censure de sa conduite. Il avoit bien combattu en lui-même avant que de se résoudre à ce tour de force, et il n'y étoit venu qu'à la dernière extrémité. Épuisé donc de l'avoir fait, et abattu de la manière dont il étoit reçu, il retomba dans sa foiblesse sur l'autre partie. L'esprit et la tribu de Noailles lui fit peur. Lui laisser les finances, c'étoit s'être défait du chancelier inutilement; il acheva donc ou plutôt il ne retint pas le duc de Noailles, qui sagement lâcha ce qu'il jugea bien ne pouvoir retenir, et de la privation de quoi il espéra bien tirer un grand parti. C'est en effet ce qui arriva : tout lui fut jeté à la tête pour lui et pour ses enfants à la jaquette. M. le duc d'Orléans ne lui marqua jamais tant d'amitié et de considération. Noailles ne s'y méprit pas, mais tira tout ce qu'il daigna vouloir, et obligea encore M. le duc d'Orléans de ce qu'il voulut bien l'accepter. Par même suite, Rouillé du Coudray, qui avoit été le bras droit du duc de Noailles dans les finances, ne put y être conservé ; il n'y faisoit même presque plus rien depuis longtemps que s'y faire haïr et mépriser; abruti par le vin et toutes sortes de débauches, il s'y plongea de plus en plus, malgré son âge, quand il n'eut [plus] d'occupation dans les finances. Le conseil des parties, ni les bureaux ne le revirent presque plus, et il acheva en peu de temps une assez longue vie dans l'indécence dont il faisoit trophée, laissant admirer qu'avec une capacité médiocre, une brutalité parfaite, une grossièreté pareille, il fut devenu conseiller d'État sous le feu roi et en dernier lieu le vrai modérateur des finances.

** Le régent se trompa fort au choix de Machault pour la police. C'étoit un magistrat depuis les pieds jusqu'à la tête, fort intègre, fort exact et fort dur, quoiqu'il aimât un peu trop les femmes de mauvaise vie, dont sourdement il entretenoit toujours quelqu'une. La police étoit la moindre des occupations de cet emploi sur le pied que d'Argenson l'avoit mis, et ne pouvoit être le fait d'un honnête homme ; aussi Machault n'y satisfit ni lui ni qui l'y avoit mis et ne put-il y rester longtemps.

Samedi 29. — Il n'y eut point de conseil de régence. — M. le chancelier partit le matin pour s'en aller à Fresne. — M. le duc d'Orléans travailla l'après-dînée avec l'abbé Bignon et le petit Renaut, qui travaillent à un projet sur la dîme royale, qui n'est pas tout à fait comme celui du maréchal de Vauban qui est imprimé, mais qui en approche fort. M. le duc d'Orléans, après que M. d'Argenson fut sorti d'avec lui, travailla hier avec M. le cardinal de Noailles, comme il a accoutumé de faire tous les vendredis ; on ne sait point ce qui s'est passé dans cette audience. M. le duc de la Force demeurera dans le conseil de finances comme il y étoit; quelques gens avoient cru que sa dignité de pair du royaume feroit quelqu'embarras là-dessus; mais il n'y en a point, car M. d'Argenson, comme garde des sceaux, précédera même dans ce conseil le maréchal de Villeroy, qui a la place de chef du conseil.

FÉVRIER 1718.

Dimanche 30. — M. le duc d'Orléans mena M. le duc de Chartres au conseil de régence, où il prit sa place; il n'opinera point encore. MM. du conseil de régence ne savoient point que M. le duc de Chartres y dût venir; il n'a pas encore quinze ans; il demeura pendant tout le conseil; il y viendra toujours. M. le duc d'Orléans le mènera demain au conseil de guerre. M. le garde des sceaux prit sa place au conseil de régence après les princes de la maison royale; le duc de Noailles vint aussi prendre sa place au conseil de régence dans son rang de pair. — M. le duc d'Orléans parut le soir au bal de l'Opéra; mais il y fut fort peu de temps. Il avoit travaillé l'après-dînée avec MM. les cardinaux de Rohan et de Bissy et le maréchal d'Huxelles.

Lundi 31. — M. le duc d'Orléans envoya le matin le marquis d'Effiat parler au premier président. On dit que cet envoi ne fut que pour lui dire que les changements arrivés feroient différer de quelques jours l'audience qu'il doit donner au parlement sur les représentations qu'ils veulent lui faire. — Il y eut conseil de régence le matin, où M. le duc de Chartres étoit, et M. le duc d'Orléans le mena l'après-dînée au conseil de guerre, où il le laissa; mais quand M. son père en fut sorti, il ne prit point la place de président, qui demeura vide. — M. le garde des sceaux a fait beaucoup d'amitié à Bourvalais, qui a été lui faire sa cour, et on croit qu'il se servira de lui comme d'un très-habile financier. — M. le duc d'Orléans se coucha de fort bonne heure parce qu'il se lève les mardis de grand matin, ayant encore plus à travailler ce jour-là que les autres jours.

Mardi 1ᵉʳ *février*. — M. le duc de Chartres alla encore le matin au conseil de guerre, et il se mit dans la place du président, quoiqu'il ne prenne point encore les voix; on disoit qu'il devoit aller ce jour-là au conseil de finances, mais cela ne s'est pas trouvé vrai. M. le duc de la Force aura le titre de président du conseil de finances, dont il n'étoit que vice-président; mais cela ne fera pas grand changement dans ses fonctions. — Il n'y eut point de bal à l'Opéra, quoique ce soit un des jours que ces bals-là se donnent; mais comme c'est la veille de Notre-Dame, on a craint que cela ne fit perdre la messe à quelques masques, et le bal a été remis au lendemain.

Mercredi 2. — Les présidents à mortier s'assemblèrent l'après-dînée chez M. le premier président. — M. le duc d'Orléans soupa au Luxembourg avec madame la duchesse de Berry, et ils ne vinrent ni l'un ni l'autre au bal de l'Opéra. — On parle toujours du mariage de mademoiselle de Torcy, qui est dans un couvent, avec M. du Plessis-Châtillon. — M. Rouillé du Coudray quitte le conseil de finances et on lui donne 12,000 francs de pension, qui seront assignés sur le contrôle. M. le garde des sceaux gardera sa place de conseiller d'État; ainsi il n'y a point de place vacante dans le conseil.

Jeudi 3. — M. le duc d'Orléans a donné au duc de Noailles la survivance de toutes ses charges pour le comte d'Ayen son fils, qui n'a pas encore six ans. — On parle de quelques petits changements dans le conseil de guerre dont M. le maréchal de Villars ne s'accommoderoit pas. — M. le marquis de Téligny-Langeais a été déclaré gouverneur de M. le comte de Clermont; il aura 2,000 écus d'appointements. — On commence à répandre des bruits que la paix de l'empereur avec le Turc s'avance; cependant il n'y a point encore de plénipotentiaires de l'empereur nommés, et on n'est pas même convenu de la ville où l'on s'assemblera.

Vendredi 4. — M. le cardinal de Noailles travailla avec M. le régent comme à l'ordinaire, et le cardinal de Bissy y travailla ensuite. — M. le duc d'Orléans soupa au Luxembourg avec madame la duchesse de Berry, et ensuite ils vinrent au bal, masqués; mais M. le duc d'Orléans n'y demeura pas longtemps. — On parle fort du mariage du chevalier de Bouillon, qu'on appelle présentement le prince d'Auvergne, avec madame Bouchu, qui est fort riche et qui veut avoir un rang; on dit qu'elle lui fera de grands avantages, qu'elle lui donnera une assez grosse pension sa vie durant et lui assurera 40 ou 50,000 écus après sa mort, et qu'il conservera toujours la pension qu'elle lui va donner si elle l'épouse.

Samedi 5. — Conseil de régence l'après-dînée. M. le garde des sceaux tint pour la première fois le conseil des parties; on dit qu'il va demeurer à la place des Victoires, dans la maison de Beaunier qui étoit autrefois l'hôtel de Pomponne et qu'il a fort embellie. M. d'Argenson vouloit conserver sa maison, mais elle est trop petite pour un garde des sceaux, et l'abord en est très-difficile. — Il y eut grand bal à l'hôtel de Condé; il commença avant sept heures. — M. le duc d'Orléans, qui s'intéresse fort au duc d'Albret, veut tâcher de surmonter les difficultés que la famille des Louvois apporte au mariage de ce duc avec mademoiselle de Culant, leur nièce; il y a déjà longtemps qu'on plaide là-dessus, et cela ira encore loin si l'autorité ne s'en mêle pas.

Dimanche 6. — Conseil de régence le matin. M. le duc de la Force est nommé depuis quelques jours président du conseil de commerce, comme il l'est déjà du conseil de finances. — Le bal chez madame la Duchesse a été fort magnifique; plus de cent cinquante personnes ont soupé à l'hôtel de Condé, parce que toutes les dames de la cour y étoient conviées; il y eut grand jeu durant le bal dans un appartement séparé, et la fête, dit-on, a beaucoup coûté. Les dames pour qui on avoit dit que cette fête se faisoit n'y étoient pas. — M. le garde des sceaux travaille dix-huit heures par jour; les receveurs généraux entrent chez lui à dix heures du soir, et n'en sortent qu'après minuit; et quoiqu'il ait travaillé jusqu'à minuit il se lève à quatre heures du matin.

Lundi 7. — Conseil de régence le matin. Le bruit du retour de M. le chancelier, qui avoit commencé dès hier, augmenta fort; mais on sût sur le soir qu'il n'y avoit d'autre fondement à cela que son mérite. — L'affaire de M. le Duc et de M. le maréchal de Villars sur la liasse que ce maréchal a accoutumé de porter les mardis, l'après-dînée, à M. le duc d'Orléans doit être réglée demain au conseil de guerre, où M. le duc d'Orléans ira pour cela. — Le parlement alla à quatre heures chez M. le duc d'Orléans, à qui ils firent leurs représentations ; le premier président porta la parole, et M. le duc d'Orléans leur répondit obligeamment et noblement. Toutes les représentations ne furent que sur les nouveaux conseils. Après que le parlement, qui n'étoit venu que par députés, fut sorti, M. le duc d'Orléans parla à la famille de MM. de Louvois, qu'il avoit priée de venir ; il voudroit les accommoder avec la maison de Bouillon, afin que le mariage de M. d'Albret se pût faire et promptement.

Mardi 8. — M. le duc d'Orléans alla au conseil de guerre pour régler les difficultés qu'il y avoit sur la liasse, entre M. le Duc et M. le maréchal de Villars ; il a réglé qu'on ne lui apporteroit plus la liasse, mais qu'il viendroit tous les quinze jours au conseil de guerre, où on lui rendroit compte de ce qui s'y seroit passé. — Madame la Duchesse donna hier à souper à madame la duchesse de Berry, dans la petite maison de M. le Duc ; madame la duchesse de Berry y mena avec elle madame de Mouchy. M. le Duc n'y vint qu'après minuit. — Il y eut bal à l'Opéra le soir; M. le duc d'Orléans et madame la duchesse de Berry n'y étoient point. — On a nouvelle que le czar est arrivé à Moscou, où il a été reçu avec de grandes démonstrations de joie.

Mercredi 9. — M. le duc d'Orléans donna une longue audience au cardinal de Rohan. — On répéta chez le roi un divertissement en manière d'opéra qu'on lui doit donner lundi. — On parle toujours fort du mariage du prince d'Auvergne avec madame Bouchu ; on dit même toutes les conditions du mariage. On dit aussi que la troisième fille du prince de Rohan épouse l'aîné des enfants de M. le prince de Guémené. — Le grand armement que le roi d'Espagne fait par mer et par terre inquiète un peu les Portugais, et on croit même que cela pourra les empêcher d'envoyer cette année leurs vaisseaux joindre la flotte vénitienne. On mande aussi que le roi de Maroc, voyant la grande puissance des Espagnols, leur fait offrir la paix et de lever le siége de Ceuta.

Jeudi 10. — Madame alla à Chelles voir Mademoiselle, qui persiste toujours à vouloir être religieuse et qui veut faire profession après Pâques. — Casteja, gouverneur de Toul, est mort; il avoit quatre-vingt-huit ans, et il y en a plus de soixante qu'il avoit une jambe de bois; il étoit cordon rouge de l'ordre de Saint-Louis. Il y a un petit brevet de retenue sur son gouvernement qui ne vaut au plus que 6,000 livres de rente, et l'on croit que son fils aîné, qui est colonel d'infanterie, pourra bien avoir ce gouvernement. — Le marquis de Simiane est considérablement malade; il est premier gentilhomme de la chambre de M. le duc d'Orléans et lieutenant général de Provence.

Vendredi 11. — M. le duc d'Orléans travailla le matin comme à l'ordinaire avec le cardinal de Noailles, comme il fait tous les vendredis, et l'après-dînée il donna une longue audience au cardinal de Rohan. Il soupa au Luxembourg avec madame la duchesse de Berry, mais ni l'un ni l'autre n'allèrent au bal de l'Opéra. — M. le duc d'Orléans a chargé M. Amelot d'examiner les difficultés que fait la famille des Louvois sur le mariage de M. le duc d'Albret, afin de les surmonter s'il est possible. M. le duc d'Orléans a envie que cette affaire-là finisse au contentement de M. d'Albret, et il veut encore lui faire de nouvelles grâces pour le rendre meilleur parti.

Samedi 12. — Conseil de régence l'après-dînée, où il fut résolu de recevoir à la Monnoie les vieilles espèces et matières d'or et d'argent, et de prendre un sixième de la somme qu'on portera en billets d'État ; on croit que cela va remettre beaucoup d'argent dans le commerce et que les billets d'État perdront beaucoup moins quand on voudra s'en défaire. — M. le duc d'Orléans a donné la charge de son premier maître d'hôtel à M. de Montigny, qui étoit son chambellan ordinaire ; cette charge étoit vacante depuis quelques mois par la mort de Matarel. — Les trois gentilshommes bretons qui avoient eu des lettres de cachet pour venir ici rendre compte de leurs actions, ont eu de nouvelles lettres de cachet qui les exilent l'un en Champagne, l'autre en Picardie et l'autre en Bourgogne. Ils étoient quatre qui avoient eu des lettres de cachet pour venir ici ; mais le quatrième, qui est le marquis de Pirey, étoit demeuré malade en Bretagne. Les trois qui viennent d'être exilés sont : M. le comte de Noyan, le comte de Bonnamour et M. du Guesclairs.

Dimanche 13. — Conseil de régence le matin. — On publia l'arrêt pour les monnoies et pour les billets d'État qui avoit été résolu hier au conseil de régence, et les billets d'État perdent déjà moins, tant l'effet de cet arrêt-là a été prompt. — Il y eut bal à l'Opéra comme à l'ordinaire ; madame la duchesse de Berry n'y vint point ; elle avoit été l'après-dînée aux Carmélites, où elle fut longtemps dans l'église. M. le duc d'Orléans vit le bal de sa petite loge ; il n'y fut qu'un quart d'heure, et ne descendit point en bas. Madame alla l'après-dînée aux Carmélites, et puis entendit l'opéra de sa loge. — Madame la duchesse d'Orléans alla à Montmartre, d'où elle ne reviendra que mercredi. — Par les lettres qu'on a de Londres, il paroît que la mésintelligence du roi avec le prince de Galles, son fils, augmente bien loin de diminuer.

Lundi 14. — Conseil de régence le matin. — M. le duc d'Orléans alla l'après-dînée à Montmartre, où madame de Montpipeau, la nouvelle abbesse, prend possession. — M. de Coigny, comme colonel général des dragons, entrera au conseil de guerre, de même que le comte d'Évreux, qui y est entré comme colonel général de la cavalerie. — M. le Premier reçoit des compliments sur les affaires qu'il avoit eues avec M. le Grand, où tout a été réglé comme M. le Premier pouvoit le souhaiter. — On disoit qu'on renverroit les députés du parlement de Bretagne sans leur vouloir donner audience; mais cela ne s'est pas trouvé vrai.

Mardi 15. — M. le maréchal de Villars ne porta point la liasse à M. le duc d'Orléans; c'est le seul changement qu'il y ait eu au conseil de guerre, car on ne compte pas comme un changement que M. de Coigny y ait pris place. — Madame la duchesse de Berry alla à Montmartre voir madame sa mère, qui en revient demain. — La cour de Lorraine part aujourd'hui de Lunéville et arrivera vendredi. — M. de Châteauneuf, notre ambassadeur en Hollande, a obtenu depuis deux mois une nouvelle pension de 2,000 écus; il en avoit déjà une de pareille somme, et on lui promet la seconde place qui vaquera dans le conseil. La première est promise à M. de Bernage, qui va intendant en Languedoc, et en attendant, on donne à M. de Châteauneuf une place de conseiller honoraire au parlement.

Mercredi 16. — Madame la duchesse d'Orléans revint de Montmartre. — On a donné à M. le duc d'Albret une augmentation d'appointements sur le gouvernement d'Auvergne et une augmentation de 100,000 francs au brevet de retenue. — On dansa à six heures le petit ballet (1) chez le roi, où madame de Berry et Madame étoient en grand habit avec toutes les dames qu'elles avoient amenées; le spectacle, à ce que l'on dit, est fort agréable et les danses les plus belles du monde. Ballon, qui ne danse

---

(1) Cet opéra-ballet avait pour titre: l'*Union de la jeunesse avec la sagesse*. Les paroles étoient de M. de Beauchamps, la musique vocale de M. Matot, l'instrumentale de M. Alarius, et la danse de M. Ballon. (V. le *Mercure* de février, pages 211 à 215.)

plus aux opéras, y dansa aussi bien que jamais. — La thèse de M. l'abbé de Saint-Albin à la Sorbonne fait juger que M. le duc d'Orléans le reconnoîtra bientôt, car Madame alla à la Sorbonne, où jamais femme n'étoit entrée. Elle eut un fauteuil sur une estrade, et le cardinal de Noailles alla au-devant d'elle avec la croix, à la descente de son carrosse, et la reconduisit quand elle sortit de même jusqu'à son carrosse. Les cardinaux et les prélats avoient des chaises à dos. M. de Conflans, premier gentilhomme de la chambre de M. le duc d'Orléans, en faisoit les honneurs par ordre de son maître*.

* Jamais scandale si complet et si fou que celui de cette thèse, où le fils non reconnu d'une comédienne fut traité comme l'eut pu être et tout au plus fort celui de M. et de madame la duchesse d'Orléans. Madame, qui en grande princesse ne se conduisoit que par fantaisie, avoit pris ce petit garçon en amitié, à peu près comme elle y prenoit quelqu'un de ses chiens, et oublioit pour lui une naissance qu'elle détestoit dans sa belle-fille et dans les autres bâtards du roi.

Jeudi 17. — Madame, M. le duc d'Orléans, madame la duchesse d'Orléans, M. le duc de Chartres et mademoiselle de Valois iront demain au-devant de la cour de Lorraine, qui viendra dîner à Bondy, et en revenant mettront dans leur carrosse M. et madame de Lorraine pour éviter quelques difficultés sur le cérémonial. M. de Lorraine prendra le nom de comte de Blammont. On lui a donné 100,000 francs sur ce qui lui est dû par le traité et on lui donnera encore deux autres cent mille francs pendant qu'il sera à Paris. — M. d'Argenson a parlé aux députés du parlement de Bretagne sur quelques articles qui sont dans leurs remontrances et qu'on veut leur faire changer. — Le mariage de M. le prince d'Auvergne avec madame Bouchu est rompu, sur ce qu'elle a prétendu un douaire qu'on ne lui a pas voulu donner.

Vendredi 18. — La cour de Lorraine arriva ici sur les quatre heures; Madame, M. le régent, madame la duchesse d'Orléans, M. de Chartres et mademoiselle de Valois, qui étoient allés au-devant d'eux, les trouvèrent en deçà de Bondy, et les firent monter dans leur carrosse. On fit mettre madame de Lorraine à côté de Madame au fond du carrosse. M. le duc d'Orléans et M. de Lorraine étoient aux portières, madame la duchesse d'Orléans, M. de Chartres et mademoiselle de Valois sur le devant. En arrivant ici, madame de Lorraine trouva dans sa chambre une commode pleine de très-belles étoffes, d'écharpes magnifiques, de rubans et de tout ce qui peut servir à la parure des dames ; c'est madame de Berry qui lui fait ce présent-là (1). Madame la duchesse d'Orléans donne aussi à madame de Lorraine beaucoup de belles dentelles. On les mena à l'Opéra dans la loge de Madame, et puis M. le duc d'Orléans mena M. de Lorraine dans la loge de madame de Berry. Il lui rendit là une petite visite, puis il revint dans la loge de Madame. Après l'opéra, madame de Lorraine retourna dans son appartement, où elle trouva le cardinal de Rohan, M. de Vaudemont et plusieurs dames, et sur les neuf heures et demie, elle descendit chez madame la duchesse d'Orléans, qui ne voulut point que le jeu commençât chez elle que madame de Lorraine ne fût descendue. M. et madame de Lorraine ne jouèrent qu'à la réjouissance ; ils soupèrent chez madame la duchesse d'Orléans, qui retint à souper quelques dames de celles à qui madame de Lorraine avoit témoigné le plus d'amitié quand elle étoit fille ; la duchesse de Sully et la maréchale de Boufflers étoient de ce nombre. Après le souper, madame de Lorraine alla dans la loge de Madame, d'où elle vit commencer le bal ; elle n'y demeura pas longtemps, ayant besoin de se reposer de la fatigue de la journée. M. le duc d'Orléans, après l'opéra, avoit

---

(1) « Elle envoya à madame la duchesse de Lorraine une commode magnifique, garnie d'écharpes, de tabliers, manchons, palatines, fichus, rubans, crevées, un déshabillé et toute autre sorte de galanteries de pareille espèce. » (*Le Mercure* de février, page 218.)

fait voir à M. de Lorraine remonter la machine qui change la décoration de l'opéra en celle de salle de bal.

Samedi 19. — Il n'y eut point de conseil de régence. — M. le duc d'Orléans, M. et madame de Lorraine dînèrent chez Madame, et puis entendirent la comédie italienne de sa loge. M. le duc d'Orléans mena M. et madame de Lorraine au Luxembourg chez madame de Berry, où ils jouèrent et firent médianoche (1). Madame la duchesse d'Orléans ne fut point à tout cela parce qu'elle eut la migraine tout le jour; mais elle y envoya mademoiselle de Valois sa fille. — On dansa pour la seconde fois le petit ballet nouveau chez le roi. — M. de Torcy a obtenu 250,000 francs de brevet de retenue sur sa charge de général des postes; il avoit déjà 50,000 écus, si bien que son brevet est présentement de 400,000 francs.

Dimanche 20. — Le roi signa le matin le contrat de mariage de la fille de M. de Torcy avec M. du Plessis-Châtillon, et la noce s'en fera mercredi chez le père de la mariée. — Il y eut conseil de régence le matin. — Madame mena madame de Lorraine chez le roi, où elle le vit dîner. Quand S. M. vit entrer madame de Lorraine, il se leva de table et la vint recevoir en l'embrassant, et se remit à table ensuite. M. et madame de Lorraine dînèrent chez Madame, et après dîner, Madame mena madame de Lorraine aux Carmélites. Madame la duchesse de Berry y alla aussi de son côté. — C'est demain que le roi a donné jour au parlement pour venir savoir sa réponse à leurs remontrances.

Lundi 21. — Conseil de régence le matin, et durant ce conseil on régla la réponse que M. le garde des sceaux feroit de la part du roi au parlement, qui devoit venir. M. le duc d'Orléans donna ordre que dès que le parlement seroit

---

(1) « Madame la duchesse de Lorraine fit donner grâce le même jour à un soldat qui alloit être pendu au bout du Pont-Neuf. » (*Le Mercure* de février, page 220.)

arrivé on le vint avertir au conseil, et il passa ensuite chez le roi. Le premier président ne dit que trois mots, et le roi lui répondit que son garde des sceaux alloit leur expliquer ses volontés. Voici à peu près la réponse que leur a faite M. d'Argenson......... — M. et madame de Lorraine dînèrent chez Madame, et madame de Lorraine alla l'après-dînée voir madame la grande-duchesse et puis elle entendit la comédie italienne dans la loge de Madame. — M. le duc de la Force n'aura plus aucun département de finances; il demeure président du conseil de finances, mais il ne sera chargé d'aucun détail.

Mardi 22. — Le parlement s'assembla, et les gens du roi allèrent ensuite au Palais-Royal rendre compte à M. le duc d'Orléans de ce qui s'y étoit passé; on dit que quelques jeunes conseillers ont parlé avec un peu de chaleur. Ils se rassembleront le premier vendredi de carême pour prendre leurs résolutions sur la réponse que M. le garde des sceaux a faite pour le roi à leurs remontrances. — Madame de Lorraine, aussitôt après son dîner, alla voir toutes les princesses du sang, et après souper elle se masqua et descendit au bal, où elle mena mademoiselle de Valois, qui n'y avoit point encore été. M. et madame de Lorraine avoient été à l'Opéra dans la loge de Madame avec elle. Il y eut comédie italienne chez le roi, qui s'y divertit beaucoup. — Destouches, qui a soin de l'Opéra, a obtenu la survivance de la charge de maître de la musique du roi qu'a Lalande, et quand Lalande mourra, Destouches sera obligé de donner 10,000 francs à sa veuve.

Mercredi 23. — M. et madame de Lorraine dînent tous les jours chez Madame et soupent les soirs chez madame la duchesse d'Orléans, où l'on retient toujours quelques dames. M. le duc d'Orléans est toujours à ces soupers-là et fort souvent aux dîners. Ils vinrent l'après-dînée à l'Opéra dans la loge de Madame. On est fort occupé à songer à les divertir; M. le Duc leur donnera samedi un grand souper et un grand bal, et madame la duchesse de

Berry leur prépare une fête magnifique pour lundi. — On croit que la petite chaleur qui a paru hier dans le parlement regarde plus M. Law qu'aucune autre chose. — M. du Plessis-Châtillon épousa mademoiselle de Torcy; la noce se fit chez le père de la mariée, et au sortir de l'église, ils allèrent coucher chez la mère du marié.

Jeudi 24. — Le roi alla l'après-dînée au Palais-Royal voir madame de Lorraine. — M. le duc d'Orléans se trouva un peu incommodé le matin, mais il se porta bien le reste du jour. — Le marquis de Simiane mourut; sa charge de premier gentilhomme de la chambre de M. le duc d'Orléans a été donnée au chevalier de Simiane son frère; il avoit un brevet de retenue de 80,000 livres sur cette charge. La lieutenance générale de Provence qu'avoit M. de Simiane n'est pas encore donnée; il y a 200,000 francs de brevet de retenue à payer sur cette charge; mais comme elle vaut 27,000 livres de rente, plusieurs gens la demandent. — M. des Marets, grand fauconnier, est mort; son fils, qui est fort jeune, a eu depuis un an la survivance de cette charge.

Vendredi 25. — M. le duc d'Orléans travailla avec M. le cardinal de Noailles comme à l'ordinaire. Il n'y aura point de conseil de régence jusqu'au premier samedi de carême. — M. et madame de Lorraine allèrent à l'Opéra avec M. le duc d'Orléans dans la loge de Madame. M. de Lorraine a demandé à M. le régent la lieutenance générale de Provence pour le chevalier d'Orléans, croyant apparemment lui faire plaisir par cette prière; mais M. le duc d'Orléans lui a répondu qu'il avoit d'autres vues pour cette charge. Madame de Lorraine alla au bal après souper *. — On dit qu'il y a un président de Rennes, nommé le président de Rochefort, qui a eu une lettre de cachet.

* Le maréchal de Villeroy, qui aimoit les fêtes et encore plus à se montrer en public gouverneur du roi, prématura des divertissements qui n'étoient pas encore de l'âge du roi et qui sont toujours insipides quand la galanterie ne les anime pas. Le roi aussi en fut si rebuté que

le dégoût lui en demeura toute sa vie, et qu'il ne voulut plus ouïr parler de danses dès qu'il fut le maître, ni presque voir ni comédie ni opéra.

Samedi 26. — On dansa le nouveau petit ballet pour la troisième fois chez le roi. — Il y eut grand souper et un grand bal à l'hôtel de Condé. La fête fut fort magnifique; mais il y avoit une si prodigieuse quantité de masques que l'on y fut trop pressé et assez incommodé. Madame de Lorraine y avoit un habit superbe; toutes les dames étoient fort parées. Madame de Lorraine et quelques dames se masquèrent après souper. Tous les soupers (car il y avoit beaucoup de tables) furent servis en gras et en maigre, dont les dévots murmurent un peu. — Le président de Rennes, qui a eu une lettre de cachet pour venir ici, est le président de Rochefort, cousin germain de la maréchale de Villars et frère de madame de Locmaria; il est fort riche, et la noblesse de Bretagne s'assembloit en grand nombre chez lui. Il y a un conseiller de ce parlement et quelques gentilshommes de la province qui ont eu des lettres de cachet aussi.

Dimanche 27. — M. et madame de Lorraine allèrent à l'Opéra avec M. le duc d'Orléans dans la loge de Madame. Madame la duchesse de Berry y alla dans la sienne et puis alla souper chez madame de Parabère. — M. l'évêque de Nîmes, qui avoit eu une lettre de cachet il y a quelque temps, a eu permission de revenir, et on dit même qu'on souhaite qu'il revienne bientôt ici. — On parle de rétablir plusieurs petites charges dans Paris et dans les provinces, qui avoient été supprimées et qui n'avoient point été remboursées. Ils donneront pour être rétablis quelques sommes qu'on prendra en billets d'État sans augmentation de gages ni d'appointements; c'est ce qu'on appelle une finance sèche.

Lundi 28. — Madame la duchesse de Berry donna une fête à M. et madame de Lorraine qui fut d'une magnificence extraordinaire, et il y eut un ordre admirable. Il y avoit pour les dames une table de cent vingt-cinq couverts, et d'autres tables pour autant d'hommes au moins, mais on n'y reçut que les gens qui y avoient été priés, et même on en fit sortir deux ou trois qui étoient venus sans être priés. (On ne les fit point sortir, mais M. de Saumery, premier maître d'hôtel de madame de Berry, leur fit une réprimande après souper qui fut mal reçue de M. de Magny*.) Les princes du sang mangèrent à la table des dames. Mademoiselle de Valois ne vint point au souper, mais après souper elle vint en masque pour le bal, où on laissa entrer tous les masques, ce qui causa une trop grande confusion. Les dames qui avoient soupé avec madame la duchesse de Berry étoient toutes magnifiquement parées; elle avoit même fait prier celles qui étoient en deuil de le quitter pour ce jour-là. M. de Lorraine ne prit point de rang; il se mit au souper parmi les dames pour conserver l'incognito. Il y eut grande musique avant le souper. Le palais du Luxembourg, en dedans et en dehors, étoit fort illuminé et on n'a point vu de fête plus superbe et mieux ordonnée. Tous ceux qui y ont été en disent des merveilles (1). — M. de Nancré partit à la

---

(1) Le *Mercure* donne sur cette fête, dans les volumes de février et de mars, les détails les plus circonstanciés, et s'étend principalement sur le repas, dans lequel figuraient, dit-il :

> Des filets mincés d'aloyau,
> Des gendarmes au jus de veau,
> Petits dindons aux ciboulettes,
> Et des anchois en allumettes,
> Poulets de grain, mets excellent,
> Cuits derrière le pot cassant,
> Pigeons au soleil, chose exquise,
> Des côtelettes en surprise, etc.

Nous ne reproduisons pas, à cause de sa longueur, le menu de ce repas, qui se composait, pour le 1er service, de 31 potages, de 60 moyennes entrées et de 132 hors-d'œuvre; pour les 2e et 3e services, de 132 entremets chauds, de 60 plats d'entremets froids et de 72 plats ronds. Le dessert ou *le fruit*, comme on disait alors, était de 100 corbeilles de fruits crus, 94 de fruits secs, 50 soucoupes de fruits glacés et 106 compotes. Les plats étaient portés par 200 suisses,

pointe du jour pour aller en Espagne. — M. d'Argenson avoit dit aux députés du parlement de Bretagne qu'ils changeassent les remontrances qu'ils vouloient faire au roi. Ils avoient envoyé un courrier ces jours passés qui est revenu ce matin; ces remontrances sont changées, mais on ne sait point encore de quelle façon et si l'on en sera content.

* Ce Magny étoit fils unique de Foucault, conseiller d'État, qui s'étoit élevé et enrichi dans ses intendances, et qui, par un commerce de médailles, s'étoit fait une protection du P. de la Chaise, qui les aimoit fort. Il eut le crédit de faire succéder ce fils à l'intendance de Caen lorsqu'il en fut tiré par le feu roi pour une place de conseiller d'État. Les folies que Magny fit dans une place si sérieuse et les friponneries dont il fut convaincu furent si fortes et si grossières, qu'il fut rappelé avec ignominie, et que, n'osant plus se présenter au conseil, ni encore moins espérer de se raccommoder de ce côté-là avec la fortune, il se défit

---

et 132 domestiques (nombre égal aux convives) étaient chargés de verser à boire.

Dans ce repas figurent les mets les plus singuliers et les moins délicats. On y remarque : 6 gendarmes au ris, au jus de veau et aux racines (c'était une espèce d'oille à l'espagnole, composée d'un carré de mouton de 6 livres, de 2 perdrix et de 2 poulets gras); 2 terrines aux lentilles de toutes sortes de viandes, savoir : 2 gigots de mouton de 12 livres, 2 canards, 2 poitrines de veau de 10 livres, 6 queues de bœuf, 1 queue de mouton et 2 livres de petit lard. Pour donner une idée de la profusion des viandes servies nous dirons seulement que dans la composition de ce repas entrent : 327 poulets, chapons, poulardes, dindons, canards, etc.; 382 pigeons, et 370 perdrix, faisans, bécasses, pluviers, mauviettes, etc. Le chiffre des viandes est incalculable; on compte 126 ris de veau. Les poissons n'y tiennent qu'une place très-secondaire.

Ce qui précède ne se rapporte qu'à la table de la duchesse de Berry, mais le *Mercure* ne manque pas de faire remarquer que celles destinées aux seigneurs, invités en nombre égal aux dames, furent servies avec la même décoration, la même exactitude et la même quantité de services que celle de la duchesse de Berry. Les rafraîchissements du bal qui suivit le repas ne sont pas moins curieux à signaler : ils se composaient d'oranges, de citrons, de bigarades et de pommes d'api.

Saint-Simon dit dans ses *Mémoires* que madame de Saint-Simon, qui ordonna toute cette fête, « eut tout l'honneur que de telles bagatelles peuvent apporter par le goût, le choix, l'ordre admirable avec lequel tout fut exécuté. »

de sa charge de maître des requêtes, prit l'épée, et battit assez longtemps le pavé, jusqu'à ce qu'il essaya de se raccrocher par une charge d'introducteur des ambassadeurs qu'il acheta. Ce fut par ce titre qu'il se porta pour invité à cette fête dont il est ici parlé et que, fou de vanité comme il étoit, quoique de la plus basse et nouvelle bourgeoisie, il eut l'insolence d'en user comme il fit avec Saumery, premier maître d'hôtel de madame la duchesse de Berry. La rage qu'il eut de l'affront qu'il avoit été chercher et qu'il aggrava par le châtiment qu'il s'attira de son insolence, le jeta parmi les ennemis du gouvernement qui faisoient recrues de tout. Il s'embarqua à tout, puis passa en Espagne, où il fut bien reçu et bien traité. Il y eut une place de majordome de la reine, et, sans avoir jamais servi que dans la robe, fut fait colonel et peu après brigadier. Il mangeoit fort vite ce qu'il touchoit, et trouvoit fort mauvais son indigence et de ne faire pas assez tôt fortune. La mauvaise humeur le rendit insolent et le fit chasser honteusement, tellement qu'après la mort du régent, il revint avec l'espérance du changement des temps ; mais comme les brouillons n'étoient plus nécessaires à ceux qui les avoient recherchés auparavant, il demeura sur le pavé, chargé de mépris et de dettes, pour le malheur d'une fort honnête femme et riche qu'il avoit épousée lorsqu'il étoit intendant, et qu'il avoit également sucée et abandonnée. Il a depuis traîné une vie obscure, honteuse et misérable, dans laquelle il s'est enseveli.

Mardi 1er mars. — Les ambassadeurs avoient été conviés à la fête de madame de Berry ; mais ils n'y allèrent point parce que, si ils y eussent été, ils prétendoient devoir manger à la table où seroient les princes du sang. M. de Magny, introducteur des ambassadeurs, qui s'étoit mis au souper des courtisans chez madame de Berry, sans être prié, reçut après le souper une grande réprimande de M. de Saumery, premier maître d'hôtel, qui la lui fit de la part de madame la duchesse de Berry. M. de Magny reçut mal la réprimande, et il répondit à M. de Saumery si durement que M. de Saumery le prit à la cravate pour le mener à madame la duchesse de Berry ; M. de Magny s'échappa et sortit du Luxembourg. Cette princesse est fort en colère contre lui et surtout de la manière dont il a parlé. — M. de Fieubet mourut ; il étoit un des conseillers du dedans du royaume. — M. l'archevêque de Cambray, qu'on croyoit qui étoit tout à fait guéri, est retombé; et on craint fort qu'il n'en revienne pas.

Mercredi 2. — Madame la duchesse de Berry alla à la Meutte, où elle demeurera quelques jours; on compte que la fête qu'elle a donnée a coûté plus de 20,000 écus. — M. l'archevêque de Cambray reçut ses sacrements à midi, fit son testament ensuite, et mourut la nuit *. — M. de Chamillart a eu une cruelle attaque des maux auxquels il est sujet. — M. de Magny a été mis à la Bastille; madame la duchesse de Berry en parla à Madame avant que de demander à M. le duc d'Orléans qu'il fût puni, parce que Madame a beaucoup d'amitié et de considération pour M. Foucault, qui est à la tête de ses affaires, qui est père de M. de Magny. — Il y a un arrêt pour recevoir les louis d'or qui valoient vingt francs, à dix-huit livres, et les écus qui valoient quatre francs, à quatre livres dix sols. — Le prince dont la princesse de Galles est accouchée il y a quelques jours est mort.

* L'abbé d'Estrées étoit un composé tout à fait singulier. Une belle figure, de la lecture, quelque sorte d'esprit, de l'avarice et toutefois de la magnificence; grande opinion de soi, quelques ridicules assez plaisants; du reste, bon homme et homme d'honneur avec une superficie de fatuité dont c'étoit dommage. Il avoit fort le jargon et les manières du grand monde, où il avoit été fort rompu chez son oncle le cardinal d'Estrées, qui l'aimoit fort, mais qui ne pouvoit s'empêcher de se moquer de lui quelquefois, et chez sa mère et ses sœurs et son frère, qui passoient leur vie au milieu de la cour. Ses mœurs, qui n'étoient pas ecclésiastiques, lui avoient fermé tout chemin à l'épiscopat sous le feu roi, et l'avoient jeté aux ambassades; celle en Espagne lui valut l'ordre du Saint-Esprit. Il s'intrigua avec toute la frayeur du plus timide courtisan auprès de M. le duc d'Orléans dans les derniers temps du feu roi, par les ducs de Saint-Simon et de Noailles principalement. Il fit des recherches historiques et des mémoires, ou les fit faire, et fut admis ainsi dans le conseil des affaires étrangères, où l'on vouloit des gens de qualité qui les eussent un peu maniées. L'embarras des exclusions l'avoit fait nommer à Cambray. Il étoit d'une très-bonne santé, mais il avoit la maladie des empiriques, des secrets, de faire les remèdes merveilleux, et d'en prendre pour se porter encore mieux; c'est ce qui le tua d'une manière si rapide, qu'à peine eut-il le temps de se reconnoître; il le fit toutefois en pénitent et reçut ses sacrements après s'être préparé par un testament qui, bien que fait à la hâte, marquoit ses bonnes dispositions. Il étoit lié alors depuis longues années avec une sœur du duc d'Aumont et de madame de Béringhen, veuve sans enfants du marquis de Créquy, tué au combat de Luzzara en 1702. Jamais femme ne l'avoit tant été en tous genres que celle-là et en tous points; idolâtre d'elle-même, de ses aises, de ses plaisirs, de la magnificence, du jeu surtout, enrichie par l'archevêque de Reims, frère de sa mère et de M. de Louvois, qui avoit passé pour l'aimer autrement qu'en oncle. La mort de l'abbé d'Estrées lui tira le rideau de devant les yeux, la grâce abonda tout à coup où le scandale avoit abondé. Elle embrassa la pénitence la plus austère; jeûnes, aumônes, bonnes œuvres de toutes les sortes, prière, retraite, assiduité à l'église, macérations sur sa personne, visites de pauvres malades et honteux, services personnels les plus humiliants et les plus dégoûtants, tout fut embrassé avec une ardeur qui ne fit que croître, sans faste, sans discours, sans fuite de personne, sans détour, sans tristesse, sans relâche, avec une douceur, une obéissance, une humilité profonde et qui couloient de source. Elle persévéra ainsi plusieurs années dans sa pénitence et y mourut en paix et très-saintement. Le pauvre abbé d'Estrées qui n'eut pas tant de temps, et qui mourut tout en vie, laissa voir après sa mort des dispositions assez étranges, dont son ambition de parvenir et l'avidité des Noailles furent également accusés, et qui donnèrent un peu de spectacle au monde. Les Estrées, dont le maréchal, frère de l'abbé, avoit épousé une sœur du duc de Noailles, se scandalisèrent extrêmement de ces dispositions faites à leur insu et à leur préjudice, et leur vanité ne fut pas moins offensée de sentir que l'abbé eût cru devoir acheter une protection dont son nom ne devoit pas avoir besoin, et dont leur alliance seule ne devoit pas le laisser manquer. Le monde rit un peu de ce petit éclat domestique, et les Noailles, qui empochèrent gros, en rirent encore mieux.

Jeudi 3. — M. de Lorraine alla à Saint-Germain courre le cerf avec les chiens du prince Charles, et M. de Noailles lui donna un retour de chasse au Val. Madame de Lorraine alla voir madame la duchesse de Berry à la Meutte. — On a donné à M. le comte de Clermont l'abbaye de Saint-Claude en Franche-Comté qu'avoit M. l'archevêque de Cambray. — Par le testament de M. l'archevêque de Cambray, sa famille n'hérite pas si considérablement qu'on croyoit; mais la maison de Noailles en profite beaucoup. Il avoit acheté une ancienne maison dans la rue Saint-Honoré, à vie, et y avoit beaucoup dépensé pour l'embellir; il leur avoit prêté de l'argent à vie, et on compte que les traités qu'il a faits avec eux leur vaudront plus de 200,000 francs. L'archevêque de Cambray donne 135,000 francs pour être distribués aux pauvres qui sont dans la dépendance de ses abbayes ; il donne sa bibliothèque, qui est très-belle, aux bénédictins de l'abbaye de Saint-Germain, et a fait le président Lambert son exécuteur testamentaire, à qui il donne quelque chose. Outre la maison qu'il avoit achetée de MM. de Noailles et l'argent qu'il avoit prêté à vie, il avoit assuré 50,000 francs à la fille du duc de Noailles pour faire son mariage avec le prince Charles, et personne de la famille du maréchal d'Estrées n'en savoit rien.

Vendredi 4. — Le roi entendit la comédie italienne aux Tuileries. M. le duc d'Orléans alla dîner à la Meutte avec madame la duchesse de Berry. Madame la duchesse de Lorraine alla l'après-dînée aux Filles Sainte-Marie, voir madame de Lislebonne, qui y est religieuse, et ensuite à Panthemont, voir la fille de feue madame d'Elbeuf, qui y est religieuse aussi. — Le parlement s'assembla; il y eut trois avis différents, et enfin ils convinrent qu'ils nommeroient des commissaires. Il y en aura sept de la grand'chambre et un de chacune des autres chambres, ce qui fera quatorze en tout; ils examineront ce qu'ils doivent dire et demander sur la réponse de M. le garde des sceaux, et on espère que cela n'aura point de mauvaises suites. Les esprits paroissent adoucis. — On a donné l'archevêché de Cambray à M. le cardinal de la Trémoille, et s'il l'accepte, comme on n'en doute point, on croit qu'on donnera l'évêché de Bayeux qu'il avoit à l'abbé de Lorraine pour qui M. et madame de Lorraine sollicitent fort.

Samedi 5. — Les conseils de régence ont recommencé. — Gourville * est mort. Madame la Duchesse lui avoit donné la capitainerie de Saint-Maur et une maison dans son jardin, qui est fort jolie; madame la Duchesse vient de donner la maison à madame la comtesse de Beaune. — Le président de Rochefort, président au parlement de Rennes, qui a eu une lettre de cachet pour venir ici, est arrivé. — Les dernières lettres d'Espagne portent que la santé du roi est entièrement rétablie et que la reine n'attend que le moment d'accoucher. Il n'y avoit plus que deux officiers généraux en Espagne à qui on eût permis de conserver leurs régiments; ces deux officiers sont : le marquis de Crèvecœur et M. de Caylus. On veut présentement qu'ils s'en défassent; le roi d'Espagne prétend les dédommager par des pensions ou des commanderies, mais il ne veut point que ces régiments se vendent. — On mande de Vienne qu'on est convenu du lieu pour les conférences de la paix avec la Porte; on a choisi pour cela une île qui est sur le Danube, entre Orsova et Widdin. Les plénipotentiaires de l'empereur y viendront d'Orsova et ceux du Grand Seigneur de Widdin; mais ces plénipotentiaires ne sont pas encore nommés.

* Ce Gourville étoit neveu de Gourville du grand prince de Condé, si connu dans les troubles de la minorité de Louis XIV, et si longtemps depuis.

Dimanche 6. — Le roi entendit le sermon du P. Massillon. — Il y eut conseil de régence le matin. — M. le duc d'Orléans, M. et madame de Lorraine entendirent l'opéra de *Roland* (1). M. le duc d'Orléans alla souper au Luxembourg avec madame la duchesse de Berry, qui n'est revenue que ce matin de la Meutte. M. et madame de Lorraine y soupèrent aussi. — Il paroît que le maréchal d'Estrées et ses sœurs ne sont pas contents du testament de M. l'archevêque de Cambray, ni du procédé de la maréchale de Noailles; le public, qui aime la discorde, grossit fort les sujets de division entre les deux familles.

(1) Paroles de Quinault, musique de Lulli.

— Le fils dont madame de Valentinois accoucha il y a deux mois, est mort, ce qui est une grande affliction pour M. de Monaco et pour MM. de Matignon.

Lundi 7. — Conseil de régence le matin. — M. de Lorraine alla au parlement, dans la lanterne, où il entendit juger une cause. Il alla ensuite à la Bastille, qu'il voulut voir, et puis dîna à l'hôtel de Lesdiguières, où le maréchal de Villeroy lui donna un grand dîner et une grande musique ; tout cela fut fort magnifique, et il y avoit beaucoup de dames. — M. Chauvelin, intendant de Touraine, passe à l'intendance d'Amiens. M. le Gendre, intendant de Pau, vient intendant en Touraine. M. le Clerc de Lesseville, intendant de Limoges, va à l'intendance de Pau, et M. de Breteuil, maître des requêtes, va être intendant à Limoges*. — La cadette des filles de M. le prince de Rohan épouse M. de Montbazon, fils aîné du prince de Guémené, et le fils aîné de M. de Pontchartrain épouse la fille de M. de la Vrillière ; il faut des dispenses pour ces deux mariages-là et on a envoyé à Rome. — Le mari de madame de Sabran ** a obtenu la charge qu'avoit Montigny de chambellan de M. le duc d'Orléans ; cette charge a 2,000 écus d'appointements et un logement au Palais-Royal.

* Comme ce fait curieux dépasse les Mémoires de Dangeau, on le donnera ici. Breteuil se trouva intendant de Limoges, c'est-à-dire d'une des moindres, lorsque l'abbé Dubois commença à pouvoir tout, et conséquemment à tout oser. Cet abbé étoit marié à Limoges à une fille du peuple, comme lui-même étoit du peuple, et lorsqu'ils se marièrent ils étoient assortis. De l'humeur dont il étoit, ce mariage ne fut pas longtemps paisible ; il laissa sa femme, eut le bonheur d'être attaché à l'éducation du fils de Monsieur, frère de Louis XIV. Comme il n'avoit pas même les mineurs, son mariage qu'il avoit eu soin de cacher pour ne se pas fermer le chemin aux bénéfices, demeura dans l'obscurité, et sa femme y gagnoit son repos et de quoi vivre qu'il lui faisoit toucher. Parvenu, après la mort du roi et ses courses d'Angleterre et d'Hanovre, aux portes de la plus haute fortune, il fut question de s'ôter une si fâcheuse épine du pied pour arriver à l'épiscopat et au cardinalat, pour embler le premier ministère et se rassasier des plus riches béné-

fices. Capituler avec cette femme qu'il n'avoit jamais ménagée, c'étoit montrer son besoin d'elle trop à découvert, l'inviter à lui mettre le pied sur la gorge, et risquer au moins des imprudences et des humeurs qui auroient sapé par les fondements cette inespérable fortune à laquelle il touchoit déjà de la main. Il résolut donc de faire enlever toutes les preuves de son mariage, et surtout la minute originale de son contrat de mariage et la feuille du registre de la paroisse où il étoit inscrit. Cela ne se pouvoit exécuter que par autrui et par des personnes constituées en autorité de le faire quand ils se tiendroient sûrs de l'impunité : mais le secret surtout étoit si nécessaire, que le moindre vent d'une pareille affaire n'alloit à rien moins qu'à renverser sa fortune. Breteuil, intendant de Limoges et Gennetines, évêque diocésain, lui devinrent des instruments nécessaires. Il résolut donc de leur confier son secret ; ils le servirent à souhait et avec promptitude. L'évêque fut payé en abbayes et pour soi et pour les siens ; toutefois le plus petitement qu'il put, sous prétexte de craindre d'exciter l'envie et la curiosité qui font parler le monde, mais avec des espérances qu'il prodiguoit toujours. Et pour Breteuil, l'ayant reconnu homme à tout faire et s'étant livré à lui en chose si capitale, il le jugea un bon instrument en sa main pour tout ce qu'il lui plairoit, et voulant perdre le Blanc, dont il craignoit l'esprit et la capacité, les amis, et surtout le goût et l'habitude de M. le duc d'Orléans pour lui, il fit Breteuil secrétaire d'État en sa place avec une confiance et une faveur d'autant plus grande, qu'aucune des raisons qui lui avoient fait appréhender le Blanc ne se présentoit pour le faire craindre ; et telle fut la cause secrète et véritable de la fortune de Breteuil, qui étonna tout le monde.

** Il faut donc le dire, puisque Dangeau le veut si fort et que d'ailleurs on n'apprendra rien à personne : Madame de Sabran parfaitement belle et parfaitement pauvre, qui étoit Foix-Rabat, et qui s'étoit mariée d'une façon très-sauvage à un homme de grand nom, mais très-pauvre aussi, étoit devenue une des maîtresses de M. le duc d'Orléans. Elle avoit de l'esprit, plaisante, robine, débauchée, surtout charmante à table ; c'est où elle dit un jour au régent que les princes et les laquais avoient été tirés d'une même pâte, que Dieu, à la création, avoit séparée de celle qui avoit produit le reste des hommes.

Mardi 8. — M. le duc d'Orléans alla au conseil de guerre, et il fit une promotion de plusieurs lieutenants généraux et maréchaux de camp, dont voici la liste :

Lieutenants généraux.

MM. de Mauroy.   MM. Silly.
    Villemeur.   Fimarcon.

MM. Revel.
Choiseul-Beaupré.
Grancey.
Caraccioli.
Tessé.
Duc de Chaulnes.
Nangis.
Ravignan.
Coëtquen.
Chevalier d'Hautefort.
Beauvau.

MM. Arpajon.
Prince d'Isenghien.
Montmain.
Tressemannes.
Maupeou.
Le Guerchois.
Chevalier de Pezeux.
La Marck.
Broglie.
Mimeurs.

Maréchaux de camp.

MM. Montviel l'aîné.
D'Hérouville.
Damas.
Destouches, de l'artillerie.
Altermatt, Suisse.
Pontis, capitaine aux gardes.
Hautefort de Bosen.
Du Biez.
Siougeat.
Sourches.
Nugent.
D'Harling.
La Combe, ingénieur.
La Fare.
Ceberet.
Belrieux.
Nisas.
Mauny.

MM. Leuville.
Maillebois.
Vatteville.
D'Auzeville.
Boudeville.
Belle-Isle, mestre de camp général des dragons.
Livry.
Beringhen.
Cloys, des carabiniers.
Cappy.
Sandricourt.
Rouvray.
Simiane.
La Loge d'Imécourt.
Courtade.
Du Trouc.
Melun.

M. le garde des sceaux porta à M. le régent les remontrances du parlement de Bretagne; elles sont différentes de celles qu'on avoit envoyées d'abord et qu'on n'avoit pas voulu recevoir, et le roi verra les députés de ce parlement. — Madame la duchesse d'Orléans a pris madame de Simiane pour être auprès d'elle comme une de ses dames; ainsi, elle en a présentement cinq. — La cour de Lorraine alla à l'Opéra, et puis ils soupèrent au Luxembourg chez madame la duchesse de Berry. — M. de Montauban, second fils du prince de Guémené, a le régiment de Picardie dont on avoit laissé la disposition à M. le prince de Rohan, et M. de Montauban, qui étoit guidon des gendarmes, cède son guidon, à son frère aîné, qui épouse mademoiselle de Rohan.

Mercredi 9. — On dansa le nouveau petit ballet chez le roi. Madame la duchesse de Lorraine y étoit. — M. de Lorraine alla courre le cerf dans la forêt de Saint-Germain avec les chiens de M. le Duc, qui lui donna un retour de chasse au Val. — M. le prince de Conty achète le régiment de Beringhen; le maréchal de Villars celui du Tronc pour son fils, et le maréchal de Bezons, celui de Livry pour son fils. On n'a point encore disposé des régiments d'infanterie ni des régiments de dragons que les colonels seront obligés de vendre par la promotion qu'on vient de faire, parce qu'on ne peut conserver de régiment quand on est maréchal de camp. M. le prince de Conty donnera son régiment au marquis de la Noue, son premier écuyer. On ne fera la promotion des brigadiers qu'au mois de mai, quand les inspecteurs seront revenus de leur tournée.

Jeudi 10. — M. et madame de Lorraine allèrent à Chelles voir Mademoiselle; ils avoient dîné ici de bonne heure pour cela; ils avoient dans leurs carrosses madame de Marey et madame de Craon; madame de Lorraine fit mettre madame de Marey dans le fond, auprès d'elle. — Le prince Frédéric d'Auvergne monte à la place de capitulaire à Strasbourg par la mort d'un prince de Furstemberg, évêque de Lavan en Carinthie, et s'en va à Strasbourg pour en prendre possession. La place de domicellaire vaque par là. Le prince Frédéric a fait encore une affaire avec l'abbé d'Auvergne son frère; il lui cède son abbaye de la Valasse qu'on vient de lui donner, et l'abbé d'Auvergne lui donne le prieuré du Saint-Esprit. Il avoit déjà 5,000 livres de pension sur ce prieuré, qui en vaut 13,000; l'abbaye de la Valasse, qu'il cède à l'abbé d'Auvergne, en vaut 11,000, et il retient 1,000 écus de pension dessus, si bien qu'il aura toujours le même revenu. — L'abbé de Clairvaux est mort; cette abbaye vaut plus de 40,000 écus de rente.

Vendredi 11. — M. le duc d'Orléans alla au conseil de finances, qui ne finit qu'à deux heures et demie; on y arrêta les comptes du trésor royal de l'année 1711. — Madame la duchesse de Berry alla à l'Opéra, et fut longtemps dans la loge de madame le duchesse d'Orléans avant que de retourner dans la sienne. Madame étoit à l'Opéra aussi avec M. de Chartres et mademoiselle de Valois. M. le duc d'Orléans et M. de Lorraine n'y allèrent point. — M. Fagon * est mort; c'étoit un homme d'un grand mérite et qui depuis la mort du feu roi, dont il étoit premier médecin, s'étoit retiré au Jardin Royal, où il vivoit fort solitaire, ne voulant pas même voir ses meilleurs amis (1). — On a remis les quatre sols pour livre sur les entrées de Paris, qu'on prétend qui ne faisoient pas un grand soulagement, et qu'on juge nécessaire de rétablir pour faire mieux payer les rentes de la ville qui sont payées par les fermiers généraux, lesquels avoient représenté que leurs fermes diminuoient par la suppression de ces quatre sols pour livre, et qu'ainsi ils ne pouvoient payer la maison de ville assez régulièrement.

---

(1) « Le 12 toute la cour a fait compliment à M. Fagon, conseiller au conseil des finances, sur la mort de M. Fagon son père, décédé la veille. On parle fort de son testament, qui ne contient que deux lignes. Il recommande son âme à Dieu, implore sa miséricorde et fait M. son fils son légataire universel et signe : Fagon. Le billet d'enterrement que M. Fagon son fils a envoyé à ses amis et parents n'est pas moins simple. *Messieurs et Dames sont priés d'assister à l'enterrement de M. Fagon, docteur en médecine, décédé au Jardin Royal.* Il sera enterré à Saint-Médard, sa paroisse. » (*Mercure* de mars, page 147.)

* On a vu en plusieurs de ces notes quel étoit ce savant médecin et adroit courtisan : il suffira d'ajouter ici que le premier médecin étant l'unique charge qui se perde à la mort du roi, Fagon se retira au Jardin Royal des plantes, qui lui avoit été laissé, et où il avoit un beau logement; il y demeura fort solitaire dans l'amusement des plantes curieuses et rares et des sciences et des belles-lettres, qu'il avoit toujours aimées. Dans cette retraite il se réveilla sur un avenir prochain dont il avoit toujours paru faire peu de cas en philosophe. Il devint croyant et pénitent, et il finit par une maladie dont il avoit contracté le commencement pour avoir opiniâtrément voulu aller à Noël à la messe de minuit, lui qui à la cour n'y alloit que les fêtes et dimanches, par la force d'une nécessité de bienséance. Il n'avoit que deux fils, l'un conseiller d'État et au conseil royal des finances peu après, et qui a aujourd'hui et depuis longtemps d'autant plus de part en leur administration, qu'il en a sagement par deux fois refusé le contrôle général. L'autre, qui a moins d'esprit et de mérite, a celui de ne sortir presque jamais de Vannes, dont il est évêque.

Samedi 12. — Il n'y eut point de conseil de régence.— Madame de Lorraine alla à la foire, et vit chez la Baron un spectacle qui réjouit tout Paris et où on va plus qu'à l'opéra et à la comédie ; au sortir de ce spectacle madame de Lorraine alla se promener dans la foire. — M. le prince de Vaudemont partit pour Commercy. — M. de Magny est sorti de la Bastille, à la prière de madame la duchesse de Berry. — Courten, Suisse, qui avoit été oublié parmi les officiers généraux, et qui devoit être, par son rang, quasi à la tête de la promotion, y a été remis à la sollicitation de M. du Maine ; c'est un digne officier et fort estimé. — Mademoiselle de Villefranche, la cadette, qui suivit madame sa mère en Dauphiné, l'année passée, épouse M. de Saint-Auban, dont on dit beaucoup de bien, qui est homme de condition et qui est assez riche.

Dimanche 13. — Le roi reçut les remontrances du parlement de Bretagne ; S. M. reçut aussi la harangue des États d'Artois ; c'étoit M. de Saint-Omer qui portoit la parole. — Dans le conseil de régence qui fut tenu le matin, on régla quelques affaires de finances, parce qu'on n'avoit point tenu hier le conseil, et c'est les samedis qu'on traite au conseil de régence les affaires de finances. On parla aussi des affaires étrangères, comme on a accoutumé ce jour-là. Le maréchal de Villars, qui n'entroit au conseil que les lundis, quand on rapporte les affaires de guerre, dont il est président, prit sa place au conseil de régence. M. le duc d'Orléans le met de ce conseil et il demeure président du conseil de guerre; ainsi il est mieux qu'il n'étoit, et les petits dégoûts qu'il avoit eus sont bien réparés. — Madame alla aux Carmélites, et y mena madame de Lorraine. Madame la duchesse de Berry y alla aussi de son côté. M. de Lorraine dîna chez l'ambassadeur de l'empereur. — M. le cardinal de Rohan partit pour Saverne.

Lundi 14. — On joua chez le roi la comédie de *Pourceaugnac*, où S. M. prit assez de plaisir. — Il y eut conseil de régence. — Parmi les maréchaux de camp qu'on a faits, il y en a douze, en comptant les régiments du Maine et de Toulouse, qui ont des régiments d'infanterie à vendre, et il y a déjà plus de quatre-vingts personnes qui demandent l'agrément pour en acheter; cela doit être réglé incessamment *. — Madame et M. le duc d'Orléans ont fait chacun un présent à madame de Lorraine, très-agréable et très-magnifique. La cour de Lorraine a prolongé son séjour ici et n'en partira que de lundi en huit jours. — Il y a quelques brigadiers, de ceux qui n'ont point été faits maréchaux de camp, qui demandent à vendre leurs régiments et on ne souffrira point que tous ceux qui achèteront payent plus que ce à quoi les régiments sont taxés. M. le duc d'Orléans a trouvé mauvais que des colonels, depuis quelques temps, aient vendu leurs régiments plus qu'ils ne sont taxés.

* On peut juger de l'égalité et conséquemment de la confusion où tout le monde commençoit à tomber par un si étrange nombre de gens à portée en effet, parce qu'ils prétendirent y être, d'obtenir des régiments. Ce désordre en tout genre ne fit que croître dans la suite et acheva de tout défigurer.

Mardi 15. — Madame la duchesse de Berry, M. le duc

d'Orléans et madame de Lorraine allèrent à Saint-Cloud. Madame la duchesse de Berry y alla dès le matin et s'y baigna; ils firent ce qu'on appelle un retour de chasse, à cinq heures, dans la petite maison de madame de Marey, et y demeurèrent à table jusqu'à dix heures. M. de Lorraine soupa chez la comtesse d'Harcourt, où il y eut illuminations, grande musique et grand jeu. — J'appris que depuis la mort du prince Camille, M. de Lorraine donnoit au comte d'Harcourt la pension de 25,000 francs (monnoie de Lorraine, qui ne font que 16,000 francs de France) qu'il donnoit au prince Camille.

Voici la liste de ceux qu'on a choisis pour acheter les régiments qui sont à vendre.

Régiments d'infanterie.

Leuville	au duc de Richelieu.
Boufflers.	au prince de Pons.
Touraine	au duc de Montmorency.
Maine.	à Valence, colonel réformé.
Perche	au chevalier de Rieux.
Sourches	à Saint-Simon, lieutenant aux gardes.
Provence	au chevalier de Bullion.
Toulouse	à d'O.
Guyenne.	au marquis de Brezé, fils de M. de Dreux.
Béarn.	à Crussol.
Hainaut.	au comte de Laumont, capitaine au régiment du roi.
Luxembourg.	à de Morgues, capitaine au régiment Dauphin.
Auxerrois.	au comte d'Oisy.

Mercredi 16. — Outre les douze régiments d'infanterie de ceux qui ont été faits maréchaux de camp, Belle-Isle, qui étoit colonel d'Auxerrois, a demandé à s'en défaire, et on a donné l'agrément au comte d'Oisy, fils du premier mari de madame la comtesse d'Oisy; c'est ce qui fait qu'ils sont treize dans la liste. — On parle fort de faire quatre intendants des finances et on nomme pour ces quatre charges MM. de Caumartin, de la Houssaye, Fagon et d'Ormesson; mais ces bruits-là sont fort incertains. — M. le cardinal de Polignac a pris la résolution de se faire prêtre, et dès qu'il aura fini des procès qui l'occupent fort présentement, il se mettra en retraite pour cela. — Le jeune Montgon, enseigne de gendarmerie, et qui est fort dans la dévotion, vend sa charge pour payer une partie des dettes de son père, qui est fort mal dans ses affaires *.

* On n'a guère compris cette retraite de Montgon, ou plutôt ce changement d'état d'un fils unique, qui n'avoit rien du côté du monde, de sa famille, ni de sa fortune qui le dût dégoûter; mais ce qui surprit bien davantage, fut de le voir rentrer par un autre côté plus avant que jamais dans le monde qu'il avoit quitté, après une longue préparation au sacerdoce, dans la plus profonde retraite au séminaire de Saint-Sulpice, dès le lendemain qu'il fut prêtre; son mystérieux voyage en Espagne, où il n'étoit connu du roi ni de personne, pas même du confesseur qui le produisit sur la foi des jésuites d'ici; la négociation par laquelle il raccommoda M. le Duc du renvoi de l'infante; son retour ici pour se brouiller de plus en plus avec le premier ministre successeur de M. le Duc; son second voyage furtif en Espagne; son ambition et ses folles espérances d'y entrer dans les affaires et d'en obtenir la nomination au cardinalat; enfin son éclat contre les ministres et les confesseurs de LL. MM. CC. et contre M. le cardinal de Fleury; son renvoi honteux d'Espagne et son exil en Auvergne, où il a tout loisir de faire des réflexions.

Jeudi 17. — Les gens du roi allèrent chez M. le duc d'Orléans, le parlement devant s'assembler samedi pour délibérer sur une lettre que l'archevêque de Reims avoit écrite à M. le duc d'Orléans, dont ce prince lui avoit demandé la suppression; elle a été imprimée, et le nom de l'archevêque au bas. Le parlement paroît fort en colère contre cette lettre, et les chambres doivent s'assembler samedi. — M. le duc d'Orléans donna une longue audience au cardinal de Polignac, à qui on avoit rendu de mauvais offices dont il s'est bien justifié *. — M. le duc d'Orléans renvoie à Rennes le président de Rochefort et le conseiller de ce parlement qui avoient eu des lettres de cachet pour venir ici, après leur avoir fait une petite réprimande. On fait revenir aussi les trois gentilshommes bretons qui avoient été exilés, et on leur donne ordre de repasser par ici; on leur fera une petite réprimande et puis on les renverra en Bretagne.

* Le cardinal de Polignac étoit depuis longues années dans la plus intime confiance de toutes les heures de madame du Maine et sur le même pied avec M. du Maine. On peut juger de sa justification auprès du régent à tout ce qui se brassoit et qu'on n'apercevoit pourtant encore que fort imparfaitement, mais assez pour que M. le duc d'Orléans sût à quoi s'en tenir avec M. et madame du Maine et par conséquent avec le cardinal de Polignac, dont le frère venoit de sortir de prison, pour la requête que lui, sixième, avoit présentée, et qui n'avoit pas été faite sans M. et madame du Maine et le même cardinal.

Vendredi 18. — M. de Lorraine alla à Chantilly. — Il n'y aura point demain de conseil de régence; il n'y en eut point samedi passé non plus. — On va faire imprimer un projet sur quelques changements qu'on veut faire dans la paye des troupes et qu'on appelle le projet de M. de Broglie *, qui propose plusieurs changements et surtout pour les étapes; presque tous les maréchaux de France sont contre ce projet. — M. de Ménars, président à mortier, est mort dans sa maison de Ménars. M. de Maupeou va entrer en possession de sa charge. On dit que M. de Bailleul-Châteaugontier, président à mortier, veut se défaire de sa charge. — Le neveu de M. de Caraman a acheté le régiment de cavalerie de Berry 100,000 francs et M. de Rioms a acheté de Vatteville le régiment dragons-Dauphin 40,000 écus. Les régiments royaux ne sont point taxés.

* Quel étoit ce M. Broglie, et comment parvenu? on en a vu quelque chose ailleurs dans ces notes. Il suffit de dire ici, que non content de s'être fourré, à titre de roué qu'il méritoit mieux qu'aucun, dans les soupers de M. le duc d'Orléans, il voulut s'introduire dans les affaires, et fit un projet parfaitement semblable à celui du donneur

d'avis de Molière, de mettre toutes les côtes en ports de mer. Sous prétexte de remédier à toutes les friponneries des étapiers et des logements des troupes passant pays, il proposa sérieusement d'obliger toutes les communautés, qui en étoient partout le passage ordinaire, de faire des magasins de tout et de construire des casernes. Il séduisit Puységur avec son babil, et poussa si bien sa pointe auprès du régent, que malgré l'avis de tout le conseil de guerre, de tous les maréchaux de France, de tous les directeurs et inspecteurs, de tout le vieux militaire, de tous les intendants, il parvint à le faire ordonner et exécuter. On n'y fut pas bien avancé qu'on en reconnut le dommage, la folie et l'impossibilité. Il en coûta au roi, et fort cher aux communautés, qui les premières furent obligées d'obéir, et on en demeura là, et à chercher ce qu'il falloit faire d'abord, c'est-à-dire à diminuer les friponneries et les monopoles en ce genre ; mais comme en France tout échappe à la punition, il ne faut pas s'étonner si en connoissant bien tous les abus, on n'est pas encore parvenu à en diminuer aucun et qu'on les voie se multiplier tous les jours.

Samedi 19. — Il n'y eut point de conseil de régence. — M. de Lorraine, qui est à Chantilly d'hier, n'en reviendra que demain. — Madame la duchesse d'Orléans se trouva fort incommodée d'une grande colique ; elle fut saignée le soir. Madame la duchesse de Berry demeura auprès d'elle, et renvoya madame de Mouchy au Luxembourg pour dire qu'il n'y auroit point de jeu. — Le parlement s'assembla, et condamna la lettre de M. l'archevêque de Reims à être brûlée par la main du bourreau, ce qui doit être exécuté lundi. — M. le duc d'Orléans et madame de Lorraine allèrent faire médianoche au Luxembourg, chez madame la duchesse de Berry. — Le maréchal d'Huxelles entrera à tous les conseils de régence ; il n'y entroit auparavant que le dimanche, jour auquel on parle des affaires étrangères.

Dimanche 20. — Le roi entendit le sermon du P. Massillon, nommé à l'évêché de Clermont. — Il y eut conseil de régence le matin, et M. le duc de Chartres en sortit, se trouvant un peu incommodé. Madame la duchesse d'Orléans, sa mère, fut saignée du pied à quatre heures après midi ; ses douleurs de coliques sont un peu diminuées, mais la fièvre est toujours aussi forte. — M. d'Heudicourt avoit voulu se marier à une fille qu'il aime depuis longtemps; sa famille s'y est opposée et a obtenu une lettre de cachet pour faire renfermer cette fille, soupçonnée d'une très-mauvaise conduite. M. d'Heudicourt, pour faire lever les oppositions de sa famille et faire remettre en liberté sa maîtresse, cède sa charge de grand louvetier à son fils, qu'il lui avoit promis quand ce fils épousa mademoiselle de Surville et qu'il n'avoit point exécuté, et il fait une donation à son fils de tout son bien, ne se réservant que 10,000 écus pour pouvoir en disposer à sa mort; mais il jouira, sa vie durant, des revenus. Moyennant cet accommodement, sa famille a obtenu qu'on remît la fille en liberté.

Lundi 21. — M. le duc d'Orléans, au sortir du conseil de régence, alla dîner au Luxembourg avec madame sa fille. Madame la duchesse de Berry avoit passé la nuit jusqu'à cinq heures chez madame la duchesse d'Orléans, qu'on devoit saigner encore; mais la nuit fut si douce qu'on ne l'a point saignée; elle n'a quasi point eu de douleurs de toute la journée, et la fièvre est fort diminuée, si bien qu'on la croit hors d'affaire. — Le maréchal d'Huxelles prit sa place au conseil de régence. — On fait partir les inspecteurs au commencement du mois qui vient, et dès le mois de mai, ils feront exécuter les nouveaux règlements faits sur les troupes, quoique les maréchaux de France ne les approuvent pas. Les lettres qu'on a envoyées aux inspecteurs pour les faire partir ne sont signées que de M. le duc d'Orléans. — On a sursis à l'exécution de l'arrêt du parlement contre la lettre de M. l'archevêque de Reims.

Mardi 22. — Madame la duchesse d'Orléans passa la journée assez doucement; elle est hors de tout danger; mais elle a encore un peu de fièvre. Madame la duchesse de Berry y vint le matin et l'après-dînée, et on ne peut pas témoigner plus d'amitié et d'attachement qu'elle en témoigne à madame sa mère dans cette maladie-ci. M. et madame de Lorraine allèrent dîner à Choisy chez madame la princesse de Conty, fille du roi; ils en revinrent à six heures, et entrèrent dans la chambre de madame la duchesse d'Orléans. — M. de Chemerolles, second fils de M. de Saumery, va en Bavière relever M. son frère aîné, en la même qualité d'envoyé du roi. M. de Chemerolles avoit le régiment Royal-Roussillon, qu'il vend au chevalier de Louvois, second fils de M. de Courtenvaux, qui lui en donne 115,000 francs. — Madame la duchesse d'Orléans se portoit si bien que madame de Lorraine et mademoiselle de Valois allèrent à sept heures à l'Opéra. — La lettre de M. l'archevêque de Reims fut brûlée; mais ce ne fut pas par la main du bourreau.

Mercredi 23. — Madame la duchesse d'Orléans n'a quasi plus de fièvre; il lui reste encore quelques douleurs, mais cela va toujours de mieux en mieux. La petite incommodité qu'eut M. de Chartres dimanche au conseil n'a eu aucune suite. Madame la duchesse de Berry vint à midi voir madame sa mère, et puis emmena M. le duc d'Orléans dîner à la Meutte. — M. et madame de Lorraine dînèrent de bonne heure et allèrent à Chelles voir Mademoiselle. Leur départ pour retourner en Lorraine est retardé; ils devoient partir lundi, mais ils ne partiront que de lundi en huit jours. — Le parlement est un peu brouillé; la grand'chambre a registré les lettres patentes pour le rétablissement des quatre sols pour livre; mais les enquêtes et les requêtes prétendent que la grand'chambre ne devoit pas faire cela sans les y appeler. Ils se plaignent de M. le premier président, et il y en a même eu quelques-uns des plus animés qu'on prétend qui ont parlé un peu librement contre lui. La grand'chambre prétend être en droit d'enregistrer les lettres patentes sans faire assembler les chambres. La dispute entre eux n'est pas finie. — M. l'évêque de Carcassonne a demandé un coadjuteur, qui est l'abbé de Rochebonne, aumônier du roi, son neveu, ce qui lui a été accordé. — Madame de la Meilleraye, qu'on croyoit en danger, est accouchée plus heureusement qu'on n'espéroit; la mère et l'enfant, qui est une fille, se portent fort bien.

Jeudi 24. — Le parlement s'assembla et il y eut encore plus de bruit qu'hier; on espère pourtant que samedi tout cela sera terminé. — Le roi prendra un tiers sur les actions qui sont dans la banque de Law en remboursant les actionnaires. M. le duc d'Orléans a déjà cédé ses actions, et M. Fagon sera le directeur de cette banque pour les intérêts du roi. — Madame la duchesse d'Orléans n'a plus ni fièvre ni douleurs. M. le duc d'Orléans alla à l'Opéra; Madame y alla aussi. Madame la duchesse de Lorraine alla au Cours pour la première fois, et fit mille honnêtetés à toutes les dames de sa connoissance qui passoient devant son carrosse. On est fort content de toutes ses politesses et elle est fort contente aussi de tous les honneurs qu'elle reçoit. — Le maréchal de Villeroy a donné son régiment de cavalerie à M. d'Alincourt, le cadet de ses petits-fils, qui est en Italie. M. le duc d'Orléans avoit offert au maréchal de Villeroy de faire ce plaisir-là au marquis d'Alincourt avant qu'il partît pour la campagne de Hongrie; mais le maréchal avoit voulu que son petit-fils fît la campagne auparavant.

Vendredi 25. — Le roi entendit le sermon, et puis alla au Cours et aux Tuileries, où il n'y eut jamais tant de monde et tant de gens empressés à le voir. Madame de Lorraine étoit au Cours, qui fit arrêter son carrosse devant le roi, qui lui fit beaucoup d'honnêtetés. — Le parlement s'assemblera encore demain et il paroît que l'aigreur augmente entre eux. — Le saint-office à Rome a déclaré que l'appel des évêques étoit schismatique et tendant à l'hérésie; cela fait beaucoup de bruit, et on en craint les suites. — Madame la princesse d'Épinoy est assez mal. — Brillac et Contades se sont mis à la Conciergerie, et seront mis lundi sur la sellette et confrontés avec les témoins; ils comptent qu'ils seront pleinement justifiés dans huit jours.

Samedi 26. — Le roi vit la sixième représentation du ballet de *La Jeunesse*. — Il n'y eut point de conseil de régence, et voilà trois samedis de suite qu'il n'y en a point eu. — M. de Lorraine alla à Saint-Germain voir la reine d'Angleterre. — M. le duc d'Orléans travailla quatre heures l'après-dînée avec M. d'Argenson. Madame la duchesse de Lorraine alla à la comédie françoise; elle n'avoit vu les comédies, depuis qu'elle est à Paris, qu'au Palais-Royal. — Il n'y a rien eu encore de terminé au parlement sur la dispute que les chambres ont entre eux. — Le czar a fait déclarer son fils criminel des plus hautes trahisons et même de l'avoir voulu empoisonner; les knetz et tous les conseillers d'État l'ont condamné à la mort. Le czar lui a fait grâce de la vie; mais il l'a fait renoncer à la succession à la couronne en faveur du fils que le czar eut il y a deux ans, de sa nouvelle femme *.

* Le czarowitz à qui son père donna la vie fut empoisonné en même temps par son ordre. Son histoire est si connue qu'il seroit inutile de s'y étendre. Fils malheureux, plus malheureux père.

Dimanche 27. — Le roi entendit le sermon du P. Massillon, nommé à l'évêché de Clermont, qui se surpasse lui-même dans tous les sermons qu'il a faits au roi ce carême. — Il y eut conseil de régence le matin. M. d'Antin et le maréchal d'Estrées seront de tous ces conseils-là et y ont pris leurs places aujourd'hui. — M. et madame de Lorraine allèrent au Cours, mais séparément. Madame de Lorraine alla ensuite dans la loge de Madame à l'Opéra, et le soir, M. de Lorraine avec M. le duc d'Orléans allèrent souper au Luxembourg. — Madame d'Argenson alla chez madame de Berry, où elle eut le tabouret à la toilette * de même que chez Madame. Ces honneurs lui sont accordés comme femme du garde des sceaux. Elle avoit été quelques jours auparavant chez le roi; elle voulut baiser la main de S. M.; mais le roi la releva et la baisa.

*On a vu en son lieu dans ces notes, comme la chancelière eut le tabouret et jusqu'où il s'étend à propos d'une audience du matin au sortir de la toilette de madame la duchesse de Bourgogne, où, de concert avec la duchesse du Lude, la chancelière hasarda de demeurer. Les gardes des sceaux ayant peu à peu et dès il y a longtemps obtenu tout l'extérieur et le rang du chancelier, il ne s'étoit point trouvé de femmes de garde des sceaux depuis le temps du chancelier Séguier, qui obtint le premier le tabouret obscur pour sa femme. La facilité du régent, l'engouement qui suivit toujours la nouveauté des choix, la parité en tout du garde des sceaux avec le chancelier, rendit ce tabouret aisé à établir, dont les femmes de ses successeurs profiteront toutes, puisque madame Chauvelin en a joui même en présence de la chancelière.

Lundi 28. — Conseil de régence. — Le départ de la cour de Lorraine est encore différé de quelques jours. — Le parlement a rendu un arrêt contre le décret du saint-office qui condamne l'appel des évêques au futur concile. — La dispute qu'il y a entre la grand'chambre et les chambres des enquêtes et des requêtes n'est pas encore réglée; mais on croit que cela le sera bientôt, car il se fait des propositions pour l'accommodement. — On eut nouvelle que Monasterol* étoit mort à Munich où il étoit allé depuis quelques mois. — Il est arrivé un courrier d'Angleterre qui s'appelle Chavigny** et qui est envoyé par l'abbé Dubois, et le bruit court qu'il y avoit un traité prêt à signer avec l'Angleterre.

* Monasterol étoit un gentilhomme piémontois, attaché de tout temps à l'électeur de Bavière, dont il fut longues années le ministre de confiance en notre cour. C'étoit un homme de plaisir plus que d'affaires, et dont les plaisirs de l'électeur, où il étoit entré fort avant, avoient fait la fortune. Il épousa ici une beauté de médiocre esprit et de plus médiocre vertu, veuve du vieux la Chétardie, mère de celui qui est maintenant à Berlin de la part du roi. Monasterol touchoit fort gros de l'électeur, avoit aussi des pensions du roi, et tous les subsides des deux électeurs de Cologne et de Bavière passoient ici par ses mains. Il en donnoit les quittances; c'étoit le plus gros joueur, le plus magnifique équipage, la meilleure maison, et la table la plus déli-

cate et la plus somptueuse de Paris. Rien de pareil aux habits du mari et de la femme, et comme on avoit grand besoin de l'électeur et qu'on en étoit fort content, on avoit pour Monasterol et pour sa femme des égards et des distinctions qui contribuoient encore à rassembler chez eux tout ce qu'il y avoit de meilleur à la cour et à la ville, outre l'agrément et la commodité de toute espèce qui se trouvoit chez eux. Les malheurs d'Hochstett et de Ramillies ne baissèrent presque point leur état et leur dépense, et fort peu la présence des électeurs en ces pays-ci. La faveur de Monasterol se soutint toujours avec son maître, qui le trouva ici sur le plus grand et meilleur pied du monde, et qui en fut flatté et s'en crut mieux servi; il lui donna même gros à diverses reprises sur des à-compte dont Monasterol ne justifioit, et sur lesquels l'électeur ne le pressoit point. Mais après la paix, et de retour dans son électorat, ses ministres allemands le pressèrent de mettre quelque règle dans ses affaires, que l'absence et les malheureuses suites de la guerre avoient fort dérangées, et surtout l'irruption de ses États par l'empereur depuis Hochstett jusque à l'exécution de la paix. Monasterol, qui continuoit à faire ici belle et agréable figure, fut donc mandé à Munich pour rendre tous ses comptes, dont on n'avoit examiné aucun depuis qu'il avoit commencé à toucher les subsides de l'électeur, c'est-à-dire depuis le commencement du siècle et de la guerre. Il différa tant qu'il put son départ, mais après sept ou huit mois d'excuses et de délais, il fallut partir et se rendre à Munich. Il y trouva des ministres résolus à voir clair en son fait, et l'électeur prévenu par eux et moins ouvert avec lui. Il n'avoit d'espérance qu'en la bonté tant éprouvée de ce prince, mais cette bonté, qui pouvoit s'étendre encore à des grâces, ne le pouvoit garantir de l'examen avec bienséance et sans donner lieu aux plus fâcheux soupçons. Il sentoit qu'il ne le pouvoit soutenir et qu'il seroit bientôt convaincu pour plusieurs millions, dont on avoit à lui demander compte qu'il ne pouvoit rendre, puisqu'il ne pouvoit se dissimuler de les avoir détournés et mangés. Il ne laissa pas de faire bonne contenance en cherchant par où il en sortiroit. Enfin, se trouvant acculé et à la veille de se voir ruiné, disgracié, déshonoré, il se donna, dans sa chambre, un coup de pistolet dans la tête. L'électeur, qui l'avoit toujours aimé, voulut étouffer une fin si funeste et qui montroit si à découvert de quoi il s'agissoit, et fit passer cela pour une mort subite. Il en fut pour les millions qui se trouvèrent mangés, nul bien de reste. La femme, qui étoit demeurée à Paris, n'avoit jamais songé à changer de demeure. Elle profita des meubles et de tout ce qu'elle put, et se consola avec ses galants d'être veuve, mais il ne lui resta qu'eux, et avec le mari finirent la considération et l'abondance.

** On a vu en son temps qui étoit ce Chavigny, son incroyable audace à tromper le roi et le public sur son sort, et la punition qui en fut faite, mais l'impudence se relève de tout quand elle est soutenue par l'esprit. Réduit, hors du royaume, il s'intrigua à Utrecht pendant qu'on y traitoit la paix; il y plut à nos plénipotentiaires, qui s'en servirent à des découvertes, et à Torcy, qu'il instruisit de plusieurs choses. Après cette paix, ce ministre s'en servit sourdement au dehors. Revenu en France, à la mort du roi, il s'attacha à l'abbé Dubois; l'un et l'autre étoient fort semblables; cette conformité les unit : l'abbé en fit son homme de confiance, tâcha de laver son aventure en l'envoyant publiquement à Gênes de la part du roi; il l'employa après à bien des manéges à Paris et ensuite dans les pays étrangers. Les successeurs de l'abbé Dubois l'y trouvèrent les uns après les autres, et l'y continuèrent, au scandale de toutes les nations, dont son aventure étoit pleinement connue, et il est maintenant en Angleterre depuis longtemps chargé des affaires du roi.

Mardi 29. — M. de Lorraine alla dès le matin à Versailles; il veut voir aussi Trianon et la Ménagerie. Madame de Lorraine dîna ici à midi et puis alla à Versailles; ils en revinrent tous deux le soir. M. le duc d'Orléans alla dans sa loge à l'Opéra; Madame y alla aussi dans la sienne, et au sortir de l'Opéra, M. le duc d'Orléans alla souper au Luxembourg. — On croyoit l'affaire du parlement accommodée cette après-dînée, mais il y a quelque chose encore sur quoi ils ne sont point d'accord; mais on croit qu'ils conviendront de tout demain matin. — M. de Maurepas, fils de M. de Pontchartrain, épousa le matin mademoiselle de la Vrillière, sa cousine, qui est fort jeune et que l'on avoit fait sortir du couvent pour le mariage.

Mercredi 30. — M. Poirier, premier médecin du roi, mourut le matin presque subitement. La charge vaut près de 40,000 livres de rente; il y a bien des médecins qui sollicitent. M. le duc d'Orléans a déclaré qu'il ne s'en mêleroit point. Il laisse à M. le duc du Maine et au maréchal de Villeroy le soin de remplir cette place par celui qu'ils en croiront le plus digne. Le maréchal de Villeroy étoit allé à Villeroy; il n'en est revenu que ce soir, ainsi l'affaire ne sera décidée que demain. — Madame la princesse d'Épinoy est beaucoup mieux, et on la croit hors de danger; elle auroit été fort regrettée, car c'est une femme de grand mérite. — Le comte de la Mothe fut sondé il y a quelques jours par Maréchal, et on lui a trouvé la pierre; il sera taillé demain. — L'affaire du parlement est finie, ils sont tous d'accord présentement.

Jeudi 31. — Madame la duchesse d'Orléans eut encore quelques douleurs, et sa santé ne se rétablit pas aussi vite qu'on l'espéroit. — Le départ de la cour de Lorraine est encore différé. — M. de la Chaise a obtenu pour son fils la survivance de la charge de capitaine de la porte; il a un brevet de retenue de 100,000 écus dessus. — Le parlement de Bretagne a fait quelque chose sur ce qu'on remet les quatre sols pour livre qu'on avoit ôtés; il paroît qu'on n'est pas content d'eux. — Il y a une seconde lettre de l'archevêque de Reims qui fait du bruit, et on craint même que le parlement ne prenne quelque résolution contre. — Brillac et Contades qui s'étoient mis à la Conciergerie depuis quelques jours, comptent qu'ils seront pleinement justifiés et mis en liberté samedi; ils espèrent qu'on n'ordonnera point de plus ample informé.

Vendredi 1er *avril*. — Madame la duchesse de Berry alla dès le matin à Saint-Cloud se baigner. — L'audience que donna M. le duc d'Orléans au cardinal de Noailles ces jours-ci fut plus longue qu'à l'ordinaire, et M. le duc d'Orléans manda à M. du Maine et au maréchal de Villeroy de venir le plus tôt qu'ils pourroient, parce qu'il alloit partir pour Saint-Cloud; il avoit envie de terminer avec eux l'affaire du premier médecin, mais il étoit parti quand ils arrivèrent; ainsi ils ne lui ont point encore rendu compte du choix qu'ils avoient fait. M. le duc d'Orléans donne le Jardin du Roi à Chirac et l'exclusion pour la charge de premier médecin à deux d'entre eux qu'on croit deviner*. — M. et madame de Lorraine allèrent à Marly, et puis repassèrent de bonne heure à Saint-Cloud, où M. le duc d'Orléans les promena beaucoup, et il leur donna à souper après la promenade avec madame de Berry dans la petite maison de madame de Marey. — On dit qu'on choisira M. Dodart** pour remplir la place de premier médecin du roi. — M. d'Ormesson du Cheré, intendant en Franche-Comté, est mort.

* Dangeau coule ici son venin contre le régent le plus imperceptiblement qu'il peut. L'horrible idée de poison étoit toujours l'âme et la ressource des ennemis de M. le duc d'Orléans, et le maréchal de Villeroy faisoit d'indignes et de publiques parades de ses vaines précautions à cet égard. Boudin, premier médecin de feu Monseigneur, puis de madame la Dauphine, mère du roi, livré à la cabale alors régnante, dont il attendoit sa fortune, s'étoit lâché en propos les plus énormes. Ce qui restoit de très-actif de la même cabale l'avoit voulu premier médecin du roi, et n'osoit le proposer. M. le duc d'Orléans aussi n'y vouloit pas Chirac, qui étoit le sien, et dont l'attachement au régent auroit excité trop de cris contre son choix, et voilà les deux exclus que Dangeau veut faire entendre. Chirac, dont l'avarice avec de grands biens étoit de beaucoup supérieure à son arrogance, qui étoit pourtant extrême, et à sa capacité, qui de l'aveu de tous ses confrères le rendoit le prince de la médecine, Chirac, dis-je, vint pour la première et seule fois de sa vie trouver le duc de Saint-Simon, et implorer sa protection pour obtenir du régent le Jardin du Roi. Il lui en exposa le désordre et la nécessité de le rétablir, ses connoissances et son goût pour le faire et le bien entretenir, les facilités pour cela que lui donneroit sa place auprès du régent, et appuya surtout qu'ayant du bien de reste, il ne pouvoit être soupçonné de n'y pas dépenser tout ce qu'il en retireroit, et sans comparaison plus qu'aucun autre à qui on le pourroit donner. Ces raisons touchèrent le duc, et il le lui obtint. Onques depuis il n'a ouï parler de Chirac. Cet homme si passionné des plantes, et qui devoit tant mettre du sien pour le bien public à ce jardin si utile et si curieux, n'y mit jamais une obole, en tira plus que la quintessence et acheva de le ruiner.

** Dodart, premier médecin du père du roi, fut fait premier médecin, beaucoup moins pour sa capacité que pour la sagesse de sa conduite, son éloignement de toute cabale, et la douceur de son esprit et de ses mœurs. Homme de bien d'ailleurs, et fort désintéressé. Il étoit fils de ce Dodart, médecin des princes et princesses de Conty, Martinozzi et fille du roi, célèbre par sa vaste littérature et plus recommandable par sa rare et solide piété, et par sa liaison avec le fameux Port-Royal des Champs auquel il demeura attaché toute sa vie, mais avec tant de sagesse que le roi, qui mouroit d'envie de le chasser n'en put jamais trouver de prétexte. C'est lui, qui n'étant pas encore connu de vue de la comtesse de Gramont, élevée et grande amie de Port-Royal, se trouva près d'elle à la chapelle, après la fin du salut, la tête dans un pilier. Il avoit quatre méchants cheveux verts sur une tête chauve, un mauvais habit gris tout usé, avec de gros linge uni ; une physionomie hâve, maigre, exténuée, gersée comme un homme qui meurt de faim et de froid. Le comtesse, le prenant pour un pauvre honteux, le tire par la manche et lui présente doucement un écu. Dodart s'incline et se retourne. La comtesse le tire encore toujours avec son écu et le presse de le prendre ; Dodart sourit et dit qu'il n'en a pas besoin, et que ce seroit donc pour le donner à un autre. « Tenez, tenez, bonhomme, ne faites point tant de façons, insista la comtesse, on ne nous voit point et je vous le donne de bon cœur. — Madame, lui répondit enfin humblement Dodart, je suis Dodart, j'ai l'honneur d'être le médecin de madame la princesse de Conty ; je ne vous suis pas moins obligé de votre bonne volonté. » A ces mots, la comtesse fut confondue ; ils se connurent depuis et furent amis. C'étoit un saint, très-aimable et de beaucoup d'esprit, de douceur et d'agrément dans la conversation, qui savoit mille choses outre les sciences, qui avoit toute la confiance de madame la princesse de Conty, surtout dans les derniers temps, indépendamment de médecine, assez médiocre médecin, disoit-on partout, dans la pratique, quoique très-savant en théorie, qui menoit une vie pauvre, pénitente et le plus qu'il pouvoit solitaire et cachée, et qui avec cela avoit une considération infinie à la cour.

Samedi 2. — Conseil de régence l'après-dînée. — Dodart fut déclaré premier médecin du roi. — Brillac et Contades furent pleinement justifiés le matin et mis en pleine liberté ; ils allèrent ensemble remercier M. le duc d'Orléans. — M. de Bauffremont * fut mis à la Bastille pour une lettre en réponse qu'il avoit écrite au maréchal de Villars, et dont les maréchaux de France se sont plaints. — M. le duc d'Orléans mena M. et madame de Lorraine dîner chez M. le duc d'Antin. — M. d'Argenson fut élu à l'Académie à la place de feu M. l'archevêque de Cambray. — Il y eut un assez grand désordre auprès de la place des Victoires, pour un cocher qu'on avoit mis au carcan ; beaucoup de gens de livrée de ce quartier-là s'ameutèrent, jetèrent des pierres aux archers et dans la maison du maître de ce cocher, dont même ils enfoncèrent la porte, firent un grand dégât dans les appartements et brûlèrent un carrosse, qu'ils tirèrent dans la rue. Les archers tirèrent, et tuèrent deux ou trois de ces malheureux, en blessèrent et en prirent trois ou quatre. — Les spectacles dans Paris sont finis aujourd'hui, hormis ceux de la foire qui dureront encore quelques jours.

* Il seroit difficile d'être plus fou, plus hasardeux, plus audacieux que l'étoit Bauffremont ; le temps et les conjonctures en étoient toutes. Les maréchaux de France non ducs et ce qui avoit pris le nom de noblesse s'étoient unis, les uns pour protection et pour se parer du contraste, les autres pour en profiter ; mais cette noblesse devenue fière de son ralliement et de la mollesse du régent, ne tarda pas à faire sentir aux maréchaux de France qu'ils ne devoient rien avoir au-dessus d'elle, tant qu'ils pourroient rapprocher tout du niveau, et Bauffremont comme le plus hardi se chargea de le leur faire sentir. Il n'imagina jamais que cela le conduisît à la Bastille ; mais sa prompte sortie lui donna un nouveau courage qui aboutit à une lutte où M. le duc d'Orléans fit le plus méchant personnage, et où la dignité des maréchaux de France et celle de la couronne qui donne et qui constitue l'autre, souffrit toute sorte d'humiliation par celle où la foiblesse de M. le duc d'Orléans prostitua en cette occasion la dignité de sa personne et de sa régence. M. le Duc lui-même ne tarda pas à trouver en Bourgogne le même Bauffremont en son chemin, qui lui soulevoit la noblesse par ses lettres et ses efforts, et ce prince s'en plaignit publiquement.

Dimanche 3. — Le roi entendit le sermon du P. Massillon. — Conseil de régence le matin. Il n'y aura plus de conseil de régence les samedis pour les affaires de finances ; il n'y en aura plus ces jours-là que pour des affaires extraordinaires ; celui d'hier étoit pour régler une difficulté qu'il y avoit entre le conseil des affaires ecclésiastiques et le conseil du dedans du royaume pour les affaires des religionnaires, et on y lut un grand mémoire de M. d'Antin. — On a arrêté depuis peu une madame de Pennevers qui faisoit jouer chez elle malgré les défenses ; elle est condamnée à 1,000 écus d'amende, et vingt-deux hommes qui jouoient chez elle sont condamnés chacun à 1,000 francs. — On fait revenir ici M. de Brou, intendant de Bretagne, pour conférer avec lui sur les affaires de ce pays-là.

Lundi 4. — Conseil de régence le matin. — Le départ

de la cour de Lorraine est enfin fixé à vendredi prochain, il y a soixante et dix chevaux par poste ordonnés pour les voiturer. Ils iront coucher le premier jour à Villers-Cotterets, et passeront ensuite à Reims, à Châlons, à Bar et à Nancy ; le lendemain de leur arrivée à Nancy, ils iront dîner à Lunéville. — M. de Verton * partira à la fin du mois qui vient pour aller à Pétersbourg auprès du czar, qui avoit pris une grande amitié pour lui pendant qu'il étoit en France, et qui a demandé au régent qu'il allât auprès de lui en qualité d'envoyé de France, ce qu'on lui a accordé. — M. le duc d'Orléans fait un régiment de dragons de douze compagnies, dont il y en a déjà six de levées et qui sont employées sur la Somme ; ce régiment sera sous son nom, et il le donne à commander à la Fare-Tournac, qui a déjà été colonel de dragons, mais son régiment, qui étoit le second Languedoc, avoit été réformé ; la Fare-Tournac est brigadier.

* Verton étoit un joueur fort dans le grand monde, avec de l'esprit et du savoir vivre, qui ayant été chargé de ce qui étoit du service des tables du czar et de sa suite, et des autres fournitures concernant sa charge de maître d'hôtel du roi, avoit su s'y conduire de façon qu'il en avoit acquis toute la bienveillance de ce prince et de toute sa cour, au point d'être parvenu à quelque sorte de confiance qui engagea le czar à le demander. Verton mouroit d'envie d'y aller, et dans la vérité rien n'étoit plus essentiel que de cultiver par quelqu'un d'agréable, de désiré, de connu, l'amitié d'un prince touché de celle qu'il avoit ressentie, qu'on avoit voulu mériter de lui, et plein de la reconnoissance de sa réception, et qui d'ailleurs faisoit une aussi grande et importante figure en Europe. Il témoigna plusieurs fois depuis son départ le désir qu'il avoit de se lier à la France et de voir arriver Verton, mais celui-ci et tout autre est encore à partir. Le duc de Saint-Simon, sur tous et quelques autres, firent tout ce qu'ils purent auprès du régent pour ce départ et pour profiter d'une bonne volonté précieuse, tout fut inutile ; on étoit servilement aux ordres de l'Angleterre, et l'Angleterre avoit des raisons d'intérêt trop fortes pour ne pas traverser de tout son pouvoir tout ce qui pourroit lier la France et la Russie. Les suites ont fait voir plus d'une fois où a conduit une si étrange complaisance, et à quel point l'empereur en a su profiter, et dès qu'elle l'a pu l'Angleterre elle-même.

Mardi 5. — M. de Lorraine souhaite que son traité soit enregistré au parlement avant son départ, et il le doit être jeudi; mais on tient cela fort secret à cause que le parlement n'est pas encore bien d'accord sur les enregistrements. Madame de Lorraine alla se promener au Cours malgré le vilain temps; il n'y avoit quasi personne, mais elle y alla pour faire plaisir à mademoiselle de Valois, qui avoit envie de prendre l'air. — M. de Bauffremont est sorti de la Bastille; MM. les maréchaux de France s'assemblèrent sur cette affaire-là; on ne sait point encore ce qu'ils ont résolu; ils ne savoient point encore que M. de Bauffremont étoit sorti quand ils s'assemblèrent. — Madame la duchesse de Berry passera la semaine sainte aux Carmélites, où elle mènera deux de ses dames, et en sortant des Carmélites elle ira coucher à la Meutte où elle passera tout l'été.

Mercredi 6. — Madame de Lorraine alla prendre congé du roi. — Pendant le temps que madame de Berry sera à la Meutte, elle donnera un jour de la semaine aux dames et aux courtisans pour lui aller faire leur cour. — MM. les maréchaux de France vouloient que M. de Bauffremont allât faire des excuses à M. le maréchal de Villars de la lettre qu'il lui a écrite; mais M. le régent n'a encore rien ordonné là-dessus. — On a reçu des lettres du prince Ragotski datées de la fin du mois de janvier; il mande qu'il est toujours à Andrinople, où il reçoit des honneurs extraordinaires du Grand Seigneur qui lui fait de belles promesses; mais il ne mande point qu'il soit prêt à en partir pour assembler des troupes en Valachie et en Moldavie, comme le bruit en couroit ici.

Jeudi 7. — Le roi alla sur les quatre heures au Palais-Royal dire adieu à madame la duchesse de Lorraine. — La grand'chambre enregistrera le traité de M. de Lorraine; les enquêtes et les requêtes prétendoient devoir être appelées à cet enregistrement. — Madame la duchesse de Lorraine alla le soir dire adieu à madame la duchesse de Berry, et madame de Berry, alla sur les dix heures au Palais-Royal pour la revoir encore. — On commencera à payer les petites pensions, et surtout celles des militaires ; on a donné quelqu'argent aussi aux payeurs des rentes afin qu'ils puissent payer ce qui reste dû des six derniers mois de 1717.

Vendredi 8. — La cour de Lorraine partit entre huit et neuf heures. — Les chambres des enquêtes et des requêtes s'assemblèrent ; ils se plaignent de ce que la grand'-chambre a enregistré le traité de M. de Lorraine sans les y appeler ; il paroît beaucoup d'animosité entre eux. — Le maréchal de Villars alla le matin chez madame la duchesse de Berry, qui lui parla assez fortement sur les lettres qu'il écrit à quelques gens de qualité. — Il n'y aura plus de conseil de régence qu'après la Quasimodo. — On a donné l'intendance de Franche-Comté à M. de la Neuville, qui a été intendant en Roussillon.

Samedi 9. — Il y eut encore le matin du bruit au parlement ; les enquêtes et les requêtes vouloient qu'on s'assemblât, mais la grand'chambre ne le jugea pas à propos. — On parle de beaucoup de traités différents dans l'Europe ; mais celui qui est le plus apparent est celui qui se fait à Londres, entre l'empereur, le roi, le roi d'Angleterre et les États Généraux. On voudroit bien y faire entrer le roi de Sicile ; on croit que ce traité-là, si il s'achève, ne sera peut-être pas agréable au roi d'Espagne. M. de Nancré, qu'on a envoyé à Madrid, où il a été très-bien reçu en arrivant, négocie fort avec le cardinal Albéroni pour le faire consentir à ce traité ; mais on ne croit pas que ce cardinal y soit disposé ; on dit même qu'il prend des mesures bien opposées à cela.

Dimanche 10. — Le roi assista à toutes les dévotions de la journée, et puis s'alla promener aux Champs-Élysées. Madame la duchesse de Berry dîna aux Carmélites, où elle demeurera huit jours, et l'après-dînée, l'ambassadeur d'Espagne y vint lui demander audience pour lui donner part de l'accouchement de la reine d'Espagne. Cet ambassadeur, dès le matin, avoit porté une lettre à Madame, du roi son maître, qui lui écrit de sa propre main, et lui mande que la reine est accouchée d'une infante le 31 du mois passé. Elle s'appellera l'infante Marie-Anne-Victoire. Elle a encore d'autres noms de baptême. — Madame alla l'après-dînée aux Carmélites, et compte de partir le lendemain de la Quasimodo pour aller passer l'été à Saint-Cloud. — Le roi a donné une pension de 10,000 francs à Maupertuis qui a été longtemps capitaine-lieutenant de la première compagnie des mousquetaires, qui est homme de mérite, et que le feu roi aimoit et estimoit fort; il est fort vieux et fort infirme.

Lundi 11. — Madame la duchesse de Vendôme mourut entre sept et huit heures du matin sans avoir pu recevoir ses sacrements. C'est une grande succession pour M. le Duc, qui avoit fait un traité à vie pour le bien qui lui devoit revenir de son partage, et madame la Princesse, sa mère, héritera de tous les acquêts, qui vont bien loin, car tout ce qu'elle avoit eu de M. de Vendôme par son mariage est un acquêt. Madame la princesse de Conty la mère et madame du Maine hériteront aussi de quelque chose, mais moins considérable; elle avoit fait un testament, il y a quelque temps, mais il n'est point signé. — Le désordre continue toujours dans le parlement; il s'y est passé même beaucoup de choses ce matin qui marquent beaucoup d'aigreur entre eux. — M. le maréchal de Villars, qui devoit partir ce matin pour aller à Villars, attendit tout le jour chez lui M. de Bauffremont, qu'il croyoit avoir reçu l'ordre de venir lui faire des excuses; mais il n'y vint point. Il dit qu'il n'avoit reçu aucun ordre sur cela.

Mardi 12. — Madame la duchesse d'Orléans, qui est encore fort foible, va à Montmartre passer quelques jours. — M. le Duc ira tenir les États de Bourgogne, qui commenceront le 16 du mois qui vient; il revint hier de Chantilly sur la nouvelle de la mort de madame de Vendôme, sa tante. Il y a des dames nommées pour garder (1) le corps de cette princesse; le corps de mademoiselle de Condé, sa sœur, qui mourut en 1700, fut aussi gardé par des dames. — Les chambres des enquêtes et des requêtes allèrent à la grand'chambre, où le président de Lamoignon présidoit; ils ont fait leurs protestations qu'ils ont laissées sur la table; le greffier du parlement ne les mettra point dans ses registres*. — M. de Bauffremont soutient toujours qu'il n'a point reçu d'ordre d'aller chez M. le maréchal de Villars lui faire des excuses, et dit qu'il aime mieux être remis à la Bastille que d'y aller; ainsi cette affaire n'est pas finie.

* Cette querelle dans le parlement n'est pas nouvelle. La grande chambre a ses prétentions, les autres chambres s'en offensent et ne prétendent pas être moins que la grande chambre membres et parties intégrantes du parlement, sans l'avis desquelles rien ne doit être censé enregistré par leur commun corps, qui est le parlement. La grande chambre répond que c'est elle à qui il appartient de les faire, puisque c'est chez elle qu'ils se font; et les autres répliquent que le local ne leur donne aucun droit privatif à elles, puisque l'adresse est faite à tout le parlement, dont elles sont comme la grande chambre, qui n'a sur les autres chambres que la primauté de rang, et elles ajoutent qu'elles y sont toujours mandées lorsque le roi vient seoir. Le point est, que la cour, plus aisément maîtresse d'un petit nombre que d'un grand nombre et de têtes expérimentées que de la jeunesse des autres chambres, favorise toujours les prétentions de la grande chambre à cet égard, et que le premier président, qui connoît mieux la grande chambre que les autres, où il ne peut rien, tandis qu'il distribue les procès aux conseillers de la grande chambre, la manie seule plus aisément que tout le parlement assemblé, et par cette raison la favorise pour soi-même contre les autres chambres. C'est ce qui a toujours fini ces disputes à l'avantage de la grande chambre toutes les fois qu'elles se sont élevées, et ce sont ces querelles civiles dans le parlement qui l'ont toujours affoibli contre la cour.

(1) Saint-Simon a écrit de sa main, en marge : « faux ces deux gardes. » Voir l'addition du 15 avril suivant.

Mercredi 13. — Le roi assista dans sa chapelle à l'office des Ténèbres chanté par la musique. Après le service, le roi alla à la volerie pour la première fois; il partit avant trois heures, et ne revint qu'à sept; il parut s'y divertir assez; en revenant il passa par les Champs-Elysées, mais il ne s'y arrêta pas. — Madame la Princesse, qui ne se porte pas bien, est fort affligée de la mort de madame de Vendôme, quoiqu'elle ne la vît plus depuis huit mois; elle est fort peinée de ce qu'elle est morte sans confession. — M. l'abbé d'Auvergne partit ces jours passés pour aller faire un tour en Hollande, et avant que de partir, il a donné deux bénéfices considérables à l'abbé de Mesmes et au bailli de Mesmes, tous deux frères de M. le premier président. M. de Bouillon et toute la famille de M. l'abbé d'Auvergne n'ont rien su de cela que depuis son départ.

Jeudi saint 14. — Le roi assista à toutes les dévotions de la journée; M. le duc d'Orléans le servit à la Cène; M. le grand prieur y assista après les princes du sang et dans le même rang comme l'année passée*. A la grande messe il y eut une dispute entre le cardinal de Polignac et l'évêque de Metz à qui présenteroit l'Évangile au roi; on croit que cela sera jugé en faveur de M. de Metz, comme premier aumônier et évêque; mais comme M. le duc d'Orléans n'étoit point à la messe pour décider cette affaire, le roi voulut qu'on ne lui présentât point l'Évangile ce jour-là, pour empêcher la dispute dans l'Église. S. M. entendit le sermon de la Cène de l'abbé Rieutort, après quoi l'évêque de Metz, premier aumônier, fit l'absoute. Le roi lava les pieds à douze pauvres, et les servit; ensuite, il alla aux Feuillants, où il assista à l'office et à la procession, et le soir, après avoir entendu ténèbres dans la chapelle des Tuileries, il alla voir la princesse de Condé, la duchesse de Bourbon douairière, la princesse de Conty, seconde douairière, et la duchesse du Maine, sur la mort de la duchesse de Vendôme. Le roi prit le même jour le deuil pour la mort de cette princesse. — M. le duc d'Orléans travailla l'après-dînée avec M. le comte de Toulouse, le garde des sceaux, les maréchaux de Villeroy, d'Estrées et d'Huxelles et M. de Brou, intendant de Bretagne; et après cette conférence, M. le duc d'Orléans travailla encore fort longtemps avec le garde des sceaux, seul.

* Cette récidive de l'inouïe nouveauté de l'année précédente et contre la parole du régent, fut l'effet de la même politique qui l'avoit favorisée la première fois; elle piquoit et excitoit tout ce qu'il y avoit de plus grand l'un contre l'autre, et c'étoit le manége favori de M. le duc d'Orléans. Ce fut pourtant, cette année, la dernière fois que cette entreprise eut lieu.

Vendredi saint 15. — Le roi assista à toutes les dévotions de la journée, et à trois heures, il entendit la Passion, qui fut fort courte et parfaitement belle. M. le duc d'Orléans alla entendre ténèbres aux Petites-Carmélites, où est madame la duchesse de Berry; elle en sortira dimanche, et s'en va à la Meutte, où elle compte de demeurer jusqu'à la Toussaint. — Les dames ont continué de garder le corps de madame de Vendôme, et M. de Dreux, grand maître des cérémonies, a fait voir à madame la Princesse qu'à la mort de mademoiselle de Condé en 1700 on en avoit usé de même; ainsi ce n'est point du tout une nouveauté, comme quelques gens mal instruits l'avoient prétendu *. — M. de la Cour des Bois, qui avoit quatre-vingt-seize ans, est mort; il étoit le doyen des doyens des maîtres des requêtes, et cela lui donnoit droit d'être toujours assis au conseil; outre cela, il avoit par là les appointements de conseiller d'État.

* Dangeau, toujours courtisan politique, s'exprime comme il lui plaît, et Dreux, valet des princes du sang et ennemi de tout rang, de tout ordre et de toute règle, compte à son ordinaire les mensonges à dire et à écrire pour rien. Jamais autres que les filles de France n'avoient été gardées après leur mort. Mademoiselle, fille de Gaston, morte en 1693, la fut la première, comme petite-fille de France. Par ce rang inventé et établi pour elle la première, elle tient sans comparaison plus du fils de France que du prince du sang. M. le Prince, attentif à usurper plus qu'aucun autre prince du sang, et même plus que

M. son père, fit en sorte qu'en 1700 quelques dames de médiocre étage gardassent mademoiselle de Condé et, à leur exemple, quelques-unes plus considérables par le nom. Cette nouveauté fit du bruit, et quoique M. le Prince n'eût osé d'abord faire avertir de la part du roi, mais seulement eût envoyé prier en son nom, plusieurs dames refusèrent, tellement que, sans hasarder d'aller plus loin, et content de faire adroitement couler dans les registres des cérémonies et dans un grand secret, que le corps de mademoiselle sa fille avoit été gardé, et par qui il n'en dit mot, laissa tomber le bruit, et se hâta de faire enterrer la princesse pour faire cesser l'occasion de la garder. Madame la Princesse, toute glorieuse qu'elle étoit, savoit bien que ç'avoit été une tentative hardie, adroite, et peu heureuse, et n'avoit pas envie de s'y rembarquer; ses enfants, plus hardis, et qui connoissoient mieux et leurs forces et la sottise du public, et combien le grand maître des cérémonies étoit à leur dévotion, le lui détachèrent pour qu'elle n'allât pas gâter leurs affaires. Il arriva pourtant qu'ils prirent bien garde à ne se pas adresser à des dames qui sussent ce-qu'on leur proposoit ni qui sussent se sentir, et que, contents d'une récidive qui alloit confirmer l'entreprise, ils se hâtèrent comme l'autre fois d'enterrer ce qui avoit été assez gardé. Pour de duchesses ni de princesses étrangères, ni même de simples maréchales de France, ni de dames d'un certain air dans le monde ou qui savoient ce qu'elles étoient par leur qualité quoique sans titre, ils n'osèrent se jouer de le proposer à pas une, et imitèrent en cela la sage prudence de feu M. le Prince. Il est mort depuis d'autres princesses du sang, sans qu'on ait plus ouï parler de leur garde.

Samedi saint 16. — Le roi alla se promener au Cours. M. le duc d'Orléans, alla à Montmartre voir madame la duchesse d'Orléans, qui n'en reviendra que mardi. — On a jugé la dispute qu'il y avoit entre M. le cardinal de Polignac et l'évêque de Metz, en faveur de l'évêque *. — Le parlement de Metz a enregistré le traité de M. de Lorraine, et le premier président est arrivé ici pour prier M. le régent de les dédommager un peu de ce qu'ils perdent par les paroisses qu'on cède à M. de Lorraine et qui ne seront plus de leur ressort. — On porta le corps de madame de Vendôme aux Grandes-Carmélites ; ce fut mademoiselle de Clermont qui l'y conduisit, accompagnée des duchesses d'Olonne et de Louvigny**. — M. le comte de Charolois a été reçu magnifiquement dans toutes les cours d'Italie où il a passé, et particulièrement à Modène; il en est reparti pour aller à Rome.

* Tout étoit tellement en prétentions nouvelles et toutes en tiroient si bon parti, qu'il est surprenant que le premier aumônier, évêque sacré, ait pu sauver son droit de l'usurpation d'un cardinal clerc tonsuré.

** Ces deux duchesses, qui maintenant ont changé de nom et s'appellent de Gramont et de Bouteville, accompagnant avec mademoiselle de Clermont le corps de madame de Vendôme aux Carmélites, n'étoient conviées que de la part des princes du sang et non pas de celle du roi, ni nommées par lui. Cette cérémonie est si bien expliquée dans ces notes à propos de la duchesse douairière de Saint-Simon et de la duchesse de Châtillon, belle-mère de cette duchesse d'Olonne, puis de Bouteville, qui conduisirent le corps de mademoiselle de Condé en 1700, qu'il n'est pas besoin de s'y étendre ici.

Dimanche 17, jour de Pâques. — Le roi assista à toutes les dévotions de la journée, et puis alla se promener aux Champs-Élysées. Madame la duchesse de Berry, après avoir demeuré toute la semaine aux Carmélites, en sortit à sept heures, passa au Luxembourg, et puis s'en alla à la Meutte, où elle demeurera tout l'été. Pendant qu'elle a été dans les Carmélites, elle a fort édifié toutes les religieuses; elle fit ses pâques jeudi, et le vendredi, elle jeûna au pain et à l'eau. M. le duc d'Orléans alla souper à la Meutte. — M. le cardinal de la Trémoille a accepté avec grande joie l'archevêché de Cambray; ainsi on va disposer présentement de l'évêché de Bayeux. — On dit que le roi de Suède s'est embarqué à Gottembourg et qu'il a dix ou douze mille hommes sur sa flotte.

Lundi 18. — Le roi se promena le matin dans son petit chariot, et dans la grande allée des Tuileries il trouva des dames à qui il fit beaucoup d'honnêtetés. — On croit que le traité entre l'empereur, la France, l'Angleterre et la Hollande est fort avancé. — Les lettres que le maréchal de Villars écrivoit, et dont plusieurs personnes se sont plaintes, seront d'un style différent; elles seront écrites au nom du conseil de guerre; et il y aura seulement : Signé, à toutes, au bas : le maréchal de Villars, Biron pour l'infanterie, Coigny pour les dragons, et Lévis pour la cavalerie.—Toutes les lettres d'Italie disent que le petit roi Jacques, que les Anglois appellent le Prétendant, en est parti; on ne sait point encore où il va. On assure que le duc d'Ormond est embarqué avec le roi de Suède; cela fait faire bien des raisonnements, mais tout cela est encore bien incertain.

Mardi 19. — Le roi fit la revue des régiments des gardes françoises et suisses dans la grande allée des Tuileries, et il y fut toujours debout malgré la pluie. Le prince de Dombes passa à la tête des Suisses, mais sans pique, comme colonel général des Suisses. — Madame la duchesse d'Orléans revint de Montmartre.— Le comte de Gallatsch, ambassadeur de l'empereur à Rome, a présenté un mémoire au pape qui a été imprimé et qu'on a envoyé à plusieurs personnes ici, dans lequel il accuse le prince de Cellamare, ambassadeur d'Espagne en France, d'avoir fait un traité avec le prince Ragotzki pendant qu'il étoit ici. Le prince Cellamare a récrit au cardinal Paulucci que tout cet écrit étoit faux et qu'il n'avoit jamais eu nulle correspondance avec le prince Ragotzki. Il paroît, par le mémoire qu'a donné le comte de Gallatsch, que l'empereur ne doute point qu'il n'y ait un traité entre le Grand Seigneur et le roi d'Espagne.

Mercredi 20. — M. le duc d'Orléans alla souper à la Meutte. —Le comte de Konigsegg vint il y a quelques jours chez M. le duc d'Orléans lui rendre compte que l'empereur approuvoit le traité qui se projette à Londres, entre l'empereur, les rois de France et d'Angleterre et les États Généraux; mais il n'y a rien de signé encore. — La Faye, capitaine aux gardes, est mort. — Mademoiselle, qui persiste à vouloir être religieuse, fera sa profession quand elle aura vingt ans accomplis, qui sera au mois d'août; elle a même obtenu une permission par écrit de M. le duc d'Orléans pour cela. — Le fameux la Hire, un des plus grands astronomes de l'Europe, mourut à l'Observatoire, âgé de près de quatre-vingts ans et jouissant jusque-là d'une parfaite santé ; il étoit de l'Académie des sciences.

Jeudi 21. — On a donné la compagnie aux gardes de la Faye au plus ancien lieutenant et on fait monter le plus ancien sous-lieutenant et le plus ancien enseigne, et le drapeau a été donné à un neveu de M. de Saillant. — Madame la duchesse d'Orléans, dont la santé se rétablit fort, passe souvent les après-dînées à sa petite maison de Bagnolet, dont elle fait fort accommoder les jardins. — Le bruit avoit couru que le roi Jacques étoit parti d'Urbin, et que même il étoit sorti d'Italie, et l'on faisoit beaucoup de différents raisonnements là-dessus. On prétendoit qu'il étoit soutenu dans ses desseins par de grandes puissances, mais les dernières nouvelles qu'on a eues d'Italie, et qui sont assez fraîches, nous apprennent qu'il étoit encore à Urbin le 7 de ce mois ; et ce qu'on avoit dit de l'embarquement du roi de Suède devient fort incertain, surtout ce qu'on disoit que le duc d'Ormond étoit embarqué avec lui.

Vendredi 22. — M. le cardinal de Noailles, au sortir de son audience avec M. le duc d'Orléans, alla chez M. le Grand lui dire que l'on donnoit l'évêché de Bayeux à M. l'abbé de Lorraine son fils*. — Le roi alla l'après-dînée à la volerie, où il y avoit plus de deux mille carrosses, tant on est désireux de voir le roi, dont la santé se confirme tous les jours et qui devient encore plus aimable (1). — On a fait imprimer un écrit qui a pour titre : Mémoire instructif au sujet du nouveau règlement ordonné par S. M. de l'avis de S. A. R. le 6 avril 1718. Pour exécuter

---

(1) « Le roi prit le plaisir du vol à la porte Gaillon, où il trouva une infinité de carrosses, qui firent un si grand désordre dans les blés, que l'on se trouve obligé de dédommager les particuliers à qui appartiennent les terres. C'est ce qui a fait prendre la résolution de congédier la grande fauconnerie et de ne réserver que M. Forget, capitaine du vol du cabinet. » (*Mercure* d'avril, page 214.)

ce projet-là, on fait partir tous les colonels, et les inspecteurs qui le vont faire exécuter recevront les derniers ordres à la fin de ce mois. — On voulut arrêter M. Douglas**, mais il se sauva de sa maison, et milord Stairs demande quelques jours de délai pour lui. — L'abbé Abeille est mort; il étoit un des quarante de l'Académie françoise ***.

* C'est ce même abbé de Lorraine, fils de M. le Grand, à qui l'avarice de sa mère coûta le cardinalat dont il avoit la nomination de Portugal, et qui plus est, l'honneur, par le faire mettre à Saint-Lazare déjà prêtre, par dépit de ce qu'il ne voulut plus lui laisser toucher le revenu de ses bénéfices. Il mena depuis une vie honteuse et obscure, et ne reparut que les dernières années du feu roi, et encore rarement. Il changea de conduite, et en prit une régulière et appliquée, quoique bien tard. Son nom et l'alliance des Noailles lui valut ce riche évêché, dans lequel il remplit tous les devoirs d'un bon évêque autant qu'il le put. Génie borné et toujours plein de sa naissance, mais bon homme d'ailleurs et voulant et cherchant le bien sincèrement. Son attachement à la doctrine et à la personne du cardinal de Noailles lui attirèrent de grandes et d'indignes persécutions, qui n'abattirent jamais son courage le moins du monde; mais sa santé, peu accoutumée au travail et aux contradictions, en fut bientôt épuisée, et il ne vécut pas, depuis, fort longtemps.

** Ce Douglas, fort indigne de son nom, étoit homme de beaucoup d'esprit, d'intrigue et d'entreprise; il s'étoit fort bien mis avec le régent, et en tiroit considérablement. Ce fut lui dont l'Angleterre se servit pour se défaire du roi Jacques lorsqu'il alloit s'embarquer pour passer dans la Grande-Bretagne, et ce malheureux auroit réussi sans la sagacité de la maîtresse de la poste de Nonancourt, entre Dreux et Verneuil au Perche, à qui ses perquisitions devinrent suspectes à force de les réitérer avec exactitude et de lui promettre gros pour l'avertir du passage d'une chaise de poste qu'il décrivit et qui arriva en effet le lendemain comme il dormoit. Cette habile et courageuse femme mit des chevaux de poste dans une maison dont elle étoit sûre, y fit conduire la chaise sans passer chez elle, avertit le roi Jacques, le travestit en abbé, le cacha, puis dépaysa Douglas en l'éveillant et lui faisant accroire que la chaise avoit passé; ensuite faisant changer de route au roi d'Angleterre, toujours en abbé, qui évita ainsi d'être assassiné. Douglas courut en vain, et revint à Paris, où peu de gens continuèrent à le voir et où à la fin le régent ne put soutenir les clameurs publiques contre lui. C'est ce qui l'obligea à le faire arrêter, et Stairs, dont l'impudence ne se pouvoit assez faire admirer, à crier si haut, qu'il eut le temps de l'envoyer hors du royaume. Je ne sais ce qu'il est devenu depuis.

*** Abeille étoit un garçon d'esprit, de beaucoup de lettres, fort honnête homme, très-désintéressé, et qui avoit des mœurs et de la religion. M. de Luxembourg, à qui il s'étoit attaché et qu'il suivoit toujours à la guerre, lui avoit fait avoir quelques bénéfices et l'avoit mis dans le grand monde, qui ne le gâta en rien, non pas même en modestie. Quoique ce fût l'homme du monde le plus franc et qui disoit le plus librement et le plus naïvement ce qu'il pensoit, il étoit très-sûr et de fort bonne compagnie, et aimé et estimé de tout ce qui le connoissoit, surtout de M. le prince de Conty. Après la mort du maréchal, il resta chez M. de Luxembourg son fils, pour qui il conserva le même attachement. Il étoit outré de douleur de la vie que menoit madame de Luxembourg, et la cacha tant qu'il put au mari; mais quand il l'eut perdue et qu'il en fut outré de douleur, Abeille, qui ne put souffrir un si grand et si inutile ridicule, lui apprit tout, et le consola. C'étoit un homme d'un bon sens et droit, et que MM. de Luxembourg père et fils auroient mieux fait de croire plus souvent qu'ils ne firent. Il fut regretté de tout ce qui le connoissoit et de beaucoup de gens considérables ; c'étoit en effet, outre ce qu'on a dit, un des meilleurs hommes du monde.

Samedi 23. — L'abbé Abeille mourut ici après une longue maladie ; il étoit un des quarante de l'Académie. — M. de Rochefort, président à mortier, à Rennes, et le conseiller de ce parlement, qui avoient eu des lettres de cachet pour venir ici et qu'on avoit renvoyés depuis en Bretagne, n'ont pas voulu voir à Rennes le maréchal de Montesquiou, quoique M. le duc d'Orléans leur eût dit de le voir ; on vient de leur envoyer des lettres de cachet pour faire aller le président à Auch et Lambilly, conseiller, à Tulle. — Tous les princes qui étoient à la campagne en sont revenus aujourd'hui, et les conseils recommenceront demain. — M. Law se fait instruire pour se faire catholique, à ce que dit le public mal informé ; mais Law, à qui gens considérables ont parlé de ce bruit, leur a répondu qu'ils étoient plus prêts d'aller à Genève que lui d'aller à Notre-Dame. On parle de différentes acquisitions qu'il veut faire ; mais il n'y a rien de certain, que la maison de la

Marche qu'il a achetée 110,000 francs de M. Desmaretz.

Dimanche 24. — Les conseils de régence recommencèrent le matin.— Madame la duchesse de Berry vint de la Meutte passer l'après-dînée aux Carmélites, où Madame arriva avant elle. — On mande de Catalogne qu'il est parti de Barcelone plusieurs vaisseaux de transport chargés de troupes, d'artillerie et de munitions de guerre, et que cet armement va en Sardaigne. Il y a pourtant quelques avis de ce pays-là qui font croire que ces troupes ont ordre de débarquer au golfe de la Spécie, et on est persuadé que le dessein du roi d'Espagne est de faire attaquer Orbitello, et ensuite toutes les petites places que l'empereur a sur les côtes de Toscane. Comme la cour de Madrid ne consent pas au traité qu'on propose en Angleterre, on juge que le roi d'Espagne veut se hâter de faire une entreprise en Italie.

Lundi 25. — Les spectacles recommencèrent, et on rejoue l'opéra d'*Amadis* (1); Madame y alla. Madame la duchesse de Berry vint de la Meutte à l'Opéra, et voyant madame de Clermont dans la loge de M. le comte de Toulouse, qui est vis-à-vis de la sienne, elle lui envoya M. de Brassac, qui est exempt de ses gardes, pour lui dire qu'elle souhaitoit qu'elle ne se trouvât jamais dans les lieux où elle seroit. Madame de Clermont sortit de la loge et de l'Opéra. Madame d'Étampes la jeune, qui étoit avec elle, en sortit aussi*. — On a imprimé un livre de M. l'abbé de Saint-Pierre, qu'il appelle *Polysynodie*. Ce livre fait du bruit; on y a trouvé beaucoup de choses offensantes pour la mémoire du feu roi**. — Il y a quatre ou cinq comédiens ou comédiennes françois qui ont quitté tout à la fois, et ce spectacle-là tombe un peu.

* Madame la duchesse de Berry, en cette action comme en beaucoup d'autres, fit voir l'excès de son orgueil et de son peu de jugement. Entraînée par les roués de M. son père, avec qui elle vivoit, elle se mêla

---

(1) Paroles de Quinault, musique de Lulli.

de ce qui étoit hors de sa portée et indécent dans sa bouche, lorsque, prenant un parti qui n'étoit pas celui du droit, de l'usage, ni de la raison, elle parla mal à propos au maréchal de Villars sur son style, dont les gens de qualité se plaignoient parce qu'ils ne vouloient plus souffrir rien au-dessus d'eux, et mettre tout dans une égalité qui, en défigurant l'État et le rendant dissemblable à tous les autres, ôtoit les gradations, supprimoit les récompenses, anéantissoit l'ambition, attaquoit l'autorité et la majesté du trône, et réduisoit tout à l'égalité, et, par une suite nécessaire à la confusion, jetoit tout dans l'oisiveté, dans la paresse et dans le néant, et ne laissoit d'avantage et de distinction qu'aux richesses, par conséquent à la bassesse, à l'avarice et à la cupidité d'en acquérir par tous moyens. A cette faute d'entraînement, madame la duchesse de Berry en joignit fort tôt après une contradictoire, par l'affront public, en plein Opéra, qu'elle fit à une femme d'une qualité distinguée : c'est où il falloit considérer et respecter la noblesse et ne la pas offenser aussi mal à propos. Mesdames de Clermont et de Beauvau étoient à elle et lui faisoient honneur d'y être ; indignées de la préférence qu'elle donna sur elles à une fille du plus vil étage, mariée à la vérité à un homme de condition, mais qui n'étoit pas de la qualité des autres, qui par lui-même étoit encore plus différent d'eux, et desquels tout le mérite n'étoit que ce qui les auroit dû faire chasser de toute honnête maison ; ces dames, indignées, dis-je, de voir madame de Mouchy seconde dame d'atours, et dans une charge faite exprès pour elle, sans raison que sa faveur, se retirèrent avec toutes les mesures de la bienséance, et tellement avec l'approbation de Madame et de M. et de madame d'Orléans, qu'elles et leurs maris n'en furent que mieux traités ; c'est ce qui piqua d'autant plus madame la duchesse de Berry, et de voir encore que le monde applaudissoit à cette conduite, qu'elle ne se posséda plus, jusqu'à se porter à une action qui passoit son pouvoir et sa grandeur, qui avec droit ne pouvoit être faite que par un roi ou une reine, aucun sujet quelque élevé, quelque proche de la couronne qu'il soit, n'en pouvant usurper l'autorité et bannir personne d'aucun lieu hors de sa propre maison, parce qu'il est libre de ne recevoir chez soi que qui on veut ; mais cette princesse abusa de la jeunesse du roi et de la foiblesse d'un père régent, au scandale public, qui cria bien haut, mais dont elle se mit peu en peine.

** L'abbé de Saint-Pierre étoit un vieux fat, premier aumônier de Madame, pour se recrépir et se produire, frère de Saint-Pierre, premier écuyer de madame la duchesse d'Orléans. Il avoit des bénéfices et des lettres, et s'estimoit un homme merveilleux en tout, se croyant en liberté de donner l'essor à sa politique par le changement du gouvernement. Il fit un livre où il déclama contre le pouvoir despotique et souvent tyrannique que les secrétaires d'État et les contrôleurs généraux des finances avoient exercé sous le feu roi, qu'il appela vizirs, et vizirats leurs départements, dans lequel il y avoit plus de raison et de vérité que de prudence. Il souleva donc contre lui les restes de cet ancien gouvernement et ceux encore qui aspiroient à y revenir après la régence. D'anciens courtisans qui se piquèrent de reconnoissance quand elle n'étoit qu'aux dépens d'autrui et qu'elle ne leur coûtoit rien, crièrent aussi bien haut, et parmi eux le maréchal de Villeroy se distingua, et qui fit tant de bruit et de manége, que M. le duc d'Orléans, qui d'ailleurs n'aimoit pas les Saint-Pierre, n'osa leur résister, et que l'abbé fut honteusement chassé de l'Académie françoise, mais d'assez peu de maisons parce qu'il n'en fréquentoit guère de considérables. Son livre, au reste, étoit plein de chimères sur le gouvernement comme plusieurs autres de politique qu'il publia depuis, à la ruine de ses libraires.

Mardi 26. — M. le duc d'Orléans fit venir le matin M. le maréchal de Villars et avoit envoyé querir M. de Bauffremont. M. le duc d'Orléans prit la parole, et dit que M. de Bauffremont n'avoit jamais eu intention de manquer au respect qu'il devoit à M. le maréchal. Je ne sais ce qu'il ajouta à cela, mais il parla si bien qu'ils furent contents tous deux. — Madame entendit l'opéra de sa loge. — Il ne se passa rien de considérable au parlement; on croit que toutes leurs disputes finiront demain; cependant les enquêtes et les requêtes ont pris entre eux la résolution que pas un d'eux n'aille chez M. le premier président, à moins que ce ne soit pour quelque affaire particulière.

Mercredi 27. — Tout s'est passé en douceur au parlement, quoique les chambres ayant été assemblées parce que c'est aujourd'hui une mercuriale. — Madame entendit la comédie françoise de sa loge, et puis alla coucher à Saint-Cloud, où elle passera tout l'été. — Le feu prit au petit pont par un bateau de foin embrasé qui s'accrocha à une arche du pont; toutes les maisons qui sont sur ce pont ont été brûlées, et le feu n'est pas encore éteint. On y fait marcher un détachement des régiments des gardes françoises et suisses, et l'on craignoit que le feu ne passât jusqu'à l'Hôtel-Dieu, dont il étoit fort proche. M. le cardinal de Noailles et le duc, son neveu, passèrent une partie de la nuit à l'Hôtel-Dieu pour en faire transporter les malades qui étoient dans une salle plus exposée au danger du feu (1).

Jeudi 28. — Le feu dure encore, mais il n'y a plus à craindre qu'il s'étende plus loin; les soldats des régiments des gardes y ont très-bien servi et il y en a eu quelques-uns de blessés. Le roi a témoigné beaucoup d'inquiétude sur ce feu; on lui en a su très-bon gré, et tout le monde l'en a fort loué.— M. le duc d'Orléans alla l'après-dînée à Saint-Cloud, et puis alla souper à la Meutte. — A la mercuriale qu'il y eut hier au parlement, et où parlèrent M. l'avocat général et puis M. le premier président, les choses se passèrent plus doucement qu'on ne l'avoit espéré; il paroît pourtant encore quelqu'aigreur entre les chambres des enquêtes et la grand'chambre, et surtout contre le premier président. — Il y a une grande commotion contre le livre de l'abbé de Saint-Pierre; il a été résolu que l'Académie s'assembleroit jeudi et l'on avertira les académiciens de s'y trouver pour voir quelle résolution on prendra sur cette affaire.

Vendredi 29.—Le feu dure encore un peu, et il y a eu plus de trente maisons brûlées ou abattues. Le duc de Guiche y étoit à la tête des gardes françoises, qui ont très-bien travaillé. Le duc de Chaulnes y mena les chevau-légers qui sont de quartier et qui gardèrent fort bien les effets que les marchands, dont les maisons brûloient, tiroient de chez eux, et qu'ils ont transportés ensuite. Les chevau-légers étoient à cheval; les cordeliers et les capucins y ont travaillé avec beaucoup de zèle; il y en a même quelques-uns qui y ont péri. Le maréchal de Villars y passa la nuit à cheval, et y avoit fait venir quelques petites pièces de canon en cas qu'il fallût s'en servir pour abattre quelques maisons. Le cardinal de Noailles et le duc de Noailles, son neveu, donnèrent de bons ordres et sur-

---

(1) Voir les *Mercures* d'avril et de mai, et le *Journal de Barbier*, t. Ier.

tout pour sauver l'Hôtel-Dieu où il y a eu fort peu de dommages. Le prévôt des marchands et tous les officiers de la ville y ont été très-utiles, mais on n'est pas content de celui qui a soin des pompes, qui n'ont pas été d'un si grand secours qu'elles devoient. Le curé de Saint-Sulpice s'y est fort distingué par répandre de l'argent aux ouvriers et par les bons ordres qu'il y a donnés; il a même exposé sa personne et y a passé deux nuits. Le duc de Tresmes, gouverneur de Paris, qui étoit à la campagne, y vint dès qu'il fut averti du feu, et y passa la nuit.

Samedi 30. — Les trois officiers de l'Académie, qui sont: l'abbé de Dangeau, directeur, M. l'évêque de Fréjus, chancelier, et Dacier, secrétaire perpétuel, parlèrent hier à M. le duc d'Orléans de la part de l'Académie au sujet du livre de l'abbé de Saint-Pierre. Le maréchal d'Estrées et le premier président, qui étoient au Palais-Royal et qui sont de l'Académie, se joignirent à eux; M. le duc d'Orléans leur dit qu'il avoit fait mettre le libraire en prison et supprimé les exemplaires qui en restoient; mais il y en a déjà beaucoup de répandus dans le public. On attend toujours à voir quelle résolution l'Académie prendra jeudi sur cette affaire. — Madame de Poitiers gagna un grand procès au conseil contre madame de la Baume et MM. de Montrevel, ses deux fils, qui prétendoient exclure mademoiselle de Poitiers de la plus grande partie de la succession de M. son père; l'affaire fut jugée tout d'une voix et renvoyée au Châtelet, qui est ce que madame de Poitiers souhaitoit, et qui est presque une assurance pour le gain du fond. — Les nouvelles de l'embarquement du roi de Suède varient fort et on ne le croit plus du tout embarqué.

Dimanche 1er *mai*. — Conseil de régence le matin. — On renvoie à Rennes M. de Brou, intendant de Bretagne; on dit qu'il emporte bien des lettres de cachet avec lui, qu'il y a des lettres de jussion expédiées pour le parlement, et même qu'on va faire marcher de nouvelles troupes en Bretagne. — Des vaisseaux espagnols, commandés par Martinet, françois et gendre d'Helvétius, ont pris dans la mer du Sud des vaisseaux françois et anglois qui y alloient en fraude et contre la défense; et Martinet a mandé à Madrid que la prise montoit bien à la valeur de quatorze millions. — Le cardinal de la Trémoille n'a pas encore permission de prendre des bulles pour son archevêché de Cambray que le pape veut bien lui accorder, ainsi il n'a point donné sa démission de l'évêché de Bayeux.

Lundi 2. — Conseil de régence le matin.— Madame la duchesse d'Orléans, dont la santé est tout à fait rétablie, va presque tous les jours se promener à sa petite maison de Bagnolet, où elle fait toujours travailler.— Madame la duchesse de Mortemart la jeune, étant condamnée par les médecins, a commencé à prendre des remèdes d'un homme qui a guéri Saint-Simon (qui étoit lieutenant aux gardes et qui vient d'acheter un régiment), et ces remèdes la soulagent un peu; mais elle est si mal qu'on n'ose en rien espérer.— M. de Maillebois a la petite vérole. — La marquise de la Vallière a été assez considérablement malade; mais on la croit hors d'affaire présentement.

Mardi 3. — M. le duc d'Orléans a donné à M. le marquis de Brancas la lieutenance générale de Provence, dont les appointements sont de 27,000 francs, payés par la province. Il faut qu'il donne 200,000 francs de brevet de retenue que M. de Grignan avoit sur cette charge, et on lui donne à lui un brevet de retenue de pareille somme. — La reine d'Angleterre est assez considérablement malade; le premier médecin du roi et Boudin y allèrent, et y retourneront encore demain. — Il est arrivé un courrier d'Espagne; le public ne sait pas encore bien précisément les nouvelles qu'il apporte; mais on croit que l'Espagne n'est pas contente du traité qu'on propose.

Mercredi 4. — Les médecins sont encore retournés à Saint-Germain et la maladie de la reine d'Angleterre leur paroît considérable. — Madame la marquise de Castries mourut*; elle se portoit bien le soir auparavant, et ce matin, en entrant dans sa chambre, on l'a trouvée sans connoissance et elle ne lui est point revenue, malgré tous les remèdes qu'on lui a faits jusqu'à huit heures du soir qu'elle est morte. Elle étoit dame d'atours de madame la duchesse d'Orléans; elle étoit fille du feu maréchal de Vivonne et sœur des duchesses d'Elbeuf et de Lesdiguières et de mesdames les abbesses de Fontevrault et de Beaumont-lès-Tours. M. de Castries, son mari, est chevalier d'honneur de madame la duchesse d'Orléans.

* On a parlé ailleurs dans ces notes du mariage de M. et de madame de Castries, et en son lieu aussi de celui de leur fils, qui ne dura guère, et de la mort duquel et de leur belle-fille ils ne se sont jamais consolés. Madame de Castries étoit une petite poupée manquée, mais pétillante d'esprit et souvent de malice; toujours dans la meilleure compagnie de la cour, et très-savante sans qu'il y parût jamais, avec tous les airs, toutes les grâces et toute la force d'esprit si vanté des Mortemart. Son mari en fut inconsolable et avec grande raison, et ne céda qu'aux persécutions de son frère pour se remarier, qui s'en allant à Alby ne voulut pas le laisser dans une solitude domestique qu'il n'avoit jamais éprouvée. Il épousa donc la fille du marquis de Lévis, devenu peu après duc et pair, et d'une fille de la duchesse de Chevreuse. Eux et tous leurs enfants, morts peu après M. et madame de Castries, n'ont laissé d'héritiers que les trois fils qui sont venus de ce second mariage.

Jeudi 5. — M. le duc d'Orléans alla se promener à Saint-Cloud, et puis alla souper à la Meutte. — L'abbé de Saint-Pierre fut déposé à l'Académie d'un consentement général pour avoir fait un livre qu'il appelle la *Polysynodie*, injurieux à la mémoire du feu roi. — Le mal de la reine d'Angleterre augmente fort, et on craint bien qu'elle n'en revienne pas. — Il y a cinq commissaires nommés du conseil de régence pour examiner ce qu'on doit faire sur les bulles que le pape ne veut pas accorder à quelques-uns de ceux qui ont été nommés évêques, et le roi ne veut point que ceux à qui le pape en veut accorder les reçoivent, s'il ne les accorde généralement à tous ceux qu'il a nommés. Ces cinq commissaires sont les maréchaux de Villeroy et d'Huxelles, les ducs de Saint-Simon *, d'Antin et M. de Torcy.

* Le duc de Saint-Simon fut chef de ce bureau comme l'ancien des pairs qui en étoient et de tous ceux du conseil de régence. Il fut fait pour y examiner les moyens de se passer de bulles et de sacrer les évêques, pour en faire le rapport au conseil de régence par le chef du bureau, et prendre en effet un parti là-dessus. Cette résolution fit toute seule tout ce que les représentations et les supplications n'avoient pu opérer, et Rome eut tant de peur de perdre pour toujours l'autorité et l'argent des bulles, qu'elle les donna toutes avant que les commissaires eussent eu le temps de s'instruire et de s'assembler. Cet exemple et bien d'autres étrangers et domestiques dans tous les temps montrent bien quelle est la conduite qu'il faut avoir à l'égard de Rome.

Vendredi 6. — Le cardinal de Noailles travailla avec M. le duc d'Orléans comme à l'ordinaire, et puis les trois officiers de l'Académie lui rendirent compte de ce qui s'y étoit passé hier sur l'abbé de Saint-Pierre. Il approuva la déposition, mais il dit qu'il falloit en user comme on avoit fait de Furetière, qui fut déposé et dont on ne remplit point la place *. — Madame la duchesse d'Orléans alla à Saint-Cloud voir Madame, et puis à la Meutte, et au retour elle envoya quérir madame d'Épinay, et lui dit qu'elle étoit sa dame d'atours ** et que c'étoit M. le duc d'Orléans qui l'avoit choisie. Il y a 12,000 francs d'appointements à cette charge, 6,000 du roi et 6,000 de madame la duchesse d'Orléans; outre cela, un logement dans le Palais-Royal et madame la duchesse d'Orléans donne encore beaucoup de choses de sa garde-robe à sa dame d'atours, quoiqu'elle ne se mêle plus de ses habillements.

* M. le duc d'Orléans, qui n'aimoit pas les Saint-Pierre, et qui entendoit les cris de la vieille cour, trouva fort bon que l'abbé de Saint-Pierre fût chassé de l'Académie; mais, peu amoureux du feu roi et de son gouvernement, et toujours enclin aux *mezzo-termine*, il se moqua

d'eux pour remplir sa place, et leur cita Furetière, pour qui ils avoient eu ce ménagement, quoiqu'il n'en eût gardé aucun avec eux depuis ce Dictionnaire qu'il publia furtivement tandis qu'ils en étoient encore aux premières lettres du leur et que ses satires contre eux l'eussent fait chasser de l'Académie.

* Un laquais de feu madame de Castries, apprenant au Palais-Royal que sa place avoit été donnée à madame d'Épinay, s'écria : « Dans quel étonnement seroit ma pauvre maîtresse si elle pouvoit savoir qui lui succède? » On a eu lieu de parler ailleurs de madame d'Épinay. Madame la duchesse d'Orléans, qui parce qu'elle étoit fille de M. d'O, la vouloit absolument, en fut néanmoins si honteuse, qu'à cette fois, son orgueil s'humilia, et qu'elle tâcha de faire accroire que M. le duc d'Orléans l'avoit voulu. La vérité est qu'il la laissa faire, et que quoiqu'il s'amusât souvent assez étrangement de madame d'Épinay en public, il fut le premier à se moquer de ce choix. La pauvre créature y fit pourtant en sorte qu'elle s'y fit aimer de tout le monde et fort regretter, car elle ne vécut pas longtemps après. Sa sœur eut sa place, cette même madame de Clermont qui avoit quitté madame la duchesse de Berry, morte alors depuis des années.

Samedi 7. — On apprit le matin, chez le roi, que la reine d'Angleterre étoit morte à Saint-Germain; elle est morte comme une sainte, et comme elle a toujours vécu*. C'est une furieuse désolation à Saint-Germain, où elle nourrissoit une infinité de pauvres Anglois. Le roi lui donnoit 200,000 écus par an; il lui étoit dû six ou sept mois qu'on va faire payer pour acquitter les dettes qu'elle avoit faites à Saint-Germain pour subsister (1).

---

(1) « Cette pieuse princesse ressentit les premières atteintes de la fièvre le jour de Saint-Jacques, dont le feu roi son époux portoit le nom. Comme elle resta presque toujours à genoux à la paroisse pendant le service et qu'il faisoit une chaleur excessive, elle en sortit fort fatiguée. Elle prit un verre d'eau, et alla se promener ensuite sur la terrasse du jardin, d'où elle rentra une demi-heure après au château avec une espèce de petit frisson. Elle ne laissa pas de souper légèrement; mais, environ une heure après minuit, la fièvre se déclara et redoubla considérablement. La cour en ayant été informée le matin, le roi y envoya M. Dodart, son premier médecin et M. Boudin. Ils la trouvèrent très-mal; depuis ce jour jusqu'au 6 qu'ils la firent saigner à la gorge elle enfla extraordinairement. On désespéra alors entièrement de sa guérison; elle reçut le soir tous ses sacrements après s'être confessée au P. Gaillard, jésuite, qui ne la quitta point jusqu'au moment qu'elle expira. Sa résignation

M. le duc de Noailles alla à Saint-Germain pour donner les ordres sur ce que le corps de la reine doit être transporté lundi de Saint-Germain à Chaillot. Il est chargé de régler le convoi. On n'a point encore ouvert le testament de la reine, et les ordres sont donnés pour faire payer ce qui étoit dû à la reine de ses pensions.

* La vie et la mort de cette reine d'Angleterre est comparable pour le moins à celle des plus grands saints. Qui en voudroit entreprendre l'éloge feroit un volume très-curieux et bien plus édifiant et instructif que tant d'autres livres de dévotion qui inondent le monde, et la plupart peu propres à faire de grands fruits.

Dimanche 8. — Conseil de régence. — Madame de Flamarens la mère est morte; elle ne voyoit point son fils aîné ni sa belle-fille, qui est de la maison de Beauvau, parce qu'elle étoit brouillée avec eux; mais elle les a vus à la mort. Elle a fait un testament par lequel elle fait tous les avantages qu'elle peut au cadet de ses enfants. — Madame de Morville, femme de notre ambassadeur nommé pour la Hollande, vient d'avoir une grande succession par la mort de son frère. Par cette mort, elle devient fille unique de M. de Vienne, qu'on croit riche de 4 ou 500,000

---

parfaite aux volontés de Dieu, sa charité continuellement agissante envers les pauvres Anglois qui s'étoient réfugiés auprès d'elle dans un royaume étranger, sa constance inébranlable dans les adversités successivement renaissantes dont la plus grande partie de sa vie a été cruellement agitée, une foi des plus vives pour la véritable religion, caractérisent cette reine en peu de mots et forment son éloge.

« Cette princesse, avant son mariage, avoit fortement sollicité le duc de Modène, son père, à lui permettre de s'enfermer dans un couvent des filles de Sainte-Marie, et ce ne fut que par soumission à ses parents qu'elle épousa le duc d'Yorck, qui monta depuis sur le trône d'Angleterre sous le nom de Jacques II, après la mort de Charles II, son frère aîné. Elle a laissé par son testament à S. M. T. C. tout ce qui lui est dû de son douaire et de ses pensions en Angleterre. On peut juger de la douleur extrême de ces infortunés par la perte qu'ils font d'une maîtresse si secourable, qui leur servoit à tous de mère, et qui agissoit en cette qualité avec eux. » (*Mercure* de mai, pages 198 à 200.)

écus. Il a près de soixante ans et est fort sage et fort retiré; il n'y a pas apparence qu'il se remarie.

Lundi 9. — Conseil de régence. — Le corps de la reine d'Angleterre fut transféré le soir de Saint-Germain, où elle est morte, aux Filles Sainte-Marie de Chaillot. M. le duc d'Orléans a ordonné au duc de Noailles de prendre à Saint-Germain un mémoire des pensions que donnoit la reine, et cela leur fait espérer qu'on les leur continuera*. Le roi prendra le deuil mercredi, le portera en violet, mais on ne le portera que trois semaines. — M. le duc d'Orléans, après le conseil, alla à Saint-Cloud. M. Law y vint l'après-dînée, et il fut enfermé deux heures avec lui, et puis S. A. R. alla souper à la Meutte. — On dit que l'archevêque de Malines a fait un mandement par lequel il rompt toute communion avec les évêques qui ont appelé au concile, mais cela n'est pas bien sûr.

* Le duc de Noailles ne se mêla de ce qui se passa après la mort de la reine d'Angleterre que comme gouverneur de Saint-Germain d'une part, et capitaine des gardes de l'autre, pour que la garde fût décente; du reste, tout fut de la plus grande simplicité, et la cour de France n'y mit quoi que ce soit du sien.

Mardi 10. — On croit les affaires de Bretagne presque accommodées, et on eut nouvelles, il y a quelques jours, que le parlement de Rennes avoit enregistré tout d'une voix l'arrêt pour les quatre sols avant qu'ils eussent reçu les lettres de jussion que leur portoit l'intendant pour cet enregistrement. Il y avoit des troupes qui avoient ordre de se tenir prêtes à marcher en ce pays-là, et qu'on n'y fera point marcher. On rassemblera les États, mais on ne dit point encore quel jour, ni si on fera une nouvelle convocation pour cela. — Madame la duchesse d'Orléans alla ces jours passés à Chelles voir Mademoiselle, sa fille, qui persiste à vouloir être religieuse, et qui attend avec impatience le mois d'août, temps auquel elle doit faire sa profession parce qu'elle aura vingt ans accomplis ce mois-là.

Mercredi 11. — Le roi alla à Vincennes prendre le divertissement du vol du cabinet, et à son retour de la chasse vit les appartements du château. Le roi prit le deuil de la reine d'Angleterre en violet; on ne le portera que trois semaines. — Le duc d'Aremberg, qui avoit reçu les ordres de partir ces jours passés, est parti aujourd'hui pour aller servir dans l'armée de l'empereur; il y est lieutenant général. La duchesse d'Aremberg, sa femme, partira à la fin de la semaine pour retourner en Flandre; elle laisse une très-bonne réputation ici, où sa personne et ses manières ont fort plu à tout le monde. — On mande de Madrid que le duc de Giovenazzo[*], père du prince de Cellamare, est mort; le prince de Cellamare succède à la grandesse de son père.

[*] Le grand-père du duc de Giovenazzo étoit un médecin génois si enrichi par le commerce, que son fils acheta beaucoup de terres à Naples et s'y transporta pour s'y dépayser. Il y augmenta infiniment ses biens et ses acquisitions, par la même voie, mais en faisant l'homme de quelque condition. Son fils aîné se trouva homme de beaucoup d'esprit, et son autre fils de même. L'aîné passa en Espagne, et s'y attacha, et le cadet à la cour de Rome, où son argent le poussa dans les charges : tous deux firent fortune. Giovenazzo, déjà vieux, obtint la grandesse de troisième classe pour trois vies, et la place de conseiller d'État, c'est-à-dire de ministre, qui est le dernier but, et il avoit la capacité nécessaire pour la remplir. L'autre devint cardinal, et c'est ce cardinal del Giudice que madame des Ursins envoya en France, qui fit en Espagne une si grande figure, qui en fut chassé par Albéroni, et qui se donna après à l'empereur. Cellamare, ambassadeur à Paris, n'eut pas moins qu'eux d'esprit, de talents et de manéges. Il étoit déjà grand écuyer de la reine, qui longues années depuis, à la Chandeleur de 1728, le fit faire chevalier du Saint-Esprit, et après ce qui s'étoit passé, il fut tout à fait rare de voir en même promotion les enfants de M. du Maine, le duc de Richelieu, Cellamare appelé le duc de Giovenazzo, et avec eux le duc de Saint-Simon. Cellamare dès lors étoit veuf et n'avoit qu'une fille unique extrêmement riche, et dont le mari devoit être grand pour sa vie seulement. Il mourut très-vieux et très-subitement de colère contre Patiño, premier ministre d'Espagne, en partant de Séville, et le matin même du départ de la cour pour revenir à Madrid après trois ans d'absence. Il falloit de l'argent aux équipages de la reine; après mille paroles, Patiño en manqua encore au moment du

départ. Giovenazzo lui chanta pouille, et se mit dans un si grand emportement qu'il en mourut en rentrant chez lui, quoique naturellement sage, politique et modéré. Sa fille, fort laide, étoit dans un couvent à Rome ; le frère de Cellamare ou le second Giovenazzo étoit devenu cardinal après la mort de son oncle, par les charges du palais, et avoit aussi pris le nom de cardinal del Giudice. Faute de proches, et par la liaison intime qui avoit toujours été entre eux et le duc de Bisaccia, père du comte d'Egmont, le cardinal vient de choisir le second fils de ce comte pour épouser sa nièce, quoique M. de Bisaccia soit mort il y a longtemps, et ces jeunes mariés s'établissent à Naples.

Jeudi 12. — M. le duc d'Orléans a parlé devant beaucoup de gens de M. le garde des sceaux, et en a parlé d'une façon fort obligeante, témoignant être bien content de lui et faisant son éloge. — M. le Duc part cette nuit pour aller tenir les États de Bourgogne; il compte d'être un mois en ce pays-là. — M. le duc de Louvigny, qui a la survivance de colonel du régiment des gardes, a obtenu une gratification de 8,000 francs sur l'argent qui revient à ce régiment des exemptions de logements dans Paris. — Il est arrivé depuis peu de jours deux courriers d'Espagne ; mais on ne dit point les nouvelles qu'ils ont apportées. Il en est arrivé un aussi de Rome, où l'on croit que l'affaire des bulles va s'accommoder.

Vendredi 13. — M. le cardinal de Noailles travailla longtemps avec M. le duc d'Orléans, comme il fait tous les vendredis ; ce prélat a fait un fort beau mandement sur l'incendie arrivé il y a huit jours. Toutes les paroisses de Paris font faire des quêtes, et on a nommé par paroisses plusieurs dames considérables ; on croit même que ces quêtes produiront une somme assez forte pour réparer une partie du dommage qu'a fait le feu. Les magistrats et la ville songent aux moyens de rétablir le petit pont qui a été brûlé. — Madame alla de Saint-Cloud dîner à la Meutte chez madame la duchesse de Berry ; Madame y mena quatre dames avec elle, et toutes les dames de madame de Berry y étoient. — M. de Castries a rendu son logement dans le Palais-Royal, qui a été

MAI 1718.

donné à madame d'Épinay, dame d'atours; il a aussi rendu une fort jolie maison dans les jardins de Saint-Cloud, qu'on appelle le Tillet, qui a été donnée à madame la duchesse Sforce, et la duchesse Sforce avoit une maison au bout de ce jardin, qui a été donnée à madame de Jussac.

Samedi 14. — Madame vint ici de Saint-Cloud à la comédie italienne, qu'elle entendit de sa loge. — Par les dernières nouvelles qu'on a de Rome, on croit que le pape va accorder les bulles. Le cardinal de Panciatici est mort âgé de près de quatre-vingt-dix ans; il vaque par sa mort une cinquième place dans le sacré collége. — Il y eut hier un petit combat dans la forêt de Saint-Germain; trente faux-sauniers y étoient entrés avec plusieurs chevaux chargés de sel; on avoit été averti de leur marche, et l'on y avoit envoyé des archers et commandé soixante-et-dix soldats suisses qui ont leurs quartiers aux environs de Saint-Germain. Les archers, qui étoient arrivés les premiers, allèrent les attaquer; mais ils n'auroient pas été les plus forts si les Suisses ne fussent arrivés. Le combat dura assez longtemps; les faux-sauniers se défendirent fort bien, tuèrent quelques archers et blessèrent quelques Suisses; mais enfin ils furent forcés dans une espèce de retranchement qu'ils avoient fait avec des branches d'arbres. Il y eut sept ou huit de ces malheureux de tués, et l'on en a pris dix ou douze et la plupart de leurs chevaux, qu'on a donnés à vendre aux archers et aux Suisses*.

* Ce fut une inondation de faux-sauniers armés, organisés, divisés par troupes qui s'entendoient toutes les unes avec les autres. Le voisinage de Paris en fut rempli, et il y eut lieu de penser que le faux-saunage n'étoit pas leur principal métier ni le but de leurs menées, mais le masque, et ce qui arriva depuis confirma ce plus que soupçon, mais dans l'entre-deux on eut le temps de dissiper cette dangereuse milice.

Dimanche 15. — Conseil de régence. — Madame la duchesse de Berry vint de la Meutte dîner aux Carmélites, et sur les cinq heures, elle alla entendre l'opéra dans sa loge, où M. le duc d'Orléans vint et entendit l'opéra avec elle. — Le chevalier de Tressemannes est mort ; il avoit été fait lieutenant général à la dernière promotion et avoit même servi en cette qualité à Malte quand le grand maître cita les chevaliers; le chevalier de Tressemannes y rendit de grands services à l'ordre. Il avoit une pension de 2,000 francs sur des bénéfices comme chevalier de Malte; il étoit inspecteur d'infanterie en Dauphiné et en Provence, et son inspection a été donnée au marquis de Maubourg, ancien colonel d'infanterie et gendre du maréchal de Bezons. Le chevalier de Tressemannes, outre les 2,000 francs de pension qu'il avoit sur des bénéfices, avoit une ancienne pension du roi de 800 francs.

Lundi 16. — Le roi alla à Meudon pour la première fois, voir madame la duchesse de Ventadour, à qui on a donné l'appartement des marroniers; S. M. y fit collation et vit tirer un feu d'artifice. — Il y eut conseil de régence, et M. le duc d'Orléans y dit que le cardinal de la Trémoille lui avoit envoyé son écuyer pour porter la nouvelle que le pape accordoit les bulles à tous les prélats qu'il a nommés. Cette nouvelle a fait plaisir ici; cependant on ne croit pas que cela avance beaucoup l'affaire de la Constitution. Il y paroît que la cour de Rome est fort aigrie sur ce fait-là. — Il y déjà quelque temps que le marquis de Tessé, second fils du maréchal, a obtenu sa grâce pour le prétendu duel dont il étoit accusé, et depuis cela il en a été pleinement justifié au parlement d'Aix; les juges mêmes ne l'ont point fait mettre en prison. Il est présentement à Marseille à faire sa charge.

Mardi 17. — Le maréchal de Tessé revint il y a quelques jours des Camaldules, où il avoit été fort incommodé; le bruit se répandit ici qu'il y étoit fort mal, et cependant il a été cinq ou six jours ici en assez bonne santé, gardant sa chambre et voyant tous ses amis; mais aujourd'hui il lui a pris une fièvre très-violente, et cela redonne des alarmes à sa famille. — La jeune duchesse de Mortemart, qui a été presque abandonnée des médecins, s'étoit mise entre les mains d'un nommé Clavier, chirurgien de Versailles ; elle se trouvoit un peu soulagée de ses remèdes, mais le crachement de sang est revenu, et on la trouve plus mal que jamais. — La Fare, qu'on appelle la Fare-Montboissier pour le distinguer des autres la Fare, est tombé en apoplexie ; on l'appelle la Fare-Montboissier parce qu'il a épousé mademoiselle Montboissier. — Le bruit qui avoit couru que madame la duchesse royale de Savoie étoit fort mal est entièrement faux, et elle a écrit ici elle-même qu'elle ne s'étoit jamais mieux portée. — M. le duc d'Orléans alla souper à la Meutte.

Mercredi 18. — M. le duc d'Orléans alla à deux heures à la Meutte, où il fit venir M. Law, avec lequel il se promena et s'entretint longtemps. — M. le duc de Chaulnes, capitaine lieutenant des chevau-légers de la garde, prétend que les officiers de cette compagnie doivent prendre l'ordre de lui et non pas du roi*. — Le parlement doit s'assembler demain pour des affaires qui ne regardent que la maison de ville. — Des gens bien intentionnés pour la paix de l'Église ont fait, dans les conférences qu'ils ont eues avec M. le duc d'Orléans, des propositions qu'on croit qui pourroient fort adoucir la cour de Rome, et auxquelles M. le cardinal de Noailles et les évêques de son parti pourroient consentir ; on parle pour cela d'envoyer bientôt un courrier à Rome pour y faire ces propositions au pape.

* Cette dispute, surtout avec d'autres vétilles, aliénèrent entièrement les officiers des chevau-légers de leur capitaine, qui étoit auparavant fort aimé du corps.

Jeudi 19. — Le parlement s'assembla pour des affaires de la maison de ville, et se rassemblera encore demain pour prendre leurs dernières résolutions sur ce qu'ils ont à représenter là-dessus. — Imécourt, sous-lieutenant des chevau-légers, qui étoit ami et serviteur particulier du duc de Chaulnes et de toute la maison de Chevreuse, s'est plaint à M. le duc d'Orléans de la prétention de M. de Chaulnes, et soutient qu'il y a quarante-quatre ans que les officiers de cette compagnie sont en possession de prendre l'ordre du roi. M. le prince de Rohan ne demande point pour les gendarmes ce que M. de Chaulnes demande pour les chevau-légers; les officiers subalternes des gendarmes se joignent à M. d'Imécourt, et doivent reparler tous ensemble à M. le duc d'Orléans. — Les États de Bretagne doivent se rassembler le premier jour du mois de juillet.

Vendredi 20. — Le roi alla voir madame de Ventadour à Meudon, où il se promena beaucoup. — Le parlement s'assembla encore, et avant que de faire leurs représentations à M. le duc d'Orléans, ils veulent savoir de M. Trudaine, prévôt des marchands, l'état des rentes de la maison de ville, et veulent qu'il vienne lundi en rendre compte au parlement. M. Trudaine, de son côté, prétend que les rentes de la maison de ville n'ont jamais été si bien payées, et que le parlement a tort de s'en plaindre. — M. de Coëtenfao, premier sous-lieutenant des chevau-légers, vend cette charge à M. de Marignane, qui lui en donne 50,000 écus; les autres officiers de cette compagnie ne se sont pas trouvés en état d'acheter pour monter à la sous-lieutenance. Par cette vente, Imécourt deviendra premier sous-lieutenant.

Samedi 21. — Les fermiers généraux payèrent pour leur ferme 48,500,000 francs; on dit qu'on en offre présentement 54 millions, et qu'on offre 1 million d'augmentation sur la ferme du contrôle des actes des notaires, et plus de 1 million sur la ferme du tabac. — Le parlement devoit se rassembler lundi et il vouloit faire venir le prévôt des marchands pour rendre compte de l'état où est la maison de ville; mais cela a été remis à un autre temps. — Le petit Renaut est revenu de Niort; il a établi la dîme royale dans cette élection, au grand contentement des peuples, à ce qu'il dit. Il y a trois autres élections qui demandent qu'on l'établisse aussi chez eux. Le petit Renaut prétend que le roi touchera un quart de plus que ce qu'il touchoit des tailles, de la capitation et du dixième; et que les peuples seront fort soulagés. Comme le petit Renaut est fort honnête homme et fort reconnu pour tel, il y a apparence que tout ce qu'il dit se trouvera vrai.

Dimanche 22. — Conseil de régence. On y lut à l'ordinaire beaucoup de dépêches des ministres étrangers. Il paroît que le traité projeté entre la France, l'Empire, l'Angleterre et la Hollande n'est pas encore si prêt à conclure; il s'y trouve de grandes difficultés. M. le duc d'Orléans fut saigné le matin par précaution; mais cela ne l'empêcha pas d'aller au conseil, et il espère toujours qu'on pourra surmonter les difficultés qui se trouvent dans le traité de ligue proposé; on dit que la ville d'Amsterdam s'y oppose fort, et milord Cadogan, ambassadeur d'Angleterre auprès des États Généraux, s'en va à Amsterdam pour tâcher de leur persuader de ne se pas opposer au traité. — On n'a point encore nouvelles que les ambassadeurs plénipotentiaires de l'empereur soient arrivés à Passarowitz, qui est le lieu des conférences choisi pour traiter la paix entre les deux empires; mais on ne doute pas présentement que les ambassadeurs de l'empereur n'y soient arrivés, car ils ont passé à Belgrade; ceux de la Porte y sont arrivés il y a déjà quelques jours.

Lundi 23. — Conseil de régence. On parle de quelques propositions qui furent faites hier dans ce conseil sur les affaires de Rome, et on nomme même cinq conseillers qui ont fait ces propositions; mais les autres ont été tous d'avis différent. — Saint-Simon, qui étoit lieutenant aux gardes, et qui vient d'acheter un régiment, et qui avoit été guéri, disoit-on, d'une grande maladie par un remède extraordinaire, est mort; c'étoit sur cette prétendue guérison-là que madame la duchesse de Mortemart la jeune, prenoit des remèdes de cet homme-là, et elle est fort mal présentement. M. le duc d'Orléans a donné le régiment que Saint-Simon venoit d'acheter à un petit frère qu'il a, qui n'a que douze ou treize ans ; on n'a pas voulu que cela fût perdu dans la famille. Le colonel n'avoit pas pu s'y faire recevoir ; M. le duc de Saint-Simon, de qui ils ont l'honneur d'être parents, s'est fort intéressé pour que cela fût conservé dans la famille.

Mardi 24. — On parle fort d'un grand changement dans la monnoie, par le moyen duquel on donneroit un grand débouché aux billets d'État. — Les États de Bourgogne ont accordé le don gratuit qu'on leur avoit demandé, et M. le Duc, qui a tenu ces États, sera de retour ici dimanche. — On mande d'Espagne que M. de Caylus, lieutenant général en ce pays-là, a été fait gouverneur de Saragosse ; qu'il commandera par commission dans tout le royaume d'Aragon, et qu'il présidera à tous les conseils de ce royaume-là. — Le roi a fait ces jours-ci plusieurs chevaliers de Saint-Louis à différentes reprises ; il fait ces petites cérémonies-là de très-bonne grâce, et prend plaisir à les faire.

Mercredi 25. — On fit partir un courrier pour Rome chargé, à ce qu'on prétend, de dépêches importantes. — M. le duc d'Orléans a écrit à M. le cardinal de Rohan pour le faire revenir, et on compte qu'il sera ici avant le retour du courrier qu'on a envoyé à Rome. — Madame la duchesse de Valentinois est arrivée ; elle loge chez M. le comte de Matignon, son beau-père, et mademoiselle sa sœur, qui est venue avec elle, sera mise dans un couvent, et c'est à la Conception que M. l'abbé de Monaco, son oncle, lui a retenu un appartement. — M. le duc d'Orléans travaille souvent avec M. le garde des sceaux et a de grandes conférences avec M. Law ; on ne doute plus que nous ne voyions bientôt des changements dans la monnoie, et par là un débouché sur les billets d'État ; mais on ne sait point encore le détail ; l'édit en paroîtra le 1er du mois qui vient.

Jeudi 26. — Madame la duchesse de Berry vint ici dîner aux Carmélites; elle y reviendra encore jeudi et y demeurera jusqu'à la Pentecôte — L'affaire de M. de Chaulnes avec les officiers subalternes des chevau-légers n'est pas encore terminée ; M. le duc d'Orléans a voulu avoir des certificats des officiers vivants qui ont été dans cette compagnie. — Les billets, depuis le bruit répandu d'un changement dans les monnoies, perdent déjà moins. — Madame la Princesse va passer quelques jours à Saint-Maur avec madame la Duchesse ; sa santé est entièrement rétablie. Elle a donné à madame de Brassac, qui étoit dame d'honneur de madame de Vendôme, la toilette et l'ameublement qui étoit dans la chambre de cette princesse, à sa mort.

Vendredi 27. — M. d'Avarey, notre ambassadeur en Suisse, est arrivé ; M. le duc d'Orléans l'avoit mandé pour l'entretenir. Il partira bientôt pour retourner en ce pays-là, où les Espagnols font de grandes levées de troupes. — On eut nouvelles qu'il y avoit eu une sédition à Bruxelles, qu'on en avoit fait sortir la garnison de l'empereur, que quelques gens du peuple avoient même crié *Vive Philippe V;* mais on croit que cela s'apaisera aisément. — L'édit pour le changement des monnoies est sous presse. — Le marquis de Téligny-Langeais, frère de la Noue, premier écuyer de M. le prince de Conty, avoit été choisi, il y a déjà quelque temps, par madame la Princesse, pour être gouverneur de M. le comte de Clermont ; il est présentement en fonction auprès de ce prince avec 2,000 écus d'appointements.

Samedi 28. — Madame la princesse de Conty, fille de madame la Princesse, a perdu son procès contre madame sa mère ; il s'agissoit des pierreries que madame la Princesse avoit eues en mariage. — Madame vint ici dîner avec M. le duc d'Orléans et ensuite elle alla aux Carmélites, puis revint au Palais-Royal, où elle entendit la comédie italienne de sa loge, et après la comédie elle retourna à Saint-Cloud. — Le courrier ordinaire de Rome a apporté la nouvelle que les évêchés vacants en France ont été préconisés; il y a trois archevêchés, douze évêchés et une coadjutorerie et les bulles sont déjà accordées aux archevêques de Cambray et de Sens, et à l'évêque de Saintes.

Dimanche 29. — Conseil de régence. — M. le Duc arriva de Bourgogne, et parut le soir aux Tuileries et après souper au Cours. Le roi alla se promener dans le jardin des Tuileries; il salue toutes les dames en passant; il s'arrête même à quelques-unes des plus considérables. Il devient tous les jours aimable de plus en plus, et gagne fort les cœurs. — L'arrivée ici de notre ambassadeur en Suisse fait faire beaucoup de différents raisonnements. — M. le prince de Conty eut une colique violente, et fut saigné. — M. le Duc a rapporté de Bourgogne plusieurs lettres que M. de Bauffremont avoit écrites à des gentilshommes de ce pays-là, et se plaint fort de lui.

Lundi 30. — Conseil de régence le matin, et M. le prince de Conty y vint malgré sa saignée d'hier. Dans ce conseil on a lu l'édit pour le changement des monnoies qui sera publié mercredi, et par lequel les louis de 30 livres seront pris dans le commerce à 36 livres, les écus de 100 sols à 6 livres, et au mois d'août on fera la refonte de ces monnoies et alors les billets d'État seront pris dans les Monnoies avec l'argent comptant qu'on y portera, et ils seront reçus pour deux cinquièmes en sus de l'argent qu'on aura porté; si bien qu'en portant 1,000 francs on passera 400 livres de billets d'État et on donnera 1,400 livres de la nouvelle monnoie qui sera battue en ce temps-là, et au mois d'août il n'y aura que les louis qu'on fabrique qui vaudront 36 livres. Les louis que nous avons à cette heure ne sont pris à la Monnoie que pour 30 livres quand on porte des billets d'État.

Mardi 31. — M. de Brillac, premier président de Bretagne, qui étoit ici depuis un assez long temps par un *ve-*

niat, a voulu, ne finissant point ses affaires, s'en retourner en Bretagne, et a écrit à M. le garde des sceaux que ses affaires particulières l'obligeant de retourner à Rennes, il étoit bien fâché de pas prendre congé de lui ; qu'il ne l'avoit pas pu prendre de M. le duc d'Orléans, et qu'il le prioit de l'excuser auprès de S. A. R. On a été scandalisé de son procédé, et on a envoyé un courrier après lui qui l'a rattrapé à Dreux et lui a porté une lettre de cachet qui lui ordonne de s'en aller dans une terre qu'il a en Poitou. Les États de Bretagne s'ouvriront le 1er juillet, et on ne sait pas pourquoi il vouloit être dans la province dans ce temps-là, car il n'y est pas fort aimé.

Mercredi 1er juin. — Madame alla de Saint-Cloud dîner à la Meutte, où M. le duc d'Orléans vint aussitôt après dîner, et ce prince y soupa ; Madame retourna à Saint-Cloud avant de souper. — Il n'y aura plus de conseil que quinze jours après la Pentecôte, et beaucoup de conseillers de la régence et la plupart des chefs des conseils sont allés à la campagne. — M. le duc d'Orléans a donné une pension de 1,000 écus à Jouy, mestre de camp de son régiment de cavalerie, et une pension de 1,000 francs à Tiraqueau, colonel d'infanterie réformé, chevalier de Saint-Lazare, et lui a promis de mettre cette pension-là, et même de l'augmenter, sur un bénéfice quand il en vaquera. — L'édit pour le changement des monnoies fut publié.

Jeudi 2. — Le parlement, qui étoit assemblé pour une réception de conseillers, a parlé sur le nouvel édit pour la monnoie, et quelques-uns d'entre eux avoient proposé d'envoyer les gens du roi à M. le régent pour lui représenter que cet édit-là étoit très-préjudiciable au royaume ; mais un avis plus modéré l'a emporté, et ils ont nommé des commissaires pour examiner l'édit ; ces commissaires en rendront compte à la compagnie, après quoi ils prendront leurs délibérations. La cour prétend que le parlement n'a point à se mêler de cette affaire, que l'édit a été enregistré à la cour des monnoies, et que cela suffit.

— On a nouvelle que tous les plénipotentiaires sont arrivés à Passarowitz, mais ils ne sont point encore entrés en conférence.

Vendredi 3. — M. le duc d'Orléans alla à Saint-Cloud, où il ne mena que M. de Nocé. M. le duc d'Orléans a dit qu'il commenceroit bientôt à faire payer les pensions. Madame la duchesse de Berry vint ici hier coucher aux Carmélites, où elle demeurera jusqu'à la Pentecôte, et madame la duchesse d'Orléans est allée Montmartre, où elle demeurera toutes les fêtes. Madame la duchesse de Berry a dit à M. le duc d'Orléans qu'elle vouloit se raccommoder avec mesdames de Clermont et de Beauvau, et qu'elle ne vouloit point avoir de haine dans le cœur contre personne. — La Fare-Montboissier acheva de mourir; il y a plus de quinze jours qu'on le regardoit comme un homme mort; il avoit été fait maréchal de camp à la dernière promotion.

Samedi 4. — Le roi assista aux premières vêpres de la Pentecôte. — Madame la duchesse de Saint-Simon, par l'ordre qu'elle en avoit reçu de madame de Berry, mena madame de Beauvau aux Carmélites, où madame la duchesse de Berry la reçut fort bien. M. de Beauvau et M. de Clermont y vinrent aussi. Madame la duchesse de Berry les fit entrer et les reçut aussi très-bien; ils n'y demeurèrent pas longtemps, car les hommes n'entrent point aux Carmélites d'ordinaire; mais elle y retint après eux madame de Beauvau, à qui elle a rendu de bon cœur l'honneur de ses bonnes grâces. Madame de Clermont n'y vint pas, parcequ'elle est à la Rivière avec M. le comte de Toulouse; mais elle en va revenir, et elle aura l'honneur de la voir incessamment. — Le comte de Charolois partit de Rome le 9 mai pour aller à Naples. — On a appris la mort de milord d'Albemarle, qui avoit commandé à Tournay, et on venoit de lui donner le gouvernement de Bois-le-Duc. Son nom étoit Keppel; il avoit été longtemps favori du roi Guillaume *.

* Keppel étoit Hollandois aussi bien que Berting, le plus intime, le plus ancien et le plus constamment favori du prince d'Orange et le confident de tous ses secrets d'État et de conduite, qu'il fit comte de Portland, chevalier de la Jarretière, et infiniment riche, lorsqu'il eut usurpé la couronne d'Angleterre ; et ce fut lui qu'il envoya ambassadeur ici lorsqu'à la paix de Ryswick il fut reconnu roi. Quoique le séjour de Portland à Paris ne fut pas long, malgré toutes les fêtes qui lui furent prostituées, il trouva à son retour la faveur déjà commencée de Keppel tellement augmentée, que la sienne ne fit plus que diminuer et que la fortune et la faveur de l'autre crurent toujours jusqu'à la mort de Guillaume III.

Dimanche 5, jour de la Pentecôte. — Le roi se confessa à l'abbé Fleury, assista à toutes les dévotions de la journée, et entendit le sermon du P. d'Ardenne, prêtre de la doctrine chrétienne. Madame de Berry sortit des Carmélites et coucha au Luxembourg, où M. le duc d'Orléans alla souper avec elle. — Le petit Renaut vient d'avoir l'expectative de la grand'croix de Saint-Louis et permission de porter la grand'croix sur ses habits. — Le marquis de Prié s'étant relâché du nouveau serment qu'il vouloit faire prêter à la ville de Bruxelles et qui avoit causé la sédition, a rendu le calme à la ville ; tout est apaisé, et ils ont prêté l'ancien serment.

Lundi 6. — Le roi alla à Meudon voir madame la duchesse de Ventadour, où il vit tirer un feu d'artifice. M. le duc d'Orléans alla l'après-dînée à Saint-Cloud. Madame la duchesse de Berry reçut fort bien madame de Clermont, qui alla lui faire sa cour sur les six heures ; cette princesse alla se promener au Cours et aux Tuileries avec sept de ses dames, toutes vêtues de la même étoffe et les mêmes écharpes ; ce sont des habits que madame la duchesse de Berry leur a donnés. — M. le Grand, qui est depuis quelques jours à Royaumont, est à la dernière extrémité, et a reçu tous ses sacrements. — Il y a un arrêt pour les engagistes des domaines du roi qui les oblige à produire les titres de leurs engagements.

Mardi 7. — Madame la duchesse de Berry, qui est encore ici, tint toilette où tous les ambassadeurs allèrent. M. le duc d'Orléans alla l'après-dînée à l'Opéra. — Le maréchal de Villeroy partit en chaise de poste l'aprèsdînée pour aller à Royaumont voir M. le Grand, et en revint la nuit; il l'a trouvé sans aucune espérance; la gangrène est à ses jambes. Il meurt avec beaucoup de fermeté. — Madame la duchesse d'Orléans revint de Montmartre. — On travaille à faire un canal de Marseille à Lyon, et on a publié un avertissement pour tous ceux qui voudront prendre des actions sur ce canal. C'est M. Crozat qui reçoit les souscriptions pour Paris; il y a aussi des bureaux à Lyon, à Marseille et à Avignon.

Mercredi 8. — Madame vint ici mettre la première pierre à une nouvelle église qu'on fait à l'Abbaye-aux-Bois, dîna au Palais-Royal, et entendit la comédie françoise de sa loge. Madame la duchesse de Berry alla dîner à la Meutte, et puis alla se baigner à Saint-Cloud, et revint au Luxembourg, où M. le duc d'Orléans soupa avec elle; elle demeurera encore quelques jours à Paris, ira dîner à la Meutte, se baigner ensuite à Saint-Cloud, et reviendra le soir ici. Madame la duchesse d'Orléans entendit la comédie françoise avec Madame dans sa loge. — On mande de Belgrade qu'on a su, par les ambassadeurs de l'Empereur qui sont à Passarowitz, que le Grand Seigneur avoit déposé le grand vizir et mis en sa place Ibrahim-Bacha, caïmacan de Constantinople, son gendre et son favori.

Jeudi 9. — M. le duc d'Orléans soupa au Luxembourg chez madame la duchesse de Berry; madame la Duchesse y soupa aussi. — Le traité entre l'empereur, la France, l'Angleterre et la Hollande s'avance fort. On mande de Hollande qu'on croit que les États Généraux le signeront aux premiers jours, quoiqu'ils fassent encore quelques difficultés, parce que la ville d'Amsterdam s'y oppose. — La flotte d'Espagne n'est pas encore partie de Barcelone. On mande de ce pays-là qu'on y embarquera plus de vingt mille hommes, et qu'avec les troupes qui sont déjà en

Sardaigne, cela composera une armée de trente mille hommes. On croit qu'il y a sur cette flotte, outre les canons des vaisseaux, plus de cent pièces de vingt-quatre, qu'il y a huit ou dix millions d'argent, et toutes sortes d'instruments à remuer la terre; mais il paroît un peu d'exagération dans tout cela *.

* Le cardinal Albéroni avoit amassé des trésors depuis qu'il étoit le maître de l'Espagne; mais il ne se fioit pas tant à la puissance et à la faveur où il se trouvoit établi, qu'il ne voulût les transporter en Italie pour les mettre en sûreté en tout événement. Il avoit un grand intérêt de le faire si secrètement qu'on ne pût avoir connoissance de ce qu'il avoit, ni du transport qu'il en faisoit, et c'est ce qui le résolut à une guerre en Italie, qui en mettant l'Espagne en nécessité d'y faire passer beaucoup d'argent pour la soutenir, lui donnât occasion d'y envoyer le sien sans qu'on pût s'en apercevoir. Il profita pour cela de la situation où la paix d'Utrecht laissoit le roi d'Espagne avec l'empereur et du désir extrême de la reine d'Espagne de reprendre les États d'Italie qui avoient appartenu à la monarchie d'Espagne, pour y établir ses enfants, cadets de ceux du premier mariage de Philippe V, et de se tirer par là d'Espagne elle-même, si elle devenoit veuve, pour aller régner avec son fils, et ne tomber pas dans le malheureux sort des reines veuves, dont elle voyoit sans cesse un triste exemple dans la reine, sa tante, à Bayonne, toute sœur de sa mère qu'elle étoit, et veuve de plus de Charles II, dont le testament avoit mis la monarchie d'Espagne entre les mains de Philippe V. Il y avoit de plus une haine déclarée entre elle et les Espagnols, et elle se croyoit perdue si elle ne se faisoit une ressource en couronnant ailleurs un de ses fils. La grande maladie que le roi son mari avoit eue depuis peu l'avoit fait trembler, et ce furent ces conjonctures favorables à l'intérêt particulier d'Albéroni que ce premier ministre saisit. La Sardaigne pour un dépôt avoit été son prélude pour la Sicile, qui le portoit sur le royaume de Naples. Les places *de gli presidii* lui donnoient ensuite l'entrée de la Toscane pour passer en Lombardie, avec la commodité des États de Parme appartenant à un prince oncle paternel et beau-père de la reine; et parmi tous ces grands desseins, il en avoit formé un pour occuper les Anglois et les détourner de secourir l'empereur, c'étoit le rétablissement du roi Jacques en Angleterre, qui y avoit encore un grand parti. Il l'avoit manqué une fois par la déroute du roi de Suède à Pultava; mais il s'étoit servi de l'inimitié personnelle du roi Georges d'Angleterre et du czar pour le reprendre avec ce prince, qui y étoit entré, et qui comptoit d'y réussir par une puissante flotte qu'il tenoit toute prête. L'expédition

de la Sardaigne, qui avoit réussi, et ce grand armement du czar, alarmèrent également l'Empereur et l'Angleterre, dont les monarques étoient alors dans l'amitié personnelle la plus étroite, qui ne changea que longtemps depuis, et l'autorité, pour ne pas dire pis, que l'Angleterre avoit prise sur M. le duc d'Orléans l'entraîna dans le traité de la quadruple alliance et de là dans la guerre contre l'Espagne que nous allons voir l'un après l'autre, et qui fit avorter tous ces desseins, et qui perdit Albéroni ensuite. C'est ce que hâta ce grand armement de Barcelone que les précautions des Anglois et des Impériaux, réveillés par ce qu'on vient d'expliquer, se mirent en état d'écraser en Sicile au moment de sa conquête, et de la faire passer entre les mains de l'empereur [sic].

Vendredi 10. — M. le duc d'Orléans travailla longtemps le matin avec le cardinal de Noailles. Madame la duchesse d'Orléans alla souper à Bagnolet. — Médavy, qui commande en Dauphiné, commandera aussi cette année en Provence. Le maréchal de Villars, gouverneur de cette province, et le marquis de Brancas, lieutenant, qui en est général, n'y allant point, c'étoit le premier président, qui est aussi l'intendant, qui y commandoit, quoiqu'il y eût des lieutenants de roi, gens de mérite. — Le gangrène qui est à la jambe de M. le Grand, augmente toujours ; on ne croit pas qu'il puisse encore vivre deux fois vingt-quatre heures. Il meurt avec toute sa connoissance et avec beaucoup de fermeté et de religion. — M. Feriol, qui a été longtemps ambassadeur à la Porte, et qui est fort vieux, est à l'extrémité.

Samedi 11. — Madame la duchesse de Berry alla dîner à la Meutte et se baigner à Saint-Cloud. M. le duc d'Orléans alla souper à Asnières. — Il y a des lettres d'Angleterre qui portent que le czar a conclu sa paix avec la Suède et qu'il arme beaucoup de vaisseaux qu'on croit destinés à attaquer le roi d'Angleterre dans les terres qu'il a en Allemagne. — On mande d'Espagne qu'enfin l'embarquement se fait à Barcelone, et que cette armée doit entreprendre quelque chose de considérable en Italie ; et par des lettres qu'on a eues de Gênes, il paroît qu'ils s'attendent en ce pays-là à voir arriver la flotte d'Espagne au golfe de la Spézie. On ne laisse pas d'avoir quelque inquiétude dans le Milanois et dans le royaume de Naples, où le vice-roi a fait arrêter beaucoup de gens qui lui étoient suspects, et en a fait sortir beaucoup de familles espagnoles. — Les nouvelles de la paix du czar avec la Suède ne sont pas sûres, et il y a beaucoup de gens qui, comme moi, en doutent encore beaucoup.

Dimanche 12. — Madame la duchesse de Berry et M. le duc d'Orléans allèrent souper avec madame la duchesse d'Orléans à Bagnolet; il y avoit eu grande toilette le matin chez madame la duchesse de Berry. M. le duc d'Orléans fut enfermé depuis onze heures jusqu'à près de trois heures après midi avec milord Stairs, le maréchal d'Huxelles et M. Houbb, qui est un Suisse en qui le roi Georges a beaucoup de confiance et qu'il avoit envoyé à l'empereur. Il en arrive, et vient faire des propositions sur lesquelles il demande une prompte réponse. — On mande de Londres que la flotte pour la Méditerranée est prête à mettre à la voile et qu'on n'y attendoit que l'arrivée de l'amiral Norris, qui la doit commander; mais on ne parle point en ce pays-là de la flotte du czar, qu'on avoit mandé de Londres qui se devoit joindre à celle du roi de Suède, et la paix de ce roi avec le czar n'est pas encore entièrement sûre.

Lundi 13. — Le parlement étoit assemblé pour recevoir quelques conseillers; on se servit de cette occasion de l'assemblée pour y reparler sur le nouvel édit des monnoies, et il fut résolu qu'on proposeroit à la chambre des comptes, à la cour des aides et à la cour des monnoies de s'unir au parlement pour les remontrances qu'il y auroit à faire au roi sur cette affaire-là; ils ont mandé aussi les six corps des marchands et six banquiers, afin qu'ils représentent combien ce nouvel édit est contraire à leurs intérêts et préjudiciable au commerce *. — Madame la duchesse de Berry est retournée à la Meutte, et ne reviendra à Paris que la veille de la petite Fête-Dieu. —

M. le Grand mourut le matin à Royaumont, conservant toujours le même esprit de fermeté et de religion **. — M. de Basville est revenu de Languedoc; on lui a donné 12,000 livres de pension ***.

* On feroit plutôt une longue histoire que de courtes notes, si on vouloit suivre les divers mouvements du parlement de Paris, de la Bretagne et des conducteurs de ces dangereuses intrigues, et c'est ce qui empêchera d'y entrer.

** M. le Grand fut un des exemples, également long et servible [sic] du mauvais goût du roi Louis XIV en favoris. Une très-noble et très-belle figure, beaucoup de galanterie en son temps, la danse et les modes, une grande assiduité, une flatterie puante, quoique d'ailleurs toutes les manières et toute la splendide magnificence d'un très-grand seigneur, furent les grâces qui charmèrent le roi et qui donnèrent trente ans durant et plus à M. le Grand toutes les privances, toutes les distinctions, toutes les usurpations qu'il voulut, toutes les grâces qu'il lui plut désirer pour soi et pour les siens, qui mirent les ministres les plus accrédités en mesure avec lui. Il savoit ménager, quoique avec hauteur, qui y réduisit jusqu'aux princes du sang, et même jusqu'aux bâtards, et qui lui acquit une considération continuelle et infinie. Brouillé d'ailleurs avec le sens commun, quoique avec la politesse et le savoir-vivre de l'ancienne cour et les entreprises de la nouvelle; brutal pourtant plus qu'un cheval de carrosse, et en possession de l'être avec hommes et femmes de tout rang et jusqu'avec les princesses du sang, et de vomir toutes sortes d'ordures sans que cela parût étrange ni qu'il pût être question de s'en fâcher; et de plus, n'aimant que soi et ne gardant pas même les bienséances à cet égard pour sa plus intime famille, sa femme ni ses enfants, ni pendant leur vie ni à leur mort, quoique vivant sans cesse avec eux et gouverné en tout par sa femme. Sa gourmandise étoit encore à un point singulier. Tel fut ce favori dont la maison, remplie de toute la cour et entretenue par le plus gros jeu et le plus continuel qu'il jouoit sans cesse, déchut fort à la mort de sa femme, et dont la sienne ne fut regrettée de personne que du maréchal de Villeroy.

*** Basville, fils et frère cadet du premier président et du président de Lamoignon, fut toute sa vie un personnage en France. C'étoit un bel esprit en tout genre, vaste et lumineux, mais avec cela juste, précis et conduit par un grand sens et une capacité extraordinaires, qui le rendoit très-laborieux par la facilité avec laquelle il travailloit. C'étoit aussi le meilleur et le plus serviable ami et de gens et de race, le plus dangereux et le plus implacable ennemi, et dans la même étendue, et le rémunérateur le plus attentif de tout bien et de tout mal, et qui pour toutes ces choses, et surtout pour son autorité et sa fortune, ne s'embarrassoit pas des moyens, mais très-soigneux de les cacher pour sa réputation. Il se l'acquit telle, qu'il passa rapidement à l'intendance de Languedoc, que toute autre puissance y disparut devant la sienne, qu'il y décida tout, et qu'en roi absolu il y régna trente ans de suite avec un pouvoir despotique et sans être jamais barré ni dédit de rien par la cour. Les ministres, qui l'y craignoient, n'étoient occupés à son égard qu'à l'empêcher d'y venir et d'y entrer dans le ministère, où il les auroit tous effacés et subjugués, et pour cela le faisoient regarder au roi comme d'une nécessité absolue à gouverner le Languedoc, où ils le rendoient eux-mêmes le maître de tout, pour lui ôter l'envie de changer cet empire tout établi contre des espérances incertaines et dangereuses de monter plus haut en revenant à Paris. Il le sentoit, et se contentoit sagement de son partage au point où il l'avoit poussé. Sa surdité, qui le prit d'assez bonne heure, lui en fut encore une raison, et dont les ministres surent faire usage; elle augmenta toujours, tellement que les dix ou douze dernières années qu'il fut en Languedoc, il mettoit deux pièces de son appartement entre la sienne et celle où étoient ses gens ou ceux qui l'attendoient, toutes les fois qu'il falloit parler à quelqu'un en particulier. Enfin, après avoir détruit et fait mourir le cardinal Bonzi, dominé tous les commandants, dont aucun ne subsistoit qu'autant qu'il le vouloit bien et ne faisoit pas la moindre chose sans son attache, régenté le parlement de Toulouse à [la] baguette, conduit les États par la lisière, et régné en plein sur chacun, quel qu'il fût, et sur la totalité de cette grande province, il n'en sortit que sur ses instances réitérées. Accablé de goutte et de surdité, il revint à Paris, où il y avoit plus de trente ans qu'il n'avoit mis le pied, et où il ne connoissoit presque plus personne; hors d'état de former de nouvelles liaisons par son âge et ses infirmités, il s'enterra dans sa famille, où l'ennui le consuma bientôt. Son fils, qu'il avoit fait conseiller d'État, lui dut de n'avoir pas été plus que perdu pour des affaires affreuses qu'il se fit dans son intendance de Guyenne; sa bêtise, sa brutalité et son avarice n'empêchèrent pas dans les suites Pelletier des Forts, qui avoit épousé sa sœur, de le faire conseiller au conseil royal des finances, et de prendre en lui, étant contrôleur général, une confiance qui le perdit, et qui ne toucha pas à la fortune de celui qui mérita de la perdre et pis, cette fois après d'autres: et voilà le monde et ses révolutions. Il ne faut pas oublier que Basville fut l'inventeur de la capitation et de beaucoup d'autres pareilles inventions d'argent. Il l'avoit proposée et pressée, du temps que le chancelier de Pontchartrain avoit les finances, qui rejeta avec horreur un impôt trop facile à pousser aussi haut qu'on voudroit et à faire durer toujours. D'autres temps et d'autres ministres y ont été plus favorables, et Basville en recueillit tout le gré : plaise à Dieu qu'il n'en ressente pas tout le poids!

Mardi 14. — Le parlement s'assembla; les députés des six corps des marchands et six banquiers qu'on avoit mandés y vinrent. On leur demanda des mémoires; les députés des corps des marchands répondirent que l'affaire étoit assez importante pour qu'ils en communiquassent en corps, et qu'ils les apporteroient le lendemain. Les banquiers étoient prêts à donner le leur, mais on leur dit qu'ils pouvoient attendre le lendemain comme les six corps des marchands; ces mouvements-là ne sont pas agréables à M. le duc d'Orléans. S. A. R. donna audience aux ambassadeurs comme il a accoutumé de faire tous les mardis, et l'ambassadeur d'Espagne lui parla sur le projet de la quadruple alliance, qu'il croit contraire aux intérêts du roi son maître; il lui parla même avec assez de force (1).

Mercredi 15. — Madame alla de Saint-Cloud dîner à Issy chez madame la princesse de Conty, la mère. — La chambre des comptes a répondu au parlement qu'ils ne pouvoient point leur rendre de réponse sans avoir assemblé les deux semestres et sans avoir su si ces démarches-là seroient agréables à M. le duc d'Orléans. La cour des aides a répondu qu'elle avoit été assemblée tout le matin et qu'elle ne pouvoit prendre aucune résolution finale que vendredi, et qu'ils enverroient en attendant à M. le duc d'Orléans. La cour des monnoies a répondu qu'ils avoient une lettre de cachet pour ne se point trouver au parlement. Les corps des marchands et des banquiers ont apporté leurs mémoires, l'un cacheté et l'autre tout ouvert; mais on a jugé à propos de ne les point lire jus-

---

(1) Par la note sur la page 321, on voit ce que c'est que cette quadruple alliance, entre l'empereur, les couronnes de France et la Hollande qui y entra que bien malgré elle, et ce que l'Espagne en dut penser. (*Note de Saint-Simon.*)

qu'à vendredi, afin que si la chambre des comptes ou la cour des aides venoit au parlement, ils pussent conférer ensemble sur cette affaire avant que le parlement eût lu ces mémoires.

Jeudi 16, *jour de la fête de Dieu.* — Le roi alla se promener, et revint à sept heures; il avoit assisté à toutes les dévotions du jour. Madame la duchesse d'Orléans alla à Saint-Cloud voir Madame, et y demeurera jusqu'à lundi. — Madame de Chalmazel mourut le matin; elle étoit sœur du maréchal d'Harcourt et de la maréchale d'Harcourt. — Le bruit avoit couru que le mariage de M. d'Albret avec mademoiselle de Culant se feroit mardi dernier à Issy, et qu'on le déclareroit hier à Madame, qui y alla dîner. Ainsi on croyoit qu'aujourd'hui on sauroit sûrement la fin de cette affaire, qui traîne depuis si longtemps; mais il n'y a rien eu de fait à Issy. Il est vrai que M. le prince de Conty veut faire promptement réussir le mariage, et qu'il presse M. le duc d'Orléans d'y employer son autorité; S. A. R. a promis de le faire. M. d'Albret et la famille d'Alègre comptent sur la promesse qu'il leur en a faite; et ainsi, apparemment au premier jour, le mariage s'achèvera, malgré l'opposition de la famille de MM. de Louvois.

Vendredi 17. — Le parlement fut assemblé le matin et l'après-dînée, et les gens du roi vinrent chez M. le duc d'Orléans; ils demandent qu'on suspende le changement de la monnoie et qu'on leur envoie l'édit pour être enregistré après les changements qu'ils croiront y devoir faire, ce qu'on ne leur accordera pas. M. le duc d'Orléans paroît fort irrité de leur procédé. La cour des aides ne se joindra point au parlement; elle obéit aux ordres que lui a donnés M. le duc d'Orléans. On ne croit point que la chambre des comptes s'y joigne non plus. Les six corps des marchands ne se plaignent point de l'édit; mais les six banquiers le condamnent comme fort dangereux pour le commerce. — Le roi alla entendre le salut aux Carmélites du faubourg Saint-Germain.

Samedi 18. — Le parlement fut assemblé le matin et l'après-dînée, et les gens du roi vinrent encore chez M. le duc d'Orléans pour lui dire que les chambres ne se sépareroient point sans avoir eu sa réponse. M. le duc d'Orléans leur dit qu'il étoit fort las des tracasseries du parlement, qu'il avoit ordonné à toutes les troupes de la maison du roi, qui sont à Paris, de se tenir prêtes à marcher et qu'il falloit que le roi fût obéi. Il a donné l'ordre à chaque commandant de ses troupes d'avertir leurs compagnies de se tenir prêtes et d'avoir de la poudre et des balles. — Les conseils de régence, qui se tenoient le matin, ne se tiendront plus qu'à trois heures après midi.

Dimanche 19. — Le roi alla entendre le salut à l'Hôtel royal des Invalides. S. M. se promena ensuite dans le dôme, et vit les chapelles; elle fut ensuite dans les réfectoires, vit souper les officiers et les soldats, et monta dans la chambre du conseil; à son départ, elle honora le sieur de Boiveau, gouverneur de l'hôtel, de la grand'-croix de Saint-Louis. — Il y eut une députation des parlements à M. le duc d'Orléans; cette députation étoit composée du premier président, de tous les présidents à mortier, et de plusieurs conseillers. Le premier président parla d'abord en donnant beaucoup de louanges à M. le duc d'Orléans, ensuite il lui demanda trois choses de la part du parlement. La première est que l'édit pour les monnoies leur fût envoyé pour l'examiner et pour l'enregistrer ensuite après l'examen qu'ils en auroient fait; la seconde, que le roi ait égard à leurs remontrances dans une affaire de cette conséquence et qu'ils croyoient fort préjudiciable à l'État; et la troisième, qu'on suspendît à la Monnoie le travail qu'on faisoit pour la conversion des espèces. M. le duc d'Orléans répondit aux députés du parlement que l'édit avoit été registré à la cour des monnoies, qui étoit une cour supérieure, et par conséquent un tribunal suffisant pour l'enregistrement; qu'il n'y avoit qu'un exemple que les arrêts pour les monnoies eussent été portés au parlement, et que M. le duc d'Orléans l'avoit envoyé au parlement par pure complaisance, et non pas comme si cela leur eut été dû. Pour la seconde, il dit que l'affaire avoit été bien examinée, qu'on en avoit pesé les inconvénients et qu'il étoit du bien du service du roi que cet édit eût son entier effet; et pour la troisième qu'on continueroit à travailler à la Monnoie, et qu'il falloit que le roi fût obéi. — Il y eut conseil de régence l'après-dînée.

Lundi 20. — Le roi alla entendre le salut au Val-de-Grâce. — Le parlement s'assembla, et donna un arrêt contre le nouvel édit pour la monnoie. Le conseil de régence cassa l'après-dînée l'arrêt du parlement. — L'abbé Mongault, précepteur de M. le duc de Chartres, fut élu tout d'une voix à l'Académie, à la place de l'abbé Abeille, mort le mois passé. — M. le prince de Conty a eu une augmentation de pension de 30,000 livres; il a à présent 100,000 francs, comme M. le Duc. — Madame la duchesse de Portsmouth, qui est repartie pour aller à ses terres, a obtenu, avant de partir, une augmentation de 8,000 francs de pension; elle en avoit déjà 12,000, si bien qu'elle en a 20,000 présentement.

Mardi 21. — Le roi entendit le salut dans l'église des Capucins de la rue Saint-Honoré. — Madame la duchesse d'Orléans ne revint point hier de Saint-Cloud, comme elle l'avoit résolu; elle y demeurera encore quelques jours. — On a défendu au parlement d'imprimer, publier, ou afficher son arrêt, et l'on met des soldats aux gardes dans les marchés pour empêcher qu'on y refuse la nouvelle monnoie.

Mercredi 22. — Le roi entendit le salut à l'Abbaye aux bois. — Madame la duchesse de Berry revint ici pour quelques jours; M. le duc d'Orléans alla souper au Luxembourg avec elle. — Le parlement ne se rassemblera que de demain en huit jours; on leur permet d'aller lundi faire leurs remontrances au roi et on croit que les esprits s'adouciront et qu'après cette démarche, l'affaire en demeurera là. — Le maréchal de Villeroy a obtenu pour mademoiselle d'Armagnac, sa nièce, que la pension de 30,000 francs que M. le Grand lui avoit cédée soit convertie en un fond à vie sur la maison de ville. — On a donné 2,000 francs de pension aux enfants de la Fare-Montboissier, qui vient de mourir.

Jeudi 23. — Le roi entendit le salut aux Minimes de la place Royale. — Madame la duchesse de Berry assista à la procession du saint-sacrement, et édifia fort le public; puis elle alla dîner aux Carmélites, et le soir M. le duc d'Orléans soupa avec elle au Luxembourg. Madame la duchesse d'Orléans revint de Saint-Cloud, où elle a demeuré quelques jours avec Madame. — On mande d'Angleterre que l'amiral Bing avoit joint la flotte à Spithead et qu'il avoit fait mettre à la voile. — Les affaires du Nord sont toujours fort incertaines; il y a bien des mouvements différents. — Les ministres du roi de Suède et ceux du czar sont toujours dans l'île d'Aaland pour y conclure la paix entre leurs maîtres; mais il n'y a encore rien de réglé ni de bien sûr là-dessus, et on croit que si cette paix se fait, le roi de Prusse y entrera.

Vendredi 24. — Il est arrivé encore des bulles pour quelques évêques, et le pape a encore donné quelque temps aux évêques appelants pour pouvoir retirer leur appel et se raccommoder avec lui. — M. le duc d'Orléans a ôté l'abbé Pucelle du conseil de conscience et MM. de Menguy et Ferrand du conseil du dedans du royaume. Les autres gens du parlement qui sont dans les conseils ne s'étoient point trouvés au parlement; ce sont le président Dodun et M. Goeslard. — Madame la duchesse de Berry se promena au Cours, et il y eut jeu, le soir, chez madame la duchesse d'Orléans. — Le parlement s'assemblera encore demain matin, et on y enverra des lettres patentes pour enregistrer l'arrêt du conseil de lundi au soir. — M. de Gramont, lieutenant général, qui commandoit en Franche-Comté, est mort ; cet emploi vaut plus de 20,000 livres de rente.

Samedi 25. — Madame la duchesse de Berry alla au Cours, où il y avoit une infinité de carrosses. — On envoya au parlement des lettres patentes pour enregistrer l'arrêt, car ils ne reconnoissent point les arrêts du conseil sans lettres patentes ; ils ne l'ont point voulu enregistrer encore, et ont dit qu'ils feroient leurs remontrances au roi lundi avant que de délibérer là-dessus. — On surprit un conseiller du parlement, nommé la Ville-aux-Clercs, qui déchiroit, la nuit, les affiches de l'arrêt du conseil de lundi après-dînée ; il étoit à cheval dans les rues et faisoit d'autres désordres ; on l'a mis en prison. — Dénonville le fils, qui s'appelle Brisey, cornette des chevau-légers, ne voulut point saluer M. de Chaulnes quand il vint à la tête des chevau-légers, et M. de Chaulnes le fit mettre aux arrêts. M. le duc d'Orléans n'a point jugé le fond des disputes qu'il y a entre les officiers subalternes de cette compagnie et le capitaine-lieutenant ; mais il a dit simplement qu'il falloit que les officiers subalternes saluassent leur commandant puisque c'étoit l'usage.

Dimanche 26. — Conseil de régence l'après-dînée. — Grande toilette chez madame la duchesse de Berry, et ensuite elle alla dîner aux Carmélites. — Les six corps des marchands sont venus trouver M. le duc d'Orléans, et lui ont dit qu'ils ne se plaignoient point du tout du changement fait aux monnoies, et qu'ils prioient seulement S. A. R. que quand on diminueroit le prix des espèces, cela se fît peu à peu. — Le marquis d'Harcourt a prêté son serment pour la charge de capitaine des gardes du corps et a pris le bâton pour un jour, car ce n'est pas son quartier. — On a donné au marquis de Lévis le commandement de Franche-Comté, qu'avoit le comte de Gramont. M. de Lévis garde sa place et ses appointements dans le conseil de guerre.

Lundi 27. — Le conseil de régence s'assembla dès le matin sur les remontrances que le parlement devoit venir faire au roi; les remontrances furent faites à midi par le premier président, qui les lut; il étoit accompagné de tous les présidents à mortier et d'environ quarante autres personnes du parlement. En pareille occasion il est permis d'y aller à ceux qui veulent suivre M. le premier président. M. le garde des sceaux répondit aux remontrances, que le roi leur feroit faire réponse dans quelques jours, et le conseil de régence s'assembla encore l'après-dînée pour délibérer sur le parti qu'ils avoient à prendre dans cette affaire. La chambre des comptes et la cour des aides viendront aussi jeudi faire des remontrances. — La pauvre duchesse de Monfort, ma fille, mourut à neuf heures du soir après une longue maladie; elle laisse quatre enfants, qui sont: le duc de Luynes, le comte de Montfort et deux filles religieuses, à Monargis.

Mardi 28. — M. le garde des sceaux va mettre au net les délibérations qui furent prises au conseil de régence hier l'après-dînée, et on tiendra un conseil extraordinaire où il portera ce qu'il aura écrit là-dessus, pour voir si on y ajoutera quelque chose ou si on y fera quelque autre changement. — M. de Nicolaï, premier président de la chambre des comptes, n'est point à Paris. Il avoit été voir le marquis de Nicolaï, son frère, qui vient de mourir dans une terre qu'il a auprès de Villers-Cotterets; ce sera le président Paris qui portera la parole pour la chambre des comptes. M. de Nicolaï, qui vient de mourir, s'appeloit M. de Presle dans sa jeunesse; il avoit été colonel du régiment [d'Auvergne] et en très-bonne réputation. M. le président de Nicolaï avoit été capitaine dans le régiment du Roi et en très-bonne réputation aussi. — Milord Stanhope est arrivé; on ne dit point le sujet de son voyage; mais comme c'est l'homme du monde en qui le roi Georges a le plus de confiance, on ne doute point que ce ne soit pour une affaire importante.

Mercredi 29. — M. le duc d'Orléans donna le matin une longue audience à milord Stanhope, et l'après-dînée aux cardinaux de Rohan et de Bissy. M. le duc d'Orléans espère que le cardinal de Noailles, de son côté, fera des démarches qui porteront les esprits à beaucoup d'adoucissements. Les évêques opposants s'assemblent chez l'évêque de Bayonne. — La flotte d'Espagne mit à la voile le 18, et la flotte d'Angleterre étoit hors de la Manche le 16. — On a mandé de Vienne au comte de Konigsegg que les plénipotentiaires de l'empereur trouvoient de grandes apparences à la paix, par deux démarches qu'ont faites les Turcs : l'une, que le Grand Seigneur avoit signé les pleins pouvoirs de ses ministres à Passarowitz, ce qu'il n'avoit jamais fait; ces pleins pouvoirs-là n'avoient jamais été signés que du grand vizir. L'autre démarche est que les Turcs ont consenti que les conférences se tiendroient dans la tente des ambassadeurs de l'empereur.

Jeudi 30. — Conseil de régence extraordinaire le matin, et le roi mandera le parlement samedi. On leur donnera la réponse à leurs remontrances. Après ce conseil, la chambre des comptes et la cour des aides firent leurs remontrances; celles de la chambre des comptes furent fort mesurées, celles de la cour des aides furent plus fortes et plus vives; c'étoit M. le Camus, qui en est premier président, qui portoit la parole.

Vendredi 1er *juillet*. — Il transpire que la réponse au parlement sur leurs remontrances sera sèche, et que le roi ne changera rien à son édit sur les nouvelles monnoies. — M. le duc d'Orléans régla que les officiers inférieurs des chevau-légers salueroient le duc de Chaulnes, leur capitaine-lieutenant. La brigade monta à cheval, parce que c'est leur coutume les premiers jours des mois. M. Dénonville-Brisey salua le duc de Chaulnes, mais Imécourt, sous-lieutenant de cette compagnie, ne s'y trouva pas, quoique M. le duc d'Orléans lui eût parlé le matin et lui eût dit qu'il vouloit que tous les officiers saluassent M. le duc de Chaulnes, comme tous les officiers des gendarmes saluent le prince de Rohan, leur capitaine-lieutenant.

Samedi 2. — Le parlement alla chez le roi recevoir la réponse aux remontrances qu'il avoit faites. M. le garde des sceaux la lut, et a fort bien soutenu les droits du roi et l'honneur de sa charge. M. le duc d'Orléans et tous les princes y étoient et une infinité d'autres gens. Le roi veut que son édit sur les monnoies demeure tout entier sans aucun changement, et on leur expliqua fort nettement l'autorité du roi et quel étoit le pouvoir qu'il avoit donné au parlement, qu'on ne veut pas qu'il sorte de ses bornes. — La famille des Louvois a su qu'il y avoit déjà eu deux bans de publiés pour le mariage de M. d'Albret avec mademoiselle de Culant, leur nièce; ils s'en plaignent fort et de ce que le curé de Saint-Sulpice ne l'a fait que par ordre de S. A. R., qui leur a répondu d'une manière dont ils n'ont point été contents.

Dimanche 3. — Conseil de régence l'après-dînée; avant ce conseil, M. le duc d'Orléans alla porter au roi la nouvelle que les États de Bretagne, assemblés le 1er de ce mois, avoient accordé le don gratuit par acclamation. — Madame la duchesse de Berry vint dîner aux Carmélites, de là au Luxembourg, où M. le duc d'Orléans alla souper avec elle; elle demeurera à Paris un jour ou deux et puis elle retournera à la Meutte. — Le bruit court que le prince de Soubise, étant dans un carrosse avec le duc de la Meilleraye, son beau-frère, avoient été attaqués la nuit dans le faubourg Saint-Germain par quelques soldats aux gardes. Un coureur à lui qui marchoit à la tête de son carrosse courut au guet, qui vint dans l'instant, et on a pris quelques-uns de ces soldats. On ne sait pas encore bien le détail, ni même si cela est vrai.

Lundi 4. — Conseil de régence l'après-dînée à l'ordinaire. — Madame la duchesse de Berry alla à Saint-Maur souper avec madame la Duchesse. — Le parlement s'assembla le matin, et ils ont remis à vendredi à prendre leurs délibérations sur la réponse du roi à leurs remontrances. Les commissaires nommés par le parlement s'assembleront l'après-dînée, vendredi, chez le premier président. — Le troisième ban pour le mariage de M. d'Albret et de mademoiselle de Culant fut publié hier à Saint-Sulpice, et ce mariage s'est fait cette nuit. L'abbé de Louvois, oncle de la demoiselle, vint à l'église pour s'y opposer ; M. le prince de Conty l'en empêcha, et lui fit voir une lettre de cachet de M. le duc d'Orléans qui ordonnoit de faire la cérémonie.

Je partis ce jour-là pour Dangeau.

Mardi 5. — Madame la duchesse de Berry n'est revenue qu'à huit heures du matin de Saint-Maur. M. le Duc y avoit soupé avec elle ; elle va coucher ce soir à la Meutte. — L'affaire du mariage de M. d'Albret fait grand bruit ; le mariage se fit hier à quatre heures du matin dans la chapelle du curé, et non pas dans l'église. La famille de MM. de Louvois le veut faire casser. — M. le duc d'Orléans donna à souper à Saint-Cloud aux milords Stanhope et Stairs ; le souper fut fort gai et fort sage. — On a nouvelle que la flotte d'Espagne étoit arrivée à Cagliari le 23 et qu'ils y devoient embarquer les troupes qui sont dans l'île de Sardaigne ; et on compte qu'avec les troupes qu'ils y embarqueront ils pourront mettre trente mille hommes à terre.

Mercredi 6. — Le maréchal d'Huxelles n'a point voulu signer jusqu'ici un traité qu'on fait avec l'Angleterre pour empêcher la guerre en Italie ; s'il persiste à ne le point vouloir signer, on le fera signer par M. de Chiverny, qui est du conseil des affaires étrangères ; mais M. le duc d'Orléans espère que ce maréchal le signera dans quelques jours, ce qui sera de meilleure grâce pour le traité, le maréchal d'Huxelles étant à la tête des affaires étrangères*. — Le prince de Carignan est arrivé ici ; il est parti de Piémont à l'insu du roi de Sicile, avec qui il est assez brouillé ; les ministres de ce roi ne le verront point, et s'il voit M. le duc d'Orléans ce sera incognito**.

* Le maréchal d'Huxelles, qui toujours nagea entre deux eaux, et qui, avec toute la bassesse du courtisan le plus avide et le plus corrompu, vouloit passer pour une tête et pour un citoyen, résista tant qu'il put à un traité odieux en soi, qui montroit toute notre servitude pour l'Angleterre et notre aveuglement sur nos intérêts les plus évidents ; qui conservoit et augmentoit la puissance de l'empereur, le commerce et les richesses des Anglois, resserroit l'union de ces deux monarques en leur en faisant sentir toute l'utilité ; ne nous étoit d'ailleurs d'aucun profit, bien loin de compenser en rien aucun des avantages que ces deux puissances en retiroient; dépouilloit sans droit ni le moindre prétexte un prince tel que M. de Savoie, dont l'augmentation nous étoit importante contre l'empereur en Italie ; accabloit l'Espagne, et la brouilloit irréconciliablement avec nous, qui étoit le plus grand et le plus fort préjudice que nous nous pouvions faire à nous-mêmes, et l'avantage le plus inespérable et de l'usage le plus continuel et le plus grand que nous puissions procurer aux ennemis naturels et continuellement éprouvés tels, de la couronne : asservir de plus la Hollande à ces puissances, et autant que nous le pouvions, à notre très-grand préjudice, ruiner son commerce pour en augmenter celui des Anglois, en perdant avec l'Espagne tout ce qui nous restoit du nôtre. Mais toutes ces raisons si évidentes et si fortes cédoient à une autre bien supérieure. L'abbé Dubois dès lors songeoit au cardinalat. Il ne pouvoit se dissimuler ses mœurs ni sa bassesse ; il sentoit bien tout son crédit sur son maître ; mais il le connoissoit trop pour ne pas sentir en même temps que ce crédit le seroit toujours de moyens et jamais de but ; je veux dire qu'il le mèneroit peu à peu et par degrés, mais que de se flatter de le porter directement et en plein à lui procurer la grandeur qu'il se proposoit, c'étoit une vaine espérance. Il ne songea donc qu'à se faire le ministre intime du roi d'Angleterre auprès du régent, pour obtenir de ses services et du besoin la puissante recommandation auprès de l'empereur, lequel pouvoit tout à Rome, et qui partageoit pour lui-même tout l'utile des services de cet abbé au roi Georges. C'est ce qui dépouilla la Savoie de la Sicile pour la donner à l'empereur, malgré la force des traités, auxquels elle n'avoit ni contrevenu en rien ni eu le temps de le pouvoir faire. C'est ce qui ruina la marine et le commerce de l'Espagne par l'incendie de ses navires et de tous ses magasins du port du Passage. C'est ce qui fit faire le blocus des galions d'Espagne dans leurs ports du Nouveau Monde, par une escadre angloise que nous payâmes toujours, ainsi que le roi et son parti dans son parlement, tandis que, deux ans durant, les Anglois gagnèrent des trésors immenses, et par la fraude et la contrebande. Enfin c'est tout cela ensemble qui fit l'abbé Dubois cardinal, et de cardinal premier ministre. Revenons à M. d'Huxelles : entre lui et l'abbé Dubois, la partie n'étoit pas

égale. L'un n'étoit que souffert pour la bienséance du monde, l'autre avoit la confiance et un intérêt personnel très-présent contre un intérêt mou, vague, général, conforme au caractère du maréchal, qui tâchoit bien de ménager sa réputation, mais qui ne l'estima jamais en comparaison de ce que son insatiable ambition lui faisoit appeler disgrâce, place, fortune. Il tint bon jusqu'au moment critique, et il déclara tout haut que rien ne lui feroit signer un traité si préjudiciable. Il étoit déjà outré contre Dubois de ce que ses lettres, qui passoient par Nancré et ensuite pas Nocé, lui ôtoient la connoissance de tout ce qui se traitoit en Angleterre, et peut-être encore plus de ce que le monde voyoit ce déchet de considération et de confiance, alla sur cette signature plus loin que son naturel, dans l'espérance qu'une lutte si publique et qui mettoit de son côté toute la France sensée, et toute celle encore qui ne se décidoit que sur la disproportion des deux personnages, et dans la confiance aussi qu'en portant publiquement les choses à cette extrémité, l'abbé, de Londres où il étoit, n'oseroit à la fin se commettre à le pousser à bout, ou que le régent lui-même, timide comme il étoit et loin de l'abbé, entendroit enfin raison ou feroit semblant de l'entendre, et ne passeroit jamais outre de volonté absolue en chose si odieuse et si mauvaise pour l'État, et que lui, maréchal, recueilleroit toute la gloire de l'avoir empêchée par sa fermeté et par s'être exposé à tout, d'où il deviendroit bien plus considéré, et dès là bien plus considérable au régent et redoutable à l'abbé, peut-être même en état de le culbuter, et de se saisir tout d'un temps du timon des affaires et d'en recueillir encore le double gré public. [*sic.*] L'abbé, de son côté, sentant de Londres, où il pétilloit, que maintenant ce traité étoit pour lui quitte ou double, y mit tout l'art, tout l'esprit, toute la vigilance qui étoit en lui et en ses émissaires auprès du régent. Il avoit encore d'autres gens à combattre. Personne du conseil de régence ne savoit un mot de ce traité, sinon qu'il y en avoit un, et que le maréchal d'Huxelles ne vouloit pas le signer. L'expliquer à ces messieurs c'eût été former une troupe au maréchal; le leur taire, jusqu'en leur demandant une approbation au conseil, étoit un parti absurde et dangereux. Il commença donc avant tout par faire donner l'extrême-onction au maréchal d'Huxelles. M. le duc d'Orléans à bout par lui-même et par ceux qu'il employa, lui envoya d'Antin, chargé de lui dire qu'en deux mots il falloit opter entre signer tout à l'heure, sans plus alléguer un seul mot, ou quitter sa place, toute affaire, et demeurer particulier disgracié. Personne au monde, par sa nature et par son genre d'esprit, n'étoit plus propre que d'Antin pour cette commission; aussi réussit-il et du premier mot. Le maréchal vouloit bien tout, hors la retraite et la disgrâce. Ce fer chaud l'étourdit à un point (parce qu'il ne s'y étoit jamais attendu), qu'il ne songea point qu'en cédant après tout ce qu'il avoit dit et publié, il se déshonoroit et par cela même il tomberoit dans le mépris du monde et du régent même, et deviendroit le jouet de l'abbé Dubois. Il promit tout court de signer et de se taire. Assuré de ce côté, l'abbé ne songea qu'à brusquer la besogne, et les leçons par lettres furent suivies. Le matin même du conseil de régence de l'après-dînée, auquel le régent projetoit de faire passer ce traité, ce prince envoya chercher les principaux de ceux qui entroient et dont il craignoit le plus les avis. Il ne les manda que sur-le-champ chacun et à temps différents, et, sans expliquer rien au net à pas un, il tâcha de les capter les uns par autorité, les autres par amitié, quelques-uns par confiance, se tirant mal avec tous d'une confidence si tardive, et plus mal encore de ce qu'il ne leur disoit rien qu'en gros de ce qu'il leur demandoit si affectueusement d'approuver. Saint-Simon, dont ils s'étoient cachés plus soigneusement que de personne, parce qu'ils n'avoient jamais pu dans aucun temps le gagner pour l'Angleterre ni contre l'Espagne, et dont la liberté d'opiner les intriguoit fort en cette occasion, fut aussi mandé. Le régent lui parla avec grand embarras, et ne fit point de façon de le prier, et de le conjurer même, de ne raisonner ni s'opposer au traité dont on devoit parler l'après-dînée, et que le maréchal d'Huxelles rapporteroit sommairement. Ce qui put être dit de spécieux ne fut pas oublié par le prince. Mais le duc, peu accoutumé à ces manéges, quoiqu'il en vît souvent, lui parla fortement sur un mystère si peu à propos, et le pria de trouver bon qu'il ne se trouvât point au conseil; mais le régent n'y voulut jamais entendre. Ils se séparèrent donc, lui sans rien promettre, le régent le conjurant toujours, et l'assurant qu'il comptoit bien qu'il ne voudroit pas s'opposer à un traité qu'il estimoit si nécessaire : tout cela ne fut pas long, car il avoit encore des mesures à prendre, mais ne finit pas sans que le régent ne se fût bien moqué avec le duc de l'ostentation du maréchal terminée par tant de bassesse, et que Saint-Simon ne l'eût bien aigrement déplorée. Aussi le fit-il bien sentir quatre heures après au maréchal pour se tirer lui-même d'affaires. Le conseil assis, M. le duc d'Orléans dit deux mots de la nécessité de convenance d'être bien avec les puissances contractantes et d'un traité dont le maréchal d'Huxelles alloit rendre compte. Le maréchal, plus mort que vif et la voix entrecoupée, lut à l'instant le traité sans aucune préface, et après l'avoir lui dit en un seul mot qu'il le croyoit utile et avantageux, et qu'il en étoit d'avis. Aussitôt après, les voix furent recueillies; quelques-uns, en petit nombre, ne dirent mot et s'inclinèrent comme en étant d'avis; la plupart parlèrent beaucoup, s'embrouillèrent; tous approuvèrent, mais plusieurs montrèrent que c'étoit malgré eux. Saint-Simon, qui parloit toujours immédiatement avant le chancelier, dit que pour lui il se garderoit bien d'opiner pour ou contre un traité des conditions duquel et des occasions prochaines de ces conditions il n'avoit jamais ouï parler, et sur l'unique, simple et courante lecture qu'il en entendoit faire pour la première fois; que pour pouvoir raisonner pertinemment sur des traités de cette conséquence, il falloit avoir le temps, non-seulement de le bien examiner chez soi, mais de se bien remettre tous les traités antérieurs qui pouvoient avoir trait pour ou contre à toutes les conditions de celui-ci; qu'étant donc question d'opiner pour ainsi dire à cru, il croyoit que dans l'impuissance de l'instruction et de l'examen nécessaire, ne pouvoir manquer de s'en rapporter à l'avis de S. A. R. et à celui de M. le maréchal d'Huxelles, qui sans doute dans la place où il étoit l'avoit très-suffisamment travaillé et pesé, et qui venoit d'assurer qu'il en étoit d'avis; que c'étoit donc sur le sien et celui de S. A. R., sans aucune autre connoissance, qu'il en étoit d'avis, et que dans la nécessité de donner le sien à l'instant, il croyoit ne pouvoir manquer en se rangeant aux leurs. Plusieurs sourirent, surtout les princes, qui ne dirent aucun presque rien, et M. du Maine pas un mot. Le garde des sceaux, qui tenoit la place de chancelier, marmotta je ne sais quoi en approuvant, et le maréchal d'Huxelles, qui rageoit de colère, de dépit et d'embarras, eut toujours les yeux baissés. Trop de gens étoient dans ce conseil pour qu'on ignorât ce qui s'y passoit aux occasions curieuses et importantes. M. le duc d'Orléans racontoit fort aisément aussi la plupart des choses qui se disoient avec lui; ainsi ce n'est pas merveille si ces détails ont été sus. Cette note servira aussi pour la page 343.

** Le prince de Carignan, fils de ce fameux muet, et petit-fils du prince Thomas et de la princesse du sang, dernière de la branche de Soissons, étoit unique de la sienne et cousin germain du célèbre prince Eugène. Il avoit épousé par amour une bâtarde de M. de Savoie et de madame de Verue; il n'y avoit personne entre les deux fils de M. de Savoie et lui, et il étoit regardé comme l'héritier très-possible de ce prince. Il en prit soin comme de son fils et du mari d'une bâtarde qu'il aimoit avec passion; mais les mœurs, les dépenses et la conduite de ce gendre, qu'il supporta longtemps, les brouillèrent tellement que celui-ci vint en France. On lui souffrit l'incognito pour le contraindre et l'empêcher d'y fixer sa demeure. Il y est pourtant resté avec son incognito prétendu, sous le nom de M. de Basque. Sa femme est venue l'y trouver. Ce qu'ils y font depuis qu'ils y sont, tout le monde le voit, le sent et en gémit; on n'y reconnoît que trop les louveteaux du cardinal d'Ossat, disons mieux, les plus grands loups et les plus affamés.

Jeudi 7. — On a donné à M. le prince de Conty 45,000 francs d'augmentation sur le gouvernement de Poitou; il en valoit déjà 36,000, si bien que ce sera

81,000. — Les dernières nouvelles venues par Hambourg portent que la paix du roi de Suède avec le czar est rompue, et que les conférences de l'île d'Aaland sont finies; mais les nouvelles qui viennent de là varient tellement qu'on ne peut pas y ajouter foi; on est même très-persuadé ici que cette paix-là est fort avancée. — M. de Madaillan épousa ces jours passés mademoiselle de Nointel, fille du conseiller d'État, à qui on a donné 50,000 écus argent comptant, et on lui en assure encore autant après la mort du père et de la mère, et on ne l'oblige point à renoncer.

Vendredi 8. — Les affaires de la Constitution n'avancent point; il paroît que le pape s'impatiente de ne point voir d'acheminement à cette affaire en France, et on croit qu'avant la fin du mois qui vient, il prendra des résolutions violentes contre les opposants à la Constitution.

Samedi 9. — Quelques chanoines de Beauvais font une affaire cruelle à leur évêque, et l'accusent d'avoir un commerce trop particulier avec une fille de leur ville et que ce prélat vouloit, disoient-ils, loger dans l'évêché. Toute la famille de cet évêque est fort en mouvement pour approfondir cette affaire, et craignent qu'il n'y ait quelque imprudence de sa part. Cette affaire fait d'autant plus de bruit, qu'il étoit avant cela dans une grande réputation pour ses bonnes mœurs.

Dimanche 10. — Conseil de régence l'après-dînée. — Les ministres d'Angleterre qui sont ici pressent fort pour avoir une réponse sur le traité de ligue proposé. Il n'y a encore rien de résolu sur cela, mais on croit qu'on entrera dans leurs sentiments et que c'est le moyen le plus sûr d'établir la paix de l'Italie; cependant il y a quelques avis différents là-dessus.

Lundi 11. — On a nouvelle que la flotte espagnole étoit encore à Cagliari le 25. Il y a des avis que cette flotte pourroit bien aller en Sicile; cependant on n'en comprendroit pas trop bien la raison, à moins que le roi d'Espagne ne fût mécontent du roi de Sicile qui n'auroit point voulu se joindre à lui contre l'empereur. Il y a déjà longtemps que le duc de Parme a mandé au roi d'Espagne que le roi de Sicile faisoit négocier à Vienne, et qu'il demandoit en mariage une des archiduchesses, nièce de l'empereur, pour le prince de Piémont, son fils.

Mardi 12. — Le roi alla à la revue qu'on fit des gendarmes, des chevau-légers et des deux compagnies des mousquetaires, qui se fit au bois de Boulogne. M. le duc d'Orléans étoit à cette revue, et avoit dîné à la Meutte avec madame la duchesse de Berry. — Les gens du roi vinrent au Palais-Royal le matin demander qu'on permît au parlement de faire des remontrances au roi sur la réponse qu'a faite M. le garde des sceaux à leurs premières remontrances. On croit que ces remontrances ne seront que par écrit et que le premier président les laissera sur la table du roi; on leur a permis de venir lundi, après dînée, chez le roi pour cela.

Mardi 13. — Le roi alla l'après-dînée à Meudon et puis à Saint-Cloud voir Madame. On a renvoyé les compagnies des gendarmes, des chevau-légers et des mousquetaires jusqu'à l'année qui vient, et on n'a retenu que le quartier. — Tous les officiers des chevau-légers saluèrent M. de Chaulnes; mais ce duc a encore une autre affaire pour cette compagnie, car on veut qu'il salue les princes du sang. M. de Rohan, qui commande la compagnie des gendarmes, et lui, prétendent qu'il n'y a que les officiers subalternes qui les doivent saluer.

Jeudi 14. — Les ducs de la Rochefoucauld et de Villeroy allèrent l'après-dînée parler à M. le duc d'Orléans; ils avoient déjà parlé ces jours passés à M. le garde des sceaux sur le mariage de M. le duc d'Albret, qu'ils prétendent nul. M. le duc d'Orléans souhaiteroit fort que cette affaire-là pût s'accommoder; mais les esprits sont fort aigris.

Je revins ce jour-là de Dangeau.

Vendredi 15. — M. le duc d'Orléans donna, à l'ordinaire, une longue audience à M. le cardinal de Noailles ; mais rien n'avance sur les affaires de la Constitution, et le cardinal de Rohan compte de repartir pour Saverne à la fin du mois qui vient. — M. le prince de Carignan a vu M. le duc d'Orléans, mais incognito; il prétend avoir beaucoup d'affaires en France qui l'y retiendront encore quelque temps. — On n'a point de nouvelles de la flotte d'Espagne, sinon qu'elle étoit encore le 28 à Cagliari; on croit qu'ils en veulent au royaume de Naples, et qu'ils feront leur descente en Calabre. — Le fonds des actions de la compagnie d'Occident, que le roi a fixé à cent millions par son édit du mois de décembre dernier, est entièrement rempli.

Samedi 16. — M. de Provana, ministre du roi de Sicile, dit à M. le duc d'Orléans que le roi son maître n'avoit aucun traité avec le roi d'Espagne. — M. le duc d'Orléans envoya chercher les gens du roi pour leur dire que le parlement ne pouvoit pas faire ses remontrances au roi lundi; on les a remis à mardi en huit jours, et, jeudi, à dix heures du matin, on répondra aux remontrances de la chambre des comptes et ensuite aux remontrances de la cour des aides.

Voici la lettre que m'a écrite ce matin l'ambassadeur de l'empereur :

« Il vient de m'arriver un courrier de Vienne parti du 9, qui m'a apporté la nouvelle de la paix avec les Turcs autant que faite; car tous les articles (ce qui ne se pratique pas ordinairement dans les traités de paix) ont été signés de part et d'autre en détail, ainsi que nos ministres mandent, et qu'il ne leur reste plus autre chose à faire qu'à rédiger ces articles dans un seul instrument, les collationner et signer, ce qui seroit fait dans deux ou trois jours. » (1)

---

(1) « Le 16 de ce mois, jour de la Notre-Dame du Mont-Carmel, l'ordre royal et militaire de Notre-Dame du Mont-Carmel et de Saint-Lazare de Jé-

Dimanche 17. — Conseil de régence l'après-dînée où une signature importante fut résolue; il y eut dans ce conseil des avis différents : quelques-uns opinoient qu'on ne devoit point signer, quelques autres qu'il falloit attendre, mais la pluralité l'emporta pour signer (1). — L'ambassadeur de l'empereur donna part le matin au régent de la lettre qu'il avoit reçue de Vienne du 9 de ce mois; c'est une nouvelle arrivée bien à propos et qui peut bien avoir contribué à la signature qu'on résolut de faire au conseil. — On aprend que l'île de Saint-Vincent, qui avoit huit lieues de long et six de large, étoit sautée en l'air après de grands bruits souterrains et qu'on n'en voyoit la place que par une pointe de rocher.

Lundi 18. — Le maréchal d'Huxelles signa le matin ce dont on étoit convenu hier au conseil. Il y eut conseil de régence l'après dînée. Milord Stanhope et milord Stairs ont signé de la part du roi d'Angleterre ce que le maréchal d'Huxelles et M. de Chiverny ont signé ce matin. Milord Stanhope va partir demain pour aller à Madrid où il espère faire signer au roi d'Espagne ce qui a été signé aujourd'hui pour assurer la paix entre le roi d'Espagne et l'empereur et dans toute l'Italie. — On fit la grande opération au prince Charles. — D'Yolet, qui a été mestre de camp du régiment de Berry, avoit quitté le service parce qu'on avoit fait Streif, son lieutenant-colonel, brigadier, et qu'à lui on ne lui avoit point donné ce rang-là; depuis ce temps-là, et il y a bien quinze ou seize ans, il n'avoit point servi. M. le duc de Saint-Simon l'a présenté à M. le duc d'Orléans, qui l'a fait maréchal de camp. Il est homme de mérite; mais beaucoup de bri-

---

rusalem, célébra cette fête dans l'église de l'abbaye de Saint-Germain des Prés. M. le marquis de Dangeau, grand maître de l'ordre, y assista avec près de cinquante chevaliers, ayant tous l'habit de cérémonie et le grand manteau de l'ordre; il y en avoit autant qui ne l'avoient pas. M. le grand maître reçut des chevaliers après la messe. (*Mercure de* juillet, page 200.)

(1) Voir l'addition du 8 juillet précédent, page 338.

gadiers ne laissent pas de se plaindre de ce qu'on le fait passer au-dessus d'eux, surtout ayant quitté le service depuis un si long temps*.

* Tant de gens étoient rentrés dans le service avec leur ancien rang, dont Fervaques et son beau cordon bleu est encore un bon témoin existant, que M. de Saint-Simon, qui avoit été extrêmement content d'Yolet lorsqu'il fit le marché de son régiment de Berry-cavalerie, lorsqu'il quitta le service, pour le marquis de Sandricourt, voulut aussi qu'il ne fût pas plus malheureux que ces autres. Il le fit faire maréchal de camp, et puis le lui apprit. C'étoit un très-bon officier, qui en avoit la réputation, d'une grande volonté et de fort ancienne noblesse, connu pour tel en Auvergne, d'où il étoit venu faire un tour à Paris sans penser à cette bonne aventure. Il est mort longtemps avant la guerre dernière, et ce grade ne lui a de rien servi.

Mardi 19. — M. le duc d'Orléans se leva fort matin pour travailler, et se recoucha à huit heures, excédé de travail; il se releva à onze, et travailla encore toute la journée. — On eut nouvelle que la flotte d'Espagne étoit mouillée aux côtes de l'île d'Ischia, où elle avoit abordé le 3 de ce mois. — Les dames de la famille de M. l'évêque de Beauvais ont obtenu une lettre de cachet pour faire enfermer aux Madelonnettes la fille qui avoit donné lieu au scandale, et cela fut exécuté hier matin; les archers la vinrent prendre dans un village auprès de Paris où cet évêque l'avoit fait venir. Il se plaint fort du procédé de sa famille*.

* On a vu en son temps que M. de Beauvais et M. de Saint-Aignan étoient frères de M. de Beauvilliers, et de quel lit, et les soins paternels qu'il prit d'eux. L'aîné des deux voulut être d'Église. Il le confia à ce qu'il crut de meilleur dans cette profession, puis le donna à l'évêque d'Orléans, frère d'Armenonville, pour le former sous ses yeux dans son séminaire; ce fut là, et sur les meilleurs témoignages, que le feu roi le prit à la mort du cardinal de Janson pour lui donner Beauvais. M. de Beauvilliers, quoiqu'il le crut un ange, et il l'étoit encore, représenta au roi sa jeunesse et le danger de le placer sitôt, et fit tout ce qu'il put pour empêcher qu'il ne fût à cette fois évêque; mais rien ne put ébranler le roi qui, sûr des bons témoignants, répondit qu'un siége comme Beauvais ne se retrouveroit plus. Ses premières an-

nées se passèrent avec toute l'édification possible ; malheureusement, il se mit à confesser, métier si peu propre à son âge et si peu convenable à son état, à le faire ordinairement plus malheureusement encore. Une jeune créature se mit en tête d'aller à lui pour le séduire; elle n'y réussit que trop. Sa famille, le cardinal de Noailles, tout vint à son secours pour le cacher et le convertir : lui-même fit tout l'éclat, et la tête lui tourna si entièrement, qu'après de longs scandales avec différentes maîtresses, qui le ruinèrent et le possédèrent en entier, il projeta de passer en Angleterre. Il fallut enfin changer son évêché en une abbaye et l'enfermer à Cîteaux après d'autres retraites. Il y est encore, sous la garde de l'abbé de Cîteaux, qui n'oublie rien pour se faire décharger d'un si fâcheux hôte.

Mercredi 20. — Le comte de Provane étoit à une heure chez M. le duc d'Orléans, attendant que ce prince sortît de son cabinet pour voir les courtisans, et pendant qu'il étoit là, on le vint avertir qu'on le demandoit et qu'on avoit des lettres à lui donner; ces lettres étoient du roi de Sicile, son maître. Il rentra dans le cabinet de M. le duc d'Orléans, où étoient les courtisans, et fit dire à M. le duc d'Orléans qu'il avoit une affaire d'importance à lui communiquer. Il lui donna une lettre que le roi son maître écrit au régent, dans laquelle il lui apprend que les Espagnols sont entrés par force dans la ville de Palerme, que les habitants ont crié : *Vive le roi Philippe*; qu'ils ont chassé de la ville la garnison du roi de Sicile, et qu'ils vont encore attaquer le château et d'autres places dans ce royaume. Dès que M. de Provane fut sorti, M. le régent montra cette lettre à quelques courtisans qui l'attendoient; cette nouvelle surprit M. le duc d'Orléans et tout le monde, et fait faire beaucoup de raisonnements.

Jeudi 21. — La chambre des comptes et la cour des aides vinrent chez le roi le matin, et le roi leur fit faire réponse par le garde des sceaux aux remontrances qu'ils ont faites; ces réponses furent fort douces. Voici celle qu'on fit à la cour des aides :

« Le roi a bien voulu écouter les remontrances de sa cour des aides, quoique faites sur un édit qui n'a aucun rapport à la juridiction dont S. M. l'a rendue dépositaire. La cour des aides apprendroit sans doute avec peine que celles des ordonnances de S. M. qui regardent la levée des impositions et des subsides fussent adressées à d'autres cours; ainsi cette compagnie ne doit pas se plaindre qu'on ne lui ait pas adressé un édit dont l'exécution n'est pas commise à ses soins; il doit lui suffire que cet édit soit rendu public et que le roi l'ait jugé nécessaire pour son service. Le roi se souvient néanmoins avec plaisir de la juste résistance qu'elle a opposée aux propositions d'invitation et d'assemblée extraordinaire non permises ni autorisées par S. M.; mais lorsque le roi a trouvé bon que contre l'usage et la disposition des lois, elle lui fît ses humbles remontrances sur un édit qui ne la regarde point, S. M. s'attendoit que sa cour des aides y balanceroit davantage les besoins publics avec les intérêts particuliers qui doivent toujours leur céder et qu'elle n'oubliroit pas que si les remontrances des sujets à leur souverain tirent leur principale force de la vérité et de la justice, la modestie et la simplicité qui les accompagnent ne contribuent pas peu à les faire recevoir favorablement. »

Milord Stanhope partit le soir pour Madrid.

Vendredi 22. — Hier, dans le conseil assemblé chez madame la Princesse pour toutes les affaires de la maison de Condé, on a résolu de donner 4,000 francs de pension à madame de Brassac, qui étoit dame d'honneur de madame de Vendôme. La princesse n'étoit pas à ce conseil, qui s'est tenu chez elle, elle étoit à Écouen. — Il y a quelques jours qu'on fit partir un courrier pour l'Espagne, et milord Stanhope, qui est parti cette nuit, attendra le retour de ce courrier à Bayonne; il ne veut pas entrer en Espagne sans avoir les passe-ports que ce courrier est allé demander pour lui. — Il y a quelques jours que M. de Machault, étant averti qu'on joue au pharaon chez madame de Péan y envoya des archers pour prendre le nom de tous ceux qui y jouoient, et leur faire payer ce à quoi ils sont condamnés par l'édit. M. de Marolles, capitaine de cavalerie qui y tailloit ce jour-là, voulut sortir de la maison; un de ces archers l'arrêta et lui donna un coup de baïonnette dont on croit qu'il mourra. — M. de Silly, le maréchal de camp, qui a toujours été fort attaché à M. le duc d'Orléans, aura une place dans le conseil du dedans du royaume, et l'on parle aussi de l'envoyer en Normandie, qui est son pays, pour établir la dîme royale.

Samedi 23. — Madame vint dîner chez M. le duc d'Orléans, et puis entendit la comédie italienne de sa loge. — On dit les articles de la paix de l'empereur avec les Turcs; ils sont bien avantageux à l'empereur, mais je ne sais s'ils sont bien véritables. Le prince Eugène a déjà détaché dix régiments pour aller en Italie. — On a nouvelle que la flotte d'Angleterre étoit à la rade de Cadix. — Le maréchal de Villeroy fit arrêter dans le jardin des Tuileries un homme qui querelloit des gens assez mal à propos. — M. le garde des sceaux prit sa place à l'Académie. — Vissec a eu une commission de colonel et une pension de 1,000 écus.

Dimanche 24. — Le roi alla au collége Mazarin, et visita l'église. — M. le duc d'Orléans donna une longue audience le matin au comte de Provana et une ensuite au prince de Cellamare. L'après-dînée il y eut conseil de régence. Madame la duchesse de Berry vint dîner aux Carmélites, et la dévotion de cette princesse continue et augmente. M. le duc d'Orléans se baigna le soir à Asnières. — Il y a des nouvelles qui portent que la flotte espagnole est devant Gaëte, que même elle y a fait le débarquement des troupes sans aucune opposition; cette nouvelle a besoin de confirmation.

Lundi 25. — Conseil de régence l'après-dînée. — On eut nouvelle d'une grande sédition à Bruxelles, où l'on a pillé plusieurs maisons considérables. — La nouvelle de la flotte espagnole devant Gaëte se confirme par quelques lettres qu'on a reçues de Provence; cependant on en doute et même apparemment cela est faux. — Le fils de Vauvré, qui fut accusé, il y a plusieurs mois, de s'être battu, et qui étoit capitaine aux gardes, et dont la compagnie fut donnée aussitôt après cette accusation qu'on croyoit très-bien fondée, s'est mis depuis quelques jours à la Conciergerie, et son affaire portée au parlement; ne s'étant point trouvé de témoins contre lui, on a ordonné un plus ample informé pendant six mois, et il s'est remis à la Conciergerie; pendant ce temps-là, sa famille espère qu'il sera pleinement justifié.

Mardi 26. — Remontrances du parlement à onze heures du matin. — Le courrier de Bretagne arriva qui porte la nouvelle que la noblesse persiste à demander le rappel des commissaires qu'ils avoient, et qui, la plupart, ont des lettres de cachet. Le clergé et le tiers état ont fait ce que la cour souhaitoit; il paroît que la noblesse insiste fort à faire examiner les comptes de Montaran, receveur général de la province, et que c'est leur principal objet dans le rappel des commissaires qu'ils avoient nommés. On croit que les États de Bretagne veulent mettre au denier vingt-cinq les rentes que les particuliers ont sur eux; cette province est endettée de trente-six millions. — Mademoiselle de Lannoy, qui étoit venue de Flandre avec l'ambassadrice de l'empereur, sa cousine germaine, et qui avoit toujours été ici depuis avec elle, retourna ces jours passés en Flandre, et s'y est mariée avec le comte de Marnitz; c'étoit une fille de mérite et on la croit très-bien mariée.

Mercredi 27. — Madame la duchesse de Berry alla de la Meutte dîner à Saint-Cloud avec Madame. — Il y a quelques changements dans les charges des mousquetaires noirs; l'Écussan, premier sous-lieutenant, se retire; on lui donne 20,000 écus et 5,000 francs de pension; il en avoit déjà une de 2,000. Tous les officiers subalternes des mousquetaires montent. M. de Montboissier devient premier sous-lieutenant; c'est M. de Bonnivet qui donnera les 20,000 écus. — La flotte angloise est entrée dans la Méditerranée et est passée devant Malaga. Plus d'incertitude que jamais sur la flotte d'Espagne. — Le changement dans les officiers des mousquetaires noirs n'est pas entièrement fait; l'Écussan prétend avoir de sa charge une plus grosse somme, et la pension de 5,000 francs, qu'on lui donnoit, dit-on, pour quitter sa charge, est une pension qu'il a déjà; ainsi ce ne lui seroit point un dédommagement.

Jeudi 28. — Il y aura conseil de régence extraordinaire samedi, l'après-dînée; il s'y agira du droit des apanages, et comme cela regarde M. le duc d'Orléans, il ne sera pas à ce conseil. C'est M. Gilbert de Voisins qui rapportera cette affaire, et il y aura trois conseillers d'État qui entreront à ce conseil, qui sont M. d'Armenonville, l'abbé de Pomponne et M. Fagon. — M. de Morville, nommé à l'ambassade de Hollande, partira le 10 ou le 12 du mois prochain, et M. Hop, qui est nommé ambassadeur des États Généraux pour venir ici, y arrivera incessamment; il est un des bourgmestres d'Amsterdam. C'est toujours la province de Hollande seule qui nomme les ambassadeurs en France, et la province de Zélande seule qui nomme les ambassadeurs en Angleterre.

Vendredi 29. — Le cardinal de Noailles travailla longtemps avec M. le duc d'Orléans; il ne paroît pas que les affaires de la Constitution avancent, cependant on espère toujours que le cardinal de Noailles donnera une acceptation. M. le duc d'Orléans soupa dans une petite maison qu'a M. de Nocé à Bercy. — L'évêque de Sisteron (1) est mort; il avoit quatre-vingt-trois ans et est mort d'une chute qu'il a faite. — Le czar fait faire le procès au czarowitz, son fils aîné, à qui il avoit déjà pardonné une fois, quoiqu'il eût été condamné à mort. Le czar prétend avoir

---

(1) Louis Thomassin.

découvert une nouvelle conspiration, tant par des lettres que le czarowitz avoit écrites à l'empereur et que le czar a eues de quelques ministres de Vienne à qui il avoit donné beaucoup d'agent pour avoir ces lettres en original, que par d'autres lettres que le czarowitz a écrites à sa maîtresse, qui est une Finlandoise qu'il aime depuis longtemps, qui l'a suivi dans tous ses voyages et que ce prince vouloit épouser.

Samedi 30. — Conseil de régence l'après-dînée à quatre heures, où fut jugée l'affaire des apanages. M. le duc d'Orléans n'y alla point parce que c'étoit son affaire; M. le duc du Maine n'y alla point non plus. M. de Troyes et le marquis d'Effiat n'y étoient que parce qu'on y appela des conseillers d'État et que cela auroit fait une dispute pour le rang avec eux*. L'affaire fut jugée en faveur de Madame et de M. le duc d'Orléans; le procès ne fut gagné que d'une voix. — Les trois gentilshommes bretons qui étoient ici par ordre, ont eu permission de retourner chez eux; mais ils n'iront pas aux États. Ces trois gentilshommes sont : MM. de Guesclairs, de Bonamour, et de Noyan. On fait revenir aussi de son exil M. de Rochefort, président à mortier à Rennes, et M. de Lambilly, conseiller de ce parlement-là.

* Prétentions et mescolences. Pelletier, presque doyen, se contente de sa place première, et d'autres conseillers d'Etat qui viennent une seule fois pour une affaire dont ils sont commissaires et qu'on juge au conseil de régence, prétendent y précéder ce qui n'est pas titré.

Dimanche 31. — Madame la duchesse de Berry vint dîner aux Carmélites; elle vit l'opéra dans sa loge et retourna à la Meutte. — Conseil de régence l'après-dînée. — Le marquis d'Harcourt a acheté la terre de la Meilleraye 200,000 écus; on dit que le comte d'Évreux a vendu la terre de Tancarville à M. Law, qui lui en donne 650,000 livres et une pension viagère de 6,000 francs. — On n'a point encore déterminé si l'on feroit réponse aux remontrances que le parlement fit le 26 du mois; mais, soit qu'on leur fasse, soit qu'on ne leur fasse point, il n'y aura rien de changé sur le dernier édit des monnoies. On porte tous les jours, malgré les remontrances, beaucoup d'argent à la Monnoie, et les billets d'État qu'on y porte avec l'argent sont biffés en présence de ceux qui les portent, quand ils le demandent, et quand ils ne le demandent point les officiers de la Monnoie les biffent souvent.

Lundi 1ᵉʳ août. — Conseil de régence l'après-dînée. — On avoit retranché 5,000 francs par mois des 10,000 qu'on donnoit au roi pour ses menus plaisirs et ses charités particulières; on lui rend présentement ces 5,000 francs qu'on lui avoit retranchés. — La ferme du tabac est adjugée à 4,080,000 livres. M. Maynon n'en donnoit que 2,200,000 livres; c'est M. Law à qui cette ferme est adjugée pour la compagnie d'Occident. — Il arriva le soir un courrier au comte de Konigsegg, ambassadeur de l'empereur, qui lui apporta la nouvelle de l'entière conclusion de la paix à Passarowitz, tant avec l'empereur qu'avec les Vénitiens; les lettres sont de Vienne du 25 du mois passé, et l'ambassadeur en doit faire part demain matin à M. le duc d'Orléans.

Mardi 2. — Le comte de Konigsegg dit à M. le duc d'Orléans la nouvelle que lui avoit apportée le courrier arrivé d'hier au soir. — Madame la duchesse d'Orléans alla à Chelles voir Mademoiselle, sa fille, qui continue à vouloir être religieuse; elle fera sa profession le 23 du mois. — Le bruit court dans Paris que M. le comte de Charolois veut aller en Espagne; mais ce bruit-là n'a, je crois, aucun fondement, et on envoie de l'argent à ce prince, qui est encore à Rome, pour revenir ici. — On dit la flotte espagnole à Melazzo, entre Palerme et Messine, et on ajoute qu'ils y ont débarqué toutes leurs troupes, qu'ils font marcher à Messine. — M. de Senneterre, ancien maréchal de camp, et qui avoit quitté le service les dernières années de la guerre, a été fait lieutenant général; mais cela étoit su de peu de personnes; cela est plus répandu présentement et sa commission est datée du jour de la dernière promotion ; ainsi il se trouvera à la tête des derniers lieutenants généraux qui furent faits il y a quelque temps.

Mercredi 3. — Le cardinal de Rohan et le prince son frère sont allés à Jouarre, où ils feront le mariage de la troisième fille du prince de Rohan avec l'aîné des enfants du prince de Guémené*. — L'envoyé du czar a reçu des lettres de son maître dont il donnera part demain à M. le duc d'Orléans; il lui apprendra la mort du czarewitz, qui est mort d'apoplexie, à ce que mande le czar son père. — Madame vint dîner avec M. le duc d'Orléans et puis entendit la comédie françoise de sa loge. — La nouvelle de la mort du czarewitz fera fort discourir ; et le czar, qui l'a prévu, songe à en effacer tous les soupçons. Le czarewitz laisse deux enfants, un fils et une fille qu'il avoit eus de son mariage avec la princesse de Wolfenbuttel, sœur de l'impératrice**.

* Madame la duchesse de Berry se trouvoit offensée pour le sang royal des fiançailles, dans le cabinet du roi, des princes étrangers et de ceux qui en avoient rang. Elle s'en étoit quelquefois expliquée. Les habiles Rohan ne voulurent pas s'y commettre, et pour éviter en coulant, allèrent faire leur mariage modestement en l'abbaye où leur fille étoit élevée auprès de Meaux.

** Cette tragique histoire est si connue, qu'il est inutile de s'y arrêter. Ce czarewitz avoit d'un coup de pied fait avorter sa femme, sœur de l'impératrice régnante, et elle en mourut, universellement regrettée et sans avoir jamais donné lieu aux mauvais traitements de ce barbare. Il fut en tout le fléau de son père, qui fit semblant de lui donner sa grâce, et qui s'en défit par le poison, tous deux bien malheureux et inexcusables. Où n'eût point porté l'empire de Russie un fils à talents, seulement approchant ceux du père, et capable de continuer l'exécution de ses projets !

Jeudi 4. — L'envoyé du czar donna part le matin à M. le duc d'Orléans de la mort du czarewitz, qui avoit été condamné par huit archevêques, huit archimandrites, quelques autres ecclésiastiques qui l'avoient déclaré coupable de haute trahison et par six-vingts knetz ou boyards qui tous l'avoient condamné à mort. On lui lut sa sentence le 4 du mois passé, et il tomba dès le soir même en apoplexie, et mourut le 7. Le czar mande à son envoyé que le jugement qu'on avoit rendu contre son fils l'avoit jeté dans un grand embarras, qu'il avoit peine à le faire mourir parce que la nature s'y opposoit, qu'il avoit peine aussi à lui faire grâce parce qu'il avoit tout lieu d'en craindre de nouvelles conspirations; cette lettre étoit du 4 et par sa lettre du 7, il lui mande: «Dieu m'a délivré de l'inquiétude où j'étois, car mon fils est mort au bout de trois jours de son apoplexie.» Il veut faire ouvrir son corps pour éviter le soupçon du poison. — L'après-dînée le prévôt des marchands alla chez le premier président où étoient les commissaires du parlement; il avoit été mandé sur les affaires de la maison de ville. On croit que le parlement veut encore faire des remontrances sur les rentes, qu'ils prétendent n'être pas payées assez régulièrement.

Vendredi 5. — M. le cardinal de Noailles a donné une acceptation, et MM. les cardinaux de Rohan et de Bissy doivent s'assembler ces jours-ci chez le maréchal d'Huxelles pour examiner cette acceptation, souhaitant fort que ce soit un adoucissement dans l'affaire de la Constitution. — M. le cardinal de Rohan et M. son frère sont revenus de Jouarre, où le mariage se fit mercredi.— Milord Stanhope a passé à Bordeaux et milord de Berwick me mande qu'il attendra à Bayonne le courrier qui est allé à Madrid pour lui apporter des passe-ports, qui est ce qu'il avoit résolu de faire quand il partit de Paris.

Samedi 6. — Le roi partit d'ici à une heure malgré la grande chaleur, et alla voir madame la princesse de Conty, fille du feu roi, à Choisy. Il s'y divertit à pêcher à la ligne; il y eut grande musique et grande collation; il revint le soir. — M. le duc d'Orléans alla à la Meutte et puis à Saint-Cloud voir Madame, et ensuite à Puteaux chez le duc de Guiche, et finit sa journée à Asnières, où il soupa. — Madame la duchesse d'Albret prit son tabouret au dîner du roi, présentée par madame la princesse de Conty, la jeune. — Le maréchal d'Harcourt est revenu de Bourbon en plus mauvais état qu'il n'étoit en partant d'ici. Madame la duchesse de Mortemart, la jeune, est beaucoup plus mal aussi. — M. de Goësbriant, père de M. de Goësbriant; chevalier de l'Ordre, est mort; il étoit fort vieux, avoit été longtemps en prison à Pierre-Encise, et depuis en être sorti; il avoit fait des factums fort injurieux et fort injustes contre son fils, qui est allé le voir pendant sa maladie; et ils s'étoient raccommodés avant qu'il mourût.

Dimanche 7. — Conseil de régence comme à l'ordinaire l'après-dînée. — Madame la duchesse de Berry vint dîner aux Carmélites, et coucha au Luxembourg, où M. le duc d'Orléans soupa avec elle, et elle demeurera quelques jours à Paris; mais elle ne verra du monde à sa toilette que dimanche prochain. — On croyoit que les États de Bretagne finiroient doucement; mais il y a encore bien des embarras. On veut rembourser Montaran, receveur général de la province, et il y a des avis pour lui laisser exercer sa charge par commission, mais la grande partie de la noblesse s'y oppose. Il y a encore beaucoup d'autres difficultés qui ne sont pas réglées, car les gentilshommes insistent toujours à demander les mêmes commissaires qu'ils avoient.

Lundi 8. — Conseil de régence l'après-dînée, où l'on ne parla point des remontrances du parlement; on avoit cru qu'on y agiteroit si l'on y répondroit et quelle seroit la réponse. — Plusieurs intendants ont écrit ici que les troupes qu'on fera marcher pour les faire changer de garnison feront infailliblement de grands désordres dans les lieux où ils passeront, n'y trouvant point d'étapes; et cela embarrasse, parce que jusqu'ici on ne veut point changer le dernier règlement qu'on avoit fait là-dessus et qu'il y auroit beaucoup d'inconvénients à le changer. — M. le

AOUT 1718.

comte d'Agenois, fils du marquis de Richelieu, épouse mademoiselle de Florensac, fille du feu Florensac, courtisan attaché à feu Monseigneur, et de mademoiselle de Senneterre, qui avoit été fille d'honneur de la reine. Mademoiselle de Florensac est fort belle et a 100,000 écus de bien dont elle jouit, n'ayant ni père ni mère.

Mardi 9. — Les cardinaux de Rohan et de Bissy allèrent chez le maréchal d'Huxelles, qui leur montra l'acceptation du cardinal de Noailles; mais il ne leur en fit que la lecture et ne la leur laissa point; ce ne sera pas la dernière fois qu'ils s'assembleront pour cette affaire. — Il y a des lettres de Madrid du 25 du mois passé qui parlent des grandes réjouissances qu'on y a faites pour la prise de Palerme, et que les Espagnols accusent le roi de Sicile de leur avoir manqué. Le roi, la reine et les enfants sont à l'Escurial et en bonne santé. — Milord Codogan, ambassadeur d'Angleterre en Hollande, a communiqué aux États-Généraux une lettre que l'empereur écrit au roi son maître, dans laquelle il lui fait savoir les propositions que lui font les Espagnols; cette nouvelle n'est pas encore fort répandue.

Mercredi 10. — Deux jeunes gens qu'on dit être de bonne famille, passant devant le logis de la comtesse d'Estrades, prirent querelle avec son portier, qui appela les domestiques de la maison à son secours; ces jeunes gens mirent l'épée à la main, on leur arracha leurs épées et on les en blessa si dangereusement que l'un en mourut deux heures après et l'autre est fort blessé. — Voici la liste des troupes impériales qui ont décampé de Semlin pour marcher en Italie : le régiment d'Ebergini-hussards, composé de 600 hommes; le régiment d'Esterhazy-hussards, de 600; Cronsfeld-cavalerie, de 1,100. M. de Seckendorf, lieutenant-maréchal de camp général et le prince de Hesse, aide-major général, sont partis le 15 du mois de juillet ayant sous leur commandement : le régiment de Hesse-infanterie, de 2,300 hommes; celui d'Anspach, aussi infanterie, de 2,300. Le prince de Holstein, lieutenant de maréchal de camp général, parti le 16 du dit mois, ayant sous son commandement le régiment de Holstein-infanterie, de 2,300 hommes, celui du vieux Virtemberg-infanterie, de 2,300. M. de Brouin, lieutenant de maréchal de camp général, et M. de Diesbach, aide-major général, ayant sous leur commandement le régiment de Brouin-infanterie, de 2,300; celui de Durlach-infanterie, de 2,300. Et suivront les régiments de cavalerie ci-après nommés sous le commandement des deux généraux Veterani et Eck : le régiment d'Eck, de 1,100; Sultzbach, de 1,100; Lobkovitz, de 1,100.

Infanterie............	13,800 hommes.
Cavalerie............	4,400
Hussards............	1,200
Total...	19,400

Lundi 11. — Le parlement s'assembla l'après-dînée et s'assemblera encore demain matin; il paroît qu'ils veulent attaquer M. Law. — Madame la duchesse d'Orléans est allée à Saint-Cloud, où elle demeurera quelques jours avec Madame. — Le comte de Provana, ministre du roi de Sicile, prit congé de M. le duc d'Orléans; il s'en va en Angleterre. On dit que son maître propose ici d'entrer dans la quadruple alliance, et qu'il va faire les mêmes propositions en Angleterre. On dit de plus qu'il propose le mariage du prince de Piémont avec madmoiselle de Valois; mais je ne crois pas cette proposition-là si vraie que la première. — Outre les troupes que le prince Eugène a détachées pour marcher en Italie, il a fait encore un autre détachement de huit ou dix mille hommes pour marcher en Flandre, parce qu'il y a eu déjà plusieurs émeutes dans les principales villes de ce pays-là, surtout à Bruxelles.

Vendredi 12. — Le parlement s'assembla le matin, et voici l'arrêt qu'il a rendu : « La cour ordonne que les ordonnances et édits portant création d'offices de finances et lettres patentes concernant la banque registrées en la cour seront exécutées; ce faisant, que la banque demeurera réduite aux termes et aux opérations portées par les lettres patentes des 2 et 20 mai 1716, et en conséquence fait défenses de garder ni retenir directement ni indirectement aucuns deniers royaux de la caisse de la banque, ni d'en faire aucun usage, ni emploi pour le compte de la banque et au profit de ceux qui la tiennent, sous les peines portées par les ordonnances; ordonne que les deniers royaux seront remis et portés directement à tous les officiers comptables pour être par eux employés au fait de leurs charges et que tous les officiers et autres maniant les finances demeureront garants et responsables en leurs propres et privés noms, chacun à leur égard, de tous les deniers qui leur seront remis et portés par la voie de la banque.

« Fait défenses en outre à tous étrangers, même naturalisés, de s'immiscer directement ni indirectement et de participer, sous des noms interposés, aux manimens et dans l'administration des deniers royaux, sous les peines portées par les ordonnances et déclarations registrées en la cour; enjoint au procureur général, etc. »

Samedi 13. — Le roi a signé le contrat de mariage de M. d'Agenois avec mademoiselle de Florensac. — L'arrêt que le parlement rendit hier fit grand bruit. — Les États de Bretagne se brouillent plus que jamais; on a donné une lettre de cachet au syndic des États, qui est un Coëtlogon-Méjussaume. — Il paroît ici une lettre latine du prince Ragotzki à l'empereur, dans laquelle il explique toutes les raisons de sa conduite; cette lettre est vieille. On ne sait point ce qu'il a fait depuis la paix de Passarowitz. L'empereur, avant la conclusion de la paix, s'étoit désisté de la demande qu'il avoit faite qu'on lui livrât ce prince; il s'étoit désisté aussi de la demande qu'il avoit faite qu'on lui cédât Zvornits et Bihas, deux places de la

Bosnie qui l'auroient rendu maître de ce pays-là. Ce n'est pas proprement la paix qu'on a faite, c'est une trêve pour vingt-quatre ans.

Dimanche 14. — Grande toilette chez madame la duchesse de Berry. Cette princesse passa l'après-dînée aux Carmélites, et puis alla souper à Asnières. M. le duc d'Orléans y alla aussi. — Il y eut conseil de régence l'après-dînée. — Les Anglois ont envoyé ordre à leur flotte, qui doit être présentement à la rade de Naples, d'y embarquer des troupes de l'empereur pour les porter à Messine; et en cas que les Espagnols veuillent continuer leur entreprise en Sicile, d'attaquer la flotte espagnole; et les ordres que les Anglois ont envoyés au vice-amiral Bing, qui commande leur flotte, doivent être arrivés dès le commencement de ce mois; les courriers ont ordre de porter leurs dépêches droit à Naples. Apparemment tout cela doit être exécuté présentement.

Lundi 15. — Il n'y eut point de conseil de régence à cause de la fête. — M. le duc d'Orléans n'alla point à la procession qui se fait tous les ans à pareil jour; il y avoit été l'année passée. Madame la duchesse de Berry est encore ici, et on croit qu'elle ne retournera pas encore de quelques jours à la Meutte. — Il y a des nouvelles qui portent que le czar s'est embarqué à Pétersbourg, qu'il a trente-deux vaisseaux et beaucoup de troupes, et qu'on ne sait à quoi cet armement-là est destiné. — On ne sait encore rien de bien sûr du siége de Messine. — Il y eut un grand bal au village d'Auteuil; il y alla une infinité de dames de la cour et de Paris. Il y avoit beaucoup de lampions dans la prairie, à ce qu'on dit, ce qui rendit le spectacle fort agréable.

Mardi 16. — MM. les cardinaux de Rohan et de Bissy n'allèrent point chez le maréchal d'Huxelles, comme cela avoit été résolu. Cette conférence-là est remise parce que le cardinal de Bissy n'a pas encore achevé la réponse qu'il veut faire à la prétendue acceptation du cardinal de Noailles ; la réponse du cardinal de Rohan étoit prête, mais ils veulent la donner de concert. — Le duc d'Antin a obtenu pour l'aîné de ses petits-fils la survivance du gouvernement de l'Orléanois, et pour le cadet, la survivance de la lieutenance générale d'Alsace ; il avoit déjà la survivance de sa charge de surintendant des bâtiments pour M. de Bellegarde, son second fils, qui a épousé la fille de M. de Verthamon, premier président du grand conseil.

Mercredi 17. — Le prévôt des marchands alla le matin au parlement, où il avoit été mandé ; cela se passa fort doucement, et le parlement, après qu'il fut parti, demeura assemblé pour parler encore d'autres affaires. — L'abbé Dubois arriva d'Angleterre à une heure après minuit, et M. le duc d'Orléans le mena à onze heures à Saint-Cloud. L'abbé Dubois avoit trouvé en chemin le courrier de milord Stairs ; mais le paquet qu'il y avoit pour lui, et dans lequel M. le duc d'Orléans lui mandoit de ne point venir, étoit enfermé dans le paquet de milord Stairs sans que le courrier le sût ; ainsi, l'abbé Dubois n'a pas pu recevoir l'ordre qu'il avoit de demeurer. M. Law alla aussi l'après-dînée à Saint-Cloud ; et M. le duc d'Orléans travailla longtemps avec eux séparément.

Jeudi 18. — Le parlement s'est assemblé plusieurs fois cette semaine, et ils signent leur arrêt, qu'ils feront imprimer, mais ils ordonnent qu'il ne soit point débité dans les rues, et paroissent toujours fort animés contre M. Law, quoi qu'ils ne l'aient pas nommé dans leur arrêt. — Les affaires des États de Bretagne ne prennent pas un bon chemin, et il y a encore des lettres de cachet données à des gentilhommes. — M. le duc d'Albret a fait signifier une cédule évocatoire du parlement, à cause des parentés de MM. de Louvois ; cela embrouillera encore l'affaire, et bien des gens lui avoient conseillé de ne point évoquer du parlement, que cela irritera peut-être contre lui.

Vendredi 19. — Il y a des lettres de Rome qui disent

que les d'Espagnols ont pris le fort de Matagrifon et se sont rendus maîtres de la ville de Messine, et qu'ils attaquent la citadelle et le fort de San-Salvador; mais M. le duc d'Orléans et l'ambassadeur d'Espagne n'en ont point encore de nouvelles. — Le duc de Tresmes, comme gouverneur de Paris, présenta au roi le sieur Trudaine, prévôt des marchands, et les nouveaux échevins prêtèrent serment entre les mains de S. M. — M. le comte d'Évreux a écrit plusieurs lettres à des colonels de cavalerie; ils ne sont pas contents de la souscription de ces lettres : il finissoit ses lettres par dire : « Je suis tout à vous et vous honore parfaitement; » ce mot de tout à vous les a blessés*.

* M. le comte d'Évreux, qui étoit l'homme de France le moins simple en le voulant paroître le plus, et qui étoit sans cesse le plus adroitement appliqué à ses buts, étoit ravi de voir l'étrange maladie de cette fermentation de ce qui s'appeloit la noblesse contre les ducs et contre les maréchaux de France, sans que le rang de prince étranger y eût de part, et de cette manie d'attaquer tout ce qui avoit toujours été et ce que ces messieurs pouvoient devenir, et uniquement par la jalousie et le dépit de ne l'être pas encore devenus, et avec cela de ne se fâcher pas contre des nouveautés qui ne devoient jamais être, par cette rare raison qu'ils n'y pourroient arriver parce qu'ils n'étoient pas nés princes ou parce que des hasards uniques, tels que ceux qui avoient porté jusque-là les Rohans et les Bouillon, ne se pouvoient espérer. Le comte d'Évreux crut donc pouvoir profiter de la conjoncture au moyen du concours du rang de sa maison avec la supériorité de sa charge de colonel général de la cavalerie sur les colonels de cavalerie, et hasarda le paquet, qui fut vivement repoussé. Mais s'il se méprit en quelque chose, il ne se trompa pas tout à fait. Il pallia son rang de sa charge. Ces messieurs ne soutinrent pas ce qu'ils avoient commencé, et l'affaire d'abord fort aigrie, finit par un *mezzo-termine* à l'ordinaire, mais où le comte d'Évreux trouva encore à gagner.

Samedi 20. — Madame la princesse de Conty, fille du feu roi, est présentement maîtresse de Champs par bail judiciaire, et elle y va passer huit ou dix jours. — On doit parler demain, au conseil de régence, de l'arrêt du parlement, et on ne sait point encore le parti qu'on prendra là-dessus. — Madame la duchesse du Maine a eu une conversation avec M. le duc d'Orléans, très-vive, et où elle entra en éclaircissement de choses qu'on lui imputoit, se plaignant à lui de ce qu'il la soupçonnoit de vouloir se servir de moyens bas pour lui nuire*. — Il paroît que le parlement n'est pas content du procureur général, et il y a eu quelques avis dans ce corps pour en élire un autre par commission ; cependant les plus sensés de ce corps assurent que cela n'aura aucune suite. — M. Law a couché au Palais-Royal chez M. de Nancré, dont l'appartement est libre parce qu'il est en Espagne.

* A ce qui éclata bientôt après, on peut voir quelle put être cette justification de madame du Maine que son mari n'osa hasarder, et dans quel esprit elle fut faite. Le jugement du conseil de régence entre les princes du sang et les bâtards, que toutes les menées de M. et de madame du Maine n'avoient pû empêcher, avoit ulcéré l'un et l'autre à n'en jamais revenir. Tous les adoucissements que M. le duc d'Orléans y avoit mis de son absolue puissance dans le moment même, ne leur avoit paru qu'une preuve de crainte et de foiblesse, et qu'une raison de plus d'en profiter. Ils s'estimoient en trop beau chemin pour ne pas pousser leur pointe. Tout rioit à leurs projets : cette noblesse séduite, la Bretagne, le parlement de Paris au point où ils le vouloient contre le régent, l'Espagne, la révolte des esprits contre la quadruple alliance et contre l'administration des finances. Il ne s'agissoit donc que d'endormir, en attendant les moyens prochains d'une exécution si flatteuse à la vengeance et à l'ambition. Ce fut aussi à répandre ces dangereux pavots, mais si nécessaires pour gagner un temps si cher et non encore imminent, que le rang, le sexe, l'esprit, l'éloquence, l'adresse et l'audace de madame la duchesse du Maine lui parurent devoir être employés. Elle sortit de l'audience contente de leur effet, et le régent plus content qu'elle de lui avoir persuadé de l'être.

Dimanche 21. — Conseil de régence l'après-dînée ; on y parla de l'arrêt du parlement dont on est assez irrité, mais on n'a pris encore aucune résolution là-dessus qui soit sûre, et on trouve que l'affaire mérite d'être bien examinée avant que de se déterminer. — M. le duc de la Force entra au conseil de régence, et y entrera toujours ; on croit que le duc de Guiche y entrera aussi demain*. — La noce de M. d'Agenois avec mademoiselle de Florensac se fit le soir chez M. d'Antin, et puis ils s'allèrent marier à Saint-Roch. La demoiselle s'étoit trouvée un peu malade le matin, et on croyoit que cela pourroit faire différer le mariage; mais elle se trouva mieux le soir. — On ne doute plus que l'arrêt du parlement ne soit cassé, et on parle d'un lit de justice sur la fin de la semaine.

* Le conseil de régence, où depuis longtemps il ne se faisoit plus rien en aucun genre qui fût de la moindre importance ni qui méritât le moindre secret, étoit devenu le vieux sérail dont la facile entrée n'étoit plus comptée que par la cessation du dégoût de n'en être point, tandis qu'on y en voyoit tant d'autres, et par 20,000 livres d'appointements; on y tuoit un temps très-court par des extraits de lettres de paille qu'apportoit le maréchal d'Huxelles, par des rinçures de matières du conseil des affaires du dedans, et par des bagatelles de finances. Il y avoit longtemps qu'on y étoit accoutumé, et ceux mêmes qui le trouvoient le plus mauvais ne pouvoient disconvenir qu'il n'y avoit pas moyen de traiter rien de sérieux dans une pareille cohue. Dès avant qu'elle fût arrivée au point du temps dont on parle ici et de l'entrée de ces deux derniers admis, un petit chat du roi sauta pendant un conseil sur la table, et le duc de Noailles, qui les craignoit, à faire la grimace; M. le duc d'Orléans, qui s'en aperçut, voulut faire ôter le chat; M. de Saint-Simon en regardant ce prince se mit à sourire, et lui dit : « Pourquoi, Monsieur? laissez ce petit chat: il fera le dix-septième. » C'est qu'ils étoient seize à ce conseil. La compagnie éclata de rire, et le régent même ne s'en put empêcher. Le rare fut que le roi le remarqua et qu'il le raconta le soir.

Lundi 22. — Le parlement s'assembla encore le matin, et ils ont chargé les gens du roi de savoir ce que sont devenus les billets d'État qui ont passé à la chambre de justice; ceux qui ont été donnés pour les loteries qui se font tous les mois, ceux qui ont été donnés pour le Mississipi ou la compagnie d'Occident, et enfin ceux qui ont été portés à la Monnoie depuis le changement des espèces. MM. les gens du roi allèrent chez M. le duc d'Orléans au sortir du parlement, et lui dirent de quoi ils étoient chargés; il leur dit qu'ils n'avoient qu'à exécuter ce que le parlement leur avoit ordonné de faire. Ils voulurent demander à S. A. R. quelques instructions là-dessus; mais il ne jugea pas à propos de leur répondre davantage, et leur tourna le dos. — L'après-dînée il y eut conseil de régence, où le duc de Guiche prit sa place, et y entrera toujours. — On parloit fort le soir dans les Tuileries de grands changements; mais jusqu'ici ce ne sont que des bruits peut-être mal fondés.

Mardi 23. — Mademoiselle fit sa profession à Chelles, et édifia tout le monde par la dévotion, le courage et par la joie qu'elle temoigna dans cette occasion-là. Elle a résisté et aux lettres de Madame, et aux prières que M. Terrat lui fit encore le matin de la part de M. le duc d'Orléans. Beaucoup de dames de Paris étoient venues à cette cérémonie; mais il n'y avoit ni princes ni princesses. Le cardinal de Noailles fit la cérémonie. — Le bruit du lit de justice *augmente fort; les commandants des troupes ont ordre de ne se pas éloigner, ni eux ni personnes de leurs troupes, et on s'attend à quelque événement considérable, car on sait que M. le duc d'Orléans est très-irrité contre le parlement, et on croit qu'il y a des gens de ce corps qui seront punis parce qu'ils ont paru encore plus échauffés que les autres.

* Ce bruit de lit de justice étoit plutôt fondé sur la nécessité que les uns en voyoient et la crainte qu'en avoient les autres, que sur aucune sorte de notion, et pour en dire la vérité, l'opinion générale qui avoit prévalu de la foiblesse du régent, par sa conduite sur tout ce qui se passoit depuis longtemps et à Paris et en Bretagne, regardoit un lit de justice comme une entreprise à laquelle il n'oseroit jamais se commettre, au point où il avoit laissé monter l'audace, les liaisons et les entreprises. La lecture des Mémoires du cardinal de Retz, de ceux de Joly et de ceux de madame de Motteville avoit tourné toutes les têtes. Ces livres étoient si à la mode, qu'il n'y avoit ni hommes ni femmes de tous états qui ne les eût continuellement entre les mains. L'ambition, le désir de nouveautés, l'adresse des entrepreneurs qui leur donnoit cette vogue, faisoit espérer à la plupart le plaisir et l'honneur de figurer et d'arriver, et persuadoit qu'on ne manquoit non plus de personnages que dans la minorité de Louis XIV. On croyoit trouver le cardinal Mazarin dans Law, étranger comme lui, et la Fronde dans M. et madame du Maine et leur parti. La foiblesse de la reine-mère et de

M. le duc d'Orléans étoient comparées, avec la différence de la qualité de mère et de celle de cousin germain du grand-père du roi ; la division et les intérêts différents des ministres de leurs conseils paroissoient les mêmes. Enfin le maréchal de Villeroy se donnoit pour un Beaufort, avec l'avantage de plus de sa place auprès du roi et dans le parlement, sur lequel on ne comptoit pas moins que sur celui de la dernière minorité ; on imaginoit plusieurs Broussel, et on avoit un premier président tout à la dévotion de la Fronde moderne. La paix au dehors, dont l'autre minorité ne jouissoit pas, devenoit un autre avantage à des gens qui comptoient d'opposer au régent le roi d'Espagne irrité contre lui avec les droits de sa naissance, et les manéges de la Ligue contre Henri III n'étoient pas oubliés. Pour en dire la vérité, tout tendoit à l'extrême, et il étoit temps que le régent se réveillât d'un assoupissement qui enhardissoit ses ennemis à tout oser et à tout faire, qui jetoit ses serviteurs dans l'abattement et dans l'impossibilité de tout bien, et qui l'avoit conduit lui-même, avec l'État qu'il gouvernoit, l'un sur le bord du précipice, l'autre à la veille de la plus grande confusion. M. le duc d'Orléans, sans avoir eu l'horrible vice ni les mignons de Henri III, se trouvoit comme lui trahi dans le plus intérieur de son conseil et de son domestique ; cette trahison lui plaisoit, parce qu'elle alloit à le porter à ne rien faire, tantôt par crainte, tantôt par mépris, tantôt par politique ; et cet engourdissement lui étoit si agréable, parce qu'il étoit conforme à son humeur et à son goût, qu'il en regardoit les conseillers comme des gens sages, éclairés, modérés, que l'intérêt particulier n'offusquoit point, et qui voyoient les choses telles qu'elles étoient, tandis qu'il étoit importuné des avis qui alloient à lui découvrir sa situation dans le vrai, et qui lui en proposoient les remèdes. Il considéroit ceux-ci comme des gens vifs, qui précipitoient tout, qui grossissoient tout, qui vouloient tirer sur le temps pour satisfaire leurs aversions, leur ambition, leurs passions différentes. Il se tenoit en garde contre eux ; il s'applaudissoit de n'être pas leur dupe. Tantôt il se moquoit d'eux ; souvent il leur faisoit accroire que, goûtant leurs raisons, il alloit agir et sortir de sa léthargie, puis les amusoit et tiroit de long, et s'en divertissoit après avec les autres : quelquefois il leur répondoit sèchement ; et quand ils le pressoient trop, il leur laissoit entrevoir ses soupçons. Il y avoit très-longtemps que le duc de Saint-Simon le plus ancien, le plus attaché et le plus libre sans mesure avec lui de tous ses serviteurs, et qui avoit à tant de titres, le plus de droit de l'être, s'étoit aperçu de la façon d'être de M. le duc d'Orléans là-dessus. Il l'avoit averti dès les premiers mouvements du parlement, des bâtards, de ce qui avoit pris le nom de noblesse ; il avoit redoublé dès qu'il en avoit vu la cadence et l'harmonie, et lui en avoit fait sentir tous les desseins et toutes les suites, et combien il étoit aisé d'y remédier dans ces commencements et difficile après, surtout pour un homme de son humeur. Mais Saint-Simon n'étoit pas l'homme qu'il lui falloit là-dessus, quelque accoutumé qu'il fût à une entière confiance en lui et à se bien trouver de ses conseils dans les temps les plus critiques de sa vie, quelque bonne opinion qu'il eût de sa vérité et de sa probité, dont il a souvent rendu lui-même de grands témoignages, il étoit en garde contre ce qu'il appeloit vivacité en lui et contre l'amour de sa dignité si attaquée par le rang des bâtards, par les nouvelles idées de cette noblesse, et par les démêlés du bonnet avec le parlement. Saint-Simon, qui le sentit incontinent, le lui dit, et ajouta que, content d'avoir fait son devoir comme citoyen et comme son serviteur, il ne lui en parleroit pas davantage. Il lui tint exactement parole, et pendant près d'un an, n'en ouvrit jamais aucun propos, et se contenta d'effleurer foiblement quand il ne pouvoit éviter, lorsqu'on en parloit en sa présence devant M. le duc d'Orléans. Le retour de l'abbé Dubois dont la fortune ne s'accommodoit pas de la diminution de son maître dans le fort de ces conjonctures, la frayeur que prit Law que le parlement ne lui mît la main sur le collet et de se voir abandonné, la crainte du garde des sceaux pour sa place, fort haï du parlement, tandis qu'il avoit la police, firent une réunion à laquelle Law attira M. le Duc, si grandement intéressé dans son système, et qui se proposa de saisir la conjoncture pour culbuter M. du Maine, satisfaire sa haine et occuper sa place auprès du roi. Ce concert de différents intérêts qui aboutissoient au même, forma un effort qui entraîna le régent et lui fit voir tout à coup son danger et son unique remède, et le persuada qu'il n'y avoit plus un moment à perdre. Dubois et Law l'investirent contre ceux dont il n'avoit que trop goûté et suivi les dangereux avis, et tout fut si promptement résolu que personne n'en eut aucun soupçon. L'histoire de tout ceci, des mesures qui furent prises, des disputes qu'il y eut entre les cinq ou six personnes de cette première confidence sur ce qu'on devoit faire, toutes les obscures curiosités du peu de jours si vifs, si occupés, si cachés, qui s'écoulèrent jusqu'à l'exécution; ce qui se passa sur le point de l'exécution et dans l'exécution même; ce qui la suivit immédiatement, feroient un petit volume qui, quelque intéressant qu'il fût, ne peut trouver sa place dans ces courtes notes, où il se faut contenter d'une légère notion des choses les plus singulières. Saint-Simon fut le premier mandé par le régent et le plus immédiatement admis dans le secret, dès que tout eut été résolu entre les deux princes, l'abbé Dubois, Law et le garde des sceaux, qui tout de suite dressa les déclarations qui parurent au lit de justice. M. le duc d'Orléans expliqua tout tête à tête à M. de Saint-Simon, qui fut bien étonné d'un tel changement de ce prince et de trouver tant de choses résolues. A son tour, M. le duc d'Orléans le fut bien d'avantage lorsqu'il l'entendit s'écrier contre la culbute de M. du Maine. Il savoit tout ce qui s'étoit passé entre eux sur l'affaire du bonnet, et la passion qu'avoit Saint-Simon de voir les bâtards réduits à leur rang de pairie, ce qu'il ne pouvoit espérer tant que M. du Maine demeureroit surintendant de l'éducation du roi. Les raisons donc qu'il lui allégua d'y laisser M. du Maine et de ne pas toucher à son rang, le convainquirent plus aisément de sa bouche que de tout autre; mais les engagements étoient pris avec M. le Duc, et ce fut à lui que le régent le renvoya et le pria de tâcher à le persuader; mais persuade-t-on personne contre des intérêts si chers? trois longues conversations y furent inutiles; Saint-Simon se rabattit à la quatrième à sauver le comte de Toulouse, et il eut des peines infinies à y faire consentir M. le Duc, qui se plaignoit qu'il étoit plus difficile que M. le duc d'Orléans. La défiance qu'eut ce prince du duc d'Aumont, ci-devant ambassadeur de France en Angleterre et premier gentilhomme de la chambre en année, l'obligea de lui cacher tout, et de ne se servir que de Fontanieu, garde-meubles de la couronne, qui, instruit par Saint-Simon (et ce fut une scène singulière), fit si secrètement dresser le lit de justice, qu'il n'y eut qu'à le poser tout fait et presque sans aucun bruit, tellement que le roi ni personne dans son appartement n'en entendit rien, et que lorsque le premier valet de chambre sortit de la chambre du roi pour s'habiller, il demeura tout étonné, et le maréchal de Villeroy bien davantage, auquel il l'alla apprendre, qui dormoit encore dans la chambre du roi, et qui se trouva étrangement déconcerté. M. du Maine, qui couchoit au-dessous, n'en fut averti qu'à cinq heures du matin par Contades, major du régiment des gardes, qui en revenant de poster les troupes avoit ordre de le lui aller dire, parce qu'un moment après il eût pu entendre le bruit de le poser. M. du Maine, bien plus en peine encore que le maréchal, n'osa branler ni rien mander à madame du Maine. En allant aux Tuileries, Saint-Simon passa chez Valincourt, secrétaire de M. le comte de Toulouse et dans toute sa confiance, à qui il fit promettre le secret par serment; puis lui dit d'aller de sa part avertir son maître que, sans pouvoir s'ouvrir de ce qui s'alloit passer, il pouvoit être assuré sur sa parole qu'il ne recevroit ni diminution ni déplaisir pour soi, mais qu'il lui conseilloit d'être très-mesuré et très-sage. Ce fut un avis qui, dans l'incertitude extrême où il étoit déjà, le mit à l'aise et dont il profita. Il ne se peut rien ajouter à la surprise, à l'étonnement, à la consternation qui parut au conseil sur tous les visages et surtout sur celui de tout le parlement au lit de justice, où le premier président parut mort. Personne du conseil ne savoit rien de ce qui s'alloit faire que les deux princes, le garde des sceaux la Vrillière, parce qu'il avoit fallu signer les déclarations, en même temps qu'elles furent scellées dans une petite chambre haute des Tuileries, un moment avant le conseil, Saint-Simon et le duc de la Force, à qui l'abbé Dubois l'avoit fait confier la veille. Le régent se posséda et parla merveilleusement bien en expliquant au conseil ce qui s'alloit faire et les raisons qui l'y avoient forcé. Le garde des sceaux lut les diverses déclarations, puis parla peu; ensuite M. le Duc en deux mots pour demander la place de M. du Maine auprès du roi, et quand ce fut à prendre les avis, le régent, cette fois unique, commença à rebours et les prit exprès par la tête, c'est-à-dire : les princes du sang, le garde des sceaux, le duc de Saint-Simon, puis tous les autres, toujours en descendant. Le duc de Saint-Simon, premier opinant après les princes du sang et le garde des sceaux, s'étendit peu, approuva, et finit par dire que l'intérêt qui le rendoit partie contre le rang de M. du Maine et par le droit de celui des pairs, et par la requête qu'il avoit signée là-dessus avec eux, l'empêchoit d'y pouvoir opiner, et le réduisoit ainsi que ses confrères au très-humble remercîment de la justice qui leur étoit rendue à tous. Les autres pairs l'imitèrent en ce point, et peu de tout ce qui étoit dans le conseil parla ; mais tous approuvèrent les déclarations, quelques-uns par n'oser pas s'y opposer inutilement. En levant le conseil on marcha tout de suite au lit de justice. D'Antin s'approcha du régent, et le supplia de trouver bon qu'il n'y assistât point. Il l'obtint, et il voulut demeurer enfermé seul dans le cabinet du conseil jusqu'à la fin du lit de justice, pour n'être pas soupçonné d'avoir pu donner aucun avis de ce qui avoit été résolu. Il étoit fils de madame de Montespan, et cette conduite fut approuvée. Les deux bâtards, après quelques allées et venues avant le conseil où ils s'étoient rendus comme les autres princes du sang et pairs en manteau pour le lit de justice étoient sortis un moment avant qu'on s'assît au conseil, et ils étoient descendus chez M. du Maine, où madame du Maine et leurs plus intimes les vinrent trouver. Ils y demeurèrent enfermés jusqu'à la fin du lit de justice. Le premier président, âme damnée de M. et de madame du Maine, y arriva plus mort que vif, et fut indignement traité par elle pour n'avoir pas fait ce qui étoit au-dessus de ses forces et de son pouvoir. Cette rage se renferma dans cet intrinsèque. Ils ne voulurent y admettre personne de longtemps, et parurent obéir sans plainte et sans réplique. Ce qui se méditoit, et que cette chute ne ralentit pas, ne demandoit pas une conduite moins mesurée. Il est pourtant vrai que la différence du traitement des deux frères y mit la division, qu'ils cachèrent avec tout le soin possible, mais qui alla à la dernière amertume quelqu'injuste qu'elle fût et quoi que le comte de Toulouse pût faire, et alors et encore plus dans les suites, où il devint si nécessaire à son frère et à sa famille ; jamais il n'y eut entre eux que le besoin pour lien, et à l'extérieur de la bienséance, encore même assez médiocre. Le maréchal de Villeroy, qui ne cacha pas son désespoir, mais dont le fond alors n'étoit pas connu, s'excusa par toutes les bassesses du plus vil courtisan au Palais-Royal et à l'hôtel de Condé. L'évêque de Fréjus, qui n'entroit en rien dans ces intrigues, et qui ne songeoit qu'à se maintenir et à se dévouer le roi, s'en tint partout au silence et à la bienséance.'

 M. de Saint-Simon, qui autrefois avoit raccommodé M. [le duc] et madame la duchesse d'Orléans, et qui depuis étoit demeuré le lien entre eux deux et dans leur plus intime amitié et confiance, fut chargé de lui aller apprendre et à Madame, ce qui se venoit de passer, à Saint-Cloud où elles étoient, et ne put se dépêtrer de Biron qui le vint chercher au sortir du lit de justice. Il le put encore moins du régent, à qui il représenta vainement que de tous les hommes du monde il étoit le moins propre à une commission qui mettroit le poignard dans le cœur à madame la duchesse d'Orléans, qui le croiroit ravi de joie. Le débat fut vif et long; il fallut obéir. Rien n'égala la douleur de madame la duchesse d'Orléans, qui n'avoit encore rien su ni qui que ce soit qui fût à Saint-Cloud; rien n'égala aussi l'esprit, la sagesse, le respect avec lesquels elle se fit violence, non plus que tout ce dont Saint-Simon fut chargé d'amitiés pour elle. L'entretien fut long et à reprises pour la laisser à elle-même. Elle l'envoya chercher chez Madame pour lui dicter la fin d'une lettre à M. le duc d'Orléans, dont elle avoit écrit le commencement et que les larmes l'empêchèrent d'achever de sa main. Il n'est point de choses obligeantes et confidentes qu'elle ne dît à Saint Simon, et il y a lieu de croire qu'elle fut contente de la manière dont il s'étoit acquitté d'une si fâcheuse commission, puisqu'elle ne s'en est jamais plainte. Madame vint chez elle qui lui persuada d'aller au Palais-Royal. Saint-Simon rendit sa lettre à la duchesse Sforce, sa plus intime confidente, pour la lui remettre puisqu'elle alloit à Paris; lui conta comme il s'étoit opposé et jusqu'à quel point à la chute de M. du Maine, parce que M. le duc d'Orléans le lui avoit permis, la pria de le dire à madame la duchesse d'Orléans, et que pour lui marquer plus de respect et de mesure, il ne la verroit que quand elle le manderoit. Quelqu'un lui tourna la tête à Paris. Elle ne fit rien dire à Saint-Simon. Madame Sforce lui en remontra l'injustice et quelque chose de plus. M. le comte de Toulouse lui en parla très-fortement, ce que Saint-Simon n'a su que longtemps depuis. Lui, se trouva fort blessé de cette conduite, et ils en sont demeurés brouillés depuis. Longtemps après, elle a voulu le rapprocher d'elle sans qu'il y ait voulu entendre, et encore aussi inutilement depuis la mort de M. le duc d'Orléans, deux autres fois.

 L'étourdissement public fut extrême, personne n'avoit cru le régent capable de ce tour de force et de l'exécuter si secrètement et si bien, et en effet il y excella à se posséder à souhait, et à n'oublier aucune des mesures et toutes chacune en leur moment. Mais la consternation fut entière, au mépris des cris et des murmures auxquels le régent s'étoit bien attendu et à la hauteur sage mais inflexible avec laquelle leurs soumissions et leurs pathétiques remontrances furent répondues, et avec un air d'ailleurs d'aisance et de liberté d'esprit qui les accabla d'autant plus, qu'ils s'étoient le moins attendus que ce prince fût capable de grands coups, et moins encore, de les soutenir sans en laisser apercevoir le poids. Ce qu'il y eut de surprenant fut le silence, la tranquillité et l'égalité du roi dans le cours de cette longue matinée et de toute cette journée, et toujours depuis sur ce qui étoit passé, et avec lesquels il reçut ce que le régent lui en dit en deux mots à l'oreille et à la dérobée, en entrant au conseil.

Mercredi 24. — Les députés des Etats de Languedoc haranguèrent le roi; M. de Viviers porta la parole, et parla fort dignement et fort bien. — Le soir, dans le jardin des Tuileries, il y eut une grande musique que l'Opéra donne tous les ans sous l'appartement du roi, et un feu d'artifice dans la grande allée; la musique commença avant le feu, et quand il fut fini elle recommença encore. Il y eut de la pluie le soir, qui redonna la joie à tout Paris, car la chaleur étoit excessive, et on ne se souvenoit point d'en avoir vu de pareille en France. — Il a été résolu, dans le conseil de régence de dimanche, de casser l'arrêt du parlement, comme attentatoire à l'autorité royale, mais cela n'est pas encore public.

Jeudi 25. — La procession des Carmes du grand couvent, qui se fait tous les ans, vint aux Tuileries, suivie du prévôt des marchands et des échevins; les religieux célébrèrent la messe dans la chapelle, où le roi assista. Le soir, S. M. alla entendre le salut dans l'église des Capucins (1). — On parloit de tenir un conseil de régence extraordinaire aujourd'hui, mais on le croit remis à demain; il est sûr qu'il y aura un lit de justice au premier jour, et ce

---

(1) « Le sieur Charles Boit, fameux peintre en émail, membre de l'Académie royale, ayant été introduit par M. le duc d'Aumont au lever du roi, eut l'honneur de présenter le portrait en émail qu'il avoit fait de S. M. Il en fut reçu très gracieusement. » (*Mercure* d'août, page 190.)

pourroit bien être demain. — M. le duc d'Orléans se coucha de bonne heure; mais il donna des audiences étant dans son lit et à gens qui font croire qu'il s'agissoit d'affaires importantes dans ces audiences, car ce sont des personnes intelligentes, fort attachées à M. le Duc. On ne doute pas qu'il ne se passe demain quelque chose qui sera fort agréable à ce prince.

Vendredi 26. — Il y eut conseil de régence, qui commença à huit heures du matin, et M. du Maine, qui étoit venu pour être dans ce conseil, sortit de la salle avant qu'il fût assemblé, avec M. son frère, qui l'avertit qu'on alloit faire des choses qui lui seroient très-désagréables. On envoya ordre au parlement de se rendre en corps aux Tuileries et en robes rouges, S. M. voulant tenir son lit de justice. On avoit envoyé toute la nuit aux pairs, aux maréchaux de France, aux gouverneurs des provinces et aux chevaliers de l'Ordre, afin qu'ils s'y rendissent. Le garde des sceaux avoit mandé aussi à quatre conseillers d'État et à quatre maîtres des requêtes d'y venir en robes; ces quatre conseillers d'État étoient MM. Pelletier, Caumartin, Nointel et l'abbé Dubois; les maîtres des requêtes étoient Boissy, Tuisy, Bernage le fils et la Fond. Le premier président, qui a un peu de goutte, vint en carrosse avec le président d'Aligre, et arrivèrent longtemps avant le reste du parlement, qui vint à pied et en si grand nombre (car ils étoient plus de cent soixante) que les places qu'on leur avoit destinées ne suffisoient pas; on fut obligé de mettre des bancs nouveaux et d'en placer même quelques-uns sur les mêmes bancs que les maréchaux de France (1). Quand tout fut arrangé, le roi vint se mettre sur son trône, ayant à ses pieds, deux marches au-dessous de lui, le duc d'Albret comme grand chambellan, et au-dessous de la dernière marche le garde des sceaux sur un siége avec une petite table devant lui. La séance commença par la

---

(1) Saint-Simon a écrit ici, de sa main : « faux. »

lecture que fit le garde des sceaux de l'édit de création de sa charge, dont l'enregistrement fut fait sur l'heure; ensuite il lut l'arrêt, rendu au conseil de régence dimanche dernier, qui casse l'arrêt du parlement et réduit ce corps dans des bornes bien plus étroites qu'ils ne prétendoient. Il en demanda l'enregistrement. Le premier président supplia le roi qu'on pût voir plus à loisir l'arrêt du conseil de S. M. Le garde des sceaux retourna parler au roi, et puis leur dit : « Le roi veut être obéi, et obéi sur-le-champ. » Après cela il lut un édit qui ôte à M. du Maine le rang qu'on lui avoit laissé l'année passée quand on ôta aux princes légitimés le nom de princes du sang et le pouvoir de succéder à la couronne, et on les réduisit au simple rang que leur donne l'ancienneté de leur pairie; ensuite, par un nouvel acte, on donna à M. le comte de Toulouse, pour sa personne seulement, les honneurs dont il jouissoit avant ce dernier changement, et il fut énoncé que c'étoit à cause de son grand mérite et de ses grands services. Quand cela fut fini, M. le Duc se leva, et présenta une requête pour demander la surintendance de l'éducation du roi, qui lui étoit due par sa naissance. M. le duc d'Orléans ajouta à cela que M. du Maine n'étant plus que pair dans son rang de pairie, et par conséquent après le maréchal de Villeroy, il ne pouvoit pas avoir une autorité au-dessus de ce maréchal. La requête de M. le Duc lui fut accordée, et tout fut enregistré avant que le lit de justice finît. Au sortir de cette assemblée, M. le duc d'Orléans ordonna au duc de Saint-Simon d'aller à Saint-Cloud conter à madame la duchesse d'Orléans, qui y étoit depuis quelques jours, tout ce qui venoit de se passer, nouvelle qui la surprit et l'affligea beaucoup.

Le régiment des gardes étoit sous les armes, dès le matin, en trois endroits différents de Paris : dix compagnies aux Tuileries, dix compagnies au bout de la rue de Richelieu, près de la rue Grange-Batelière, et douze compagnies dans le préau de la foire Saint-Germain. Les gendarmes, les chevau-légers et les mousquetaires avoient ordre de se tenir prêts, leurs chevaux sellés et bridés, et chaque officier et cavalier à sa troupe; il leur étoit enjoint d'envoyer d'heure en heure aux Tuileries pour savoir si l'on n'avoit nul ordre à leur donner.

L'après-dînée, le maréchal de Villeroy alla chez M. le Duc, qui n'étoit point à l'hôtel de Condé; mais il y vit madame la Duchesse, sa mère; il lui présenta le précepteur, le sous-précepteur du roi et les gentilshommes de la manche, et il lui demanda pour eux ses bons offices. Il plaignit ensuite devant elle la destinée de M. du Maine; elle s'attendrit et pleura, et envoya à madame la princesse de Conty, fille du roi, qui est à Choisy, pour la prier de venir le lendemain matin parler à M. le comte de Toulouse, avec qui elle est dans une grande liaison d'amitié, pour le porter à prendre dans cette occasion tous les partis de sagesse à quoi il étoit engagé par la distinction qu'on faisoit de lui et par toutes les louanges qu'on lui donnoit. Madame la duchesse d'Orléans revint le soir de Saint-Cloud, et M. le duc d'Orléans chercha fort à la consoler.

Samedi 27. — Le roi alla se promener au Cours. M. le Duc étoit à côté de lui dans son carrosse. — Le parlement s'assembla, et ils ont remis à lundi à délibérer sur ce qu'ils ont à faire. — M. et madame du Maine dînèrent chez M. le comte de Toulouse, où madame la duchesse d'Orléans alla, et l'après-dînée elle emmena M. le comte de Toulouse avec elle à Bagnolet. — On travailla dès hier au soir à démeubler l'appartement de M. et de madame du Maine aux Tuileries, où M. le Duc ira s'établir incessamment. — Madame la princesse de Conty, fille du roi, vint de Choisy, et parla fort sagement à M. le comte de Toulouse, qui prendra tous les partis de sagesse, de l'avis même de M. du Maine, son frère. — Les grosses fermes sont adjugées à 48,500,000 livres, et ce sont les Paris à qui elles sont adjugées, mais on dit que M. Law aura inspection là-dessus. — Il y a des lettres de M. le comte d'Évreux à plusieurs colonels de cavalerie qui font grand bruit, surtout celles qu'il a écrites au marquis de Gesvres, à MM. de Villequier, de la Motte et de Vintimille; celle de M. de Villequier est plus honnête que les autres. Ils ont fait réponse tous quatre séparément, et leur réponse n'a fait qu'aigrir l'affaire.

Dimanche 28. — Madame vint dîner ici avec M. le duc d'Orléans, et après dîner alla aux Carmélites et ensuite à l'Opéra. Madame la duchesse d'Orléans est toujours fort affligée, et il n'y a plus de jeu chez elle. — Il y eut conseil de régence l'après-dînée, où M. le comte de Toulouse alla comme à son ordinaire. — Des commissaires du parlement travaillèrent chez M. le premier président à rédiger par écrit tout ce qui se passa au lit de justice de vendredi, et demain toutes les chambres s'assembleront. Ils ont deux conseillers à recevoir, et quand on en reçoit les chambres s'assemblent. — La flotte angloise est à la vue de Naples, et l'amiral Bing a mis pied à terre et a été reçu magnifiquement chez le vice-roi, et doit y embarquer des troupes de l'empereur pour les porter au secours de Messine.

Lundi 29. — On a arrêté, ce matin de bonne heure, M. le président de Blamont et deux conseillers, qui sont MM. de Saint-Martin et Feydeau de Calendes, fils du président Feydeau; ils ont été arrêtés par des mousquetaires du roi, et on les a mis chacun dans un carrosse à six chevaux. On mène le président de Blamont aux îles Sainte-Marguerite, et les deux autres, l'un à l'île de Ré et l'autre à l'île d'Oléron. Dès que le parlement sut cela, ils envoyèrent les gens du roi à M. le duc d'Orléans pour le prier qu'il trouvât bon qu'ils envoyassent des députés au roi, ce qu'on leur permit de faire l'après-midi à trois heures. Voici ce que dit le premier président au roi et ce que le garde des sceaux répondit par ordre de S. M. :

« Sire, votre parlement, occupé de sa juste douleur d'avoir ressenti aussi sévèrement les effets de la colère de V. M. au lit de justice qu'elle tint le 26 de ce mois dans son palais des Tuileries, n'auroit pas cru que rien pût augmenter sa consternation. Nous avons été assommés ce matin de la nouvelle que nous avons reçue de l'enlèvement violent qui a été fait cette nuit de trois magistrats que nous avons toujours vus se conduire avec beaucoup d'amour pour la justice et un grand zèle pour le service de V. M. La port de l'un d'entre eux a été enfoncée comme l'on auroit pu faire pour se saisir d'un scélérat convaincu des plus grands crimes. Nous venons aujourd'hui, Sire, avec le plus profond respect, vous supplier en toute humilité d'accorder à nos larmes la liberté de nos confrères; nous ne la demandons que parce que nous les croyons innocents. Nous sommes assurés que V. M. les a cru coupables quand elle les a fait arrêter; en ce cas-là, Sire, laissez-nous l'honneur d'en faire la justice la plus exacte; le privilége de juger nos confrères ne nous a jamais été contesté, et V. M. verra par la sévérité de son parlement, s'ils se trouvoient coupables, qu'il sait que ses fautes commises, sont moins pardonnables que celles de vos autres sujets.

« Nous n'avons l'honneur d'être tous officiers de V. M. que pour délibérer en toute liberté sur les affaires qui se présentent ou pour dire nos avis suivant les mouvements de nos consciences. Ce seroit un grand malheur pour le service de V. M. que cette liberté nous fût ôtée; nous lui serions absolument inutiles; la vérité a déjà tant de peine à parvenir jusqu'au trône, que ce seroit en fermer absolument l'accès. Si notre conduite vous avoit été exposée et à M. le régent dans l'exacte vérité, jamais V. M. n'auroit consenti qu'on eût exercé de pareilles rigueurs contre une compagnie dont la fermeté et le zèle inviolable pour le service de V. M. et des rois vos prédécesseurs, ont été si souvent utiles à l'État.

« Nous renfermions dans le fond de nos cœurs l'amertume de notre douleur, dans l'espérance de fléchir votre colère par le silence respectueux, et au lieu de la voir diminuer, nous essuyons de nouveaux coups encore plus rudes que les premiers.

« Nous prenons la liberté de renouveler à V. M. les plus vives et les plus respectueuses instances pour qu'il lui plaise de nous rendre nos confrères. Nous la supplions de faire réflexion que la clémence est une vertu qui a toujours fait le caractère marqué des plus grands princes ; que votre parlement est le corps de l'État le plus soumis à vos ordres et le plus fidèlement attaché à la personne sacrée de V. M. »

Réponse du roi faite au parlement.

« Les affaires qui attirent au roi cette députation de son parlement, ce sont des affaires d'État qui demandent le silence et le secret. Le roi se réserve de faire respecter son autorité, et la conduite que tiendra son parlement déterminera les sentiments et la disposition de S. M. à cet égard. »

Il y eut conseil de régence à l'ordinaire après que les députés du parlement furent sortis. — M. et madame du Maine sont à Sceaux, où ils ne veulent voir personne.

Mardi 30. — Les gens du roi vinrent encore chez M. le duc d'Orléans pour redemander la liberté de trois officiers de ce corps, voulant, disent-ils, leur faire leur procès s'ils sont criminels. M. le duc d'Orléans leur fit réponse que la nuit n'avoit apporté aucun changement à ce qu'il leur avoit fait dire là-dessus, et pendant qu'il étoit avec eux et quelques courtisans, il conta la nouvelle qu'il venoit de recevoir du combat de la flotte angloise contre la flotte espagnole, et voici ce qu'il dit quasi mot à mot : La flotte angloise étant arrivée devant Messine, l'amiral Bing envoya dire au général de Lède qu'il ne venoit point là comme ennemi, mais comme ami et médiateur, pour lui dire que l'on négocioit à Madrid et qu'il le prioit de vouloir bien suspendre tout acte d'hostilité pendant cette négociation. M. le marquis de Lède répondit qu'il ne connoissoit point pour amis des gens qui avoient des troupes allemandes embarquées sur leur flotte; qu'il exécuteroit les ordres de son maître, et que l'amiral Bing pourroit en user comme il lui plairoit. L'amiral anglois sur cela, sans mettre à terre ses troupes de débarquement, a poursuivi la flotte espagnole qui s'étoit retirée à son approche; il y a eu un grand combat. Les Espagnols ont eu cinq vaisseaux coulés à fond, quatre pris, tout le reste dispersé et fort maltraité; douze vaisseaux se sont retirés dans le port de Syracuse, où vraisemblablement ils seront pris ou brûlés. M. le duc d'Orléans, après avoir conté le fait, a dit en présence de quelques personnes considérables et des gens du roi qui se sont trouvés chez lui, que c'étoit une grande nouvelle; qu'il n'en pouvoit pas être bien aise par rapport au roi d'Espagne, mais qu'il n'avoit rien oublié pour lui faire prendre un autre parti; qu'il savoit bien que cela ne pouvoit aller autrement, que c'est pour cela qu'il a laissé parler tout le monde sur le traité; que le roi d'Espagne ne pouvoit à présent prendre de meilleur parti que d'entrer dans ledit traité; qu'il tiendroit ferme et bon pour lui, à l'heure qu'il est, afin que l'on ne se prévale point de ce succès pour en faire changer les conditions ni lui en imposer de plus rudes. S. A. R. envoya sur-le-champ un courrier à M. de Nancré, qui est à Madrid.

Mercredi 31. — Le parlement a été fermé, et quelques gens avoient proposé de ne le plus rouvrir, mais les avis sages l'ont emporté, et ils commencent à juger les affaires des particuliers. — Les affaires de Bretagne s'adoucissent, et on croit que les États finiront bientôt. — Beaucoup de colonels ont pris congé pour aller à leurs régiments, qui vont se mettre en marche pour changer de garnison. — On a la confirmation du combat donné entre la flotte d'Angleterre et la flotte d'Espagne. — M. de Rancé*, chef d'escadre, qui a près de quatre-vingt-dix ans, et qui étoit frère du fameux abbé de la Trappe, a été fait second lieutenant général des galères, nouvelle charge où les autres chefs d'escadre monteront quand on les en trouvera dignes. Cette charge ne se vendra point, et celui qui l'aura n'aura nul droit pour monter à la première qu'a le marquis de Roye, qui pourra toujours la vendre ; ainsi, cette nouvelle charge qu'on établit ne lui sauroit faire aucun tort; il n'y a point d'autres appointements à la charge nouvelle que ceux de chef d'escadre.

* Rancé, le plus ancien de toutes les galères en tout genre et de bien loin, et qui y avoit acquis toute la réputation dont ce service peut être susceptible, étoit cousin germain du secrétaire d'État Chavigny, père de l'évêque de Troyes qui se trouvoit dans le conseil de régence, et frère du feu réformateur si célèbre de la Trappe, l'homme du monde que le duc de Saint-Simon avoit le plus profondément admiré et respecté, et le plus tendrement et réciproquement aimé, malgré toutes leurs disproportions d'âges et autres infinies. Troyes et Saint-Simon s'unirent donc pour obtenir à Rancé une distinction d'autant plus grande qu'elle étoit inouïe dans les galères, et que, n'en déplaise à ce qu'en dit Dangeau, elle fut expliquée et bornée sans conséquence à Rancé seul. Il est vrai que longtemps après la mort de M. le duc d'Orléans et la sienne, cet exemple a servi au chevalier de Roannois et après lui à un autre, et que cela a produit par l'événement ce que Dangeau explique ici.

Jeudi 1ᵉʳ septembre. — Le roi entendit dans la chapelle des Tuileries la messe de *Requiem* et le *Libera*, chantés par la musique pour l'anniversaire du roi. On célébra un service à Saint-Denis, où l'évêque de Saint-Papoul officia. — Le parlement a recommencé ses séances. — On avoit cru que M. le duc du Maine verroit aujourd'hui M. le duc d'Orléans, mais cela ne s'est point fait. — L'abbé de Vauréal a été pourvu de la charge de maître de l'oratoire du roi, sur la démission volontaire de l'évêque de Saint-Omer. Il ne sait pas encore combien il l'achète ; il y a 5 ou 6,000 francs d'appointements à la charge, et M. de Saint-Omer en vouloit avoir 100,000 francs. — On commence à dire que M. le duc d'Orléans ne veut point donner d'audience à M. du Maine, qui la demande instamment et qui prétend n'avoir rien fait ni rien dit qui lui puisse attirer son malheur. M. le duc d'Orléans dit à ceux qui lui en parlent qu'il a eu des raisons essentielles de faire ce qu'il a fait, et c'est sur cela que M. du Maine veut se justifier.

Vendredi 2. — Le roi se promena au Cours dans une calèche magnifique; il n'y avoit avec lui que M. le Duc et le maréchal de Villeroy. — Madame la duchesse de Berry viendra ici dimanche coucher aux Carmélites, où elle compte de passer huit jours. — Madame la princesse de Conty s'est blessée; elle étoit grosse de trois mois, et M. le comte de la Marche, son fils, a la petite vérole. — On apprit que le neveu de l'amiral Bing avoit porté à Turin, au roi de Sicile, la nouvelle que les douze vaisseaux espagnols qui s'étoient retirés à Avola, entre Syracuse et le cap Passaro, s'étoient rendus à discrétion. — Le bruit se répand fort depuis quelques jours qu'avant la fin de ce mois il y aura de grands changements dans les conseils; ce bruit couroit il y a déjà longtemps, mais il se renouvelle et augmente fort.

Samedi 3. — La duchesse de Mortemart, la jeune, mourut après une longue et cruelle maladie; elle est morte comme une sainte*. — La Fare, capitaine des gardes de M. le duc d'Orléans, a la lieutenance générale de Languedoc qu'avoit M. du Roure, à qui il donne 100,000 francs, et lui laisse la jouissance des appointements de la charge. La Fare n'aura que le titre, et on donne au second fils de M. du Roure le gouvernement du Pont-Saint-Esprit, qu'avoit son père; on lui donne moyennant la vente qu'il a faite de sa charge à M. de la Fare. Il y a déjà plus d'un mois que cette affaire-là étoit résolue; mais on attendoit pour la déclarer que les démissions de M. le comte du Roure le père fussent arrivées; il étoit en Languedoc, et c'est ce qui a empêché que l'affaire ne fût pas déclarée plus tôt.

* Il se peut dire sans rien exagérer qu'il n'y eut peut-être rien de plus accompli en tout, ni de plus malheureux, que la vie et la mort de cette duchesse de Mortemart, par qui fondit dans cette famille, la grandesse, la charge, le gouvernement et presque tous les biens du duc de Beauvilliers, son père, dont on a vu ce que le gendre a fait.

Dimanche 4. — Conseil de régence l'après-dînée. — Madame la duchesse de Berry vint aux Carmélites, où elle doit passer huit jours. — M. le duc d'Orléans avoit été saigné le matin; cela ne l'empêcha pas d'aller au conseil. Les conseils ont congé jusqu'à la mi-octobre. — Madame la duchesse d'Orléans alla l'après-dînée à Sceaux voir M. et madame du Maine; elle est toujours aussi touchée de leur malheur qu'eux-mêmes, et ne s'en cache pas à M. le duc d'Orléans même. — Le roi de Pologne est parti de Saxe pour retourner à Varsovie; il a donné rendez-vous sur sa route au prince électoral, son fils, qui étoit à Vienne et qui a été trouver le roi, son père, dans le lieu qu'il lui avoit marqué; il a demeuré trois ou quatre jours avec lui. Le roi, son père, a continué son voyage à Varsovie, et lui est retourné à Vienne, où il doit passer l'hiver.

Lundi 5. — M. le duc d'Orléans alla dès le matin à Saint-Cloud voir Madame. — Il y eut une fort jolie fête la nuit au moulin de Javelle. — Le ministre du czar assure que la paix de son maître avec le roi de Suède est faite, et que le czar est embarqué avec beaucoup de troupes, sans qu'on sache à quoi elles sont destinées; mais ces nouvelles-là changent si souvent qu'on ne sait plus ce qu'il en faut croire. — C'est M. le prince de Conty qui a donné à une dame de Normandie la fête du moulin de Javelle; on prétend que le mari de cette dame-là n'a pas été content, et qu'il a emmené sa femme en son pays. — M. du Maine songe à acheter une maison dans Paris, l'Arsenal n'étant point en état qu'il le puisse habiter; on croit qu'il pourroit bien acheter la maison que madame la princesse de Conty, la mère, a fait bâtir au bout du quai de la Grenouillière.

Mardi 6. — Le premier président, le président de Novion et huit conseillers, furent députés par le parlement pour aller parler à M. le duc d'Orléans. Le parlement n'avoit point accoutumé de faire de députation au régent; il ne les faisoit qu'au roi. Ils ont cru lui en devoir faire dans cette occasion pour demander la liberté de leurs trois confrères prisonniers. Le premier président fit un très-beau discours. M. le duc d'Orléans répondit que la conduite que le parlement auroit détermineroit la sienne pour les prisonniers; ils s'étoient attendus à une réponse plus décisive. Le parlement de Bretagne a écrit aussi à M. le régent une fort belle lettre, à ce qu'on dit, pour lui redemander la liberté de ces trois mêmes prisonniers, et ils ont écrit au parlement de Paris une lettre pleine de grandes louanges et d'approbation sur toute leur conduite. — Le marquis de Rassent est mort; il avoit quatre-vingts ans passés. Il étoit ancien lieutenant général, gouverneur d'Arques auprès de Dieppe; il avoit été, dans sa jeunesse, de tous les ballets du roi.

Mercredi 7. — Madame la duchesse d'Orléans alla à Montmartre, où elle demeurera quelques jours. Madame la Princesse, qui était à Anet en est revenue, et ira faire un tour à Sceaux pour voir M. et madame du Maine. — Le fils de l'amiral Bing arriva le soir chez milord Stairs; il vient de la flotte que commande son père, et apporte le détail de la défaite de la flotte espagnole, dont plusieurs gens vouloient encore douter ici ; il a dit qu'il y a onze vaisseaux pris et sept brûlés ou coulés à fond. L'amiral espagnol est pris blessé; M. de Chalais est pris aussi. M. le duc d'Orléans soupoit chez M. de Nocé à sa petite maison de Berry, et milord Stairs a fait repartir dès le soir même le jeune Bing pour porter la nouvelle en Angleterre; ainsi il n'a point vu M. le duc d'Orléans. — Le prince de Cellamare a reçu la nouvelle que la flotte venant de l'Amérique étoit arrivée à Cadix, richement chargée.

Jeudi 8. — Le roi, après avoir entendu vêpres, se promena au Cours ; le maréchal de Villeroy avoit eu la politesse de l'amener après son dîner, un moment, dans son appartement à lui, où il trouva mesdames de Dangeau, de Caylus, de Seignelay et de Courcillon, qui y alloient dîner, et qu'il baisa toutes ; il leur parut en très-bonne santé et devenant plus aimable tous les jours. — Milord Stairs vint le matin au lever de M. le duc d'Orléans, et lui fit le détail de la nouvelle qu'a apportée le jeune Bing du combat naval. — On a reçu des lettres de M. le comte de Charolois, qui devoit arriver le 6 à Gênes ; on ne sait point encore quel parti il prendra quand il y sera arrivé, mais on ne croit pas qu'il songe à revenir cet hiver à Paris. On l'a fort régalé en Italie dans les villes et dans les petites cours où il a passé, et on lui a rendu tous les honneurs dus à sa naissance, quoiqu'il soit toujours incognito.

Vendredi 9. — Milord Stanhope est revenu de Madrid peu content de sa navigation ; on n'y savoit pas encore la défaite de la flotte espagnole. — On met quatre administrateurs pour gouverner les fermes générales, qui sont : M. Fagon, conseiller d'État, et MM. Dodun, président du parlement, de Gaumont et Gilbert de Voisins, maîtres des requêtes. Les quatre Paris seront fermiers généraux, qu'on appellera autrement les régisseurs, et il y en aura vingt-six autres. M. Fagon a eu le département de M. Rouillé du Coudray, savoir, les cinq grosses fermes et le contrôle. — On parle toujours de grands changements dans les conseils, et on croit que cela s'exécutera pendant l'absence de plusieurs des présidents et des conseillers de ces conseils-là, qui sont à la campagne et qui ne doivent revenir qu'au commencement d'octobre.

Samedi 10. — On donne au vicomte de Polignac des appointements sur son petit gouvernement du Puy, qui lui seront payés par la province ; on lui retranche 6,000 francs de pension qu'avoit sa femme sur le trésor royal, et quelque autre petite chose d'ailleurs dont je ne sais pas bien le détail. La femme conserve les 6,000 francs de pension sur le gouvernement, qui est héréditaire. — Il y a déjà trente fermiers généraux de nommés ; parmi ces trente il y en a des anciens, mais il y en a bien autant de nouveaux. — Balzac, ancien lieutenant aux gardes, a acheté la compagnie de...., très-ancien officier, homme de grand mérite, qui se meurt ; on lui donne 2,000 écus de pension, ce qu'on donne toujours aux capitaines aux gardes qui sont obligés de se retirer après avoir bien servi. Le prix des compagnies aux gardes est fixé depuis longtemps à 80,000 francs, et les lieutenances à 40,000.

Dimanche 11. — Madame la duchesse de Berry, qui a demeuré huit jours aux Carmélites, en sortit l'après-dînée, alla faire un tour à l'Opéra, et alla ensuite coucher à la Meutte. — M. le duc d'Orléans marie une fille qu'il a eue de la Desmarais, comédienne, mais qu'il n'a point reconnue ; il lui donne 200,000 francs, et M. de Ségur, qui l'épouse, aura la survivance du gouvernement du pays de Foix et de la lieutenance générale de Brie, qui est une des quatre lieutenances générales de Champagne et dont M. son père est pourvu. — M. le premier président vit ces jours passés M. le duc d'Orléans, et lui montra la réponse que le parlement fait à la lettre du parlement de Rennes, qui est fort sage. M. le duc d'Orléans en parut content. — La vente de la charge de l'Écussan, dans les mousquetaires, est entièrement réglée présentement ; M. de Bonnivet lui en donne 20,000 écus et 10,000 francs de pot-de-vin ; M. le duc d'Orléans lui donne le petit gouvernement de Riblemont, qui vaut 1,000 écus de rente, et il tourne en pension une gratification de 1,000 écus qu'il avoit eue, outre une ancienne pension de 2,000 francs qu'il a.

Lundi 12. — M. le duc d'Orléans qui avoit une petite fièvre hier, dont il s'étoit caché, travailla beaucoup toute la journée, et soupa en compagnie ; la fièvre le prit la la nuit. — On publia un édit pour mettre sur la ferme du tabac les quatre millions qu'on donne pour payer l'intérêt de cent millions mis à la compagnie d'Occident, et on décharge les fermes du contrôle des notaires et des postes des trois millions qu'ils devoient payer à cette compagnie. — Il n'y a rien de sûr encore sur la paix du roi de Suède avec le czar; au contraire, elle paroît même plus éloignée qu'elle n'étoit il y a un mois. Le czar est à Abo en Finlande; ceux des Suédois et des Moscovites qui souhaitent le plus la paix voudroient que leurs maîtres s'assemblassent; qu'ils eussent quelques conférences ensemble croyant qu'ils termineroient plutôt la paix par eux-mêmes que par leurs ministres.

Mardi 13. — M. le duc d'Orléans ne vit point les ambassadeurs, et ne donna même audience à personne, parce qu'il eut une assez grande fièvre qui lui avoit pris la nuit par frisson. Madame la duchesse d'Orléans qui étoit à Montmartre en revint sur la nouvelle de la fièvre de M. le duc d'Orléans; sur les six heures du soir, la fièvre quitta entièrement M. le duc d'Orléans, et il compte d'aller demain faire la revue des régiments de Conty et de Bezons, qui ont campé deux jours auprès de Saint-Denis. Madame la duchesse de Berry vint au Luxembourg à quatre heures, où elle donna audience aux ambassadeurs, après quoi elle alla voir M. son père, et le soir elle retourna à la Meutte. — Les dernières nouvelles de Bretagne font espérer que les États finiront dans ce mois-ci à la satisfaction du roi.

Mercredi 14. — M. le duc d'Orléans prend déjà du quinquina, et on l'a vu ce matin comme à son ordinaire. Madame la duchesse de Berry doit aller à Chantilly pour quelques jours, et y mènera beaucoup de dames avec elle; on dit qu'il y en a déjà vingt-trois de nommées pour ce petit voyage. Madame ne vint point hier, parce qu'elle sut l'après-dînée que la fièvre de M. le duc d'Orléans étoit fort diminuée; elle y viendra demain pour voir au Palais-Royal l'opéra des danseurs de corde qu'on appelle *l'opéra-*

comique. — On attend des nouvelles de Rome, importantes, vendredi. M. le premier président vouloit aller à sa campagne ; mais M. le duc d'Orléans lui a ordonné de demeurer jusqu'à ce que ces nouvelles soient arrivées.

Jeudi 15. — Madame vint dîner à Paris chez madame la duchesse du Lude, et vit ensuite dans sa loge l'opéra-comique ; madame la duchesse d'Orléans y étoit avec elle. M. le duc d'Orléans y étoit aussi ; il continue à prendre son quiquina, et n'a eu aucun ressentiment. Madame la duchesse de Berry vint de la Meutte à l'opéra-comique, qui a assez bien réussi, à ce qu'on dit. — On ne sait rien encore de sûr du siége de la citadelle de Messine ; l'ambassadeur du roi de Sicile croit que la tranchée n'est pas ouverte, mais qu'elle est battue par grand nombre de gros canons. L'ambassadeur d'Espagne n'en a aucune nouvelle ; il ne sait même aucun détail des vaisseaux de leur flotte qui ont été pris ou qui ont péri au combat du 11 de l'autre mois.

Vendredi 16. — M. le duc d'Orléans travailla longtemps le matin avec M. le cardinal de Noailles. Il y a déjà dans Paris plusieurs copies de la bulle que le pape doit avoir fait publier dans le Champ de Flore le 8 de ce mois, cinq ans juste depuis la bulle *Unigenitus ;* cette bulle met un grand mouvement dans les deux partis du clergé. — M. le duc d'Orléans alla le soir à l'Opéra ; sa santé est tout à fait rétablie. — On a reçu de lettres de M. le comte de Charolois du 6 de ce mois ; il ne parle point de revenir en France cet hiver ; au contraire, il mande qu'il veut continuer ses voyages, et on croit que son dessein présentement est d'aller à Munich, où il a été fort content de la réception qu'on lui a faite à son passage, et il a promis à l'électeur d'y retourner.

Samedi 17. — Madame vint de Saint-Cloud dîner à la Meutte, et demeura jusqu'au soir avec madame la duchesse de Berry. — Il arriva un courrier à l'ambassadeur du roi de Sicile, qui apporta la nouvelle qu'on avoit fait entrer

SEPTEMBRE 1718.

deux mille Allemands dans la citadelle de Messine et que les Espagnols n'avoient pas encore ouvert la tranchée. — On mande d'Espagne qu'il y a un assez grand soulèvement dans la Biscaye, qu'on croit pourtant qui n'aura aucune suite fâcheuse. — Les Espagnols trouvant trop de peine au siége de la citadelle de Messine, en ne l'attaquant que par la campagne, le marquis de Lède qui les commande a fait trouver bon aux habitants de Messine qu'on attaquât la citadelle par la ville, ce qui doit avoir été exécuté au commencement de ce mois; mais on n'en a pas encore de nouvelles bien sûres.

Dimanche 18. — Le roi alla l'après-dînée se promener au bois de Boulogne, et revint par les Champs-Élysées. — On recommença le soir à jouer chez madame la duchesse d'Orléans. — On dit que M. le cardinal de Noailles veut rendre son appel au concile public, et que, d'un autre côté, tous les évêques acceptants font des mandements conformes à la bulle qui doit avoir été publiée dans le Champ de Flore le 8 de ce mois.

Lundi 19. — M. le duc d'Orléans partit à neuf heures et demie pour aller à Saint-Cloud, et de Saint-Cloud il alla le soir souper à la Meutte, d'où il revint fort tard. — Le vieux Pommereu, gouverneur de Douai, est mort; M. le duc d'Orléans avoit promis ce gouvernement à M. d'Estaing, et a trouvé même assez mauvais que d'autres gens lui demandassent ce gouvernement. Madame la comtesse d'Estaing, qui est ici (son mari est absent), en a écrit à M. le duc d'Orléans pour l'en faire ressouvenir, et il lui a fait une réponse très-gracieuse, comme une chose qui ne recevoit aucune difficulté.

Mardi 20. — M. le duc d'Orléans travailla toute la journée à son ordinaire, et donna audience à tous les ambassadeurs à midi, ce qu'il fait tous les mardis, et ce qu'il n'avoit pas pu faire il y a huit jours parce qu'il avoit la fièvre ce jour-là. — On dit qu'il arriva hier un courrier de Rome; mais je ne sais point encore ce qu'il a apporté.

— Le régiment Colonel est arrivé aujourd'hui près de Saint-Denis et le roi doit aller demain en faire la revue.

Mercredi 21. — Le roi alla faire la revue du régiment Colonel, mit pied à terre, et il paroît qu'il se divertit beaucoup à voir des troupes, et fait même beaucoup de questions pour s'instruire. M. le duc d'Orléans fit aussi la revue de ce régiment qui est très-beau, très-bien monté et très-bien vêtu. — Il y a déjà quelque temps que M. le duc d'Orléans songe à faire acheter au roi la terre de Belle-Isle; les rois Henri III, Henri IV, Louis XIII et Louis XIV avoient déjà eu ces vues-là, et avoient même donné à la maison de Retz, pendant qu'elle étoit en possession de cette île, une somme de 100,000 francs qui étoit un commencement de payements. Il ne s'agit pas présentement de donner de l'argent à M. de Belle-Isle, mais on fait un changement de quelques domaines, parmi lesquels est celui de Gisors. On n'est pas encore convenu de tout; la terre de Belle-Isle vaut plus de 40,000 livres de rente.

Jeudi 22. — M. le Duc alla à Chantilly attendre madame la duchesse de Berry, qui doit y aller dimanche, et il lui prépare beaucoup de divertissements. Madame la Duchesse, sa mère, y devoit aller avec lui, mais mademoiselle de Charolois eut la fièvre, ce qui obligea madame la Duchesse à demeurer ce jour-là. — On a des nouvelles de Bretagne*, qui nous apprennent que les États étoient finis et qu'ils ont nommé pour députés ceux que la cour avoit choisis; savoir: le duc de Lorges pour la grande députation de la noblesse, la Villemeneust pour la petite députation, l'évêque de Nantes, premier aumônier de M. le duc d'Orléans, député du clergé, et le sénéchal de Rennes député du tiers état. Montaran, trésorier général de la province, exercera la charge par commission; M. de la Trémoille, qui présidoit aux États pour la noblesse, en est reparti.

* Ce qui s'étoit passé à Paris avoit influé en Bretagne; de plus, à ce qui s'y méditoit, il n'étoit pas temps de rien témoigner. Le feu s'y entre-

tenoit avec art et mesure, et ce fut pour cela qu'il lui fallut donner quelque posture par les lettres que le parlement de Bretagne écrivit au parlement de Paris et en même temps au régent sur les exilés de ce dernier corps ; mais la touche que ce dernier venoit de recevoir et dont il étoit encore dans l'étourdissement, l'ayant rendu mesuré en cette occasion sur sa réponse, celui de Bretagne en demeura là. Cette province se trouvoit encore embarrassée dans la continuation des menées qui s'y brassoient et auxquelles la facilité du régent avoit donné lieu. Les États avoient précédemment demandé la permission qu'une députation par diocèse se pût assembler dans chacun, entre deux tenues d'États, pour l'exécution de ce qui y étoit ordonné. Cela étoit tout nouveau et avoit le spécieux de préparer et d'abréger les matières pour les États suivants. Cette occupation n'étoit pas celle qu'on s'y proposoit ; le dessein, comme les suites le firent connoître avec évidence, étoit de s'organiser entre eux, d'accroître le nombre pour remuer, pour embarquer et pour soutenir des troubles ; de choisir les chefs et les affidés de chaque diocèse, et de prendre leurs mesures pour conduire les États au but qu'ils se proposoient, en fascinant la multitude du bien public, de la restitution de leurs anciens priviléges et de la facilité des conjonctures. C'est ce qui causa tant de bruit et tant de prétentions aux États qui suivirent, et qui enfin reconnu porta le régent à supprimer ces dangereuses et nouvelles députations diocésaines d'une tenue d'États à l'autre. L'événement du lit de justice fit réussir cette suppression sans bruit, et terminer les États en douceur ; mais le mal qu'avoient fait ces députations subsistoit avec le dépit de n'avoir plus la même facilité de le pousser plus loin, c'étoit donc à y revenir par d'autres voies et plus couvertes, qu'il falloit travailler, et c'étoit l'embarras où se trouvoient alors les conducteurs secrets de ces sourdes menées. Ils les continuèrent donc, comme ils purent, par les connoissances, les liaisons et les mesures que ces députations diocésaines leur avoient donné lieu de prendre, et la conjoncture présente, qui demandoit une surface soumise et paisible, ne leur permit pas d'agir autrement pour un temps. Le gouvernement fit aussi une grande faute et pour des intérêts particuliers. La province entière étoit mécontente de Montaran, son trésorier, et le vouloit ôter ; c'étoit un homme fort riche, et qui avec raison regardoit cet emploi comme sa fortune, par les profits énormes qui en sont les suites. Sa magnificence et son attention à obliger de sa bourse et de son crédit les gens de la cour et les dames, lui donnèrent une protection qu'appuya la considération de son frère, capitaine aux gardes fort estimé dans son métier, fort gros et fort honnête joueur, et par là, mêlé de tout temps avec le meilleur et le plus grand monde. Par ces appuis, le trésorier se soutint contre les cris de la province, qui alléguoit avec raison qu'il étoit inouï, chez les particuliers, qu'un trésorier empêchât son maître de le faire compter avec lui et de le renvoyer par autorité supérieure, et que c'étoit la moindre chose qu'elle pût espérer de tout ce qu'elle payoit au roi sans murmure, que la liberté de voir clair en ses affaires, et de pouvoir en charger qui elle vouloit. Ces raisons étoient sans réplique, mais le crédit de Montaran l'emporta, et il n'est pas croyable à quel point la province en fut aigrie et l'usage qu'en surent tirer les instruments des menées, même envers les plus éloignés d'avoir ni connoissance ni part encore moins à ce qui se brassoit.

Vendredi 23. — M. le duc d'Orléans travailla avec M. le cardinal de Noailles comme à l'ordinaire et ensuite avec l'archevêque de Bordeaux, et puis il fut longtemps avec le cardinal de Rohan, et l'après-dînée il travailla avec le cardinal de Bissy. Madame vint dîner au Palais-Royal, alla aux Carmélites, et puis vint dans sa loge entendre la comédie italienne, et retourna le soir à Saint-Cloud. — Dans la conversation de M. le cardinal de Noailles avec M. le régent, il lui a dit qu'il ne pouvoit pas s'empêcher de faire son appel au pape mieux informé, ou au futur concile général, et a donné sa démission de la présidence du conseil des affaires ecclésiastiques; il s'en est séparé en pleurant (1). Voici le détail de ce qui s'est passé le matin à l'archevêché* : M. l'abbé de Gontaut, doyen de l'Église de Paris, ayant, le 21 de ce mois, proposé, au sortir du chœur, à ceux des chanoines qui avoient assisté, l'indication d'un chapitre extraordinaire pour ce matin vendredi dix heures, les avertissements d'invitation furent hier envoyés, sans autre désignation que pour délibérer sur une affaire de la dernière importance. On s'est en conséquence assemblé ce matin : vingt-neuf chanoines se sont trouvés au chapitre. L'abbé de Montmort, chambrier, a rendu compte à la compagnie du sujet de la convocation, qui étoit l'appel de M. le cardinal de Noailles envoyé par ce prélat à son chapitre; il en a fait la lecture, après laquelle

---

(1) Ceci s'étoit passé le vendredi 16 septembre 1718. (*Note de Saint-Simon.*)

l'abbé de Gontaut, doyen, a proposé de délibérer sur la nécessité d'adhérer à M. le cardinal et à son appel. M. l'abbé d'Orsane, chantre, auquel en cette qualité il appartenoit d'opiner en premier lieu, a ouvert les opinions par un très-beau discours; il a été suivi dans son avis, qui étoit d'adhérer à l'appel, par vingt sept capitulants; un seul, nommé M. de Mondebise, a prétendu qu'après la déclaration du silence, il n'étoit pas permis de mettre semblables matières en délibération. On a opiné sur son opposition (car il avoit déclaré qu'il protestoit et s'opposoit à la délibération), et il a passé à la pluralité que sans y avoir égard, la délibération de la compagnie seroit rédigée; et sur-le-champ on a fait une députation de douze chanoines à M. le cardinal, dont six prêtres, trois diacres et trois sous-diacres, pour lui rendre compte de ce qui avoit été arrêté au chapitre. On s'assemblera encore demain à sept heures du matin, pour relire et confirmer la conclusion capitulaire, après quoi le chapitre indiquera un jour auquel seront appelées les collégiales dépendantes, pour leur intimer et notifier ce qui a été arrêté. Il est aisé de concevoir que M. le cardinal de Noailles usera de quelques cérémonies équivalentes à l'égard des curés de son diocèse et des chapitres qui lui sont soumis.

* Quoiqu'on n'ait pas jugé que ces courtes notes dussent être chargées des événements qui regardent la Constitution, par les raisons qui y en ont été dites, celui-ci toutefois fournit une anecdote si instructive et si peu connue qu'elle mérite de trouver place ici. Le cardinal de Noailles avoit fait une faute capitale de n'avoir pas déclaré son appel lorsque les évêques avoient fait le leur avec la Sorbonne, en même temps que tant d'autres universités et de corps religieux firent le leur. Dans ce même temps, M. le duc d'Orléans, qui malheureusement ne se gouvernoit en cette affaire qu'en politique, se trouva ébranlé, et dans l'incertitude où ce grand nombre d'appels si applaudi le jeta, il manda le duc de Saint-Simon pour en raisonner avec lui. Saint-Simon arrivé, des contre-temps d'affaires pressées occupèrent M. le duc d'Orléans jusque vers cinq heures qu'il voulut aller à l'Opéra et y mener Saint-Simon; celui-ci à qui le prince avoit dit pourquoi il l'avoit mandé, té-

moigna sa surprise; le régent lui dit qu'ils s'enfermeroient tous deux seuls dans sa petite loge, et que là comme dans son cabinet, ils auroient tout le temps de raisonner sans être interrompus. Le duc eut beau résister, il fallut obéir. Entrés dans la petite loge, la porte fut fermée sur eux deux seuls, et gardée au dehors avec défense de l'ouvrir pour qui que ce fut, et ce ne fut pas la seule fois que cela arriva à Saint-Simon, qui eut dans cette même petite loge des conférences tête à tête avec le régent sur des matières les plus importantes, quoique rares en ce lieu et sans s'y apercevoir ni l'un ni l'autre ni de la musique ni du spectacle, et où en effet ils étoient, par la disposition du lieu, cachés à la plupart de ce qui étoit à l'Opéra. On ne rapportera ici que le plus court précis d'une conversation de deux heures, qui s'est sue à la fin parce qu'il vient des temps où presque tout se sait, au moins de quelque très-petit nombre de personnes. Après une longue discussion du pour et du contre, et discussion purement politique, parce que le prince n'y étoit pas susceptible d'une autre, et où tout roula sur l'intérêt et la situation de M. le duc d'Orléans si l'on avoit le malheur de perdre le roi, Saint-Simon lui représenta toutes les dangereuses suites de se gouverner par rapport à des événements possibles, au lieu de se conduire par rapport à ce qui est, et qui l'est dans l'ordre accoutumé de la nature qui soit, et à ce qui est encore dans celui de toutes les apparences, l'âge et la santé du roi devant faire juger avec toute la certitude qui peut appuyer le raisonnement humain, et de la vie du roi en âge ordinaire au commun des hommes et de sa future postérité. Venant après au malheur qui à la vérité étoit dans la possibilité des événements humains, il devoit comprendre par tout ce qui s'étoit passé sous ses yeux, et du vivant du feu roi et depuis sa mort, quelle étoit la nature de l'affaire de la Constitution et quels étoient les personnages qui luttoient sur cette affaire; qu'il ne pouvoit ne pas voir clairement que les jésuites, que Rome, que les ambitieux du clergé, que l'ancienne cour, étoient tous d'un côté; comment, pourquoi, par où et de quelle façon ils s'y conduisoient; que ce qu'il y avoit de plus estimé, de plus savant, de plus irréprochable, de plus saint dans l'ordre épiscopal et dans tout le second ordre séculier et régulier, toutes les universités, tous les parlements, le gros et la plus considérable partie du public, et les personnes des deux sexes, de tout état, les plus estimées et les plus considérées étoient de l'autre côté, et que ce parti étoit celui qui soutenoit les droits de la couronne et de l'épiscopat, l'ordre et la police du royaume, les libertés de l'Église gallicane, dont il auroit à rendre compte, et sans de très-notables préjudices desquels, et d'infiniment plus grands et plus dangereux dans les suites, la Constitution ne pouvoit rien gagner; que le malheur voulant que la couronne tombât en dispute entre le roi d'Espagne au droit de sa naissance, et lui au droit des renonciations et des traités, il devoit comprendre toute la force au dedans que lui donneroit ce parti, qui étoit celui de l'État, des rois, des lois, de l'Église de France, des plus savants, des plus gens de bien, des plus accrédités, estimés, considérés, et bien certainement des plus fidèles et des plus désintéressés, puisque les miches [sic] qui en tout genre étoient toutes pour l'autre parti, et les châtiments de toutes les sortes pour le leur sans relâche, depuis la naissance de cette affaire, n'avoient pu les amortir; que d'autre part, il devoit sentir que ses mœurs, ses talents, son esprit supérieur ne seroient jamais le fait de Rome, des jésuites, des prélats, qui vouloient gouverner et qui trouveroient mieux leur compte avec le genre d'esprit, la dévotion si connue et à eux si peu suspecte du roi d'Espagne, gouverné toujours par un jésuite naturalisé, avec toutes les maximes des pays d'inquisition, peu accoutumé à rien faire par lui-même; que de là il devoit conclure que tout ce qu'il feroit pour le parti de la Constitution, c'étoit travailler contre soi pour le roi d'Espagne, et que lâchant la main aux appels et y laissant joindre les parlements en corps, qui étoit la matière de la conférence, il agissoit directement contre le roi d'Espagne et pour soi, en donnant force, étendue, liberté et pouvoir au parti unique sur lequel il pût et dût compter d'une manière juste, sûre et solide, et qui n'avoit besoin que de cette protection pour devenir le dominant, à tel point que l'autre n'oseroit plus paroître, puisque battu et persécuté sans relâche et sans mesure depuis une si longue suite de temps, il résistoit à l'autre avec encore tant d'avantage et de réputation et de nombre. Quelque démontrée que fût cette supériorité de nombre, c'étoit la seule chose dont le doute arrêtât M. le duc d'Orléans et qui le mettoit en peine. Il n'y put toutefois répondre que par le doute même qu'il allégua du duc de Noailles, à qui il en avoit parlé le matin, qui lui avoit grossi ce doute et qui lui avoit dit, que tout neveu qu'il étoit du cardinal de Noailles, son attachement au prince, supérieur à tout autre intérêt, l'engageoit à le conjurer d'attendre, et là-dessus appuya fort sur l'avis d'un homme aussi au fait, et qui lui parloit contre son propre intérêt, si lié à celui de son oncle comme sur une chose qui devoit faire la plus grande impression. Saint-Simon, brouillé à mort avec le duc de Noailles et jusqu'à n'y garder aucune bienséance même publique, pria M. le duc d'Orléans de considérer que son avis à lui étoit plus désintéressé que celui du duc de Noailles, qui en lui voulant persuader qu'il lui sacrifioit ses plus chers intérêts par ce conseil, faisoit en cela un grand coup pour soi et pour s'acquérir mérite et confiance, tandis qu'outre ce but, il alloit encore à un autre, qui étoit de tenir les choses en suspens et le régent en embarras, ayant toujours besoin de lui auprès de son oncle, et lui suivant son naturel et sa politique se maintenir nécessaire et négociateur entre les deux partis, et se procurer une besogne et une considération continuelle pour le besoin que l'un et l'autre parti, et le régent surtout, se trouveroient avoir de lui, comme il avoit tâché jusqu'alors par sa conduite d'arriver à ce point ; que pour lui Saint-Simon, il y alloit plus rondement et avec plus de franchise ; qu'à la haine qu'il portoit, et publique, au duc de Noailles qu'aucune de ses souplesses n'avoit pu émousser, son intérêt personnel le plus cher et auquel il sacrifieroit tout autre, étoit de l'écraser; qu'il n'avoit pas si peu de sens qu'il ne vît très-clairement que le moyen le plus court d'y parvenir seroit d'être pour la Constitution, et de porter de toutes ses forces le régent à la protéger au gré des plus violents de ce parti ; que par là, le cardinal de Noailles écrasé à leur gré et à celui de Rome, le duc de Noailles ne pourroit que suivre son oncle ou l'abandonner; que le suivant, il périssoit avec lui et ne pourroit plus ni avoir part à rien ni demeurer à Paris, ce qui étoit arriver à mon but [sic]; qu'abandonnant son oncle, c'étoit se déshonorer, déchaîner toutes les langues contre lui et s'ôter toute confiance du régent avec toute estime, et bien loin de s'acquérir le parti de la Constitution, il en deviendroit le mépris et la risée, sans pouvoir espérer jamais que ce parti se pût jamais ni confier à un homme qui abandonne son oncle, dont il n'auroit que la part de la haine que ce parti lui portoit avec l'ignominie de la trahison, ce qui étoit encore pour Saint-Simon une victoire sur lui plus complète ; que cette vue si claire d'un intérêt si vif, et qui de plus lui avoit été proposé plus d'une fois, ne l'empêchoit pas de demeurer ferme dans le sentiment qu'il venoit de lui proposer, parce qu'il le croyoit le plus juste, le plus sain et le plus utile. Le régent, sans pouvoir répliquer à des choses si péremptoires, sembla entraîné et plus que parfaitement résolu, et cette conversation les conduisit à plus du milieu du dernier acte de l'opéra, que M. le duc d'Orléans fit ouvrir sa loge, aux environs de laquelle il s'étoit amassé beaucoup de monde. Rentrant chez lui, il y fut arrêté par le maréchal de Bezons et le marquis d'Effiat, apostés là pour le tenir de près contre les appels; eux et d'autres soutenus du duc de Noailles revinrent à la charge le lendemain, et donnèrent le temps à d'autres trames, qui, se trouvant seconder l'incertitude et le goût naturel de M. le duc d'Orléans pour les *mezzo termine*, l'emportèrent enfin, et peu à peu remontèrent leur parti auprès de lui.

Samedi 24. — Le conseil des affaires ecclésiastiques s'assembla chez M. l'archevêque de Bordeaux; ce conseil et quelques autres ont été cassés aujourd'hui*. M. le duc d'Orléans envoya à M. le maréchal de Villars et à M. le maréchal d'Huxelles des lettres du roi qui les remercient et on dit qu'il en envoie une pareille à M. d'Antin qui est à Bellegarde ; les conseils dont ils étoient présidents sont cassés. M. le duc d'Orléans a fait deux nouveaux secrétaires d'État, qui ne le seront que par commission ; savoir : M. l'abbé Dubois pour les affaires étrangères et M. le Blanc pour la guerre. Ces nouveaux secrétaires d'État allèrent l'après-dînée à deux heures, prêter serment au roi, et, après le serment, le roi alla à la chasse au furet dans le bois de Boulogne. — L'ambassadeur de l'empereur eut nouvelle que l'impératrice étoit accouchée d'une fille le 14 ; ainsi il y a présentement six archiduchesses, dont deux sont filles de l'empereur Léopold, deux, filles de l'empereur Joseph, et deux, de l'empereur Charles VI qui règne aujourd'hui.

* L'établissement des différents conseils devoit être tout autre, lorsque, dans leur exécution, la facilité de M. le duc d'Orléans les laissa corrompre par des intérêts particuliers qui dans la suite les rendirent par degrés embarrassants, finalement ridicules. L'expliquer feroit une histoire curieuse à la vérité, mais non pas de simples notes. Il suffira de remarquer ici que la destruction du conseil des affaires étrangères pour l'intérêt de l'abbé Dubois, et par le dégoût qu'avoit donné de soi le maréchal d'Huxelles, et celle du conseil des affaires ecclésiastiques par la démission et l'appel du cardinal de Noailles, entraîna celle de ce qui en restoit d'autres. Les plus considérables de ceux qui les composoient avoient déjà passé dans celui de régence, devenu encore plus ridicule que pas un de ceux qu'on supprimoit, et les divers départements particuliers laissés à ceux qui en avoient, et les appointements à presque tous ceux qui en étoient, les consolèrent de la suppression. L'expédition des affaires revint alors naturellement à la forme qu'on avoit voulu détruire. Tout est cercle et période. Les places de secrétaires d'État ressuscitèrent ; l'abbé Dubois y avoit l'intérêt le plus sensible en se saisissant lui tout seul des affaires étrangères et se mettant entre les mains les moyens et le secret de son chapeau. Il en fallut un pour la guerre. Le Blanc posté par l'expérience qu'il avoit acquise en son intendance de Flandre, d'où il étoit entré dans le conseil de guerre à sa formation, et celle que placé là il avoit eu occasion d'y joindre, en fut jugé le plus capable et avec raison.

Dimanche 25. — On a appris des détails de ce qui regarde les conseils supprimés pour le conseil du dedans. M. le Premier sera toujours chargé de ce qui regarde les ponts et chaussées et les grands chemins, et M. le marquis de Brancas de ce qui regarde les haras ; ils rendront compte immédiatement à M. le duc d'Orléans. A l'égard du conseil de guerre, M. le comte d'Évreux sera chargé de ce qui regarde la cavalerie, comme en étant colonel général, et M. de Coigny, de ce qui regarde les dragons comme en étant aussi colonel général. M. de Biron sera chargé de l'infanterie françoise et étrangère, hormis les Suisses ; M. d'Asfeld des fortifications, M. de Saint-Hilaire de l'artillerie ; M. de Puységur aura un département qu'on ne sait pas encore trop bien. Tous ces messieurs-là rendront compte à M. le duc d'Orléans. M. le duc d'Orléans n'a encore chargé personne de la feuille pour les bénéfices ; il la gardera.

Lundi 26. — Les mandements des évêques acceptants commencent à paroître. Le mandement de M. le cardinal de Noailles est affiché dans les rues ; il n'a point été publié aux prônes, mais quelques curés en ont parlé dans leurs prônes. — Milord Stanhope est parti pour retourner en Angleterre. — Le maréchal de Berwick a eu permission de revenir ici et il est arrivé. — Le frère du roi de Portugal, qui a fait les deux dernières campagnes en Hongrie, où il a acquis beaucoup de réputation, est arrivé ici revenant de Hollande, où il avoit demeuré depuis la fin de la campagne ; il loge ici chez l'ambassadeur de Portugal, mais il y sera quelques jours sans sortir. Il ne retourne pas encore sitôt en Portugal, parce qu'il n'est pas trop bien avec le roi, son frère.

Mardi 27. — Le voyage de madame la duchesse de Berry à Chantilly est prolongé jusqu'à dimanche*. — M. de la Vrillière, qui étoit à Châteauneuf, en est revenu, qui va faire toutes les expéditions des changements qui ont été faits. — M. de Charost a obtenu pour M. d'Ancenis, son fils, la survivance de la lieutenance générale de Picardie, celle du gouvernement de Calais et celle du gouvernement de Dourlens. — M. le duc d'Orléans a voulu continuer à Canillac les appointements qu'il avoit comme conseiller du conseil des affaires étrangères, mais il en a remercié M. le duc d'Orléans, disant qu'il n'étoit pas juste qu'il eût les appointements d'un emploi qui ne subsistoit plus. M. Roujault, qui étoit du conseil du dedans, gardera ses appointements, et entrera dans le conseil de commerce.

* Il ne se peut rien ajouter à la magnificence et aux honneurs avec lesquels madame la duchesse de Berry fut reçue et traitée à Chantilly (1), à la diversité, à la continuité, à la galanterie, à l'agrément, à l'invention des fêtes qui lui furent données, ni à la hauteur et à la sécheresse avec lesquelles elle les reçut, à la contrainte, à l'ennui qu'elle y sut répandre, et à ce qu'on peut appeler les mauvais traitements les plus marqués, les plus outrés, et les plus continués qu'elle s'attacha de faire à la jeune Duchesse, à qui elle ne parla jamais, et à qui elle n'avoit pu pardonner ce qu'on a vu en son temps qui s'étoit passé au double mariage d'elle et de madame la princesse de Conty.

Mercredi 28. — M. le cardinal de Noailles alla le matin voir M. le duc d'Orléans, mais il n'y demeura pas longtemps. M. le duc d'Orléans travailla le matin avec les quatre capitaines des gardes du corps pour de petits ordres qu'il y a à donner dans ces compagnies, qui paroîtront devant le roi vendredi. L'après-dînée il fut quelque temps avec le maréchal de Villeroy, et puis travailla avec M. Law. — M. le duc de la Rochefoucauld a obtenu pour M. le duc de la Rocheguyon, son fils, la survivance de la charge de grand maître de la garde-robe. M. de Luxembourg a obtenu pour M. de Montmorency, son fils, la survivance du gouvernement de Normandie, et M. le duc d'Orléans a dit au duc de Villeroy d'envoyer un courrier au duc de Luxembourg, qui est à Merlou, pour lui en porter la nouvelle. L'après-dînée, M. le duc de Mortemart obtint aussi pour M. de Tonnay-Charente, son fils, qui n'a pas encore sept ans, la survivance de la

---

(1) Voir le détail de ces fêtes dans le *Mercure* d'octobre, pages 151 à 155.

charge de premier gentilhomme de la chambre. — Romanoille, capitaine aux gardes, est mort.

Jeudi 29. — M. le maréchal de Berwick, qui est arrivé ici depuis deux jours, rendit compte hier au soir à M. le duc d'Orléans de son administration en Guyenne. M. le duc d'Orléans fut fort content du compte qu'il lui rendit, et puis dit à ce maréchal : « Ne me parlerez-vous que des affaires du roi? Ne me parlerez-vous point des vôtres? Ne songez-vous point que vous avez un gouvernement de province et des enfants? » Sur cela, le maréchal lui demanda la survivance du gouvernement de Limousin pour son fils aîné de son second mariage, et M. le duc d'Orléans la lui donna. Ce maréchal s'en retournera à Bordeaux avant la fin du mois d'octobre. — Avant-hier le lieutenant de la prévôté ou des maréchaux de France, alla chez la vieille présidente Ferrand, et lui dit qu'il falloit qu'elle vînt parler à M. le Blanc et qu'il avoit là un carrosse pour l'y mener ; elle fit d'abord quelques difficultés et enfin elle obéit. Elle fut longtemps enfermée avec M. le Blanc ; ensuite, on la mena ailleurs, où on prétend qu'elle fut confrontée avec d'autres gens ; mais, toute l'affaire bien examinée, on a trouvé qu'il valoit mieux ne pas pousser la chose plus loin, et on la ramena le soir chez elle. On a fait beaucoup de différents raisonnements sur cela.

Vendredi 30. — Le roi alla à deux heures dans la plaine des Sablons faire la revue des quatre compagnies des gardes du corps et des grenadiers à cheval, qui sont tous en très-bon état. M. le Duc et le maréchal de Villeroy étoient dans la calèche du roi. M. le Duc étoit venu pour cela de Chantilly, et s'y en retourna dès que le roi fut aux Tuileries. Il y eut un grand bal en masque, le soir, à Chantilly. M. le duc d'Orléans avoit été dès midi faire la revue de ces compagnies. — Les trois filles du prince Jacques Sobieski se marient : l'aînée, qui étoit à Blois avec la reine de Pologne, sa grand'mère, épouse le duc de

Modène; la seconde épouse le petit roi Jacques, et la troisième le duc de Guastalla. Le mariage du roi Jacques* se fera à Rome, et la princesse, qui étoit avec son père à Ollo, en Silésie, en partit le 12 pour se rendre à Rome ; le prince son père lui donne 200,000 écus, et, en faveur du mariage, le pape en donne 300,000 avec une pension de 80,000 livres ; ils demeureront à Rome, et le pape leur fait encore accommoder Castelgandolfe.

* Il se peut dire que ce malheureux prince épousa qui il put pour vivre et pour se procurer une postérité dont les espérances maintînt [*sic*] ce qui lui restoit de parti en Angleterre. Ce mariage, traversé dans l'exécution, ne fut pas heureux dans la suite, si ce n'est par la naissance de deux princes dont on dit beaucoup de bien, et qui ont perdu leur mère en 1735.

Samedi 1er *octobre*. — MM. les gens du roi allèrent l'après-dînée chez M. le duc d'Orléans, et la chambre des vacations doit s'assembler lundi sur la bulle qui arriva hier et qui est celle que le pape publia le 8 dans le Champ de Flore. M. le premier président avoit été mandé pour revenir de Cramayel, où il étoit, et il y a deux jours, qu'en travaillant avec M. le duc d'Orléans, il se trouva si mal que M. le duc d'Orléans crut qu'il tomboit en apoplexie. — Il y a douze lieutenants généraux faits d'hier ou d'aujourd'hui, dont voici les noms par ordre de réception : MM. d'Ourches, Hautefeuille, Raffetot, Quadt, Cheyladet, Rosen, Caylus, Savines, Marnays, comte de Crouy, comte d'Uzès, Bruzac. De ces douze-là il y en a quatre des gardes du corps qui sont : Savines, Bruzac, Marnays et Cheyladet. Le marquis d'Harcourt a été fait brigadier lui seul, les trois autres capitaines des gardes du corps se sont joints à lui pour demander cette grâce.

Dimanche 2. — Madame la duchesse de Berry revint ici de Chantilly à trois heures après midi. M. le duc d'Orléans alla souper le soir au Luxembourg avec elle. — Le premier président a eu encore une foiblesse, et on ne croit pas qu'il puisse aller demain au parlement. — L'évêque de Rieux mourut, il y a déjà quelques jours ; il s'appeloit l'abbé de Ruty. Il n'y a que cet évêché et celui de Sisteron qui vaquent présentement. — Le vieux Bartillat est mort ; il étoit très-ancien lieutenant général et gouverneur de Rocroy. Son gouvernement a été donné à Balivière, lieutenant des gardes du corps.

Lundi 3. — Madame la duchesse de Berry alla souper au Palais-Royal avec M. son père. — La chambre des vacations a appelé comme d'abus de la dernière bulle du 8 du mois passé. Le premier président étoit trop incommodé pour y être ; c'étoit le président de Maupeou qui tenoit la séance. — Il y a déjà, dit-on, cinquante-six évêques qui ont donné leurs mandements conformes à la dernière bulle. — L'abbaye de Saint-Avy, vacante par la mort de madame d'Illiers, a été donnée à la sœur de M. de Simiane, premier gentilhomme de la chambre de S. A. R.

Mardi 4. — Madame la duchesse de Berry est retournée à la Meutte où M. le duc d'Orléans alla souper ; il y coucha même : il y veut voir les vendanges qui s'y feront demain. M. le Duc vint faire un tour ici de Chantilly pour voir le roi, et y retourna coucher. — L'évêque de Viviers, qui n'avoit point encore fait sa harangue à M. de Dombes, parce que ce prince n'étoit point ici le jour que ce prélat fit ses harangues, se trouvoit embarrassé sur la manière dont il le traiteroit ; il en parla à M. le duc d'Orléans, qui lui dit de le traiter comme il avoit toujours fait, et ce prélat le harangua ces jours passés à Sceaux et le traita d'altesse sérénissime *.

* Le régent ne pouvoit, ni faire du mal à ceux qu'il soupçonnoit le plus, ni soutenir celui qu'il n'avoit pu s'empêcher de leur faire. Sa nature, de plus, n'étoit pas d'être conséquent ; il espéroit regagner, et par cette foiblesse, il augmentoit le courage et l'audace, et ne réussissoit qu'à perdre davantage avec amis et ennemis.

Mercredi 5. — M. le duc d'Orléans revint de la Meutte après souper. — Lesseville, lieutenant des gardes du corps, a le petit gouvernement de Barraux qu'avoit Bachevilliers, son frère, qui vient de mourir ici à Paris; ce gouvernement vaut environ 12,000 francs. — On ne doute quasi plus que la citadelle de Messine ne soit prise; il y a des lettres même qui portent que la place étant fort pressée, on avoit offert une capitulation honorable au gouverneur, qui ne l'avoit pas voulu accepter, et que le 19 du passé les Espagnols avoient donné un assaut général qui avoit emporté la place, et avoient passé au fil de l'épée toute la garnison; mais cela n'est pas encore entièrement sûr, et l'ambassadeur d'Espagne n'en a aucunes nouvelles.

Jeudi 6. — Madame vint dîner à Paris, alla l'après-dînée aux Carmélites, et puis elle vit de sa loge l'opéra-comique, et retourna à Saint-Cloud. Madame de Berry vint aussi de la Meutte à ce spectacle; M. le duc d'Orléans y étoit, et mademoiselle de Charolois, qui est guérie de sa dyssenterie, y alla aussi; c'est pour la dernière fois que ces gens-là joueront; ils faisoient tomber l'Opéra et les comédiens françois et italiens. — M. de Canillac*, qui étoit du conseil des affaires étrangères, aura une place dans le conseil de régence; ainsi il gagne beaucoup au changement qu'on a fait dans les conseils. M. l'archevêque de Bordeaux, qui étoit du conseil des affaires ecclésiastiques, garde sa pension et se mêlera toujours des économats.

* Canillac, indigné de n'être pas au moins, à la suppression des conseils, admis dans celui de régence, comme dès auparavant y avoient été les présidents et les vice-présidents, refusa la continuation de ses appointements, et parvint après à entrer au conseil de régence, qui lui valut 8,000 livres de rente, plus que la conservation des appointements qu'il avoit refusés. Tous les gens de considération de ces conseils en tirèrent pied ou aile, chacun à sa façon.

Vendredi 7. — M. de Permangle, ancien maréchal de camp, bien affligé de n'être point de la promotion des lieutenants généraux, parla à M. le duc d'Orléans, qui lui dit qu'il n'avançoit point les officiers qui étoient placés et qui avoient des gouvernements; sur cela, M. de Permangle dit qu'il étoit prêt de donner sa démission du gouvernement du fort Louis sur le Rhin. M. le duc d'Orléans lui répondit : « De quoi vivriez-vous, Monsieur, si vous n'aviez plus votre gouvernement? » Il lui répondit : « Je vivrais de pain et d'eau, » et sortit comme un homme au désespoir. — Les nouvelles de la prise de la citadelle de Messine deviennent tous les jours plus incertaines.

Samedi 8. — M. le cardinal de Noailles a fait un second mandement depuis la dernière bulle du pape, et ce mandement n'est qu'un appel au concile œcuménique et point au pape mieux informé. Ce mandement est public et est plus fort que le premier qu'il avoit fait. — Bonrepaux, qui étoit dans le conseil de la marine, en sort; mais les appointements qu'il avoit dans ce conseil, on les met sur le petit gouvernement qu'il a dans son pays, qui est le château d'Usson, et on lui donne un brevet de conseiller d'État d'épée. — Des Fourneaux, gouverneur de Belle-Isle et ancien maréchal de camp, à qui on avoit répondu comme à M. de Permangle, a fait à peu près la même offre de quitter son gouvernement. — M. le duc d'Orléans a couché à Saint-Cloud, et n'y a couché qu'une nuit; il est là encore plus en repos pour travailler.

Dimanche 9. — M. le Duc et mesdames les Duchesses sont revenus de Chantilly, où ils ont demeuré huit jours après madame la duchesse de Berry. Madame la duchesse de Berry alla aux Carmélites l'après-dînée, et ensuite à l'Opéra; elle doit revenir à la fin de la semaine aux Carmélites passer la fête de Sainte-Thérèse. — On a reçu des lettres de M. le comte de Charolois, qui va à Turin et qui continuera cet hiver ses voyages. — On a des nouvelles du prince Ragotski du mois d'août; il est à Constantinople, et il ne parle point du parti qu'il prendra dans la suite; il dit seulement qu'il a loué un palais à Constantinople pour cet hiver. — M. de Nancré devoit partir le 8 de Madrid pour revenir ici. — On augmente les appointements de M. de Biron de 10,000 livres, parce qu'il est chargé de tout le détail de l'infanterie.

Lundi 10. — Le roi a été un peu incommodé d'un mal de dents; on lui a ôté une dent de lait, et il y en a encore une qui lui fait de la douleur. — On a fait imprimer les départements des secrétaires d'État; il n'y a que les trois en charge qui aient des départements de provinces; les deux autres, qui ne sont que par commission, n'ont que ce qui regarde la guerre et les affaires étrangères. On a fait imprimer cela afin que tous les particuliers qui ont des affaires sachent à qui s'adresser. M. de la Vrillière, qui est le plus ancien, aura la feuille pour l'expédition de tous les bénéfices, au lieu que du temps du feu roi c'étoient les secrétaires d'État en mois qui les expédioient, et comme cela ils n'avoient que trois mois dans l'année. — M. de Chiverny a l'expectative de conseiller d'État d'épée, et entrera au conseil comme on y a fait entrer M. de Bernage, avant qu'il partît pour l'intendance de Languedoc, comme ayant l'expectative de conseiller d'État de robe.

Mardi 11. — M. le duc d'Orléans donna audience aux ambassadeurs, comme il fait tous les mardis; ensuite il alla à Chelles voir Mademoiselle, sa fille, qui est très-contente d'avoir fait sa profession, et puis revint dîner un peu tard à Bagnolet avec madame la duchesse d'Orléans. Il parut un moment à l'Opéra, qui ne réussit pas trop bien, à ce qu'on dit. — Il y a sept hommes du parlement de Bretagne exilés, et parmi les gentilshommes, M. de Bonamour, qui l'avoit déjà été. — On ne sait rien encore de sûr de la citadelle de Messine ni de la paix du roi de Suède avec le czar; on dit que le roi de Suède a forcé quelques passages en Norwége, et que les Danois se sont retirés à Drontheim. — M. le premier président, qui a été assez mal, est présentement hors de danger; il n'a point eu d'apoplexie et sa tête n'a jamais été attaquée.

Mercredi 12. — Madame alla de Saint-Cloud dîner à la Meutte avec madame de Berry. Madame la duchesse d'Orléans entendit la comédie (1) dans la petite loge de M. le duc d'Orléans; elle ne va jamais dans la grande loge que quand Madame y est, parce qu'elle a le tapis et madame la duchesse d'Orléans ne l'a point*. — Le conseil de régence recommencera dimanche, et M. de Canillac y prendra sa place. — Le duc de Louvigny est fait brigadier, et sa commission sera du même jour que celle du marquis d'Harcourt; il passera même devant, parce qu'il est plus ancien colonel. — Mademoiselle de Soissons, fille du dernier comte de Soissons, qui étoit dans un couvent à Turin, et à qui le roi de Sicile donnoit une assez grosse pension, vient à Paris, et l'ambassadeur de Sicile va au-devant d'elle. On dit que la princesse d'Épinoy la demandera au roi de Sicile pour le duc de Melun, son fils; mais la mère et le fils assurent que ce bruit n'est aucunement fondé.

* On voit que jusqu'alors le tapis en lieu public étoit réservé aux fils de France. Les princes du sang en ont franchi le saut à leurs tribunes et dans les églises de Paris. Ils n'ont pas encore été jusqu'à en mettre à leurs loges au spectacle; on n'en comprend pas bien la différence, si ce n'est qu'ils vont seuls aux églises, et qu'aux loges, les princesses sont avec des dames qui seroient avec elles sur le tapis, à moins que les princesses fussent seules au banc de devant, ce qu'elles n'ont pas encore proposé aux dames; mais l'expédient qu'elles y trouvent est de n'aller plus aux loges ordinaires et d'en avoir une fois pour toutes de petites à elles, plus reculées sur le théâtre, et où elles ne paroissent point en spectacle. Ainsi le tapis ou non tapis est évité, et voilà la solution de l'enlèvement que fit madame la Duchesse à la maréchale d'Estrées de sa petite loge, avec violence.

Jeudi 13. — Madame vint le matin aux Carmélites; elle avoit accoutumé de n'y venir que l'après-dînée; mais elle avoit un rendez-vous ce jour-là pour l'après-dînée pour voir danser le roi, qui avoit consenti de danser devant elle; il ne veut danser encore qu'en particulier, quoi-

(1) Au théâtre de l'Opéra. (*Note de Saint-Simon.*)

qu'il danse déjà assez bien. — Madame de Berry, M. le duc d'Orléans et toutes les princesses virent la troupe d'Allard, qui avoit obtenu la permission de représenter une fois au Palais-Royal; on en fut très-médiocrement content. — M. de Chiverny conserve sa pension de conseiller des affaires étrangères, et prendra samedi sa place au conseil d'État, où il prêtera serment et donnera sa voix, quoi qu'il n'ait que l'expectative. — Madame arriva un peu trop tard chez le roi; il avoit déjà achevé de danser; c'est Ballon qui lui montre.

Vendredi 14. — M. le duc d'Orléans donna une assez longue audience au cardinal de Noailles et une autre ensuite au cardinal de Rohan. — Il arriva un courrier d'Espagne. M. de Nancré, qui devoit partir le 8 de Madrid pour revenir, n'en partira pas encore de quelques jours; il écrit du 5 à sa famille qu'il a encore à parler au cardinal Albéroni. — Le maréchal d'Harcourt, qui depuis très-longtemps est malade et sans aucune espérance de guérir, est présentement à la dernière extrémité; on ne croit pas qu'il puisse vivre encore quatre jours.

Samedi 15. — Madame la duchesse de Berry vint dîner aux Carmélites, et y passa la journée. C'est la sainte Thérèse qui est leur grande fête. — Le conseil des parties recommença, et M. de Chiverny y prit sa place; il a autant aimé être dans ce conseil que d'être dans le conseil de régence*. On fait des changements dans le conseil de finances qui ne seront déclarés qu'après demain, après le conseil de régence. On sait seulement que M. des Forts, qui étoit dans le conseil de finances, s'en retire.

* La gasconnade de Dangeau n'est pas mauvaise. Il étoit conseiller d'État d'épée, quoique hors d'âge à la mort du roi et en liaison avec tous les gens les moins bien avec M. le duc d'Orléans, et lui-même à aucune portée de lui; il fut fort fâché de n'être de rien et de voir tant d'autres de quelque chose. A qui persuadera-t-il que Cheverny aimât mieux 6,000 livres pour juger des formes de procédures au conseil des parties, que 20,000 livres et l'entrée au conseil de régence, en quelque misère que ce conseil fût tombé?

Dimanche 16. — Le conseil de régence recommença; il se tint l'après-dînée à l'ordinaire; ce conseil des dimanches est pour les affaires étrangères. M. l'abbé Dubois, qui en est chargé présentement, y entra et rapporta. — Madame vint ici dîner au Palais-Royal, et puis alla aux Carmélites et ensuite à l'Opéra, et retourna le soir à Saint-Cloud, où elle demeurera encore quelque jours; madame la grande-duchesse y est avec elle. — On a eu des lettres du prince Ragotzki du dernier d'août; celles qu'on avoit reçues il y a quelques jours, sont bien différentes de celles-ci, car bien loin de prendre un palais à Constantinople, comme le portoit cette première lettre, il est dans un mauvais village près de la mer Noire, qu'on lui a marqué pour lui et pour sa suite, qui est assez nombreuse, car il a beaucoup de grands seigneurs hongrois avec lui, et il paroît, par ce qu'il mande, qu'il est fort incertain de sa destinée, mais toujours dans une grande dévotion et fort soumis à la volonté de Dieu.

Lundi 17. — Conseil de régence. M. le Blanc y entra comme secrétaire d'État du conseil de guerre, et M. Fagon y entra aussi, comme commissaire général des finances; il n'avoit point la robe de conseiller d'État et étoit assis au bas de la table, comme rapporteur. MM. les conseillers d'État sont mécontents de ce qu'un conseiller d'État a opiné sans être au rang de conseiller d'État, et s'en plaignent à M. le duc d'Orléans*. On parla ensuite des affaires de la guerre, du dedans du royaume et de la marine; il opina après ceux qui avoient rapporté, et c'est dont MM. les conseillers d'État sont le plus mécontents. — Madame la duchesse de Berry alla se promener à Versailles et à Trianon et retourna le soir à la Meutte.

* Toujours plaintes et prétentions de conseillers d'État, et toujours *mezzo-termine*.

Mardi 18. — Le bruit s'étoit répandu que M. de la Force quittoit le conseil des finances, parce qu'il ne rapportera plus au conseil de régence; ce seront les deux commissaires généraux qui rapporteront; mais M. de la Force n'a pas quitté pourtant, et il a présidé encore aujourd'hui au conseil de finances. — Altermatt, inspecteur d'infanterie, est mort ; son inspection, qui est celle de Flandre, a été donnée au marquis de Maubourg, gendre du maréchal de Bezons, qui étoit inspecteur en Dauphiné, et on a donné l'inspection de Dauphiné au marquis de Fénelon. — Les dernières nouvelles qu'on a de Messine sont que le chemin couvert avoit été pris le 23 du passé, et que le 26 les batteries y avoient été établies ; on ne doute pas que la place ne soit rendue présentement.

Mercredi 19. — M. le duc d'Orléans alla après son lever à Saint-Cloud. — Altermatt avoit une pension de 2,000 francs sur les Invalides qui a été donnée à d'Hessy, Suisse comme Altermatt ; on donne une pension à la veuve d'Altermatt, une petite pension à ses filles, et une demi-compagnie aux gardes suisses à son fils. — Le maréchal d'Harcourt mourut le soir après une longue agonie ; sa famille, quoique bien établie d'ailleurs, perd à sa mort plus de 20,000 écus de rente, car il avoit comme maréchal de France 13,000 francs, 18,000 francs comme ayant été gouverneur de Tournay, 20,000 francs du conseil de régence, 1,000 écus de l'Ordre et 2 ou 3,000 écus de pension.

* M. d'Harcourt, après plusieurs apoplexies qui l'avoient réduit à un état fort triste, en eut une près de deux ans avant sa mort, qui lui ôta entièrement l'usage de la parole, et qui le réduisit à marquer avec un bâton les lettres du grand alphabet placé devant lui, et à toutes les impatiences et les désespoirs imaginables, ne voulant plus voir que sa plus étroite famille et deux ou trois amis intimes. Quel état sans être vieux, avec beaucoup d'esprit, d'art et d'ambition, un goût et un agrément infini pour la société, une fortune complète, et toute la tête suffisante pour le sentir !

Jeudi 20. — M. des Forts ne quittera point le conseil de finances comme il avoit résolu de faire, parce qu'on lui avoit ôté une partie des affaires dont il étoit chargé ; mais cela est raccommodé ; il demeurera dans ce conseil et aura de certaines affaires qu'il rapportera au conseil de régence. — Les brigadiers ne sont point encore nommés ; on croit qu'il y en aura plus de cent, et il y en a plus de trois cents qui le demandent. Il y a des prétendants dans la cavalerie, dans l'infanterie, dans les dragons, dans la maison du roi, dans la gendarmerie, dans l'artillerie, dans le génie et dans les places. — On mande de Vienne que sur les bruits de la paix du Nord, l'empereur a pris le parti d'envoyer beaucoup de troupes en Silésie, et de celles même qui étoient nommées pour venir en Flandre.

Vendredi 21. — M. le duc d'Orléans donna audience au cardinal de Rohan. — L'archevêque de Rouen est arrivé ici, qui se plaint fort d'un arrêt du parlement de Rouen, dont il demande justice à M. le régent; cette affaire-là sera jugée dimanche au conseil de régence. — M. de Nancré revient de Madrid ; il a écrit de ce pays-là qu'on ne lui adressât plus ses lettres qu'à Bayonne. — La princesse, fille du dernier comte de Soissons, est arrivée à Paris, et est dans le couvent de Bellechasse; elle dit qu'elle ne vient ni pour être religieuse, ni pour se marier, qu'elle ne vient que pour la succession des biens de M. son père et de madame sa mère, et que le prince Emmanuel, son frère, qui est richement marié en Allemagne, lui cède tout ce qu'elle en pourra tirer.

Samedi 22. — MM. les conseillers d'Etat devoient, à la sortie de ce conseil, parler à M. le garde des sceaux et ensuite aller au Palais-Royal parler à M. le duc d'Orléans sur la séance au conseil de régence des deux commissaires généraux des finances qui sont conseillers d'Etat. Je ne sais point la réponse qu'on leur a faite ; mais on parle de changer quelque chose à la table du conseil *. — M. Hop, ambassadeur de Hollande, qui arriva hier, aura demain audience de M. le duc d'Orléans. — Les nouvelles de la ligue du Nord sont plus incertaines que jamais, et on doute même fort de la paix particulière du czar avec le roi de Suède, qui est encore en Norwège, et on ne sait pas bien s'il assiége Drontheim.

[*] A tant de plaintes, les conseillers d'État ne gagnèrent rien que des propos et des gazes claires de *mezzo-termine*.

Dimanche 23. — On reçut la nouvelle de la prise de la citadelle de Messine, et le roi en parla à son lever et en parla même comme bien instruit ; il sait la géographie si bien, qu'on est étonné de l'entendre parler si savamment. — Le comte de Kœnigsegg, ambassadeur de l'empereur, fit son entrée, qui fut très-magnifique, et le soir, il y eut chez lui un grand souper et bal pour ceux qui y avoient soupé ; comme il n'est point ambassadeur extraordinaire, il revint chez lui après l'entrée, et n'alla point à l'hôtel des ambassadeurs. On fait imprimer présentement le détail de ces entrées ; cet usage a commencé à se faire à l'entrée de l'ambassadeur de Portugal qui est ici.

Lundi 24. —M. le duc d'Orléans alla le matin à Saint-Cloud, et en revint l'après-dînée pour le conseil de régence, qui fut fort long ; M. de la Houssaye y rapporta comme commissaire général des finances. —Hier au conseil de régence, on parla beaucoup de l'arrêt que le parlement de Rouen a rendu contre l'archevêque ; les opinions furent fort partagées, et enfin il fut résolu de demander au parlement de Rouen les motifs de son arrêt[*].
— Le marquis de Chavigny, frère de la maréchale de Clérembault, est mort ; il avoit plus de quatre-vingts ans, et étoit encore fort vigoureux et fort grand chasseur.

[*] Ces plaintes d'Aubigné, archevêque de Rouen, furent l'époque et le terme qui firent cesser de plus dire un seul mot au conseil de régence de tout ce qui pût avoir trait à la Constitution. Ce prélat, parent factice de madame de Maintenon, et comme tel, fait évêque de Noyon, puis archevêque de Rouen, et le premier évêque-pair translaté à qui le rang et les honneurs de la pairie aient été conservés, et qui en a fait la planche pour les autres, étoit un très-homme de bien et d'honneur, mais doué de toute la crasse, de toute la grossièreté,

de toute l'ignorance, et de toutes les minuties de Saint-Sulpice dont l'avoit enté la fureur sur celle des jésuites à l'égard de Rome en général et de la Constitution en particulier. Il désoloit son diocèse, et venoit d'attaquer des curés sur la Constitution avec une indiscrétion si démesurée, qu'elle donna prise à l'appel comme d'abus, et aux défenses qui lui furent faites par arrêt de la chambre des vacations du parlement de Rouen. Le voilà arrivé à Paris qui crie que tout est perdu, qui ameute les furieux de son parti, et qui demande cassation de cet arrêt et justice contre l'audace de ceux qui l'ont rendu. Argenson, garde des sceaux, aussi emporté que lui sur ces matières, à qui il avoit tant d'obligation, ne se voulut pas fier du rapport au secrétaire d'État de la province, et le fit lui-même avec étendue et avec tout l'art qu'il y put mettre pour éblouir et pour emporter d'emblée tout ce que le prélat désiroit. Dès qu'il eut achevé, M. le duc d'Orléans nomma Canillac, comme le dernier, pour prendre sa voix; mais à l'instant, le duc de Saint-Simon supplia le régent de lui permettre de dire un mot avant que personne ouvrît son avis, qui étoit une licence plutôt qu'une liberté qu'on ne prenoit pas, et tout de suite, loua la netteté et l'éloquence du rapport qu'on venoit d'entendre; mais il dit qu'il ne voyoit pas cependant que le conseil fût en état d'opiner sur cette affaire, puisque le garde des sceaux n'avoit expliqué que les raisons de l'archevêque qu'il avoit parfaitement mises dans leur jour, mais qu'il n'avoit pas dit un mot de celles que le parlement de Rouen pouvoit avoir eues de rendre l'arrêt qu'il s'agissoit de casser; qu'il sembloit que cette compagnie ne devoit pas être de pire condition qu'un particulier, qu'on se feroit un grand scrupule de condamner sans l'avoir ni entendu ni même appelé pour l'être; qu'en user ainsi, étoit agir directement contre la lettre et l'esprit des lois, et s'exposer à rendre un jugement téméraire, et qu'on auroit peut-être lieu de réformer sur la plainte et les raisons; que cette considération méritoit bien d'être pesée pour que le conseil décidât présentement s'il étoit en état de juger avant que de procéder à le faire, et que c'étoit, à ce qu'il lui paroissoit, cette question sur laquelle il étoit à propos préalablement d'opiner. Tout ce discours ne fut pas prononcé sans que le garde des sceaux ne donnât des signes d'impatience, sans toutefois oser interrompre, mais il tâcha de répondre comme un homme en colère que le dépit fait parler. Saint-Simon répliqua en deux mots, toujours tombant sur la chose et ménageant le garde des sceaux, parce que lui-même, malgré sa colère, avoit fort pris garde à ses paroles à son égard, mais il passa d'acclamation à opiner sur le préalable. On y opina donc l'un après l'autre en rang, et plus des trois quarts des voix furent, que l'affaire n'étoit instruite et entendue que d'une part et point de l'autre, et qu'avant de passer outre au jugement, il falloit demander au parlement les motifs de l'arrêt. Le garde des sceaux fit le plongeon au lieu d'opiner, puis se tournant au duc de la Force qui étoit auprès de lui : « Pardieu, Monsieur, lui dit-il en frappant sur la table, il n'y a plus moyen de parler ici de Constitution ; aussi n'y en faut-il plus parler et n'y en parlera-t-on plus. » Il tint parole, et oncques depuis n'y en fut-il question. Pour cette affaire, les motifs ne furent point demandés ; apparemment qu'on s'en défia et qu'on les crut trop bons, et on laissa l'arrêt subsister et s'exécuter dans toute son étendue, ce qui rendit un peu de calme au diocèse et contint l'archevêque sur ce qu'il ne pouvoit tirer du judiciaire.

Mardi 25. — L'ambassadeur de l'empereur eut audience du roi, le matin, en cérémonie ; il y fut conduit par le chevalier de Lorraine et l'après-dînée cet ambassadeur eut audience de madame la duchesse de Berry, qui étoit venue de la Meutte au Luxembourg exprès pour cela. Il aura son audience de M. le duc d'Orléans jeudi. — Il y a des lettres d'Allemagne qui portent que la princesse Sobieski, qui alloit à Rome pour conclure son mariage avec le roi Jacques, a été arrêtée sur les frontières d'Allemagne par ordre de l'empereur ; la princesse sa mère étoit avec elle *.

* Cet arrêt à Inspruck, de l'épouse future du roi Jacques, et cette colère de l'empereur de son mariage, fut une complaisance qu'il crut ne pouvoir refuser au roi Georges, à l'union et à l'amitié personnelle dans laquelle ils étoient pour lors. Cette chicane fut soutenue quelque temps.

Mercredi 26. — Madame vint dîner au Palais-Royal, alla aux Carmélites, et puis entendit la comédie françoise de sa loge ; M. le duc d'Orléans et madame la duchesse d'Orléans y étoient avec elle. La petite comédie nouvelle s'appelle l'*École des Amants* (1) ; elle est dans le goût de celle de Molière et a très-bien réussi, à ce qu'on dit. — On mande que le marquis de Monteleon, ambassadeur d'Espagne à Londres, a ordre du roi son maître de prendre congé. — M. le duc du Maine a donné la compagnie gé-

---

(1) Par Antoine-François Jolly.

nérale du régiment des gardes suisses, vacante par la mort d'Altermatt, à Surbeck ; cette compagnie n'est point sous le colonel de ce régiment, et vaut 14 ou 15,000 livres de rente, et a un état-major particulier.

Jeudi 27. — M. le duc d'Orléans alla à la Porte-Maillot voir une épreuve de canons nouveaux, plus courts et plus légers que les canons ordinaires. Thomas, qui en est l'inventeur, prétend qu'ils font autant d'effet que les canons de batterie, mais on en doute, et l'épreuve qu'on a faite n'a pas réussi aussi bien qu'il l'espéroit. — M. de Montauban, qui mourut il y a un mois ou six semaines, avoit une pension de 1,000 écus pour lui et pour sa femme ; Madame, qui les protégeoit fort, a obtenu que la femme garderoit sa moitié et que l'autre moitié seroit donnée à ses deux filles, dont l'aînée est fille d'honneur de madame du Maine.

Vendredi 28. — Le premier président a eu une audience de M. le duc d'Orléans, et on dit qu'il a obtenu la liberté des deux conseillers exilés, mais il n'a pas pu obtenir celle du président de Blamont, dont M. le duc d'Orléans croit avoir grand sujet d'être mécontent. — M. de Voyer, fils aîné de M. le garde des sceaux, épouse la fille de M. Méliand, intendant à Lille, qui aura plus de 400,000 écus de bien. — On fait courir le bruit que M. de Machault veut quitter sa charge de lieutenant de police et qu'on la donne à M. Héraut, procureur général du grand conseil, mais ce bruit n'a aucun fondement.

Samedi 29. — On envoie le marquis de Mézières, lieutenant général et gouverneur d'Amiens, commander des troupes qu'on fait marcher en Champagne et en Picardie ; il y a plus de cinq mille hommes dans ces deux provinces qui font le faux-saunage et qu'on veut détruire *. — Le marché de la maison de madame la princese de Conty, la mère, fut conclu hier au soir, et l'après-dînée on l'avoit cru rompu ; il devoit être signé ce soir, et madame la prinde Conty, pour augmenter l'hôtel de Conty, achète une maison voisine, d'un nommé Rondé, maître du chagrin de Turquie. M. du Maine, en achetant cette maison de madame la princesse de Conty, qui est vis-à-vis du Cours, achète aussi la maison de Boisfranc, qui y touche, et les deux maisons lui coûteront entre 4 et 500,000 francs. Il faut dépenser encore plus de 100,000 francs pour achever celle de madame la princesse de Conty.

* Ces faux-sauniers grossissoient sans cesse, et le gouvernement commençoit à bien sentir que le faux-saunage, quoique effectif, n'étoit que le prétexte d'autres desseins ; c'est ce qui fit prendre sur eux des précautions véritables.

Dimanche 30. — Conseil de régence le matin, parce que M. le duc d'Orléans a voulu que ceux qui composent ce conseil pussent aller dès ce jour à la campagne. — Madame la duchesse d'Orléans alla à Montmartre, d'où elle ne reviendra que jeudi ou vendredi. — M. le duc d'Orléans alla souper à Madrid chez mademoiselle de Chausseraye. — Madame la duchesse de Berry prend Meudon à la place du château d'Amboise, qui, par son contrat de mariage, lui avoit été donné pour habitation ; elle revint le soir de la Meutte coucher au Luxembourg. — On tailla hier M. l'abbé de Louvois, et sa pierre, qui n'étoit pas plus grosse qu'un marron se rompit, et cela l'inquiète lui et sa famille. — Le bruit se répand que le duc de Saint-Aignan revient de son ambassade d'Espagne.

Lundi 31. — Conseil de régence où entrèrent MM. des Forts, de la Houssaye et Fagon ; ils ne sont point là en robes de conseillers d'État. — L'après-dînée M. le duc d'Orléans alla à Saint-Cloud et y coucha. — Madame la duchesse de Berry, qui a couché ici, alla l'après-dînée aux Carmélites, où elle passera la fête ; elle ne partira plus de Paris qu'au printemps. On donne à M. de Rioms le gouvernement de Meudon, qu'avoit Dumont, et on donne à Dumont les mêmes appointements qu'il avoit à Meudon. — Madame a reçu des lettres qui portent que le Grand-Seigneur a été déposé, le grand vizir et le mufti étranglés, que les Turcs veulent recommencer la guerre et veulent mettre le prince Ragotzki à la tête de leur armée. Cette nouvelle étoit déjà venue par Gênes, mais on ne la croit point du tout.

Mardi 1*er novembre.* — M. le duc d'Orléans revint de Saint-Cloud, sur les six heures, où il avoit couché. — Madame la duchesse du Maine vint ici de Sceaux visiter la maison de madame la princesse de Conty et celle de Boisfranc; cependant elle dit que le marché de ces deux maisons n'est pas encore entièrement conclu. — M. de Mézières partira incessamment pour se mettre à la tête de trois régiments qu'on envoie contre les faux-sauniers, dont le chef s'appelle Colincry, qui a été longtemps sergent dans nos troupes.

Mercredi 2. — Madame la duchesse de Berry, en sortant des Carmélites, alla visiter Meudon pour disposer des appartements; elle avoit donné jusqu'à la Saint-Martin aux gens qui y avoient des logements pour en sortir; mais M. le cardinal de Rohan et madame de Ventadour ont déjà fait revenir leurs meubles. Elle retourna le soir au Luxembourg, où M. le duc d'Orléans soupa avec elle. — L'évêque de Laon a appelé au futur concile; l'évêque d'Agen, celui de Condon et celui de...... ont aussi appelé, et ont fait tous trois leur appel ensemble. Le doyen et le chapitre de Tours ont appelé au concile, et on crie leur appel dans les rues sous le nom de l'archevêque de Tours, qui n'y a nulle part et qui n'a pas même encore ses bulles. — L'abbé de Louvois a la fièvre assez considérablement. — Il y eut bal, sur les six heures du soir, à l'hôtel de l'ambassadeur de Portugal, qui finit à dix heures, et les masques n'y entroient point.

Jeudi 3. — M. le Duc et madame la Duchesse allèrent dès mardi à Chantilly pour y demeurer quinze jours. — Il n'y aura point de conseil la semaine qui vient. — L'abbé de Pomponne, abbé de Saint-Médard de Soissons, a fait assembler ses chanoines et ils ont tous appelé au concile, ce qu'on n'avoit point encore vu faire à aucun abbé *. — Châteaumorand, maréchal de camp, a une pension de 4,000 francs et l'expectative du cordon rouge, et quand il aura la pension de cordon rouge on ne diminuera point sa pension; il a permission de porter le cordon rouge dès à cette heure. — Toutes les nouvelles de Londres portent qu'il y a des banqueroutes considérables et que les actions sont fort baissées.

* Cet appel d'un abbé commendataire, à la tête des religieux de son abbaye sur lesquels il n'a aucune juridiction, étoit inouï et parut si ridicule qu'il ne fut imité d'aucun autre; mais ce qui y mit le comble, fut qu'autres temps, autres soins, et qu'il rétracta son appel dans les suites. C'est pourtant un fort honnête homme, mais dont les idées ne sont pas toujours nettes ni les opinions fort ordinaires.

Vendredi 4. — M. le duc d'Orléans alla dès dix heures du matin à Saint-Cloud, d'où il ne revint que le soir. — On eut enfin la confirmation que la princesse Sobieski avoit été sûrement arrêtée à Inspruck par ordre de l'empereur; la princesse sa mère étoit avec elle, qui est arrêtée aussi. La fille, à ce qu'on dit, est mariée par procureur au roi Jacques. L'empereur, non content d'avoir fait arrêter ces princesses, a envoyé ordre au prince Jacques, père de la mariée, de sortir de ses États; il étoit à Olau en Silésie. L'empereur lui ôte une pension considérable qu'il lui donnoit; il ne veut pas aussi que le fils du duc de Modène épouse la sœur aînée de celle qu'il a fait arrêter.

Samedi 5. — L'abbé de Louvois mourut à quatre heures du matin; il avoit été taillé samedi dernier. Sa charge de bibliothécaire du roi a été donnée sur-le-champ à l'abbé Bignon, qui est à une maison de campagne à huit ou dix lieues d'ici. M. le duc d'Orléans lui a envoyé un courrier pour lui en porter la nouvelle. L'abbé de Louvois laisse deux belles abbayes vacantes; celle de Bourgueil et celle de Vauluisant, et quelques autres petits bénéfices; on compte qu'il avoit plus de 100,000 livres de rente de patrimoine. Il a fait un testament par lequel il donne aux enfants mâles de M. de Courtenvaux et à ceux de M. de Souvré, ses deux frères, par égale portion, les biens dont il peut disposer; il ne parle point de madame d'Albret dans son testament. Il donne un fort beau diamant à M. de Louvois, une autre belle bague à la duchesse de la Rochefoucauld et de belles boucles de diamants à la duchesse d'Harcourt. Il fait de grands legs aux pauvres, surtout dans ses abbayes, et à ses domestiques.

Dimanche 6. — Il y eut grande toilette chez madame la duchesse de Berry, où il y eut beaucoup d'ambassadeurs et de dames, et on joua le soir chez elle. — Il n'y eut point de conseil de régence; ils ne recommenceront que dans huit jours. — M. le duc d'Orléans donne de fréquentes audiences au maréchal de Berwick, et on croit que ce sera lui qui commandera le corps de troupes qu'on veut faire avancer sur nos frontières, du côté de l'Espagne. On croit que M. le Duc demandera à être généralissime de cette armée, si on la fait entrer en action; on croit que d'Andrezel en sera nommé intendant, et l'on parle déjà de quelques officiers généraux qui y doivent servir. — Le fameux Glud, qui étoit à la tête des manufactures des Gobelins, est mort; jusqu'ici on l'avoit cru fort riche, et présentement on dit qu'il est mort ruiné.

Lundi 7. — M. le duc d'Orléans travailla toute la journée, et alla le soir souper au Luxembourg. — On eut des nouvelles d'Espagne; Nancré doit être parti de Madrid le 29, et le duc de Saint-Aignan en devoit partir le 3 de ce mois. Le prince de Cellamare n'a point encore d'ordre de son maître de sortir de France. — Toutes les nouvelles d'Italie portent que les Espagnols font le siége de Melazzo, après quoi ils n'auront plus que Syracuse à prendre.

Mardi 8. — On parle toujours fort de faire marcher une armée vers les Pyrénées, et on a nommé l'intendant, le commandant d'artillerie et tout l'état-major; mais comme cela ne pourra agir qu'au printemps, il faut espérer que durant cet hiver les affaires s'accommoderont. — Mademoiselle de Blanzac, sœur de la comtesse de Tonnerre, se marie à M. de Guémadeuc, qui n'a que seize ans et qui a père et mère qui sont d'une richesse immense; ce qui a fait ce mariage est que M. de Guémadeuc le père, a l'obligation à M. de Blanzac, père de la demoiselle, de l'avoir fait sortir de prison, où il étoit dans le château de Saumur, il y a déjà près de trois ans, et il n'a signé le contrat de mariage que cette après-dînée.

Mercredi 9. — Madame vint dîner avec M. le duc d'Orléans au Palais-Royal, et ensuite entendit la comédie dans sa loge. — M. le cardinal de Rohan, comme grand aumônier de France, a mis dans la chapelle du roi d'autres ecclésiastiques, à la place des Feuillants, qui avoient accoutumé de la desservir. M. le cardinal de Rohan, avant que de le faire, en avoit parlé à M. le duc d'Orléans, qui avoit approuvé son dessein. Ces pères avoient appelé de la Constitution, et le roi l'ayant reçue et fait enregistrer, il ne convenoit pas que cette division-là fût dans sa chapelle. — On a donné des commissions de mestre de camp à plusieurs lieutenants-colonels de cavalerie. — La Badie, lieutenant de roi de Strasbourg, est mort; il avoit près de quatre-vingt-dix ans. Cet emploi vaut 12 ou 15,000 livres de rente.

Jeudi 10. — Mademoiselle, qui s'est fait religieuse à Chelles, a appelé au concile, et sept ou huit religieuses se sont jointes à elle pour cet appel. — Il y eut bal le soir sur le théâtre de l'Opéra. Madame la duchesse de Berry y étoit en masque; M. le duc d'Orléans y étoit dans sa petite loge. — M. de Bailleul de Châteaugontier vend sa charge de président à mortier à M. Chauvelin, l'avocat général, qui lui en donne 650,000 francs. M. Chauvelin vend sa charge d'avocat général à M. Gilbert de Voisins, maître des requêtes et du conseil de finances, qui l'achète plus de 400,000 francs.

Vendredi 11. — On eut nouvelle par Naples, par Rome et par Gênes que six mille Allemands qui avoient débarqué en Sicile avoient attaqué le camp des Espagnols devant Melazzo et l'avoient forcé d'abord. Ils commençoient même à le piller quand le marquis de Lède, après avoir rassemblé deux mille chevaux, vint fondre sur ces Allemands, les chassa du camp, leur a tué assez de monde et a fait assez de prisonniers, entre autres le général Veterani. Le prince de Cellamare n'a point encore eu cette nouvelle par le marquis de Lède, ni par aucun officier de l'armée, et l'ambassadeur de Sicile conte l'affaire bien différemment; il prétend que la perte a été presque égale.

Samedi 12. — Mesdames les Duchesses revinrent de Chantilly avec toutes les dames qu'elles y avoient menées ; M. le Duc n'en reviendra que demain pour le conseil. M. le comte de Toulouse revint aussi de Rambouillet. — MM. les maréchaux de France allèrent à la table de marbre installer le nouveau prévôt de Lille, qui a acheté cette charge du vieux Franchine; ils n'étoient que cinq maréchaux de France, les autres n'y ayant pas pu aller; cela se fait avec assez de cérémonie. — On a donné à Montmirel, lieutenant-colonel du régiment Dauphin, la lieutenance de roi de Strasbourg qu'avoit la Badie.

Dimanche 13. — Il y eut conseil de régence l'après-dînée; M. le prince de Conty n'y fut point parce qu'il est un peu malade. — Il y eut grande toilette le matin chez madame la duchesse de Berry et grand jeu le soir. — Le chevalier de Pezé, capitaine aux gardes, avoit eu l'agrément pour acheter le régiment du Roi ; mais M. de Nangis, qui en est le colonel, dit qu'il ne songe point à le vendre. — On dit que le pape a écrit une lettre assez forte à l'empereur sur la détention de la princesse Sobieski. — Quatre mille Impériaux, qu'on avoit embarqués à Gênes pour passer en Sicile, ont été battus d'une furieuse tempête, qui a fait périr, dit-on, quelques-uns des bâtiments qui les portoient et fait échouer quelques autres.

Lundi 14. — Conseil de régence l'après-dînée. M. le prince de Conty, qui se porte mieux, y alla. M. du Maine vint ici à la grande direction, parce qu'il s'agissoit des affaires de Languedoc et là il est dans la place du roi. On change seulement le fauteuil de velours rouge qu'on y laisse toujours pour le roi, et on y met un fauteuil noir comme l'ont les conseillers d'Etat. Madame la duchesse du Maine est venue voir la maison qu'elle achète de madame la princesse de Conty, sa sœur; le marché n'est pas encore signé, mais toutes les conditions sont réglées. Elle l'augmentera beaucoup et y va faire bâtir, et elle n'achète point la maison de Boisfranc, qui y touche. Elle cherche présentement une maison de louage, en attendant que la maison qu'elle achète soit habitable, et jusqu'à ce qu'elle en ait trouvé elle demeurera dans la maison qu'on avoit louée pour mademoiselle du Maine, sa fille.

Mardi 15. — Les ambassadeurs vinrent, comme ils font tous les mardis, pour faire leur cour au roi, qui leur envoya faire des excuses sur ce qu'il ne pouvoit pas les voir à cause d'un grand mal de dents. — Madame fut saignée ces jours passés à Saint-Cloud; son bras s'ouvrit et elle perdit deux palettes de sang. Elle fut secourue fort à propos, car le sang couloit en grande abondance; cela l'a un peu affoiblie; mais du reste elle se porte bien. — Il y aura bal à l'Opéra tous les mercredis jusqu'à l'Avent. — Madame la princesse de Conty, fille du roi, est revenue de Choisy, où elle a passé plus de six mois.

Mercredi 16 — On arracha la dent du roi qui lui faisoit mal, et il ne sent plus de douleur présentement. — Il y eut comédie l'après-dînée et bal le soir dans la salle de l'Opéra. M. le duc d'Orléans y étoit le soir dans sa loge, mais il ne descendit pas en bas. — Le maréchal de Berwick prit congé de M. le duc d'Orléans pour retourner à Bordeaux. — M. le cardinal de Rohan et madame de Ventadour ont déjà pris possession de Trianon et sont charmés de leurs logements. — Le roi de Sicile, dans le traité qu'il a fait avec l'empereur, ne signe plus : « le roi de Sicile, » mais signe : « le roi Sardaigne. »

Jeudi 17. — Le maréchal de Berwick partit en chaise de poste, quoiqu'il ait encore un peu de goutte. — Le jeu est rétabli chez madame la duchesse de Berry; on y joue avant souper au lansquenet et l'après-souper au biribi, qui est un jeu fort à la mode. — Le comte de Matignon a été assez considérablement malade, mais on le croit hors de danger. — Les nouvelles de Norwége ne sont pas encore sûres; cependant, ce qu'il y a de plus apparent par tout ce qui vient d'Allemagne, est que le roi de Suède a eu quelque avantage sur les Danois. — Depuis la tenue des États de Bretagne, quelques conseillers de Rennes ont voulu faire, dans une petite assemblée, quelque opposition aux ordres du roi; on en a exilé encore quatre, outre les six qui étoient déjà exilés.

Vendredi 18. — Il y a eu un grand dîner chez l'ambassadeur d'Angleterre, où étoient les ambassadeurs de l'empereur et du roi de Sicile, et on y but en cérémonie la santé du roi de Sardaigne, car il est certain que le roi de Sicile ne prend plus que le titre de roi de Sardaigne. — M. le duc d'Orléans, en donnant la charge de bibliothécaire à l'abbé Bignon, lui donna en même temps un brevet de retenue de 40,000 écus, comme l'abbé de Louvois en avoit un sur cette charge. — Les comédiens jouèrent sur leur théâtre la nouvelle comédie d'*OEdipe* faite par Arouet, qui a changé de nom parce qu'on étoit fort prévenu contre lui à cause qu'il a offensé beaucoup de gens dans ses vers; cependant, malgré la prévention, la comédie a fort bien réussi et a été fort louée.

Samedi 19. — Madame devoit venir dîner ici avec M. le duc d'Orléans; mais elle lui manda qu'elle étoit fort enrhumée et qu'elle ne viendroit point; elle est résolue de quitter Saint-Cloud dans huit jours pour revenir passer l'hiver à Paris. — Il s'est passé une affaire au dernier bal de l'Opéra, entre un Allemand masqué et un François sans masque; l'ambassadeur de l'empereur en a parlé au maréchal de Villeroy, doyen des maréchaux de France;

l'affaire est fort désagréable pour l'Allemand, et le François a été mis en prison. — M. Feydeau, un des deux conseillers du parlement qui avoient été bannis, est revenu; et Saint-Martin, qui est l'autre, a permission de revenir aussi. — On a une lettre du duc de Marr, qui est avec le roi Jacques, et qui mande que ce prince n'a point épousé par procureur la princesse Sobieski, qu'ainsi il peut contracter une autre alliance.

Dimanche 20. — M. le duc d'Orléans alla dès le matin à Saint-Cloud voir Madame qui est fort enrhumée, et revint à trois heures pour le conseil de régence. — Mademoiselle, qui s'est faite religieuse à Chelles, et qui se fait appeler sœur Sainte-Bathilde, a la petite vérole. — On a défendu à tous les libraires de Paris d'imprimer aucun écrit sur la Constitution, s'ils n'ont un billet signé de la main de M. le duc d'Orléans qui leur permette, ou que ce soit des écrits de M. le cardinal de Noailles, qui, comme leur archevêque, a ce droit. Tous les évêques, dans leurs diocèses ont ce droit-là, et il ne leur faut point de permission.

Lundi 21. — Conseil de régence l'après-dînée. Le duc de Saint-Aignan, qui revient de son ambassade d'Espagne, aura place dans ce conseil. — On parle de lever quarante bataillons de milice. — Le marquis de Montéléon, ambassadeur d'Espagne en Angleterre, en est parti, et va faire un tour en Hollande avant que de retourner en Espagne; les Hollandois ont nommé un ambassadeur pour aller en Espagne. — Milord Bolingbroke, qui est en France, avoit sa femme en Angleterre, qui étoit maîtresse de tout le bien à elle et à lui par des accommodements qu'ils avoient faits; elle lui envoyoit de l'argent assez pour le faire vivre honnètement. Elle vient de mourir, et en mourant elle a laissé tout le bien à son neveu à elle; ainsi milord Bolingbroke est réduit dans un état fort triste.

Mardi 22. — Madame la duchesse de Berry alla dès le matin à Meudon, d'où elle revint fort tard; elle ne fut point au bal de l'Opéra; M. le duc d'Orléans n'y parut pas non plus. — On reparle fort d'une promotion de maréchaux de camp et de brigadiers. — On dit que cette semaine on fera la distribution des bénéfices vacants.— M. de Nancré, qui arrive incessamment, doit avoir trouvé M. le maréchal de Berwick à Poitiers, où il l'informera de l'état où il a laissé les affaires à Madrid. M. de Nancré, dans toutes ses dépêches, a toujours loué le cardinal Albéroni; M. de Saint-Aignan et lui n'étoient pas de même avis là-dessus.

Mercredi 23. — On a reçu des lettres de Nancré, qui marque qu'il ne pourra pas arriver encore de quelques jours; il y a eu une inondation auprès de Bordeaux qui retarde sa marche. — L'abbé Stricland, à qui M. le duc d'Orléans avoit promis l'abbaye de Préaux, à la recommandation des ministres du roi Georges, a été présenté ce matin à S. A. R., à qui il a fait ses remercîments. L'abbaye vaut 12 ou 15,000 livres de rente, et étoit une de celles qu'avoit l'abbé d'Estrées, archevêque de Cambray. M. le duc d'Orléans a réservé 4,000 livres de pension sur cette abbaye; mais on ne sait pas encore à qui ces pensions sont destinées.

Jeudi 24. — M. le régent permettra aux évêques qui n'ont point d'imprimeurs dans leurs diocèses de faire imprimer leurs mandements ou leurs appels à Paris. — Le chevalier de Bandeville, grand prieur de Champagne, qui étoit fort vieux, vient de mourir; il avoit beaucoup d'argent comptant dont l'ordre profite; il n'a rien laissé ni à sa famille ni à ses domestiques. — Il se répand des bruits qu'on va mettre dans le conseil de régence un homme depuis peu revenu d'ambassade. — La duchesse de Marr, qui jouit en Ecosse de son bien et de son douaire, comme si son mari étoit mort, a passé ici pour aller trouver son mari, qui est auprès du roi Jacques; elle est nommée première dame d'honneur de la future reine qui sera femme du roi Jacques.

Vendredi 25. — L'abbé de Gamaches, auditeur de Rote à Rome, a envoyé un courrier ici pour mander la nouvelle de la mort du cardinal Bichi et demander en même temps la belle abbaye de Montmajour qu'avoit cette Éminence ; cette abbaye, qui est auprès d'Arles, est d'un revenu considérable. Il vaque par la mort du cardinal Bichi une seizième place dans le sacré collége. — Il y eut bal encore le soir à l'Opéra ; il n'y en aura plus qu'après Noël. — On donna ces jours passés au marquis de Meuse une pension de 4,000 francs.

Samedi 26. — Madame revint le matin de Saint-Cloud, où elle a demeuré six ou sept mois, et passera l'hiver à Paris ; elle entendit de sa loge la comédie italienne. — Il paroît une déclaration faite par le roi d'Espagne en faveur des négocians françois ; elle est du 9 de ce mois, en voici la copie :

« Le Roi. Il m'est revenu de plusieurs endroits que des personnes mal intentionnées ont affecté depuis quelques jours d'insinuer avec artifice aux négocians françois qui résident dans mes États qu'il leur convient de mettre au plus tôt leurs effets en sûreté, voulant sans doute leur faire entendre par là qu'on en viendra bientôt à une rupture ouverte contre l'Espagne ; il est aisé de voir que le but des auteurs de cette insinuation est de troubler la paix et de rompre l'étroite union que la divine Providence, par une admirable disposition, a ménagée entre les deux nations, non-seulement pour leur propre félicité, mais pour la tranquillité de toute l'Europe. Souhaitant de faire connoître au public la sincérité de mes intentions et de rassurer les négocians françois contre des alarmes si malicieusement inspirées, je veux bien leur déclarer, par les présentes, qu'on ne confisquera ni ne mettra point leurs effets en séquestre en quelques lieux de ma monarchie qu'ils puissent être. Que si, contre mon attente, il arrivoit dans la suite qu'on me forçât à prendre ce parti, je leur donne ma parole royale que je leur accorderai auparavant une année entière pour recueillir et transporter leurs effets où bon leur semblera, de quelque nature qu'ils soient, et si, ce terme étant expiré, quelques-uns d'entr'eux vouloient rester dans mes royaumes, je leur promets de les y laisser vivre avec toute la tranquillité et toute la sûreté qu'ils pourront désirer, et de contribuer même autant qu'il me sera possible à leurs avantages, aussi bien qu'à tous ceux de tous les autres négocians et particuliers françois qui, maintenant ou après les ruptures qui pourroient survenir ou en quelqu'autre temps que ce soit, voudront s'établir dans mes États. J'ai d'autant plus de raison de les recevoir et de les traiter avec bonté que je suis persuadé que quand bien on se porteroit à me déclarer la guerre, on ne pourroit jamais imputer un événement si peu attendu et ses funestes conséquences à une nation à qui je sens que je suis cher et que je dois tendrement chérir par tant de titres, n'étant pas possible que j'oublie jamais que je suis né dans son sein, que je lui suis redevable de mon éducation et que, conjointement avec mes fidèles sujets, elle a généreusement prodigué son sang avec ses biens pour me maintenir sur le trône d'Espagne. — Donné au château de Pardo, le 9 novembre 1718. — Yo EL REY. Don Miguel Fernandes Duran. »

Dimanche 27. — Milord Stairs apporta le matin à M. le duc d'Orléans les nouvelles qu'il a reçues d'Angleterre par un courrier qui partit de Londres le 23. Ces nouvelles sont que la chambre haute et la chambre basse approuvent tout ce que le roi a fait pour le bien de la nation, et lui promettent tout secours d'argent dont il aura besoin en cas de guerre. — Conseil de régence l'après-dînée. — Le duc de Montmorency, fils aîné du duc de Luxembourg, prêta serment pour la survivance du gouvernement de Normandie. — Le petit Renaut trouve de grandes difficultés sur l'établissement de la dîme royale, et on ne croit plus que cela réussisse.

DÉCEMBRE 1718.

Lundi 28. — Le roi alla au Palais-Royal voir Madame. — Conseil de régence l'après-dînée. — La comtesse de Konigsegg, femme de l'ambassadeur de l'empereur, fut présentée au roi par la duchesse de Ventadour, et prit son tabouret au dîner de S. M., qui la reçut à merveille. — Madame la duchesse de Berry alla voir *OEdipe* au théâtre de la Comédie-Françoise. — On parle d'un grand changement dans les monnoies; mais je crois qu'il n'y a encore rien de tout à fait décidé là-dessus. — On a donné une pension de 2,000 écus à mademoiselle d'Épinoy.

Mardi 29. — M. de Nancré arriva sur les quatre heures du soir. — Il y a une lettre écrite à madame de Lorraine, qui sera cause que M. le prince de Vaudemont ne viendra point ici cet hiver. — On a donné une pension de 10,000 francs au frère du prince de Chimay. — Le prince de Carignan a vendu le jardin de l'hôtel de Soissons 650,000 livres à Boffrand, l'architecte; on fera deux rues dans ce jardin, et on prétend qu'on y bâtira pour deux millions de maisons, qui embelliront ce quartier-là. — Mademoiselle de Melun, sœur de mademoiselle d'Épinoy, a eu aussi une pension de 2,000 écus.

Mercredi 30. — Les comédiens françois, qui jouent tous les mercredis sur le théâtre de l'Opéra, y jouèrent *OEdipe*, où il y avoit un monde prodigieux; Madame y étoit dans sa loge avec M. le duc d'Orléans. Madame la duchesse de Berry n'y étoit point parce qu'elle l'avoit vue il n'y a que deux jours. — Madame alla aux Tuileries voir le roi. — La noce du fils de M. le garde des sceaux se fit le matin, et la noce de mademoiselle de Blanzac se fit le soir à Saint-Maur.

Jeudi 1ᵉʳ *décembre.* — On a publié une prolongation pour toutes les monnoies au-dessous d'un écu, parce qu'il n'y en a point encore assez de nouvelles fabriquées à la Monnoie, ce qui est nécessaire pour le commerce ordinaire. — M. Méliand, qui vient de marier sa fille au fils de M. le garde des sceaux, a eu 2,000 écus de pension; il a cédé sa charge de maître des requêtes à son gendre, et s'en retourne à son intendance à Lille. — L'ambassadrice de l'empereur alla chez madame la duchesse de Berry, où elle eut son tabouret; la duchesse de Saint-Simon la présenta.

Vendredi 2. — Le cardinal de Bissy eut une longue audience de M. le duc d'Orléans le matin. — Les difficultés sur l'établissement de la dîme royale dans la généralité de la Rochelle augmentent; on l'avoit établie à Niort par insinuation, et c'étoit l'abbé Bignon qui conduisoit d'ici cette affaire-là par le commerce qu'il avoit avec le petit Renaut; depuis, le petit Renaut avoit pris un ordre pour l'établir dans la généralité de la Rochelle, et l'abbé Bignon ne s'en est plus mêlé. — On a donné une pension de 4,000 francs au marquis de Béthune, gendre du duc de Tresmes.

Samedi 3. — L'ambassadrice de l'empereur fut présentée le matin à Madame par la duchesse de Brancas; il y avoit beaucoup de duchesses. — L'affaire de madame la princesse de Conty, fille du roi, pour l'acquisition de Champs, fut entièrement terminée hier au soir. — On dit que Colincry, chef des faux-sauniers, a vu M. de Mézières, qui lui avoit envoyé un sauf-conduit; qu'on lui donne une lieutenance de dragons et une petite pension et qu'il a promis de faire finir tous les désordres que faisoient ces faux-sauniers; mais je crois cette nouvelle entièrement fausse.

Dimanche 4. — Il y eut conseil de régence l'après-dînée; dans ce conseil on régla que la banque seroit déclarée Banque royale. Il n'y a plus que le roi qui y ait intérêt; on a remboursé tous les actionaires; mais il n'y aura rien de forcé, et le public peut faire faire ses affaires par les banquiers ordinaires. — Mademoiselle, qui est religieuse à Chelles et qui a la petite vérole, est entièrement hors de danger. — Tout se passe fort doucement au parlement depuis qu'il est rassemblé; on ne sait point encore ce qu'il fera sur la Constitution. — On a donné une pension de 8,000 livres à M. de Verthamon, premier président du grand conseil. — On dit que l'empereur a fait remettre en liberté les princesses Sobieski, mère et fille, qu'il avoit fait arrêter à Inspruck; mais je doute de cette nouvelle.

Lundi 5. — Conseil de régence l'après-dînée. — On avoit cru qu'on nommeroit aujourd'hui les brigadiers et les maréchaux de camp; mais cela est remis à la fin de la semaine et peut être encore plus loin. — Madame entendit de sa loge la comédie italienne. — Madame la duchesse d'Orléans, qui a un peu de fièvre depuis deux jours, fut saignée du pied le soir. — Nous allons envoyer un ministre en Angleterre afin d'être informé plus exactement de tout ce qui se passera au parlement, où il y a déjà eu quelques débats à la chambre haute et à la chambre basse; mais jusqu'ici le parti du roi Georges paroit le plus fort.

Mardi 6. — Madame la duchesse d'Orléans fut encore saignée du pied le matin; on la saigne du pied parce qu'elle est fort difficile à saigner au bras; mais, Dieu merci, il n'y a rien à craindre de cette maladie-là. Madame la duchesse de Berry alla la voir après sa saignée, et du Palais-Royal alla à Meudon, où on va faire de petits accommodements, parce qu'il y a beaucoup de choses à réparer dans les jardins et même dans la maison. — Il paroit un écrit du cardinal de Bissy, qui est très-long et très-fort contre les appels au concile. — On parle de quelques petits changements sur les jours du conseil de régence.

Mercredi 7. — On joua l'opéra nouveau de *Sémiramis* (1). Madame la duchesse de Berry étoit sur l'amphithéâtre, où l'on avoit fait mettre un fauteuil, et il y avoit trente places pour les dames qui étoient avec elle; il y avoit une estrade sous le fauteuil de madame de Berry, et l'on avoit mis une barrière à la moitié de l'amphithéâtre, afin que le reste des places ne fût point mêlé à celles qu'elle avoit retenues*. M. le duc d'Orléans étoit à cet opéra dans la loge de Madame, avec elle. — C'est M. le marquis de Sen-

---

(1) Poëme de Roy, musique de Destouches.

neterre qu'on envoie en Angleterre ; mais cela n'est pas encore public. — Bernaville, gouverneur de la Bastille, est mort, et le gouvernement est donné à Launay, qui en étoit lieutenant. — Madame la marquise de Clermont, sœur du duc de Richelieu, a gagné son procès contre le duc, son frère.

* Cette espèce de trône à l'Opéra parut fort extraordinaire, et fut trouvé d'autant plus mauvais que le roi étoit à Paris. On fut surtout scandalisé de ce que Madame, fille de France comme madame la duchesse de Berry et sa grand'mère, l'autorisoit par sa présence publique et M. le duc d'Orléans avec elle. Il est pourtant vrai que madame la duchesse de Berry n'y retourna plus ; elle hasardoit ainsi des tentatives qu'elle n'osoit plus réitérer, dont une en ce même genre : ce fut de donner audience publique et de cérémonie à un ambassadeur sur une estrade de trois marches. Les dames assises et debout très-surprises pensèrent s'en aller. L'ambassadeur étonné, demeura un moment incertain ; il prit néanmoins son audience pour éviter l'éclat de tourner le dos sans avoir fait son compliment ; mais au sortir de l'audience, il fit grand bruit, et le jour même tous les ambassadeurs déclarèrent qu'ils protestoient contre cette entreprise, et qu'aucun ne se présenteroit plus au Luxembourg qu'ils ne fussent assurés avec certitude que cela ne seroit jamais réitéré. Ils le furent en effet, et toutefois ils furent apaisés avec peine, et madame la duchesse de Berry n'osa plus y retourner. Elle passa une fois tout le long du palais et du jardin des Tuileries, le roi y étant, ses timballes sonnantes, et ne l'osa plus entreprendre depuis dans Paris, où cela fut trouvé avec raison extrêmement mauvais.

Jeudi 8. — Le changement dans le conseil de régence n'est que pour le conseil du lundi ; comme il y a peu d'affaires ces jours-là, on ne tiendra ce conseil que tous les quinze jours. — Il revient sept ou huit millions à la France de la dernière arrivée des galions à Cadix, et les bâtiments qu'on a envoyés d'ici pour rapporter ces effets-là ont reçu des Espagnols toutes sortes de facilités et d'honnêtetés. M. le comte de Toulouse en a eu la nouvelle par le commandant d'un vaisseau qu'il avoit envoyé pour convoyer ces bâtiments. — Le colonel Stanhope, qui étoit envoyé d'Angleterre en Espagne, arriva ici le soir chez milord Stairs.

DÉCEMBRE 1718.

— On a eu nouvelle que l'abbé de Portocarrero et le fils de Montéléon, qui s'en alloient en Espagne, ont été arrêtés à Poitiers et qu'on a pris tous les papiers qu'ils avoient*.

* L'éclat de cette affaire, d'où suivit l'arrêt du prince de Cellamarre, ambassadeur d'Espagne, la suite et l'emprisonnement de plusieurs personnes, entre autres de M. et madame du Maine, fut extrême. L'État et le régent y furent très-mal servis. L'abbé Dubois, à qui les papiers de l'abbé Portocarrero et du fils de Montéléon furent remis par ceux qui les apportèrent de Poitiers, les reçut comme M. le duc d'Orléans venoit d'entrer à l'Opéra. Il ne lui en dit la nouvelle qu'après la fin de ce spectacle; le prince qui tout de suite s'enfermoit avec ses roués dans sa partie du soir, en usa ce jour-là comme à l'ordinaire, sous prétexte que l'abbé Dubois n'avoit encore pu examiner les papiers. Les premières heures des matinées du régent étoient peu libres, et sa tête étoit offusquée du vin du souper; ce temps fut pris par l'abbé Dubois pour lui rendre compte des papiers, tel qu'il jugea à propos de le faire. Il n'en dit et n'en montra que ce qu'il voulut, et ne s'en dessaisit jamais d'aucun entre les mains de M. le duc d'Orléans ni d'aucun autre. La confiance aveugle et la négligence de ce prince en cette occasion fut incompréhensible, et ce qui ne l'est pas moins, c'est que l'une et l'autre régna dans toute la suite de cette affaire et dans toutes ses parties, avec le même abandon. Par là, l'abbé Dubois se rendit seul le maître des preuves et des soupçons, de l'absolution et de la conviction. Le garde des sceaux étoit également dans son intimité et dans son entière dépendance; le Blanc étoit dans la dernière et se croyoit dans l'autre; tous deux, dans la stupeur de la conduite du régent à l'égard de l'abbé dans cette affaire, comptèrent le maître pour rien et le valet pour tout. Leurs démarches, leurs interrogatoires, les comptes qu'ils en rendirent au régent, ce qu'ils poussèrent, ce qu'ils firent semblant de pousser, ce qu'ils laissèrent échapper, ce qu'ils favorisèrent, ce qu'ils dirent et ce qu'ils turent, en un mot, toutes leurs démarches, toutes leurs paroles, furent réglées par l'abbé, qui fut le seul et suprême conducteur et modérateur, dans la totale et absolue dépendance duquel ces deux hommes demeurèrent avec frayeur et tremblement, et dont ils attendoient, recevoient et exécutoient les ordres à chaque pas et jusque sur les moindres choses dans cette affaire, dont la connoissance effective et entière demeura à l'abbé seul, qui ne s'y servit que de ces deux hommes, qui ne leur communiqua que ce qui lui convint, ni à M. le duc d'Orléans lui-même, auquel le Blanc et le garde des sceaux n'osèrent jamais rien dire que les leçons précises qu'ils recevoient de l'abbé Dubois, et au ton, et au temps, et en la mesure qui leur étoit prescrite. Par là, cet abbé demeura maître du secret et du sort des coupables, d'en augmenter et d'en diminuer le nombre à sa volonté, puisqu'on arrêtoit et qu'on relâchoit sur des ordres du roi dont il disposoit par le régent, et que de démarches ni de procédures juridiques, il n'y en eût jamais aucune. Personne n'est donc en état de rendre compte du fond, du vrai, de l'étendue d'une affaire qui a fait tant de fracas et en même temps si curieuse et si intéressante. Le garde des sceaux, qui avoit plus de part en la confiance de l'abbé Dubois, et qui est mort avant celui-ci, a tout emporté en l'autre monde, et le Blanc, déjà en disgrâce avant cette mort, et précipité par cet abbé dans le commencement de l'abîme dont il éprouva depuis toutes les profondeurs, a encore moins su de cette affaire que le garde des sceaux, et, de retour au monde et à la fortune, s'est bien gardé de rien dire du peu qu'il savoit de cette affaire, dont les principaux accusés et emprisonnés étoient, dès avant sa chute, revenus en leur premier état et les autres aussi dans le leur. Du peu qu'on pût savoir, ceux qui ont été le plus instruit d'une obscurité si étrangement profonde, il résulte un complot de M. [le duc] et de madame la duchesse du Maine, qui voulut tenir ce qu'elle avoit déclaré aux ducs de a Force et d'Aumont, lorsqu'ils la virent à Sceaux, lors de l'éclat de la rupture de l'affaire du bonnet, que quand on avoit une fois acquis, comme que ce fut, la qualité de prince du sang et l'habileté de succéder à la couronne, il falloit bouleverser l'État et mettre tout en feu plutôt que se les laisser arracher. Leur but fut tel, à ce qui a paru, depuis que l'aigreur du procès de la succession de M. le Prince eut porté les princes du sang à attaquer ces concessions du feu roi, et forcé le régent à un jugement qu'il tâcha toujours d'éviter, parce qu'il voyoit bien que le jugement ne pourroit être favorable à des concessions si énormes et si inouïes, et qu'il en craignoit les suites, et qu'il ne rendit enfin que poussé à bout par les clameurs des princes du sang de déni de justice, et par la démarche de M. du Maine d'invoquer la majesté du roi et les états généraux du royaume comme seuls juges compétents, qui étoit anéantir l'autorité du régent en tout et pour tout, et réduire le gouvernement à la dernière confusion de toutes choses, si le régent en ne jugeant point, avoit montré par là se défier de son autorité et de ses forces, et reconnoître lui-même son impuissance. Cette idée de noblesse soulevée par M. du Maine contre les ducs pour la soutenir contre eux et acquérir des créatures et des partisans, mais plus véritablement pour s'en appuyer contre les princes du sang, effrayer le régent et empêcher le jugement, comme il parut par cette requête signée de tant de gens de cette noblesse, présentée au parlement par six d'entr'eux, dont la plupart de ces six portoient sur le front l'attachement personnel à M. du Maine, fut le premier tocsin de ce qui se tramoit, si l'on passoit outre au jugement, et que la qualité de prince du sang et l'habileté de succéder à la couronne fussent anéantis. Depuis le moment que l'arrêt en fut prononcé et enregistré, le Rubicon fut intérieurement passé, et tout montra qu'il ne s'agissoit plus que de mettre la main à l'œuvre. Mais cette œuvre quelle étoit-elle? La vengeance contre le juge et contre les parties; de faire le roi d'Espagne régent; d'abolir les renonciations; de réussir à l'un et à l'autre par le soulèvement de la noblesse, des parlements, de tout le royaume et par y introduire les forces d'Espagne. Pour ce dessein, cet ameutement de noblesse et cette correspondance de celle de Paris avec celle des provinces, d'abord sous le prétexte des ducs, puis de ses privilèges sur la succession à la couronne, cette flatteuse invocation d'états généraux, ce mécontentement entretenu du parlement et des autres tribunaux, et leur union vantée, les cris excités contre l'administration des finances, contre les mœurs du régent, et, en dernier lieu, les avantages tirés de sa mésintelligence avec l'Espagne, enfin ces faux-sauniers grossis et organisés, et surtout les menées de Bretagne pour y avoir des ports ouverts aux flottes d'Espagne et un entrepôt sûr pour entrer dans les provinces ouvertes du centre du royaume. Mais si le projet fut vaste et hardi, la conduite n'y répondit pas. Il est aisé d'exciter des gens par des intérêts et par des chimères : la noblesse par jalousie contre des rangs, et par l'émulation de décider de la succession à la couronne; les tribunaux, par flatter leur autorité et leur ambition d'être les tuteurs des rois et les modérateurs de leur autorité; une province qui se souvient toujours de son ancien gouvernement et des conditions de sa réunion à la couronne, en lui montrant le rétablissement de ses anciens privilèges, et l'honneur de rendre la liberté à elle-même et à toute la nation, en voulant bien recevoir les flottes et les troupes d'Espagne. Mais les instruments de tant de grandes choses parurent risibles, au moins ceux dont l'abbé Dubois laissa paroître les noms. Un homme de l'âge du duc de Richelieu, qui parce que son régiment se trouve en garnison à Bayonne, se croit assez le maître de ce corps et par lui de la place pour la livrer aux Espagnols et les introduire dans le royaume, et qui pour ce service qu'il se croit en état de rendre, capitule des sommes et d'être fait colonel du régiment des gardes, charge dont se trouvoit revêtu pour lors le duc de Guiche et son fils en survivance, contre lequel il n'avoit jamais eu ni haine ni démêlé, dont il avoit épousé la cousine germaine, et qui avoit dès son entrée dans le monde, et toujours depuis, été recueilli de Noailles, par rapport à l'amitié de madame de Maintenon pour son père, et c'est ce qui fut rendu public. Pompadour étoit un homme nul toute sa vie, et sans moyens, sans talents, sans considération, ruiné à ne rien faire, sans service et sans cour, que tout à la fin du dernier règne que la faim et le besoin lui en en fit naître la rage et s'allia à Dangeau. D'Aydie, de père en fils confiné dans sa province, arriva avec sa femme, sœur de Rioms, pour participer à sa fortune ; ils étoient de même nom ; il perdit sa femme, et ne trouvant pas à remplir ses espérances, il se jeta où on lui en fit voir, et où il ne trouva que dangers et fumée. Saint-Geniez étoit bâtard d'un frère du feu maréchal duc de Noailles qui avoit fait le mariage d'une danseuse sortable à son néant ; brave, débauché, du babil, aide de camp de qui vouloit le prendre, et cherchant à se tirer de misère ; cousin germain bâtard de la femme de Pompadour, celui-ci l'entraîna. Magny, introducteur des ambassadeurs, fut commode à des gens qui avoient un commerce étroit et caché à entretenir avec l'ambassadeur d'Espagne. L'abbé Brigault, Sandraski et autres étoient des aventuriers sans feu ni lieu en leur manière. Les domestiques de M. et de madame du Maine étoient leurs confidents, et Davisard avoit pendu sa robe au croc, quoiqu'en conservant longtemps sa charge. Il s'étoit fixé à Paris, où il étoit devenu le conseil intime de M. et de madame du Maine, et l'âme de toutes leurs affaires, singulièrement de celle contre les princes du sang et le confident de tous leurs projets ; hardi, audacieux, plein d'esprit, de savoir, de ressources, et prenant aisément toutes sortes de formes. M. de Laval étoit un homme de beaucoup d'esprit, de talents, de valeur distinguée, de naissance élevée, à qui tout cela ensemble avoit tourné la tête d'opinion de soi, d'ambition et de projets, qui toutefois avoit fait un mariage peu répondant à la grandeur de ses idées, et qui se livrant à M. et à madame du Maine, compta être leur général et leur premier ministre et faire la principale figure dans leur parti. On sut et on publia les rendez-vous nocturnes de tous ceux qu'on nomme ici et de quelques autres, dans des lieux écartés où se trouvoit l'ambassadeur d'Espagne, et où M. de Laval déguisé, servant une nuit de cocher à madame du Maine, qui avoit Pompadour et d'autres dans sa voiture, pensa être reconnu et arrêté avec eux. Il n'est pas douteux qu'il n'y en eut d'autres et en nombre et du plus haut parage, que l'abbé Dubois a soustrait à toute autre connoissance qu'à la sienne. Madame d'Alègre, première femme du maréchal de ce nom, et qui ne l'est devenu que longtemps après sa mort, a raconté quelque six mois avant cet éclat et plusieurs fois encore à mesure que le temps s'en approchoit, des rendez-vous secrets de son mari, pour lequel elle craignoit, des maréchaux de Villeroy et de Villars, et de quelques autres moindres avec des gens à M. du Maine, quelquefois avec madame du Maine en lieux différents, des propos rompus, énigmatiques, pleins d'espérances et de menaces, pour en avertir M. le duc d'Orléans qui n'en fit aucun cas par sa négligence habituelle, et par mépris pour une femme dont en effet la tête n'avoit pas une réputation à faire compter beaucoup sur elle. Mais ce qui est véritable, c'est que le maréchal de

Villars se trouva comme frappé d'un coup de foudre de ces divers emprisonnements, que de la plus florissante santé il tomba tout à coup dans une jaunisse et dans une corruption de sang qui peu à peu, mais toutefois en bref, fit désespérer de sa vie, qu'il fut si effrayé qu'il se crut longtemps arrêté chaque jour, qu'il en parla à qui il put pour tâcher de se garantir, et qu'il donna là-dessus des scènes pitoyables; que revenu des portes de la mort, il demeura dans une langueur menaçante dont le mieux et le plus mal dépendit visiblement des apparences et des suites de cette affaire, et dont il guérit au retour de prison de M. et de madame du Maine, et reprit sa première santé et sa gaieté aussi subitement qu'il l'avoit perdue. Pour le maréchal de Villeroy, la frayeur et l'égarement étoient peints sur son visage. Ses bassesses furent prodiguées sans mesures et l'incertitude continuelle de ses mouvements suffisoit pour le déceler. Beaucoup d'autres ne furent pas maîtres de leur peur, quoique avec plus de mesure, et un grand nombre de gens de tous états vécurent longtemps dans une transe cachée mais mortelle. Mais malgré les noms et les emplois de ce plus que très-petit nombre, et démentis par eux-mêmes et par ce dont ils étoient capables, il n'y eut dans tout ce ramas de gens que désirs et volonté, sans moyens et sans conduite. Les soupçons du régent dont il ne faisoit part à personne qu'à Dubois, et peut-être en quelque sous-ordre au Blanc et au garde des sceaux, eurent sans doute autant de part à la chute de M. du Maine lors du lit de justice, que la foiblesse pour M. le Duc, et cette chute même dont la rage entée sur celle du jugement de l'affaire des princes du sang et des bâtards, affoiblit et pressa également les projets de ceux-ci d'en venir où ils se proposoient. Mais quand on les met en pluriel, c'est de M. et de madame du Maine qu'on parle, et jamais trace de rien du comte de Toulouse. Il étoit trop sage pour qu'ils eussent osé s'ouvrir avec lui. Il avoit hautement désapprouvé tout ce que son frère avoit extorqué du feu roi, surtout dans les derniers temps, mais en étant en possession, il ne crut pas le pouvoir abandonner et se séparer de son frère; et à l'égard des enfants de M. du Maine, ils n'étoient pas d'âge à pouvoir servir à rien ni à oser se lier à eux. Le gros des dispositions n'étoit pas mieux ordonné que le choix des instruments; ils comptoient d'entraîner les troupes et les parlements sans y avoir aucun parti, ni qu'ils eussent osé se laisser entendre, dans la juste pensée qu'il n'en étoit pas temps, et dans la fausse, qu'ils feroient entrer tout à coup les forces d'Espagne par la Guyenne et par la Bretagne, et qu'alors les déclarations du roi d'Espagne, appuyées par eux et par ses troupes, et par tant de sortes de mécontentements semés et aigris de longue main avec art, produiroient en un instant une révolution générale, telle que la dernière d'Angleterre, et sans coup férir, d'autant plus qu'on n'en vouloit pas au roi, mais au régent, et à lui en substituer un autre plus proche du sang et un roi puissant à un prince particulier. La chimère de Bayonne étoit folle, et les appuis de Bretagne se montrèrent des roseaux et qui furent cassés à coups de plume. Tout tomba, tout trembla, tout s'enfuit, tout pleura et cria grâce, au premier pas qui fit voir que la découverte étoit certaine et les liaisons prises par la quadruple alliance contre l'Espagne, qui achevoit de rendre ces complots insensés, arrêtèrent ces puissances et leurs ministres, et à leur exemple tous les autres, sur la violence nécessaire faite à l'ambassadeur d'Espagne dont aucun ne se formalisa, et ne fit pas la démonstration la plus légère. Il n'en fut pas de l'emprisonnement de M. et de madame du Maine comme du lit de justice qui fut subi. L'arrêt de l'ambassadeur d'Espagne dut aviser, et donner plus que tout le temps nécessaire à eux et aux leurs de se mettre en état de ne rien craindre de leurs papiers, et cette lenteur d'exécution du régent fut un ménagement de l'abbé Dubois, qui dut les rassurer pour les suites. Content d'assurer le gouvernement de son maître, sans lequel il ne pouvoit rien espérer, il lui convint toujours de lui laisser des entraves, et à soi des moyens sûrs d'être toujours confident et ministre nécessaire, et il lui convenoit aussi peu de se charger de haine et de partager des iniquités que de ne se réserver pas une reconnoissance secrète des plus essentiels services à des gens si éclairés et si grandement établis, et en eux un contre-poids toujours prêt à balancer les princes du sang, et à se faire ménager et courtiser par les uns et par les autres comme il arriva enfin dans le peu qu'il vécut après avoir délivré M. et madame du Maine des fers où il les avoit mis, et qu'il se garda bien de rendre le moins du monde juridique ni rien de ce qui pouvoit y avoir trait, pour en demeurer toujours pleinement et uniquement le maître. Il y a aussi lieu de croire que le garde des sceaux et le Blanc en surent plus qu'ils n'en dirent, et qu'ils servirent utilement M. et madame du Maine. On en peut juger par la très-sensible part que ceux-ci prirent à leur chute, au crédit et à l'amitié dans lesquels le second fils du garde des sceaux fut initié tout à coup par madame la duchesse d'Orléans, à l'autorité qu'il en acquit sur M. son fils dans sa place de chancelier et de surintendant de ses affaires, et où il est demeuré, et à la liaison très-grande où le Blanc et les siens et ses amis persécutés avec lui, ont toujours été depuis leur retour avec M. et madame du Maine, trop grande pour n'avoir été que le fruit de leur commune inimitié pour M. le Duc, leur ennemi commun. Au reste, la détention de M. et madame du Maine, où leur différence fut si marquée par celle d'un capitaine et d'un lieutenant des gardes qui les arrêtèrent, ne causèrent pas la plus légère fermentation nulle part. Très-peu de gens même les plaignirent, et tous les oublièrent très-promptement; mais on trouva étrange, même pour l'intérêt de M. le duc d'Orléans, que cette affaire ne fût pas remise au parlement, et mauvais, qu'après ce qui s'étoit passé entre eux et M. le duc du Maine, sa tante fût mise de préférence dans le centre de son gouvernement et de sa puissance au château de Dijon, et personne ne fut la dupe de la légère démarche que fit M. le Duc, après coup, auprès de M. le duc d'Orléans, pour qu'elle fût envoyée ailleurs et qui n'eut aussi aucun effet. En traitant ici tout de suite ce qui regarde cette affaire, et ainsi par une courte avance la détention de M. et de madame du Maine, on ajoutera que l'un et l'autre ne témoignèrent ni plainte, ni résistance, ni crainte. Ils montèrent en carrosse sans demander aucun délai, ni à parler ou à écrire à personne. Ils firent la route avec la même tranquillité et en gens qui s'étoient bien attendus et préparés à ce qui leur arrivoit. Madame du Maine seulement témoigna sa surprise et l'indécence qu'elle prétendit être pour elle, au lieu où on la menoit, par rapport à M. le Duc, et M. du Maine se trouva fort gardé et fort étroitement logé. Ils avoient eu lieu et temps de mettre ordre à ce qu'il ne se trouvât rien chez eux qui leur pût nuire, et c'étoit madame du Maine et non M. du Maine qui avoit paru, parlé, écrit et figuré dans tout ce qui se trouva d'ailleurs, et qui fut publié; précaution sage de tout mettre à l'abri du sexe et de la naissance légitime, et qui donna lieu, à leur retour, à la comédie qu'ils jouèrent. M. du Maine ne voulut point voir madame du Maine; celle-ci avoua ses torts à son égard d'avoir agi indépendamment de lui et à son insu, et fit tous les pas convenables à une femme envers un mari si fondé à se plaindre. Il résista longtemps, et à la fin ils se raccommodèrent quand ils jugèrent que le jeu avoit assez duré, et vécurent depuis ensemble tout comme ils avoient fait avant leurs aventures.

Vendredi 9. — Le prince de Cellamare, ambassadeur d'Espagne, alla à une heure après midi chez M. le Blanc redemander un paquet de lettres qu'il envoyoit en Espagne par l'abbé Portocarrero qui avoit avec lui le fils de Montéléon, ambassadeur d'Espagne en Angleterre, qui est présentement à la Haye; ces deux jeunes gens, qui n'étoient que depuis fort peu de jours à Paris, avoient obtenu des passe-ports pour retourner en Espagne; ils ont été arrêtés à Poitiers, parce, dit-on, qu'ils avoient avec eux un banquier espagnol, établi en Angleterre, qui avoit fait une furieuse banqueroute à Londres. Des Anglois avoient obtenu ici permission et ordre de faire arrêter ce banquier où ils le trouveroient, et en arrêtant ce banquier, on a pris tous les papiers qu'ils avoient tous trois; et parmi ces papiers on a trouvé un paquet du prince de Cellamare qu'il envoyoit en Espagne ; c'est ce paquet que cet ambassadeur redemandoit. M. le Blanc lui a répondu que le paquet avoit été vu, qu'il y avoit des choses importantes dans ses lettres, et que, loin de lui rendre le paquet, il avoit ordre, M. l'abbé Dubois et lui, de le remener à son hôtel. Il monta dans le carrosse de M. le Blanc, et quand ils furent arrivés, un détachement des mousquetaires qui avoit été commandé pour cela s'empara des portes. M. l'abbé Dubois et M. le Blanc furent longtemps avec l'ambassadeur ; on mit le scellé sur tous les papiers qui se trouvèrent dans la maison, et on y fit mettre le sceau du roi et le cachet de l'ambassadeur. On a laissé M. du Liboy, gentilhomme ordinaire du roi, avec lui et les mousquetaires qui y étoient entrés. M. le régent fit assembler le conseil de régence à cinq heures ; à ce conseil, on lut deux lettres de cet ambassadeur (1) au cardinal Albéroni que tous les gens de ce conseil trouvèrent fort injurieuses à M. le duc d'Orléans et dangereuses pour l'État. On ne lut point les noms de ceux qui sont accusés d'être entrés dans cette affaire ; on dit qu'il y en a soixante et deux nommés dans le mémoire de l'ambassadeur, et M. le duc d'Orléans dit qu'il ne vouloit point faire lire leurs noms pour leur donner loisir de se repentir. — Madame la Duchesse la jeune, qui ne se porte pas bien depuis quelques jours, fut tout à fait en danger l'après-dînée ; mais le soir, après deux saignées, elle se trouva fort soulagée, mais non pas entièrement hors d'affaire.

Samedi 10. — M. de Pompadour fut arrêté à huit heures du matin ; madame de Pompadour et madame de Courcillon allèrent une heure après au Palais-Royal pour parler à M. le duc d'Orléans et savoir les causes de sa détention. M. le duc d'Orléans, sachant qu'elles étoient venues pour lui parler, leur fit dire, par le maréchal de Villeroy qui

---

(1) Le *Mercure* de décembre, pages 129 à 134, reproduit ces deux lettres.

étoit avec lui, qu'il avoit cru être obligé de faire ce qu'il avoit fait, qu'il avoit toujours aimé et estimé M. de Pompadour, et qu'il souhaitoit fort qu'il se trouvât innocent. On sut le soir que M. de Saint-Geniez avoit été arrêté et que l'abbé Brigaut étoit en fuite. On parle de beaucoup d'autres gens qu'on dit qui sont en fuite. M. de Pompadour n'a point songé à s'enfuir et a paru, quand on l'a arrêté, d'une tranquillité parfaite. — Madame la Duchesse la jeune se porte mieux, et on commence à en bien espérer. On compte madame la duchesse d'Orléans tout à fait guérie; elle eut pourtant encore un grand accès de migraine et quelques vapeurs qui lui donnèrent quelque petite émotion de fièvre. — On va faire partir le prince de Cellamare pour le renvoyer en Espagne, et M. du Liboy le conduira jusqu'à la frontière. — Les députés du parlement vinrent l'après-dînée au Palais-Royal pour demander encore la liberté du président de Blamont. M. le duc d'Orléans leur dit qu'il avoit fait arrêter l'ambassadeur d'Espagne pour une conspiration; qu'il vouloit être éclairci de ceux qui y seroient entrés, et qu'il ne pouvoit leur répondre présentement sur ce qu'ils lui demandoient; qu'il renvoyoit l'ambassadeur à Madrid, et qu'il prioit le roi d'Espagne de lui en faire justice. — On va faire imprimer les deux lettres qui furent hier lues au conseil de régence.

Dimanche 11. — Le roi entendit le sermon du P. Portail dans sa chapelle. — Conseil de régence l'après-dînée. — Madame la duchesse d'Orléans n'a plus ni fièvre ni vapeurs. — Le comte d'Aydie, qui logeoit au Luxembourg, est en fuite; il est de la maison d'Aydie-Ribérac et beaufrère de M. de Rioms. On a rattrapé l'abbé Brigaut en deçà de Nemours, et on le mena droit à la Bastille. M. de Magny, introducteur des ambassadeurs, est en fuite. On parle de beaucoup de gens qu'on doit arrêter dans les provinces et que l'on a envoyé des courriers pour cela, mais tous ces bruits sont fort incertains. — On n'a point encore nouvelle que M. de Saint-Aignan soit parti de Madrid, et il se répand même un bruit que le roi d'Espagne est assez malade, ce qui pourroit bien retarder le départ de cet ambassadeur.

Lundi 12. — Il n'y eut point de conseil de régence. M. le duc d'Orléans eut un frisson assez léger qui l'obligea à se recoucher à une heure après midi; la fièvre qui suivit ce frisson ne dura que jusqu'à cinq heures; il alla faire un tour à la comédie italienne, qui jouoit sur le théâtre de l'Opéra. — On porta au parlement l'édit de la banque royale qui a été résolu au conseil de régence pour y être enregistré; on croit qu'il y aura quelques oppositions. — On a déjà fait prendre du quinquina à M. le duc d'Orléans. — Madame la grande duchesse eut ces jours passés, une petite attaque qui fait craindre qu'elle ne soit menacée d'apoplexie; car dans ces attaques-là qu'elle a déjà eues plus d'une fois, sa langue s'épaissit fort.

Mardi 13. — Des ministres étrangers allèrent à leur ordinaire chez le roi et chez M. le duc d'Orléans, et on leur donna à tous les deux lettres que l'ambassadeur d'Espagne a écrites au cardinal Albéroni et qu'on a déjà fait imprimer. — Le prince de Cellamare partit de Paris sur les quatre heures, dans son carrosse, avec M. du Liboy, un capitaine de cavalerie et un capitaine de dragons, qui ont ordre de l'accompagner; il demeurera à Blois jusqu'à ce qu'on ait nouvelle que M. de Saint-Aignan soit rentré en France. — Madame la Duchesse la jeune est tout à fait hors d'affaire, à ce que disent les médecins.

Mercredi 14. — M. le duc d'Orléans n'a eu qu'un léger ressentiment de fièvre; il prend du quinquina. Il entendit l'après-dînée la tragédie d'*OEdipe*, que l'auteur a fort bien corrigée, à ce qu'on dit. — La banque royale fut portée au parlement lundi dernier; on nomma des commissaires pour l'examiner. Le premier président a travaillé l'après-dînée avec les commissaires, et vendredi il verra M. le duc d'Orléans pour lui rendre compte de ce qui s'y est passé. — M. Foucault, conseiller d'État, et chef du conseil de Madame, a obtenu la permission de vendre la charge d'introducteur des ambassadeurs qu'a M. de Magny, son fils, qui est en fuite.

Jeudi 15. — Madame la Duchesse, la jeune, n'est pas si bien que ces jours passés, et les médecins prétendent que c'est qu'elle ne se conserve pas assez. — L'évêché de Rieux a été donné à l'abbé de Saumery, fils du sous-gouverneur du roi; l'évêque qui vient de mourir avoit eu cette place à la recommandation de M. de Saumery, qui étoit son parent. On a donné à l'abbé de Saumery, fils du premier maître d'hôtel de madame de Berry, et cousin germain du nouvel évêque, la charge d'aumônier du roi qui vaquoit par la démission de l'abbé de Rochebonne, nommé coadjuteur de Carcassonne. — On a mis à la Bastille Sandraski, brigadier de cavalerie, et Seret qui avoit commission de colonel de hussards, et quelques autres officiers encore.

Vendredi 16. — Le P. Massillon a reçu ses bulles et prêtera son serment pour l'évêché de Clermont mercredi dans la chapelle des Tuileries, où le roi doit être. Il y avoit eu quelques difficultés sur cela qui ont été levées; la plus grande étoit que les évêques ne s'y vouloient pas trouver si les cardinaux vouloient être en bas, où il auroit fallu leur donner des carreaux; mais il n'y aura que le cardinal de Rohan, qui, comme grand aumônier, se tiendra avec le roi dans la tribune *. — M. le premier président alla le matin chez M. le duc d'Orléans; il étoit chargé par le parlement de dire à S. A. R. qu'ils le supplioient très-humblement de révoquer l'édit de la banque royale; qu'ils ne le pouvoient pas enregistrer**. Quoique M. le duc d'Orléans fût fâché de ce qu'ils s'opposoient à l'enregistrement, il ne laissa pas de répondre à M. le premier président, avec sa bonté et sa douceur ordinaire, qu'il songeroit à ce qu'il venoit de lui représenter, et qu'aux premiers jours il lui feroit savoir sa volonté.

* Le cardinal de Noailles n'étoit ni en loisir ni en situation de se trouver à la chapelle du roi, à un sacre où le grand aumônier lui auroit disputé sa croix. Le cardinal de Polignac y étoit encore moins, puisque, à quatre jours de là, il fut emmené par un ordre du roi à son abbaye d'Anchin, où il demeura longtemps exilé et observé de fort près. Restoient uniquement les cardinaux de Rohan et de Bissy en état d'assister à cette cérémonie. Ils courtisoient et ménageoient alors les évêques avec grand soin, dans le feu des appels et dans la fougue qu'ils excitoient à Rome, et les évêques qui le sentirent se hasardèrent à leur disputer les carreaux. Quelque nouvelle que fut cette prétention, les deux cardinaux crurent devoir acheter la confirmation de leur crédit sur les évêques par une complaisance qui sans toucher à leur possession, devenoit même imperceptible. Le cardinal de Bissy consentit à ne se trouver point à ce sacre, et les évêques, contents de ne voir point de carreaux dans la chapelle, consentirent que le cardinal de Rohan eût le sien, qui sous prétexte de sa charge de grand aumônier ne se trouva point en bas avec les évêques, et demeura en haut dans la tribune, auprès du roi à qui on avoit voulu faire voir ce sacre. On ne parle point du cardinal de Gesvres qui, pour sa santé, ne se trouvoit déjà plus à rien en public.

** Quelqu'abattu que fût le parlement par le dernier lit de justice, il étoit encore plus irrité. Tout le fracas des emprisonnements et de l'arrêt de l'ambassadeur d'Espagne l'encouragea encore de résister sur l'enregistrement de la banque royale, qui étoit fort mal reçue du public, et qui étoit toutefois la ressource des finances dans l'état où on les avoit mises, et le régent, qui ne vouloit pas embrasser tant de choses à la fois, se contenta de passer par à côté de ce refus, et de venir à bout d'établir et de faire publier enfin cette banque royale à peu de jours de là.

Samedi 17. — M. le garde des sceaux alla à la Bastille, il y dîna même; on dit qu'il a parlé à plusieurs prisonniers, mais cela ne se sait pas encore sûrement. — Le chevalier de Mesnil fut arrêté l'après-dînée et mené à la Bastille; il étoit ami de l'abbé Brigaut, et on croit que c'est là la cause de sa détention. — Le prince de Cellamare, avant que de partir, avoit écrit aux autres ambassadeurs, pour les intéresser eux et leurs maîtres dans sa détention, et voici la copie de sa lettre qui est fort publique (1).

---

(1) Cette lettre manque dans le manuscrit original.

Dimanche 18. — Le roi entendit le sermon du P. Portail. — Conseil de régence l'après-dînée. — Capy, maréchal de camp, servira en cette qualité sous Mézières, qui est chargé de poursuivre les faux-sauniers. Pertus va commander à Bellegarde à la place de du Breuil, dont on n'est pas content; Pertus, qui est colonel d'infanterie réformé, aura 500 livres par mois. Bombelles, colonel d'infanterie réformé, va commander à Oléron; Barrère, qui étoit dans les îles, va à Navarreins, et de Conges, mestre de camp réformé de dragons, dans le pays de Cominges et de Conserans. On envoie d'Adoncourt commander dans la citadelle de Bayonne sous Colins, qui en est lieutenant de roi, mais qui est trop incommodé et trop vieux pour pouvoir agir. — Le duc de la Force fut élu hier à l'Académie des sciences, à la place de l'abbé de Louvois, qui étoit un des douze honoraires.

Lundi 19. — Conseil de régence l'après-dînée; il n'y en avoit point eu le dernier lundi. — Le bruit court qu'il y a des commissaires nommés pour examiner les prisonniers de la Bastille; on les nomme même dans le public; mais je crois le bruit faux et qu'il n'y a encore rien de réglé là-dessus. — Dillon, lieutenant général, va servir en cette qualité en Dauphiné, sous Médavy, qui y commande. — La paix du czar avec la Suède n'est point encore faite; le czar veut toujours garder Revel et Vibourg pour couvrir Pétersbourg. On propose des expédients pour Vibourg, qui seroient de bâtir une forteresse entre cette place et Pétersbourg, qui demeureroit au czar; elle seroit bâtie à ses dépens, mais pour Revel cela paroît difficile à accommoder; cependant les conférences recommencent dans l'île d'Alham.

Mardi 20. — Le parlement fut assemblé hier pour enregistrer des lettres de dispense que le roi avoit données au fils de M. le garde des sceaux, qui n'avoit pas l'âge pour pouvoir être maître des requêtes. — M. le premier président redit au parlement la réponse que lui avoit faite vendredi M. le duc d'Orléans, qui est très-doucc et très-honnête; mais il n'y a encore rien de réglé sur les représentations que fit le premier président à l'occasion de la banque royale, et on croit que la banque royale subsistera. — On ne sait rien de certain de ce qui se passe à la Bastille, où M. le garde des sceaux va souvent. — M. de Machault travailla l'après-dînée avec M. le duc d'Orléans, qui lui dit qu'il n'y avoit point encore de commissaires nommés. — On recommence à jouer chez madame la duchesse d'Orléans, comme avant sa maladie.

Mercredi 21. — Le P. Massillon fut sacré évêque de Clermont dans la chapelle du roi. S. M. étoit dans sa tribune, où le cardinal de Rohan, grand aumônier, étoit avec lui; il n'y avoit point d'autres cardinaux à cette cérémonie. Il y eut douze ou quinze évêques. M. de Fréjus le sacra, assisté des évêques de Nantes et de Vannes. Il n'y a, je crois, point d'exemple qu'aucun évêque ait été sacré dans la chapelle du roi; le feu roi avoit été à un sacre d'un évêque, mais c'étoit par curiosité et dans une église ordinaire. — On mande d'Italie que le roi Jacques, qui est à Rome présentement, voyant l'impossibilité qu'il y a d'épouser la princesse Sobieski, que l'empereur a fait arrêter à Inspruck, s'est résolu, par le conseil du pape, d'épouser l'héritière de la maison de Caprara, qui est à Bologne. Il est important pour le petit parti qu'il a encore en Angleterre de lui voir des enfants.

Jeudi 22. — Le comte de Solre* mourut ici ce matin; il étoit chevalier de l'Ordre, ancien lieutenant général et gouverneur de Péronne. Ce gouvernement a été donné à d'Avarey, ancien lieutenant général aussi et notre ambassadeur en Suisse. — Le bruit se répandit que M. le duc de Saint-Aignan, notre ambassadeur à Madrid, y avoit été arrêté le 13 de ce mois et reconduit hors de la ville par les gardes du roi d'Espagne. — Le nouvel évêque de Clermont fut élu à l'Académie à la place de M. l'abbé de Louvois, comme M. de la Force fut élu samedi à l'Académie des sciences à la place de ce même abbé. — Les vieux bâtiments de Chantilly sont déjà abattus, et la chapelle, qui étoit dans la cour. Dans les fondements de cette chapelle, on a trouvé un cercueil où on prétend qu'est le corps de l'amiral Coligny, que le connétable de Montmorency, son oncle, y fit porter après le massacre de la Saint-Barthélemy (1).

* Le comte de Solre étoit de la maison de Croy, avoit toujours servi en France, où sa femme et la maréchale de Noailles étoient enfants des deux frères. Il avoit soixante-dix-sept ans et avoit reçu l'ordre du Saint-Esprit le cinquante-neuvième, à la promotion de 1688, sans difficulté parmi les gentilshommes, et n'en fit jamais de se trouver en ce rang à toutes les fêtes de l'Ordre tant qu'il a vécu. Sa femme étoit assez souvent à la cour, debout parmi les dames de qualité, et elle est morte longtemps depuis à Madrid sans aucune prétention de rang, où, du vivant de son mari, elle alla mener leur fille épouser le prince de Robecque, et elles n'en sont jamais revenues. Leur fils aîné devenu riche par son mariage en Flandre et par son industrie, se mit à prétendre un rang que sa maison n'avoit jamais imaginé, et a laissé sa veuve et son fils avec les mêmes idées dans lesquelles ils vivent à Paris, et qui n'ont pas encore réussi.

Vendredi 23. — M. le duc d'Orléans alla le matin au conseil de finances, où on lut les comptes du garde du tré-

---

(1) « Au mois de décembre dernier, en démolissant la chapelle du château de Chantilly, on a trouvé un cercueil de plomb, placé dans le milieu de la chapelle, vis-à-vis l'autel, à quatre pieds de profondeur dans la terre, sans aucune inscription, dans lequel on a trouvé un corps dans tout son entier, soit par la vertu des aromates avec lesquels il avoit été embaumé ou autrement. Il avoit une barbe au menton, de deux doigts de long, qui est restée entre les mains de ceux qui l'ont voulu toucher, ayant les deux bras liés par les poignets d'un cordon de soie, et ce corps étoit revêtu d'une chemise de toile blanche assez fine et que l'on a déchirée avec peine. Ce corps étoit enveloppé d'une toile grise cirée et la toile ficelée d'une corde aussi cirée.

« Par l'examen que l'on a fait des seigneurs qui ont possédé Chantilly depuis le jour que la permission a été accordée de bâtir une chapelle dans le château de cette seigneurie, on peut poser pour constant que le cercueil qui y a été trouvé est celui de Guillaume le Bouteiller-Senlis, troisième du nom, seigneur de Chantilly, Montméliant et Moucy-le-Neuf, parce que ce fut lui qui obtint cette permission le 1er mai 1333 et qui la fit bâtir, ce qui fait présumer que certainement il y est enterré, étant le dernier seigneur de cette maison qui fut réputé être mort à Chantilly. Ce cercueil a été mis dans la paroisse de Chantilly comme il a été trouvé. » (*Mercure* de janvier 1719, page 146.)

sor royal et ceux des parties casuelles de l'année 1704. — La nouvelle de M. de Saint-Aignan se confirme. — On mande de Venise, du 10, que la nuit du 24 novembre, la foudre étoit tombée sur la vieille forteresse de Corfou ; qu'elle avoit mis le feu à quatre cents barils de poudre qui avoient fait sauter en l'air une partie de la forteresse, endommagé plusieurs bâtiments, renversé des maisons voisines et entre autres le palais du général Pisani, dont le corps s'est trouvé dans son lit sous les ruines, et plus de quinze cents personnes ont péri. Ce général est extrêmement regretté pour les grands services qu'il a rendus à sa patrie.

Samedi 24. — Madame la duchesse de Berry alla aux Carmélites, où elle passera la fête. M. le Duc vouloit aller à Chantilly, mais M. le duc d'Orléans l'a prié de n'y point aller de quelques jours. Il reste encore assez de bâtiments neufs à Chantilly qu'avoit fait faire le dernier prince de Condé, pour que M. le Duc y puisse mener dix ou douze personnes, outre tous les gens de sa maison. — On va faire accommoder dans l'église des Grands-Augustins, où se font les cérémonies de l'ordre du Saint-Esprit, trois grandes salles où on mettra les portraits de tous les chevaliers qui ont été reçus dans cet ordre depuis la création, qui étoit en 1578 (1). Il y a déjà quelques fonds dans l'Ordre qui seront employés à cela, et M. de Cotte en a déjà fait des dessins qui sont fort beaux, à ce qu'on dit.

Dimanche 25, jour de Noël. — M. le duc d'Orléans alla entendre l'office à sa paroisse, et sur les quatre heures après dîner il tint chez lui un conseil où étoient M. le Duc, MM. les ducs de Saint-Simon et d'Antin, M. le garde

---

(1) Le couvent des Grands-Augustins fut détruit en 1793, et les portraits des chevaliers du Saint-Esprit furent dispersés. Le musée de Versailles en renferme une certaine quantité ; ces portraits, tous en buste, de grandeur naturelle, sont reconnaissables à leur dimension uniforme, aux armoiries peintes dans le haut du tableau, aux inscriptions en lettres blanches placées dans le bas et à leur exécution plus que médiocre.

des sceaux, M. de Torcy et l'abbé Dubois; et quand ce conseil fut fini, il retint chez lui M. le Duc et M. le duc de Saint-Simon. Ce conseil fait fort discourir; mais ceux qui sont mieux informés croient qu'il ne s'y est agi que d'une déclaration qu'on veut faire. — M. le prince de Conty alla à l'Ile Adam pour y passer la semaine. — On fait imprimer un mémoire qui instruira de tout ce qui s'est passé de plus important depuis la constitution *Unigenitus*. — Il y a eu un homme arrêté en Franche-Comté; on prétend qu'il avoit un cordon bleu, et sur cela, on débita que c'est M. de Châtillon, chevalier de l'Ordre.

Lundi 26. — Madame la duchesse de Berry a couché deux nuits aux Carmélites, où elle a fait ses dévotions; elle retourna le soir au Luxembourg, où M. le duc d'Orléans alla souper avec elle. M. le Duc avoit voulu aller à Chantilly, mais M. le duc d'Orléans l'a retenu. — Il n'est pas vrai que M. de Châtillon ait été arrêté en Franche-Comté; on s'est mépris sur ce qu'on y a arrêté un homme qui avoit un ruban bleu qu'on prétend qui est un chevalier de Saint-André, qui est l'ordre du czar. — Par les lettres qu'on reçoit d'Italie, on apprend que le siége de Melazzo n'avance pas beaucoup, et les troupes de l'empereur augmentent fort en ce pays-là, ce qui rendra la prise de cette place fort difficile.

Mardi 27. — Les mousquetaires ont ordre de se tenir prêts et de coucher toujours à leur hôtel, et cela fortifie les bruits qui courent depuis quelques jours qu'on veut arrêter des gens fort considérables. — Le maréchal de Berwick a fait arrêter un courrier d'Espagne et a envoyé les paquets à la cour. — Le roi d'Espagne a eu de violents accès de fièvre; il est un peu moins mal; il n'est pas encore hors d'affaire et il a toujours un peu de fièvre.

Mercredi 28. — M. le duc d'Orléans tint un petit conseil l'après-dînée avec M. le Duc, M. de Saint-Simon, l'abbé Dubois et M. le Blanc; ensuite S. A. R. parut un moment à la comédie, où étoit Madame; et au sortir de la comédie, Madame rentra dans son appartement, et M. le duc d'Orléans y vint et fut assez longtemps enfermé avec elle. — M. le duc du Maine vint l'après-dînée chez madame la duchesse d'Orléans, et puis s'en retourna à Sceaux. Il court de mauvais bruits pour ce prince qui paroît pourtant fort tranquille. — M. le prince de Conty revint de l'Ile Adam, et se plaignit à M. le duc d'Orléans de n'avoir point été du conseil de dimanche. — Il arriva un courrier de M. de Roquelaure, qui mande au roi que les États de Languedoc ont accordé tout ce que S. M. avoit demandé. — On eut nouvelle que M. de Saint-Aignan étoit arrivé à Saint-Jean-Pied-de-Port, et qu'il avoit évité de passer à Pampelune, où on prétend qu'il y avoit ordre de l'arrêter, parce que depuis son départ de Madrid le roi d'Espagne avoit appris que le prince de Cellamare avoit été arrêté ici *.

* M. de Saint-Aignan, fort brouillé avec le cardinal Albéroni, et fort désagréablement à la cour d'Espagne, comme on le peut juger par la situation de cette cour et de la nôtre, partit fort subitement et fort à propos deux jours avant que la nouvelle de l'arrêt fait de la personne du prince de Cellamare arrivât à Madrid. Le duc de Saint-Aignan, qui en étoit informé, força si bien sa marche, quoiqu'avec sa femme, qu'il parvint aux Pyrénées sans avoir pu être joint par ceux qui furent dépêchés après lui pour l'arrêter aussitôt après qu'on eut su à Madrid la nouvelle de Cellamarre. Au pied des montagnes, madame de Saint-Aignan prit une mule, une femme de chambre sur une autre, et son mari deux ou trois valets, se dérobèrent du grand chemin, et envoyèrent leurs équipages, par la route ordinaire, droit à Pampelune, avec un homme et une femme de leur suite intelligents, qui contrefirent l'ambassadeur et l'ambassadrice, et qui ne manquèrent pas d'être arrêtés comme ils s'y attendoient bien et de crier bien haut. Cette prétendue capture détourna des recherches que M. de Saint-Aignan craignoit pour sa fuite, et avant que la tromperie fut découverte, lui et sa femme eurent le temps d'arriver à Saint-Jean-Pied-de-Port, d'où ils envoyèrent chercher du secours et des voitures à Bayonne, où ils se rendirent très-diligemment, et d'où M. de Saint-Aignan envoya un courrier à Paris donner avis de son heureuse arrivée, et un messager à Pampelune pour détromper de sa prise et réclamer ses gens et son équipage.

Jeudi 29. — M. le duc du Maine fut arrêté le matin à

DÉCEMBRE 1718.

Sceaux par la Billarderie, lieutenant des gardes du corps ; on le mènera dans la citadelle de Doullens. Madame la duchesse du Maine fut arrêtée ici par M. d'Ancenis, capitaine des gardes du corps ; il la conduira jusqu'à Essonne, d'où il reviendra demain ; on la mènera ensuite dans le château de Dijon, où elle sera conduite par un lieutenant des gardes du corps. On l'a menée dans un carrosse de louage en sortant de sa maison. On l'a menée par le rempart pour éviter la plus grande partie des rues de Paris, et du rempart on l'a fait sortir par la porte Saint-Bernard en traversant la rue Saint-Antoine et l'île Notre-Dame. On a arrêté plusieurs domestiques considérables de leur maison et même quelques laquais qui avoient porté de ses lettres. Mademoiselle de Montauban, sa fille d'honneur, et mademoiselle de Launay, une de ses femmes de chambre, connue par son bel esprit, sont à la Bastille. Malezieux, père et fils, y sont aussi. M. le cardinal de Polignac s'en va à son abbaye d'Anchin en Flandre dans son équipage, accompagné d'un gentilhomme ordinaire du roi. — Davisart, avocat général du parlement de Toulouse, qui avoit travaillé à des mémoires pour M. du Maine, est à la Bastille ; et deux fameux avocats de Paris qui avoient travaillé à la même affaire y sont aussi ; il y en a un qui s'appelle Bargeton ; je ne sais pas le nom de l'autre. On envoie M. le prince de Dombes à Moulins, M. le comte d'Eu à Gien et mademoiselle du Maine à Maubuisson.

Vendredi 30. — La banque royale est établie ; elle est publiée et imprimée, et on la vend dans les rues. — M. d'Ancenis revint d'Essonne, où il conduisit hier madame du Maine ; elle va coucher aujourd'hui à Fontainebleau ; elle se plaint fort de la voiture, qui est fort rude pour elle. M. d'Ancenis étoit à côté d'elle dans le carrosse, et au devant étoit un lieutenant des gardes et un exempt ; elle avoit deux femmes de chambre dans le second carrosse. M. le Duc prie M. le duc d'Orléans de vouloir bien qu'elle ne demeure point à Dijon (1). — Le parlement s'assembla et enregistra l'échange de Belle-Isle*, le rétablissement des charges de MM. de la chambre aux deniers qui avoient été supprimés et n'avoient point été remboursés et le rétablissement aussi de quelques autres petites charges qui étoient dans le même cas. — M. d'Heudicourt, le père, qui est à Heudicourt, est à la dernière extrémité.

* Belle-Isle, de six lieues de long sur deux de large, appartenoit à l'abbaye de Sainte-Croix de Quimper, lorsque Charles IX la lui ôta, comme il est arrivé plusieurs pareils démembrements de bénéfices dans ces temps de troubles et de guerres civiles, de religion surtout, dans des lieux suspects et jaloux, comme l'est cette île par rapport à l'Angleterre, et son éloignement de six lieues de la côte de Vannes. Le même Charles IX la donna partie en don, partie en remboursement, à Albert de Gondi, comte de Retz, depuis duc et pair et maréchal de France, et la lui érigea en marquisat. Cette même qualité de situation a souvent donné envie aux successeurs de Charles IX de l'acquérir, et il y en a eu des échanges projetés et fort avancés en divers temps. M. Fouquet, surintendant des finances, l'acheta de la maréchale de Retz. A sa disgrâce, Belle-Isle fut adjugée à sa femme pour ses reprises, dont Belle-Isle d'aujourd'hui, chevalier de l'Ordre en 1735, après de rudes épreuves de la fortune, est le petit-fils et l'héritier. M. le Duc fut un des plus grands promoteurs de cet échange, par amitié pour Belle-Isle qu'il a si atrocement persécuté depuis, et sans cause aucune, que le vouloir de madame de Prie. L'abbé Dubois favorisa fort Belle-Isle pour cet échange, et il passa. Lorsque dans les suites, M. le Duc eut juré sa perte, cet échange fut ressassé en toutes les façons, mais Belle-Isle et M. le Blanc étant sortis glorieusement d'affaires, même avant que M. le Duc fût déchargé du gouvernement de l'État, cet échange fut examiné avec des yeux d'autant plus favorables qu'on n'avoit pu y donner d'atteinte véritable lorsqu'on ne travailloit qu'à l'anéantir, et il a été depuis confirmé avec toutes les formes judiciaires qui le mettent pour toujours hors de toute sorte d'atteinte.

Samedi 31. — M. de Nointel, conseiller d'État ordinaire, mourut ici. M. de Bernage, intendant en Languedoc,

---

(1) Saint-Simon a écrit ici, de sa main : « faux, de toute fausseté. » Il confirme pourtant cette démarche de M. le Duc, mais sans y attacher d'importance, dans son addition du 8 décembre précédent, page 433.

avoit la première expectative; ainsi il est conseiller d'État présentement et M. de la Houssaye monte à sa place d'ordinaire. M. de Châteauneuf, qui revient de l'ambassade de Hollande, avoit la seconde expectative pour la place de conseiller d'État de semestre; ainsi il est le premier à monter. — L'abbé Mongault, précepteur de M. le duc de Chartres, prit sa place à l'Académie; il y avoit longtemps qu'il étoit nommé; mais il avoit toujours été malade depuis; il fit un très-beau discours. M. de Sacy y répondit, et se chargea avec plaisir de la commission d'y répondre, les officiers ne le pouvant pas faire. Il étoit ami intime de l'abbé Abeille, celui dont l'abbé Mongault remplit la place. — Madame de Chambonas, dame d'honneur de madame la duchesse du Maine, demande qu'on lui permette d'aller joindre cette princesse à Dijon pour s'enfermer avec elle. — Il y a quelques changements pour l'endroit où on enverra MM. le prince de Dombes et comte d'Eu; mais cela n'est pas encore entièrement déterminé.

ANNÉE 1719.

Dimanche 1ᵉʳ janvier, à Paris. — Le roi alla à la grande messe aux Feuillants, et l'après-midi S. M. alla aux Jésuites de la rue Saint-Antoine entendre le salut. M. le duc d'Orléans alla dès les neuf heures du matin chez madame la duchesse de Berry, à qui il avoit quelque chose à dire; il n'y fut qu'un moment et puis alla chez le roi, et ensuite retourna au Palais-Royal recevoir les ambassadeurs et les courtisans. Il n'y eut jamais tant de foule ni chez le roi ni chez M. le duc d'Orléans. — L'envoyé du czar, qui est chargé ici des affaires du roi de Prusse, eut des lettres de S. M. Prussienne, qui lui apprennent une grande conspiration contre le roi et toute sa famille; il a fait arrêter un de ses conseillers d'État, un secrétaire et une des principales dames de sa cour et favorite de la reine, sa femme, et enverra ici tout le détail de cette entreprise pour en informer M. le duc d'Orléans. Il a écrit au roi de Pologne pour lui demander justice de quelques Polonois qu'il accuse d'avoir été les promoteurs de cette conspiration.

Lundi 2, à Paris. — Conseil de régence l'après-dînée. — Madame la Princesse a obtenu de M. le régent la permission que demandoit madame de Chambonas d'aller trouver madame du Maine; on loue fort le procédé de cette dame, qui ne s'est mêlée en rien et qui ne songe qu'à s'aller enfermer avec sa maîtresse. — On a mis dans le donjon de Vincennes trois hommes qu'on a amenés par la diligence de Lyon. — M. le comte de Charolois est arrivé à

Munich, et compte d'être encore un an dans ses voyages. — Le bruit se répand que le prince de Cellamare est tombé fort malade en chemin. — On assure que Colincry, chef des faux-sauniers, est à Paris; qu'il a fait son accommodement avec la cour, et que les faux-sauniers sont dispersés. — On envoie M. le prince de Dombes et M. le comte d'Eu à la ville d'Eu, où ils auront beaucoup de domestiques, d'attelages et de chevaux de selle pour aller à la chasse; on mettra un gentilhomme ordinaire du roi auprès d'eux.

Mardi 3, à Paris. — Le roi entendit la messe dans sa chapelle, et M. l'évêque de Clermont prêta serment entre les mains de S. M., en présence de M. le duc d'Orléans. — Il y eut l'après-dînée un conseil de régence extraordinaire, où on lut un manifeste qu'on va faire imprimer, pour faire connoître les raisons qui portent à déclarer la guerre au roi d'Espagne*. On imprime aussi le traité de la quadruple alliance, et M. de Morville, notre ambassadeur en Hollande, mande qu'il croit qu'avant huit jours les États Généraux signeront. — M. de la Pailleterie, frère du chef d'escadre, a été arrêté; on le vouloit mener à la Bastille; mais comme il est malade, on l'a laissé chez lui et on a mis deux hommes pour le garder.

* Il est étonnant que l'anecdote qu'on va donner ait été sue, mais les tête-à-tête avec M. le duc d'Orléans n'étoient guère secrets. On en verra un exemple encore plus singulier que celui-ci entre beaucoup d'autres, quoiqu'en matière moins importante. Ce fut encore dans la petite loge de M. le duc d'Orléans à l'Opéra, où ce prince mena le duc de Saint-Simon pour lui parler tête à tête des premiers engagements qu'il étoit sollicité de prendre contre l'Espagne. Il ne s'agissoit alors que de subsides secrets à l'empereur et à l'Angleterre. Saint-Simon combattit les raisons du régent par celles de l'État et par les siennes particulières; de l'État, pour le danger d'élever l'empereur, à l'abaissement duquel la France avoit un si grand intérêt et avoit si continuellement travaillé, par celui du commerce d'Angleterre qui ne pouvoit s'augmenter que du débris du nôtre, et par le contre-poids de celui d'Hollande déjà trop affoibli et qui ne nous seroit jamais contraire, au point où il étoit réduit, comme le seroit toujours celui des Anglois, tous anciens et éternels ennemis.

qui le vouloient engloutir tout entier, et qui s'en trouvoient fort proches par le détriment qu'en souffriroit l'Espagne, qui n'étoit pas moins le nôtre, et que l'artifice de nous brouiller avec elle après nous être épuisés pour elle, étoit trop grossier pour y donner, après tous les effets de la jalousie de toute l'Europe de notre union, qui avoit tout tenté pour la rompre, et qui y ayant échoué par les armes, en viendroit maintenant à bout par la ruse, au moment que nous étions en état de recueillir les fruits de cette union si chèrement, si longuement et si dangereusement achetée; par les raisons personnelles du régent en lui remontrant son pressant intérêt, après tout ce qui s'étoit passé à son égard sur l'Espagne du temps du feu roi, de ne pas y renouveler les haines amorties, que les brouillons ne cherchoient que trop à ranimer et à s'en avantager pour, à l'abri de la puissance et de la naissance du roi d'Espagne, lui faire payer bien cher sa complaisance pour l'abbé Dubois, qui n'osant encore aller directement où il aspire, ne songe qu'à servir si utilement nos ennemis naturels contre des amis que tout nous doit faire considérer comme des frères, pour obtenir la pourpre par le crédit de l'empereur, qui peut tout à Rome, et sur lequel le roi d'Angleterre peut infiniment. Alors le régent qui jusque-là avoit tout écouté tranquillement, s'écria que voilà comme étoit Saint-Simon, qui suivoit ses idées aussi loin qu'elles pouvoient aller; que Dubois étoit un plaisant petit drôle pour imaginer de se faire cardinal; qu'il n'étoit pas assez fou pour que cette chimère lui montât à la tête, ni lui, si elle y entroit, pour le souffrir; que pour son intérêt personnel il ne risqueroit rien, parce qu'il ne s'agissoit que de subsides secrets qui seroient toujours ignorés de l'Espagne, et qu'à l'égard de celui de l'Etat, il se garderoit bien de lâcher aux Anglois ni à l'empereur les courroies assez longues pour que la puissance de l'empereur en pût augmenter, ni le commerce des Anglois s'accroître. Saint-Simon ne se paya point de ces raisons; il assura le régent, qu'en de telles liaisons on étoit toujours mené plus loin qu'on ne vouloit et qu'on ne pensoit; et que pour le secret de ses subsides, l'intérêt de ces deux puissances étoit si grand de le brouiller avec l'Espagne, qu'elles se garderoient bien de ne le pas publier comme le moyen le plus court et le plus certain d'arriver à leur but principal, et de le forcer à la rupture ouverte, et à une liaison avec elles de nécessité et de dépendance. Tout cela agité et approfondi fort au long entre eux deux, laissa l'un et l'autre dans sa persuasion, le prince, qu'il demeureroit très-sûrement maître de son secret et de son aiguière, et s'assureroit d'autant plus par cette complaisance d'être le modérateur de l'Europe; le duc, que l'un et l'autre lui échapperoit et bientôt, et qu'il se trouveroit en des embarquements dont il auroit tout lieu et tout le temps de se repentir. En effet, de là à la rupture, il ne s'écoula que peu de mois. Il arriva comme il avoit été prévu, que l'Espagne fut promptement informée de l'engagement que nous avions pris avec les deux puissances, et qu'elle se tourna tout aussitôt à donner au régent tant d'affaires domestiques, qu'il ne fut plus à craindre pour celles du dehors. Telle fut la source d'où coula, incontinent après, tout ce que l'on vit éclore de la part de Cellamare à Paris, l'arrêt de sa personne et tout ce qui suivit cette affaire au dedans, qui mieux commencée et plus sagement organisée, auroit jeté l'État dans une grande confusion et le régent dans de grandes extrémités ; de là encore, l'entraînement à la rupture et à la guerre, au lieu de subsides secrets. Lorsqu'il en fut question, M. de Saint-Simon allant une après-dînée travailler avec M. le duc d'Orléans tête à tête comme il avoit accoutumé un jour de la semaine, et mettant ce qu'il avoit porté sur la table, M. le duc d'Orléans lui dit qu'avant de commencer, il avoit chose bien plus importante à lui dire, sur laquelle il vouloit raisonner à fond avec lui, et tout de suite lui expliqua la situation où il se trouvoit avec l'empereur, l'Angleterre et l'Espagne, et combien il étoit pressé de se déclarer ouvertement et par les armes contre cette dernière. Le duc le fit souvenir alors de ce qu'il lui avoit prédit à l'Opéra, et lui représenta tout ce qu'il lui avoit dit alors contre la rupture avec l'Espagne, dont il étoit lui-même demeuré pleinement convaincu et si bien, qu'il n'avoit persisté contre l'avis du duc à donner les subsides, que dans la prétendue certitude de secret et de nul danger ni d'engagement plus fort, ni que les choses pussent aller trop loin de la part de ces puissances contre l'Espagne. Cet intérêt d'État fortement discuté, et le régent n'y trouvant pas de réplique valable, mais empêché de l'empereur et enchanté par l'Angleterre, le duc tout à coup le supplia de ne se pas effaroucher d'une supposition impossible, et de vouloir bien suivre son raisonnement. « S'il vous étoit, continua-t-il, aussi évident qu'il y a quelque part et à portée de vous, un devin ou un prophète qui sût clairement l'avenir, et qui fût en pouvoir et en volonté de répondre à vos consultations, comme il est évident que cela ne peut être, n'est-il pas vrai qu'il y auroit de la folie d'entreprendre une guerre, sans avoir su de lui auparavant quel en seroit le succès. Si ce prophète ne vous annonçoit que places et batailles perdues, n'est-il pas vrai encore que vous n'entreprendriez point cette guerre, et que rien ne vous y pourroit entraîner ? et moi, j'ajoute que sur celle dont il s'agit, votre résolution devroit être la même et aussi ferme, si cet homme merveilleux ne vous promettoit que victoires et que succès, et voici mes raisons dans l'un et l'autre cas. Vous affoiblissez l'État ; vous en agrandissez d'autant ses ennemis naturels pour qui vous vous laissez entraîner à la guerre ; vous tentez toute une nation accoutumée à l'aînesse dans la maison de ses rois ; vous hasardez un pouvoir précaire et vous donnez lieu aux curieux et aux mécontents de publier que vous ne l'employez que pour votre intérêt personnel, et pour acheter aux dépens de l'État, de son intérêt, de tout le fruit du sang et des trésors répandus depuis la mort du feu roi d'Espagne, un appui étranger contre les droits de Philippe V, dont par là vous avouez toute la force et toute votre crainte ; et au cas d'heureux succès, que ces mêmes puissances vous pourront forcer de pousser plus loin que vous ne le voudrez, où en seriez-vous si le roi d'Espagne, à bout de moyens et de dépit, vous laissoit faire, entroit en France désarmé, publioit qu'il se livre à ces mêmes François qui l'ont mis sur le trône, qui l'y ont maintenu, qui sont les sujets de ses pères et de son propre neveu, et qu'il ne vient que pour en prendre la régence due à sa naissance, sitôt que son absence ne l'en exclut plus, et l'arracher, sa nation et son héritage, à un gouvernement tel qu'il lui conviendroit de le représenter? Je ne sais, ajouta le duc, quelle en pourroit être la révolution ; mais je vous confesse à vous tout seul, que pour moi qui n'ai jamais été connu du roi d'Espagne, que pour avoir joué aux barres avec lui et à d'autres pareils jeux de cet âge, qui n'en ai pas ouï parler, ni lui beaucoup moins de moi, depuis qu'il est en Espagne, et qui n'y connois qui que ce soit ; moi qui suis à vous dès l'enfance, et qui savez à quel point j'y suis, qui ai tout à attendre de vous, et quoi que ce soit de nul autre, je vous confesse, dis-je, que si je voyois les choses à ce point, je prendrois congé de vous avec larmes ; j'irois trouver le roi d'Espagne et je le tiendrois pour le vrai régent et comme le dépositaire légitime de l'autorité du roi mineur. Que si moi, tel que je suis, pense et sens de la sorte, qu'espéreriez-vous de tous les autres vrais François? » La sincérité, la vérité et la force de ce discours accabla le régent et le tint assez longtemps en silence : puis il avoua que le duc avoit raison et lui rendoit un grand service de lui parler de la sorte. Là-dessus, M. le Duc entra. M. le duc d'Orléans l'emmena dans la galerie et laissa Saint-Simon dans le grand salon où, le bureau entre eux deux, cette conversation s'étoit faite. M. le Duc ne fut pas longtemps, et M. le duc d'Orléans vint se remettre à son bureau. Le duc de Saint-Simon s'y rassit aussi, et voulut déployer ce qu'il avoit apporté. M. le duc d'Orléans ne le lui permit pas, et lui dit qu'il falloit continuer leur raisonnement qui rouloit sur chose bien plus importante, se leva et le mena se promenant par le salon et la galerie. Saint-Simon lui dit qu'il n'avoit plus de raisonnement à lui faire, qu'il avoit tout dit, que ce ne seroit que rebattre et répéter ; mais qu'il croyoit aussi en avoir assez dit pour avoir dû le persuader et l'empêcher de tomber dans les pièges de l'ambition de l'abbé Dubois, qui de l'un à l'autre l'engageoit où il ne devoit jamais se laisser entraîner. Le régent protesta qu'il le mettroit dans un cachot s'il osoit faire un pas vers la pourpre, et convint de ne point rompre avec l'Espagne. Saint-Simon tâcha de l'y affermir de plus en plus, puis lui dit : « Vous voilà donc bien persuadé et bien convaincu; mais je ne serai pas sorti d'ici, que l'abbé Dubois vous reprendra, vous retournera, verra que c'est depuis que je vous ai entretenu que vous ne voulez plus vous déclarer, et fera si bien, qu'il vous changera et qu'il vous tiendra de si près, qu'il viendra à bout de ce qu'il s'est mis dans la tête et vous fera rompre.» Le prince l'assura bien que sa résolution de n'en rien faire étoit si bien prise que rien ne la lui feroit changer, et toutefois, au bout de huit jours, la guerre à l'Espagne fut déclarée sans que dans l'intervalle il eût été possible au duc de Saint-Simon de parler au régent, qui pourtant le manda pour en examiner la déclaration qu'il avoit fait dresser, parce qu'alors les paroles en étoient données aux ministres des deux puissances et qu'il n'y avoit plus à s'en pouvoir dédire.

Mercredi 4, à Paris. — Le roi alla au Palais-Royal, où il vit Madame, M. le duc d'Orléans et madame la duchesse d'Orléans. — Madame la Princesse vint encore chez M. le duc d'Orléans pour lui parler et lui demander des adoucissements pour le voyage et la prison de madame du Maine, sa fille, qui s'est trouvée fort incommodée en chemin. On avoit parlé de lui envoyer un chirurgien et un tapissier pour lui faire porter un lit et accommoder les chambres dans les lieux où elle devoit passer; mais cela est changé. — Milord Stairs vint chez M. le duc d'Orléans porter la nouvelle qu'on avoit publié à Londres, mercredi passé, la déclaration de guerre contre l'Espagne.

Jeudi 5, à Paris. — M. le duc d'Orléans dit le matin qu'il avoit nouvelle de plusieurs endroits d'Allemagne que le roi de Suède avoit été tué à l'attaque d'une demi-lune à Fréderickshall, en Norwége; qu'il avoit d'abord été blessé, et qu'il n'avoit point voulu s'en retirer quoiqu'on l'en pressât; qu'il avoit été tué d'un coup de canon; qu'ensuite son armée avoit voulu proclamer roi le prince héréditaire de Hesse, son beau-frère. Cela pourra faire des embarras dans ce pays-là, car le prince de Holstein-Gottorp, qui a dix-huit ans passés, est fils de la sœur aînée de la princesse de Hesse.

Vendredi 6, à Paris. — La mort du roi de Suède est confirmée*, et le prince de Hesse, son beau-frère, après avoir fait une trève avec les Danois, est parti de Norwége pour aller à Stockholm se faire déclarer roi. L'armée avoit déjà voulu le proclamer. On dit qu'il a fait arrêter à l'armée deux ou trois Suédois qui étoient attachés aux intérêts du prince de Holstein et entre autres le baron de Gortz, qui revient des conférences de l'île d'Ahland, où il n'y a que lui qui sache ce qui s'y est passé. — Le comte de Konigsegg vint l'après-dînée nous voir, pour nous apprendre la triste nouvelle de la mort du prince de Lœwestein, frère aîné de madame de Dangeau. Depuis notre mariage, elle a perdu huit frères ou sœurs et ils sont encore six en vie. Le prince de Lœwenstein étoit gouverneur du Milanois et homme de mérite ; c'est une grande perte pour toute la famille. Il n'a qu'un fils et deux filles qui sont tous trois bien mariés, et le fils a déjà trois garçons de a princesse de Hesse-Rheinfeld, sa femme et sa cousine germaine.

* La mort du roi de Suède enleva à l'Europe un héros, combla la grandeur naissante de la Russie, et délivra son pays d'un fléau. Son père en avoit été un obscur qui avoit désolé son royaume, abattu le sénat, ruiné les lois, anéanti l'ancienne noblesse avec un artifice et un acharnement des tyrans les plus détestés, accablé tout le reste; aussi mourut-il jeune et empoisonné, dans de longues et cruelles douleurs. La fin de celui-ci parut aux Suédois une délivrance dont ils surent profiter pour se relever de leur ruine domestique, en attendant que les années et la suite des temps et d'un gouvernement plus sage pût réparer celles du dehors, qui pour le présent étoient sans ressource. Ils se remirent donc en possession du droit d'élire leurs rois, qu'ils avoient perdu d'effet, il y avoit près d'un siècle, et depuis, par une renonciation forcée sous le père du roi qui venoit d'être tué, sans égard à la proclamation de l'armée et en garde contre les droits de succession du duc d'Holstein, fils de la défunte sœur aînée de leur roi, ils élurent celle qui restoit pour leur reine, épouse du prince de Hesse vainement proclamé par l'armée, et limitèrent tellement son pouvoir, qu'ils ne lui en laissèrent que l'ombre, et en transmirent tout l'exercice au sénat et aux états généraux de la nation, plus soigneusement et plus entièrement qu'autrefois. Il est vrai que quelque temps après ils accordèrent aux prières de la reine de lui associer son époux, mais avec les mêmes précautions contre son autorité et contre sa succession, et ils se sont depuis si bien sou-

tenus dans cette sage jalousie, qu'il n'est doge ni roi de Pologne plus entravé qu'il l'est demeuré.

Samedi 7, *à Paris.* — M. le prince de Conty et M. le comte de Toulouse sont raccommodés et se sont rendus visite d'amitié. — La Billarderie, lieutenant des gardes du corps, qui a conduit M. le duc du Maine à Doullens, est revenu; il loue fort la tranquillité et le sang-froid de M. du Maine. Le logement de la citadelle où on l'a mis est fort en désordre; mais on y va travailler pour le raccommoder. L'exempt des gardes qui est demeuré auprès de lui commandera dans la citadelle pendant qu'il y sera, et le lieutenant de roi qui y commandoit se tiendra dans la ville. Le jeune de la Billarderie, qui conduit madame du Maine à Dijon, mande qu'elle s'est trouvée fort mal à Auxerre. — Le manifeste contre l'Espagne est public, et le traité entre l'empereur, la France et l'Angleterre paroît aussi.

Dimanche 8, *à Paris.* — Conseil de régence l'après-dînée. — On eut hier nouvelle d'un grand incendie à Lunéville, dont on a su plus de détails aujourd'hui : le palais que M. de Lorraine y avoit fait bâtir est entièrement brûlé; tous les meubles qui étoient tendus et tous ceux qui étoient dans le garde-meuble ont été brûlés; il a péri plusieurs personnes dans l'embrasement, et on a eu peine à sauver les princes. Madame, à qui on a mandé toutes les particularités, compte que cette perte monte à plusieurs millions. — Il paroît une lettre du roi d'Espagne, imprimée, qui est à ce qu'on dit très-offensante pour M. le régent; il y a bien des gens qui prétendent que cette lettre n'a pas été faite en Espagne, et qu'elle a été faite ici. M. le duc d'Orléans n'est pas nommé dans la lettre, mais il est désigné.

Lundi 9, *à Paris.* — Conseil de régence l'après-dînée. — On publia à son de trompe la guerre contre l'Espagne; mais on croit toujours qu'elle ne se fera point, et que le roi d'Espagne sera obligé de signer le traité. — On dit qu'il arriva un courrier de M. de Morville, notre ambassadeur en Hollande, qui mande que les États Généraux vont signer la quadruple alliance. — On a envoyé à madame du Maine mademoiselle Desforges et une femme de chambre encore pour la servir. Mademoiselle Desforges est parente de Malezieu ; elle a beaucoup d'esprit. Ce sera une consolation pour cette princesse, qui souffre de grandes incommodités dans son voyage ; on a été contraint de la laisser reposer à Auxerre.

Mardi 10, *à Paris.* — Le parlement a rendu un arrêt qui confirme ce qu'avoit fait la chambre des vacations sur la dernière bulle du pape. — On a nommé beaucoup d'officiers généraux pour servir dans l'armée qui doit passer en Espagne ce printemps, et beaucoup de colonels d'infanterie et de cavalerie qui y marchent avec leurs régiments. Les ducs de Richelieu, de Luynes, de Melun, de la Rocheguyon, d'Olonne, de Montbazon ; les marquis de Villequier, de Gesvres, de la Mothe et de Charlus sont de ce nombre. — Le marquis de Pluveau qui avoit été gentilhomme de la chambre de feu Monsieur et maître de la garde-robe de M. le duc d'Orléans, mais qui avoit vendu cette dernière charge depuis quelque temps, est mort subitement.

Mercredi 11, *à Paris.* — Les États Généraux demandent qu'on accorde encore trois mois au roi d'Espagne pour pouvoir entrer dans le traité ; les deux provinces qui n'ont point encore signé promettent de le signer. — Balenne, écuyer ordinaire de Madame, est mort ; Madame a donné sa charge à Vintes, qui est attaché à elle depuis longtemps. Il y a 2,500 livres d'appointements à cette charge et un logement dans le Palais-Royal ; il y avoit un brevet de retenue de 16,000 livres que Madame est chargée de payer pour Vintes. Balenne avoit deux commanderies de l'ordre de Saint-Lazare dont il étoit le sous-doyen. J'en ai donné une à celui qui le suivoit dans l'ordre, et l'autre au procureur général de la cour des aides, qui est chancelier de cet ordre.

Jeudi 12. — Le comte de la Marck avoit mandé à M. le duc d'Orléans la mort du roi de Suède, par un courrier que le prince de Hesse envoyoit au landgrave, son père, et qui avoit débarqué en Hollande, d'où il a envoyé cette lettre à M. le régent. Le comte de la Marck, dans cette lettre, mande qu'il croit devoir partir de Suède pour venir rendre compte ici de l'état où il laisse les affaires de ce royaume-là ; mais M. le duc d'Orléans a jugé à propos qu'il y demeurât, et lui a renvoyé un courrier qui lui porte l'ordre d'y demeurer, et s'il le trouve en chemin d'y retourner sur-le-champ. — M. le marquis de Senneterre se prépare à partir pour l'Angleterre.

Vendredi 13. — On dit que M. d'Alègre, nommé depuis longtemps à l'ambassade d'Angleterre, aura un emploi considérable dans le royaume. — M. de Bauffremont*, colonel de dragons, étoit de ceux qui devoient marcher en Espagne avec leurs régiments. Il a dit à M. le duc d'Orléans qu'il étoit prêt à y marcher si on le vouloit absolument ; mais qu'étant chevalier de la Toison, il croyoit qu'il seroit de meilleure grâce qu'on y en envoyât un autre. M. le duc d'Orléans lui répondit qu'il avoit déjà fait cette réflexion, et que dès hier il avoit nommé un autre régiment pour marcher à la place du sien. — M. de Broglie le père, gouverneur d'Avesnes, a demandé à M. le duc d'Orléans permission de vendre ce gouvernement ; ses deux fils aînés en ont déjà chacun un, et il vouloit donner le sien au troisième. Il dit en même temps à M. le duc d'Orléans qu'en cas qu'on fît des maréchaux de France, il prioit S. A. R. de se souvenir qu'il étoit le plus ancien lieutenant général ; M. le duc d'Orléans lui a répondu simplement : « M. de Lauzun l'est avant vous** ».

* Bauffremont fut loué à bon marché de sa délicatesse, qui regarda moins l'Espagne et sa Toison que les gens d'ici avec qui il étoit lié. Asfeldt, si longtemps depuis maréchal de France, en montra une et plus hardie et plus pure. Il avoit eu la Toison pour la réduction de Ma-

jorque, après avoir servi toute la guerre de 1701 en Espagne, et presque toujours en chef, avec grande distinction. Il s'y étoit fait connoître du duc de Berwick, qui y avoit glorieusement commandé les armées, duquel il étoit devenu ami intime, et l'étoit toujours demeuré. Choisi pour servir sous lui de premier lieutenant général contre l'Espagne, il témoigna franchement au régent sa répugnance, en offrant toutefois de la lui sacrifier, et il s'en expliqua si sagement que M. le duc d'Orléans ne lui en sut aucun mauvais gré, et trouva bon qu'il demeurât à Bordeaux pour commander en Guyenne, et avoir le soin de tenir l'armée fournie de ses besoins. Pour le duc de Berwick, il fut à plaindre; c'étoit le seul maréchal de France qui pût être chargé de cette guerre. La bataille d'Almanza gagnée par lui la veille que M. le duc d'Orléans joignit son armée, étoit restée tout entière sur le cœur de ce prince, quoique le général eût été forcé à ne le pouvoir attendre, mais ce qui étoit véritable par la considération des suites, se montroit autrement, puisqu'il avoit attaqué et marché à l'ennemi. Il n'avoit point de fonds de bien que la terre de son duché, qu'il devoit presque entière, et la mort de son fils unique sans enfants achevoit de le ruiner et sa nombreuse famille. Nulle ressource dans le régent qu'il achevoit de s'aliéner sans retour par un refus qui le jetoit dans tout l'embarras de chercher un général et qui pouvoit servir d'un dangereux exemple, et dont le contraire lui acquéroit l'amitié et la reconnoissance de ce prince en acceptant. Il crut que celle de sa Toison, de sa grandesse, du riche établissement de son fils aîné en Espagne pouvoient céder à des considérations si fortes, et qu'elles le devoient même à ses serments prêtés en France pour les premières dignités de ce royaume. Le monde malin et curieux n'en jugea pas de même, et l'Espagne ne lui a jamais pardonné, ni même à son fils aîné qu'en apparence, quelque innocent qu'il en ait été.

** Une plaisanterie de M. de Lauzun donna lieu à cette représentation sérieuse de Broglio, qui fut alors très-justement et très-unanimement sifflée, et qui dans les suites eut son effet malgré tout son ridicule. Les bruits de guerre donnèrent lieu à des bruits d'une promotion de maréchaux de France parce que dès lors Berwick étoit le seul en état de servir. Le monde en nomma à son gré de toutes sortes et la plupart assez étranges. Cela donna lieu à M. de Lauzun, toujours prêt aux malices, de les désarçonner pour la plupart par un sarcasme, en ces occasions-là bien plus dangereux que les plus mauvais offices. Il fut donc trouver le régent, et de ce ton doux et modeste qu'il avoit si bien fait sien, lui représenta qu'au cas qu'il y eût une promotion de maréchaux, comme le vouloit le public, et qu'il en fît d'inutiles, lui étoit depuis longues années le premier des lieutenants généraux. M. le duc d'Orléans, qui étoit l'homme du monde qui sentoit le mieux le sel et la malignité, se mit à éclater de rire, et lui promit qu'aux cas qu'il exposoit il ne seroit pas oublié; puis en fit le conte à tout le monde, dont les prétendus candidats se trouvèrent bien fâchés. C'est ce qui produisit la demande de Broglio et la cruelle réponse qu'il reçut, qui, en paroissant toute simple, l'affubloit de tout le ridicule que M. de Lauzun avoit prétendu donner. Mais le rare est, que ce qui lui attira alors la dérision publique, le fit maréchal de France cinq ans après, à la vérité avec une dérision pareille, mais il le fut. C'étoit un homme sans aucun mérite ni de guerre ni de paix, sans talent que pour s'enrichir et encore sans agrément d'aucune sorte. Il étoit maréchal de camp à la défaite du maréchal de Créquy à Consarbruck, en 1675, et soit qu'on n'eût pas été content de lui ou autrement, jamais depuis il n'a revu la frontière. Longtemps après, Basville, frère de sa femme, sentant ses forces dans son intendance de Languedoc, et trouvant jour à y être pleinement le maître, le demanda pour y commander, et par cet emploi où il n'avoit rien à faire qu'à souffrir paisiblement d'être nul, il fut fait lieutenant général quelques années ensuite. Le mépris qu'on avoit pour lui, les sottises qu'il fit au passage du prince royal de Danemark par le Languedoc, l'embarras que faire de Roquelaure après sa triste déconfiture des lignes de Flandre, et les ressorts de madame de Roquelaure, firent rappeler Broglio pour lui donner ce successeur, sans que Basville, de longue main importuné de son beau-frère, s'en embarrassât, parce qu'au point de crédit et d'autorité où il étoit monté, il sentoit bien qu'il ne faisoit que changer de fantôme. Broglio, de retour à Paris, y languit dans l'obscurité et y arriva à une longue et saine vieillesse, lorsque son second fils, qui fut depuis maréchal de France en 1734, se trouva assez à portée de M. le Duc et de ce qui l'environnoit, pour faire valoir la primauté de lieutenant général de son père et leur faire accroire que c'étoit obliger tous les officiers généraux, que de le faire maréchal de France. Par cette qualité, il vouloit comme que ce fut illustrer sa famille dans l'avenir, tandis que le fils aîné déploroit, disoit-il, cette sottise, et que son pauvre père se seroit bien passé de ce ridicule. En effet, il étoit complet en tous points, et pour qu'il n'y en manquât aucun, il fut remarqué que la Feuillade, qui n'avoit pas servi depuis Turin et bien peu auparavant, et le duc de Gramont, qui furent maréchaux de France de cette même promotion, n'étoient entrés dans le service qu'au siége de Philipsbourg par Monseigneur en 1688, c'est-à-dire treize ans complets depuis que Broglio l'eut quitté et simple maréchal de camp.

Samedi 14, *à Paris*. — On a publié un nouvel arrêt sur la capitation, qui jusqu'ici n'a pas été payée bien régulièrement dans Paris. On a publié aussi deux ordonnances; l'une qui enjoint aux François qui sont en Espagne d'en revenir, mais qui leur laisse le temps de six mois pour y terminer leurs affaires, et une autre pour les Espagnols qui sont en France, et qui leur laisse six mois aussi pour achever d'y régler tout ce qui regarde leurs intérêts. — Madame la duchesse de Berry alla à la comédie françoise, où elle mena à son ordinaire beaucoup de dames ; elle avoit retenu plusieurs loges. — M. le duc de Chartres, qui entre déjà depuis quelque temps au conseil de régence, y aura demain voix délibérative.

Dimanche 15, *à Paris.* — Conseil de régence l'après-dînée ; M. le duc de Chartres y a voix délibérative présentement. — On dit que le maréchal de Berwick renvoie en Espagne l'ordre de la Toison qu'il avoit, et l'on dit aussi que le duc de Liria, son fils, qui est grand d'Espagne et qui est en ce pays-là, et marié à la fille du duc de Veraguas, a ordre de revenir en France ; mais ce n'est qu'un bruit fort incertain. — Au conseil de régence, on lut un décret de l'inquisition qui est fort contre tous ceux qui n'ont pas accepté la constitution *Unigenitus* ; cette affaire-là s'aigrit tous les jours de plus en plus. Le parlement fit lacérer et brûler par la main du bourreau un libelle qui a pour titre : *Instruction familière sur la soumission due à la constitution Unigenitus*, et en même temps, le parlement ordonne la suppression de trois autres libelles dont les uns sont pour et les autres contre la Constitution.

Lundi 16. — Conseil de régence l'après-dînée. — Madame la Duchesse la jeune, qui étoit un peu moins mal depuis quelques jours, et chez qui on jouoit tous les soirs, est retombée ; et on la croit en plus grand danger que jamais. — Le parlement a donné un arrêt qui ordonne la suppression d'un imprimé qui porte pour titre : *Déclaration faite par le roi catholique, le 25 décembre* 1718. Les gens du roi représentèrent que cet écrit, qui porte un nom si respectable étant rempli non-seulement de traits et d'expressions les plus injurieuses, mais encore de maximes les plus opposées aux principes du gouvernement, on étoit bien éloigné de penser que ce fût l'ouvrage d'un prince instruit des droits des souverains et élevé dans le royaume ; que les auteurs sembloient avoir en vue d'inspirer la division et la révolte, ayant porté leur témérité jusque sur les lois les plus sacrées de l'État, et jusqu'à méconnoître l'autorité légitime qui nous gouverne. La cour de parlement a ordonné que cet écrit seroit supprimé comme séditieux, tendant à la révolte et contraire à l'autorité royale, enjoignant à tous ceux qui en ont des exemplaires de les apporter au greffe, et faisant défenses à toutes personnes de l'imprimer, vendre et débiter, ou autrement distribuer, sous peine d'être poursuivis comme perturbateurs du repos public et criminels de lèse-majesté.

Mardi 17, *à Paris.* — Madame la Duchesse la jeune est si mal qu'on la croit hors de toute espérance ; les os lui percent la peau ; cependant elle a encore du courage et ne se croit point si mal. Le curé de Saint-Sulpice, à qui elle se confesse, y passa toute la soirée. — Les brigadiers de cavalerie, qui avoient été mestres de camps ou lieutenants colonels et qui avoient conservé des compagnies dans les régiments où ils étoient incorporés, ont ordre de vendre ces compagnies, et on leur donne à chacun 2,000 francs de pension. — On donne une pension de 4,000 livres au comte de Middelbourg, frère du prince d'Isenghien, et 1,000 écus au chevalier de Sourches, frère du grand prévôt. — M. de Pompadour a eu permission de donner une procuration à madame sa femme, qu'il a signée en présence de M. le Blanc, et il est de la forme en pareille occasion que le gouverneur de la Bastille la signe aussi, ce qui a été fait.

Mercredi 18. — Quoique l'ambassadeur de l'empereur eût été hier à l'audience de M. le duc d'Orléans comme

tous les ambassadeurs y vont les mardis, il en eut encore une le matin de M. le duc d'Orléans, et on prétend qu'il a porté à ce prince des propositions que le roi d'Espagne fait à l'empereur touchant la paix, et qui sont assez raisonnables. — M. le prince de Conty demande à être fait lieutenant général et à commander la cavalerie qui servira dans l'armée destinée contre l'Espagne ; M. le Blanc lui a dit qu'il en parleroit à M. le duc d'Orléans et que demain il iroit lui rendre la réponse de M. le régent.
— Madame la duchesse du Maine arriva samedi à Dijon ; les deux femmes qu'on lui envoyoit en poste l'ont jointe vendredi ; il y a une de ces femmes-là qui a beaucoup d'esprit et de vertu, et qu'on appelle mademoiselle Desforges.
— On parle d'envoyer un petit corps en Sicile, et que peut-être on ne fera point la guerre en Espagne ; ce corps seroit commandé par Médavy ; mais jusqu'ici ce n'est qu'un bruit fort incertain.

Jeudi 19. — M. le duc d'Orléans a accordé à M. le prince de Conty les deux grâces qu'il lui demandoit ; mais il lui a dit de ne pas faire travailler encore à ses équipages de quelques jours ; et cela, joint à l'audience que l'ambassadeur de l'empereur eut hier de S. A. R., fait qu'on parle beaucoup de paix aujourd'hui. — Le duc d'Harcourt fut reçu au parlement. M. le duc de Chartres, M. le Duc et M. le prince de Conty étoient à sa réception ; la plupart des pairs s'y trouvèrent, mais il y en eut deux ou trois qui y avoient été invités qui n'y voulurent pas venir à cause que le premier président ne leur rend pas ce qu'ils prétendent. — On mit hier en prison Orteau, des postes ; je n'en sais point encore la raison, mais cela n'a point de rapport aux affaires d'Espagne.

Vendredi 20. — Le duc de Saint-Aignan est arrivé ici depuis deux jours ; il vit hier M. le duc d'Orléans et il prendra sa place dimanche au conseil de régence. — On parle d'une entreprise dont Cilly, lieutenant général, est chrgé ; il est déjà parti pour cela. Il s'agit de brûler des vaisseaux espagnols qui sont sur le chantier dans le port du Passage, qui est le port d'Espagne le plus proche de la France. — Le prince de Deux-Ponts s'est mis en possession de cette principauté; mais on ne sait pas si il demeurera paisible possesseur. Le roi Stanislas*, à qui le feu roi de Suède avoit donné cette retraite, et qui lui abandonnoit les revenus de cette principauté, a demandé permission au roi de se retirer à Landau, ce qui lui a été accordé. Le prince de Deux-Ponts n'avoit pour subsister que 4,000 écus de pension qu'on lui donnoit d'ici; on croit que l'électeur palatin lui disputera la principauté de Deux-Ponts.

* Le roi Stanislas, échappé à ses ennemis avec sa femme et sa fille, à grande peine et à grands périls, s'étoit réfugié à Deux-Ponts chez le roi de Suède, et y subsistoit aux dépens de ce prince sur les revenus de ce duché. La mort de ce conquérant fit changer ce petit pays de maître, et ôta au roi Stanislas subsistance et sûreté. Sa tête étoit à prix par un décret de la diète de Pologne, et y a été sans discontinuation jusqu'à la paix de 1736 qui a suivi sa seconde élection et sa seconde abdication. Il représenta son triste sort à M. le duc d'Orléans, qui lui donna secrètement quelque peu pour vivoter, et lui permit de se retirer sourdement dans quelque village de la montagne auprès de Landau, où il fut ignoré. Au bout de quelque temps assez court, l'appas du gain en portant en Pologne sa personne ou sa tête, le fit découvrir et dresser une entreprise pour l'enlever. Il en fut averti, implora le secours du commandant de Landau pour se garantir, et en même temps la permission du régent de se retirer dans la place pour sa sûreté, et il l'obtint. Dans les suites, on le mit à Weissembourg, dans une ancienne maison de commanderie ruinée par les guerres, et c'est de là qu'il n'est sorti que pour venir accorder la reine dans Strasbourg à l'ambassade extraordinaire et magnifique du duc d'Antin chargé de lui en faire la demande solennelle.

Samedi 21. — Le prince de Portugal, qui étoit à Paris depuis quelques mois et logé chez l'ambassadeur, avoit reçu de l'argent pour retourner auprès du roi son frère, mais il a pris le parti d'aller encore une fois à Vienne. Il a fait deux campagnes en ce pays-là avec beaucoup de réputation. — Le parlement d'Aix a saisi le temporel de l'évêque de Marseille qui avoit condamné comme hérétique une thèse des pères de l'Oratoire de son diocèse. — M. le duc d'Orléans a donné ordre à Farges, qui est chargé des vivres pour l'armée qu'on doit envoyer en Espagne, de ne se pas trop presser et les espérances de la paix augmentent. — Le maréchal de Matignon marie sa fille, à qui il donne 80,000 livres, au marquis de Graves, dont le grand-père étoit maître de la garde-robe de feu Monsieur.

Dimanche 22. — Conseil de régence l'après-dînée, où M. le duc de Saint-Aignan prit sa place. — Madame, qui a accoutumé de venir tous les dimanches l'après-dînée aux Carmélites, n'y vint point, parce qu'elle est fort enrhumée. — Les bals continuent sur le théâtre de l'Opéra trois fois la semaine; mais il y va beaucoup moins de monde que l'année passée. — Madame de Nointel, femme du garde du trésor royal, mourut ici, et madame d'Angervilliers, sa sœur, femme de l'intendant d'Alsace, qui est à Strasbourg, y est dangereusement malade aussi. — M. du Chalas, cornette des chevau-légers, a vendu sa charge 100,000 livres, qui est la somme à quoi ces charges-là sont taxées; c'est M. Colbert, fils de celui qui servoit dans la marine, qui l'a achetée. Il y a encore une autre charge de cornette dans cette compagnie à vendre, et M. d'Imécourt, qui en est sous-lieutenant, veut vendre aussi, à ce qu'on dit.

Lundi 23. — Il n'y eut point de conseil de régence. — Madame la Duchesse la jeune, qui avoit été moins mal durant quelques jours, est retombée, et on la croit en plus grand danger que jamais. — Il y eut comédie chez le roi avec des entr'actes de danseurs et de chanteurs de l'Opéra, et il y en aura deux fois la semaine durant ce carnaval. — On a permis à M. de Pompadour de se promener dans la Bastille, sans que sa famille eût demandé cette grâce, qui leur a fait plaisir pourtant. — Par les dernières lettres qu'on a reçues du petit Renaut, on commence à croire que la dîme royale sera bientôt établie dans toute la généralité de la Rochelle.

Mardi 24. — Madame la Duchesse la jeune est plus mal que jamais ; M. le prince de Conty, son frère, souhaitoit de la voir, mais comme il ne voit point M. le Duc ni madame la Duchesse la mère, ils n'ont pas voulu jusqu'ici qu'il vît madame sa sœur. — On achève d'imprimer un écrit du cardinal de Rohan qui a pour titre : *Avis du cardinal de Rohan et de etc., sur le projet de mandement de M. le cardinal de Noailles pour l'acceptation de la bulle Unigenitus communiquée par M. le maréchal d'Huxelles le 8 du mois d'août de l'année* 1718. — Mademoiselle de la Fare, belle-sœur de madame de la Fare, qui est sœur du capitaine des gardes de M. le duc d'Orléans, se marie à M. de Genetines.

Mercredi 25. — Madame la duchesse de Berry alla dîner à la Meutte, où elle demeurera quelques jours parce que ses appartements au Luxembourg sont infectés de puanteur de beaucoup de tuyaux qui ont crevé dans ce palais. — Madame, qui a été enrhumée depuis quelques jours, se porte mieux, et elle entendit la comédie italienne de sa loge. — Madame la Duchesse reçut tous ses sacrements. Madame la Princesse fit faire une entrevue de M. le Duc et de M. le prince de Conty dans l'antichambre de madame la Duchesse, sa petite-fille, et M. le prince de Conty verra demain matin madame sa sœur. Il ne l'a pas vue dès ce soir parce qu'on veut préparer cette princesse (qui aime beaucoup M. son frère) à le voir. Elle auroit peut-être été surprise en le voyant sans l'attendre, et on craignoit que cela n'augmentât le redoublement. — M. de Saint-Germain-Beaupré est mort dans ses terres ; il céda le gouvernement de la Marche à son fils quand il le maria avec mademoiselle de Persan.

Jeudi 26. — M. le duc d'Orléans alla dîner à la Meutte avec madame la duchesse de Berry. — M. le prince de Conty vit madame la Duchesse, sa sœur, le matin ; madame la Princesse les avoit fait parler hier ensemble, M. le Duc et lui, mais la conversation avoit été froide. — M. le cardinal de Rohan a rendu l'écrit, dont on a parlé, public, et il est allé passer quelques jours à Trianon. — Le parlement rendit un arrêt qui ordonne la suppression d'un décret de l'inquisition du 19 décembre 1718, affiché et publié à Rome le 22 décembre, et qui fait défenses à tous religieux, de quelque ordre, société ou congrégation que ce soit, de sortir du royaume sans permission du roi, même sous prétexte d'aller aux chapitres généraux ou provinciaux de leur ordre. — On lève trente-neuf bataillons de milice qui sont de six cents hommes ; ils seront commandés par des lieutenants-colonels réformés. Ils ne serviront point en campagne ; mais quand il y aura une armée assemblée on les mettra dans des places où on laissera autant de troupes réglées qu'on y aura mis de milices. On les mettra dans les places les plus proches de leur pays qu'on pourra, et après la campagne, quand les troupes seront revenues, on renverra ces milices dans leurs villages. Ce seront les gouverneurs de provinces, ou en leur absence les lieutenants généraux qui y commandent, qui seront chargés de la levée de ces milices.

Vendredi 27. — Il y eut comédie italienne chez le roi, et il parut qu'il s'y divertissoit fort, car il y rit beaucoup ; M. le duc de Chartres et M. le Duc y étoient avec S. M. — On apprit la mort du prince d'Harcourt, qui n'a été malade que vingt-quatre heures ; il étoit à Montjeu, une terre de sa belle-fille, où il lui avoit donné rendez-vous, et elle y étoit quand il est mort. C'est une bonne succession pour M. le comte de Guise, son fils, qui lui donnoit au moins 10,000 francs par quartier ; outre les 40,000 francs que M. de Guise gagne à sa mort, on prétend qu'il trouvera beaucoup d'argent comptant. — Le président de Blamont* a permission de venir à une de ses terres. M. le premier président obtint cette grâce-là pour lui, il y a quelques jours, et la présidente de Blamont est venue aujourd'hui remercier M. le duc d'Orléans.

* Ce Blamont, qui s'étoit tant distingué parmi les zélés du parlement et qui en étoit devenu le coryphée, est un exemple que les voyages font les gens. Il devint à son retour un pigeon privé du régent. Le parlement le découvrit avec une indignation pareille à la surprise, et il y a passé le reste de sa vie, qui n'a pas été fort longue, parmi des confrères qui l'eurent toujours en horreur. Il vouloit surtout de l'argent quoique riche, et il en eut.

Samedi 28. — La petite réconciliation que madame la Princesse prétendoit avoir faite entre M. le Duc et M. le prince de Conty n'a pas duré, et ils sont plus brouillés que jamais. Madame la Duchesse fut si mal la nuit, qu'on crut qu'elle alloit expirer; mais elle se trouva tant soit peu mieux dans la journée; cependant on n'en espère plus rien. — Il y a des lettres d'Allemagne venues à des particuliers, qui portent que le roi de Pologne a été assassiné; mais M. le régent, ni nos ministres, ni même aucun des ministres étrangers qui sont ici n'ont eu cette nouvelle; ainsi on la croit fausse. — Le grand prévôt a obtenu la survivance de sa charge pour son fils qui n'a que six ans.

Dimanche 29. — Madame la duchesse de Berry vit les ambassadeurs et les courtisans à sa toilette; elle étoit revenue hier au soir ici, mais comme les mauvaises odeurs que les tuyaux rompus ont laissées au Luxembourg durent encore, elle est retournée coucher à la Meutte. — Conseil de régence l'après-dînée, qui fut fort court. — Le roi de Prusse, qui avoit fait arrêter plusieurs gens dans sa cour accusés d'avoir conspiré contre sa personne et contre toute sa famille, vient de faire arrêter présentement celui qui lui avoit donné tous ces avis; c'est un homme en mauvaise réputation, et on dit qu'il le veut faire pendre et que les gens qu'il a fait arrêter seront justifiés par là. — On ne doute quasi plus qu'il n'y ait une grande diminution sur les monnoies au commencement du mois, et beaucoup de gens, depuis trois jours, ont porté de l'argent à la banque pour ne pas perdre à la diminution ; mais la banque n'a pas voulu en recevoir en or, ce qui fait croire que ce sera sur l'or principalement que se fera la diminution.

Lundi 30. — Il y eut comédie françoise chez le roi. — Il n'y eut point de conseil de régence. — L'écrit de M. le cardinal de Bissy sur ce qui s'est passé devant M. le régent entre MM. les cardinaux de Rohan et de Bissy d'une part, et M. le cardinal de Noailles de l'autre, est imprimé. — Madame la comtesse de Charlus*, mère du marquis de Lévis, est morte. La communauté avec son mari, qui est encore en vie, a été bonne ; ainsi cela accommodera fort présentement les affaires de M. de Lévis. — Le roi de Danemark demande à entrer dans la quadruple alliance. — Le maréchal de Tessé a reçu une lettre du prince Ragotzki du 5 novembre ; il paroît par sa lettre qu'il est très-tranquille et qu'il a sujet de se louer des bons traitements qu'on lui a faits dans ce pays-là. Il a vu l'entrée du sultan dans Constantinople, qui a été fort magnifique, et tout est fort paisible dans cette cour-là.

---

* Il faut quelquefois un conte pour délasser. Madame de Charlus s'appeloit Béthisy, d'une famille anoblie. Sa mère et le père de M. de Charlus s'étoient épousés en secondes noces, et c'est ce qui avoit fait le mariage de leurs enfants, qui sans être brouillés, vivoient presque toute l'année chacun de son côté. Madame de Charlus avec le visage, la taille, le port, la saleté et le maintien de ces grosses vilaines vendeuses de morue qu'on voit bouffies et jurantes dans leur tonneau aux marchés, étoit d'une avarice que rien n'égaloit, et faite et vêtue à se faire donner l'aumône, et avec cela, joueuse demesurée, à y passer sa vie jour et nuit ; au demeurant glorieuse et grossière, et brutale à l'avenant. Elle jouoit un soir, déjà vieille, chauve et blanche, chez madame la princesse de Conty, fille de M. le Prince, à une grosse partie de lansquenet, et y soupa pour jouer après toute la nuit. Les femmes avoient alors ces coiffures si ridiculement hautes dont le feu roi ne put jamais les défaire, et les vieilles en portoient des bonnets tout coiffés qui n'étoient point attachés, et qu'elles mettoient comme les hommes font leurs perruques. C'étoit de plus un jour maigre, et personne alors ne donnoit publiquement de gras.

Madame de Charlus se trouva à table auprès de l'archevêque de Reims, le Tellier, et en ne prenant pas garde à ce qu'elle faisoit, mit le feu à sa coiffure; l'archevêque qui la vit embrasée, lui jeta son bonnet par terre. Madame de Charlus, qui ne s'étoit point aperçue du feu qu'elle y avoit mis et à qui l'on n'avoit pas eu le temps de le dire, se tourne en furie à l'archevêque, et lui jette dans le visage un œuf qu'il tenoit dans sa main en lui chantant pouille. On peut juger quel spectacle ce fut que cette vieille chenue, décoiffée et furibonde, et ce large visage de M. de Reims tout barbouillé d'œuf qui découloit partout sur sa poitrine. L'éclat de rire fut universel, et ce qui piqua le plus madame de Charlus, fut de voir l'archevêque mourant de rire comme les autres. Elle croyoit toujours avoir été insultée, et faisoit contenance de se porter aux soufflets, que l'archevêque paroit du coude riant de plus en plus. Quand les éclats permirent de parler, madame la princesse de Conty et la compagnie eurent toutes les peines du monde à lui faire entendre le bon office au lieu d'insultes, et l'on ne put parvenir à l'empêcher de rognonner tout le soir. Elle étoit sœur de Mézières, mort lieutenant général et gouverneur d'Amiens, qui, avec un visage de grenouille pourrie, se croyoit un petit Luxembourg parce qu'il étoit horriblement bossu par devant et par derrière. Le rare est qu'il se croyoit couru des dames, et qu'il ne passoit jamais devant un miroir qu'il ne se rajustât, ou au moins, qu'il ne se regardât avec complaisance. Il étoit très-bon officier, et son mérite en ce genre avoit percé malgré sa figure. C'étoit d'ailleurs un homme très-avantageux et des propos duquel il y avoit fort à rabattre, et avec de l'esprit, grand valet de faveur, et très-impudent d'ailleurs. L'amour d'une part et la pauvreté de l'autre avoient fait son mariage avec mademoiselle Ogletorp, fille d'un gentilhomme anglois de bon lieu et de la blanchisseuse de la reine d'Angleterre, qu'il avoit épousée; l'une et l'autre d'infiniment d'esprit, et encore plus d'ambition, d'artifice et d'intrigue. Cette dose de plus avoit fait croire à Mézières qu'il étoit propre à tout et susceptible de toutes choses. Sa veuve a su montrer depuis, en bien des sortes, de quoi elle étoit capable; mais ses fils ont moins pris de son esprit que ses filles, qui sont la parfaite image de celui de leur dangereuse mère, et qu'elle a su, de gré ou de force, marier hautement: madame de Montauban malgré tous les Rohan que madame de Lévis fit après dame du palais, et madame de Ligne dont la façon de la marier et les suites ont indigné toute la France. On peut conclure par dire que la vie de madame de Mézières est un étrange roman, dont elle n'a pas encore commencé le dernier tome.

Mardi 31. — M. le duc d'Orléans dit à son lever qu'il n'y auroit point encore demain de changement sur le prix des monnoies, comme on l'avoit dit; ce changement ne se doit faire que sur l'or et non sur l'argent, parce qu'on prétend par la proportion, que l'or est encore plus haut que l'argent, et on a refusé à la banque ces derniers jours-ci tout ce qu'on y a porté en or. — L'empereur a donné le gouvernement du Milanois au comte Coloredo, ami particulier du comte d'Altheim, pour qui l'empereur témoigne une considération singulière; on le regarde à Vienne comme un favori, mais qui n'a jamais voulu être d'aucun conseil. Le comte Coloredo a un emploi dans les pays héréditaires, que le frère du comte d'Altheim souhaite fort d'avoir.

Mercredi 1ᵉʳ février. — Le maréchal de Tallard vient de vendre sa charge de lieutenant général de Dauphiné à M. de Sassenage, dont le fils a épousé depuis peu la petite-fille de ce maréchal; la charge est vendue 220,000 francs. M. de Sassenage a été premier gentilhomme de la chambre de feu Monsieur et est gendre de madame la duchesse de Chevreuse. — Le biribi est défendu généralement partout. M. le duc d'Orléans a déclaré qu'on n'y joueroit plus chez madame la duchesse de Berry, ni au Palais-Royal, et qu'il espéroit que les autres princesses en useroient de même chez elles. Les gens qui tenoient ces jeux y ont fait des gains prodigieux et qui ont incommodé beaucoup de gens, surtout les dames. — On parle de transférer Malezieu à la Conciergerie pour le faire juger par le parlement; mais ce bruit est fort incertain.

Jeudi 2. — Le roi assista à la bénédiction des cierges et à la procession, ensuite il entendit la grande messe chantée par la musique. L'après-dînée, S. M. entendit le sermon du P. Surian, prêtre de l'Oratoire, et ensuite vêpres. — Le roi a accordé au comte de Monsorreau, grand prévôt, la survivance de sa charge pour son fils, qui n'a que six ans. — On a envoyé à madame du Maine son médecin, et elle a redonné à la Billarderie, pour les rendre à sa famille, toutes les pierreries qu'elle avoit emportées avec elle. La Billarderie avoit eu ordre de les lui redemander, et on les estime environ un million.

Vendredi 3. — Il paroît un imprimé qui contient quatre articles différents et qui est signé du roi d'Espagne. On dit que cet écrit est venu en France par un courrier arrivé de Barcelone; ceux qui ont reçu ici ces paquets-là, les ont portés à M. le duc d'Orléans; mais on en a envoyé d'Espagne plusieurs exemplaires dans les provinces. Le parlement de Bordeaux a déjà fait son devoir là-dessus en condamnant cet écrit dans toutes ses parties. Le parlement doit s'assembler demain, et apparemment il en usera de même. On soupçonne quelques gens de France d'avoir eu part à ces écrit, qui sont très-offensants contre la personne de M. le duc d'Orléans; cependant il est si modéré qu'il n'en paroît pas plus irrité. — La nouvelle reine de Suède a fait six ou sept sénateurs nouveaux, parmi lesquels est le baron de Sparre, le dernier ambassadeur de cette couronne que nous avons vu ici et qui a longtemps été lieutenant général dans nos armées.

Samedi 4. — Madame la duchesse de Berry revint de la Meutte au Luxembourg. M. le duc d'Orléans et tout le Palais-Royal ont pris le deuil pour la mort du prince d'Harcourt; mais le roi n e l'a point pris. — Le parlement donna un arrêt qui ordonne la suppression d'un imprimé contenant quatre pièces; la première intitulée : *Copie d'une lettre du roi catholique, écrite de sa main, et que le prince de Cellamare, son ambassadeur, avoit ordre de présenter au roi très-chrétien*, datée du 3 septembre 1718; la deuxième intitulée : *Copie d'une lettre circulaire du roi d'Espagne que le prince de Cellamare, son ambassadeur avoit ordre d'envoyer à tous les parlements de France*, datée du 4 septembre 1718; la troisième intitulée : *Manifeste du roi catholique adressé aux trois États de la France*, daté du 6 septembre 1718; la quatrième intitulée : *Requête présentée au roi catholique au nom des trois États de la France*. Cet arrêt fait défense à tous imprimeurs, libraires, colporteurs, et à toutes autres personnes de l'imprimer, vendre, débiter, ou autrement distribuer, sous peine d'être poursuivis comme perturbateurs du repos public et criminels de lèse-majesté.

Dimanche 5. — Il y eut grande toilette chez madame la duchesse de Berry. — Madame la Duchesse la jeune, qui étoit beaucoup mieux depuis quelques jours, passa mal la nuit. — Madame, qui n'est plus enrhumée, alla l'après-dînée au Luxembourg voir madame de Berry et puis chez madame la Princesse, et de là aux Carmélites; et après y avoir entendu le salut elle alla dans sa loge à l'Opéra. M. le duc d'Orléans et madame de Berry étoient aussi à l'Opéra. — Milord Stairs fit son entrée, qui fut superbe ; c'étoit le maréchal d'Estrées qui l'accompagnoit, et dont l'équipage aussi étoit plus magnifique que ceux que les maréchaux de France ont d'ordinaire en ces fonctions-là. — M. de Sassenage a obtenu pour son fils la survivance de la charge qu'il vient d'acheter, et outre cela un brevet de retenue de 220,000 livres, qui est ce que la charge lui a coûté.

Lundi 6. — Conseil de régence l'après-dînée. — Par les dernières lettres qu'on a reçues de notre ambassadeur en Hollande, on ne doute plus que les États Généraux ne signent le traité de la quadruple alliance. — On reparle plus que jamais de rappeler le duc de Roquelaure de son emploi en Languedoc; et madame de Roquelaure, qui est revenue en hâte du Lude où elle étoit, n'a pas pu avoir audience de M. le régent, qui ne l'a pas refusée, mais qui l'a évitée. — Comme le sénat de Suède a déclaré à Stokholm la princesse Ulrique reine, on ne doute point que les États qui s'assembleront le 12 ne confirment ce que le sénat a fait. La nouvelle reine a promis aux sénateurs de rendre les biens et le rang à ceux à qui le roi Charles XI, père de celui qui vient de mourir, les avoit ôtés ; cette grâce, qu'elle leur a accordée, lui fait espérer qu'ils déclareront aussi roi le prince héréditaire de Hesse, son mari.

Mardi 7. — Madame la duchesse de Berry alla dîner aux Carmélites; elle avoit accoutumé d'y aller les dimanches; elle a changé le jour, et n'y va plus que les mardis. — Madame la duchesse d'Orléans alla dîner à sa petite maison de Bagnolet, où M. le duc d'Orléans lui a permis d'avoir un petit biribi qui sera tenu par des gens de sa maison, mais on n'y jouera pas au Palais-Royal. Mademoiselle de Valois, qui a été incommodée ces jours passés, et qui se porte mieux présentement, y étoit avec elle et elles revinrent ici le soir. Cette princesse compte d'y aller deux fois la semaine, le mardi et le vendredi, qui sont les jours où Madame ne va point aux spectacles, parce que les jours de spectacles mademoiselle de Valois y va avec Madame. — Le cardinal de Noailles a envoyé à beaucoup de gens un assez long imprimé qui a pour titre : *Première instruction pastorale de S. E. M. le cardinal de Noailles, archevêque de Paris, au clergé séculier et régulier de son diocèse sur la constitution Unigenitus.* — On croyoit qu'on feroit aujourd'hui la nomination des maréchaux de camp et des brigadiers, mais cela est encore remis.

Mercredi 8. — M. le duc d'Orléans alla dîner à Meudon et y mena M. de Biron pour y travailler avec lui ; on croit que c'est à la promotion des maréchaux de camp et des brigadiers d'infanterie. — Le Palais-Royal a quitté le deuil du prince d'Harcourt. — Il y eut ces jours passés une conversation assez vive entre un ministre nouveau et un ministre du feu roi, en présence de M. le duc d'Orléans. — Maréchal, premier chirurgien du roi, avoit obtenu depuis plusieurs années la survivance de sa charge pour son fils, et ce fils vient de s'accommoder de cette survivance avec la Peyronie, chirurgien en grande réputation, qui donne à M. Maréchal père, 40,000 francs, et à Maréchal fils, 1,000 écus de pension ; on donne un brevet de retenue à la Peyronie de 20,000 écus. — Bourvalais, le plus habile et un des plus riches financiers qu'il y eût, et qui vient de vendre sa terre de Champs à madame la princesse de Conty, est mort.

Jeudi 9. — Madame la Duchesse est toujours entre la vie et la mort, et il y a des moments où on espère quelque chose; mais ces moments-là sont bien courts. Elle a encore fort mal passé la nuit. — On dit qu'on fait des propositions secrètes à Albéroni pour la paix avec l'Espagne, et que ce cardinal a écrit à Nancré et lui fait des propositions différentes et qu'on ne trouve pas raisonnables. — Madame la duchesse de Roquelaure a enfin vu M. le duc d'Orléans ce matin; elle en paroît très-contente; mais on est plus persuadé que jamais que M. de Roquelaure reviendra après la tenue des États, qui finiront le 15 de ce mois. — Romanet, qui avoit été taxé à la chambre de justice à près de quatre millions, qui étoit demeuré dans les affaires et qu'on croyoit fort riche encore, est mort.

Vendredi 10. — Madame la duchesse de Berry étoit à l'Opéra dans sa loge et M. le duc d'Orléans dans sa petite loge. M. le duc de Chartres, à qui Madame avoit prêté sa loge, y avoit avec lui MM. les maréchaux d'Estrées et de Bezons, et M. de Biron. Tous les jours à midi et demi, ce prince reçoit ceux qui veulent lui aller faire leur cour. — Milord Stairs n'aura son audience de M. le duc d'Orléans que la semaine qui vient. A son audience du roi, qui fut mardi, et où M. le prince de Lambesc l'avoit conduit dans les carrosses du roi, les carrosses de l'ambassadeur qui suivoient vouloient entrer à huit chevaux; mais les gardes de la porte les en empêchèrent. Les ambassadeurs n'entrent à Paris dans la cour de S. M. qu'à deux chevaux. Le cocher de l'ambassadeur eut beau représenter que le carrosse étoit trop pesant pour que deux chevaux puissent le traîner, il fallut suivre l'ordre et ne laisser que les deux chevaux, qui eurent effectivement peine à entrer.

Samedi 11. — On joua la comédie d'*Œdipe* chez le roi. Madame la duchesse de Berry y étoit à côté de lui, en grand habit, et toutes les dames qui étoient sous les yeux du roi étoient en grand habit aussi ; mais sur les gradins derrière le roi et dans les tribunes, elles étoient dans leurs habits ordinaires. La pièce fut fort applaudie. Les ambassadeurs de l'empereur, du roi de Portugal et du roi de Sardaigne, y étoient. Quoique le lieu soit assez petit, et qu'il y eût beaucoup de monde, l'ordre y fut très-grand. Madame la duchesse de Berry s'y trouva incommodée un moment par la grande chaleur ; on fit ouvrir une fenêtre; on lui donna quelques petites bouteilles d'eau d'odeur forte à sentir, qui dissipèrent cette petite vapeur-là, qui ne dura pas plus de deux minutes. — M. le Blanc, secrétaire d'État de la guerre, prit place au conseil comme conseiller d'État ; il y prêta serment. Les secrétaires d'État n'avoient point accoutumé de prêter ce serment quand ils y venoient prendre leur place ; mais M. le Blanc a fait très-sagement, parce que, n'ayant que la commission de secrétaire d'État, il n'auroit pas pu prendre sa place sans cette formalité-là.

Dimanche 12. — Conseil de régence l'après-dînée ; mais il se tint au Louvre, parce que M. le duc d'Orléans ne veut point aller aux Tuileries à cause que mademoiselle de Chartres, la cadette de ses filles, a la petite vérole. Elle est dans une cour du Palais-Royal que l'on a fait murailler, mais malgré cette précaution M. le duc d'Orléans croit devoir avoir encore celle de ne point aller chez le roi. — Madame vint l'après-dînée aux Carmélites, et ensuite alla à l'Opéra, où étoient madame de Berry et M. le duc d'Orléans. — M. le prince de Conty a ordre de faire travailler à ses équipages, et on dit qu'on lui donnera 50,000 écus pour le faire. — Saint-Silvestre est mort à quatre-vingt-seize ans ; on l'avoit dit mort déjà plusieurs fois, et même du temps du feu roi on le croyoit si bien mort qu'on donna son gouvernement à d'Avarey, notre ambassadeur en Suisse, qui a présentement le gouvernement de Péronne.

Lundi 13. — Il n'y eut point de conseil de régence. — Il

arriva le matin un courrier de M. de Morville, notre ambassadeur en Hollande, qui apporta la nouvelle que MM. des États Généraux avoient signé le traité de la quadruple alliance*. — Il n'y aura point encore de changement sur les monnoies mercredi, comme le bruit en couroit, et l'or sera reçu à la banque comme l'argent. Ces bruits de diminution sur l'or, l'ont fait mettre dans un grand mouvement. — Le bailli de Mesmes, ambassadeur de Malte, avoit envoyé un courrier au grand maître pour lui demander une commanderie qui est à la disposition du grand maître ; ce courrier n'est point revenu, mais par les lettres qu'on a eues du cardinal de la Trémoille, qui est à Rome, on a appris que le grand maître avoit accordé au bailli de Mesmes ce qu'il lui avoit demandé. La grâce est considérable ; car la commanderie est fort belle et vaut 20,000 livres de rente.

* La Hollande signa quand elle ne put plus reculer, et ses retardements et ses offices témoignèrent bien à toute l'Europe qu'elle voyoit clair sur son intérêt, et qu'elle ne céda que forcée.

Mardi 14. — On a publié un arrêt du conseil d'État du roi, concernant la banque royale, par lequel les louis d'or seront reçus à la banque comme les écus. — Outre les 50,000 écus qu'on donne à M. le prince de Conty, on lui donne encore un argent assez considérable pour sa vaisselle*. — Les États Généraux souhaitoient, avant que de signer le traité de la quadruple alliance, qu'on accordât encore trois mois de temps au roi d'Espagne pour y pouvoir entrer et on lui accorde ce terme ; cependant tout se prépare pour la guerre. — On a donné à Cheyladet, ancien lieutenant général et homme de beaucoup de mérite, le gouvernement de Briançon qu'avoit Saint-Silvestre ; ce gouvernement n'oblige point à résidence et vaut 17,000 francs.

* Gouvernements et régiments achetés par le roi aux princes du sang, et les premiers augmentés en appointements du triple ; pensions et gratifications sans nombre et sans mesure; des monts d'or en Mississipi dont le fond encore fourni par le roi ; enfin équipage de M. le prince de Conty et fort au delà aux dépens du roi encore, et ce que Dangeau n'ose dire quoiqu'il ait fait l'entretien public, la dépense de la poste demandée avec tant d'opiniâtreté, que le départ de M. le prince de Conty en fut retardé de dix ou douze jours ; les princesses du sang, femmes et filles, traitées pareillement, excepté les seuls enfants de M. le duc d'Orléans, madame sa mère et madame sa femme, laquelle à la fin pourtant en tira quelque parti pour elle seulement, et le chevalier de Vendôme à faute de mieux fut aussi prince du sang en cette partie.

Mercredi 15. — Le roi entra dans sa dixième année et il y eut le soir, chez lui, comédie italienne, où il parut se divertir fort. — M. le duc d'Orléans fut incommodé l'après-dînée ; mais cela fut si léger qu'il le compte pour rien. — Jeoffreville, lieutenant général, nommé pour servir en Espagne, partit d'ici, il y a quelques jours, assez incommodé encore, après une longue et dangereuse maladie; mais il ne servira point en campagne et demeurera à Bordeaux pendant que M. de Berwick ira commander l'armée. — Le maréchal de Montesquiou est assez malade à Rennes. — Il y a eu une petite affaire entre M. le duc de Chaulnes et M. de Simiane, premier gentilhomme de la chambre de M. le duc d'Orléans ; mais ce duc continuera à avoir ses entrées. — Les commissaires nommés pour l'affaire du mariage de M. d'Albret examinent cette affaire avec soin, et on dit qu'ils sont d'avis qu'il se fasse une autre célébration de mariage pour mieux assurer l'état de madame la duchesse d'Albret.

Jeudi 16. — La petite incommodité de M. le duc d'Orléans n'a eu aucune suite. — Madame la duchesse d'Orléans alla se promener à sa petite maison de Bagnolet ; elle mena avec elle mademoiselle de Valois et M. le duc de Chartres et elles revinrent souper chez la duchesse Sforce. — Le marquis de Lévis avoit demandé, il y a quelques jours, à M. le duc d'Orléans, la coadjutorerie d'une abbaye pour une de ses sœurs, que M. le duc d'Orléans lui accorda, et allant chez M. de la Vrillière pour en faire expédier le brevet, M. de la Vrillière lui apprit que l'abbesse étoit morte; ainsi sa sœur devient abbesse tout d'un coup. L'abbesse qui vient de mourir étoit sœur aussi du marquis de Lévis. — M. le Gendre, ancien maître des requêtes qui a déjà eu plusieurs intendances et qui a présentement celle de Touraine, a obtenu une gratification de 2,000 écus par an pendant qu'il exercera cette intendance.

Vendredi 17. — Il y eut comédie françoise chez le roi. — Les États de Languedoc, qui devoient finir le 15, ne pourront finir que le 18 ou le 20. Il n'y a rien encore de déclaré sur ce qui regarde M. de Roquelaure. On parle aussi de quelque changement sur le commandement en Bretagne parce que le maréchal de Montesquiou est malade. — Le marquis de Benac fut attaqué l'après-dînée, sortant de la foire, et fut blessé de deux coups d'épée dans le ventre, qu'on croit mortels; il n'a point voulu dire qui l'avoit blessé. Il étoit fort grand joueur, et on croit que c'est une querelle qu'il a eue au jeu. — Valincourt, secrétaire du cabinet, vend sa charge 200,000 francs à M. Bosc, procureur général de la cour des aides et chancelier de l'ordre de Saint-Lazare, à qui M. le duc d'Orléans donne un brevet de retenue du prix de la charge.

Samedi 18. — Le roi entendit la messe et le *De profundis* chanté par la musique pour l'anniversaire de la mort du Dauphin son père. Il n'y eut point de comédie chez S. M. — A la fin du conseil des parties, on publia le marché à l'enchère pour les vivres et pour les voitures de l'artillerie de l'armée d'Espagne. Les conseillers d'État d'épée qui ne vont point à la grande direction, quoique cela soit porté dans leurs lettres, demeurent au conseil quand on y fait ces adjudications-là, et les maîtres des requêtes qui sont toujours debout durant le conseil s'asseyent, parce qu'ils sont assis aux grandes directions. On a remis l'adjudication à huitaine après avoir déjà reçu quelques enchères au rabais.

Dimanche 19. — Le roi alla après son dîner à la porte Saint-Antoine pour voir passer les masques; il y avoit une grande quantité de carrosses dont quelques-uns même furent renversés. Madame alla l'après-dînée aux Carmélites et puis à l'Opéra. — Il n'y eut point de conseil de régence; il n'y en aura que dans huit jours. — Madame la duchesse de Berry demeura au bal jusqu'à quatre heures du matin. M. le duc d'Orléans n'y alla point et y a été très-rarement cet hiver. — La comtesse de Seignelay mourut ici le matin en couches. Elle s'appeloit, étant fille, mademoiselle de Valsassine, et elle avoit épousé le dernier des enfants de M. de Seignelay, le ministre, qui avoit quitté la profession d'abbé pour l'épouser. C'étoit un très-bon ménage; ils étoient riches, et ne laissent que deux filles. Elle est regrettée dans sa famille. M. de Seignelay a eu dans son partage la belle bibliothèque de M. Colbert, son grand-père.

Lundi 20. — M. le duc d'Orléans alla à l'Opéra, fut quelque temps dans sa loge et puis dans celle de madame la duchesse de Berry; il fit même quelques tours sur le théâtre. — L'archevêque de Narbonne et huit autres évêques de Languedoc ont écrit et signé une lettre à M. le duc d'Orléans, par laquelle ils le conjurent de travailler plus que jamais à finir l'affaire qu'il y a entre tous les prélats sur la constitution *Unigenitus*; ils lui proposent pour cela d'assembler quelques-uns des opposants, quelques-uns des acceptants et d'autres encore du tiers parti dont ils déclarent qu'ils sont tous [les] neuf. — Le marquis de Benac, qui fut si blessé il y a quelques jours, n'a point voulu dire contre qui il s'étoit battu, mais on croit savoir qui c'est, quoiqu'il eût pris une fausse barbe pour n'être point connu. On a transporté M. de Benac dans une maison inconnue, afin que la justice ne puisse pas l'aller inquiéter. — On mande de Rome que le cardinal Dadda est mort; il vaque présentement un septième chapeau

Mardi gras 21. — Madame la duchesse de Berry, Madame

et M. le duc d'Orléans allèrent à l'Opéra. Il y a toujours opéra les trois derniers jours de carnaval. Madame la duchesse de Berry soupa chez M. le duc d'Orléans, et ils allèrent au bal après souper. — Le roi alla aux galeries du Louvre, où il vit les ouvrages du sieur Bidaut, valet de chambre de S. M. et ensuite le cabinet du sieur Armand (1). — M. le duc de Chartres alla hier rendre la visite à milord Stairs, qui avoit été le voir samedi : voici comment se passa la visite de milord Stairs et celle que lui a rendue depuis M. le duc de Chartres : les princes du sang reçoivent les ambassadeurs au pied du degré ; ils leur donnent la main. M. le duc de Chartres reçut milord Stairs sur le haut du degré et après l'audience le reconduisit jusques-là et lui dit : « Je suis bien fâché que ce ne soit pas ici ma maison pour suivre Votre Excellence jusques au bas du degré. » Il lui donna toujours la main, et dans le lieu où il lui donna audience il y avoit deux fauteuils ; un pour l'ambassadeur et un pour lui, celui de l'ambassadeur, à la droite. Hier, quand M. le duc de Chartres rendit sa visite à l'ambassadeur, l'ambassadeur vint le recevoir au bas du degré et après la visite, en le reconduisant, il fit même quelques pas dans la cour pour le voir monter en carrosse et puis il se mit sur la dernière marche du degré jusqu'à ce que ce prince fût sorti de la cour.

Mercredi des Cendres 22. — Le roi reçut des cendres par les mains du cardinal de Rohan ; ensuite S. M. entendit la messe et le *Miserere* chanté par la musique. — On donne à madame de Bourbon, qui est la fille aînée de madame la Duchesse et qui est religieuse à Fontevrault, 10,000 francs de pension ; on dit aussi qu'on donne 40,000 francs de pension à mademoiselle de Charolois, sa sœur ; cela est plus in-

---

(1) « Le mardi gras S. M. alla dans les galeries du Louvre visiter l'appartement et le cabinet du sieur Bidaut et celui du sieur Armand, qui sont remplis de curiosités de mécanique. S. M. visita aussi en passant l'Imprimerie royale. » (*Mercure* de février, page 139.)

certain. M. le comte de Charolois, leur frère, est toujours à Munich, où il a passé tout le carnaval et où on lui a donné beaucoup de fêtes. — On joua au Palais-Royal la tragédie d'*Électre* qui avoit été représentée il y a quelques années à Versailles dans la maison de madame la princesse de Conty, fille du roi. Madame et M. le duc d'Orléans étoient à cette tragédie, et protégent fort Longepierre, qui en est l'auteur. On prétend qu'il y a de grandes cabales contre, et qui empêchèrent qu'elle n'eût tout le succès qu'elle avoit eu à Versailles. — Le maréchal de Tallard achète le duché de Lesdiguières dont il donne 200,000 francs et c'est pour faire cette acquisition que ce maréchal a vendu la lieutenance générale de Dauphiné. — M. de Guerchy, un des lieutenants généraux commandés pour l'Espagne, a obtenu 2,000 écus de gratification annuelle.

Jeudi 23. — Le fameux P. Massillon, évêque de Clermont, fut reçu à l'Académie, et fit une harangue qui fut fort louée. — On parle de quelques négociations de paix et même M. le duc d'Orléans a dit à M. le prince de Conty que peut-être il ne seroit point obligé de partir. — La comtesse de Fontaine et Ferrand ont travaillé à un petit opéra qui n'est qu'un centon de différents poëtes françois qui ne sont plus en vie; le prologue et le premier acte sont déjà faits et Colin en a fait la musique. M. [le prince] et madame la princesse de Conty allèrent l'après-dînée chez madame de Fontaine, où on répéta ce divertissement, qui réussit à merveille; il y avoit beaucoup de gens. — Le vicomte de Beaune, ancien lieutenant général, qui avoit demandé le gouvernement de Briançon et pour qui M. le Duc avoit fait de grandes instances, a obtenu 10,000 francs de pension en attendant qu'on lui donne un gouvernement.

Vendredi 24. — M. le duc d'Orléans travailla longtemps avec M. le cardinal de Noailles. — On mande d'Espagne que le roi catholique s'avancera sur la frontière et viendra à Pampelune. — M. le vicomte de Beaune achète du comte de Nogent la lieutenance générale d'Auvergne dont il lui donne 115,000 francs. — Les États de Languedoc sont finis et ils ont accordé tout ce que le roi leur avoit demandé. Les États de Bretagne ont remboursé le trésorier général et les deux syndics, mais ils leur laissent exercer leurs charges par commission ; les syndics pour toute leur vie, et le trésorier général tant qu'il plaira aux États. — Le cardinal de Rohan, voyant que les affaires de la Constitution n'avancent point, se prépare à partir pour retourner à Saverne.

Samedi 25. — M. le duc d'Orléans travailla avec les cardinaux de Rohan et de Bissy et le garde des sceaux. — Le conseil des parties se tint comme il fait tous les samedis, et après ce conseil, on adjugea les vivres destinés pour l'armée qui doit marcher en Espagne, et la ration de pain de munition fut adjugée à trente-cinq deniers. On adjugea aussi pour les charrois des vivres et de l'artillerie, et on donne un peu moins pour les mulets qui doivent servir au charroi de l'artillerie qu'à ceux qui serviront au charroi des vivres. — L'archevêque de Malines, qui avoit écrit pour la Constitution, a reçu une lettre du prince Eugène qui lui ordonne, de la part de l'empereur, de ne plus écrire sur cette matière. — Le P. le Tellier, qui avoit ordre de demeurer à Amiens, a reçu ordre présentement d'aller à la Flèche.

* On avoit conseillé à M. le duc d'Orléans de reconnoître les services que le P. Tellier lui avoit rendus auprès du feu roi sur le mariage de madame la duchesse de Berry et en d'autres occasions encore, par une fort grosse pension, et par faire tenir la main par l'intendant, qu'il eut toute la considération possible dans sa maison à la Flèche, mais en même temps de ne l'en laisser jamais sortir, et de faire veiller par le même intendant avec la dernière exactitude à ses lettres et à ses commerces. La pension fut modérée et la liberté ne le fut point, dont un boute-feu aussi furieux qu'il l'étoit fit tous les abus qu'il put, et qui, lorsqu'il n'en fut plus temps, le firent renvoyer à la Flèche.

Dimanche 26. — Conseil de régence l'après-dînée. — M. le prince de Conty alla chez milord Stairs, qui l'étoit venu voir le samedi en cérémonie; mais milord Stairs ne vint point recevoir M. le prince de Conty au bas du degré comme ce prince le prétendoit et que cela s'est toujours pratiqué. M. le prince de Conty ne le voyant point paroître, ressortit de la maison sans descendre, et alla d'abord au Palais-Royal en faire sa plainte à M. le régent. Cet ambassadeur avoit, avant ce temps-là, envoyé demander audience à mesdames les princesses de Conty, et M. le duc d'Orléans manda à ces princesses de ne point donner d'audience à cet ambassadeur qu'il ne se fût mis à son devoir avec M. le prince de Conty. L'ambassadeur, de son côté, soutient que dans son protocole, ce que M. le prince de Conty a prétendu de lui n'est pas porté*. — La promotion est faite et M. le régent l'a fait voir à M. le Duc; mais elle n'est pas encore publique.

* L'audace de cet ambassadeur d'Angleterre et qu'il portoit peinte également dans sa personne, dans ses discours et dans ses actions, avoit révolté toute la France. Le régent, d'abord par Canillac et par le duc de Noailles, puis par l'abbé Dubois, en fut subjugué, et Stairs se crut assez le maître du terrain pour hasarder seul de tous les ambassadeurs des têtes couronnées une entreprise sur les princes du sang, dont la longue et paisible lutte fut honteuse à notre cour, et qui ne finit sans innovation et au gré des princes du sang que par leur seule persévérance sans que Stairs en fut plus mal aux deux cours.

Lundi 27. — Conseil de régence l'après-dînée et comme dans les conseils du lundi on parle des affaires de la guerre, on croyoit que M. le duc d'Orléans y déclareroit la promotion. — Il y a des lettres d'Italie qui portent que le roi Jacques est parti de Rome et qu'il va à Livourne s'embarquer pour passer en Espagne; on ajoute à cela que le duc d'Ormond, qui est depuis quelques temps en Espagne, en étoit parti pour passer en Irlande, où il avoit même fait porter un assez bon nombre d'armes; ces nouvelles ont besoin de confirmation. — Le pape refuse les bulles de l'archevêché de Tours et de l'évêché de Bayeux: celles de Tours, parce que le chapitre a appelé, et celles de Bayeux parce qu'ils prétendent que M. l'abbé de Lorraine est fort opposé à la bulle *Unigenitus*.

Mardi 28. — La promotion n'est pas encore déclarée. — M. le Duc ne rendra point sa visite à milord Stairs jusqu'à ce qu'il ait donné satisfaction à M. le prince de Conty. — On disoit qu'on donneroit quelques lettres de cachet à des gens qui tenoient le biribi contre les défenses qu'on en a faites; mais jusqu'ici ce n'est qu'un bruit. — Le cardinal de Bissy paroît fort piqué de la lettre pastorale de M. le cardinal de Noailles et travaille à y faire réponse. — Il y a déjà huit ou dix jeunes gens qui ont l'agrément pour acheter des régiments qui seront à vendre par la promotion des maréchaux de camp : le chevalier de Lorraine en aura un de cavalerie; le fils de M. de Torcy, qui s'appelle le marquis de Croissy, aura le régiment Royal-infanterie; M. de Rambures aura le régiment de Navarre; le comte de Montfort aura un régiment d'infanterie. Tous ces régiments sont taxés.

FIN DU DIX-SEPTIÈME VOLUME.

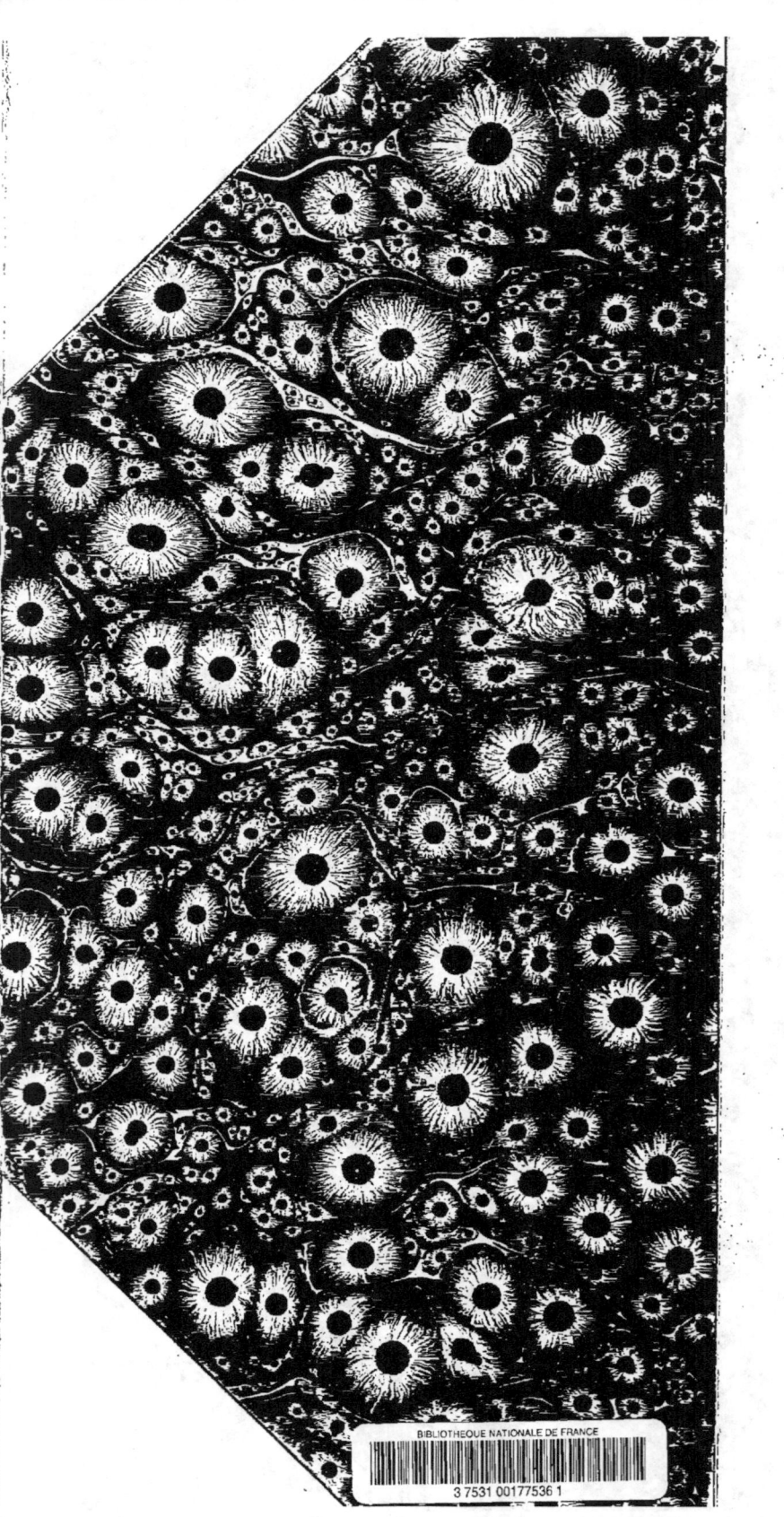

www.ingramcontent.com/pod-product-compliance
Lightning Source LLC
Chambersburg PA
CBHW050605230426
43670CB00009B/1272